石城文書

黄志繁　主编

屏山镇上卷

刘　敏　赵立东　编著

江西高校出版社
JIANGXI UNIVERSITIES AND COLLEGES PRESS

图书在版编目(CIP)数据

石城文书. 屏山镇. 上卷 / 黄志繁主编;刘敏,赵立东编著. -- 南昌:江西高校出版社,2021.6
ISBN 978-7-5762-0869-6

Ⅰ. ①石… Ⅱ. ①黄… ②刘… ③赵… Ⅲ. ①地方文献—汇编—石城县 Ⅳ. ①K295.64

中国版本图书馆 CIP 数据核字(2021)第 016691 号

出版发行	江西高校出版社
社　　址	江西省南昌市洪都北大道 96 号
总编室电话	(0791)88504319
销售电话	(0791)88517295
网　　址	www.juacp.com
印　　刷	浙江海虹彩色印务有限公司
经　　销	全国新华书店
开　　本	700 mm×1000 mm　1/16
印　　张	29.5
字　　数	205 千字
版　　次	2021 年 6 月第 1 版
印　　次	2021 年 6 月第 1 次印刷
书　　号	ISBN 978-7-5762-0869-6
定　　价	126.00 元

赣版权登字-07-2021-198

序

自从2001年从中山大学博士毕业被分配到南昌大学任教以来，我就在我的导师邵鸿先生的带领下，开始收集和整理地方文献。迄今为止，我们整理了“《清实录》中有关江西资料辑录及研究”、《江西省图书馆馆藏民国时期期刊编目总汇》、《中国国家图书馆馆藏江西近代报纸期刊》（胶卷）等文献，还收集了一大批契约文书、族谱等民间文献。2015年，我担任南昌大学人文学院院长，有了一些学科建设经费后，便着手收集和整理地方文献资料。因此，南昌大学历史系在收集和整理地方文献方面又有了一些可观的成绩。我们出版了《江西古村落档案丛书》，整理和出版了《清至民国婺源县村落契约文书辑录》（全18册），建设了江西地方文献数据库（该数据库最大的一个工程就是把江西省地名志全部数字化，实现了全文检索），联合地方文史工作者出版了10卷本《江西地方珍稀文献丛刊》。按照我们的设想，未来的南昌大学应该成为江西地方文史研究的资料重镇和学术研究中心，以地方化策略谋求差异化发展。

在和地方文史工作者的接触中，我也认识了一批地方文献收藏者，石城县的赵立东先生，即其中一位。立东先生从事文物收藏多年，且以此谋生，由于潜心于地方文书收集，大有将地方文书的收集和整理转为主业之趋势。经年下来，林林总总，立东先生所收藏的地方文书号称有10余万份。我自2016年认识立东先生起，逐渐加深对他的了解，并震惊于他文书收藏之多。立东先生又有着浓厚的乡邦情谊，他所收集的文书，以石城县为最多，且多为一村一姓之所谓“村落文书”，其史料价值自不待言。石城县图书馆馆长刘敏先生，中文科班出身，以石城文化研究为己任，且笔耕不辍，近年已有若干部地方文化研究专著问世。2018年某日，在和刘敏、立东两位先生的茶叙中，我提议出版一套《石城文书》，以飨学界，两位先生欣然答应。尤为可贵的是，作为一位文物收藏家，立东先生深知，这批文书如果拿到市场上去交易，能带来可观的经济收益，但他再三表示，“孔方兄”远不如学术研究和乡邦文化重要，他的这种精神令人感佩！

世上之事，素来知易行难。出谋划策时，人们多半满腔热血，具体实施时，又多半拖沓迁延，所以，虎头蛇尾之事，屡见不鲜。好在刘敏和立东兄，都以整理地方文书为乐事，案牍之劳，不以为苦，且有着为石城文化添砖加瓦之宏大使命感，于是，历时两年，完成10卷本《石城文书》的收集整理工作。此书稿共收集石城县11个乡镇中存世文书较多的琴江镇、丰山乡、高田镇、木兰乡、小松镇、屏山镇、赣江源镇和横江镇8个乡镇25个行政村的历代契约文书，其中尤以琴江镇、屏山镇为多。以村而言，则琴江镇沔坊村为最多，达640余份；屏山镇长溪村次之，亦有440余份；其余各乡村则或多至数百，或少者10余份。所有文书都以村为单位，每份文书都标注了时间、地点、文书性质、当事人等关键信息，且影印清晰，非常利于研究者利用。以我对地方文献收集的有限经历，我想，这套文书的出版，一定会引起史学界的注意且研究利用之。若果真如此，当足以慰藉整理者的艰辛和劳碌了。

最后，我想说明的是，本丛书的出版得到南昌大学一流学科建设经费的资助。本人的籍贯亦是石城，但受党教育多年，不敢以公谋私，之所以谋划出版，实在是因为这套丛书本身的史料价值。本丛书的出版也是我前面所阐述的南昌大学历史系多年的地方文献整理工作之一。

是为序。

黄志繁

辛丑年（2021）阳春于青山湖畔高校小区

《石城文书》编写说明

一、本丛书所选契约文书，均被发现并搜集于江西省赣州市石城县境内，故名“石城文书”。这些文书在时间上，大部分产生于清朝与民国时期，考虑到历史的延续性及文书的学术价值，亦收录有少部分明代中后期及新中国成立初期的文书；内容上，大部分为契约，同时酌收部分反映地方社会结构、经济生活的账册、帖式、收据等相关文书。

二、所选文书涉及全县大部分乡镇，为方便读者查阅，目录以石城县当地习惯的乡镇和行政村顺序排序。丛书以现行行政乡（镇）分卷，同一卷内以行政村为单位，同一行政村内则以时间顺序排列。

三、为方便识别，本丛书所收的契约文书均以简体字命名，以该村落文书原有时间排序，时间不详者则加以说明，并置于该村文书末尾。无法辨识的字或缺失的字，均以方框“□”代替。地名、人名一律按原文录入，其间有同音异字实则同一地、同一人现象，亦依原文，不予改动；若同一份文书内开头与落款同音异名者，则以括号注明。部分涉及家族集体落款者甚多之契约，最多标注三人。契约中一般性的尊称不予标注，但双方涉及亲族邻里关系者予以注明。明显的错字、别字或缺少部分笔画的字，按俗称加以改正。文书类别亦依原件内容录入。

四、本丛书契约文书命名一般由三个字段组成，即时间、地点和事件涉及人及类别，部分特殊契约则视情况再加一字段进行注明，如“乾隆十八年　福村　道顶立永卖山及田予本房海山字　红契”。部分文书留存有村以下的小地名，则将其加于人名前，以利读者实地查找，如“乾隆四十八年　福村　龙须陂邱必其立卖杉树予福村刘吉仕叔公字”。

五、为便于读者使用，本丛书在整合《石城县地名志》、《走遍石城》及各乡（镇）志等资料的基础上，对文书所系村加以简单介绍，并置于该村契约文书之前。

六、本丛书收录的契约文书均为石城县收藏协会赵立东先生的个人收藏，由石城县图书馆组织人员扫描录入及命名整理，南昌大学人文学院负责联系出版。

七、民间文书数量巨大，内容庞杂，本丛书首开“私人—公共图书馆—高校”合作模式，协调作业艰难，且整理者水平有限，丛书中可能存在不少谬误，敬请读者批评指正。

石城县沿革简介

石城县位于闽赣两省交界处的武夷山脉中段的西麓，东邻福建宁化，南毗瑞金、长汀，西连宁都，北接广昌，素有“闽粤通衢”之称。

今石城县域汉时为石城场，属雩都地。南唐保大十一年(953)升石城场为石城县，属昭信军，宋太平兴国元年(976)起属虔州(赣州)，清乾隆十九年(1754)属宁都直隶州，宣统三年(1911)改属江西省，民国三年(1914)属江西省赣州道，民国十五年(1926)废道复隶于省。第二次国内革命战争时期，石城县为中央苏区之地，1930年6月起隶属于江西省苏维埃政府，1932年9月改隶福建省苏维埃政府，1933年2月复隶江西省苏维埃政府。1933年7月22日，苏维埃中央政府将原属石城的木兰、高田及小松之罗溪划属赤水县，岩岭划属福建彭湃县。1933年8月16日，苏维埃中央政府划石城之南的横江、龙岗、大由、珠坑、洋地、罗家，以及瑞金的日东、湖陂，宁化的淮阳(淮土)等地为中央直属县太雷县，县委驻横江圩。1934年，红军北上后恢复苏区前建制。1935年，石城县属江西省第八行政区。中华人民共和国成立后，属宁都分(专)区，县政府驻琴江镇。1952年9月以后，先后属赣州分区、赣南行政区、赣州专区(地区)，后属赣州市至今。

历史上，石城县内行政区划屡经变易。自建县至清，多为乡、里、图、坊之设。自宋至清末，石城县分长松、陂阳两乡，乡之下先后分十一里、八里半、九里。苏区时设区、乡，民国时又设区、保联、乡、保等，变动频繁。

中华人民共和国成立初期，石城县分7区43乡，至1955年改划为8区110乡。1958年成立人民公社时，设1镇14个公社与1个垦殖场，至1972年定为1镇14个公社。1984年恢复乡(镇)、村(居委会)建制，石城县设1镇14乡，下辖138个村、2个居委会与1879个村民小组。2001年，乡镇合并后为5镇5乡：琴江镇、小松镇、屏山镇、横江镇、高田镇，木兰乡、丰山乡、大由乡、龙岗乡、珠坑乡。2018年，从横江镇析出11个村，设立赣江源镇，至此，石城县辖6镇5乡，下辖131个行政村、25个居委会、1881个村小组。截至2019年年底，共有人口约33.4万。

屏山镇简介

屏山镇，位于江西省石城县西南部，距县城 17 公里，东临本县珠坑乡，北靠本县琴江镇，西毗本省宁都县固村镇，南部为本县横江镇、赣江源镇、龙岗乡、大由乡。

石城自建县至清末，一直沿用县分乡、乡分里、里分村坊的建制。明景泰三年（1452）后，今屏山镇区域属陂阳乡之石中里和龙上里。

民国十八年（1929），全县设 5 个区，屏山区为第三区。

中央苏区时期，屏山区属石城县，下辖屏山、坳头、长溪、洋溪、页背、罗陂、秋鱼、亨田 8 个乡。1933 年，今屏山区域内之长溪、长江及亨田划入太雷县。今宁都县域内之上礤、中礤、中旻、下旻，1935 年划入屏山区管辖后复归宁都县辖。

1934 年 10 月，全县分为 5 个区，推行保甲制度，地方成立保联。第三区（屏山区）辖大由、龙岗及今屏山区域内之屏山、土山、长溪 3 个保联。其后改保联为乡，所辖未变。1945 年 5 月，王山并入屏山乡，1946 年 3 月，长溪乡并入屏山乡，1948 年，撤区并乡，屏山乡辖屏山街、屏山上街、蟠龙岗、陈坊、新坊、罗陂、山下、干头、转沙排、大坑、旱港子、秋口、山子脑 13 保。

中华人民共和国成立初期，地方实行区、乡、村建置。今屏山区域内设有坳头、屏山、长江、长溪、秋口 5 个乡，其后又陆续有分有合，至 1956 年 5 月，设有屏山、新坊、亨田 3 个乡。1959 年 9 月，实行政社合一，屏山、新坊、亨田等三乡合并，成立屏山英雄人民公社，下辖 13 个生产大队、207 个生产小队。1961 年 9 月，屏山公社又拆分为屏山、新坊、亨田 3 个公社。1965 年，三社再次合并，称“屏山公社”，下辖 13 个生产大队。

1984 年 6 月，建乡换届，恢复乡、村、组建制。1984 年 6 月，屏山公社改为“屏山乡”，各大队改称“村”，小队改称“小组”。1989 年 3 月，屏山改为镇建置，村以下建置不变，辖区未变。

目前，屏山镇辖长江、长溪、河东、亨田、罗陂、屏山、山下、胜利、万盛、新坊、新富、页背 12 个村，1 个居委会，有 207 个村小组。

目　录

长溪村简介

长溪村位于屏山镇南部3公里，又名“长口”，原河旁盛长实心竹，故名“实竹坝”；赖氏建祠后，以村临琴江而改名“长溪”。其东部为本县珠坑乡良溪村，东南部为本县横江镇平阳村，南部为本镇河东村，西南部为本镇亨田村，西部为本镇页背村，北部为本镇屏山村及山下村。长溪村清代时属陂阳乡龙上里，民国初期属第三区（屏山区），苏区时先属石城县屏山区，后属太雷县，民国后期属屏山区长溪保联（乡），中华人民共和国成立后先为屏山区长溪乡，后曾属亨田公社，今属屏山镇。

长溪村今有21个村小组，为官湖下、祠堂下、祠堂背、南厅下、牌坊下、上马塅、下马塅、排上、新屋里、上龙颈、下龙颈、大坪下、上陂下、下陂下、上屋、下屋、山寮里、大坝、莲塘下、鸦鹊坑、庐岗背。村内居住有赖、陈、张、童、詹5个姓氏家族。

长溪村契约文书

乾隆三年　长溪

赖显栢、显健兄弟立卖田塘予本家堂弟显赵字

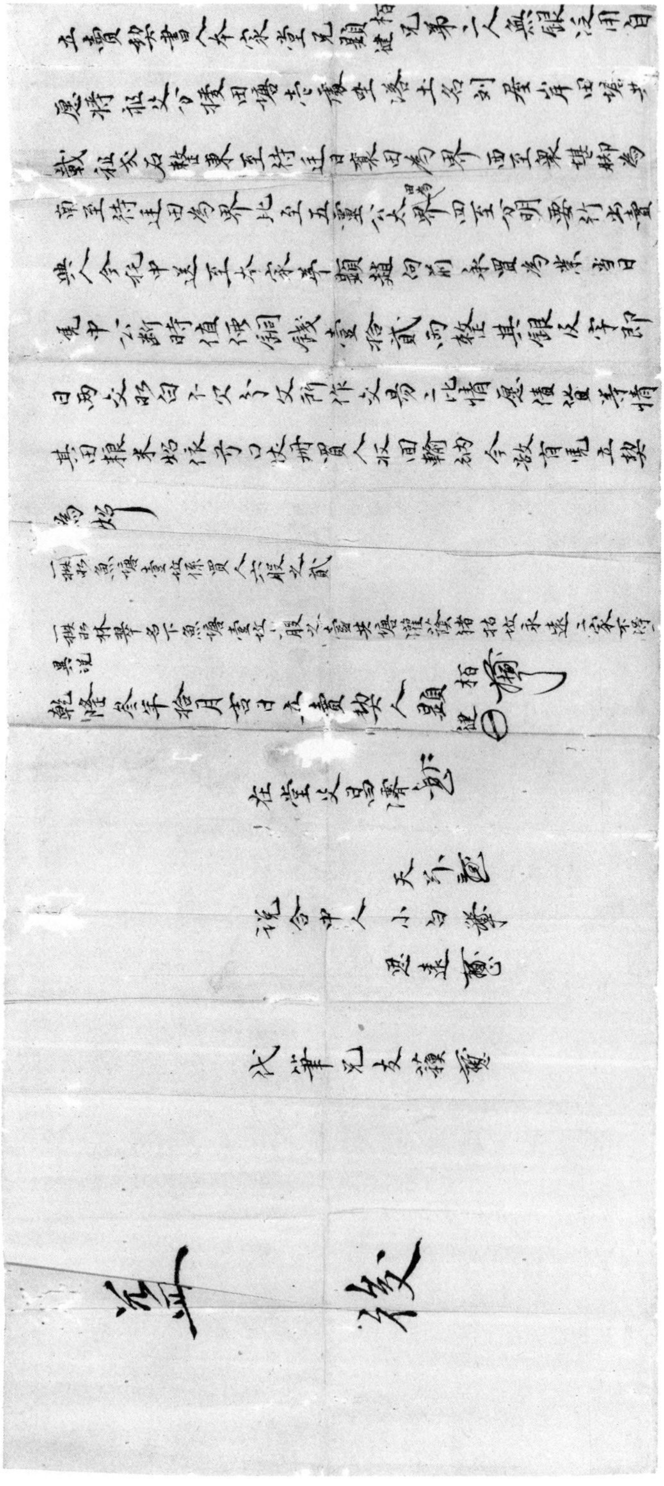

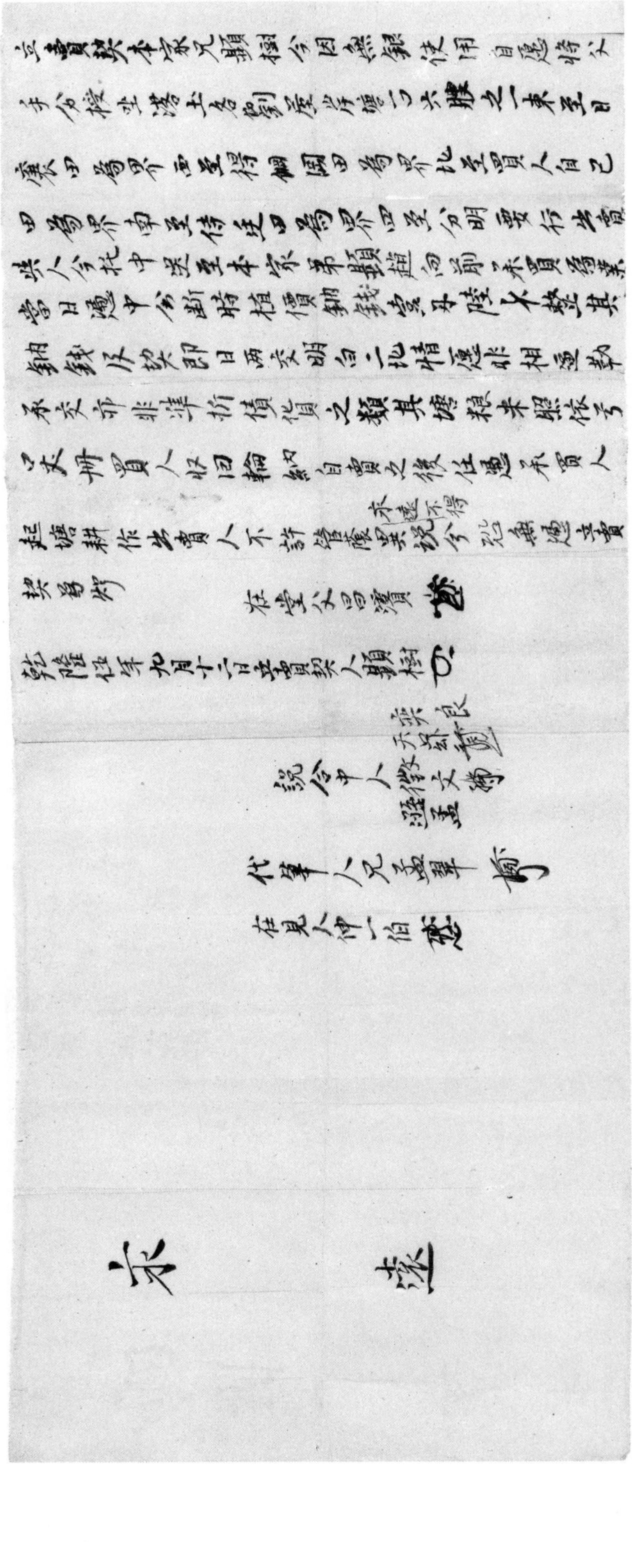
立賣契人本家兄顯樹今因無錢使用自愿將父
手分授坐落土名劉屋岸塘一口出賣之一半東至田
[illegible]田為界西至[illegible]園田為界北至買人自己
田為界南至[illegible]田為界四至分明要行出賣
先盡房親人等不受托中送至本家弟顯趙向前承買為業
當日憑中三面言定時值價銅錢[illegible]整其
銅錢即日契價兩交明白二比情愿非相逼勒
亦非準折債貨之類其塘糧米照依[illegible]
[illegible]收買人收回輸納自賣之後任憑承買人
起塘耕作出賣人不許[illegible]恐口無憑立賣
契為照
在堂父[illegible]（押）
乾隆伍年九月十二日立賣契人顯樹（押）
說合中人[illegible]
代筆人[illegible]
在見人[illegible]

乾隆六年 长溪

赖五灵公太位下房长圣哲、杰士侍廷等立退祭田予本房嗣孙应多字

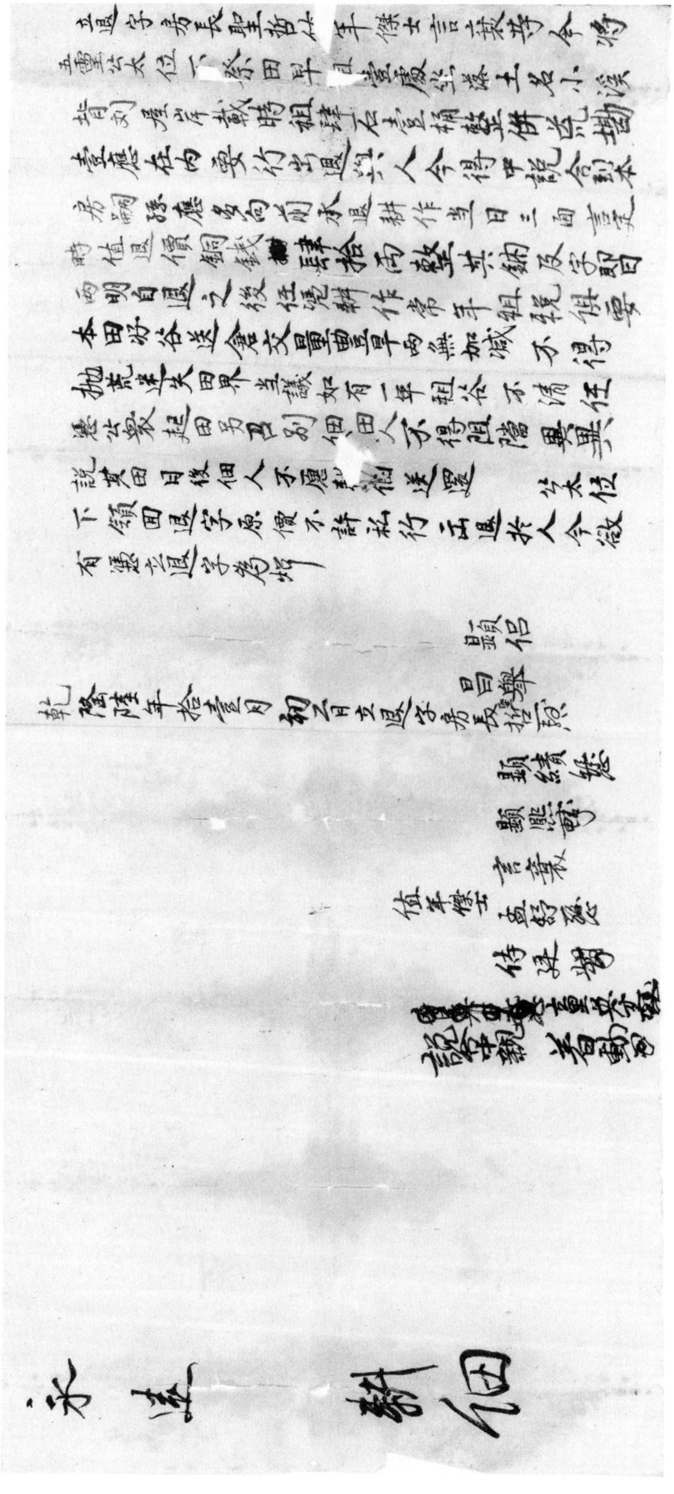

乾隆八年　长溪

案下子孙赖会程立卖田予本村福主案下字　红契

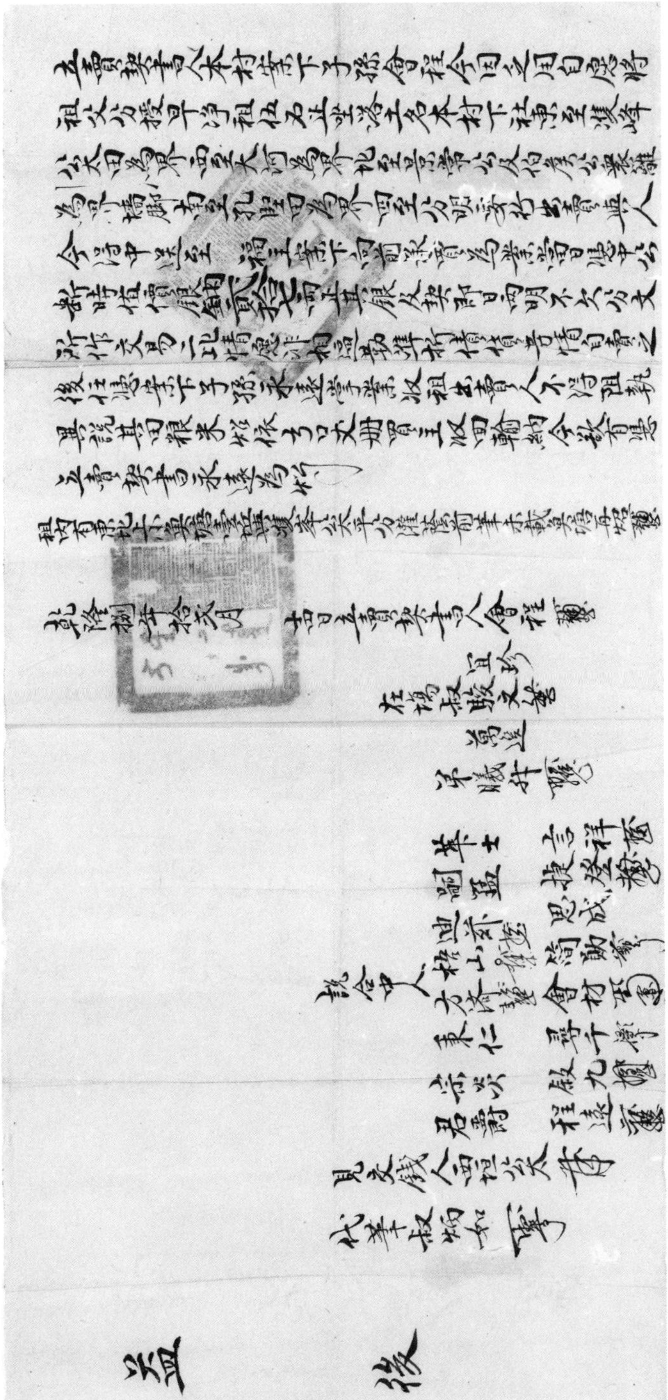

乾隆十年 长溪

赖会程立退田予本房声和兄弟字

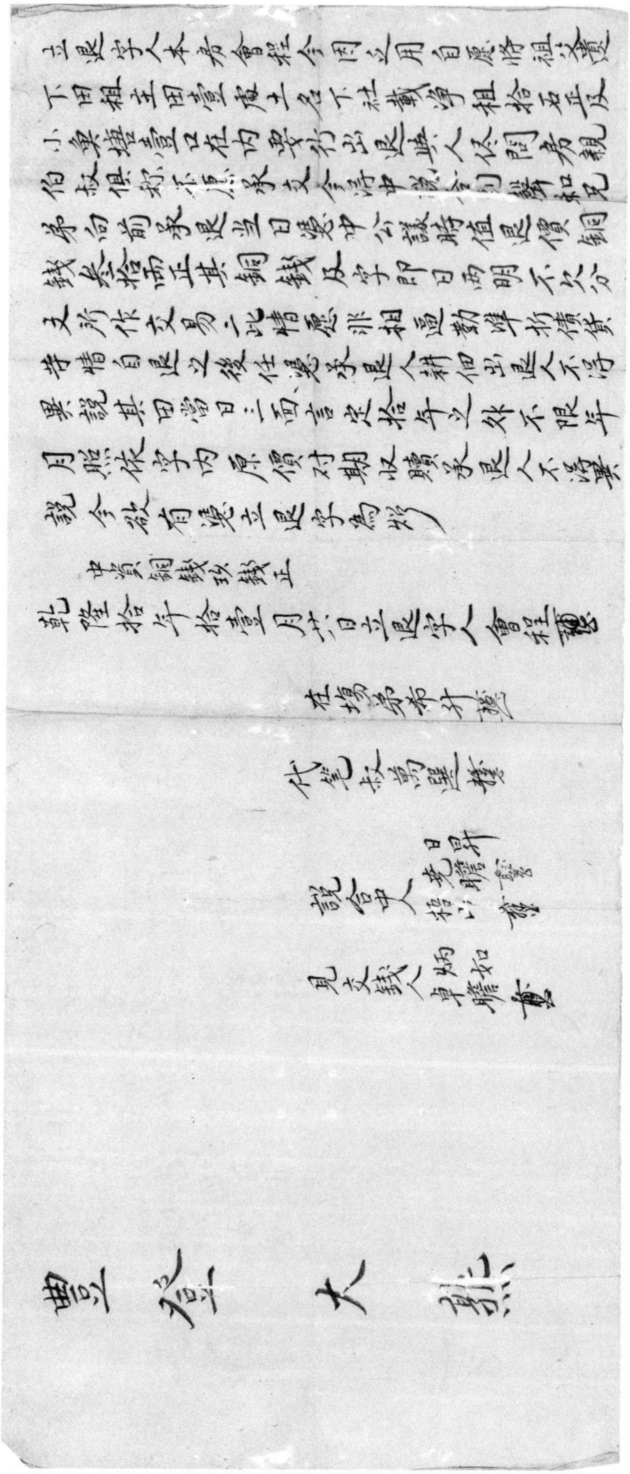

立退字人本房曾程今因乏用自愿将祖遗
下田租主田壹處土名下社勤淨租拾石正及
小業塘壹口在内要行出退與人係問房親
伯叔侄都不願承受今請中說合到聲和兄
弟向前承退當日憑中公議時值退價銅
錢叁拾兩正其銅錢及字即日兩明不少分
文所作交易二比情愿非相逼勒準折債貨
等情自退之後任憑承退人耕佃出退人不得
異說其田當日三面言定拾年之外不限年
月照依字內原價對期收贖承退人不得異
說今欲有憑立退字為照

中資銅錢玖錢正

乾隆拾年拾壹月廿日立退字人曾程（押）

在場弟聲升（押）

代筆叔萬興（押）

說合中人 堯日昇 裕明贍（押）

見交錢人 炳和 卓瞻（押）

豐登大熟

赖会程立永退田予本房声和叔兄弟字

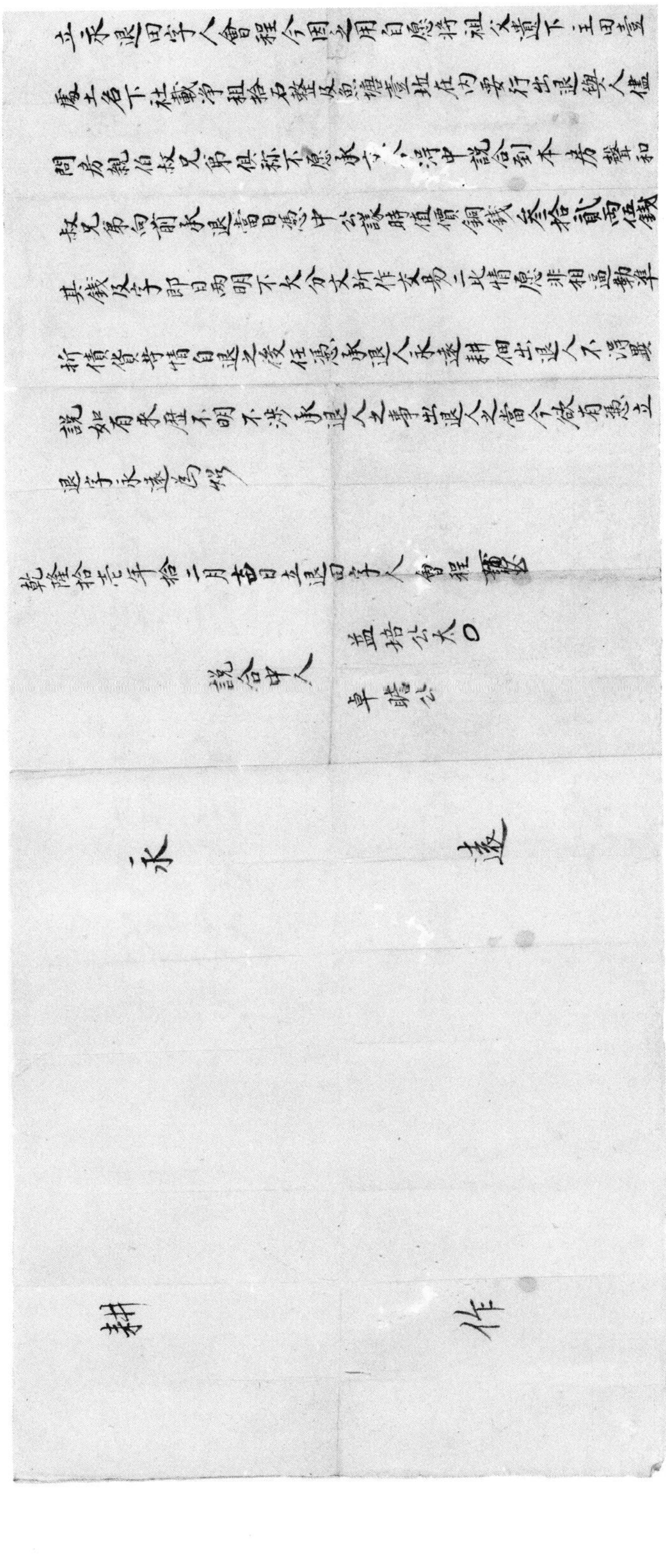

立永退田字人會程今因乏用自愿将祖父遺下之田壹
處土名下社墩浮坵拾石整及田塍壹坵在内要行出退與人儘
問房親伯叔兄弟俱称不愿承交今将中説合到本房聲和
叔兄弟向前承退當日憑中公議時值價銅錢叁拾貳兩伍錢
其錢及字即日兩明不欠分文所作交易二比情愿非相逼勒準
折債貨等情自退之後任憑承退人永遠耕佃出退人不得異
説如有來歷不明不涉承退人之事出退人之當今欲有憑立
退字永遠為炤

乾隆拾壹年拾二月吉日立退田字人會程

並梧公太口

說合中人　阜瞻公

永遠

耕作

乾隆十二年　长溪
友冠立收到本家照堂兄正租及花利净谷字

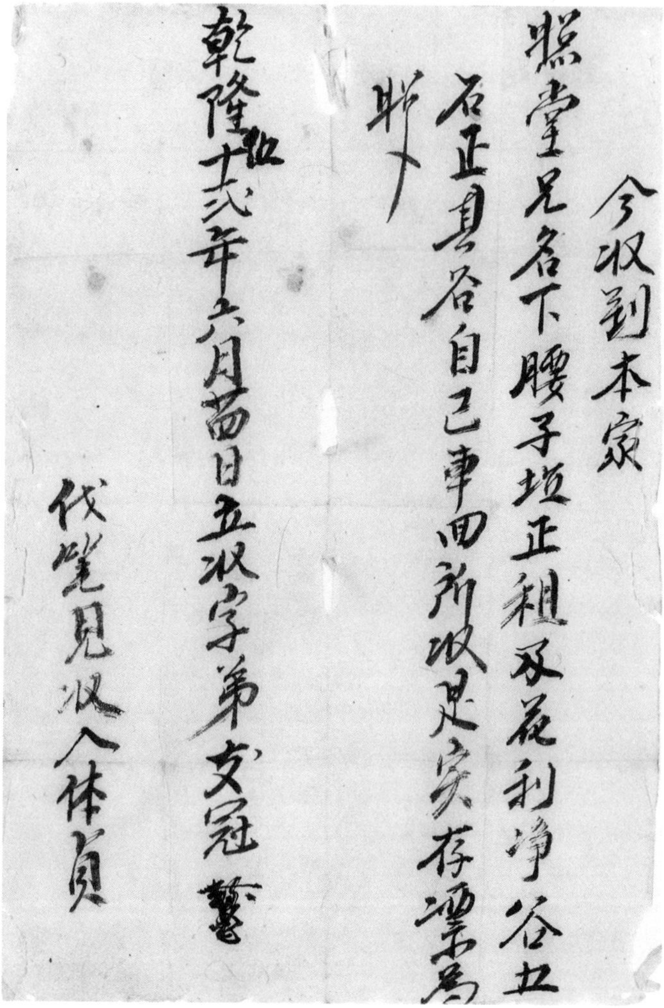
今收到本家
照堂兄名下腰子垅正租及花利净谷五
石正其谷自己車田所收是实存照為
照
乾隆十弍年六月當日立收字弟友冠
代筆見收人休員

长桥黄序弁立永退燕家埆田子高坝赖聚生侍公字

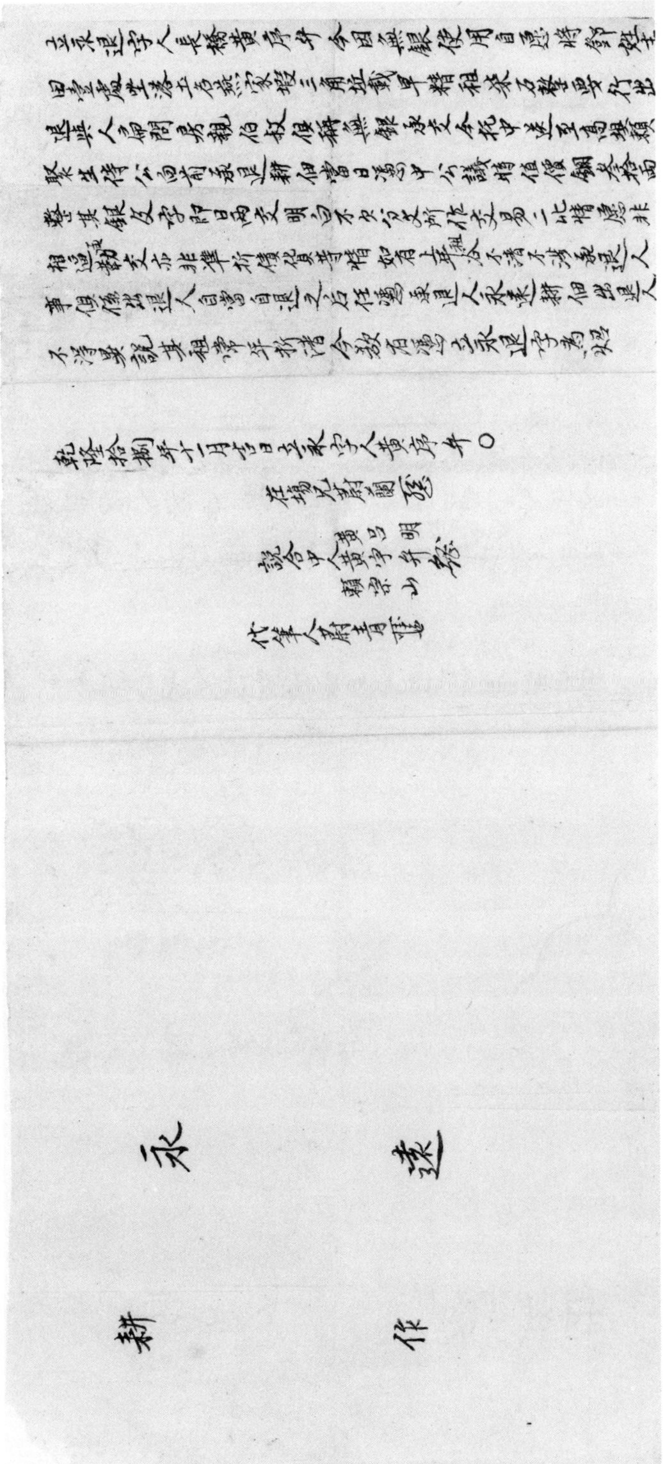

立永退字人长桥黄序弁，今因乏银使用，自愿将到契主田壹處，坐落土名燕家埆三角坵，載早精租米乙擔整，要行出退與人。子儞問房親伯叔，俱稱無銀承交，今托中送至高坝赖聚生侍公向前承退耕佃。當日憑中公議時值價銅錢叁拾兩整，其銀及字即日兩交明白，不少分文。所作交易二比情愿，非相逼勒，亦非準折債負之類。其田如有上手來歷不清，不涉承退人事，俱係出退人自當。自退之后，任憑承退人永遠耕佃，出退人不得異說，其租年年清交。今欲有憑，立永退字為照。

乾隆拾捌年十一月廿日立永字人黄序弁〇

在場兄子尉國瑶

說合中人 黄吕明 黄宇弁 赖容山

代筆人子尉主月逢

永遠耕作

乾隆二十六年 长溪

士宜立永退田予本房叔鸣周字

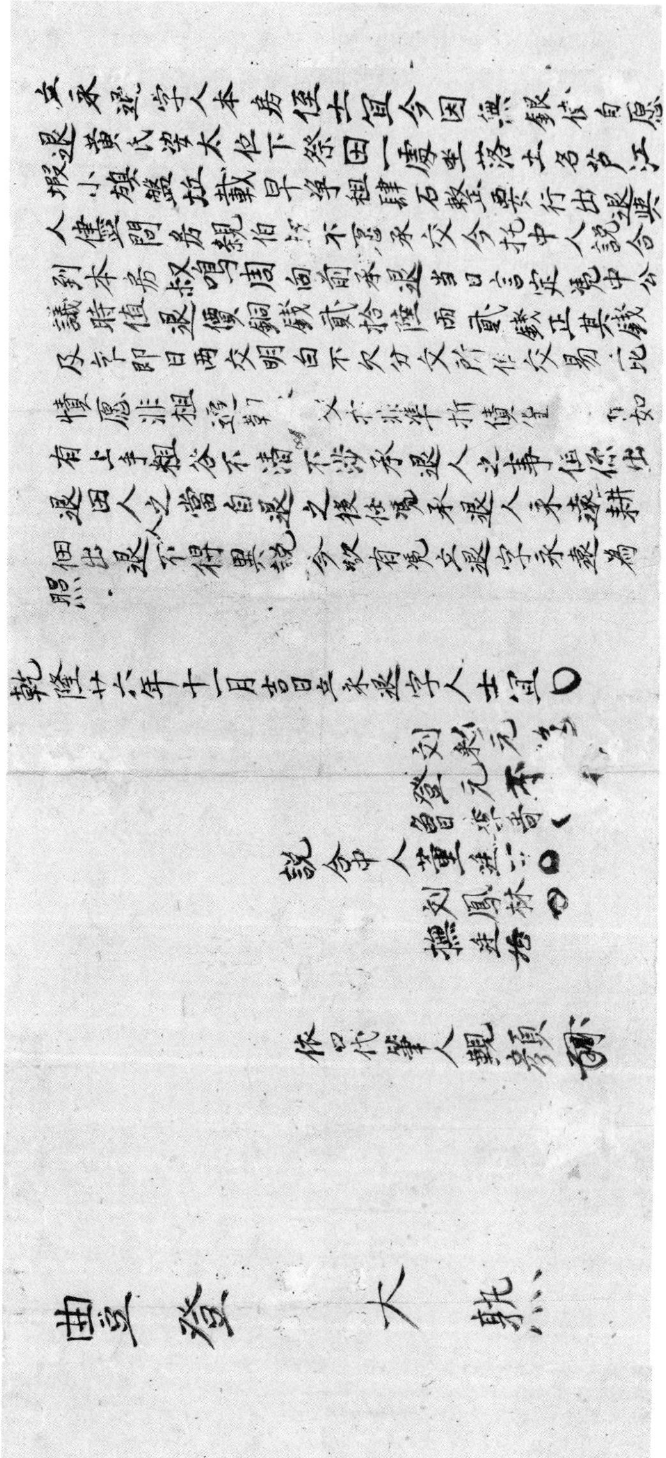

立永退字人本房侄士宜今因無銀應用自愿
退[illegible]太伯下祭田一處坐落土名[illegible]江
墩小[illegible]載早[illegible]租肆石整[illegible]行出退與
人[illegible]房親伯[illegible]不[illegible]承交今托中人說合
到本房叔鳴周向前承退當日言定憑中公
議時值退價銅錢貳拾陸兩貳錢正其錢
及字即日兩交明白不欠分文所作交易二比
情愿非相逼勒[illegible]亦非准折債貨[illegible]如
有上手來歷不清不涉承退人之事任從出
退田人之當自退之後任憑承退人永遠耕
佃出退不得異說今欲有憑立退字永遠為
照

乾隆廿六年十一月吉日立永退字人士宜

說合中人 [illegible]

依口代筆人 [illegible]

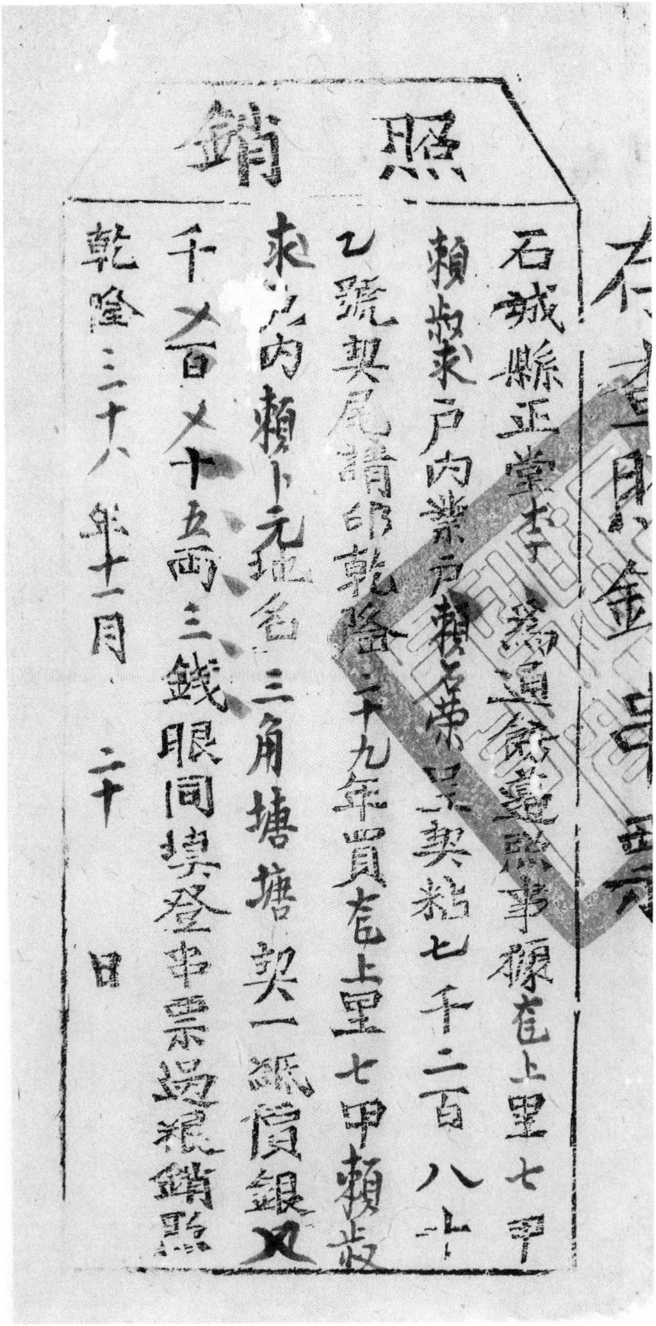

存查照銷串票

照銷

石城縣正堂李　為遵飭查照事據在上里七甲
賴叔求戶內業戶賴石榮呈契粘七千二百八十
乙號契尾請印乾隆二十九年買在上里七甲賴叔
求戶內賴卜元推名三角塘塘契一紙價銀又
千又百又十五兩三錢眼同填登串票過糧銷照
乾隆三十八年十一月　二十　日

乾隆三十八年　长溪

赖叔求户内赖君荣赖侍廷西湖湾田存查照销串票

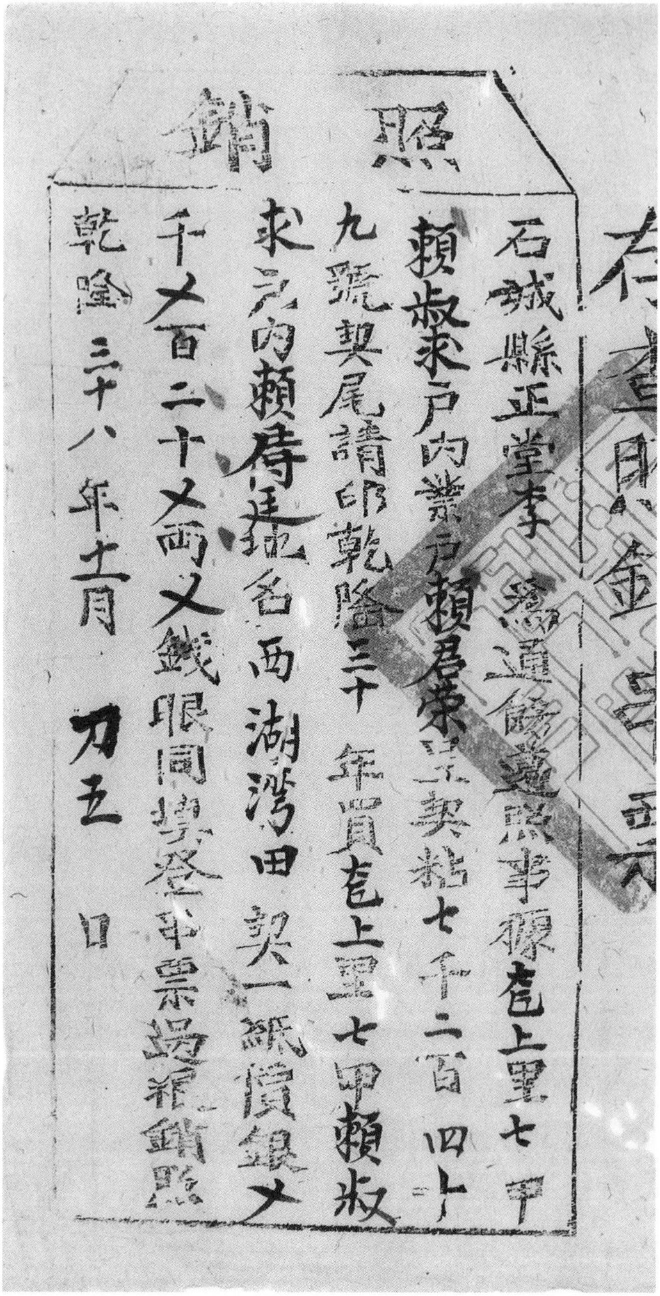

存查照銷串票

照銷

石城縣正堂李　為遵□□照串事稞壹上里七甲

賴叔求戶內業戶賴君榮買契粘七千二百四十

九號契尾請印乾隆三十　年買壹上里七甲賴叔

求戶內賴侍廷拋名西湖灣田　契一紙價銀七

千七百二十七兩又錢眼同塅登串票過稞銷照

乾隆三十八年十一月　刀五　日

乾隆四十年 长溪
赖识弘立永卖塘予本房石荣字

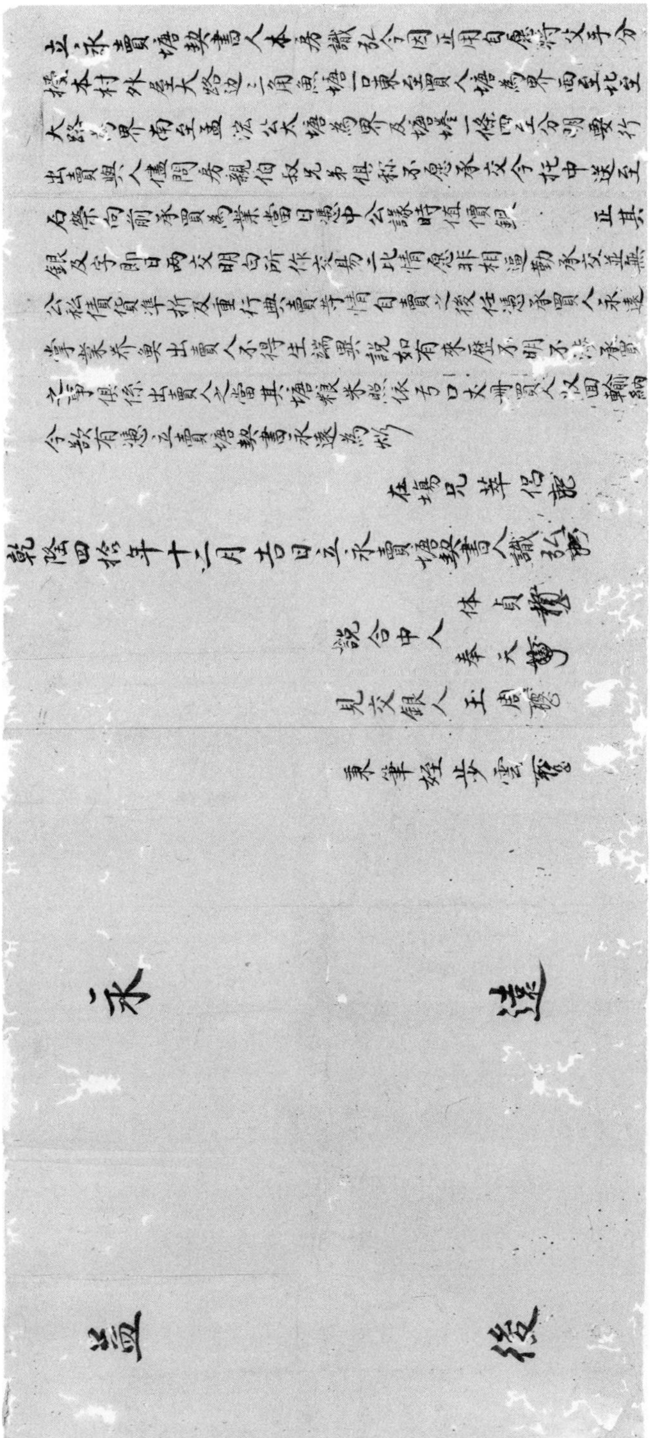

立永卖塘契书人本房识弘今因正用自愿将父手分
授本村外屋大路边三角田塘一口东至买人塘为界西至北至
大路为界南至孟泷公大塘为界及塘塍一条四至分明要行
出卖与人尽问房亲伯叔兄弟俱称不愿承交今托中送至
石荣向前承买为业当日凭中公议时值价银　　正其
银及字即日两交明白所作交易二比情愿非相逼勒承交并无
公私债货准折及重行典卖等情自卖之后任凭承买人永远
掌业恭与出卖人不得生端异说如有来历不明不干承买
之事俱系出卖人之当其塘粮米照依号口式交买人收回输纳
今欲有凭立卖塘契书永远为炤

在场兄 芝侣证

乾隆四拾年十二月吉日立永卖塘契书人识弘押
体良押
说合中人 奉元押
见交银人 王周押
秉笔侄 光宗押

永　远
豐　後

乾隆四十年　长溪

嗣孙显赵等立卖田予尚忠公太位下字

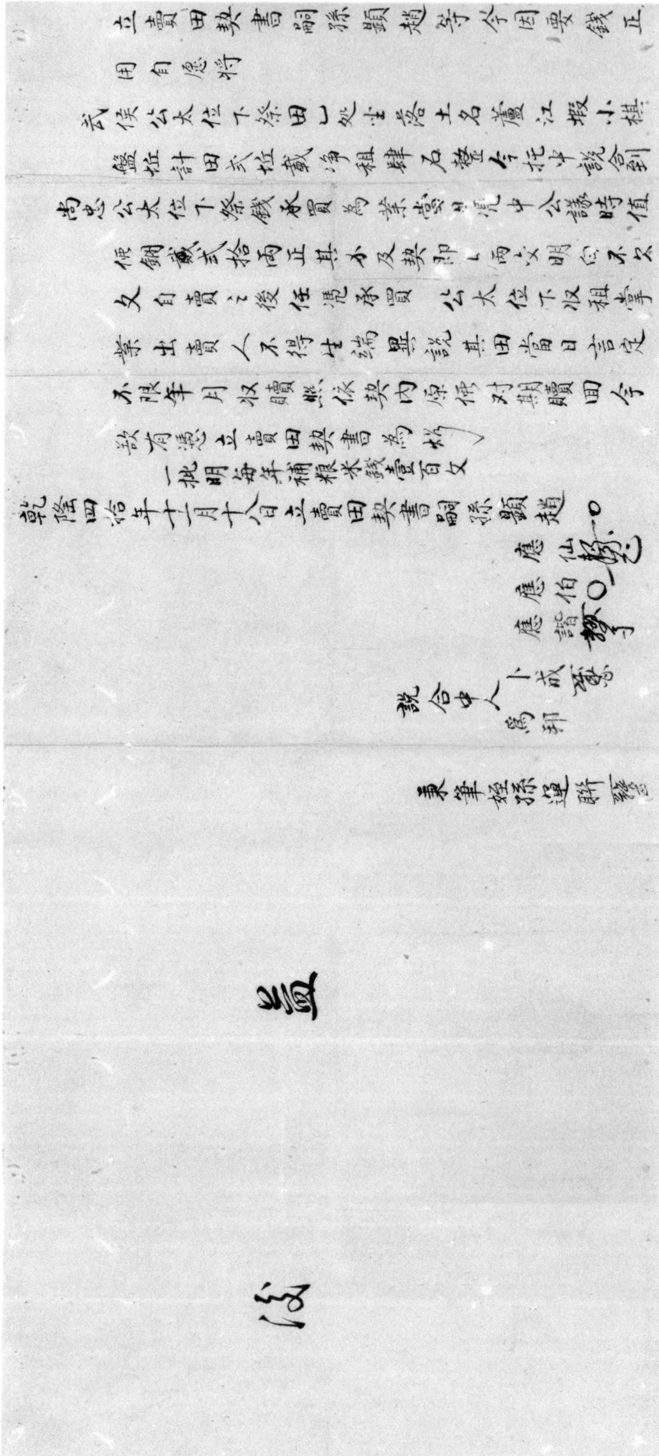

立賣田契書嗣孫顯趙等今因要錢正
用自愿將
貳侯公太位下祭田一处坐落土名蘆江墈小椪
盤拾計田貳拾載净租肆石整今托中說合到
尚忠公太位下祭錢承買為業當日憑中公議時值
價銅錢貳拾兩正其不及契即日兩交明白不欠
文自賣之後任憑承買公太位下收租管業
業出賣人不得生端異說其田當日言定
不限年月收贖照依契內原價對期贖田令
欲有憑立賣田契書為照
一批明每年補粮米錢壹百文
乾隆四拾年十二月十八日立賣田契書嗣孫顯趙

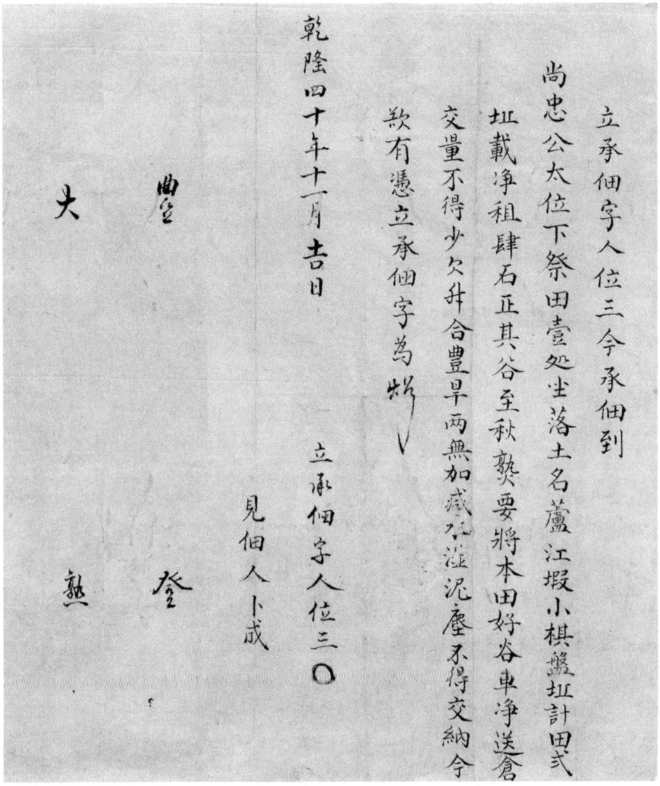

立承佃字人位三今承佃到
尚忠公太位下祭田壹处坐落土名蘆江堨小棋盤坵計田弍
坵載淨租肆石正其谷至秋熟要將本田好谷車淨送倉
交量不得少欠升合豐旱兩無加減不澁泥塵不得交納今
欵有憑立承佃字為照

乾隆四十年十一月吉日

立承佃字人位三〇
見佃人卜成

豊　登
大　熟

乾隆四十一年　长溪

赖君荣买赖侍廷小溪背田存查照销串票

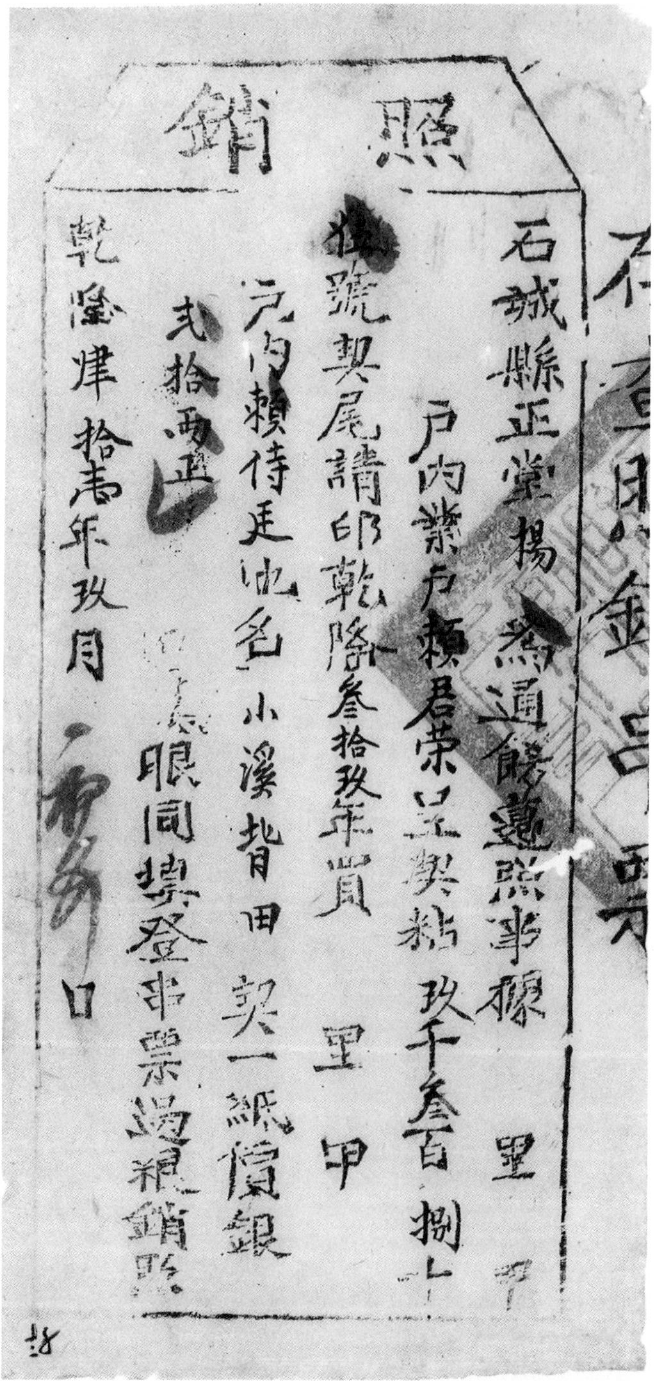

照銷

存查照銷串票

石城縣正堂楊　為通饒遵照串稅　里　甲

戶内業户賴君荣呈契粘　玖千叁百捌十

拾號契尾請印乾隆叁拾玖年買　里　甲

户内賴侍廷也名　小溪背田　契一紙價銀

弍拾两正　□□□眼同填登串票過粮銷照

乾隆肆拾壹年玖月　日

18

乾隆四十二年　长溪

赖萃侣、识浤兄弟立退房屋予本房尚交字

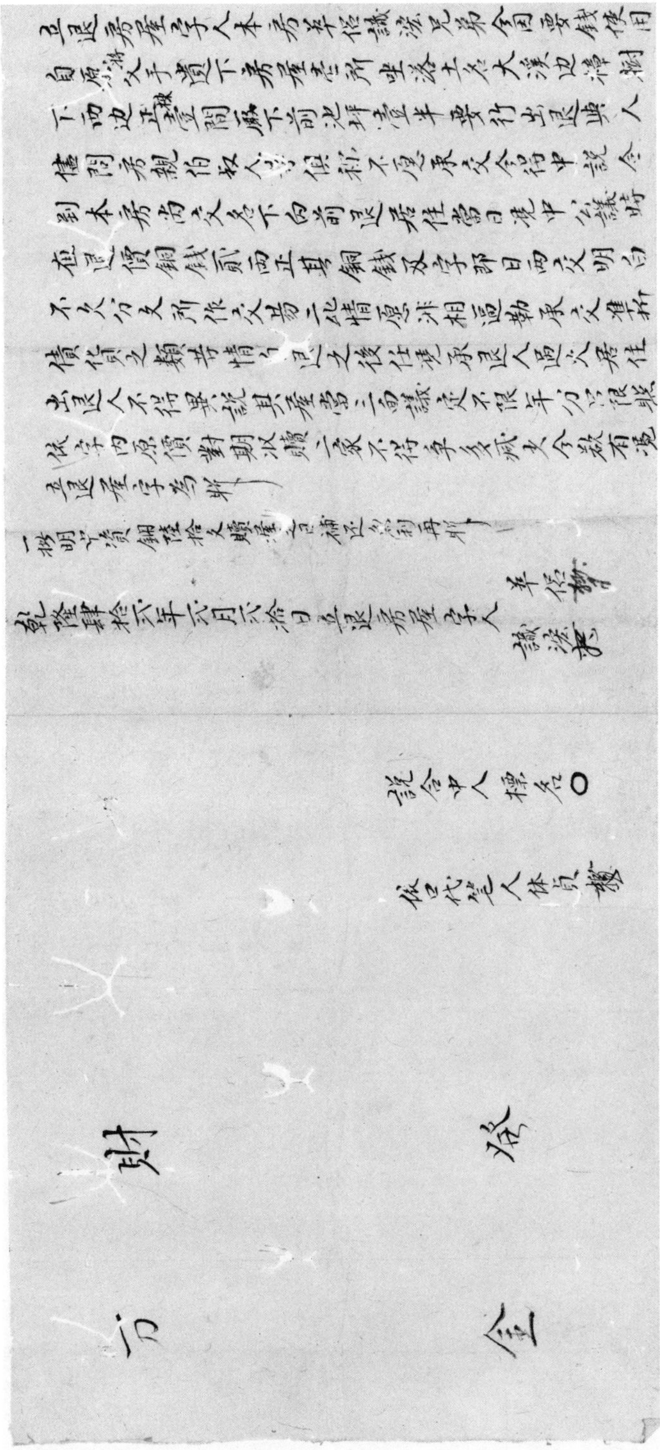

乾隆四十六年　长溪
赖友孚立永卖田予本家弟才优字

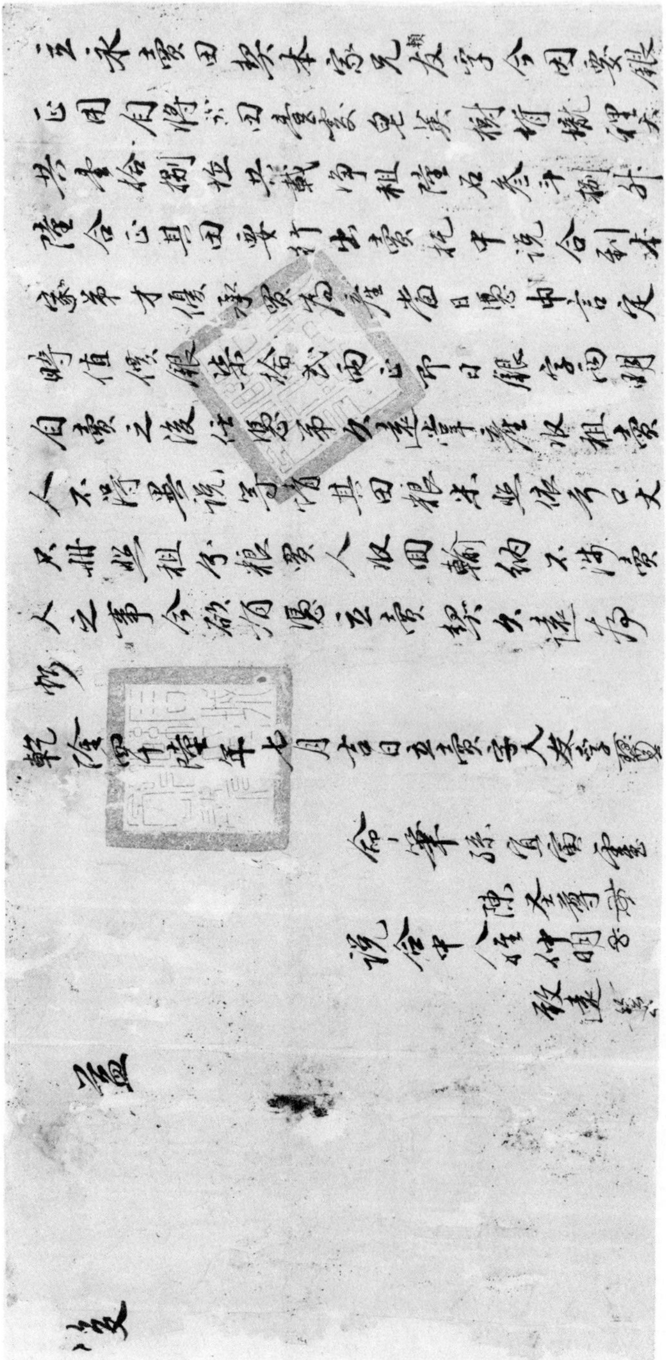

赖步周等兄弟立永卖房屋予嫡堂兄步云字

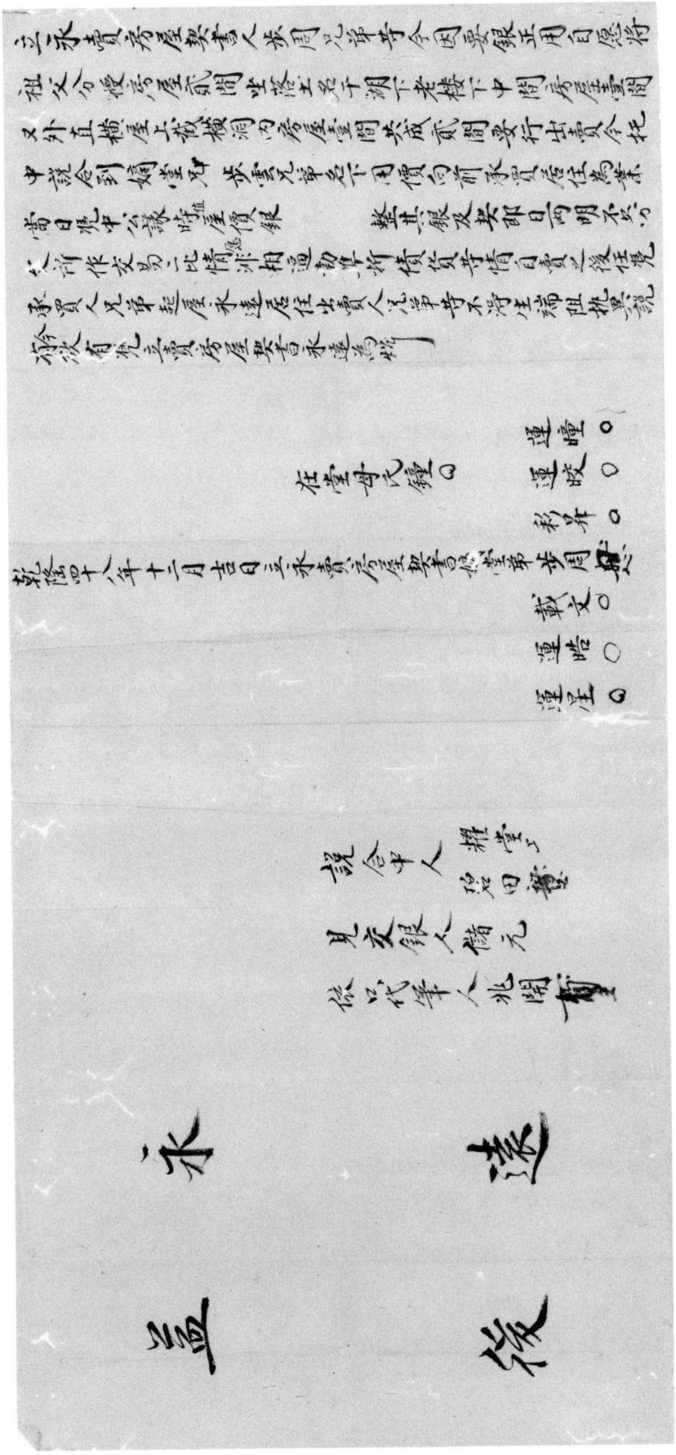
立永賣房屋契書人步周仝兄弟等今因要銀正用自愿將
祖父分授房屋貳間坐落土名于湖下老樓下中間房屋壹間
又外直樓屋上截樓洞內房屋壹間共成貳間要行出賣今托
中說合到嫡堂兄步雲兄弟名下用價向前承買居住為業
當日憑中公議時值屋價銀　整其銀及契即日兩明不欠分
文所作交易二比情愿非相逼勒準折債負從賣其情自賣之後任憑
承買人兄弟起屋永遠居住出賣人兄弟等不得生端阻挑異說
今欲有憑立賣房屋契書永遠為照

在堂母氏鍾○

運曈○　運岐○　彩升○

乾隆四十八年十二月吉日立永賣房屋契書人堂弟步周○　軾文○　運皓○　運星○

說合中人　耀堂○　瑞田○

見交銀人　韞元

依口代筆人　兆開○

永遠
[illegible]

乾隆四十八年　长溪
赖廷资立永退田予炉江背詹裕昆字

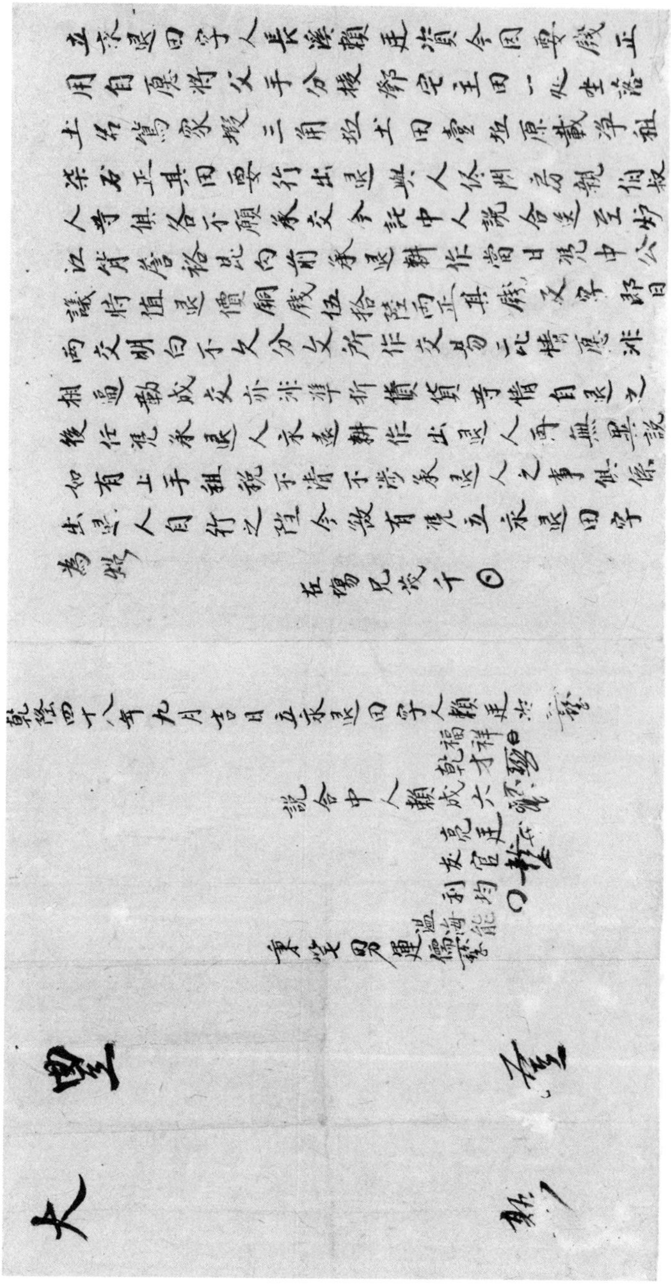

乾隆四十八年 长溪 赖友冠、步云、步周、彩申立合议字

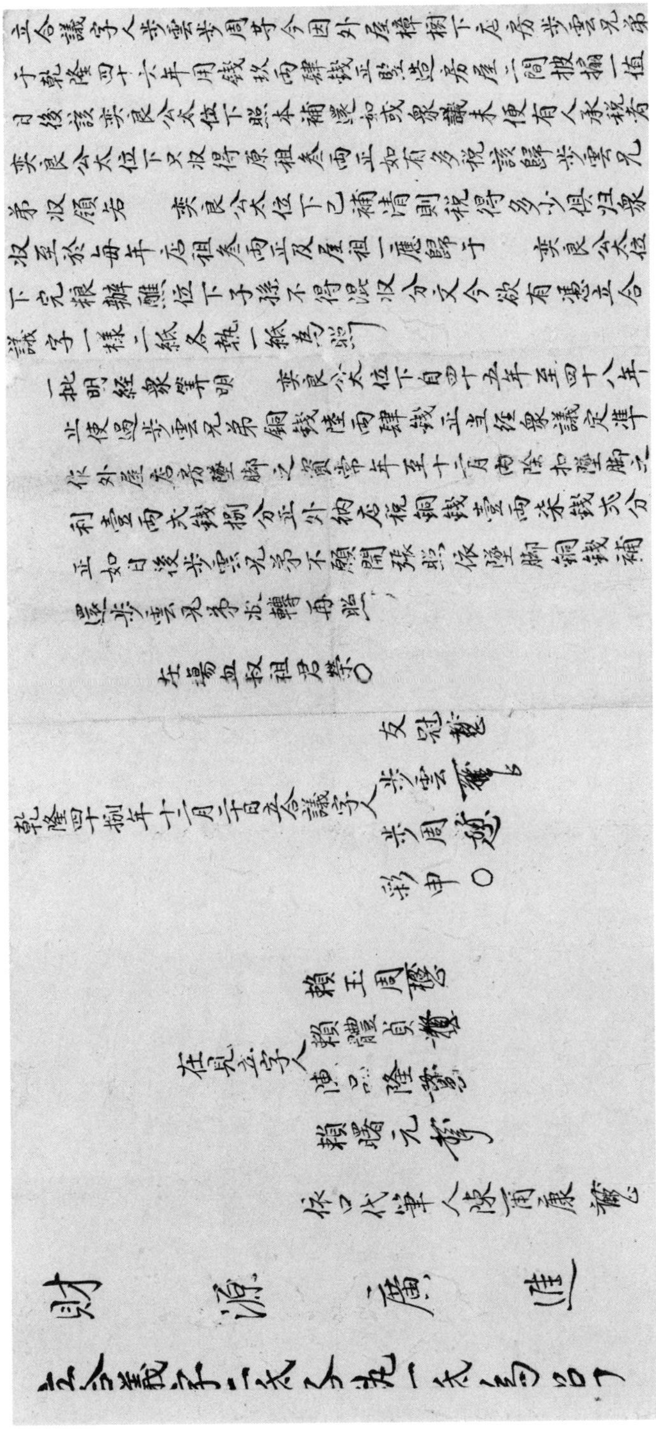

立合議字人步雲步周彩申因外祖樹下丘家步雲兄弟
于乾隆四十六年用錢玖兩肆錢正與丘家屋二間根捐一位
日後該奕良公太位下照本補還加或衆議未便有人承祀者
奕良公太位下又收得原祖價兩正加有多祀該歸步雲兄
弟收領若 奕良公太位下已補清則祀得多少俱歸衆
收至於每年丘祖價兩正及屋租一應歸于 奕良公太位
下完粮辦醮位下子孫不得混收分文今欲有憑立合
議字一樣二紙各執一紙為照
一批明經衆算明 奕良公太位下自四十五年至四十八年
止使過步雲兄弟銅錢陸兩肆錢正並從衆議定準于
將外祖丘家嘗樹之資當年至十二月內除扣還剩之
利壹兩式錢捌分正外約丘祀銅錢壹兩柒錢弍分
正加日後步雲兄弟不願開除照依還剩銅錢補
還步雲兄弟照轄再照
在場血叔祖君澤〇

乾隆四十八年十二月二十日立合議字人 友冠 步雲 步周 彩申〇

在見立字人 賴玉周 賴廷貞 [illegible] 賴瑞元

依口代筆人陳開康

財 源 廣 進

立合議字二張各執一張為照

乾隆四十八年 长溪

亮廷、盛光、兆开等立挽留字

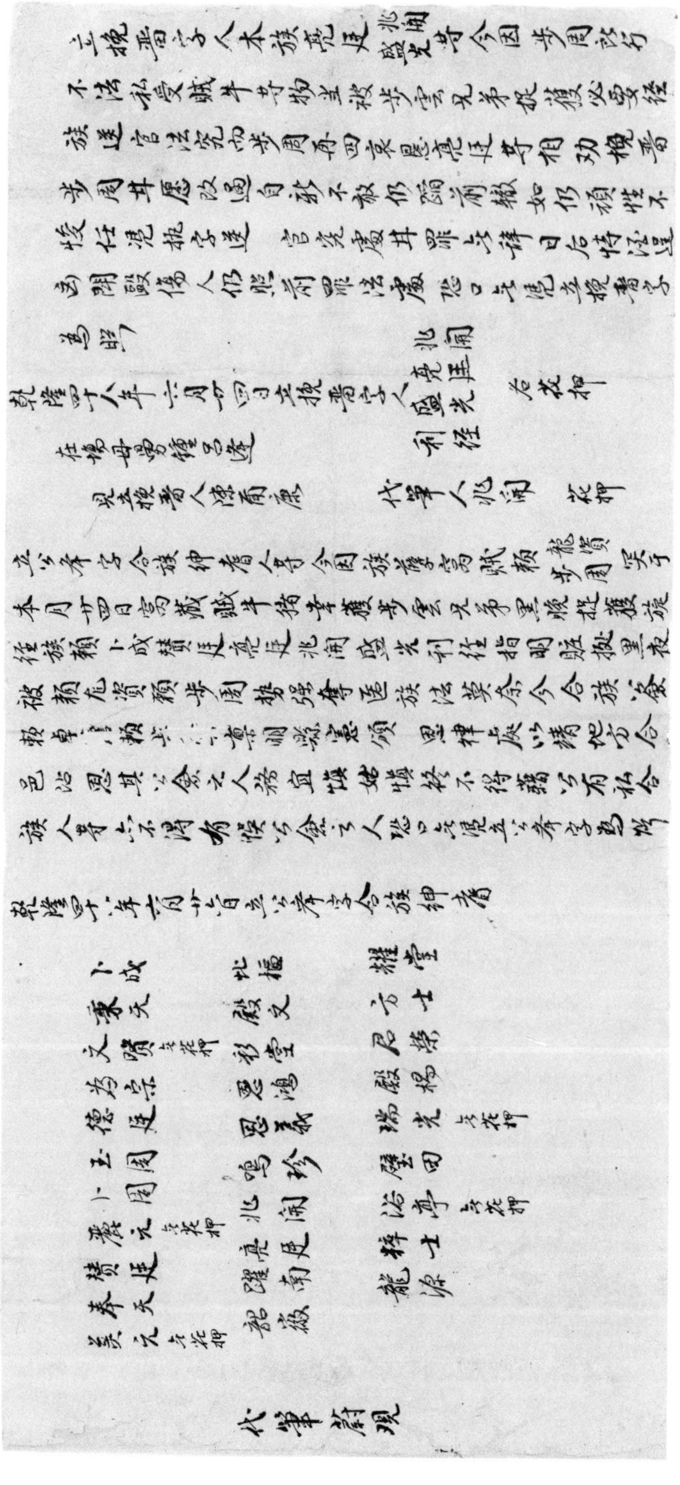

乾隆四十九年　长溪

陈秀文立永退田予本村童书言字

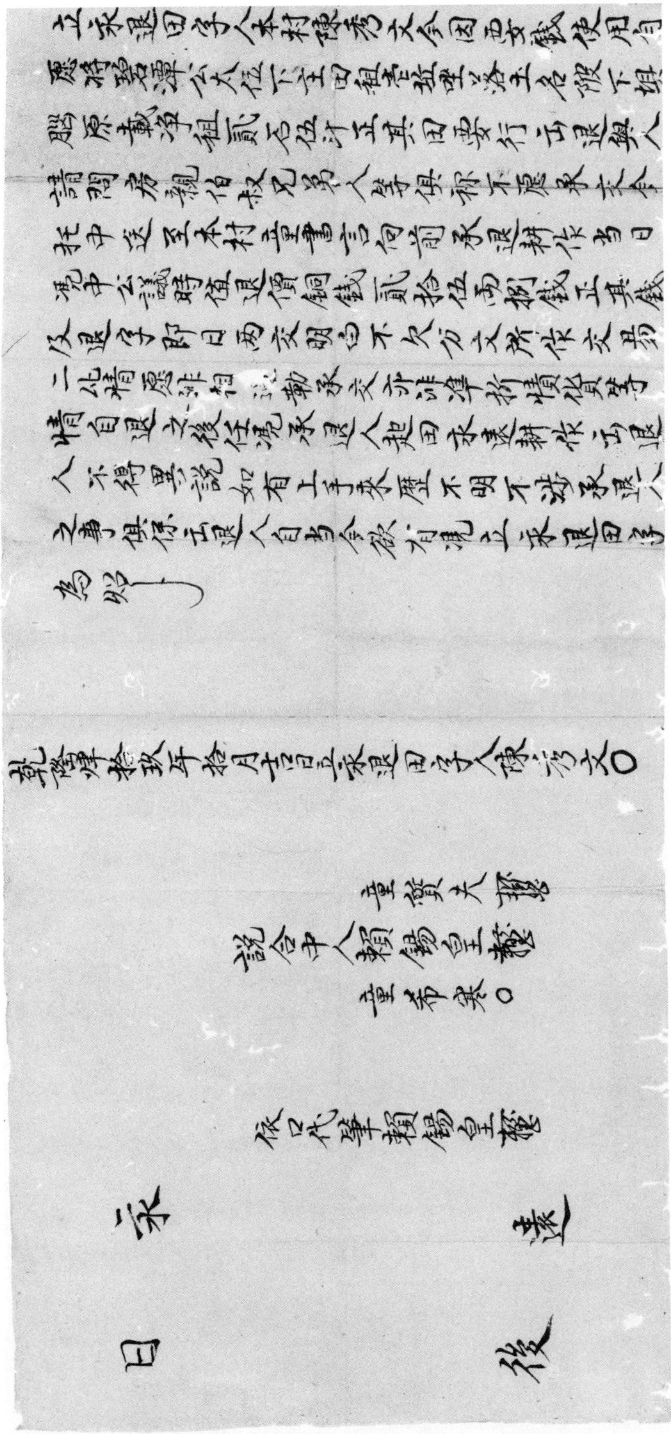

立永退田字人本村陈秀文，今因要钱使用，自愿将碧岩潭、大坵下之田租壹坵，坐落土名彼下坝，照原载净租贰石伍斗正，其田要行立退与人，请问房亲伯叔兄弟人等，俱称不愿承受，今托中送至本村童书言向前承退耕作为业，凭中公议时值退价铜钱贰拾伍两捌钱正，其钱及退字即日两交明白，不欠分文，所作交易系二比情愿，非相逼勒，承交之后，准许耕作，俱是情自退之后，任凭承退人起田求耕作，立退人人不得异说，如有上手来历不明，不涉承退人之事，俱系立退人自当。今欲有凭，立永退田字为照。

乾隆肆拾玖年拾月十二日立永退田字人陈秀文〇

童发夫（押）

说合中人赖锡高（押）

童希宗〇

依口代笔赖锡高（押）

永远

日后

乾隆五十年　长溪

灌头陂赖翠祥立退田子乌石头罗富余丈公字　附借田字

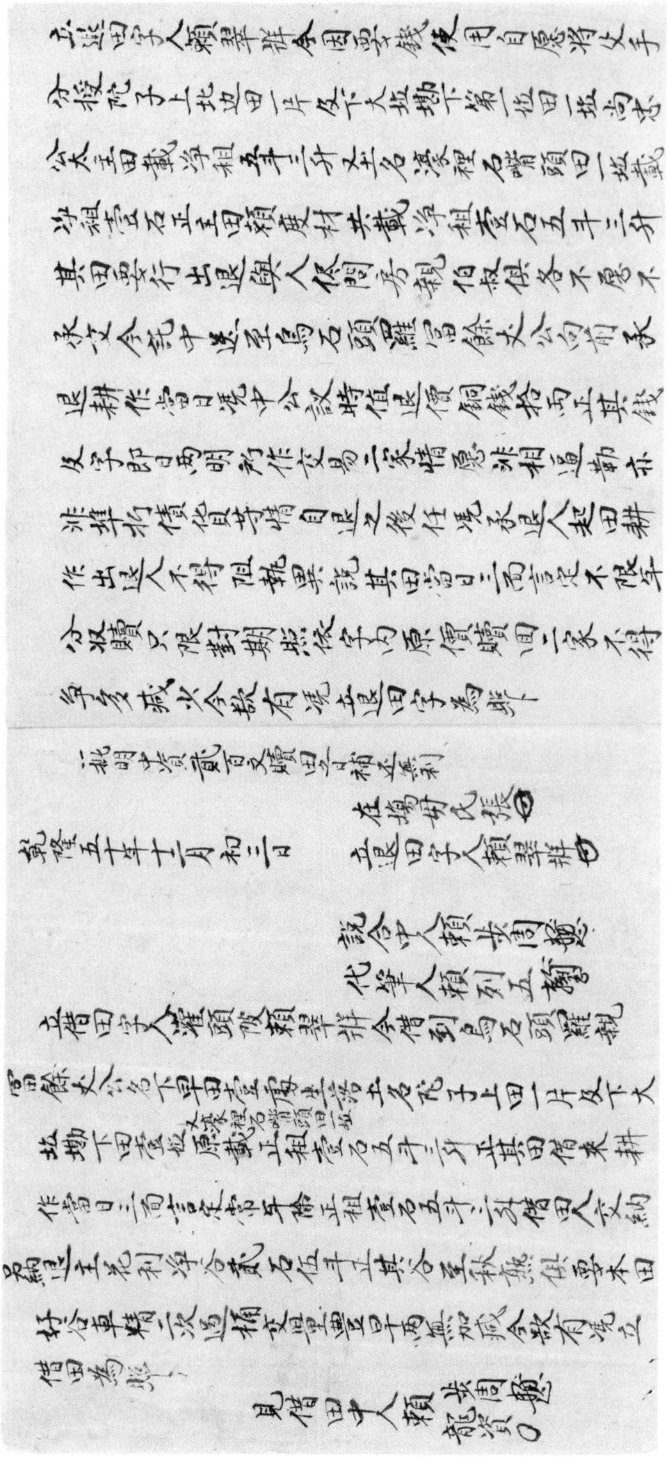

立退田字人賴翠祥今因要錢使用自愿將父手
分授花子上坵边田一片及下大坵塅下第一坵田一坵尚忠
公大主田載淨租叁斗三升又土名濠裡石嘴頭田一坵載
淨租壹石正主田額原村共載淨租壹石五斗三升
其田要行出退與人佃問房親伯叔俱各不愿承
受今託中送至烏石頭羅富餘丈公向前承
退耕作當日憑中三面議時值退價銅錢拾兩正其錢
及字即日兩明交作交易二家情愿非相逼勒亦
非準折債負其田自退之後任憑承退人起田耕
作出退人不得阻執異說其田當日三面言定不限年
分收贖只限對期照依字內原價贖回二家不得
爭多減少今欲有憑立退田字為照

一批明字內實貳百文贖田之日補足無利

在場叔八張

乾隆五十年十二月初三日　立退田字人賴翠祥

說合中人賴步周

代筆人賴列五

立借田字人灌頭陂賴翠祥今借到烏石頭羅富
餘丈公名下早田壹處坐落土名花子上田一片及下大
坵塅下田壹坵又濠裡石嘴頭田一坵原載正租壹石五斗三升正其田借來耕
作當日三面言定每年納正租壹石五斗三升借田人交納
另納退主花利淨谷貳石伍斗正其谷至秋熟俱要本田
好谷車淨二次送到倉交田主收足不得少欠今欲有憑立
借田為照

見借田中人賴步周
賴龍資

乾隆五十年　长溪
赞廷立约到冬至会钱字

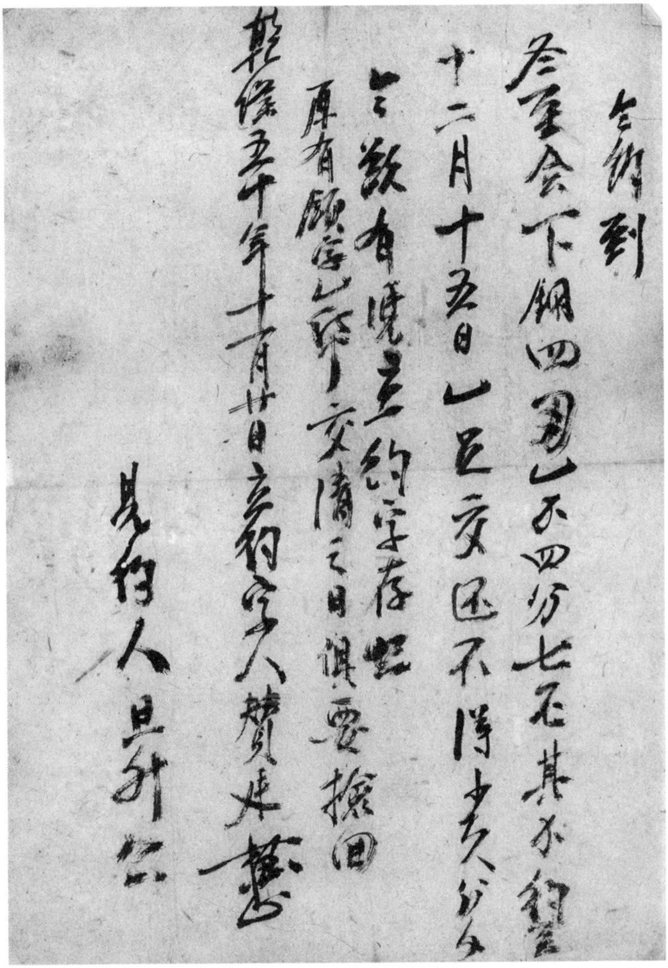

立约到
冬至会下银四两正又四分七厘其本利盘
十二月十五日一足交还不得少欠分文
今欲有凭立约字存照
再有领字一纸一交清之日俱要检回
乾隆五十年十二月廿日立约字人赞廷（押）
见约人　呈升　笔

乾隆五十一年　长溪
步周、友冠等立血祖奕良公太夫妇位下祭田合议字

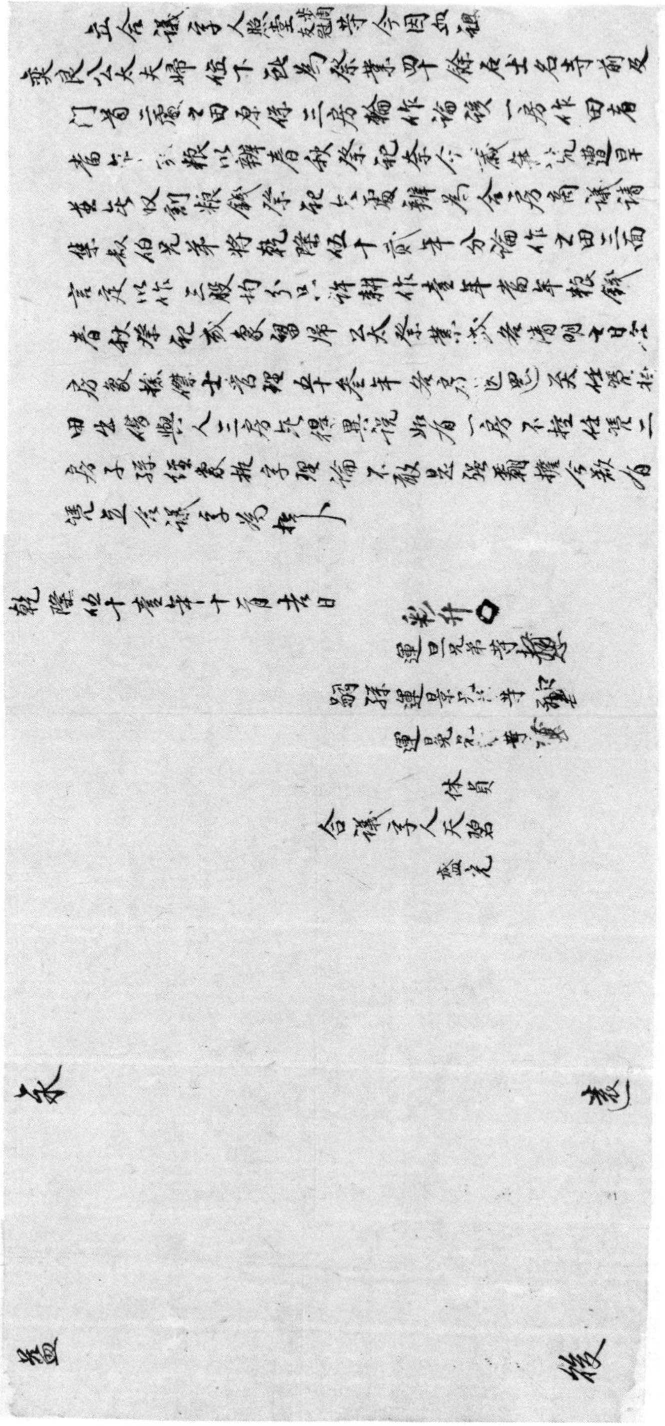

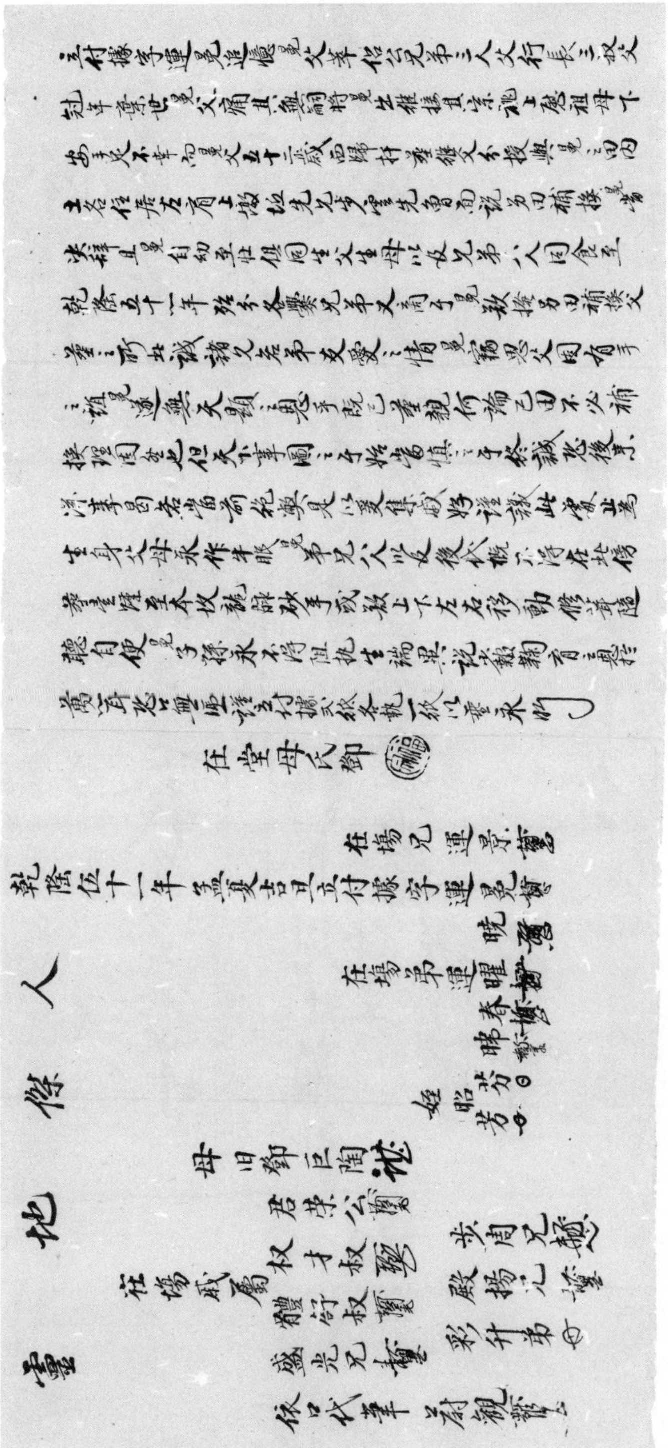

乾隆五十一年　长溪

孟浤公太位下杰士周廷、耀煌、思义等立约到会英铜钱字

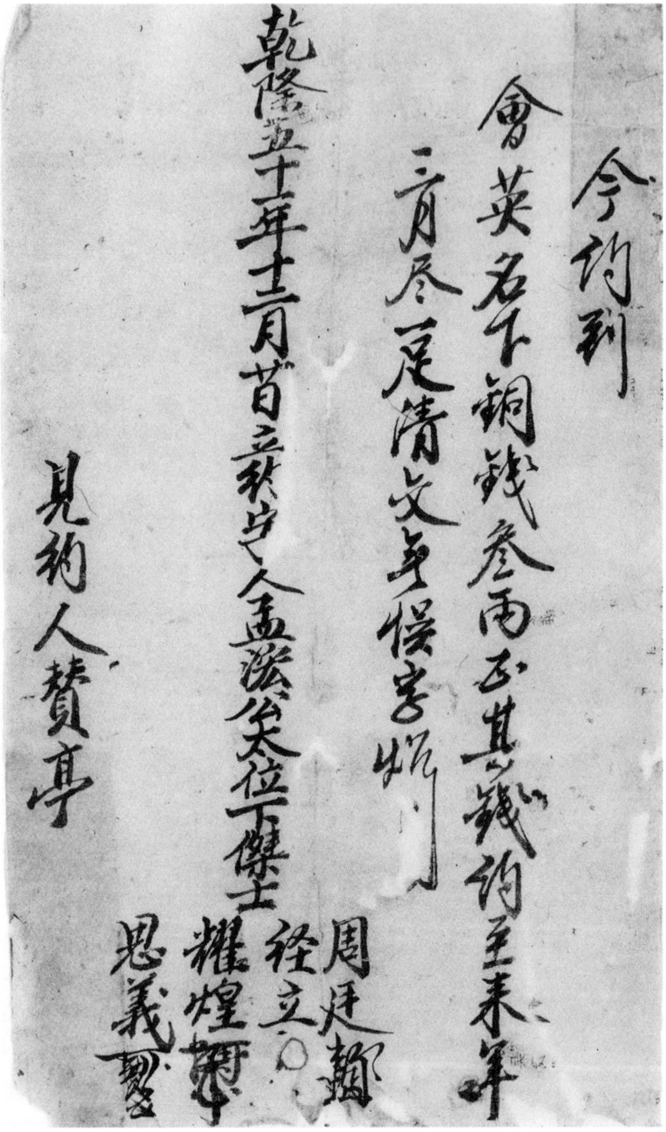

今約到

會英名下銅錢叁両正其錢約至來年

三月尽足清交無悮字據

乾隆五十一年十二月　日立約字人孟浤公太位下傑士周廷押

經立

耀煌押

思義押

見約人贊亭

乾隆五十一年 长溪

识宏、翠吕、晋垂公位下三房立合议分关字

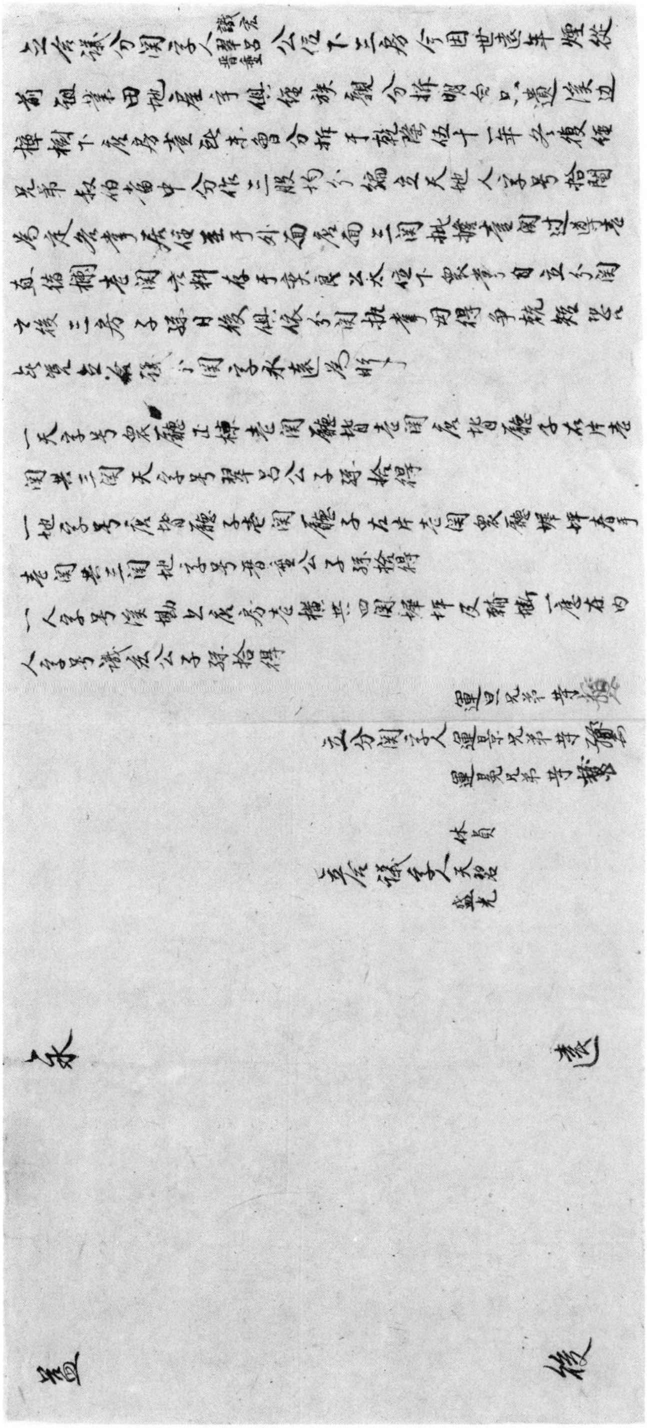

（一）

立合議字分関字人肇吕（識宏、晋垂）公位下三房，今因世遠年湮，
從前祖業田地屋宇俱經族戮分析明白，只遺溪边樟
樹、屋房老託未曾分析，于乾隆伍十一年冬復經兄
弟叔伯當丁分作三股均分，编立天地人字号拾阄為
定。各業居住至于外面屋面心手三閗抵據老閗过
導老直猪欄老閗六料存于乘良公太位下衆業。
自立分関之後，三房子孫日後俱依分関執業，毋得争
長競短，恐口无凭，今立合議分関字永遠為照。

一天字号衆廳正棟老閗廳背老閗屋皆廳子右片
老閗共三閗，天字号巽吕公太子孫拈得。
一地字号屋皆廳子老閗廳子左片老閗衆廳坪坪旁
手老閗共三閗，地字号晋垂公子孫拈得。
一人字号溪墈上屋房二、椽共、閗坪坪及輸槲老屋
在内，人字号識宏公子孫拈得。

彩升
運旦兄弟等（押）
立分関字人運景兄弟等（押）
運冕兄弟等（押）
休貞
立合議字人天碧
盛光

永　遠
益　後

（二）

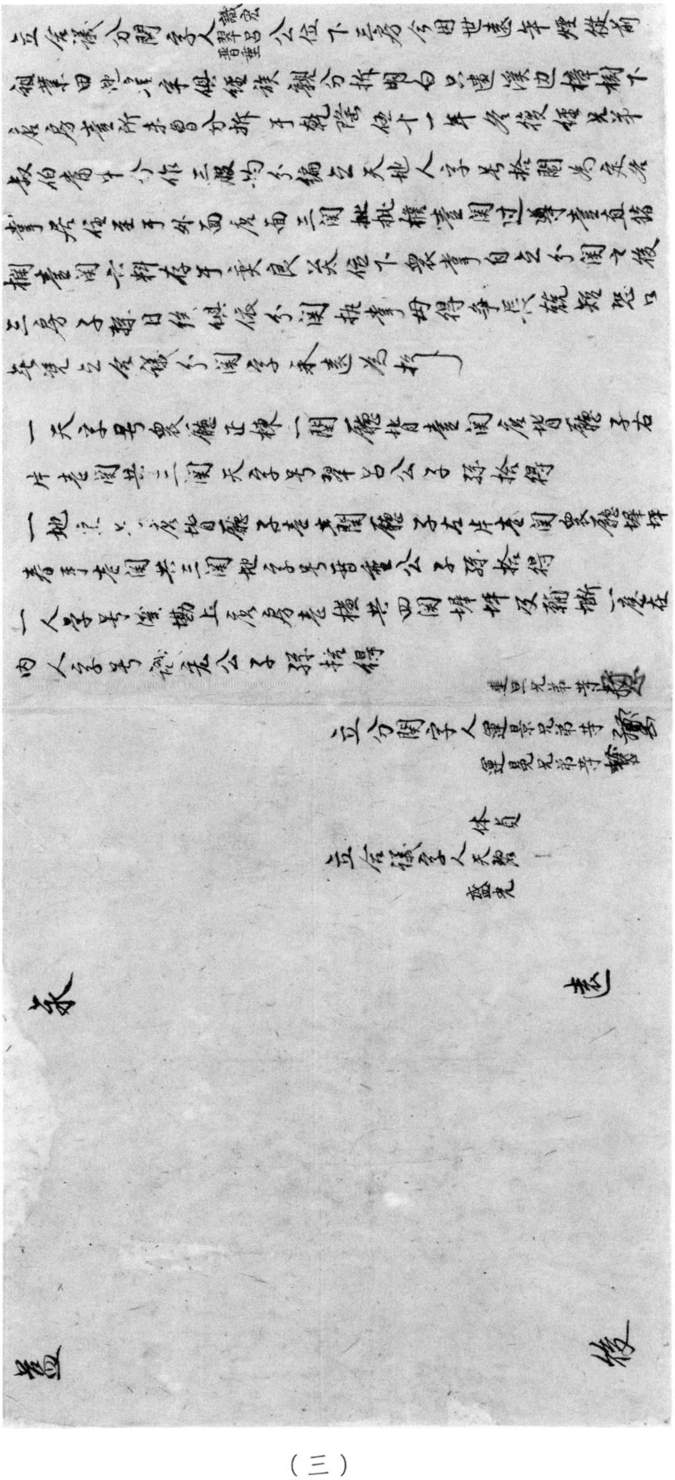

（三）

乾隆五十二年　长溪

彩声立永退田予本家会英字　及嘉庆四年批注

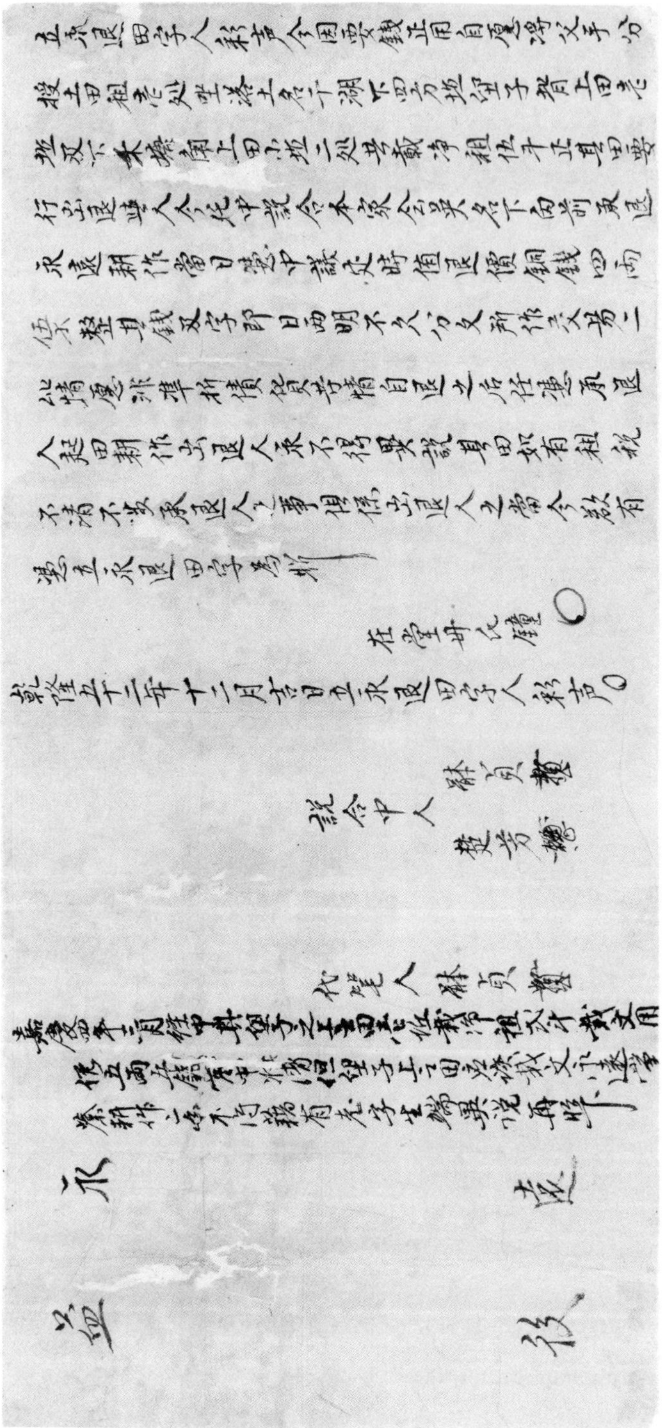

乾隆五十二年 长溪冬至会下众人盛光、奉夫等立收步云兄弟会钱字

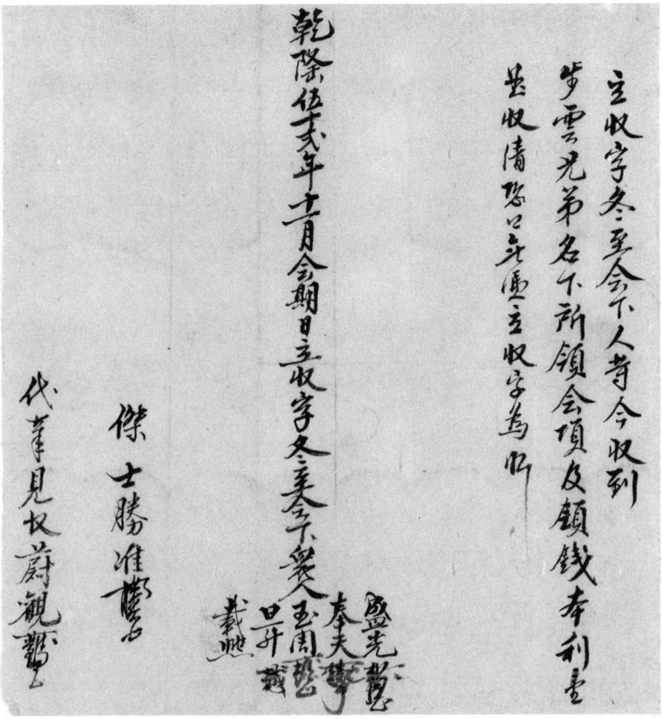
立收字冬至會下人等今收到
步雲兄弟名下所領會項及領錢本利壹
並收清楚口無憑立收字為照
乾隆伍拾貳年十一月會期日立收字冬至會下衆人 盛光 奉夫 玉周 旦开 載旭
傑 士勝 准
代筆見收 蔚觀

乾隆五十二年　长溪

赖翠南立永退田予本房翠波、胜淮兄弟字

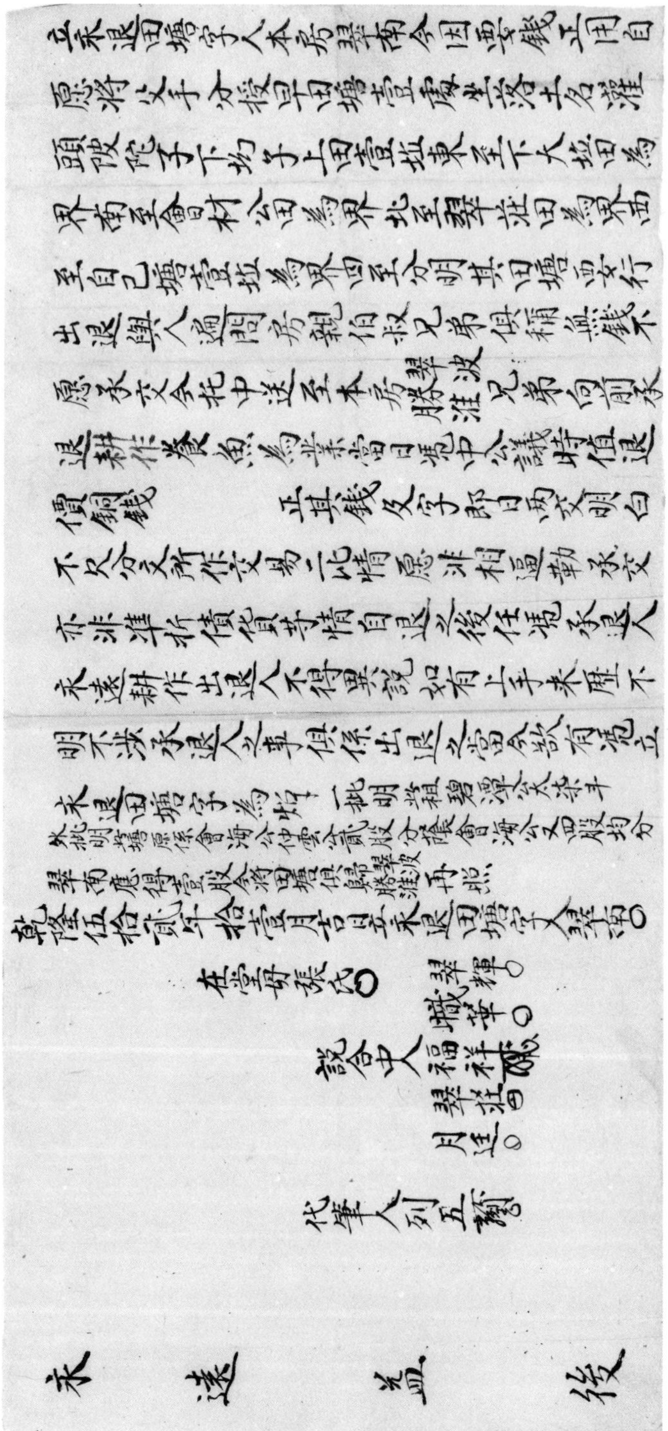
立永退田塘字人本房翠南今因要錢正用自
愿將父手分授己下田塘壹處坐落土名羅
頭陂陀子下坵子上田壹坵東至下大坵田為
界南至會日村公田為界北至翠莊田為界西
至自己塘壹坵為界四至分明其田塘要行
出退與人遍問房親伯叔兄弟俱稱無錢不
愿承交今托中送至本房翠波勝淮兄弟向前承
退耕作管業為業當日憑中公議時值退
價銅錢　　正其錢及字即日兩交明白
不欠分文所作交易二比情愿非相逼勒承交
亦非准折債物等情自退之後任憑承退人
永遠耕作出退人不得異說如有上手來歷不
明不涉承退人之事俱係出退之當面承當有憑立
永退田塘字為照　一批明翠祖碧源公太承手
外批明此塘原係會海公仲雲公貳股分撥會海公又四股均分
翠南應得壹股今將田塘俱歸翠波勝淮兄弟再批照
乾隆伍拾貳年拾壹月廿日立永退田塘字人翠南〇
翠輝〇
在堂母張氏〇
臧華〇
說合中人福祥〇
翠莊〇
月廷〇
代筆人列五〇
永遠光照後

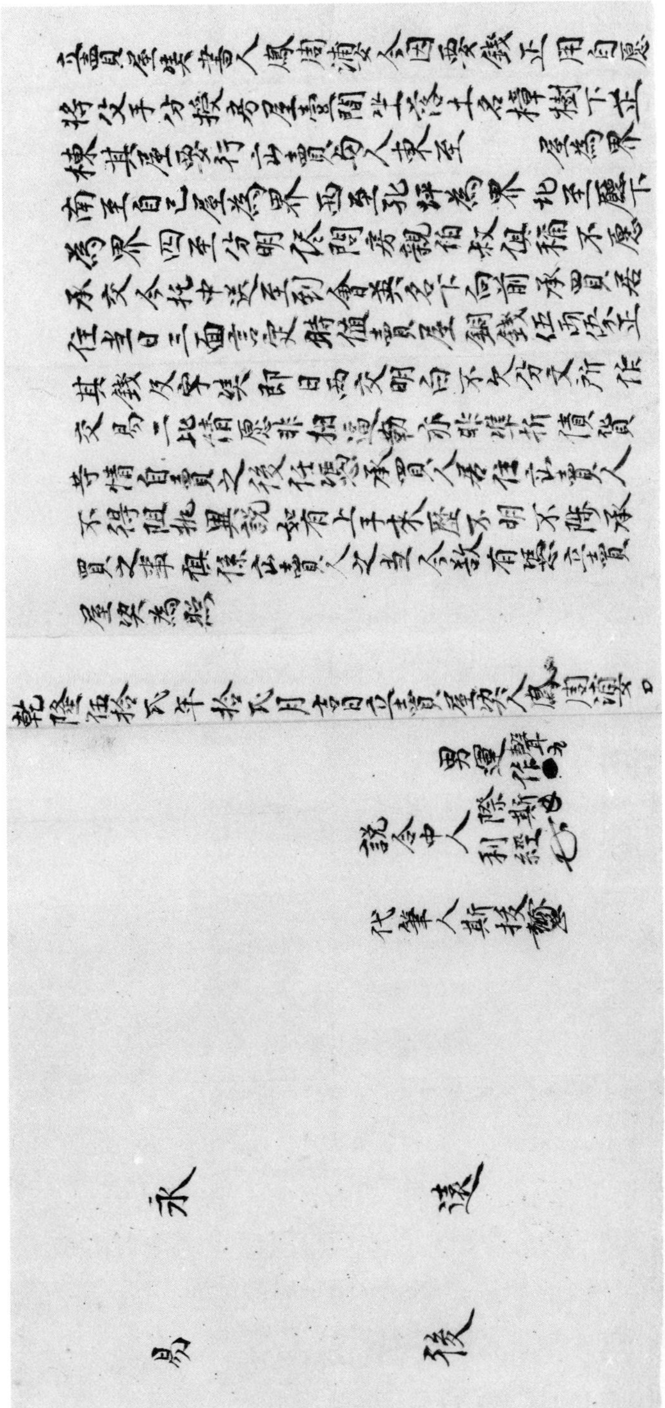
立賣屋契書人賴周婆今因要錢正用自愿
將父手分授房屋壹間坐落土名樟樹下並
棟其屋要行出賣與人東至　　屋為界
南至自己屋為界西至孔坪為界北至壢下
為界四至分明係問房親伯叔俱稱不愿
承交今托中送至到會英名下向前承買居
住当日三面言定時值賣屋銅錢伍兩係正
其錢及字契即日兩交明白不欠分文所作
交易二比情愿非相逼勒亦非準折債貨
等情自賣之後任憑承買人居住出賣人
不得阻執異說如有上手來歷不明不干承
買之事俱係出賣人之当今欲有憑立賣
屋契為照

乾隆伍拾貳年拾貳月吉日立賣屋契人賴周婆
男運聲 作
際斯
說合中人 利經
代筆人 斯技

永　遠
易　後

乾隆五十三年　长溪
赖翠庄立永退田塘予乌石头罗富如丈公字

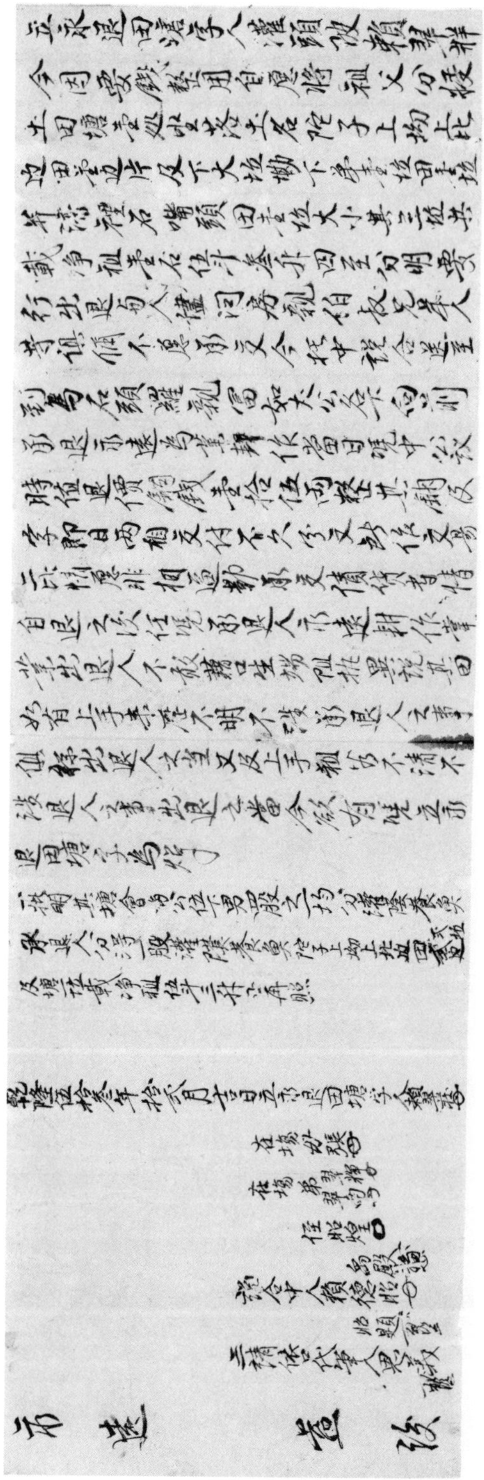

乾隆五十四年　长溪
吴拔翠、美元兄弟立永卖坝地予赖盛光叔公字

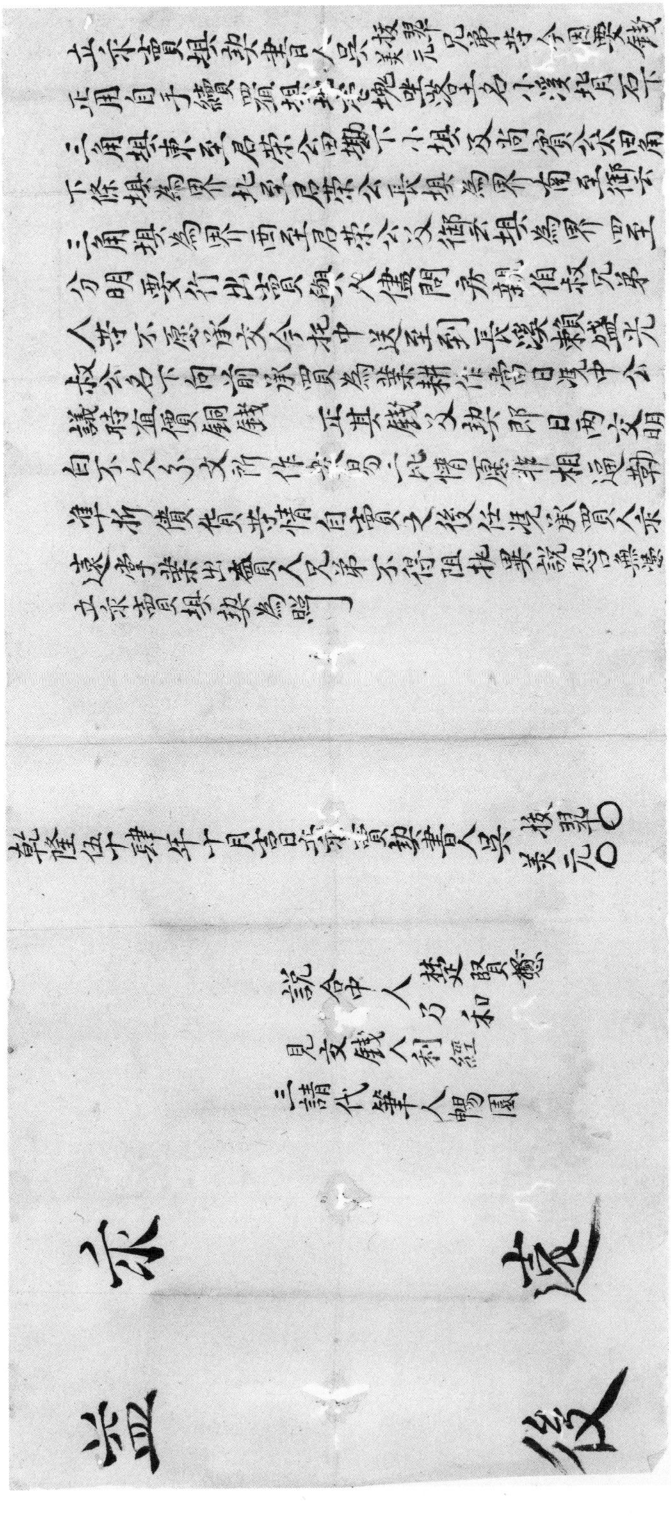

立永賣垻契字人吳拔翠、美元兄弟等，今因要錢
正用，自手攢買頭垻壹塊，坐落土名小溪背月石下
三角垻，東至君碧公田塍下小垻及高同賓公大田角
下條垻為界，北至君碧公長垻為界，南至御宗
三角垻為界，西至君碧公及御宗垻為界，四至
分明。要行出賣與人，先儘問房親伯叔兄弟
人等不受，請憑中人，今托中送至到長溪賴盛光
叔公名下向前承買為業耕作。當日憑中公
議時值價銅錢　正，其錢一文契即日兩交明
白，不少欠分文。所作此乃二比情愿，非相逼勒
準折債貨等情。自賣之後，任從承買人永
遠管業，出賣人兄弟不得阻執異說。恐口無憑，
立永賣垻契為照。

乾隆伍十肆年十月廿四日立永賣垻契書人吳拔翠○ 美元○

說合中人　楚廷賢懋　乃和
見交錢人　利經
請代筆人　暢園

永遠管業

乾隆五十五年　长溪

赖凤周婆立卖房屋予会英兄字

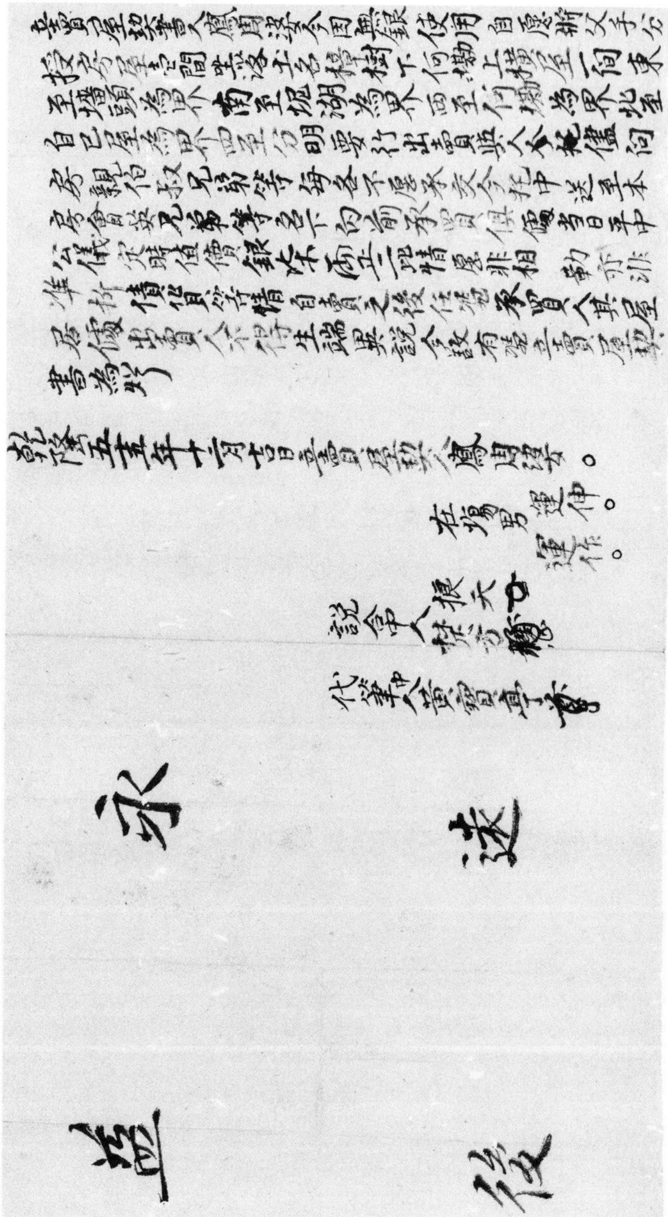

乾隆五十五年　长溪
赖会英立约到乌石头罗富余丈公田价铜钱字

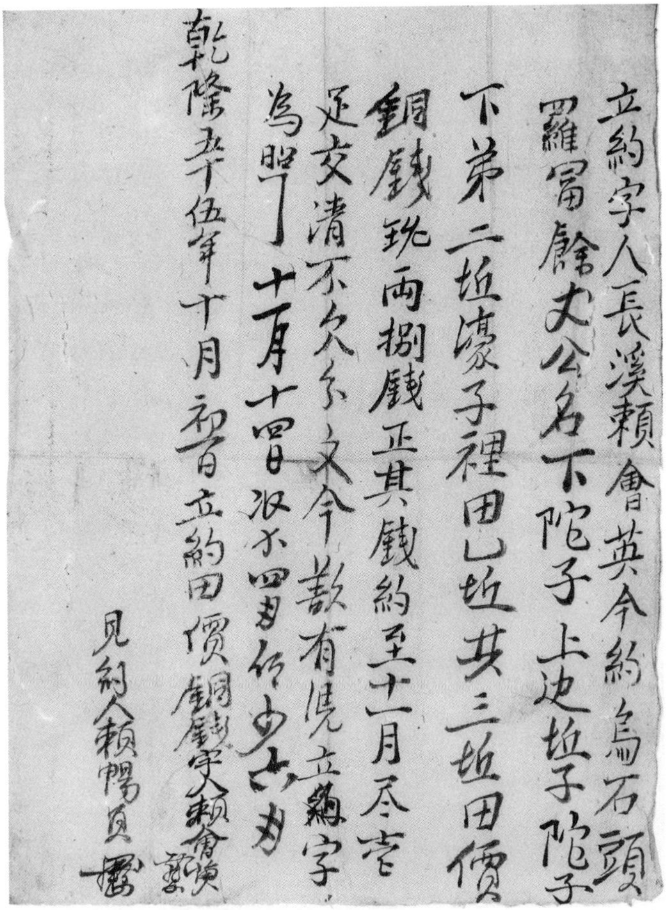

立約字人長溪賴會英今約烏石頭
羅富餘丈公名下陀子上迠垃子陀子
下弟二垃壕子裡田山垃共三垃田價
銅錢玖兩捌錢正其錢約至十一月尽含
廷交清不欠分文今欲有凭立約字
為照　十月十四日収不四月行加六力
乾隆五十伍年十月初一日立約田價銅錢字人賴會英
見約人賴暢貞

乾隆五十五年　长溪
文才、震天立永卖坝予本房赖旦升字

立永賣坝契字人文才、震天，今因要錢使用，自願將父
手遺下坝一坵，土名塘堀，坐落土名塘堤坝，東至吉士子
等二人坝為界，西至魁英坝為界，南至石溪江太
位下坝為界，北至盛立坝為界，四至分明，要行出賣。先
盡問房親伯叔兄弟人等，俱稱不願承交，今憑
中送至本房賴旦升名下，向前承買為業耕作。當日
憑中三面議時值價銅錢　　整，其錢及字即日
兩明，不欠分文，所作此坝二比情願，非相逼勒，亦非准
折債貸等情。自賣之後，任從承買人永遠管業
耕作，出賣人不得生端異說。如有來歷不明，不涉承
買人之事，俱係出賣人一力承當。今欲有憑，立賣坝契
壹紙，永遠為照。

乾隆伍拾伍年秋月吉日立永賣坝契字人　文才　震天

說合中人　楚英

見交錢人　賢位

依口代筆人　盛章

永　遠

發　達

乾隆五十五年 长溪

乌石头罗富余立永退田塘子长溪赖亲会英舅字

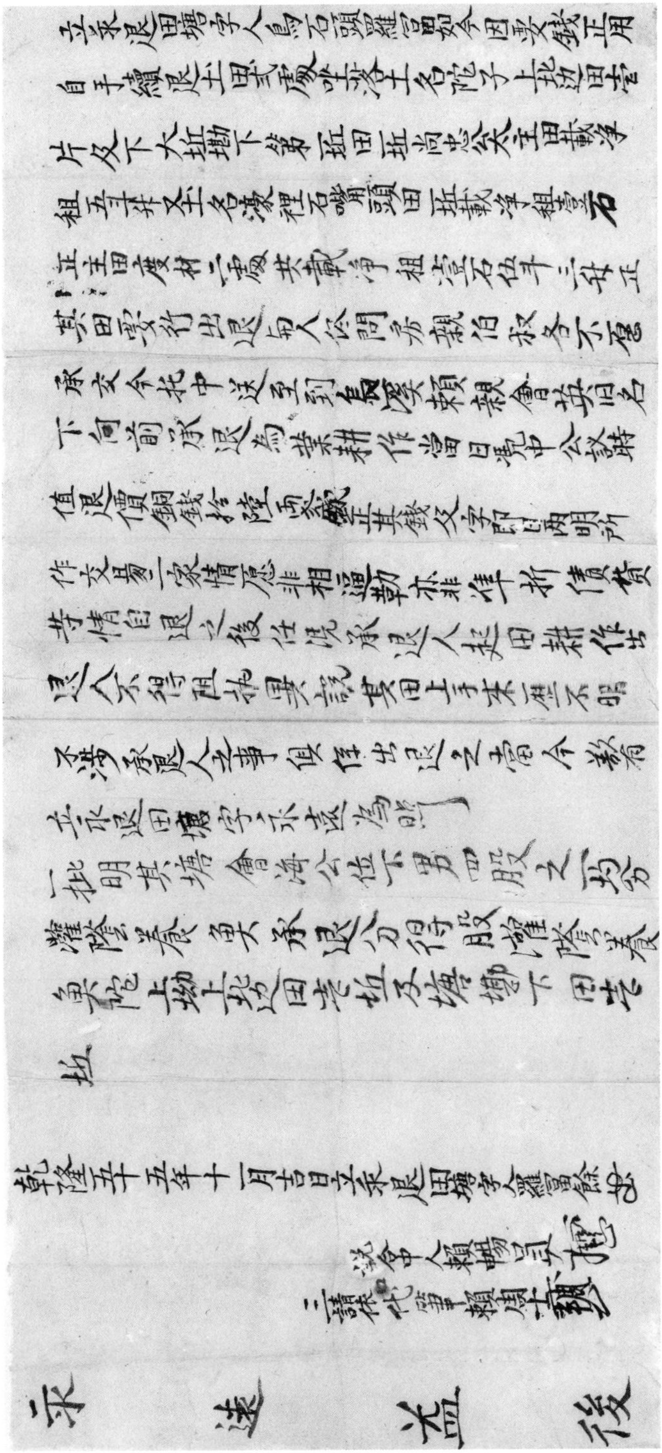

立永退田塘字人乌石头罗富余今因要钱正用
自手续退土田式处坐落土名陀子上坵田壹
片及下大坵塘下等处田坵尚忠公大主田载净
祖五斗半又土名溪里石嘴头田坵载净祖壹石
正主田庄村二处共载净祖壹石伍斗三升正
其田要行出退与人先问亲房叔侄各不愿
承交今托中送至到长溪赖亲会英舅处
下向前承退为业耕作当日凭中公议时
值退价铜钱拾陆两[illegible]正其钱及字即日两明交
作交易二家情愿非相逼勒亦非准折债货
其情自退之后任凭承退人起田耕作出
退人不得阻挡异说其田上手来历不明
不涉承退人之事但系出退之当今[illegible]
立永退田塘字一纸为照
一批明其塘会海公祖下四股之[illegible]
灌荫[illegible]
乌石陀上塘上坵田[illegible]下田[illegible]
批
乾隆五十五年十月吉日立永退田塘字人罗富余
说合中人赖[illegible]
代笔[illegible]
永 远 益 发

乾隆五十六年　长溪

余太姒位下房长昌贤等、杰士奉天等，立永退田予本祠族太赖滔、碧潭二位太祖位下祭钱字

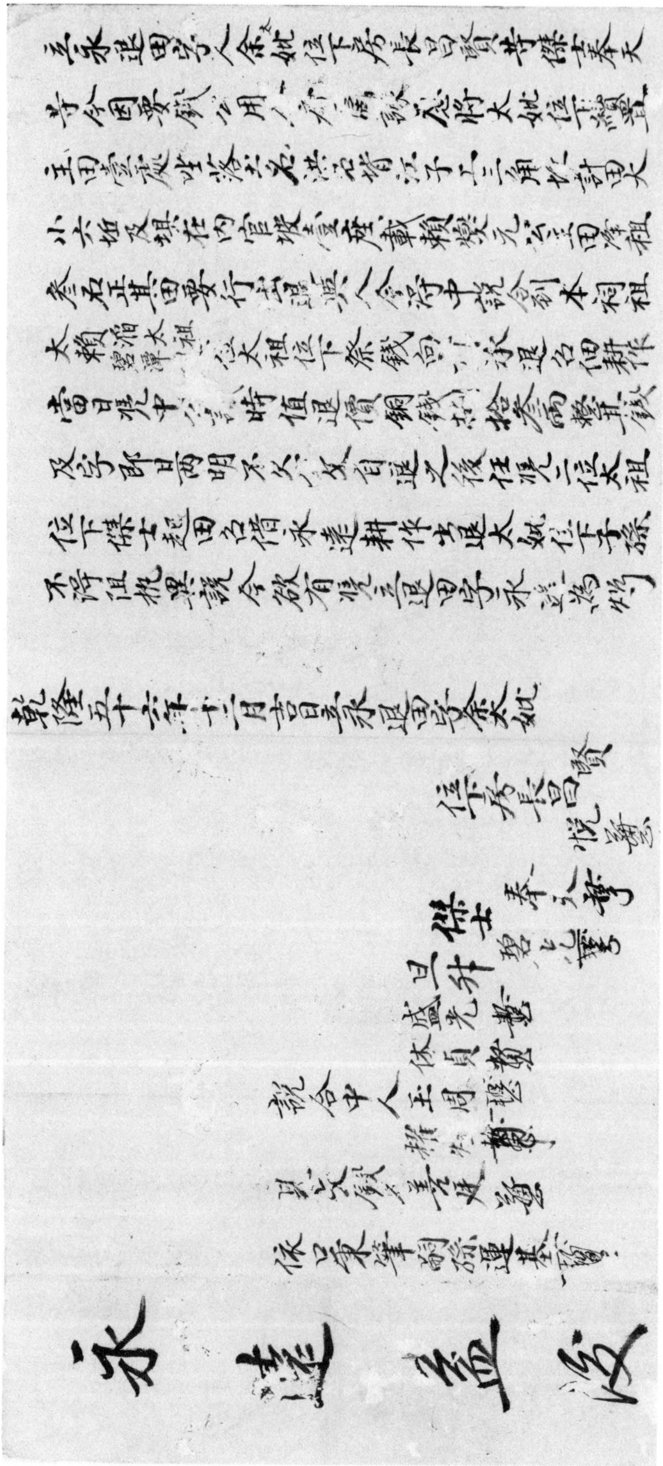

乾隆五十七年　长溪

赖朝钦兄弟等立永退田塘予孟潜公太位下祭铜钱字

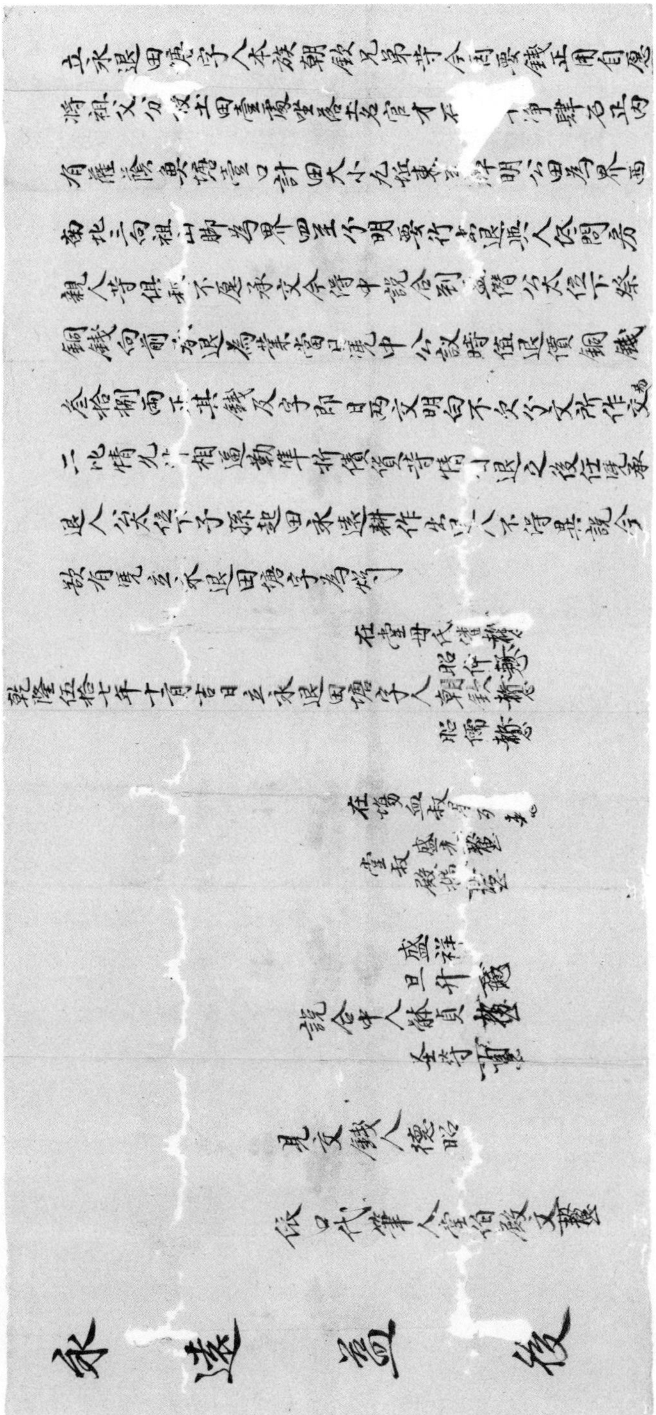

立永退田塘字人賴朝欽兄弟等今因要錢正用自愿
將祖父分授土田壹處坐落土名宫才下[illegible]丁淨肆石正內
有塘[illegible]併魚塘壹口計田大小九坵東至[illegible]明公田為界西
南北三向祖山脚為界四至分明要行出退先問房
親人等俱各不愿承交今請中説合到孟潛公太位下祭
銅錢向前承退為業當日憑中公議時值退價銅錢
叁拾捌兩正其錢及字即日兩交明白不少分文亦非准折交易
二比情允[illegible]相逼勒準折債貨等情今退之後任從孟潛
公太位下子孫起田永遠耕作出退人不得異説今
欲有憑立永退田塘字為炤

乾隆伍拾七年十二月吉日立永退田塘字人 賴朝欽 [illegible]

乾隆五十七年　长溪

赖昭玉立永卖坝地予本房盛光叔字

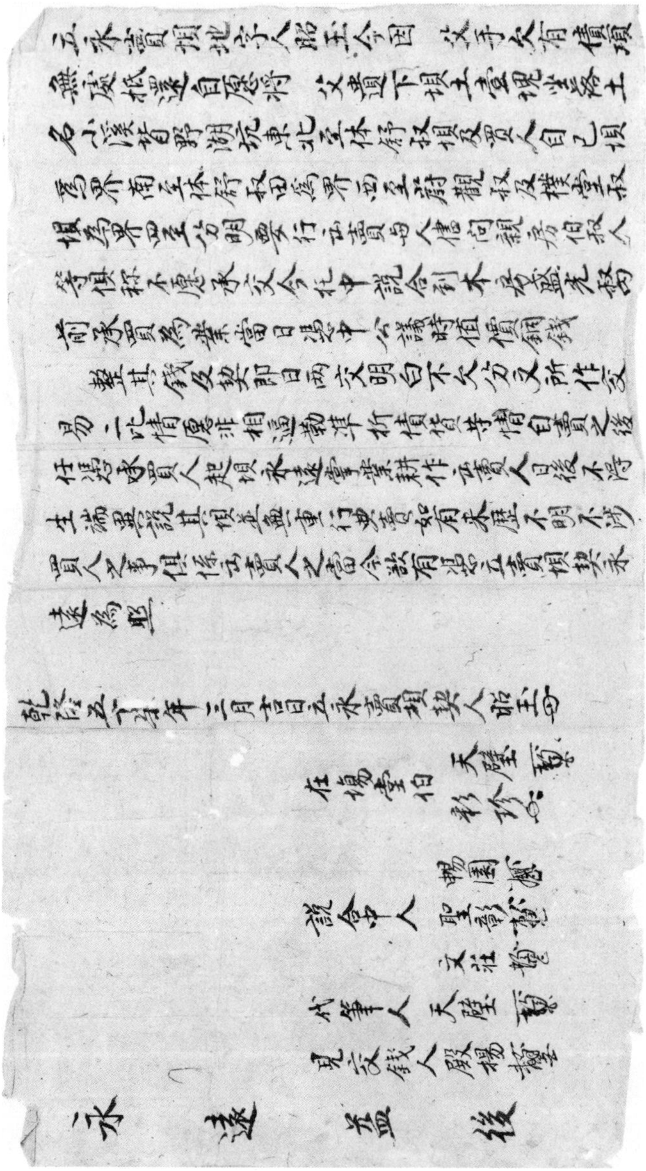
立永賣坝地字人昭玉，今因　父手分有價買
兼坡根邊自歷將　父遺下坝土壹坵，坐落土
名小溪背野湖坑，東北至林行叔坝及買人自己坝
為界，南至林行叔田為界，西至尉觀叔及樸堂叔
坝為界，四至分明，要行出賣與人，先問親房伯叔人
等俱各不願承受，今托中說合到本房盛光叔
前承買為業，當日憑中公議時值價銅錢
整，其錢及契即日兩交明白，不欠分文，所作交
易二比情愿，非相逼勒準折債貨等情，自賣之後
任從買人起坝永遠掌業耕作，立賣人日後不得
生端異說，其坝並無重行典當，如有來歷不明，不涉
買人之事，俱係立賣人之當。今欲有憑，立賣坝契永
遠為照。

乾隆五十七年三月十日立永賣坝契人昭玉（押）

天隆（押）
在場堂伯　彬珍（押）

暢國（押）
說合中人　聖彰（押）
文莊（押）

代筆人　天陞（押）

見交錢人　殷揚（押）

永遠管業

乾隆五十九年　长溪

赖翠波、胜淮立永退灌龙陂田塘予本房族会英兄字

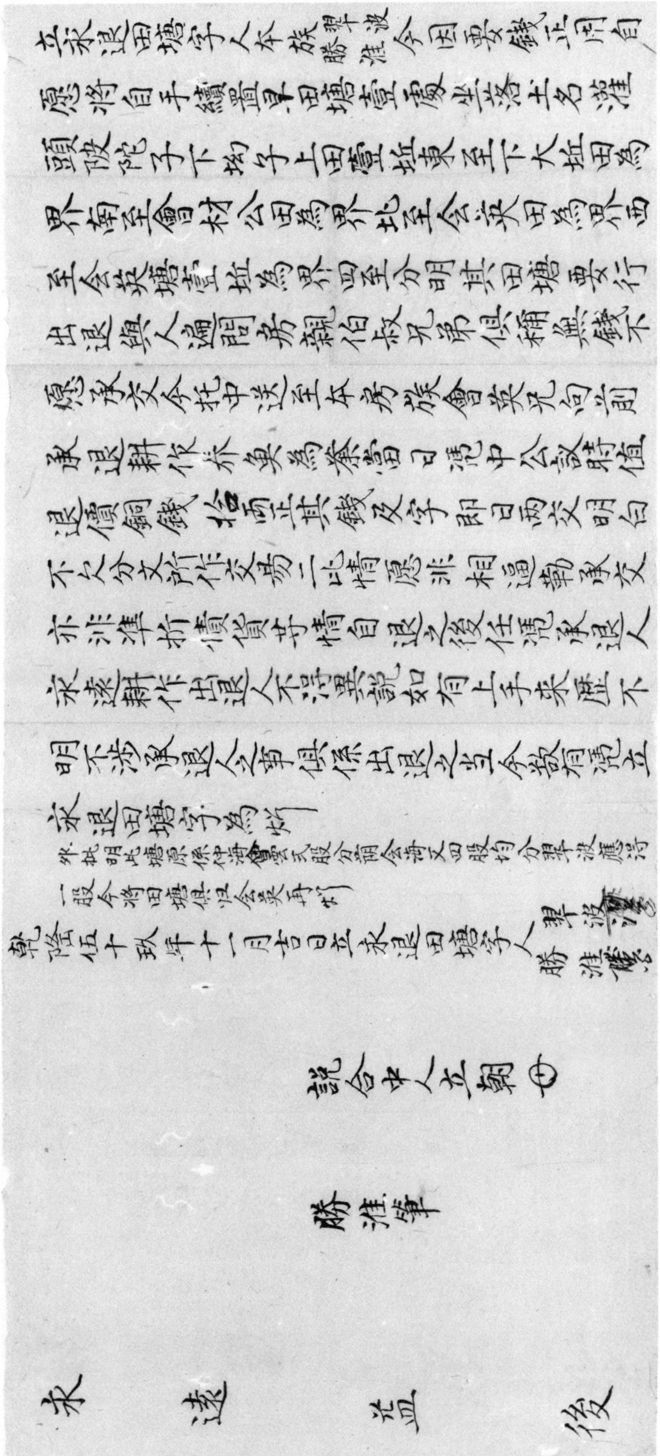
立永退田塘字人本族翠波胜淮今因要錢乏用自
愿將自手續置早田塘壹處坐落土名灌
頭陂坑子下坳子上田壹坵東至下大坵田為
界南至會同材公田為界北至會英田為界西
至會英塘壹坵為界四至分明其田塘要行
出退與人遍問房親伯叔兄弟俱稱無錢不
愿承交今托中送至本房族會英兄向前
承退耕作永遠為業當日憑中三面言議時值
退價銅錢拾兩正其錢及字即日兩交明白
不少分文所作交易二比情愿非相逼勒承交
亦非準折債貨等情自退之後任憑承退人
永遠耕作出退人不得異說如有上手來歷不
明不涉承退人之事俱係出退之當今欲有憑立
永退田塘字為照
外批明此塘原係仲清會英弍股分開會清又四股均分翠波應得
一股今將田塘俱退會英再照
乾隆伍十玖年十一月吉日立永退田塘字人　翠波（押）　胜淮（押）
說合中人　立朝（押）
胜淮筆
永遠發後

乾隆五十九年　长溪

赖显扶立永退田予本族奉天公太位下字

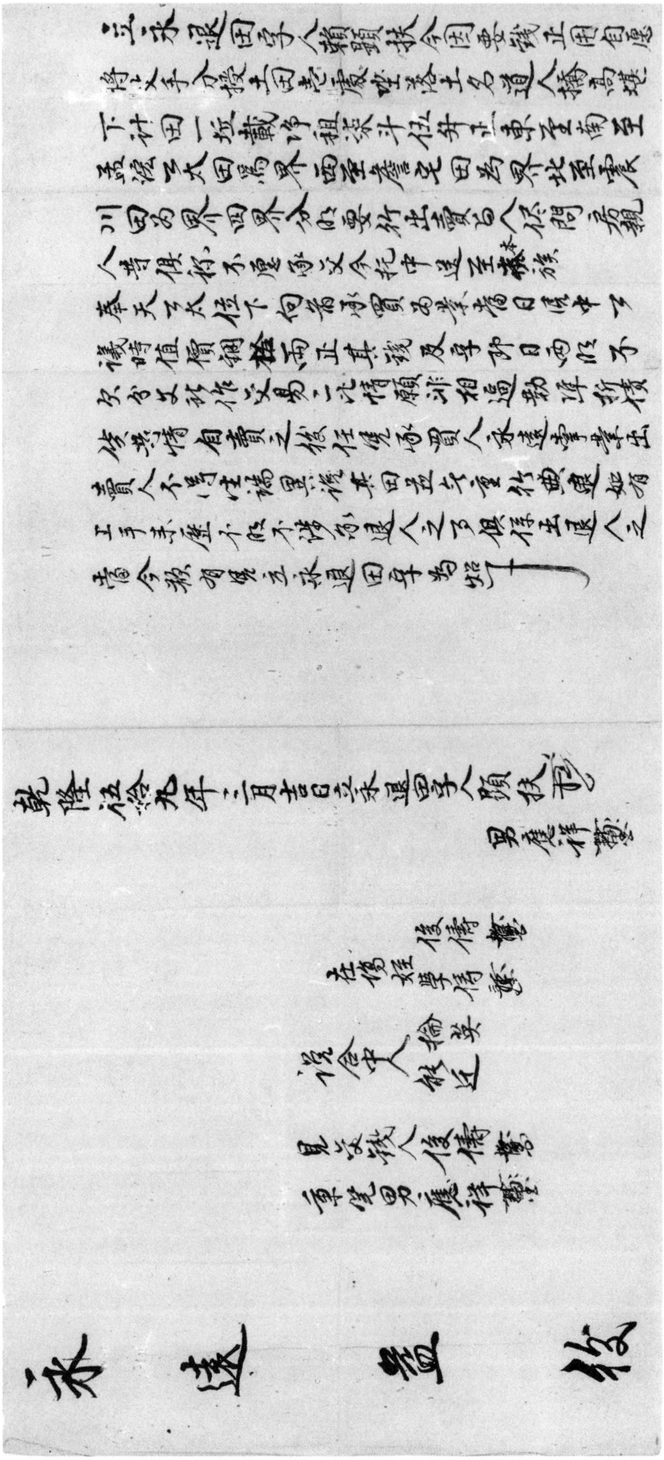

乾隆六十年　长溪

楚贤立永卖坝子本家嫡弟妇召甸婆字

立永賣垻契書人本家楚賢今因要錢正
自愿將自己續置垻地壹坵坐落土西湖溪
東至坷吳從下田及列五垻地為界南至坷吳太
位垻地及錫連垻地為界西至星若吳[illegible]下垻
地為界北至能高垻地為界四至分明要行
出賣與人今托中說合到本家嫡弟婦召
甸婆名下向前承買為業當日憑中公
議時值價銅錢伍兩叁錢正其錢及字即
日兩交明白不欠分文所作交易二比情愿非相
逼勒承交亦非準折債貨等情如有來
歷界至不清不涉承買人之事俱係出人自當
自賣之後任憑承買人永遠管業耕作出賣
人不敢生端阻執異說今欲有憑立永賣契
字為照

乾隆陸拾年十二月吉日立永賣契書人楚賢押

說合中人仲輝㊞
在見交錢人孔崇林㊞

自筆據

永　遠
益　後

乾隆六十年　长溪

房长赖圣哲等杰士立退祭田予本房嗣孙应多字

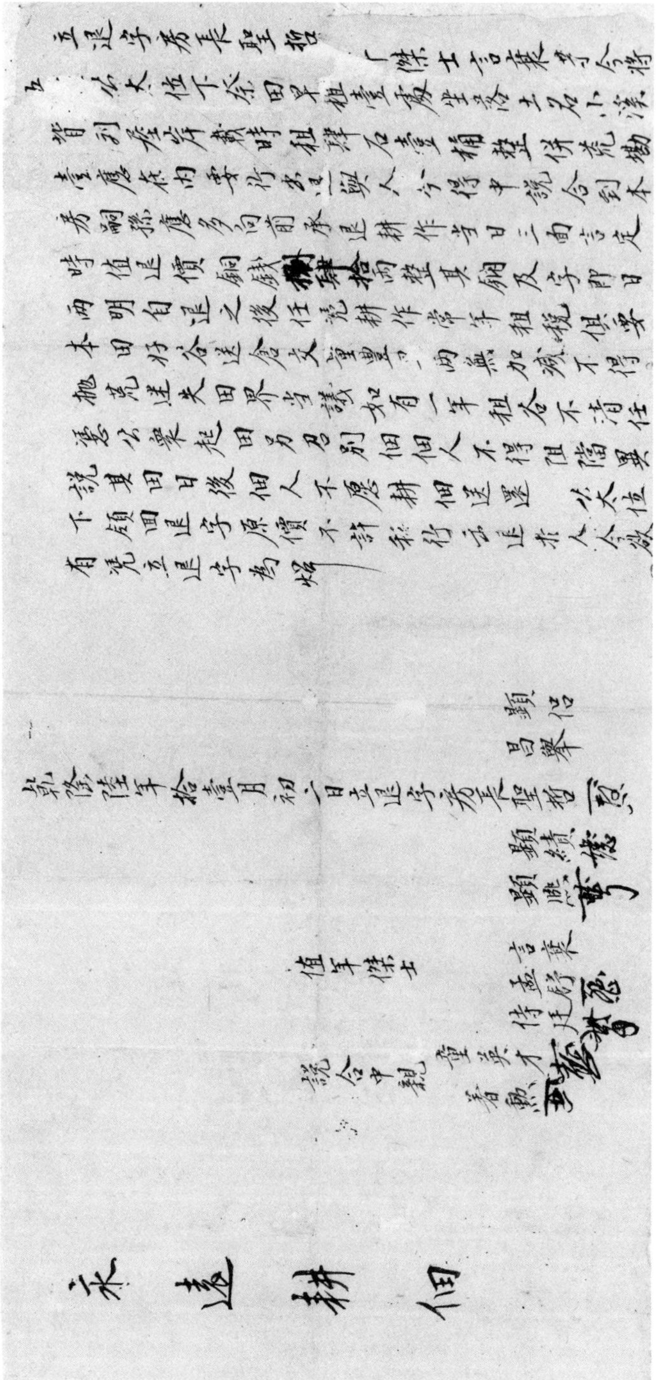
立退字房長聖哲仁傑士吉萊等今將
祖太位下祭田早租壹石坐落土名小溪
背目到丞坐片熟時租肆石壹桶整併荒勘
壹處於内字分行出退一概人分得半號合到本
房嗣孫應多向前承退耕作當日三面言定
時值退價銅錢肆拾兩整其銅及字即日
兩明白退之後任從耕作管年租稅俱要
本田將谷送倉倉交量無加減不得
拖欠送交田界等情如有一年租谷不清任
退人起田另召別佃佃人不得阻攔異
說其田日後佃人不願耕佃送還　太位
不願田退字原價不許私行正退亦人今欲
有憑立退字為照

乾隆陸拾年拾壹月初一日立退字房長聖哲

乾隆六十年 长溪
赖七德立哀恳宽恕字

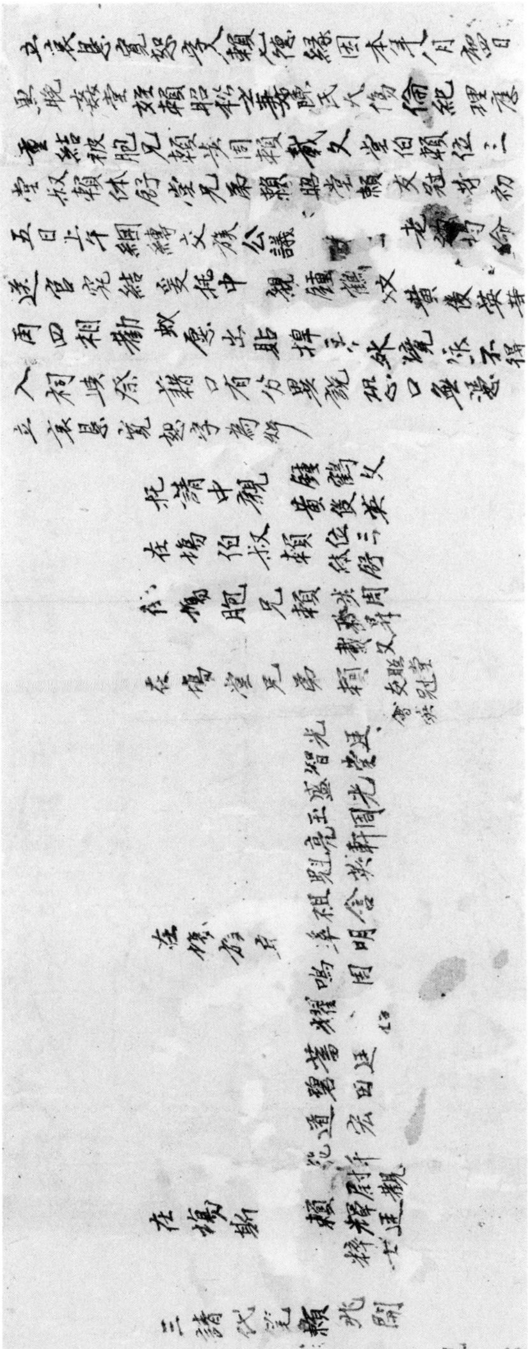

乾隆六十年　长溪

品千立收慧英侄田价铜钱字

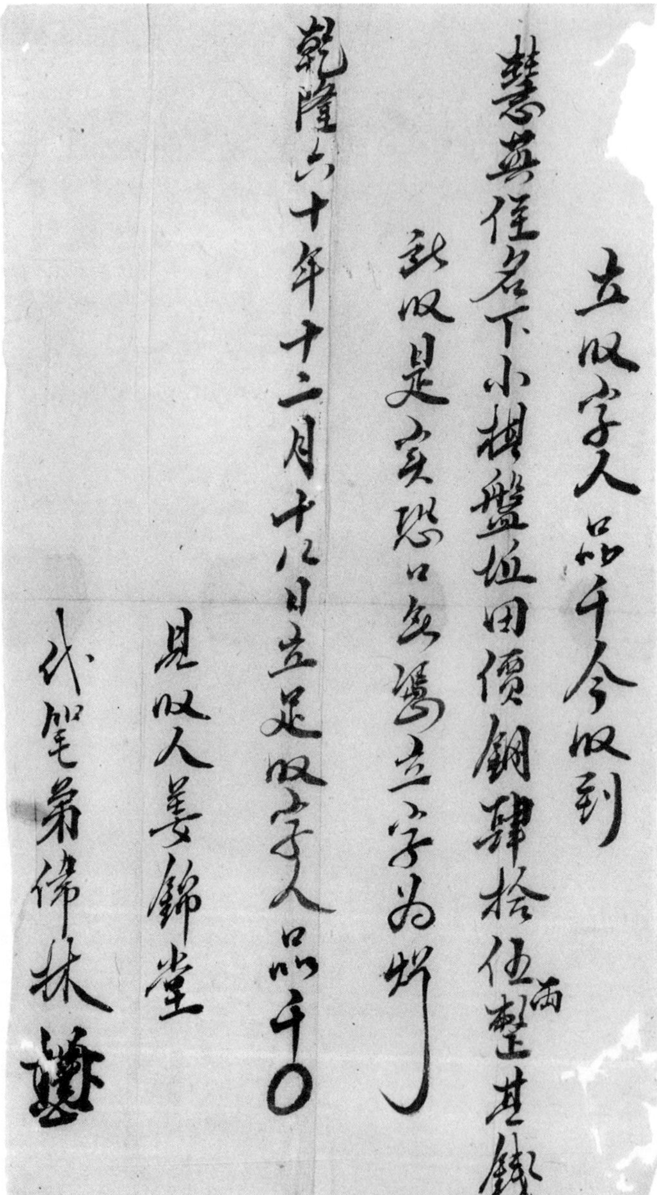

立收字人品千今收到
慧英侄名下小棋盤丘田價銅肆拾伍兩整其錢
就收是实恐口無憑立字為據
乾隆六十年十二月十八日立足收字人品千〇
見收人姜錦堂
代筆弟佛林

乾隆年间　长溪

赖显栢显健立卖田塘予本家堂弟显赵字

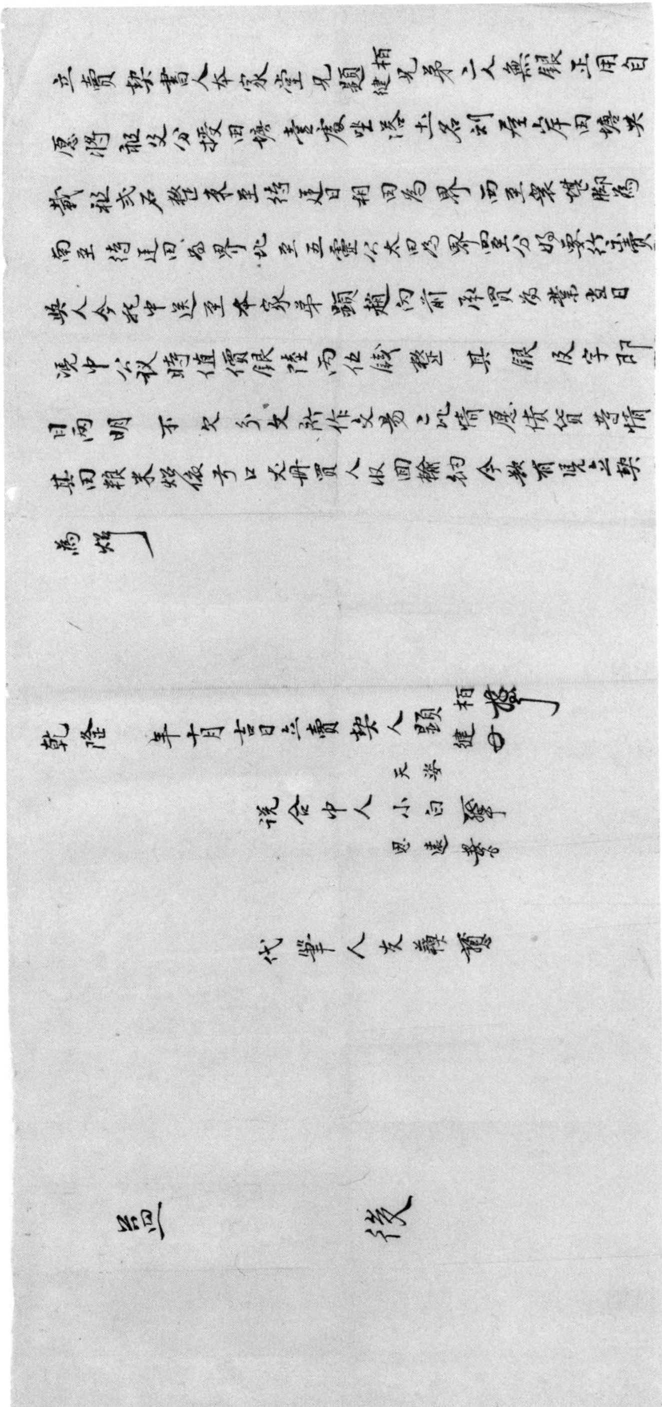

嘉庆二年　长溪

赖君佐、俊俦立永退洪田予亨田黄瑞呈叔公字

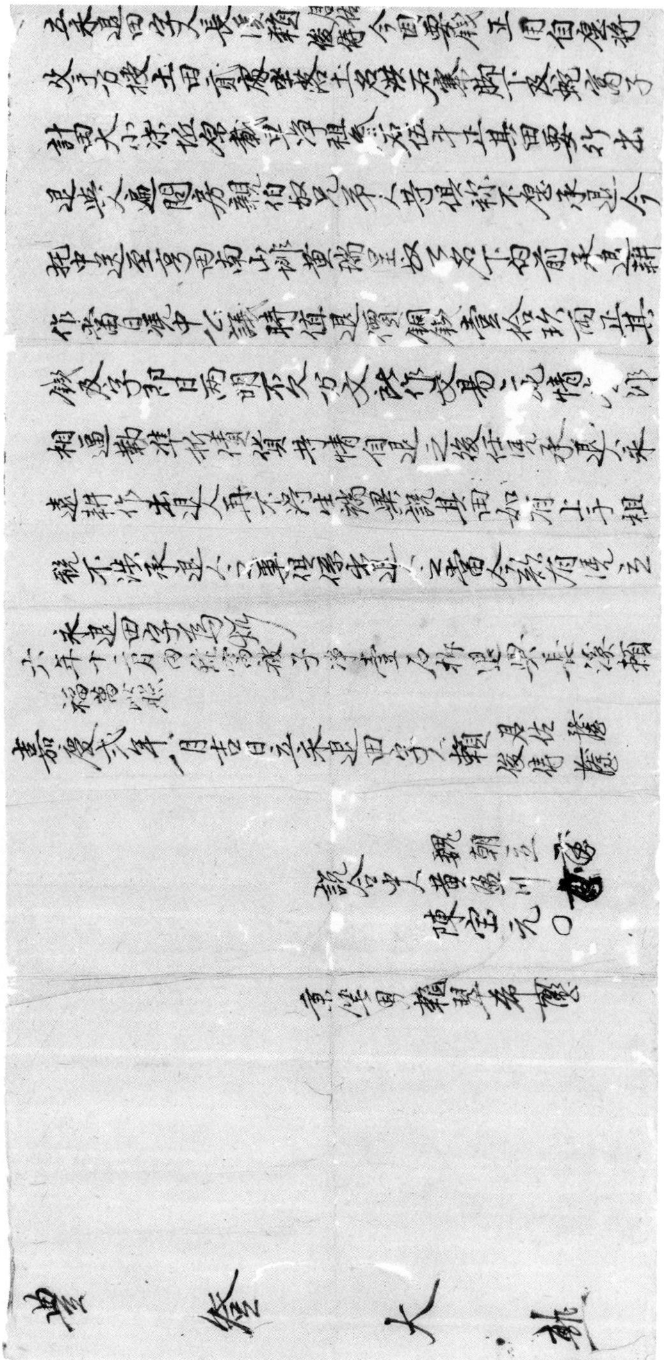

嘉庆三年　长溪
光宇立收父祖翠侣公位下红会钱字

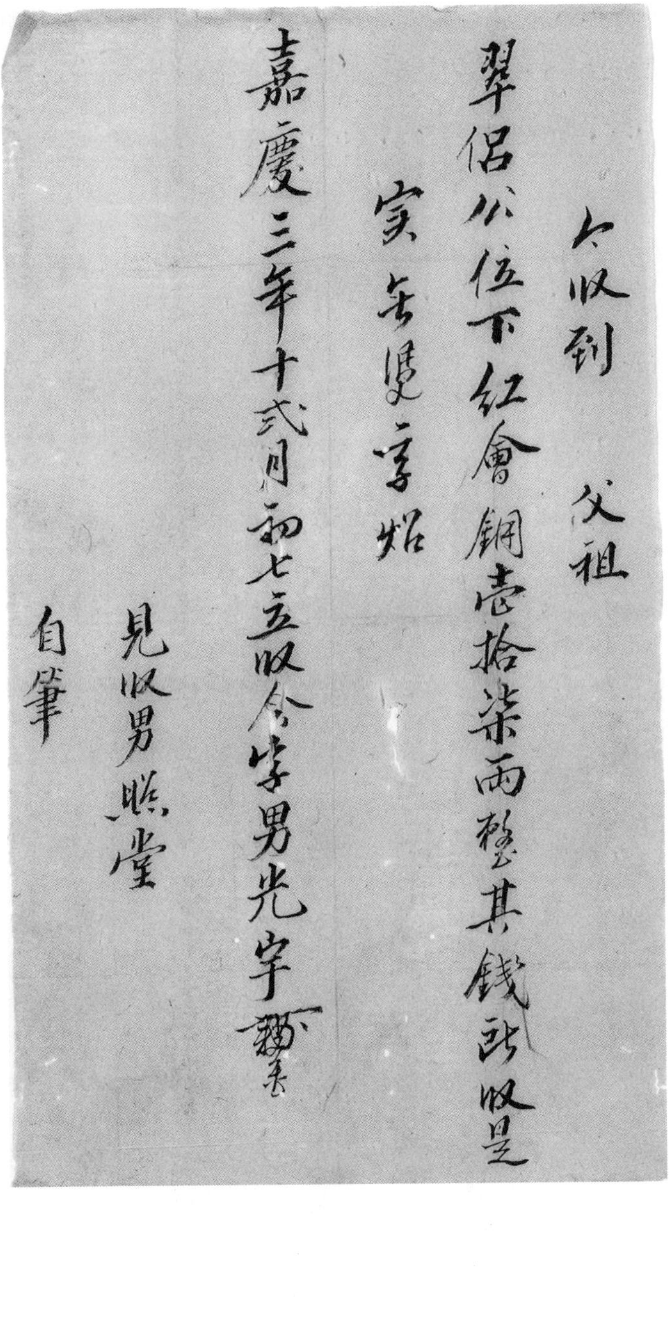

今收到　父祖
翠侶公位下紅會銅壹拾柒兩整其錢訖收是
實無退字炤
嘉慶三年十弍月初七立收全字男光宇（押）
見收男照堂
自筆

嘉庆三年　长溪

光宇立足收本家会英兄嘉庆贰年以前所借钱字

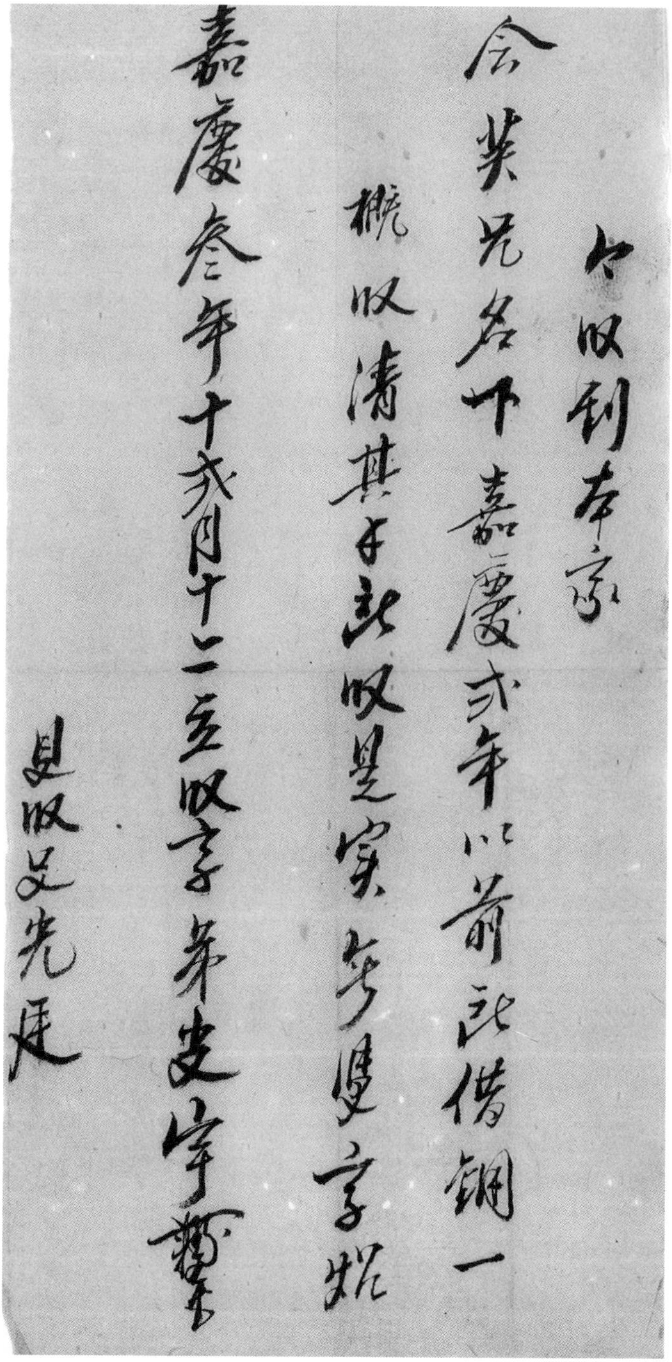

今收到本家
会英兄名下嘉庆弍年以前所借铜一
概收清其手批收是实此是字据
嘉庆叁年十贰月十二立收字弟光宇书
是收足先廷

嘉庆三年　长溪
芦江背詹裕坤立永退田予长溪赖会英字

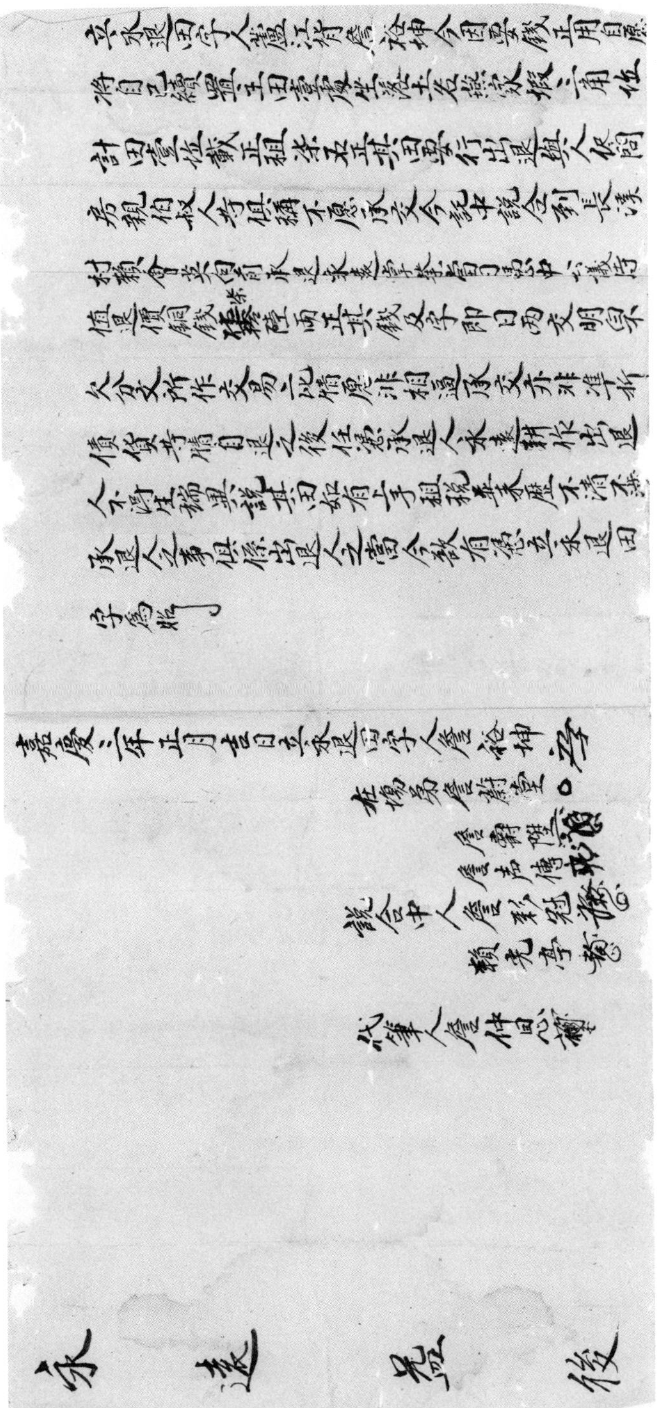

立永退田字人芦江背詹裕坤今因要钱正用自愿
将自己续置之田壹处坐落土名[illegible]根三角丘
计田壹丘载正租谷五斗其田要行出退先问
房亲伯叔人等俱称不愿承交今托中说合到长溪
村赖会英向前承退为业当日三面言断时
值退价铜钱[illegible]千文正其钱及字即日两交明白系
二人分文所作交易两家情愿非相逼承交亦非准折
债负等情自退之后任从承退人永远耕作出退
人不得生端异说其田如有上手租税来历不清承
退人之事但系出退人之当今欲有凭立永退田
字为照

嘉庆三年正月吉日立永退田字人詹裕坤（押）
在场弟詹[illegible]
詹[illegible]
詹[illegible]
说合中人詹[illegible]
赖[illegible]
代笔人詹[illegible]

永远 [illegible] 后

嘉庆四年　长溪
赖日初立永卖坝土予本房盛光兄弟字

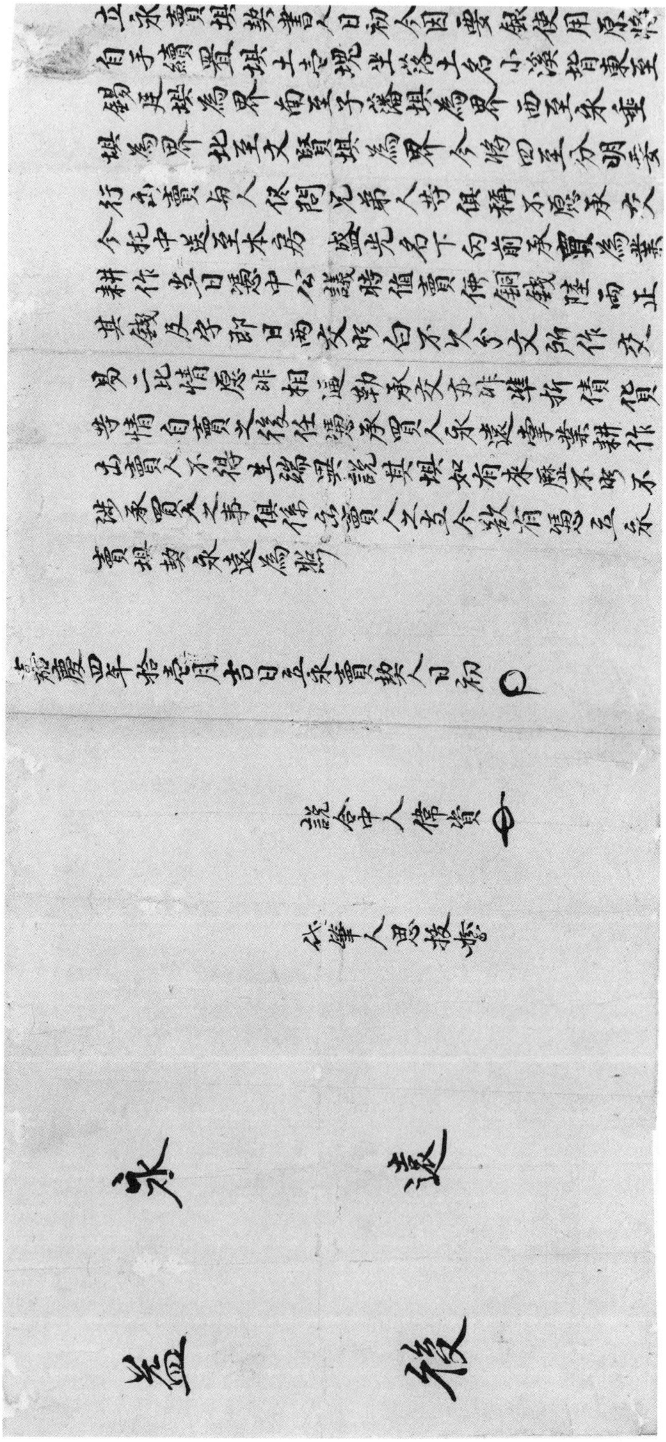
立永賣坝契書人日初今因要銀使用原將
自手續置坝土乙塅坐落土名小溪坳東至
賜英坝為界南至子潘坝為界西至永連
坝為界北至文賢坝為界今將四至分明要
行出賣與人儘問兄弟人等俱稱不願承交入
今托中送至本房 盛光名下向前承買為業
耕作當日憑中言議時值賣價銅錢陸兩正
其錢民字即日兩交明白不少分文所作交
易二比情愿非相逼勒承交亦非準折債貨
等情自賣之後任憑承買人永遠管業耕作
出賣人不得生端異說其坝如有來歷不明不
涉承買人之事俱係出賣人之支當今欲有憑立此永
賣坝契永遠為照
嘉慶四年拾二月吉日立永賣契人日初
說合中人偉賢
代筆人思振
永遠
盛發

嘉庆四年　长溪

赖胜兰立收到本家殿元、会英叔、光宇名下会铜钱字

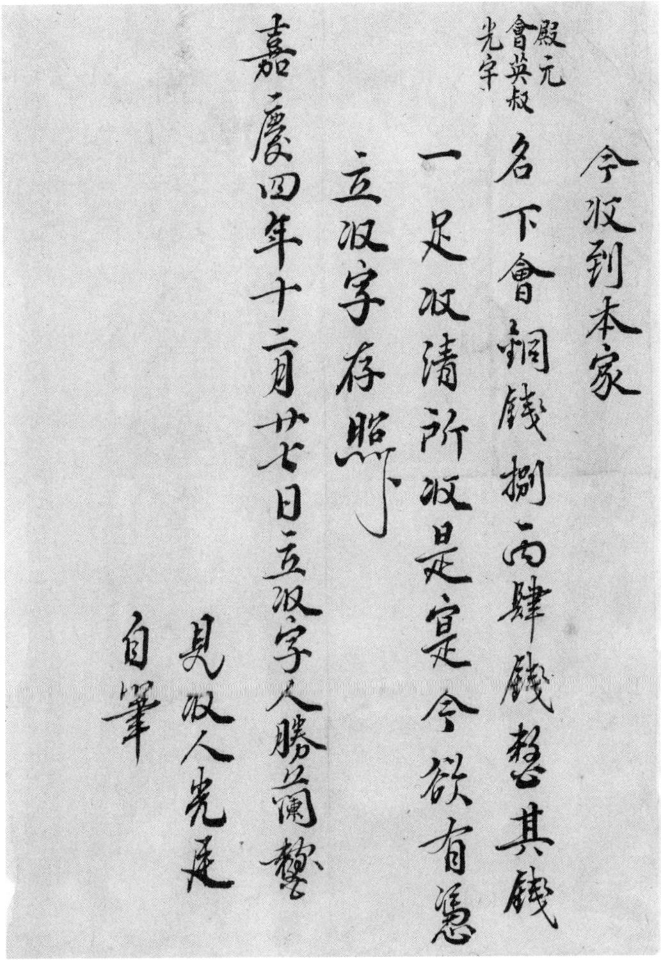

今收到本家
殿元、會英叔、光宇名下會銅錢捌兩肆錢整其錢
一足收清所收是實今欲有憑
立收字存照
嘉慶四年十二月廿七日立收字人勝蘭 [illegible]
見收人光廷
自筆

嘉庆四年　长溪

童善祥立足收会英表兄地价铜钱字

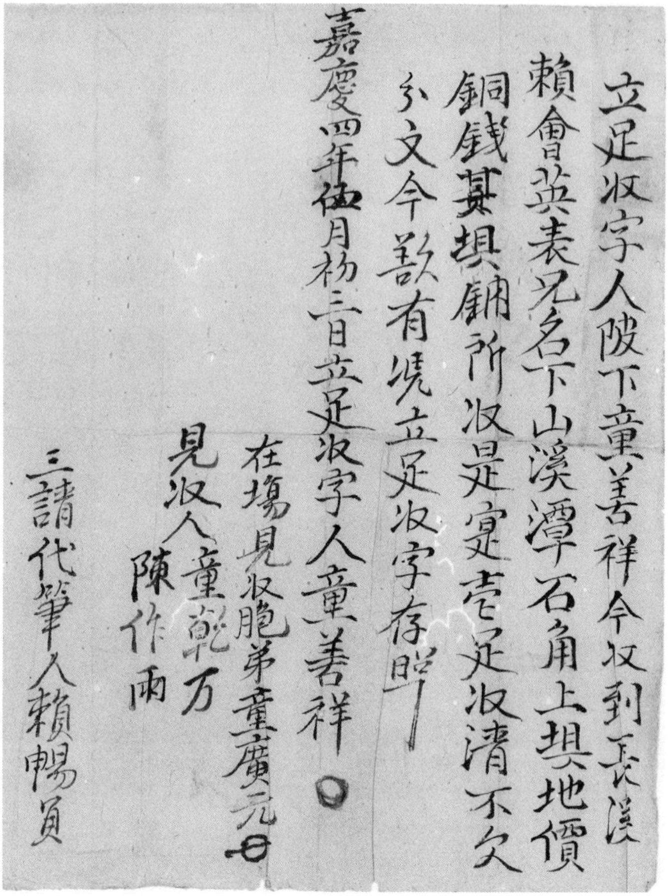

立足收字人陂下童善祥今收到長溪
賴會英表兄名下山溪潭石角上埧地價
銅錢其埧鋪所收是足寔壹足收清不欠
分文今欲有憑立足收字存照
嘉慶四年伍月初三日立足收字人童善祥
在場見收胞弟童廣元
見收人童乾万
陳作雨
三請代筆人賴暢員

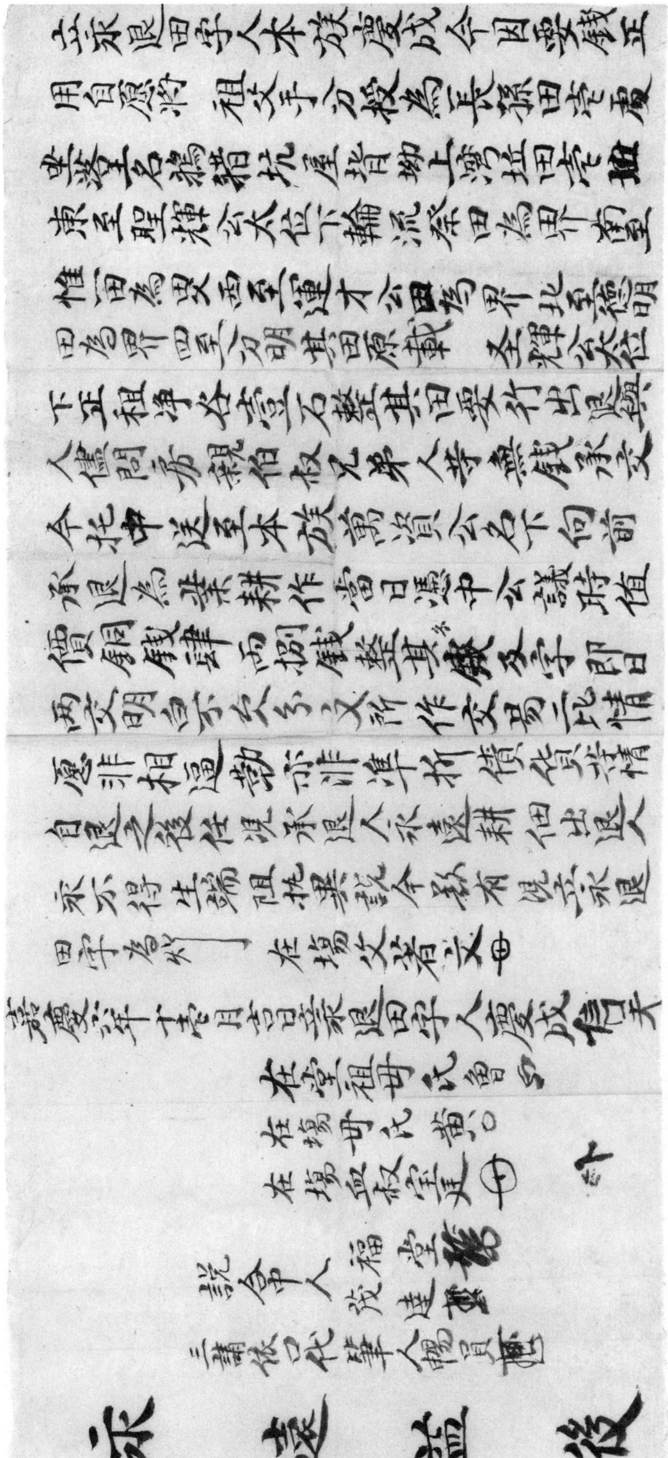
立永退田字人本族慶成今因要錢正
用自愿將 祖父手分授為己長源田壹處
坐落土名□□坑崖背坳上灣坵田壹坵
東至明輝公太位下輪流祭田為界南至
惟一田為界西至運才公田為界北至德明
田為界四至分明其田原載 全耀公太位
下正租净谷壹石整其田要扦出退與
人但問房親伯叔兄弟人等無錢承交
今托中送至本族萬資公名下向前
承退為業耕作當日憑中公議時值
價銅錢肆兩捌錢整其錢即日
兩交明白不少分文所作交易二比情
愿非相逼勒亦非準折債負此皆情
自退之後任從承退人永遠耕佃出退人
永不得生端阻執異說今欲有憑立永退
田字為炤 在場父若文
嘉慶六年十二月十二日立永退田字人慶成
在堂祖母吳氏
在場母吳氏
在場血叔宗建
說合中人 茂福 崇蘭
達聖
三請依口代筆人
永遠照後

嘉庆六年 长溪

庆成立永退田予本族万资公字

嘉庆六年　长溪
万资立借本房树周叔土田字

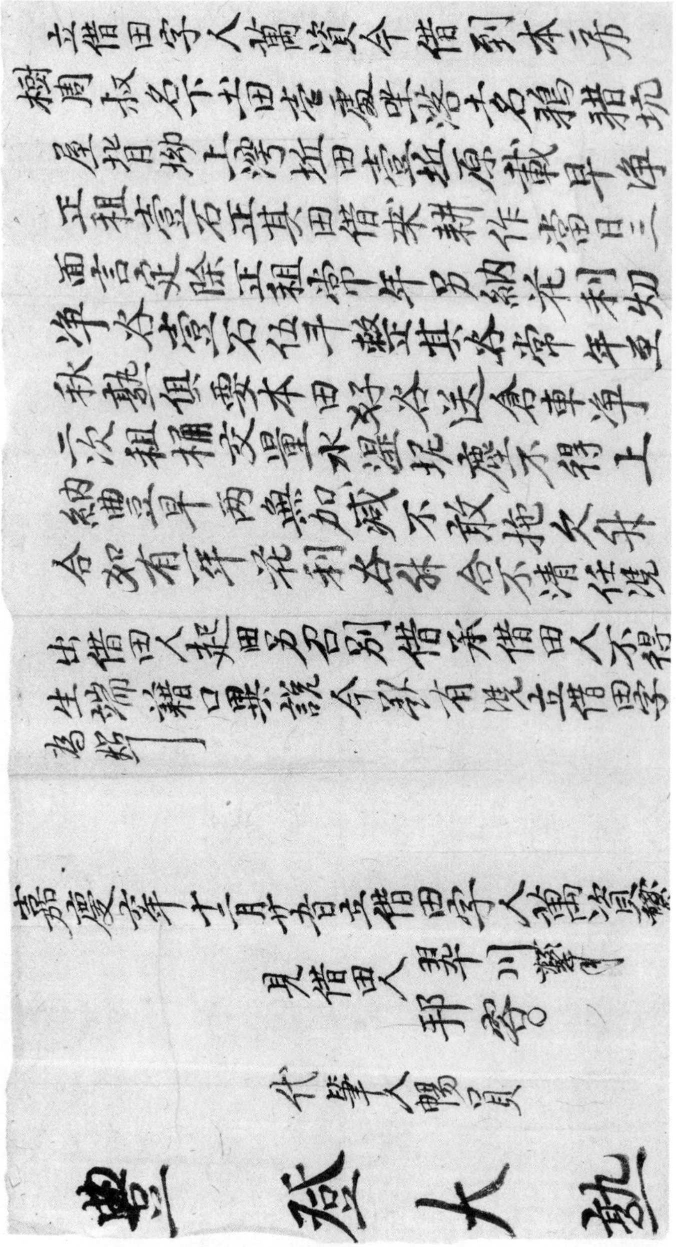
立借田字人万资今借到本房
树周叔名下土田壹处坐落土名鹅猪坊
屋背自柳上湾坵田壹坵又原载早净
正租壹石正其田借来耕作当日三
面言定除正租常年另纳花利切
净谷壹石伍斗整其谷常年至
秋熟但要本田好谷送仓车净
二次租桶交量水湿瘪抗欠不得上
纳由三早两无加减不敢拖欠升
合如有一年花利谷升合不清任凭
出借田人起田另召别借不借田人不得
生端言借口异说今欲有凭立借田字
为照
嘉庆六年十二月廿九日立借田字人万资同繇
见借田人邦华川
邦亨
代笔人赐贞
岁登大熟

嘉庆六年　长溪
万资立退田予本房树周叔字

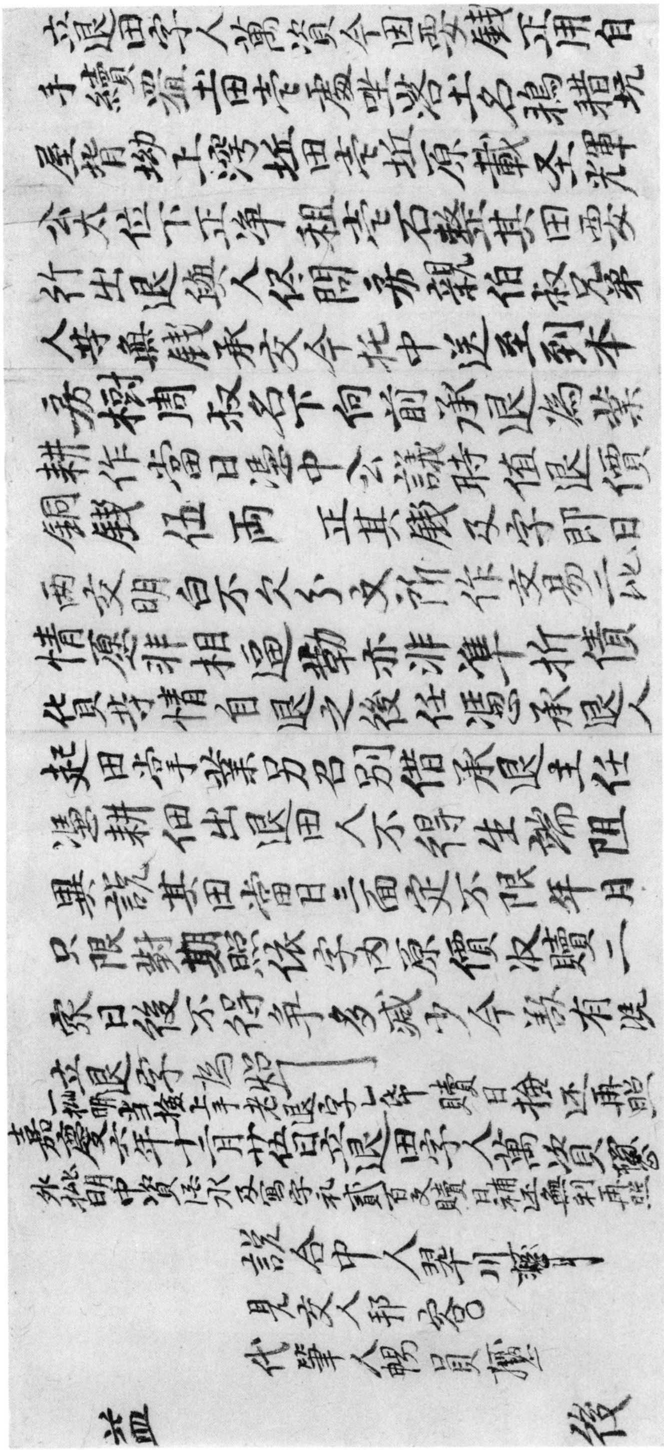

嘉庆八年　长溪

会君等立收慧英弟七会铜钱字

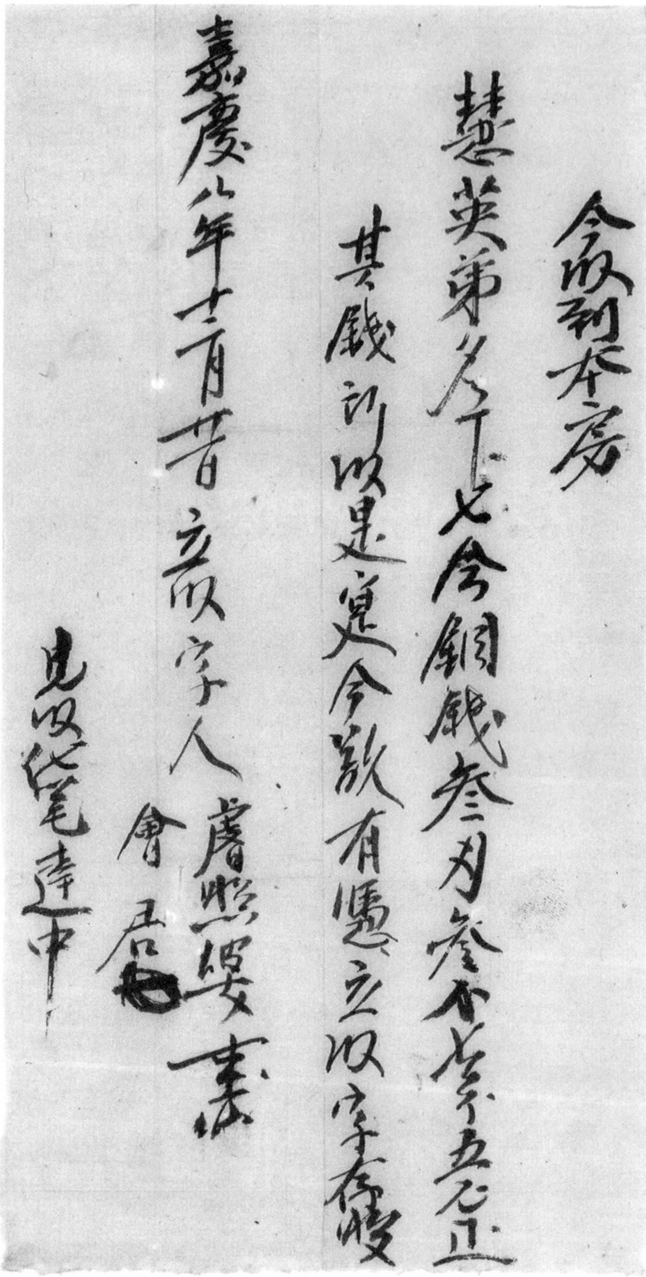
今收到本房
慧英弟名下七會銅錢叁千叁百叁拾五文正
其錢訂收是實今欲有憑立收字存照
嘉慶八年十二月廿日立收字人　會君　盧照嫂　書
見收代筆　達中

嘉庆八年　长溪

赖善堂兄弟立永退田予本家殿元兄字

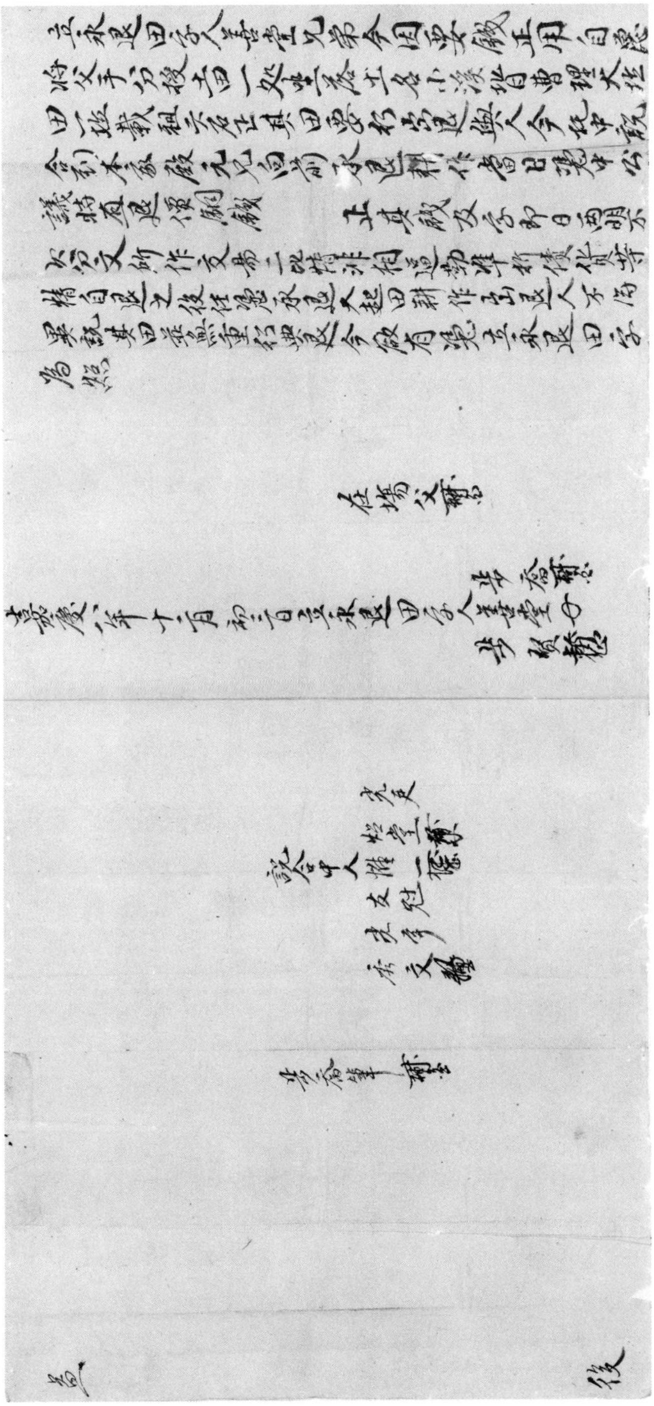

嘉庆九年　长溪

冬至会下谒事旦升友冠等立永退田塘子本会胜兰字

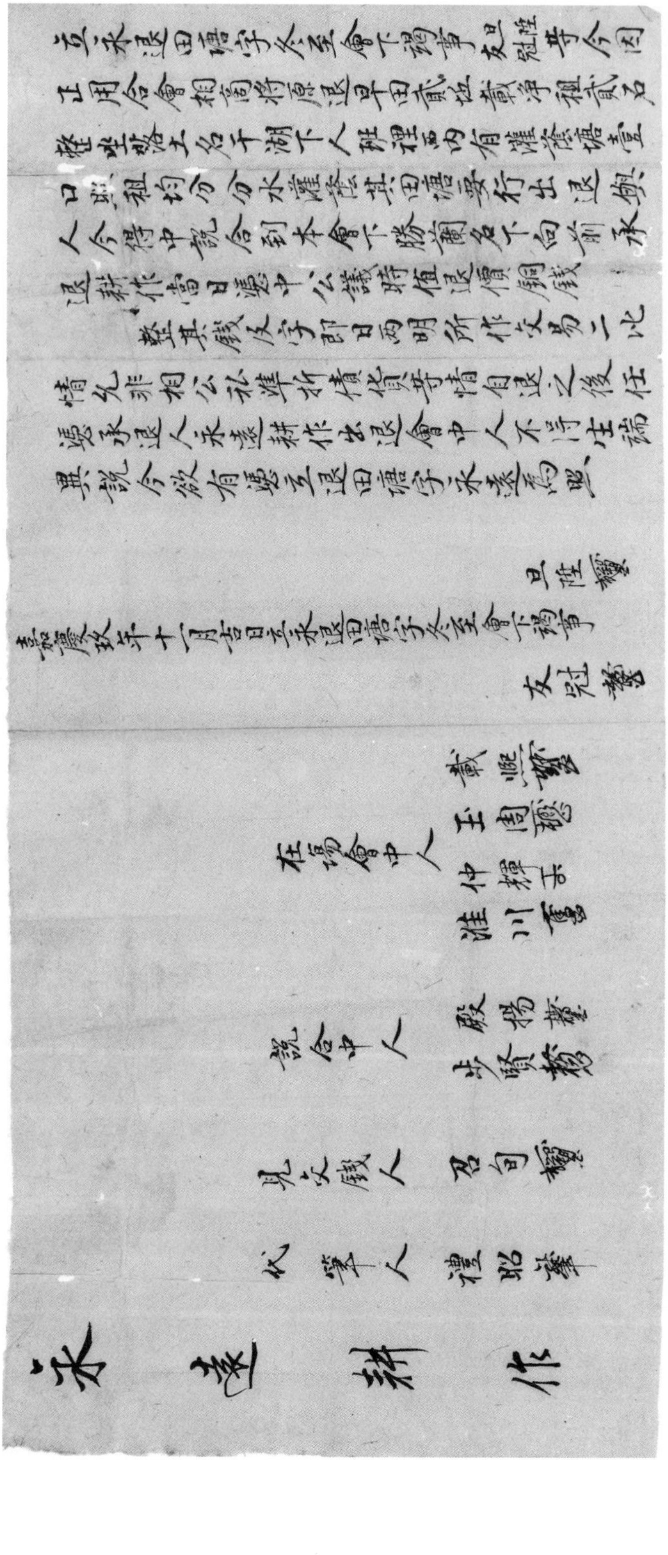

立永退田塘字冬至會下謁事旦陞友冠等今因
正用合會相商將原退早田貳坵載淨租貳石
坐址土名干湖下人排裡面内有塘貳口遞年出退與
口□租均分永遠爲業其田塘憑中出退與承
人合得中說合到本會下勝蘭名下向前承
退耕作當日憑中公議時值退價銅錢
整其錢及字即日兩明所作交易二比
情允非相公私准折債負等情自退之後任
憑承退人永遠耕作出退會中人不得生端
異説今欲有憑立退田塘字永遠爲照

旦陞
嘉慶玖年十一月吉日立永退田塘字冬至會下謁事
友冠

在場會中人　戴[illegible]　王周　仲樟　滙川

說合中人　殷揚　步賢

見交錢人　君旬

代筆人　[illegible]貽

永遠耕作

嘉庆九年　长溪
赖友和友清兄弟立退滔祖祭会股份予本房盈川兄字

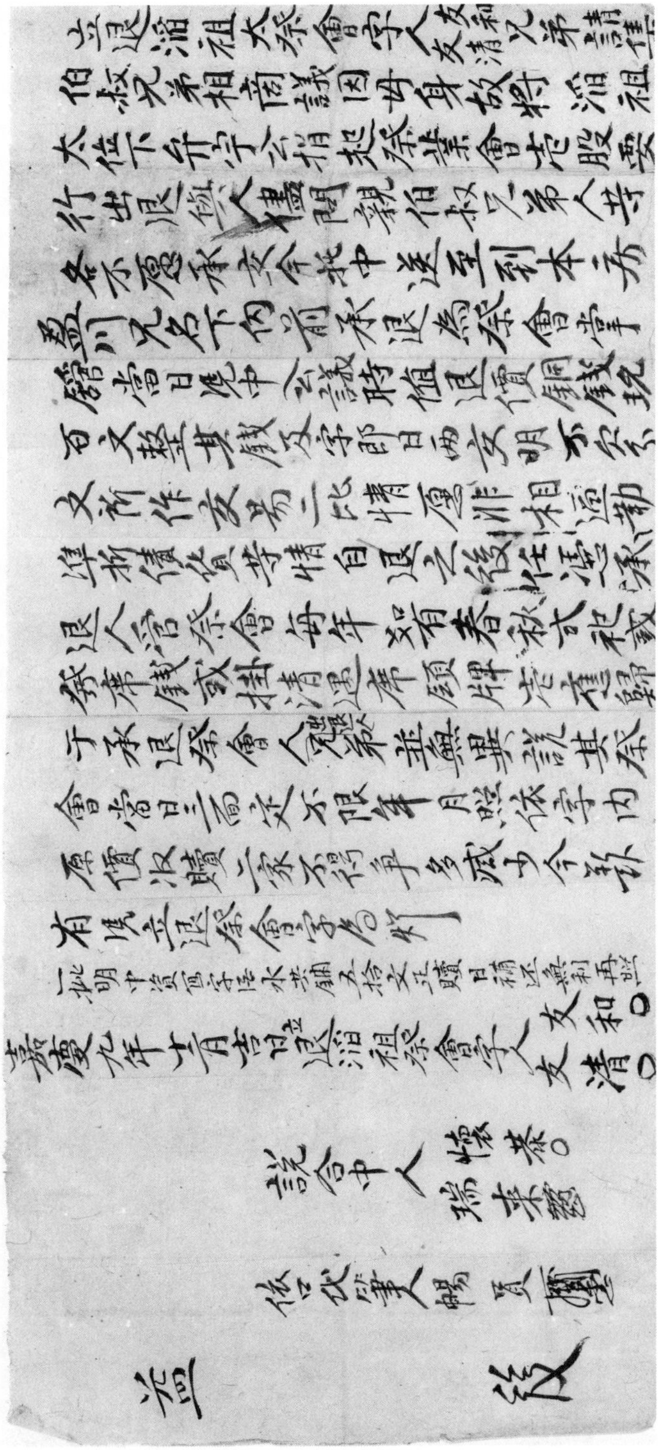

嘉庆十年　长溪

步贤立永卖坝予本房胜兰字

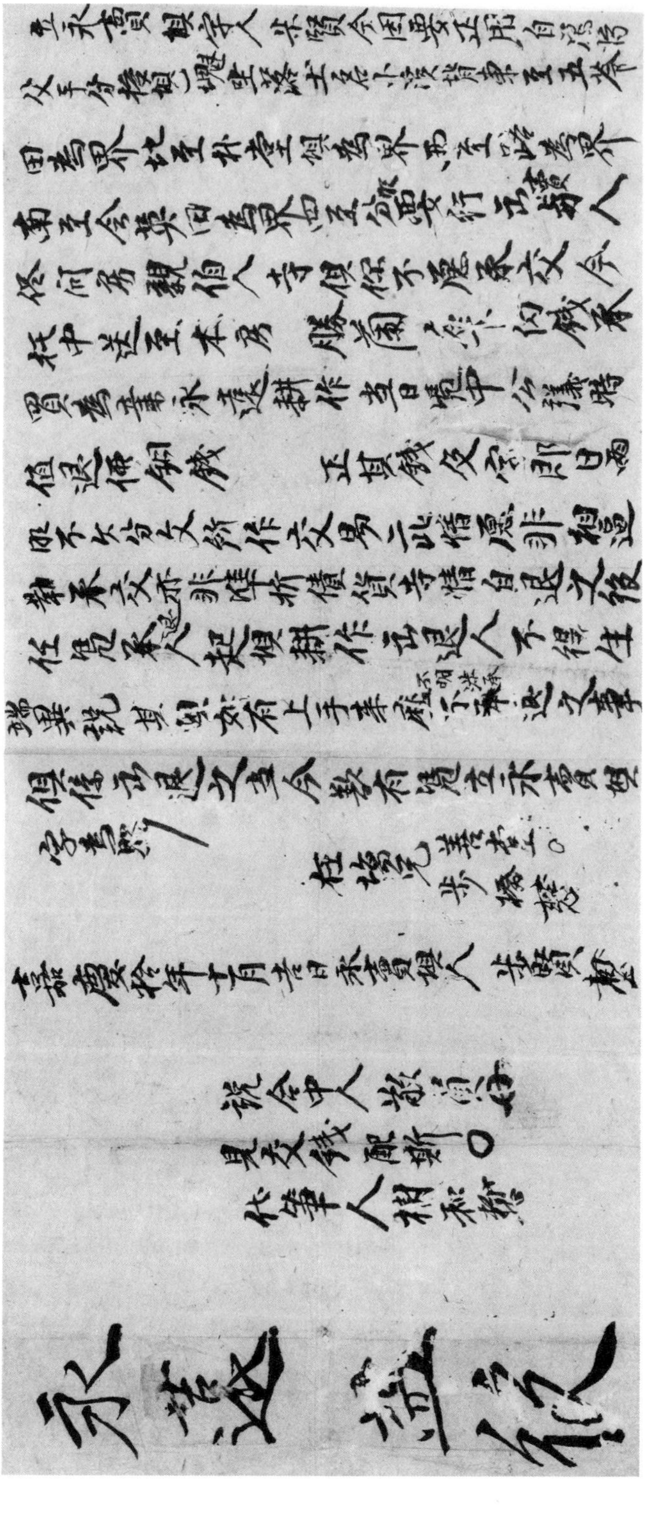

嘉庆十一年　长溪
赖彩士立永退田予本族值三字

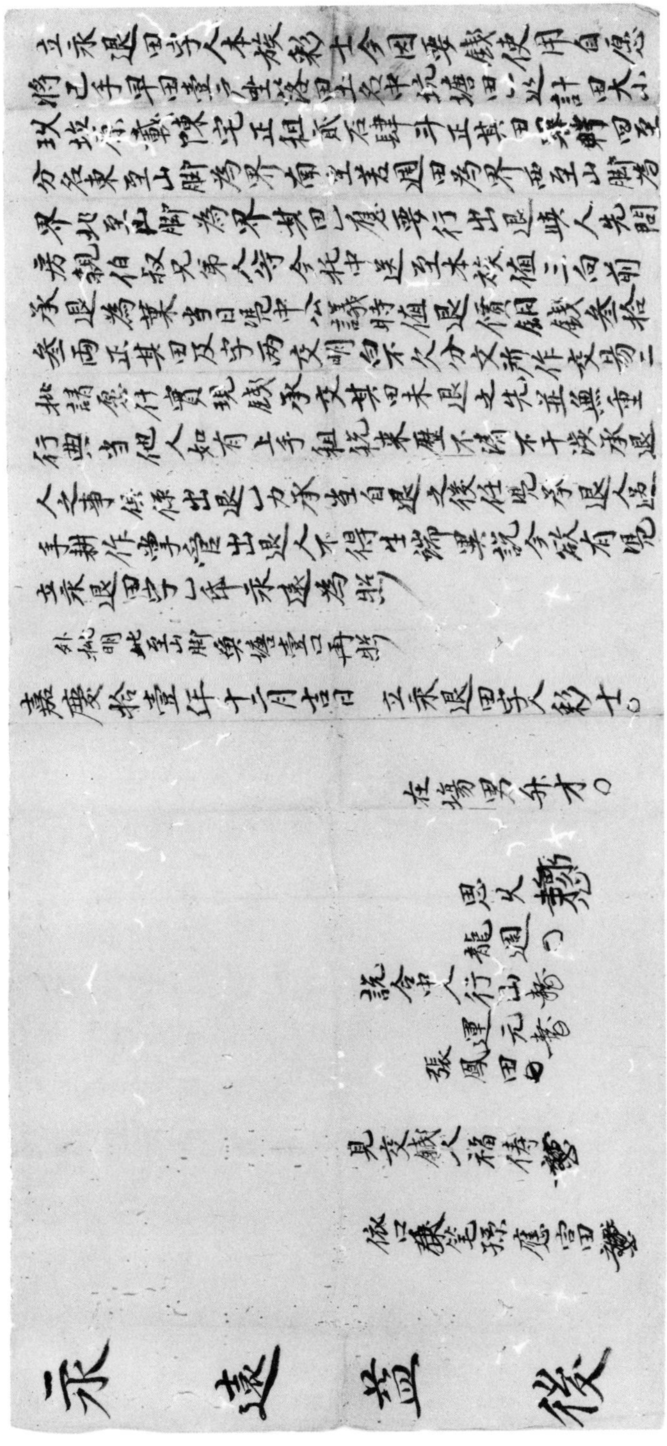
立永退田字人本族彩士，今因要钱使用，自愿将己手置田壹号，坐落土名坪坑塝田一处，计田大小玖坵，原载租柒斗完正，租谷贰石肆斗正，其田[illegible]四至分明：东至山脚为界，南至[illegible]边田为界，西至山脚为界，北至山脚为界。其田已今要行出退，先问房亲伯叔兄弟人等，今托中送至本族值三字向前承退为业。当日凭中三面言议时值退价铜钱叁拾叁两正，其田及字两交明白，不欠分文。此系[illegible]作交易二比情愿，付价实现钱，承手交，其田未退之先，并无重行典当他人，如有上手[illegible]租[illegible]来历不明，不干承退人之事，系[illegible]出退之力承当。自退之后，任凭承退人手耕作，[illegible]手管出退之人，不得生端异说。今欲有凭，立永退田字一纸，永远为照。

外批明：此至山脚[illegible]壹口再照。

嘉庆拾壹年十二月吉日　立永退田字人彩士（押）

嘉庆十二年　长溪

赖广如立永退田塘予本村张奉田字

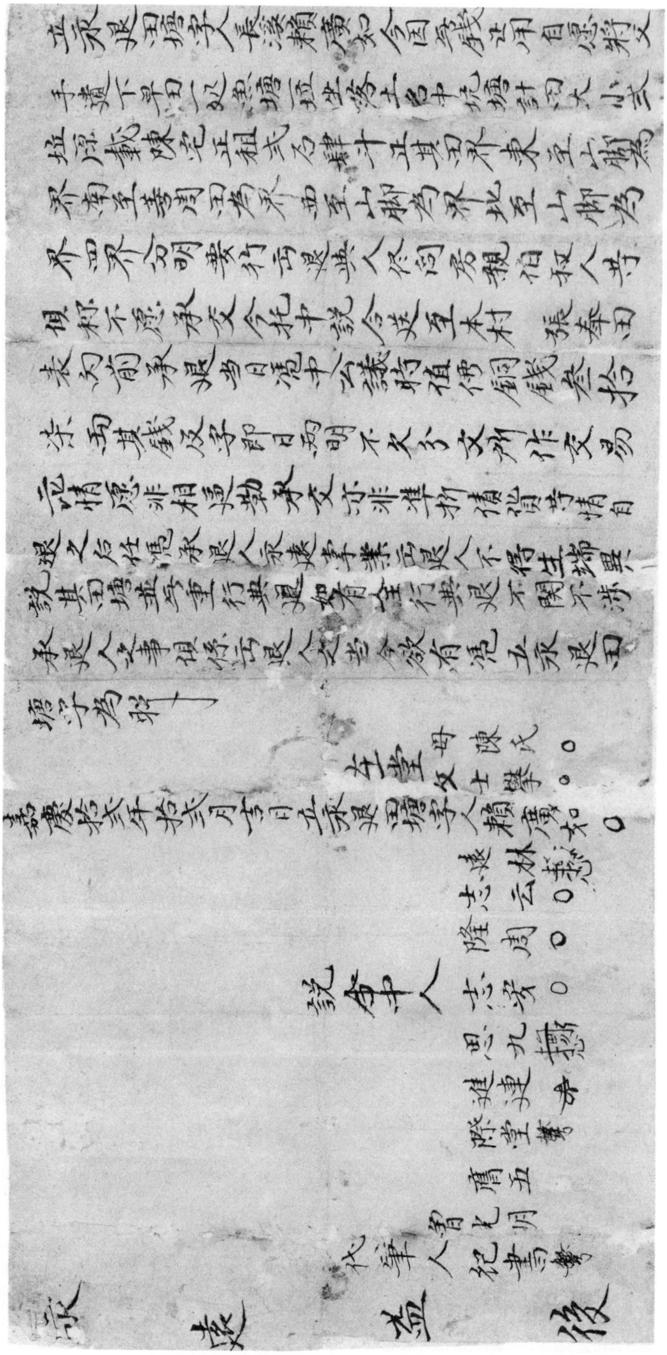

嘉庆十二年 长溪

赖善堂、步乔、步贤兄弟立永退田本房会英兄字

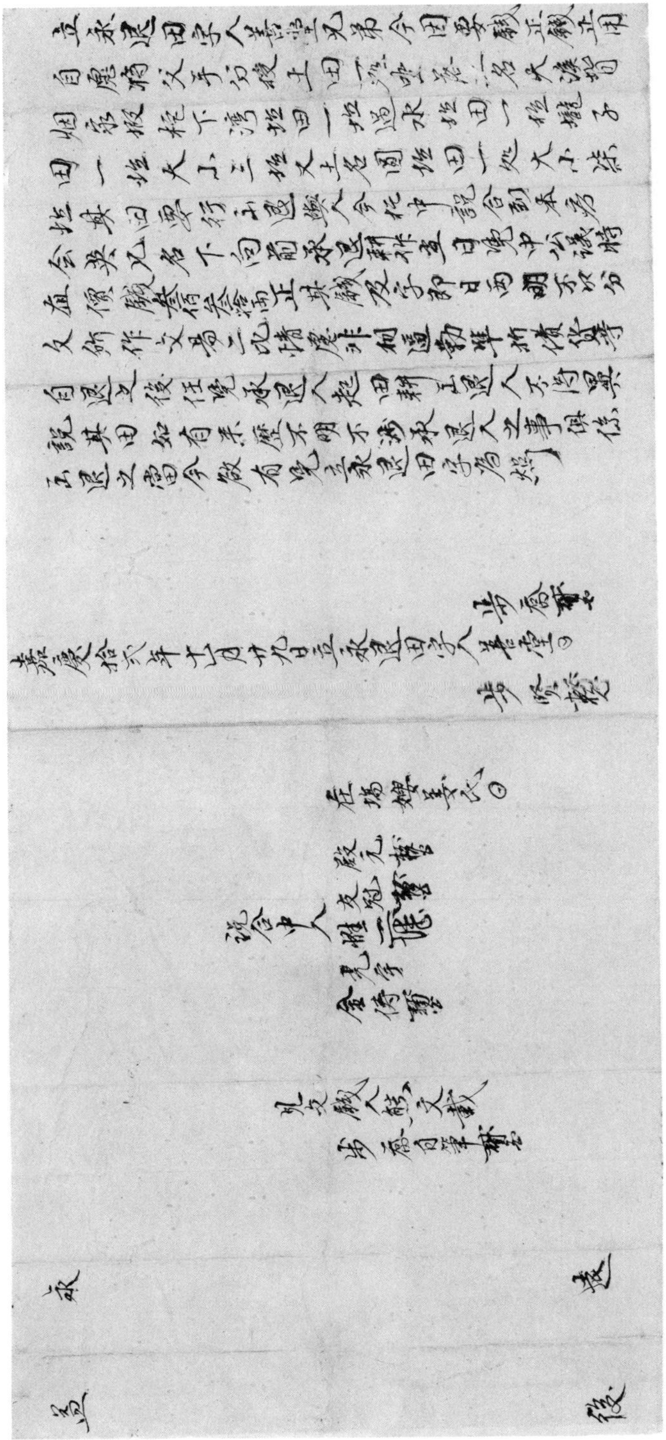

嘉庆十二年　长溪

善堂、步乔、步贤兄弟立足收到本房会英兄田价铜钱字

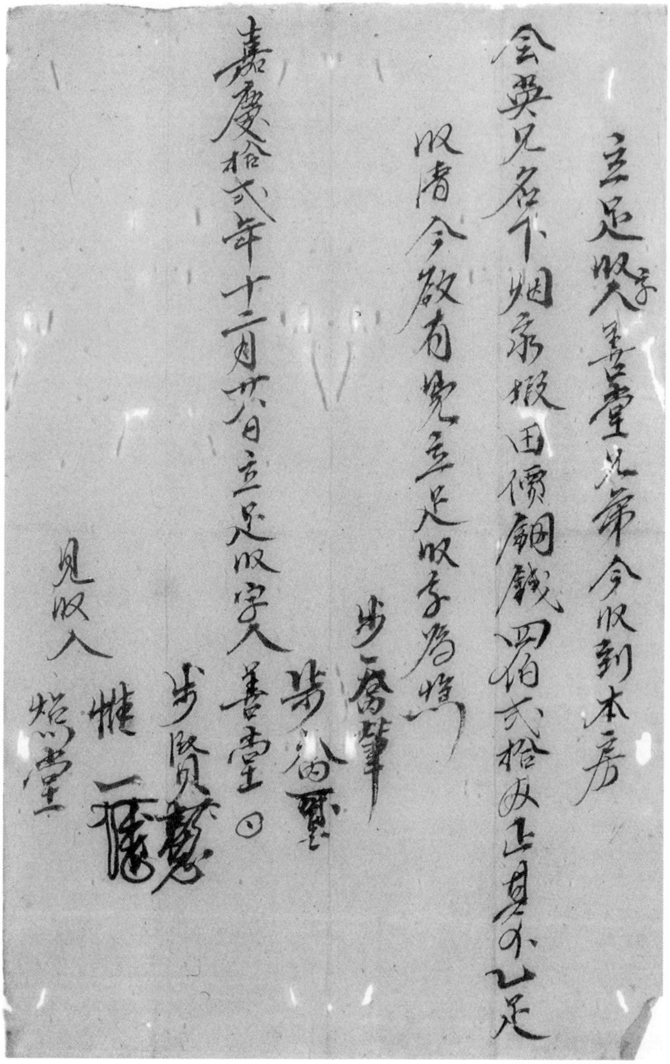

立足收字人善堂兄弟今收到本房
會英兄名下烟家墩田價銅錢四佰弍拾文正其錢不少乙足
收清今欲有凭立足收字為照
步乔筆
嘉慶拾弍年十二月廿六日立足收字人善堂
步乔
步賢
惟一
見收人
焰堂

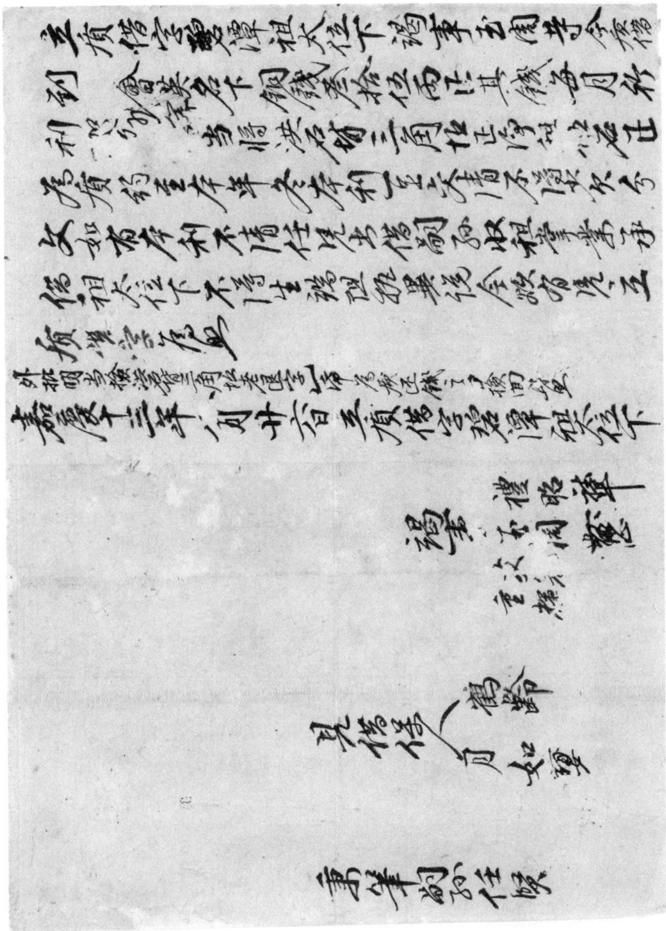

嘉庆十三年 长溪

碧潭祖太位下谒事玉周等立质借会英铜钱字

嘉庆十三年　长溪

黄优堂立永退田塘子本房德光字

立永退田字人黄優堂，今因要錢正用，自愿將父手分授土田塘壹處，坐落土名□□水口下，其田大小共六坵，每年載正租壹石正，內有塘堆塘壹口，其水四股分一，其田東至月塘田為界，西至茂員田為界，南至宗田為界，北至塘□為界，四至分明，要行出退與人，依問至親人等俱稱不受，憑中說合至本房德光向前承退耕作為業，當日憑中言議時值退價銅錢貳拾伍兩正，其錢及字即日兩明，不欠分文，所退所交易二比情愿，非相逼勒準折債負，其田未退之先不明，不涉承退人之事，係出退人自當，甘退之後任憑承退永遠耕作，出退人不得生端異說，恐口無憑，立永退田字為照。

嘉慶拾叁年十二月吉日立永退田字人黃優堂

在場叔　士坤　登先

說合中人　見貴

代筆人　登先

優　業　遠　永

嘉庆十五年 长溪
达中立借到本房慧英兄铜钱字

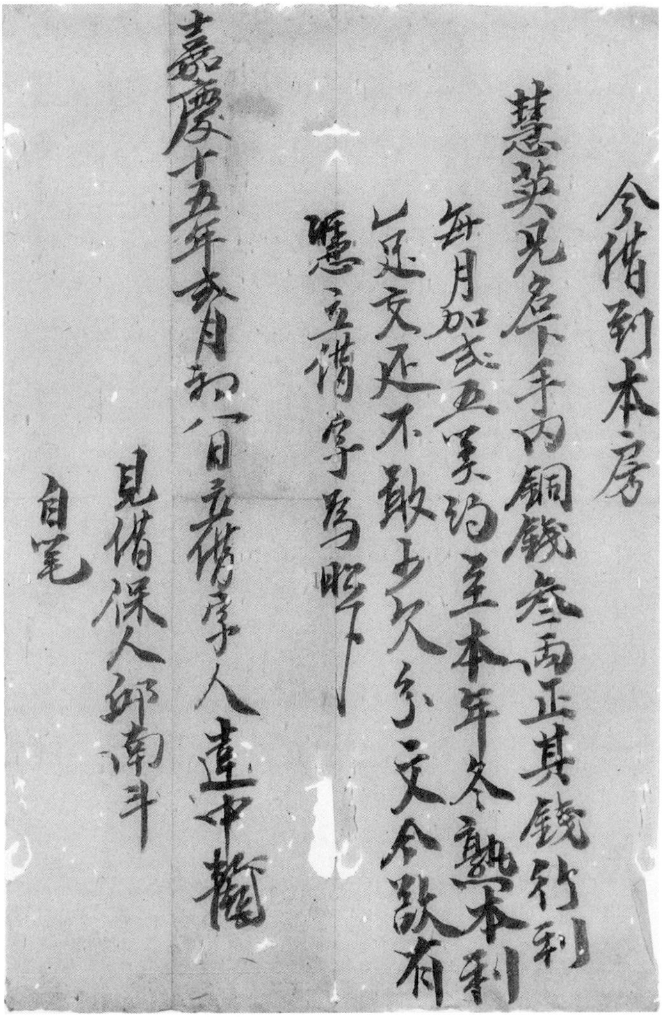

今借到本房
慧英兄名下手内銅錢叁兩正其錢行利
每月加贰五算約至本年冬熟本利
一并交還不敢少欠分文今欲有
憑立借字為照
嘉慶十五年六月初八日立借字人達中(押)
見借保人鄭南斗
自筆

嘉庆十五年　长溪

士兼、寿远兄弟立借本房会英兄田字

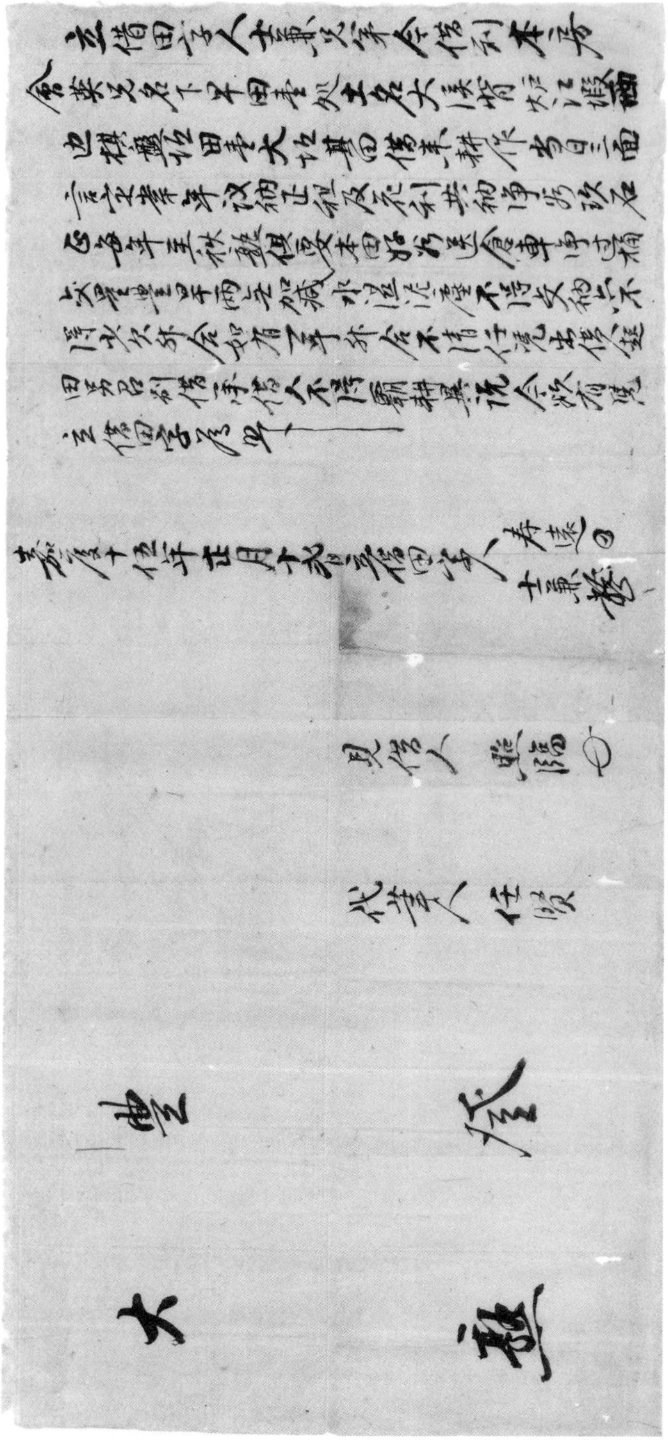

嘉庆十六年 长溪
黄揩员立永卖坝地予岭背黄艳如、敬行兄弟字

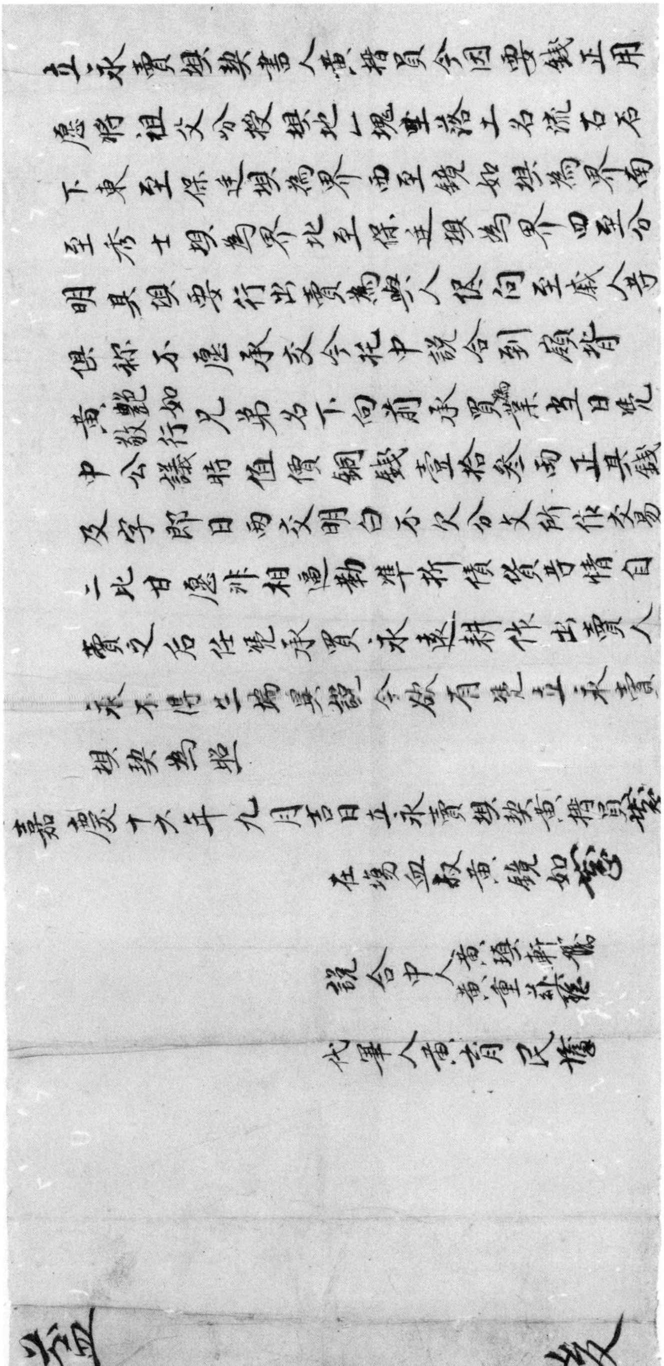
立永賣坝契書人黃揩員，今因要錢正用，
愿將祖父分授坝地一塊，坐落土名流石石
下，東至保生坝為界，西至鏡如坝為界，南
至秀士坝為界，北至保生坝為界，四至分
明。其坝要行出賣，為此人根問至族人等
伯叔不愿承受，今托中說合到岭背
黃艷如、敬行兄弟名下向前承買為業。當日憑
中公議時值價銅錢壹拾叁兩正，其錢
及字即日兩交明白，不欠分文。所作交易
二比甘愿，非相逼勒准折情弊。其坝自
賣之后，任從承買永遠耕作，出賣人
永不得生端異說。今欲有憑，立永賣
坝契為照。
嘉慶十六年九月吉日立永賣坝契黃揩員（押）
在場血叔黃鏡如（押）
說合中人黃瑞軒（押）黃重光（押）
代筆人黃玄周（押）

嘉庆十六年　长溪

赖善堂、步乔、步贤兄弟立永卖田予本房赖会英兄字　红契

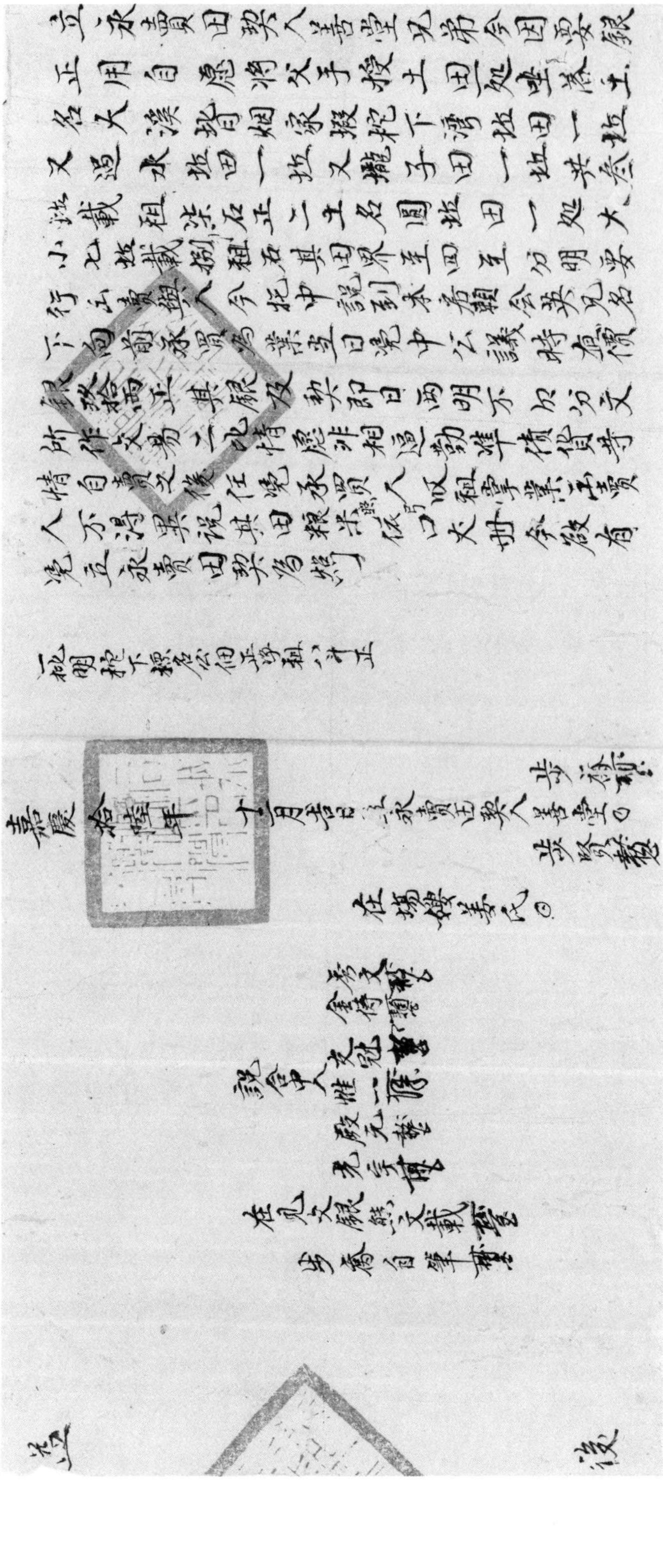

赖晓苏立永卖房屋予本家会英弟字

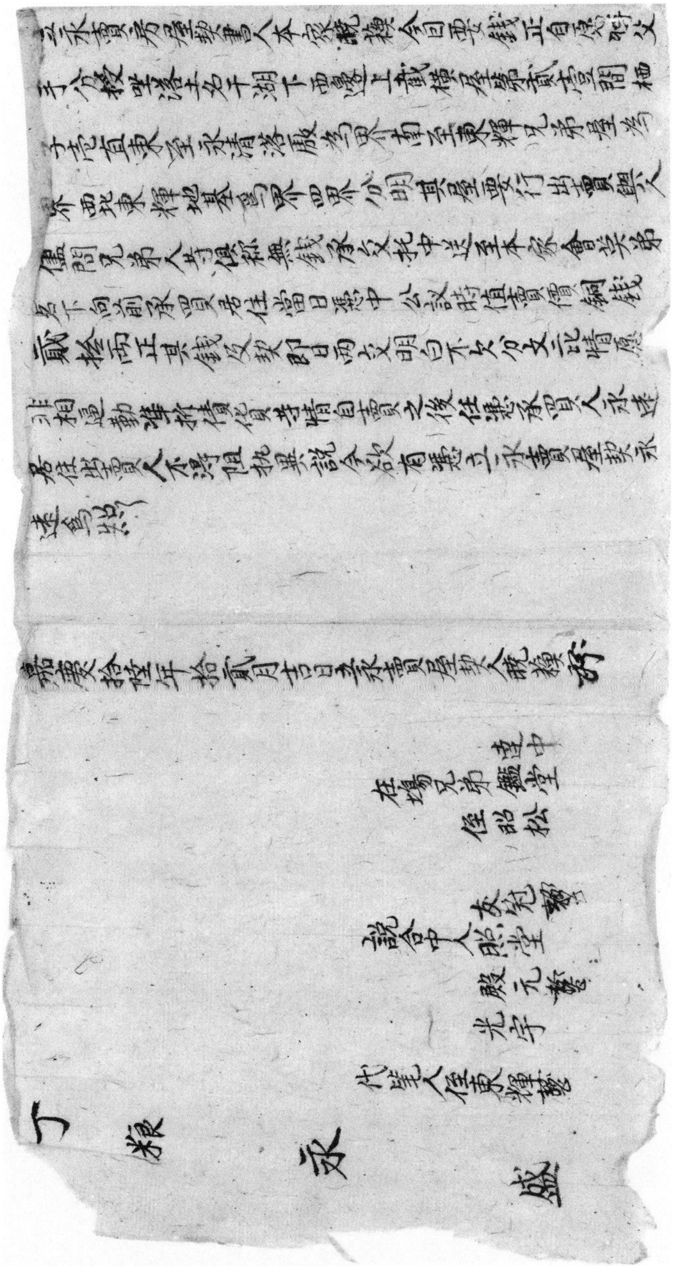

立永賣房屋契字人本家曉蘇今因要錢正用自愿將父
手分授坐落土名千湖下西邊上截樓屋叁間弟之貳又壹間柚
子虎直東至永清落廠為界南至東輝兄弟屋為
界西北東輝地基為界四界分明其屋要行出賣與人
儘問兄弟人等俱稱無錢承交托中送至本家會英弟
出下向前承買為任當日憑中公議時值賣價銅錢
貳拾兩正其錢及契即日兩交明白不欠分文二比情愿
非相逼勒準折債貨等情自賣之後任憑承買人永遠
居住出賣人不得阻執異說今欲有憑立永賣房屋契永
遠為照

嘉慶拾陸年拾貳月廿日立永賣房屋契人曉蘇

在場兄弟　達中　鑑堂
侄　昭松
說合中人　東苑　馨　照堂　殷元　光宇
代筆人　侄東輝

丁　粮　永　盛

嘉庆十六年　长溪
双峰公太位下杰士焕周、淮川立足收会英兄田价银字

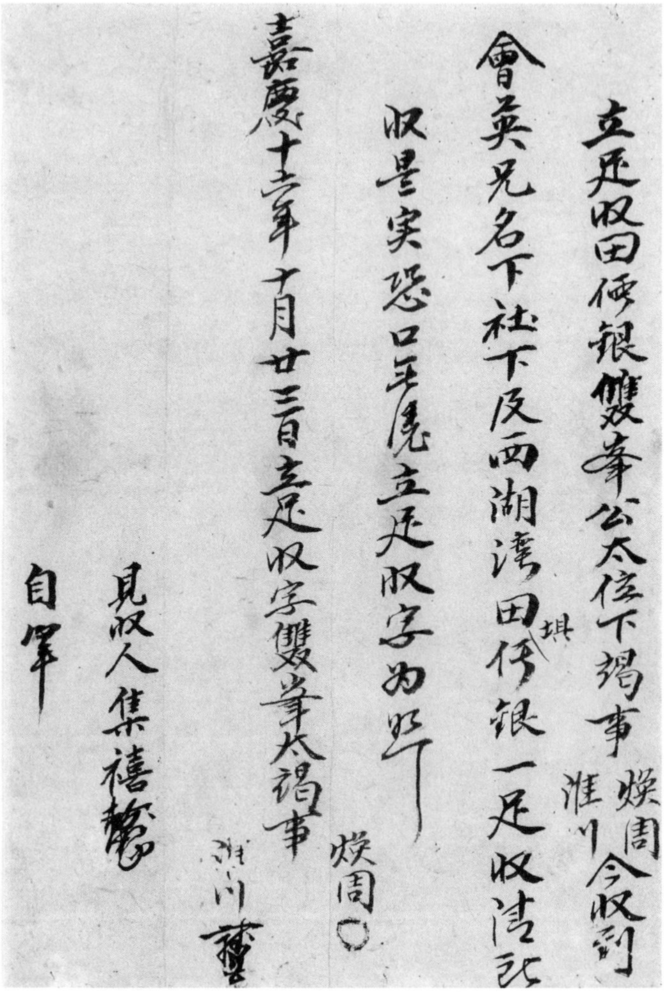

立足收田價銀雙峯公太位下竭事 焕周 淮川 今收到
會英兄名下社下及西湖灣田價銀一足收清訖
收是實恐口無憑立足收字為照
嘉慶十六年十月廿三日立足收字雙峯太竭事 焕周 淮川
見收人 集禧
自筆

嘉庆十七年 长溪
亨田谢遇廷立卖皮骨田予温君仲字

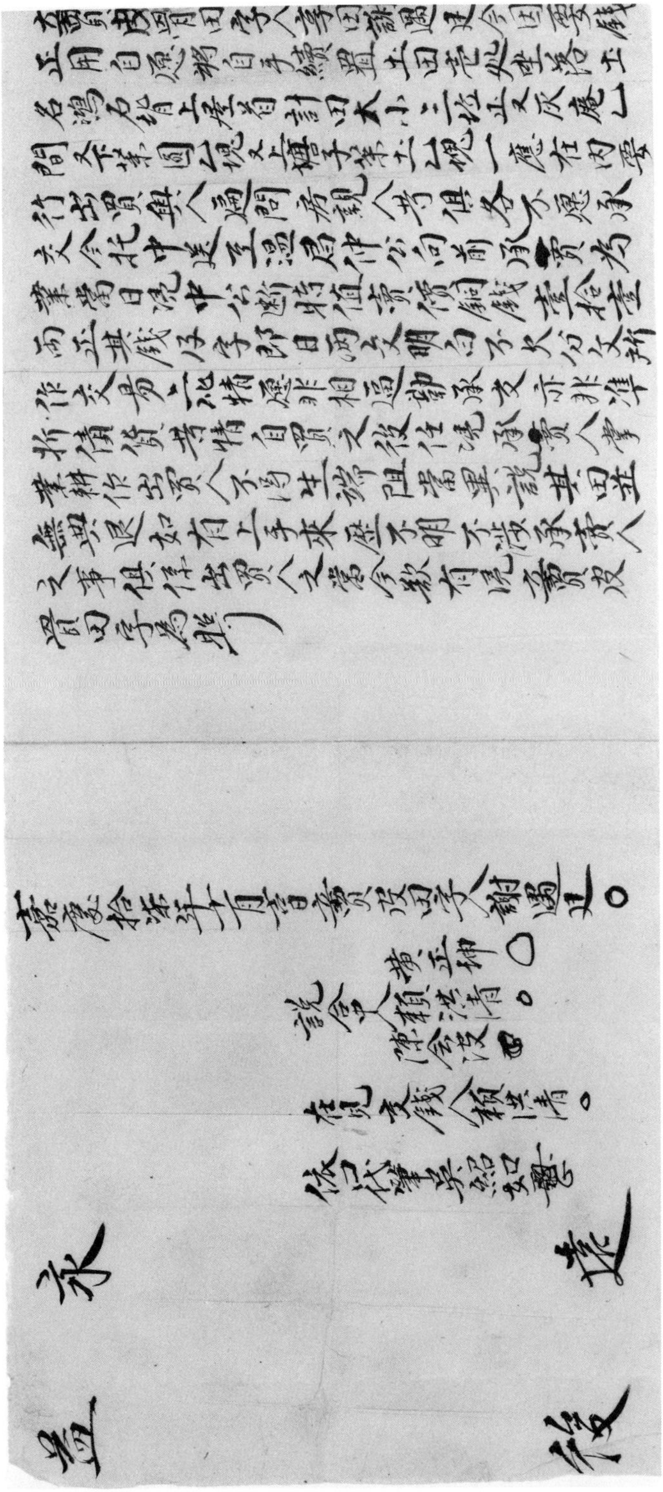

嘉庆十七年　长溪
赖墨川太位下房长靄云、朝钦等立永卖祭田予本房照堂字

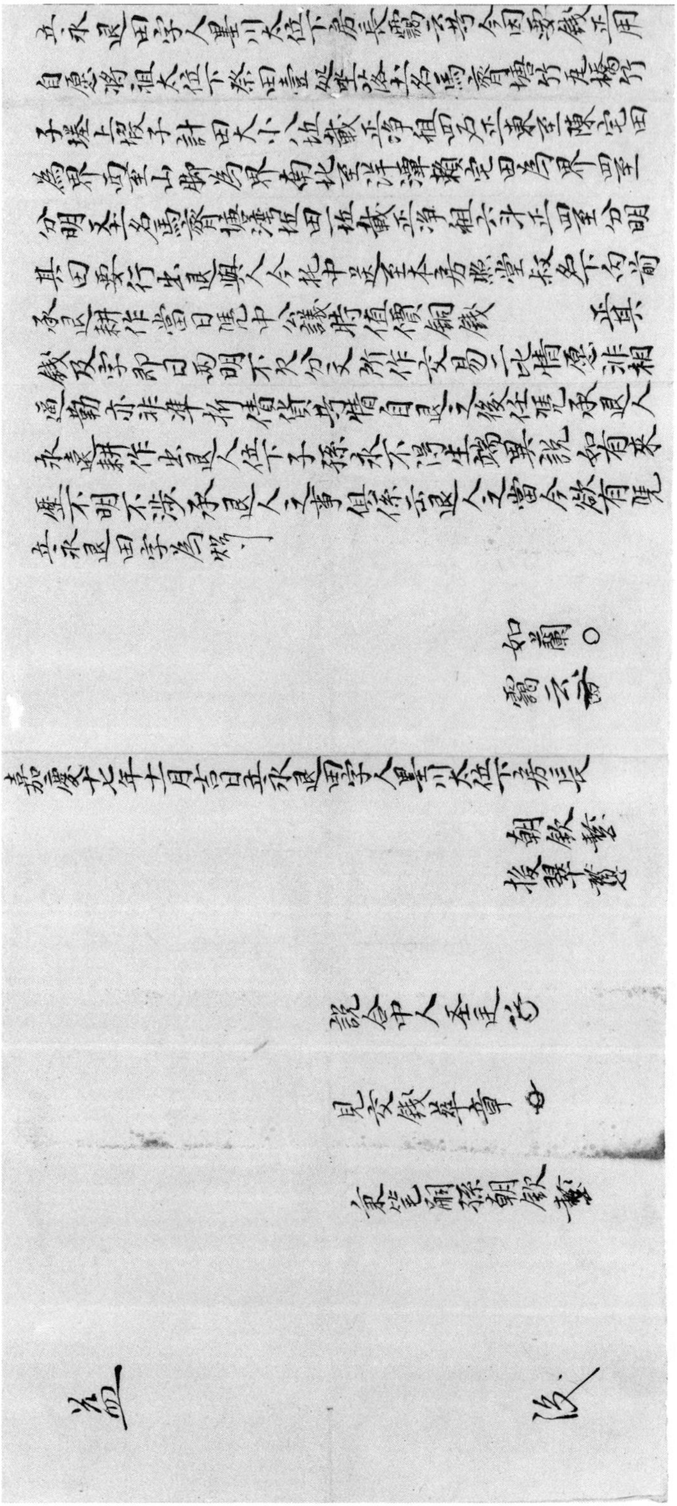
立永退田字人墨川太位下房長靄云、朝欽等今因要錢正用
自愿將祖太位下祭田壹處坐落[illegible]土名[illegible]坑
子[illegible]上[illegible]子計田大小八坵載正淨租四石五斗東至[illegible]陳宅田
為界西至山腳為界南北至[illegible]陳宅田為界四至
分明又土名[illegible]田一坵載正淨租六斗正四至分明
其田要行出退與人今托中送至本房照堂叔名下向前
承退耕作當日憑中三面言議時值價銅錢[illegible]正其
錢及字即日兩明不欠分文所作交易二比情愿非相
逼勒亦非準折債貨之類自退之後任憑承退人
永遠耕作出退人位下子孫永不得生端異說如有來
歷不明不涉承退人之事但係出退人之當[illegible]
立永退田字為照

如蘭 ○
靄云 押
嘉慶十七年十二月廿日立永退田字人墨川太位下房長
朝欽 押
振華 押
說合中人[illegible]
見交錢[illegible] 押
家姪[illegible]孫朝欽 筆

嘉庆十七年 长溪赖万程、昭海等兄弟立永卖田坝予本房会英叔字

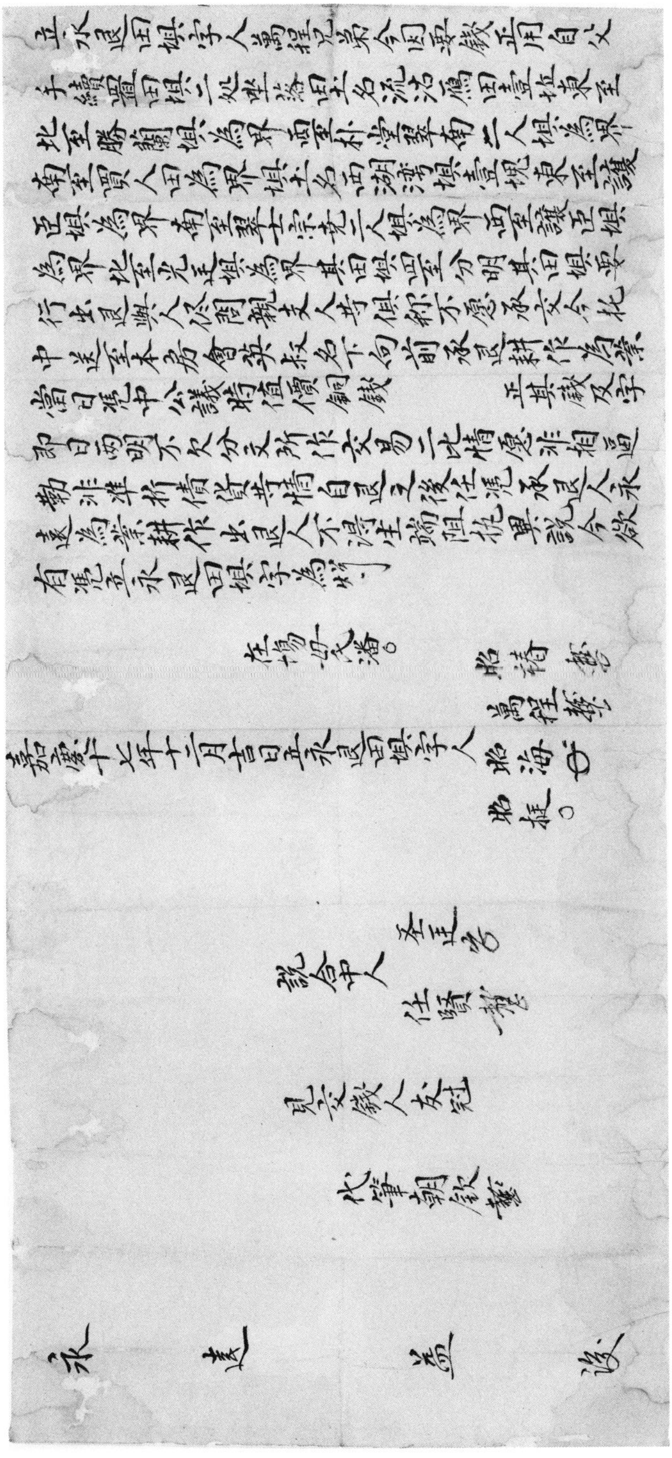

立永卖田坝字人万程兄弟今因要钱正用自父
手续置田坝一处坐落土名汎沽鸭田壹坵东至
北至腾谢坝为界西至朴堂墓南一人坝为界
南至买人田为界坝土名西湖塆坝壹块东至让
正坝为界南至墓主宗光二人坝为界西至让正坝
为界北至光正坝为界其田坝四至分明其田坝要
行出卖与人尽问亲支人等俱称不愿承交今托
中送至本房会英叔名下向前承买耕作为业
当日凭中公议时值价铜钱　正其钱及字
即日两明不欠分文并非交易二比情愿非相逼
勒非准折债货等情自卖之后任凭承买人永
远为业耕作出卖人不得生端阻执异说今欲
有凭立永卖田坝字为照

在场母亲潘氏○

昭清 押
万程 押

嘉庆十七年十二月吉日立永卖田坝字人 昭海 押
昭庭○

至正 押
说合中人 任贤 押

见交钱人友冠

代笔胡钦 押

永　远　当　收

嘉庆十八年　长溪
沽溪王廷万立收到长口赖会英侍公会钱字

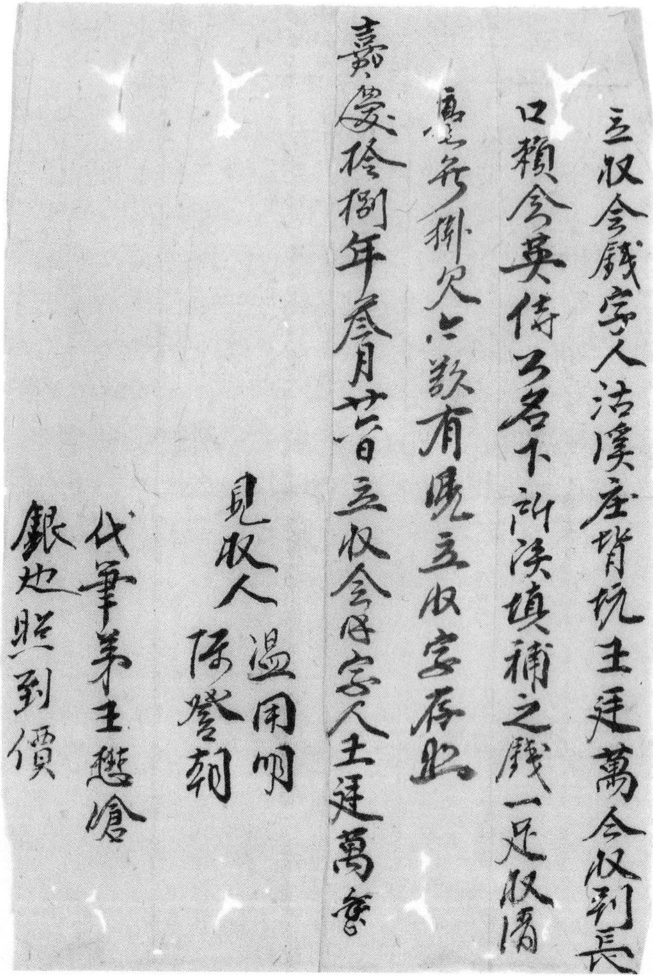

立收会錢字人沽溪庄背坑王廷萬今收到長
口賴会英侍公名下所該填補之錢一足收清
高會所掛欠之數有憑立收字存照
嘉慶拾捌年叁月廿日立收会錢字人王廷萬
見收人　温開明
陳譽朝
代筆弟王懋滄
銀也照到價

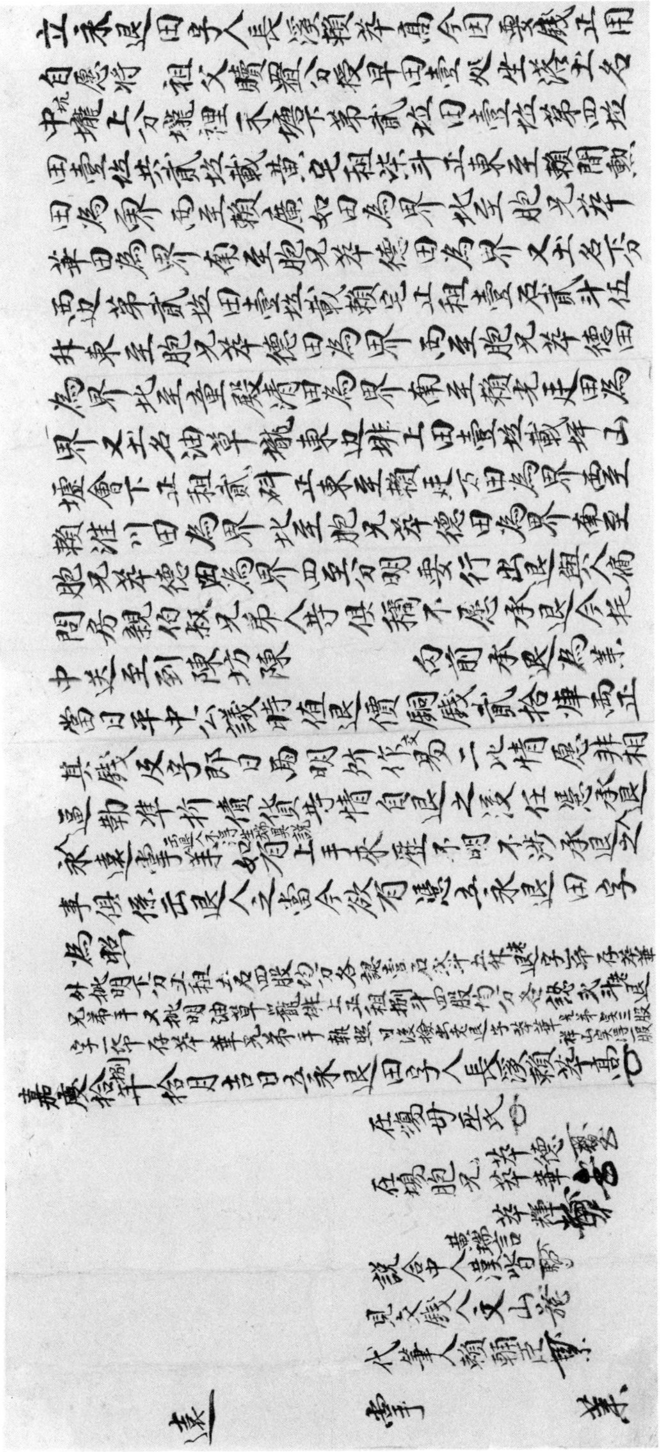

嘉庆十八年 长溪赖萃高立永退田予陈坊陈□□字

嘉庆十八年　长溪
嗣孙庆堂立质借滔祖太位下祭铜钱字

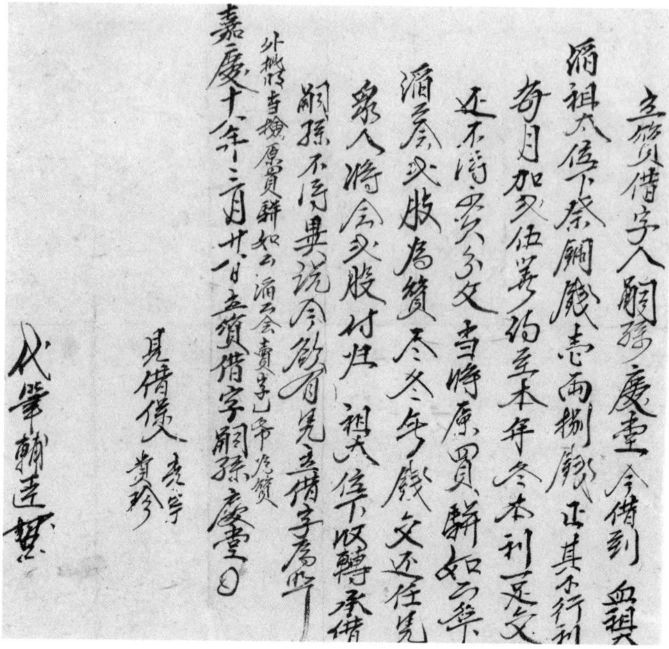

立质借字人嗣孙庆堂，今借到　血祖
滔祖太位下祭铜钱壹两捌钱正，其不行利，
每月加叁伍算，约至本年冬本利足交，
还不得欠少分文。当将原买辟如云祭
滔祖会叁股为质，冬冬年钱文还，任凭
众人将会叁股付归　祖太位下收转承借，
嗣孙不得异说。今欲有凭，立借字为照。
外批：将当换原买辟如云、滔祖会壹字□希为质。
嘉庆十八年十二月廿八日立质借字嗣孙庆堂（押）
见借侄人　庆学　贵珍
代笔　辅达书

嘉庆十九年　长溪
必成立永退田予本房遇兰兄字

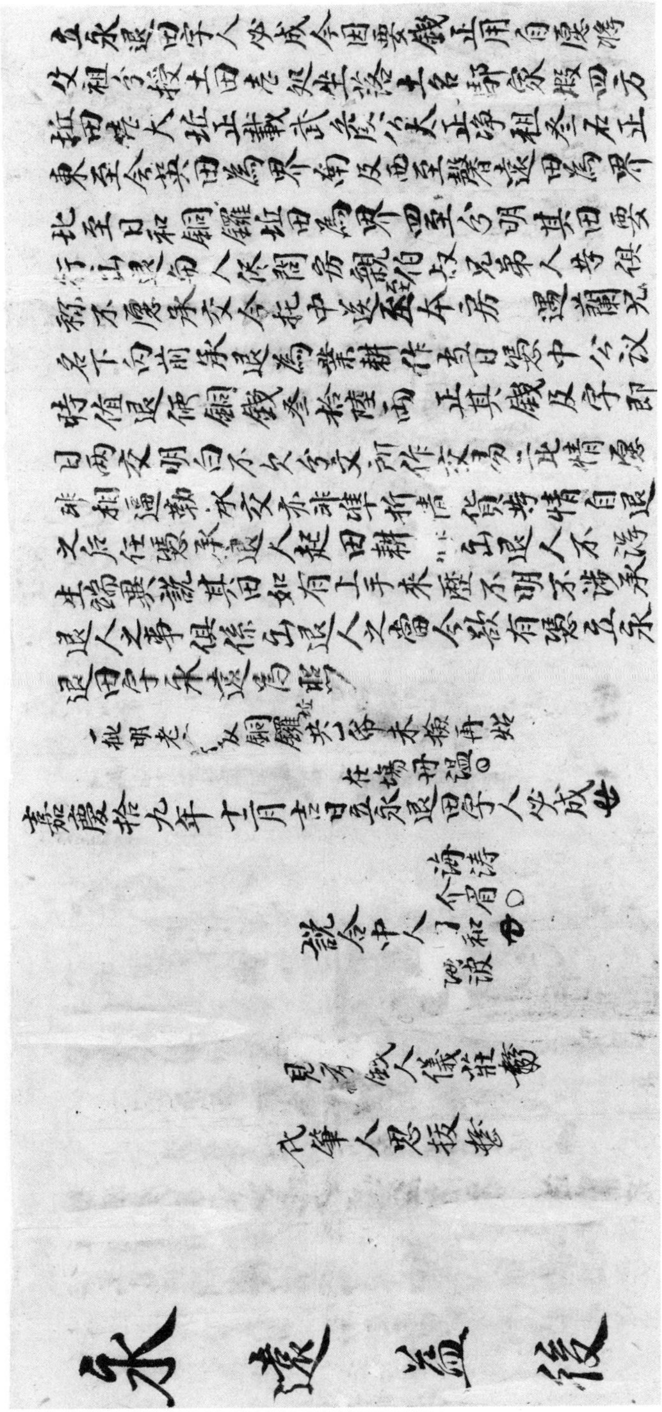
立永退田字人必成，今因要錢正用，自愿將
父祖分授土田壹處，坐落土名郭家段
北至日和銅鑼坵田為界，四至分明
時值退價銅錢叁拾陸兩正，其錢及字即
日兩交明白，不欠分文
非相逼勒，亦非准折債負
嘉慶拾九年十二月　日立永退田字人必成

嘉庆十九年　长溪

陈怀臣立足收长溪赖会英伯公退田价铜钱字

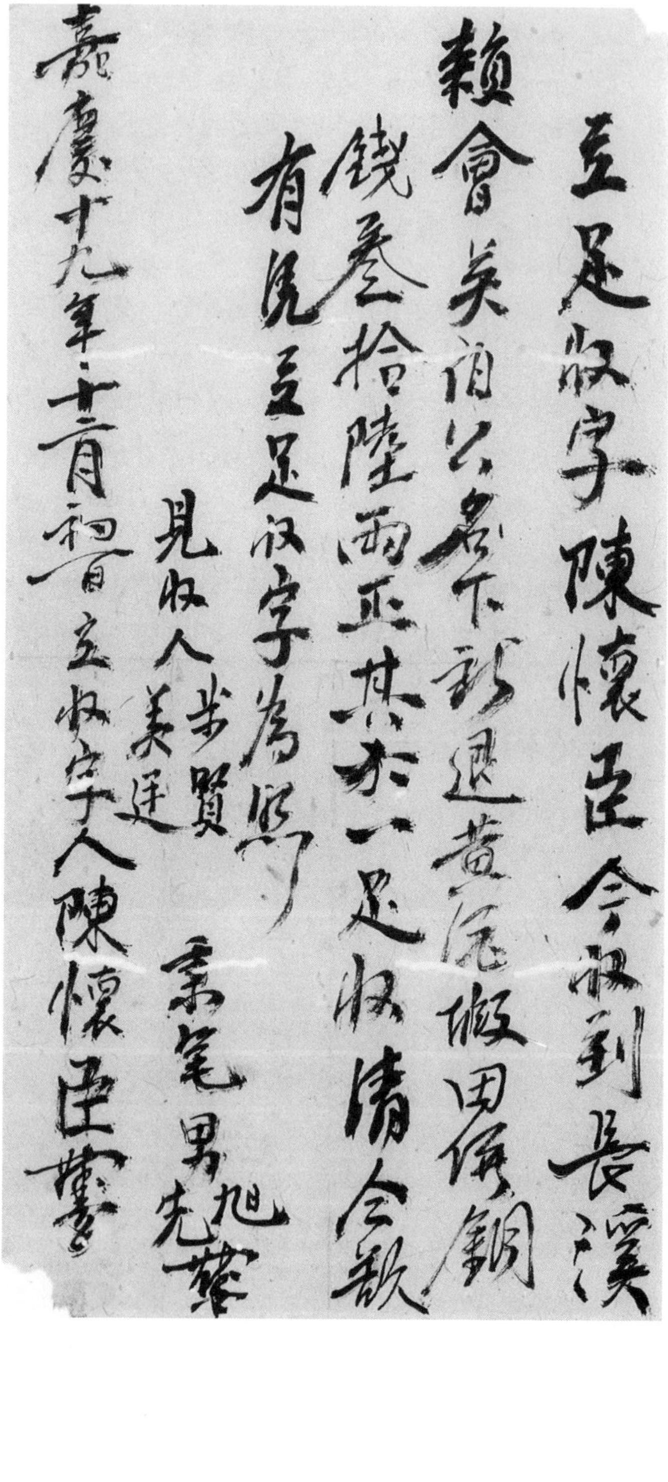

立足收字陳懷臣今收到長溪

賴會英伯公名下討退黄泥墈田價銅

錢叁拾陸兩正其於一足收清今欲

有憑立足收字為照

見收人　美賢　美廷

秉筆男旭先筆

嘉慶十九年十二月初一日立收字人陳懷臣筆

嘉庆十九年　长溪

新坊陈怀臣立永逊让退田予长溪赖会英伯公字

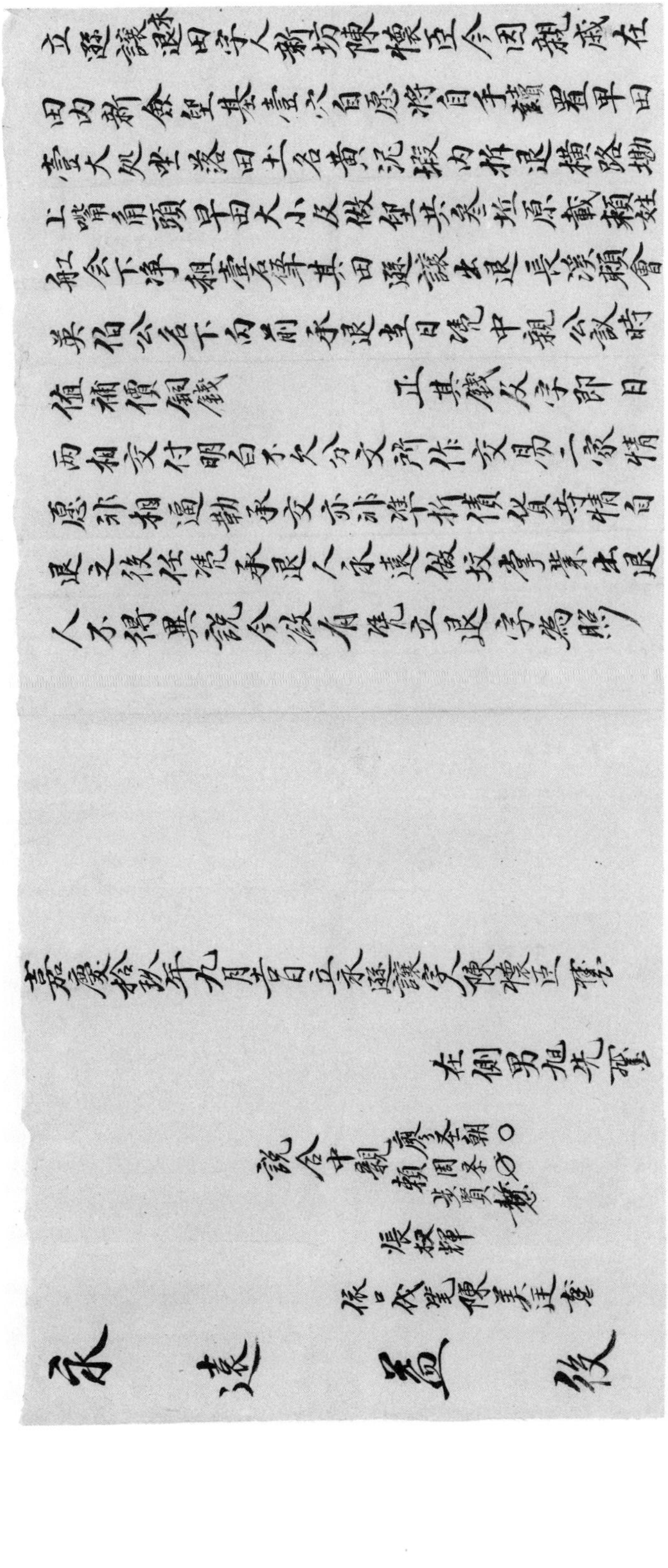

嘉庆二十年　长溪
福主会下玉周等立收会英田价铜钱字

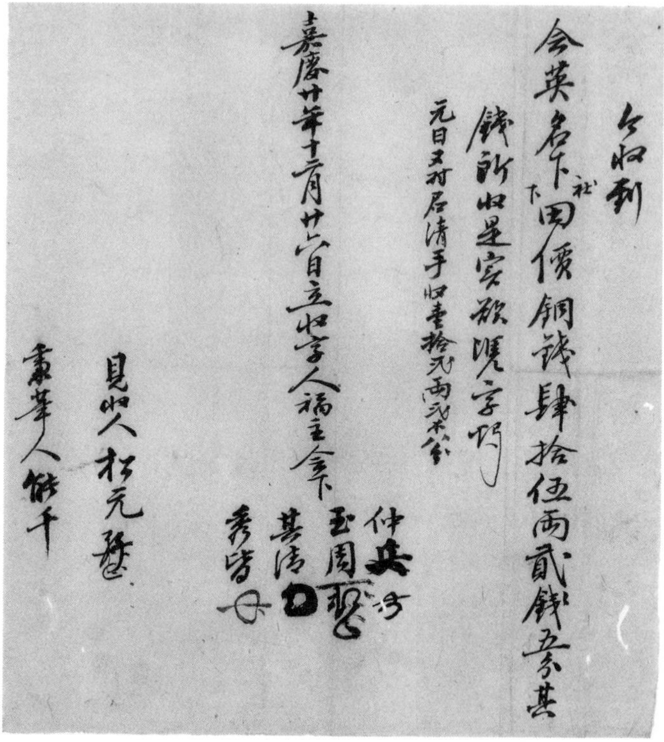

今收到
会英名下社下田价铜钱肆拾伍两贰钱五分，其
钱所收是实，欲[illegible]凭字照。
元日又付居清手收壹拾[illegible]两[illegible]分
嘉庆廿年十二月廿六日立收字人福主会下
仲英 押
玉周 押
其清 押
秀皆 押
见收人 杉元[illegible]
代笔人 [illegible]千

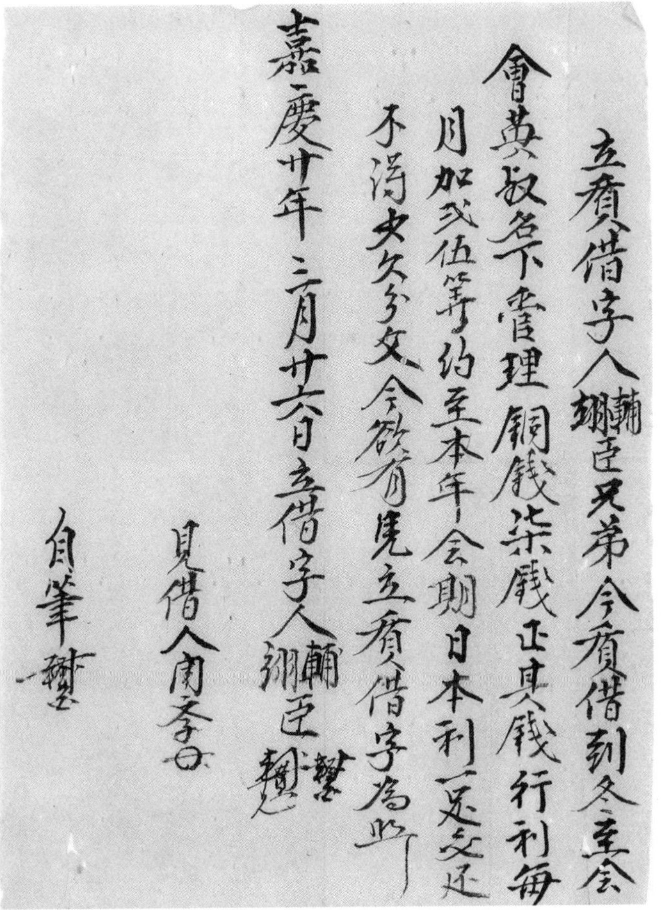

立質借字人輔翊臣兄弟今質借到冬至會
會英叔名下管理銅錢柒錢正，其錢行利每
月加弍伍算，約至本年會期日本利一足交还，
不得欠少分文。今欲有憑，立質借字為照。
嘉慶廿年三月廿六日立借字人輔翊臣（押）（押）
見借人周季（押）
自筆（押）

嘉庆二十年 长溪
辅臣、翊臣兄弟立质借到冬至会下会英叔管理铜钱字

嘉庆二十年　长溪

辅臣立质借到冬至会下会英叔管理铜钱字

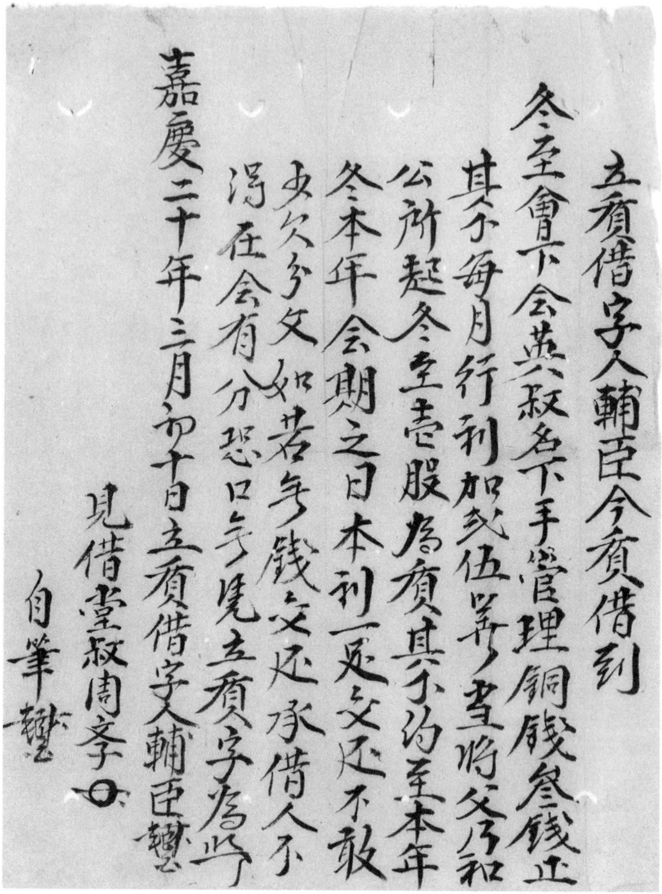

立質借字人輔臣今質借到
冬至會下会英叔名下手管理銅錢叁錢正
其錢每月行利加弍伍算，其將父分租
公所起冬至壹股為質，其錢約至本年
冬本年会期之日本利一并交还，不敢
少欠分文。如若無錢交还，承借人不
得在会有分，恐口無凭，立質字為此。
嘉慶二十年三月初十日立質借字人輔臣（押）
見借堂叔周亭（押）
自筆（押）

嘉庆二十年　长溪

赖茂崇立永退田予本族赖载文叔字

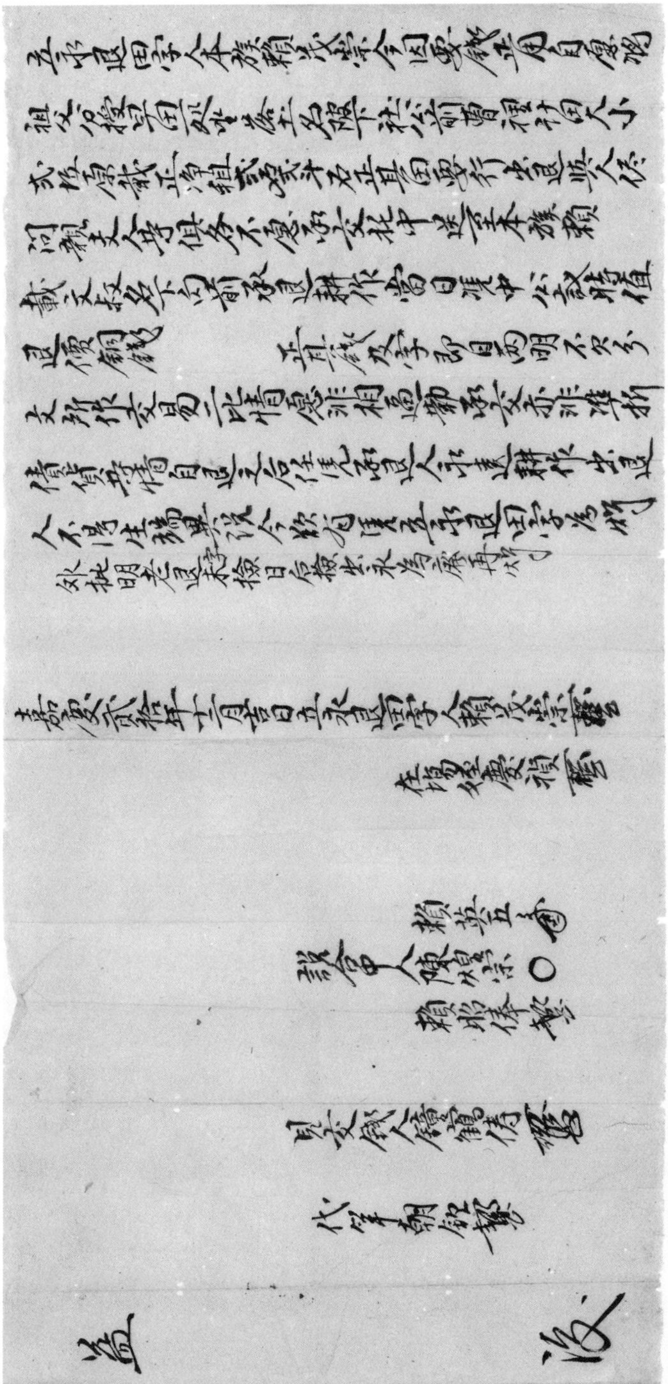

嘉庆二十一年　长溪

陂下张礼居立借长溪村赖碧潭公太位下祭田字

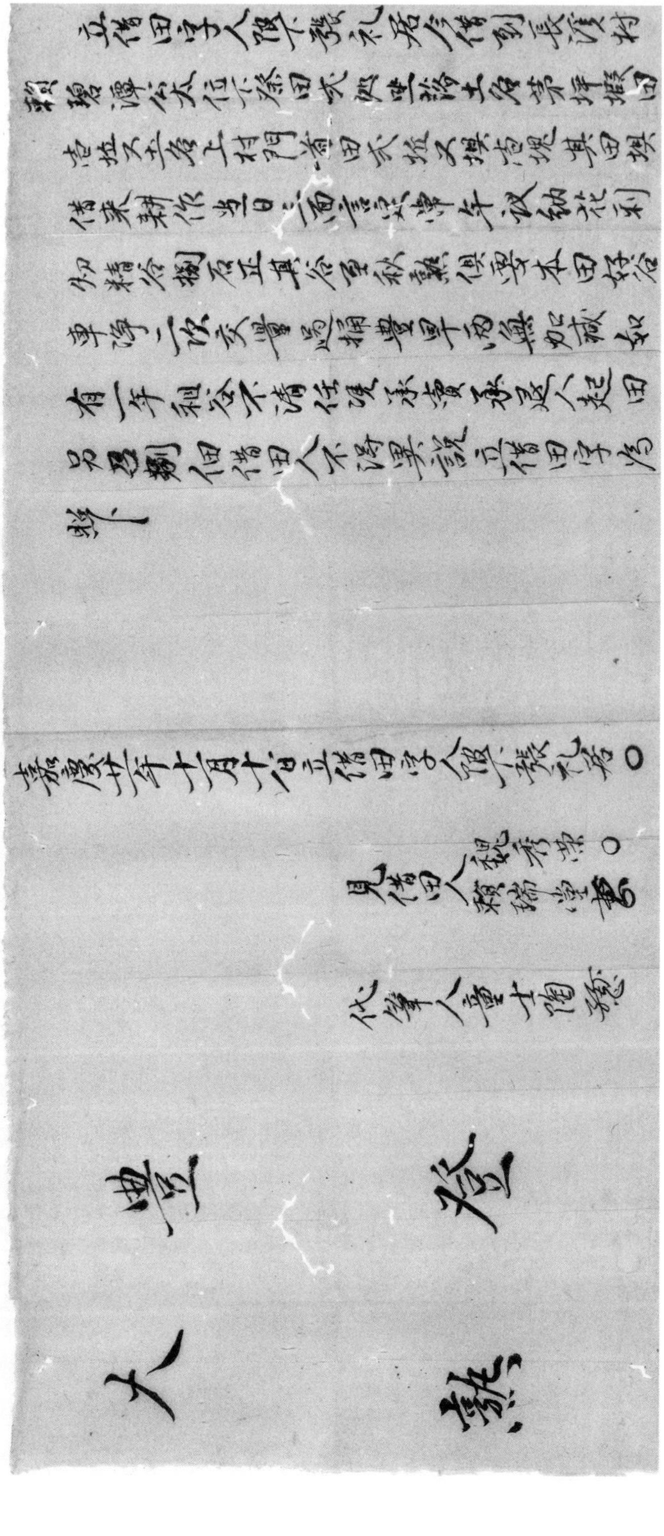

立借田字人陂下張礼居今借到長溪村

賴碧潭公太位下祭田弍處坐落土名茅坪排田

壹坵又土名上村門首田弍坵又樸志塊其田塅

借來耕作當日三面言定逐年秋收納花利

外精谷捌石正其谷至秋熟但要本田好谷

車淨一次交量倘遇豐歉两無短欠如

有一年租谷不清任從承祭人起田

另召别佃借田人不得異說立借田字為

照

嘉慶廿一年十一月十八日立借田字人陂下張礼居〇

叔秀芳〇

見借田人賴碧潭書

代筆人壹士陶悉

登　豐

發　大

嘉庆二十一年　长溪
陂下张礼居立暂退暂卖田予长溪赖碧潭公太位下字

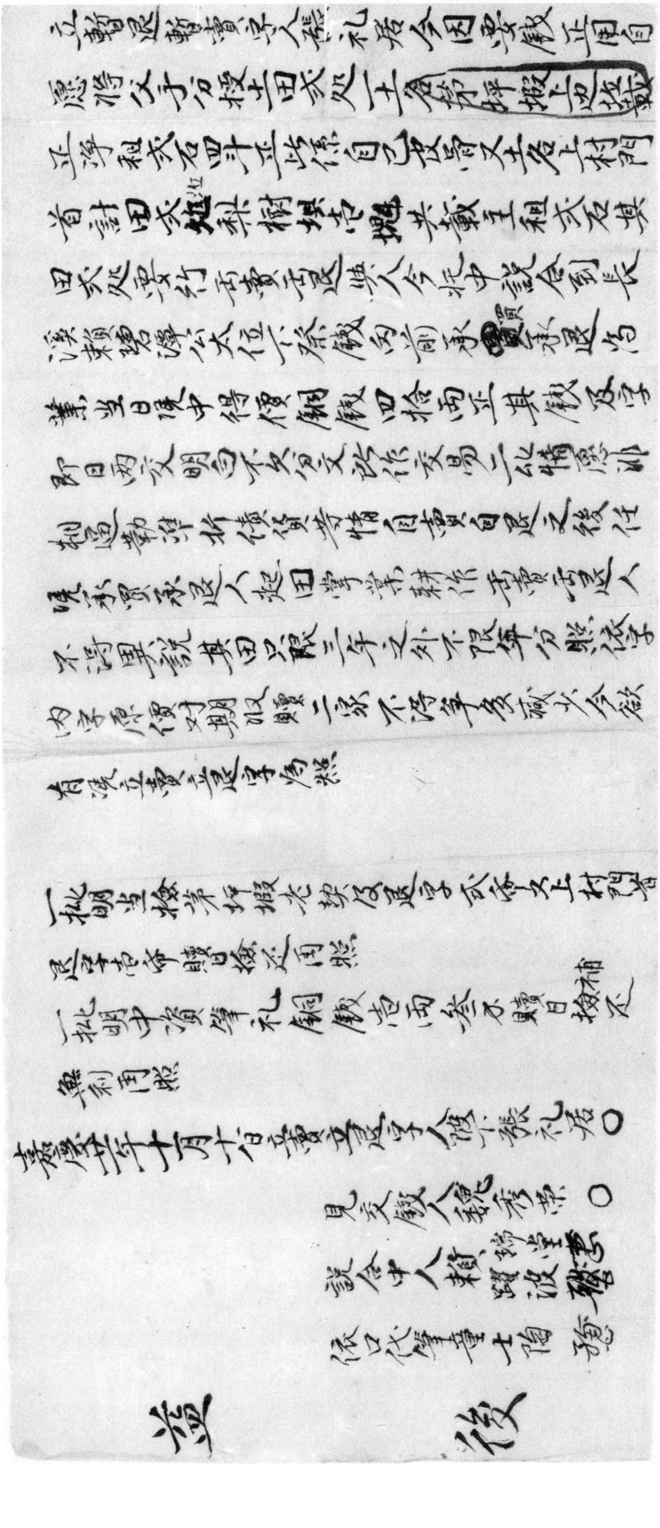

嘉庆二十一年　长溪

陂下张礼居立足收长溪赖碧潭公太位下暂退田价铜钱字

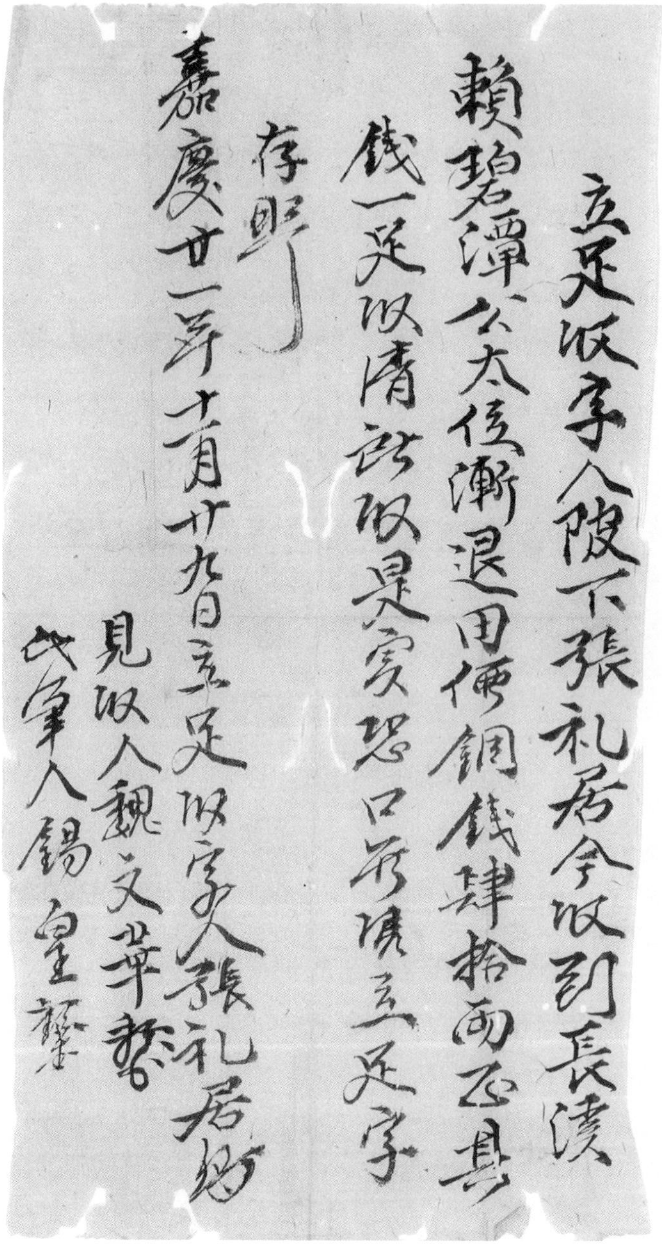

立足收字人陂下張礼居今收到長溪

賴碧潭公太位下暫退田價銅錢肆拾兩正其

錢一足收清訖收是實恐口無憑立足字

存照

嘉慶廿一年十一月廿九日立足收字人張礼居

見收人魏文華

代筆人錫皇

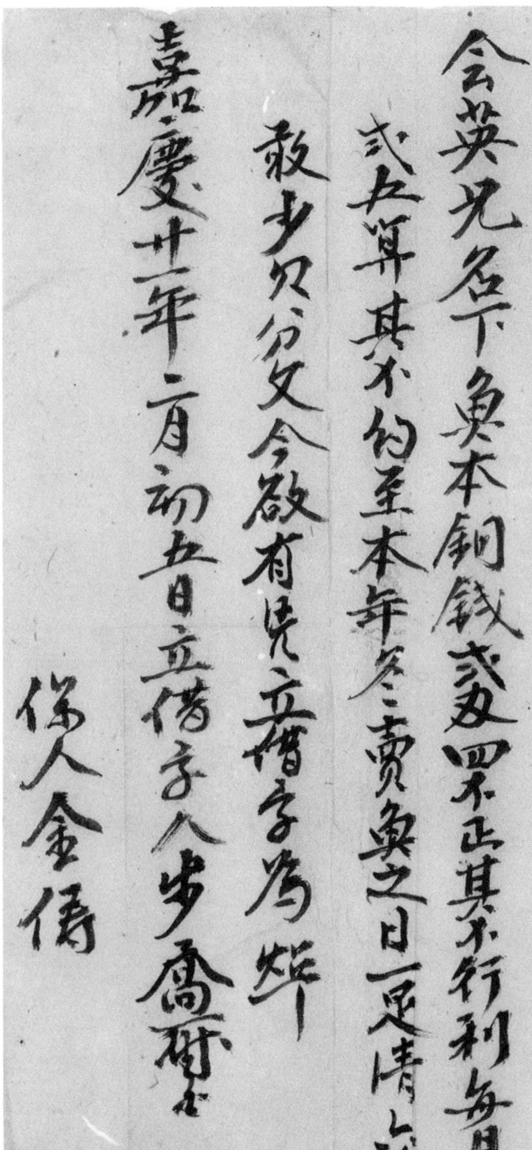
今借到本房
會英兄名下處本銅錢貳千四百正其不行利每月加
貳分算其本約至本年冬〻賫處之日一足清〻交不
敢少欠分文今欲有凭立借字為照
嘉慶廿一年二月初五日立借字人步喬（押）
係人金儔

嘉庆二十一年　长溪
呈祥立足收会英兄退田价铜钱字

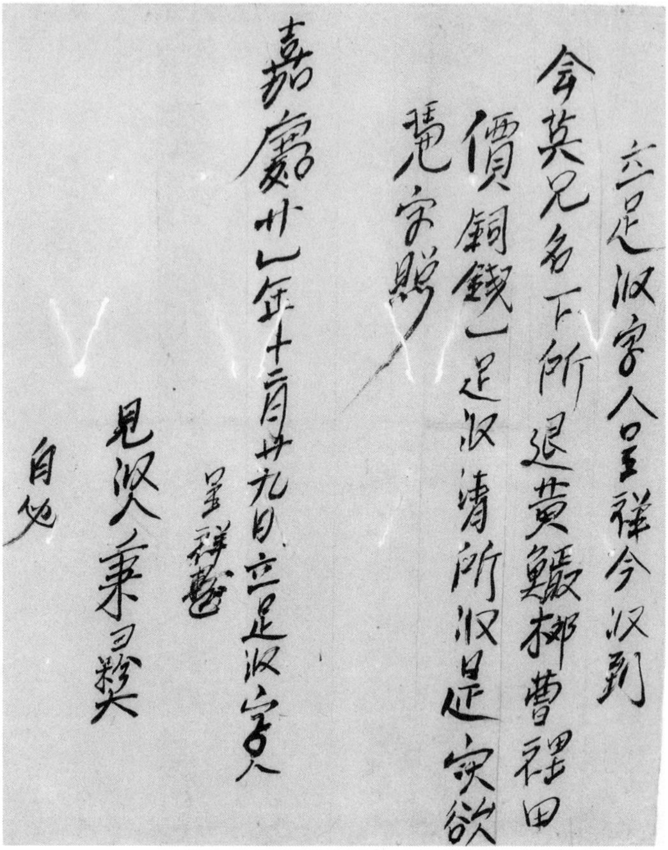
立足收字人呈祥今收到
会英兄名下所退黄鳅椰曹[illegible]田
價銅錢一足收清所收是实欲
凭字照
嘉慶廿一年十二月廿九日立足收字人　呈祥（押）
見收人秉彝
自now

嘉庆二十一年 长溪
赖碧潭公位下杰士会英、松元立约到张礼居伯公田价铜钱字

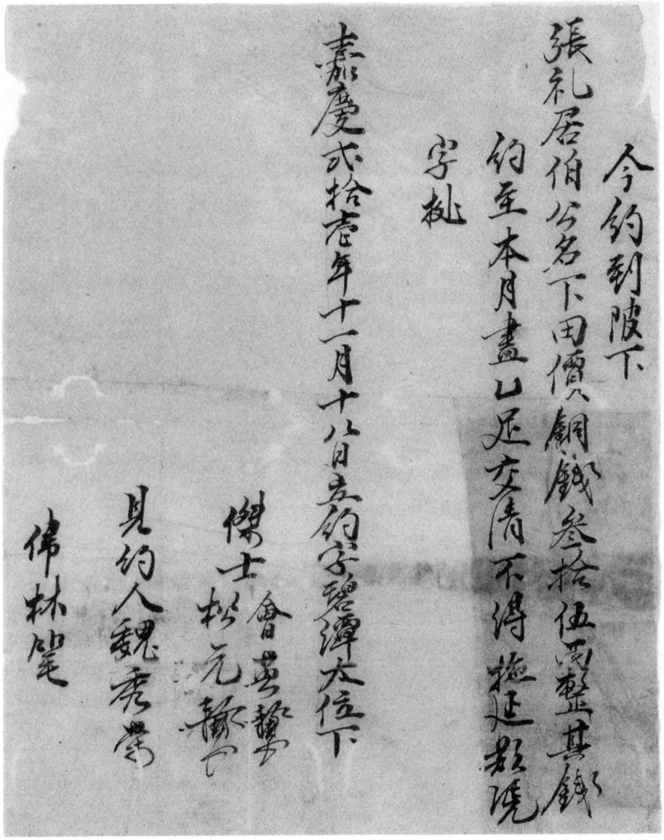

今約到陂下
張礼居伯公名下田價銅錢叁拾伍兩整其錢
約至本月盡山(止)交清不得拖延數混
字批
嘉慶貳拾壹年十一月十八日立約字碧潭大位下
傑士 會英押 松元押
見約人魏秀榮
佛林筆

嘉庆二十一年 长溪
赖呈祥立永退田予本房会英字

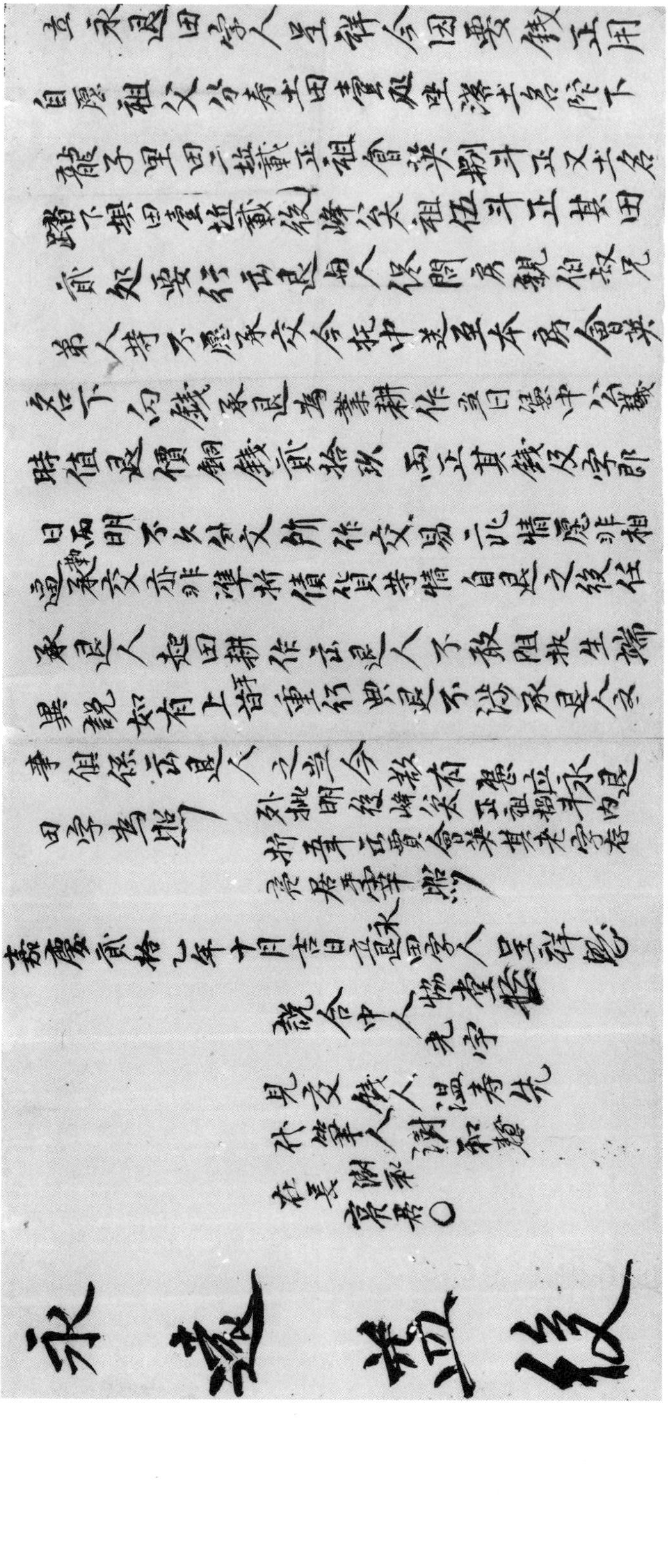
立永退田字人呈祥今因要钱正用
自愿祖父分与土田土壹处坐落土名院下
龙子里田二丘载正租仓谷柒斗正又土名
路下塅田壹丘载租[illegible]大租伍斗正其田
贰处要行出退与人先问房亲伯叔兄
弟人等不愿承交今托中送至本房会英
名下向前承退为业耕作当日凭中三面议
时值退价铜钱贰拾玖两正其钱随字即
日两明不少分文所作交易二比情愿非相
逼勒亦非准折债负等情自退之后任
承退人起田耕作立退人不敢阻执生端
异说如有上手来历不明系是立退人之
事但系立退人[illegible]今欲有凭立永退
田字为照 外批明[illegible]
嘉庆贰拾一年十月吉日立退永田字人呈祥
说合中人[illegible]
见交钱人温寿[illegible]
代笔人谢和[illegible]
在见[illegible]
永远[illegible]据

嘉庆二十一年 长溪
赖茂堂立永退田子本族载文叔字

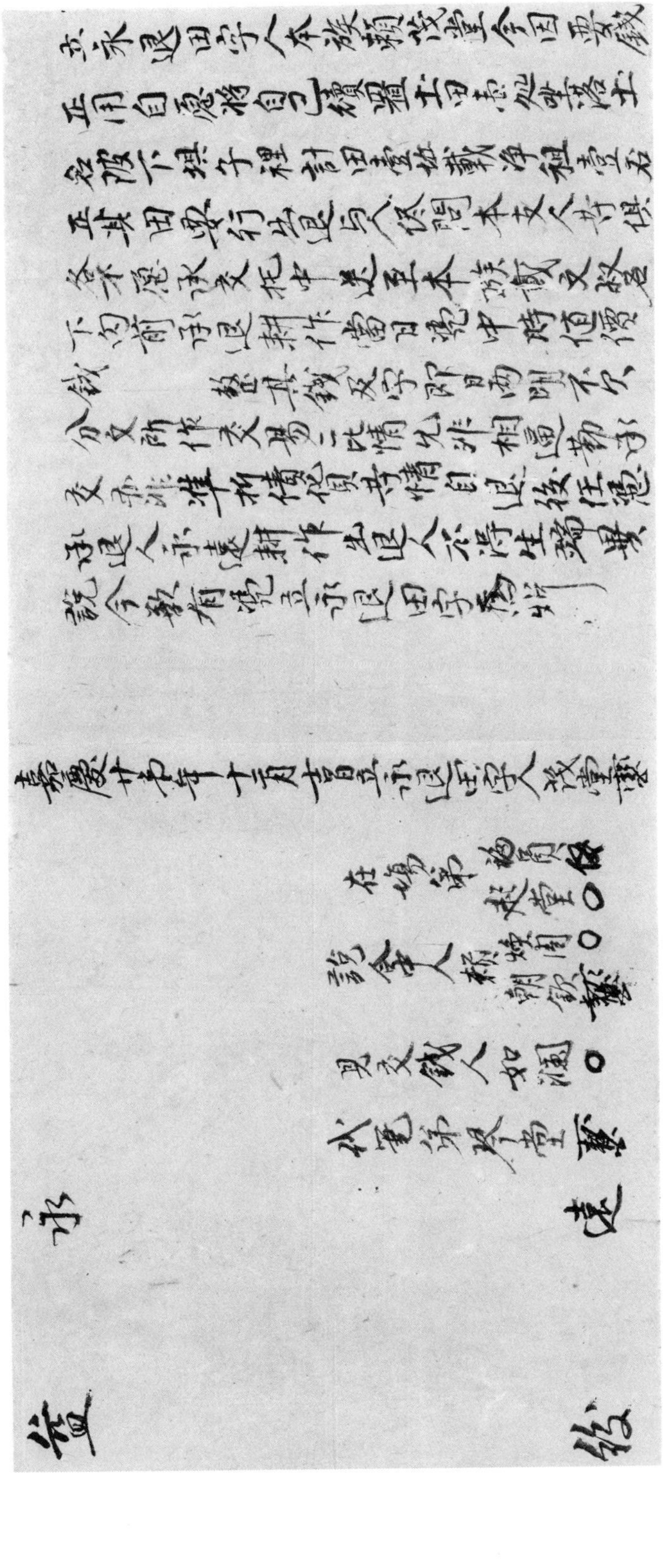

嘉庆二十一年 长溪
赖召旬、能千兄弟立永卖坝予本房慧英叔字

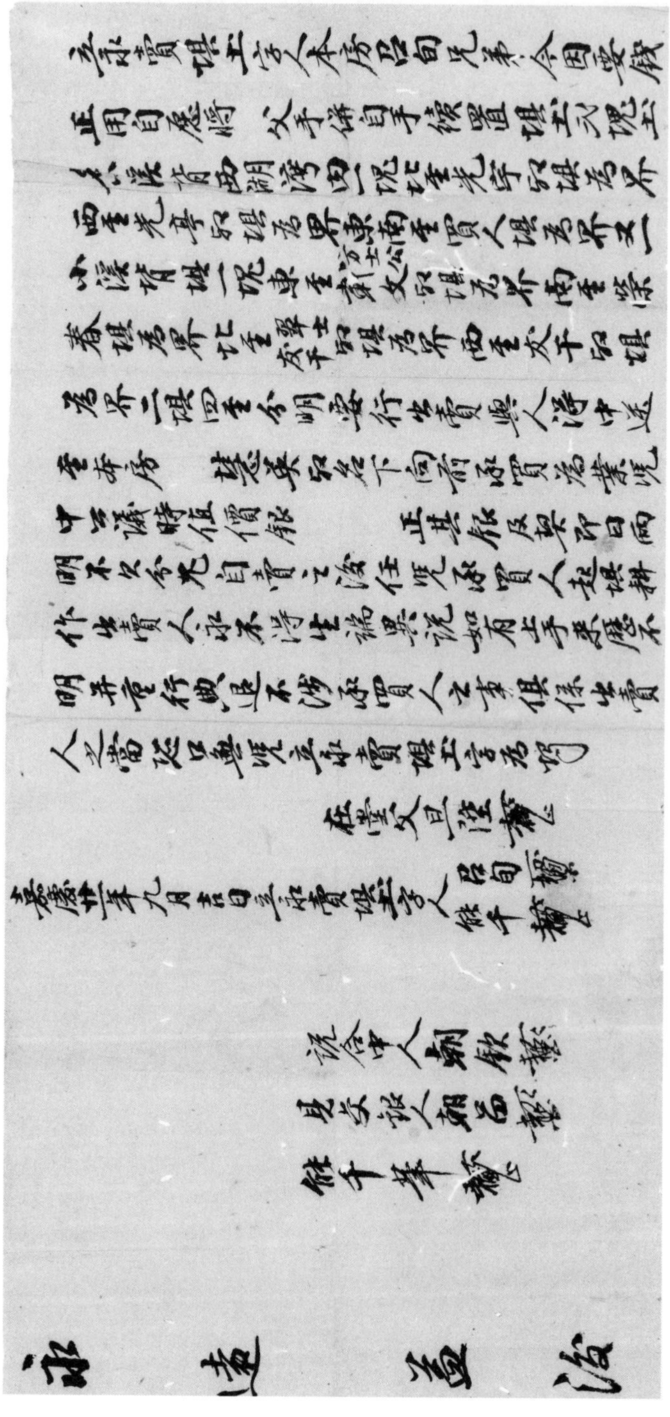

立永賣坝土字人本房召旬兄弟，今因要錢
正用，自愿將 父手遺下自手續置坝土弍號，土
名小溪坑背南湖灣內一號，北至光字所坝為界，
西至光亮所坝為界，東南至買人坝為界；又一
小溪坑背坝一號，東至新坊土，又以所坝為界，南至坎
春坝為界，北至[illegible]坎下所坝為界，西至坎下所坝
為界，二號四至分明。要行出賣與人，請中送
至本房 慧英叔名下向前承買為業。當
中三面言定時值價錢[illegible]正，其錢即日兩
明，不欠分文。自賣之後，任從承買人起坝耕
作，出賣人永不得生端異說。如有上手來歷不
明，并房行典退不涉承買人之事，俱係出賣
人之當。恐口無憑，立永賣坝土字為照。

在堂父 日經筆

嘉慶廿一年九月十八日立永賣坝土字人 召旬（押）
能千（押）

說合中人 劉欽（押）
見字叔 之朝（押）
能千親筆

永遠管業

嘉庆二十一年 长溪
能千、品旬立收会英叔铜钱字

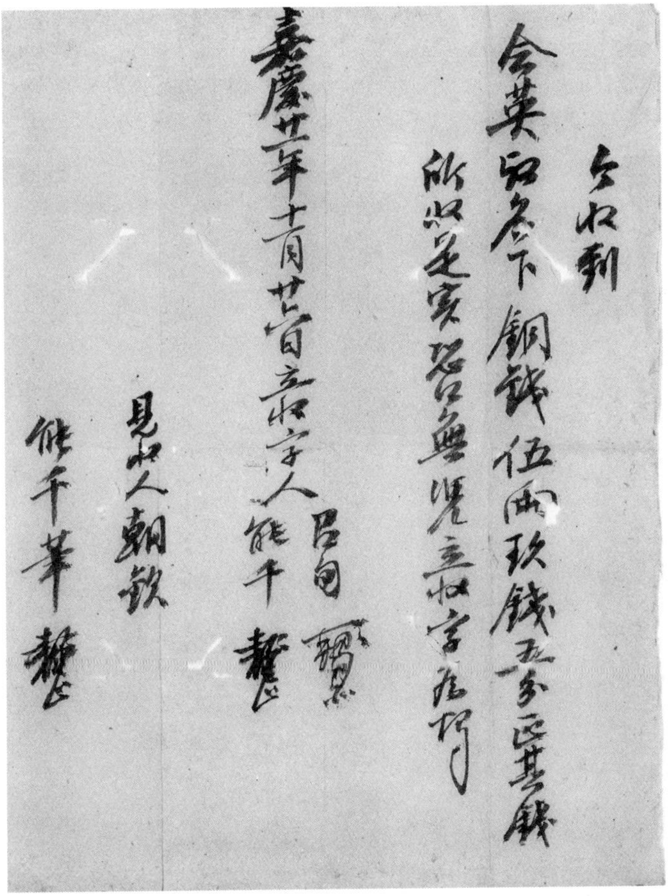

今收到

会英叔名下铜钱伍两玖钱五分正其钱

所收是实恐口无凭立收字存照

嘉庆廿一年十月廿日立收字人 品旬 押 能千 押

见收人 朝钦

能千 笔

嘉庆二十一年　长溪
昭拵兄弟等立永退田塘子胞弟昭挻字

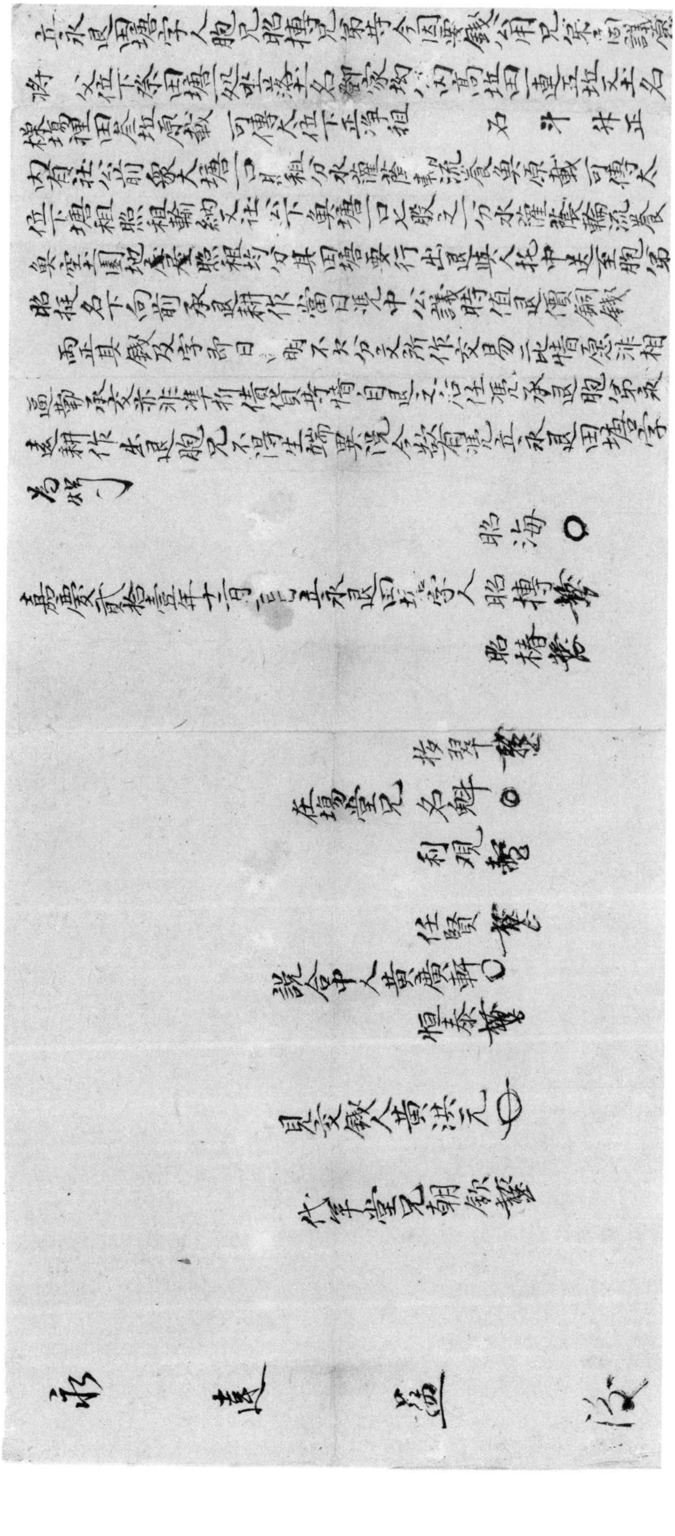

嘉庆二十二年　长溪
陂下童玉辉立收赖碧潭公太位下退田价铜钱字

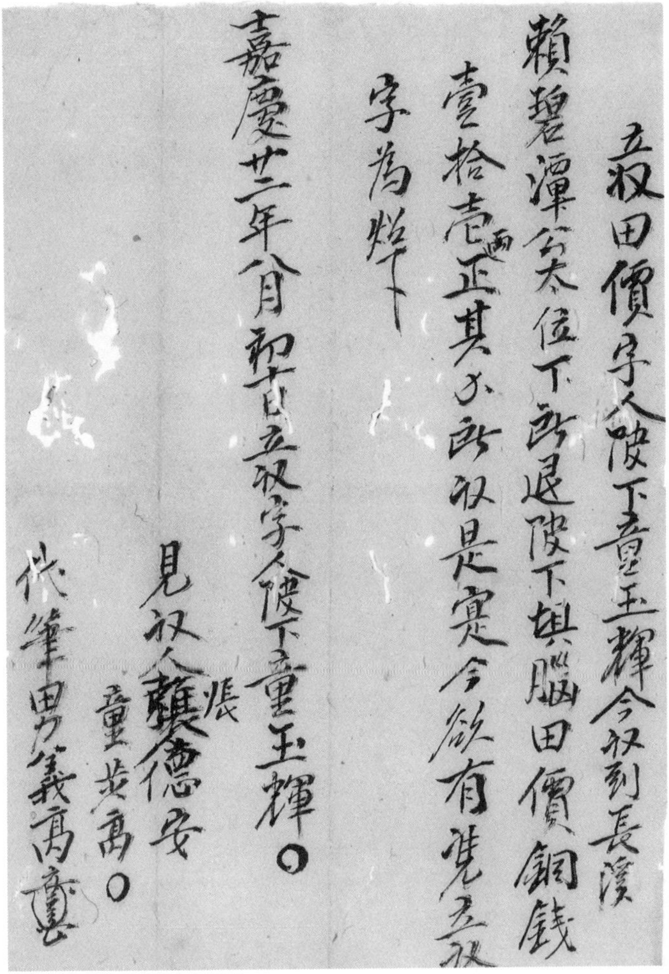
立收田價字人陂下童玉輝今收到長溪
賴碧潭公太位下邊退陂下與腦田價銅錢
壹拾壹兩正其錢收是實今欲有憑立收
字為照
嘉慶廿二年八月初十日立收字人陂下童玉輝〇
見收人　張鎮德安
童英高〇
代筆田男義高內書

嘉庆二十二年　长溪

陂下童玉辉立永退田予碧潭公位下字

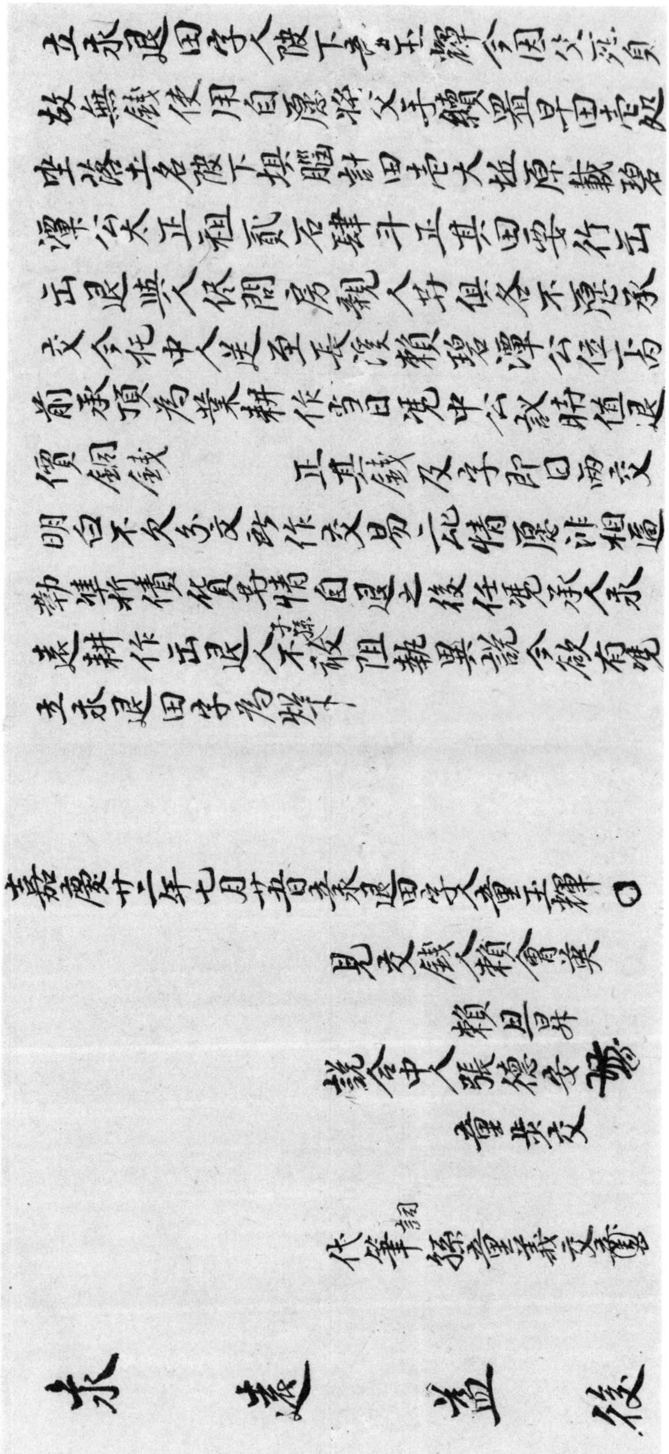

立永退田字人陂下童玉輝今因父觀身
故無錢使用自愿將父手續買置田土壹處
坐落土名陂下垻脚計田壹大坵原載碧
潭公太正租貳石肆斗正其田四至[illegible]五
[illegible]立退與人依問房親人等俱各不愿承
受今托中人送退至長溪賴碧潭公位上為
業承頂為業耕作當日憑中言議時值退
價銅錢　　正其錢及字即日兩交
明白不欠分文此係二比情愿非相逼
勒其田[illegible]自退之後任憑承退人永
遠耕作立退人子孫不得阻執異說今欲有憑
立永退田字為炤

嘉慶廿二年七月廿五日立永退田字人童玉輝
見交錢人賴會[illegible]
賴恩[illegible]
說合中人張德[illegible]
童[illegible]文
代筆[illegible]孫童[illegible]

永遠[illegible][illegible]

嘉庆二十二年　长溪
陂下童玉辉立足收赖碧潭公太退田价铜钱字

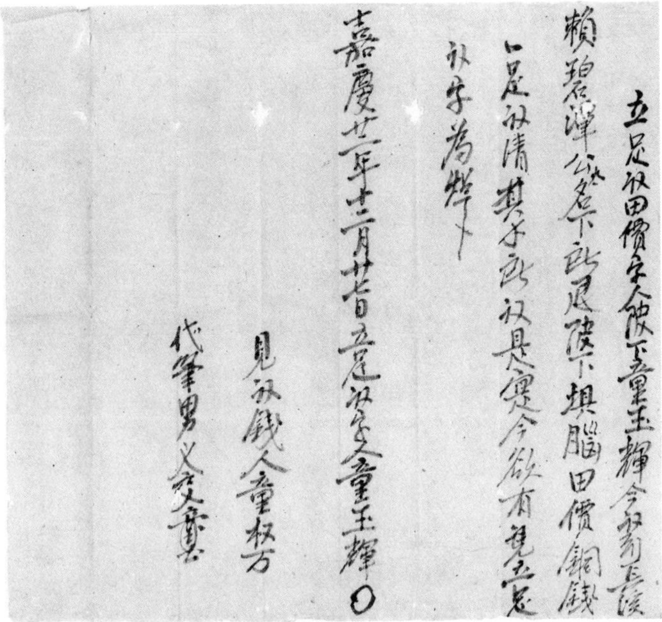

立足收田價字人陂下童玉輝今收到長溪
賴碧潭公太名下所退陂下塅腦田價銅錢
一足收清其字所收是實今欲有憑立足
收字爲照
嘉慶廿二年十二月廿七日立足收字人童玉輝
見收錢人童权方
代筆男义交寶

嘉庆二十二年　长溪

陂下童玉辉立足收长溪赖碧潭公太名下所退田价铜钱字

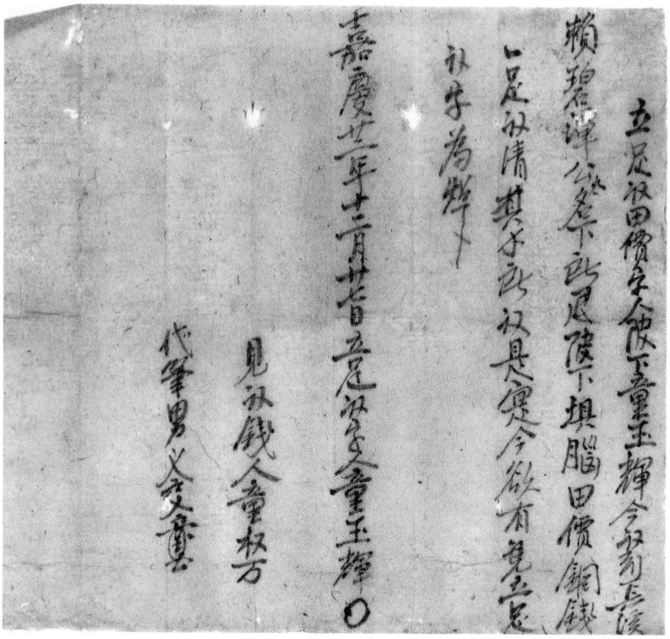

立足收田價字人陂下童玉輝今收到長溪
賴碧潭公太名下所退陂下墳腦田價銅錢
一足收清其字所收是實今欲有憑立足
收字爲照
嘉慶廿二年十二月廿七日立足收字人童玉輝○
見收錢人童叔方
代筆男义文書

嘉庆二十二年 长溪
首会赖辉立收本房会英叔会钱字

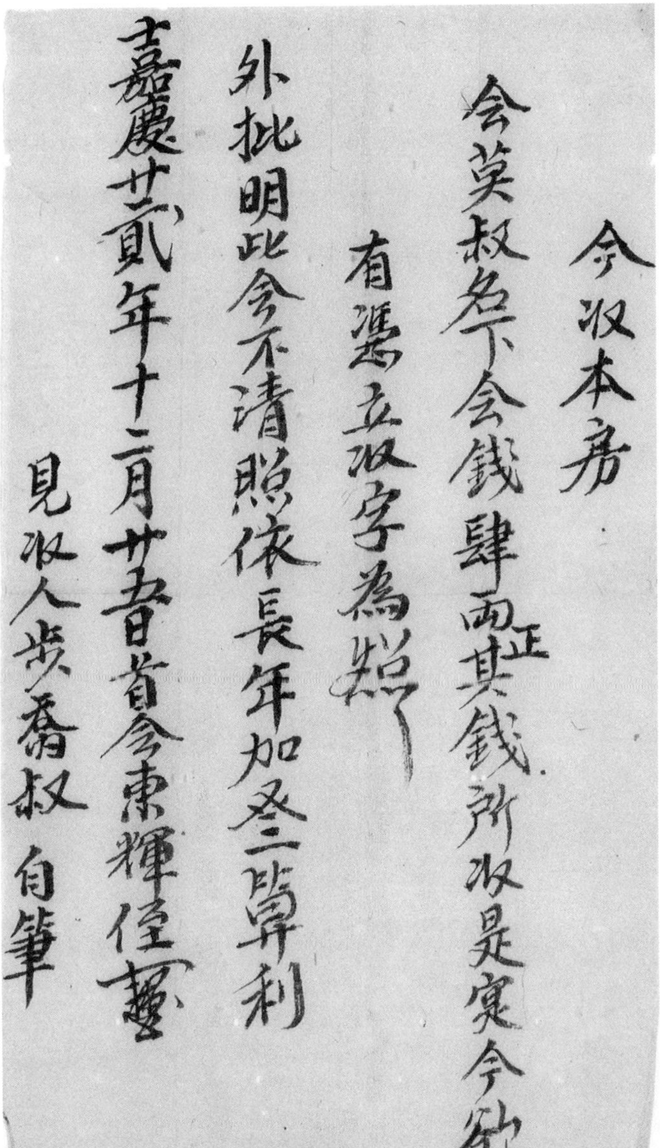
今收本房
會英叔名下會錢肆兩正，其錢所收是實，今欲
有憑，立收字為照。
外批明，此會不清，照依長年加叁算利。
嘉慶廿貳年十二月廿五日首會賴輝侄書
見收人英喬叔 自筆

嘉庆二十三年　长溪

陂下魏其林立借长溪赖碧潭公太位下皮骨田字

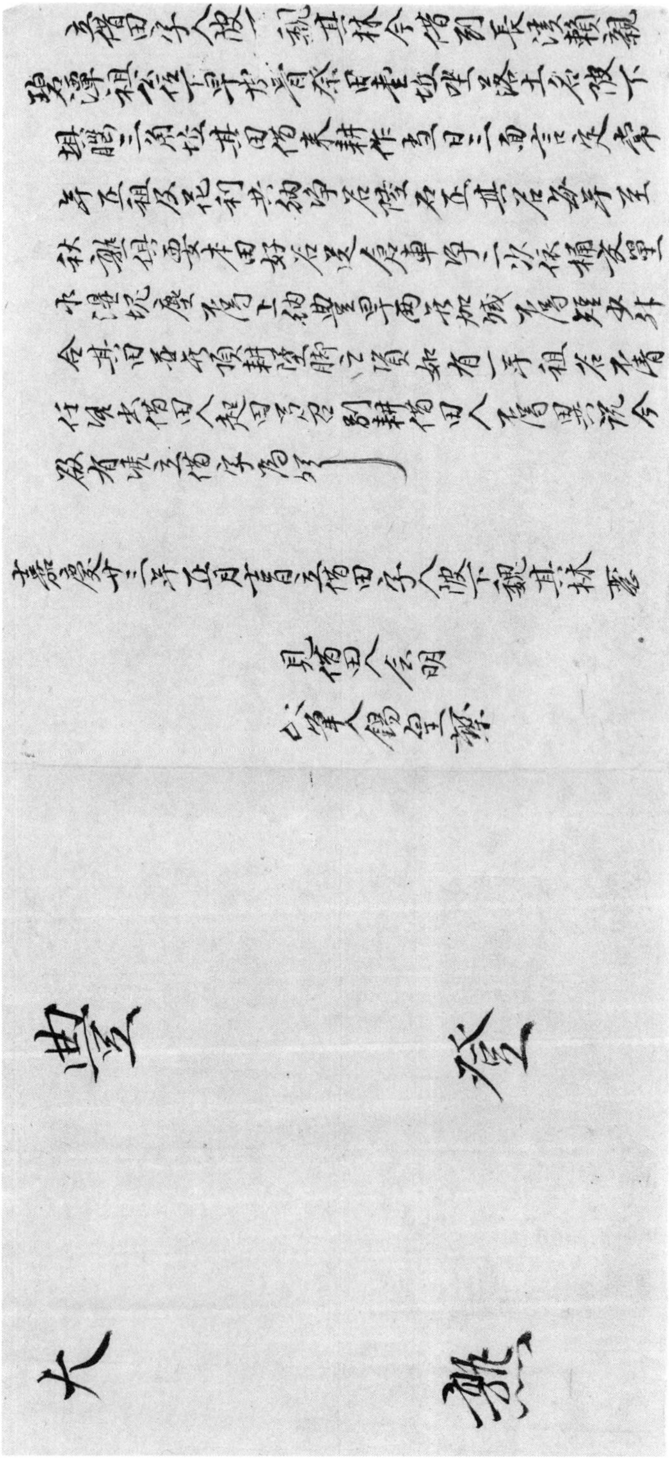

立借田字人陂下魏其林，今借到长溪赖亲碧潭祖公位下土名背岗坑尾老屋背坵土名陂下坝脑二角坵共田，借来耕作，当日三面言定，每年交租谷五把，的纳净谷，不得少欠，其谷每年至秋收晒燥车扇好谷，送上门交纳，不得短少升合，如有不清，借田之人有一年租谷不清，今其田不许借耕，任从田主起田另召别耕，借田人不得异说，今欲有凭，立借田字为照。

嘉庆廿三年五月十六日立借田字人陂下魏其林（押）

见借田人公明

代笔人赖[illegible]

豐登

大發

嘉庆二十三年　长溪
陂下张德安立借赖碧潭公太祭铜钱字

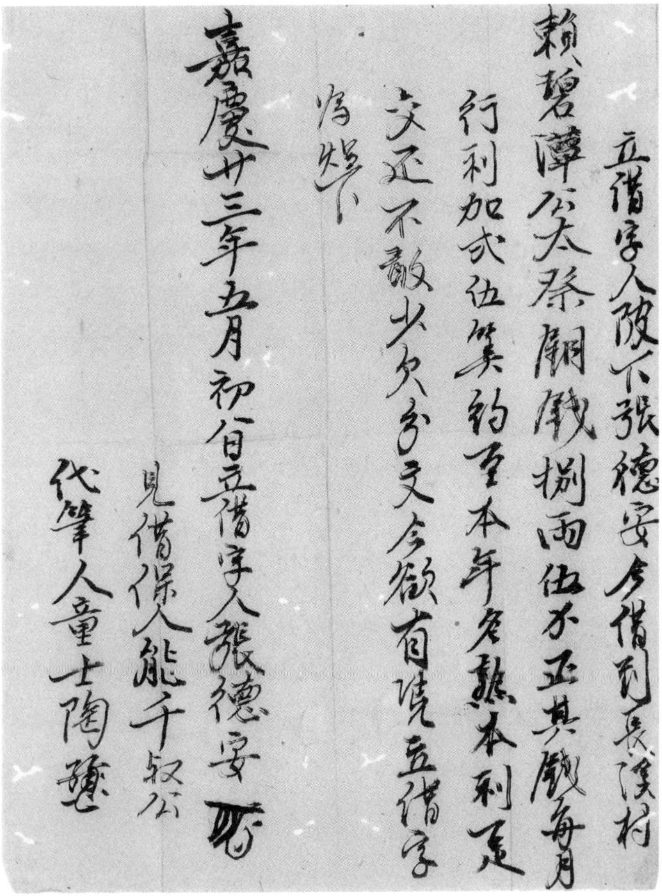
立借字人陂下張德安今借到長溪村
賴碧潭公太祭銅錢捌兩伍分正，其錢每月
行利加弍伍算，約至本年冬熟本利足
交还不敢少欠分文。今欲有憑，立借字
為照。
嘉慶廿三年五月初八日立借字人張德安（押）
見借保人熊千叔公
代筆人童士陶

嘉庆二十三年　长溪起士立借本房会英弟田字

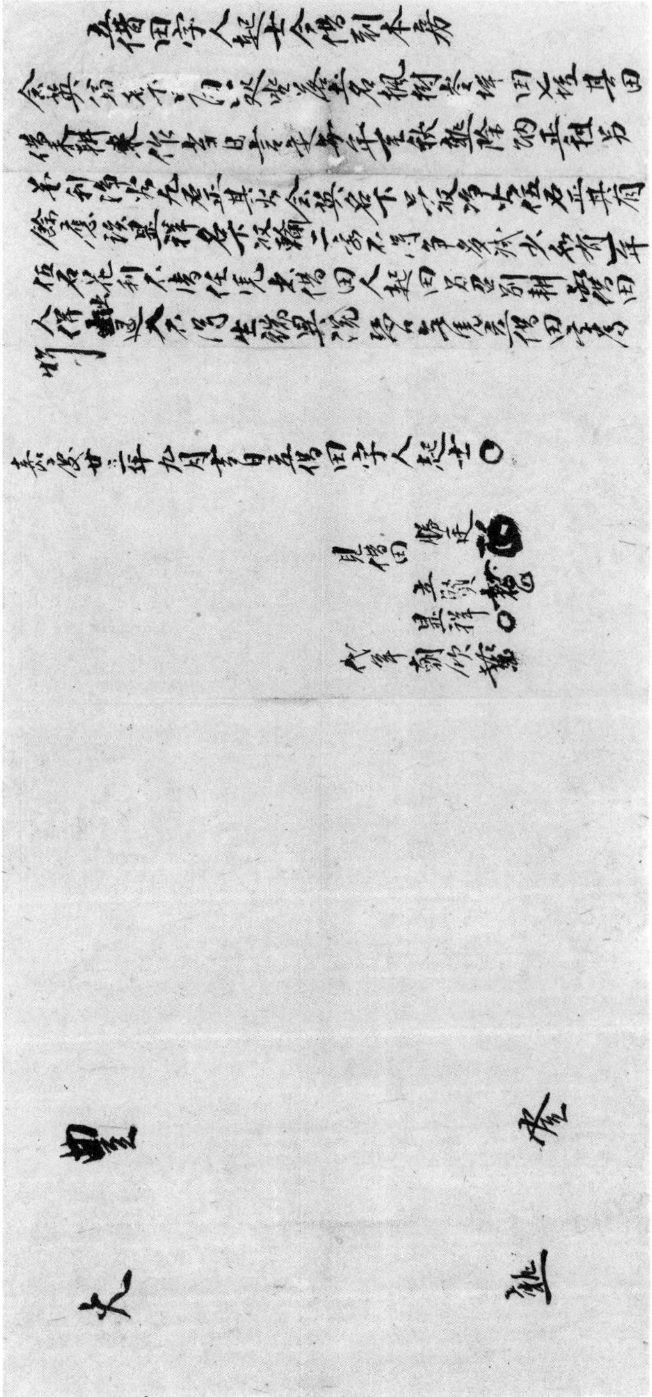

立借田字人起士今借到本房

嘉庆廿三年九月十一日立借田字人起士

嘉庆二十三年　长溪
显祥立退田予本族会英叔字

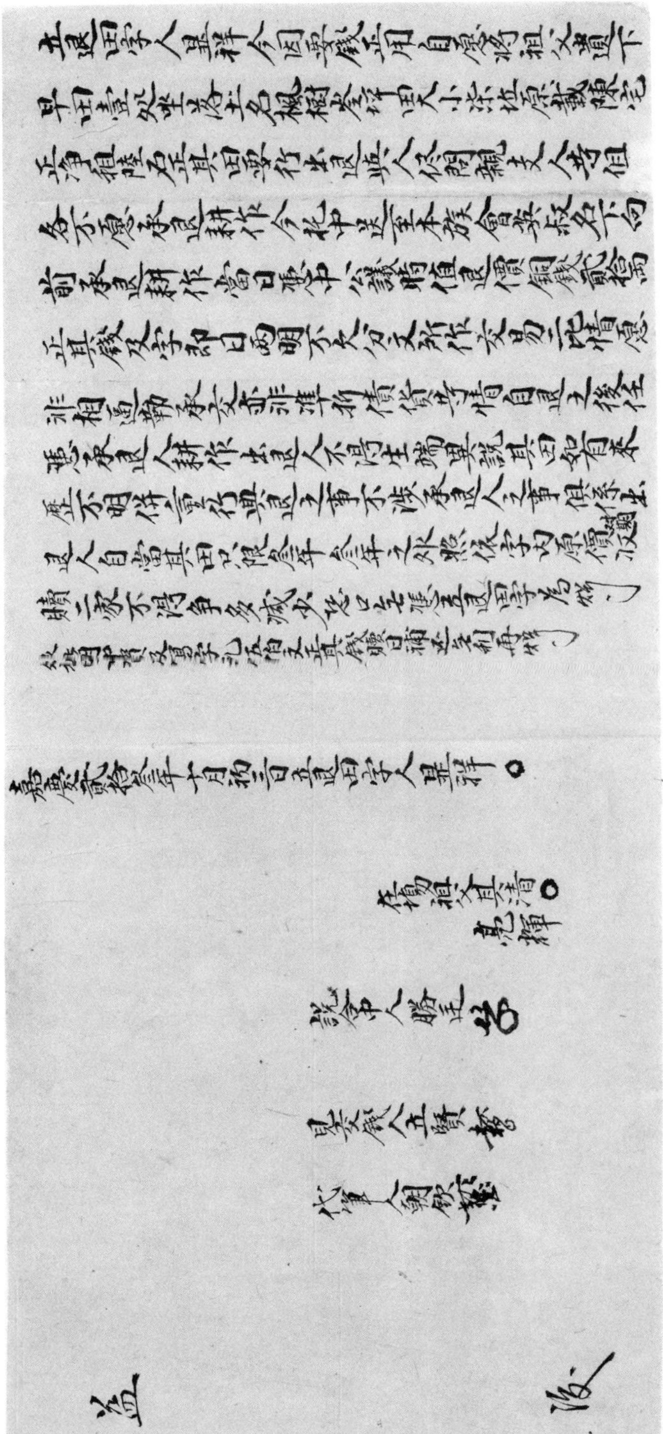

嘉庆二十四年　长溪

陂下赖盛资立退真君会股子赖会英字

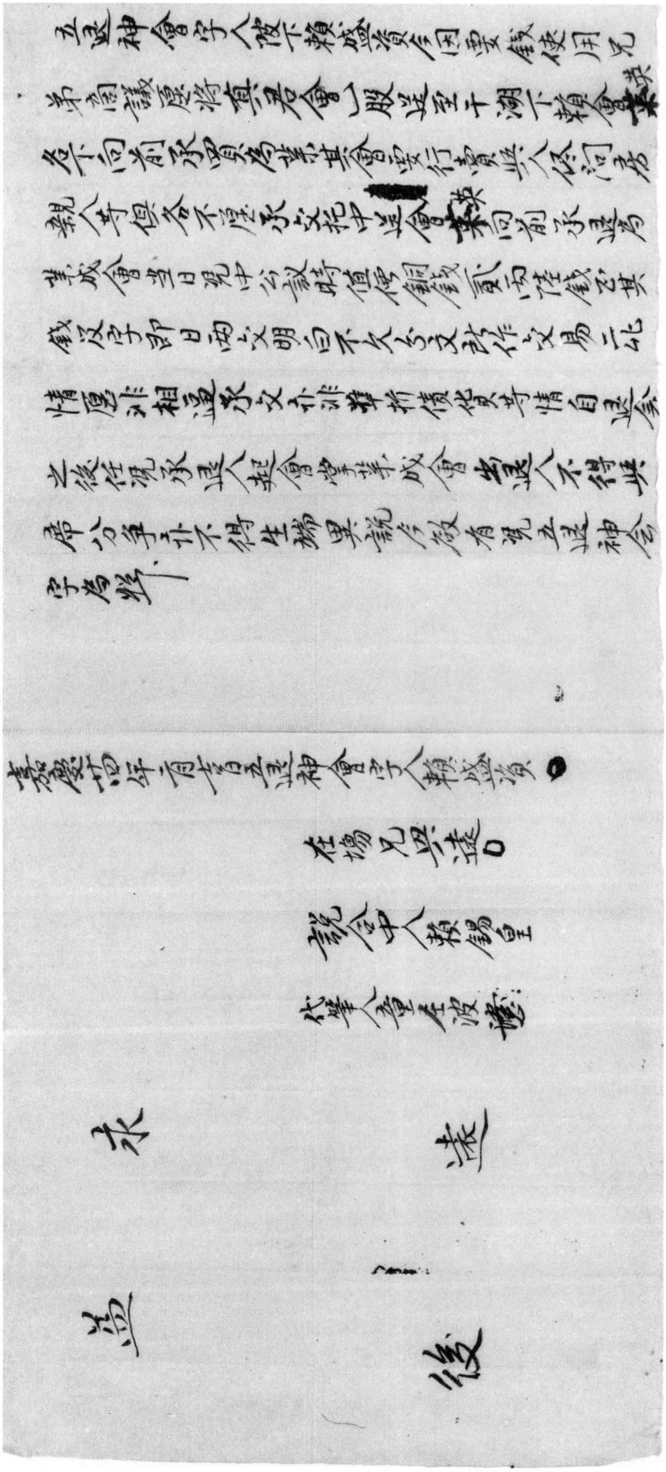

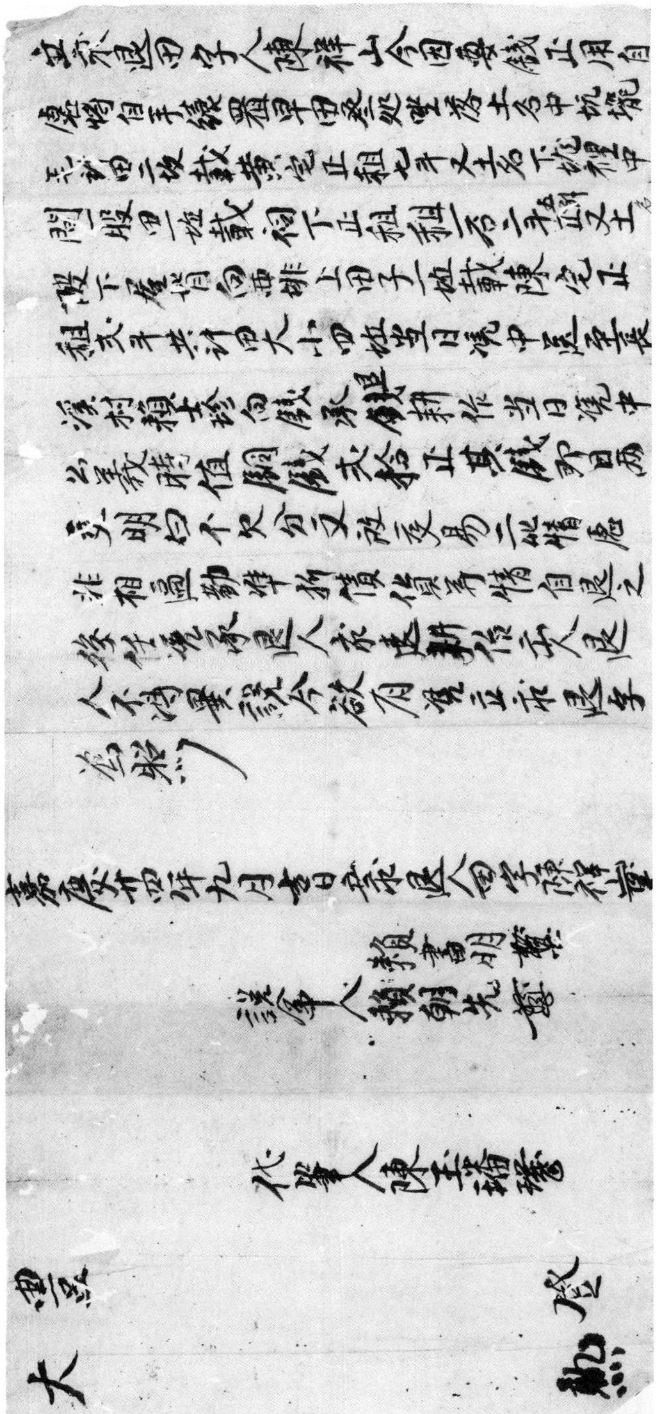

立永退田字人陈祥山，今因要钱正用，自
愿将自手续置早田叁处，坐落土名中坑[illegible]
禾坪田二段，载[illegible]正租七斗，又土名下坑[illegible]坪中
[illegible]一段田一丘，载[illegible]下正租[illegible]二斗正，又土[illegible]
[illegible]
[illegible]共计田大小四丘[illegible]
[illegible]赖士珍[illegible]承退耕作[illegible]
[illegible]
[illegible]
[illegible]
[illegible]
人不得异说[illegible]
[illegible]
嘉庆廿四年九月十日立永退人陈祥山
[illegible]
说合人赖[illegible]
代笔人陈[illegible]
大[illegible]

嘉庆二十四年　长溪
陈祥山立永退田予长溪赖士珍字

嘉庆二十四年　长溪

亨田黄艳如立永退坝子坝尾本家巨川母字

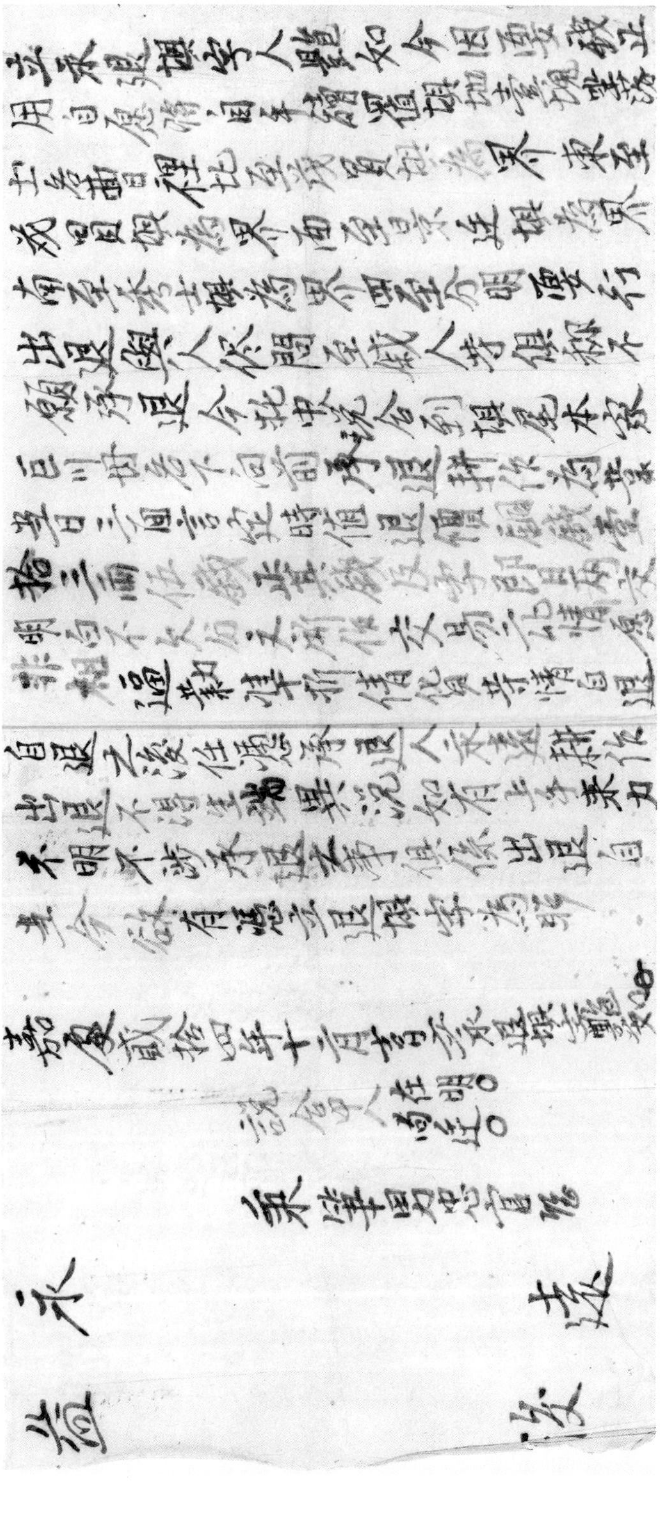

嘉庆二十四年　长溪
亨田黄艳如立永退坝予方量发字

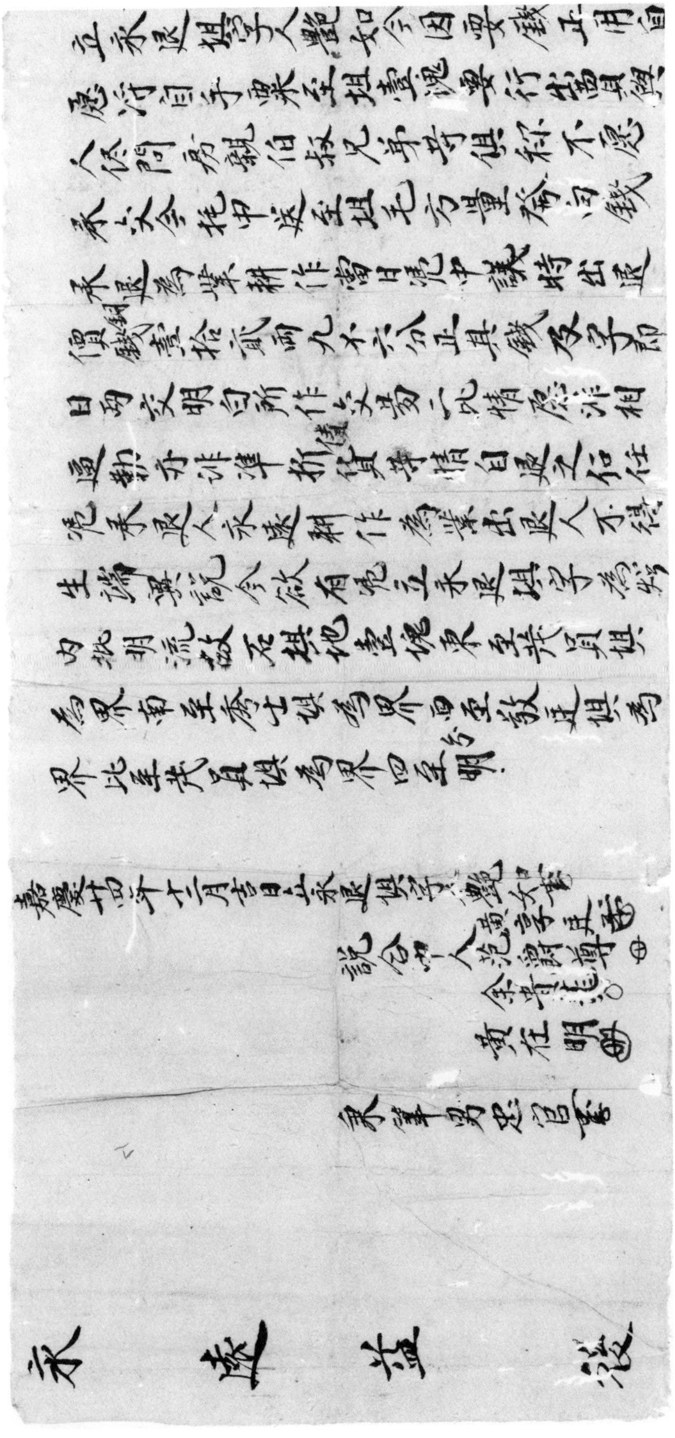

嘉庆二十四年　长溪

赖禧祥立永卖鱼塘予本房惠英叔字

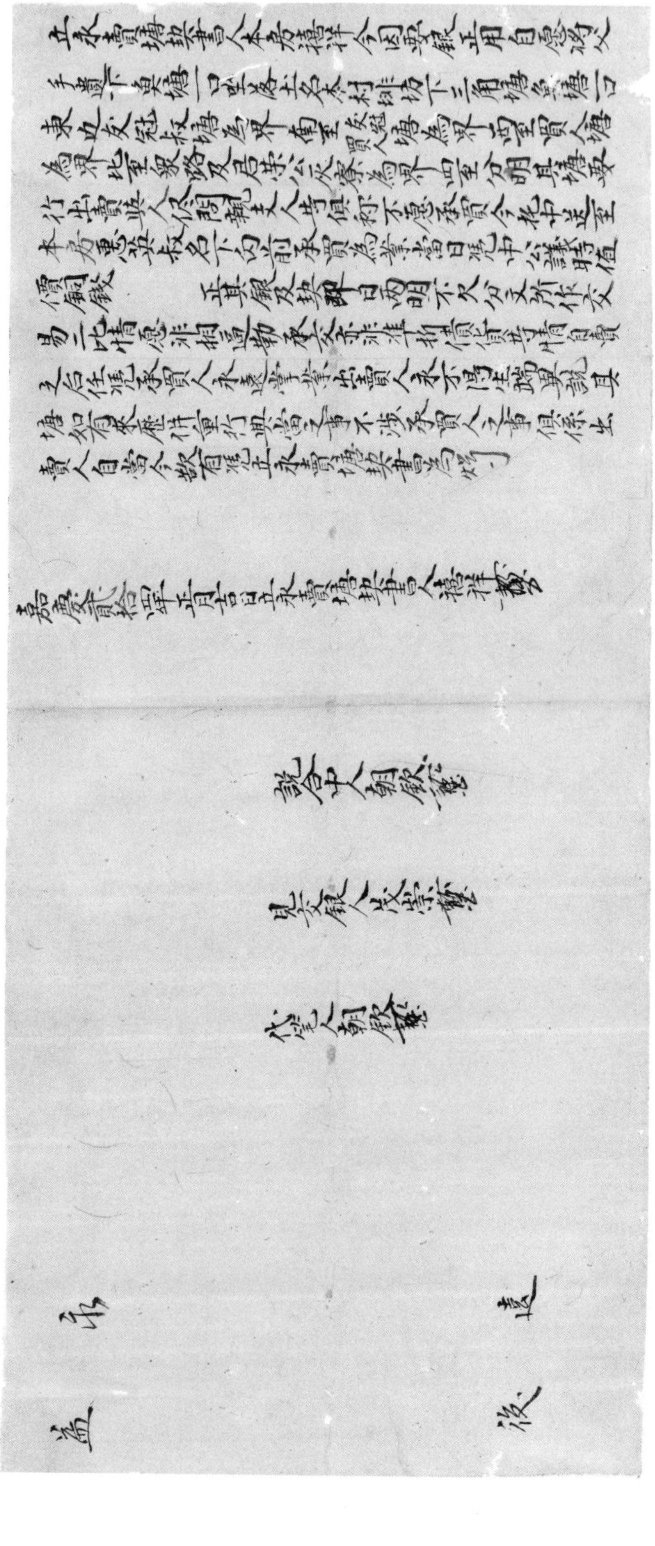

立永卖塘契字人本房禧祥今因要银正用自愿将父
手置下鱼塘一口坐落土名本村[illegible]坳下三角塘鱼塘一口
东止文冠叔塘为界南至文冠塘为界西止买人塘
为界北至众路及君居其公众塘为界四至分明其塘要
行出卖先尽房亲人等俱各不愿承买今托中送至
本房惠英叔名下入前承买为业当日凭中三面言定时值
价铜钱　正其银及契即日两明不欠分文所作交
易二比情愿非相逼勒承受之亦非准折债货此系情自卖
之后任凭买人承管养业出卖人永不得生端异说且
塘如有来历不明卖人当之事不涉买人之事但系出
卖人自当今欲有凭立永卖塘契字为照

嘉庆贰拾肆年正月吉日立永卖塘契字人禧祥(押)

说合中人朝[illegible](押)

见交银人[illegible](押)

代笔人朝[illegible](押)

嘉庆二十四年　长溪
嗣孙赖馨远立收滔祖太位下永买田租价钱字

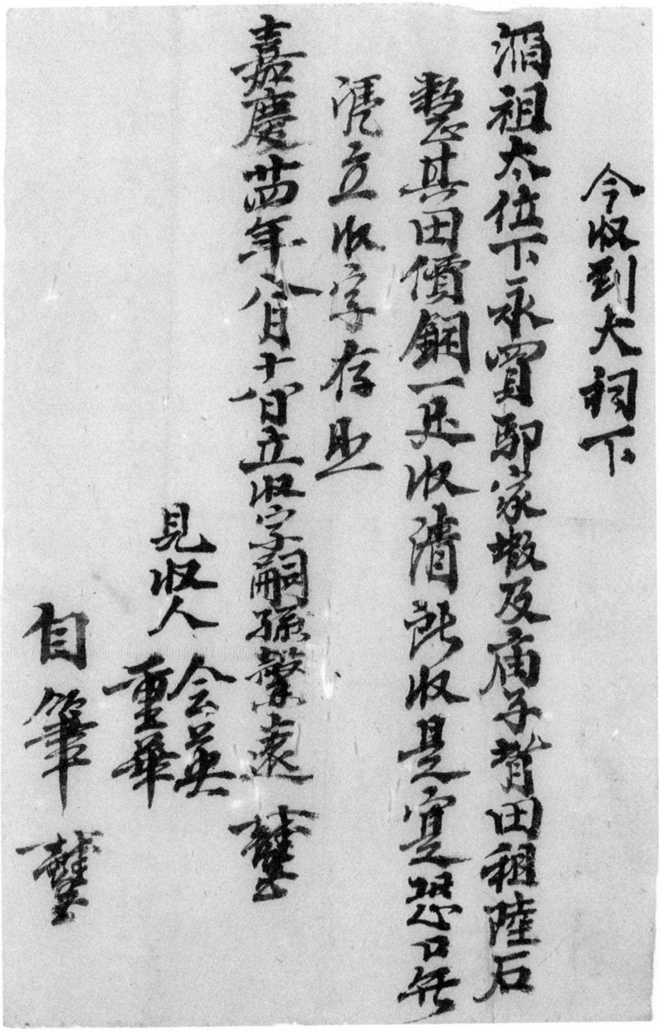

今收到大祠下
滔祖太位下永買鄧家墩及廟子背田租陸石
整其田價銅一足收清訖收是實恐口無
憑立收字存照
嘉慶廿四年六月十一日立收字嗣孫馨遠　號
見收人　會英
重華
自筆　號

嘉庆二十四年　长溪

体舒太立足收会英侄五会铜钱字

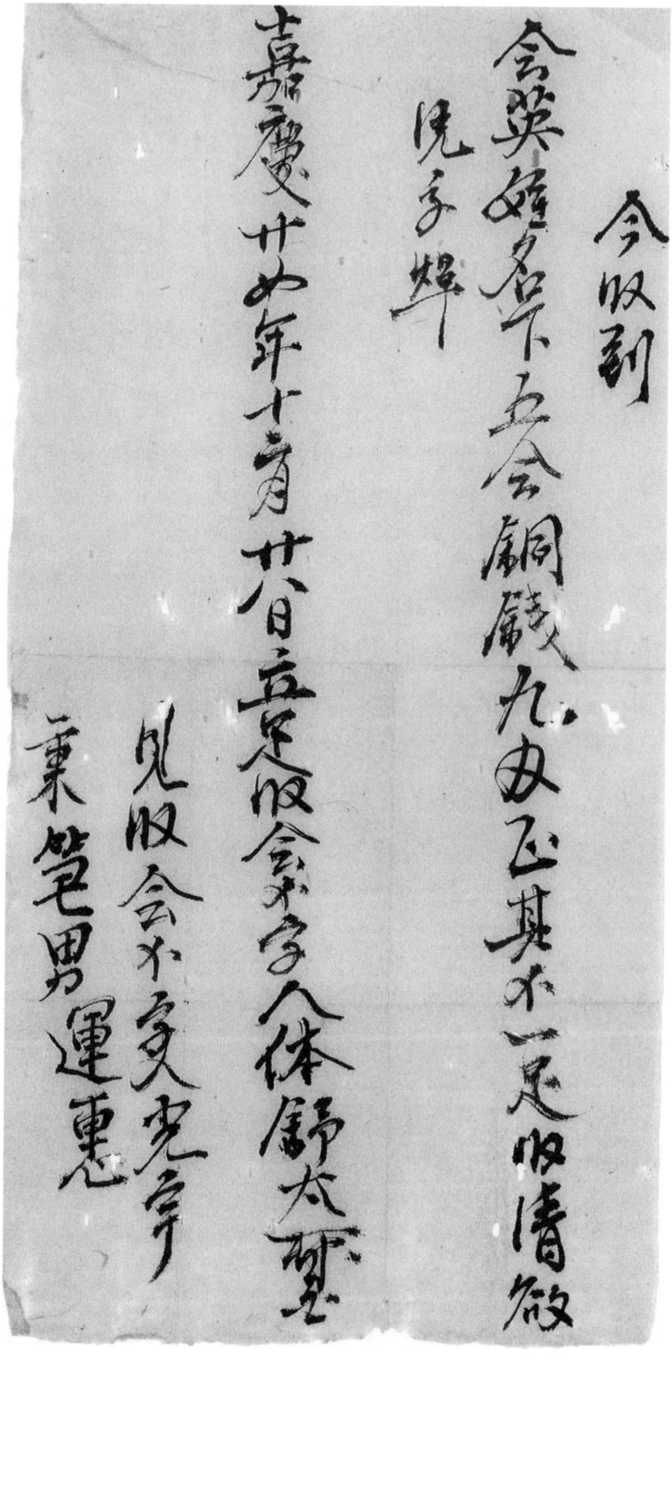

今收到

会英姪名下五会铜錢九八母飞其水一足收清讫

凭手焊

嘉慶廿四年十月廿六日立足收会水字人体舒太押

见收会水叔光亭

秉笔男運惠

嘉庆二十五年 长溪

陂下张象权立永退田予长溪赖殿杨公太位下字

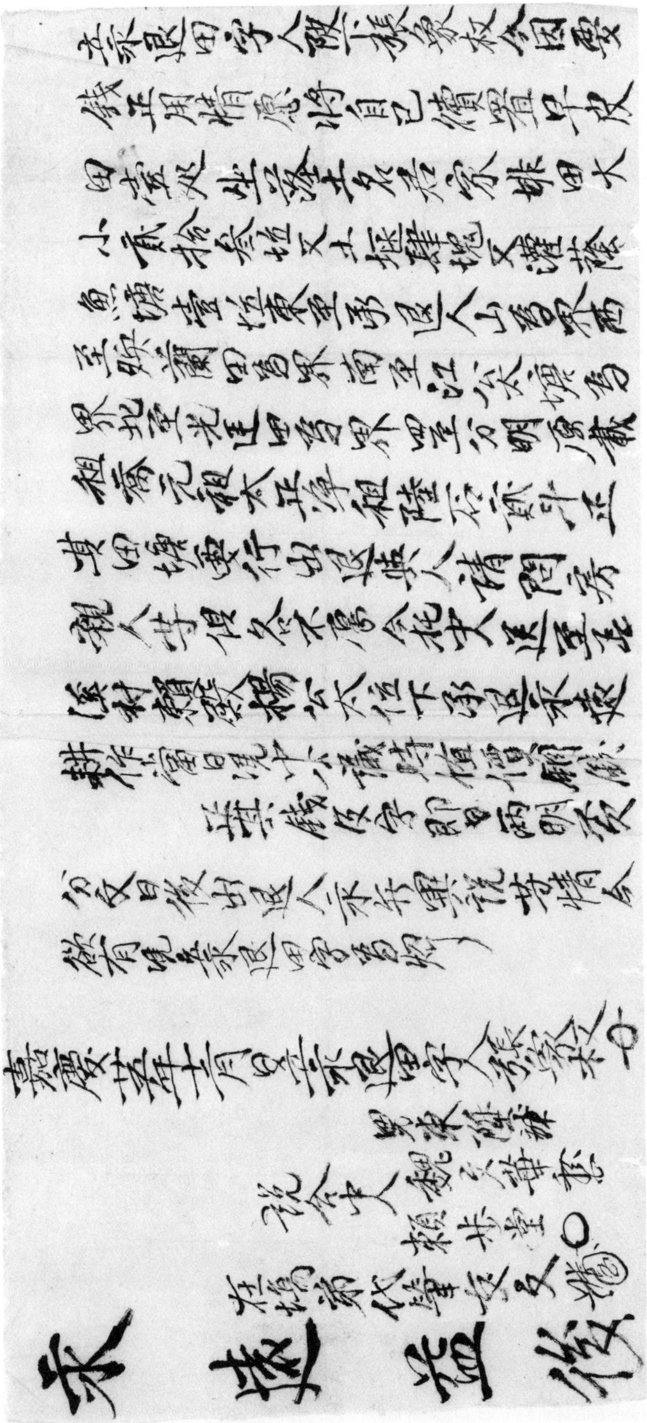

嘉庆二十五年　长溪

赖思义立永退皮田予本房会英兄字

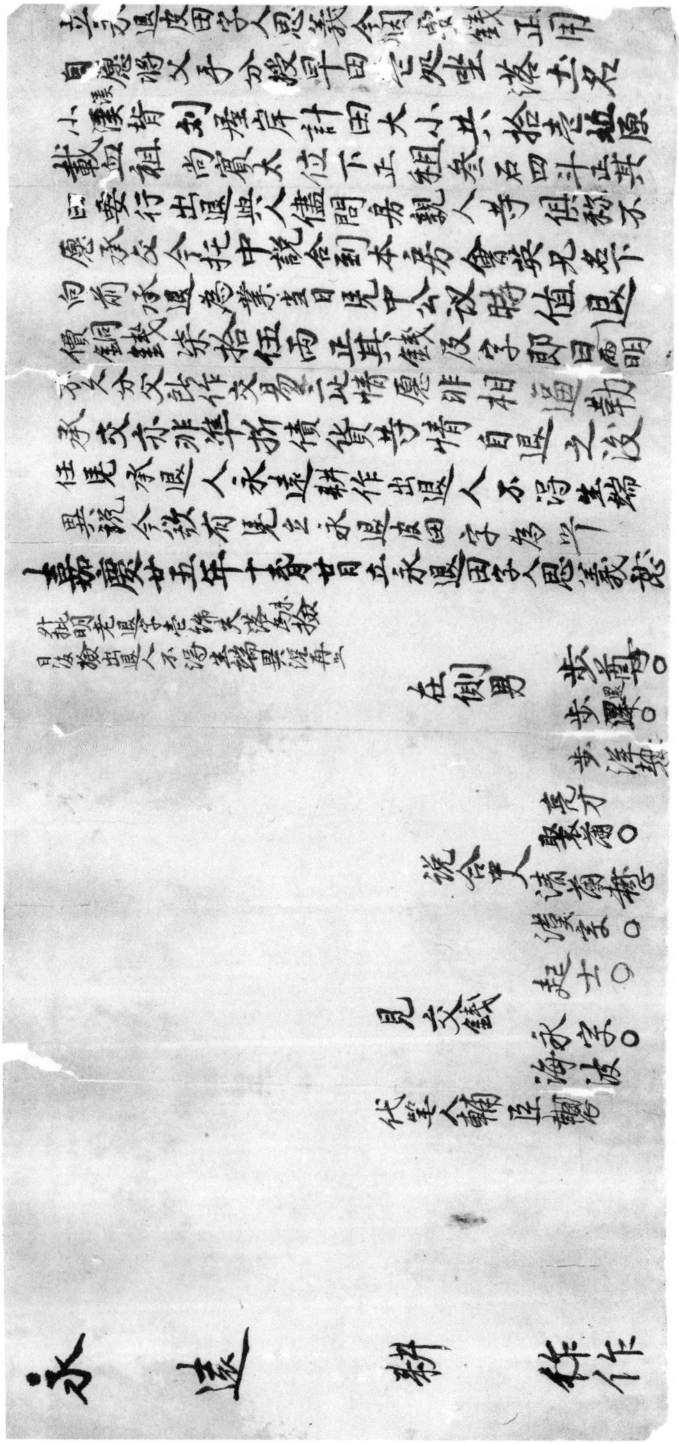

嘉庆二十五年　长溪
沐皇立永卖皮骨田予本房会英叔字

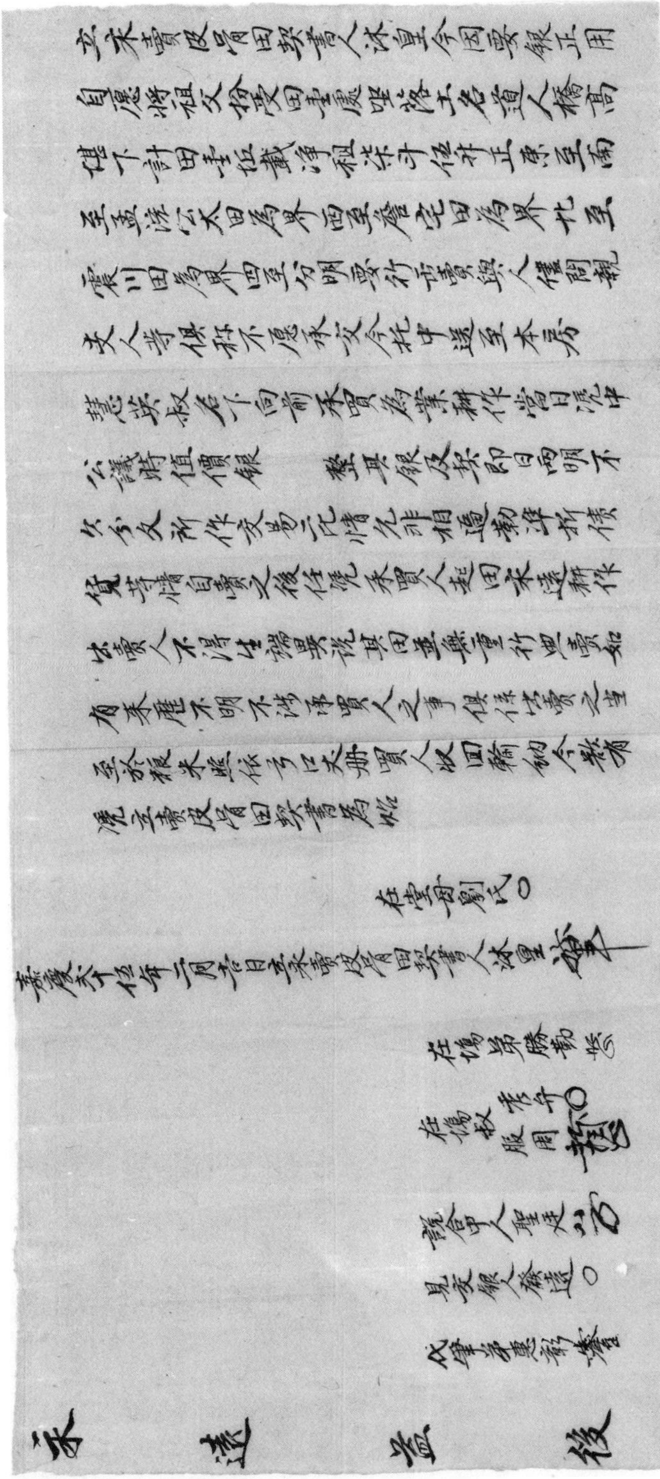

立永賣皮骨田契書人沐皇，今因要銀正用，
自愿將祖父物業田壹處，坐落土名道人橋高
墈下，計田壹坵，載淨租洋斗伍秤正。東至南
至盛濟公太田為界，西至詹宅田為界，北至
詹川田為界，四至分明。要行出賣與人，借問親
支人等，俱稱不愿承交，今托中送至本房
堂□英叔名下向前承買為業耕作。當日憑中
公議時值價銀　　整，其銀及契即日兩明，不
欠分文。所作交易二比情允，非相逼勒准折債
負等情。自賣之後，任從承買人起田前去耕作，
出賣人不得生端異說。其田並無重行典賣，如
有來歷不明，不涉承買人之事，俱係出賣之當。
至於根米照依丁口大冊，買人收回輸納。今欲有
憑，立賣皮骨田契書為照。

在堂母劉氏○

嘉慶貳拾伍年二月廿日立永賣皮骨田契書人沐皇（押）

在場弟勝勳（押）

在場叔承寸○

服周（押）

說合中人程廷以（押）

見交銀人孫達○

代筆弟惠彰（押）

永遠管業

嘉庆二十五年　长溪
沐皇立足收本房慧英叔田价铜钱字

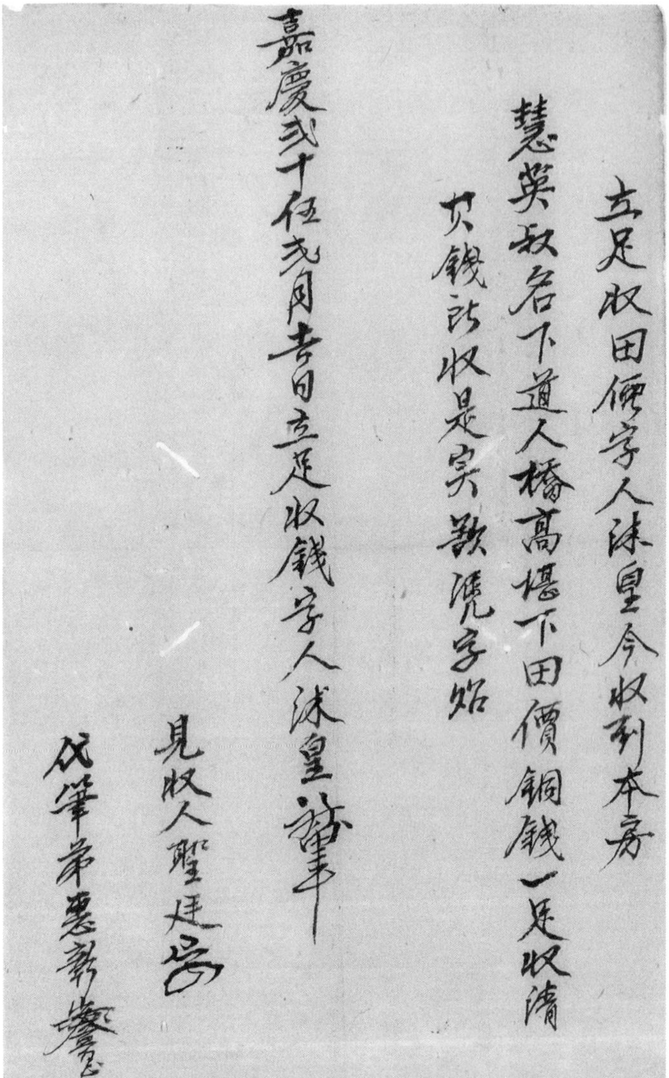

立足收田價字人沐皇今收到本房
慧英叔名下道人橋高堪下田價銅錢一足收清
其錢訖收是實欲憑字炤
嘉慶貳十伍年戌月吉日立足收錢字人沐皇親筆
見收人聖廷（押）
代筆弟慧彰（押）

嘉庆二十五年 长溪

声言立永卖稻公会股予本房明德字

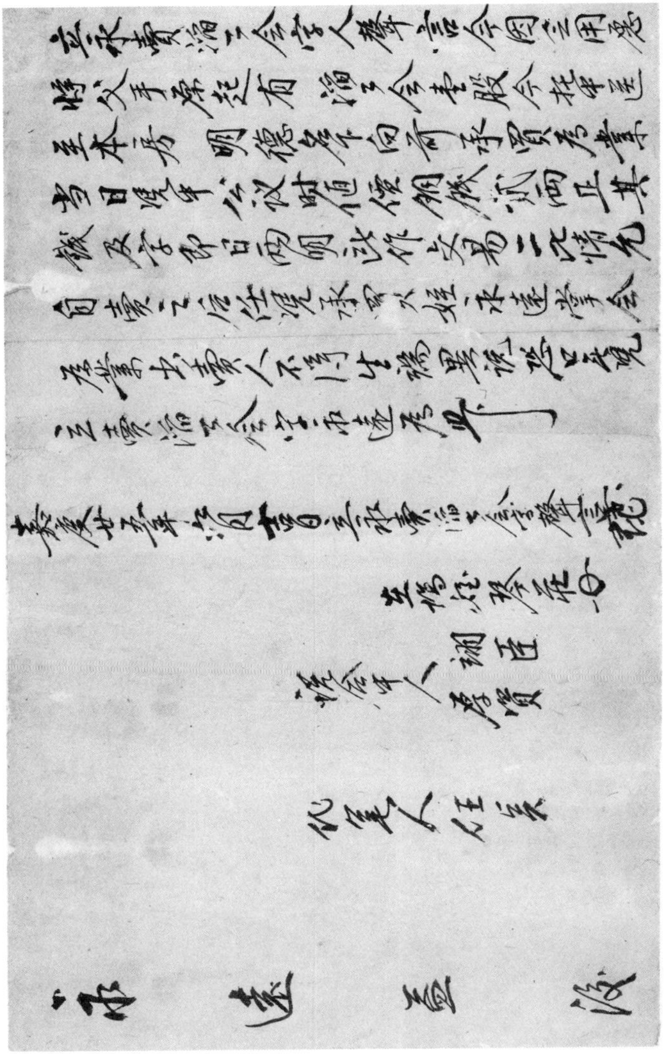

嘉庆二十五年　长溪
思义立永退田予本房会英兄字

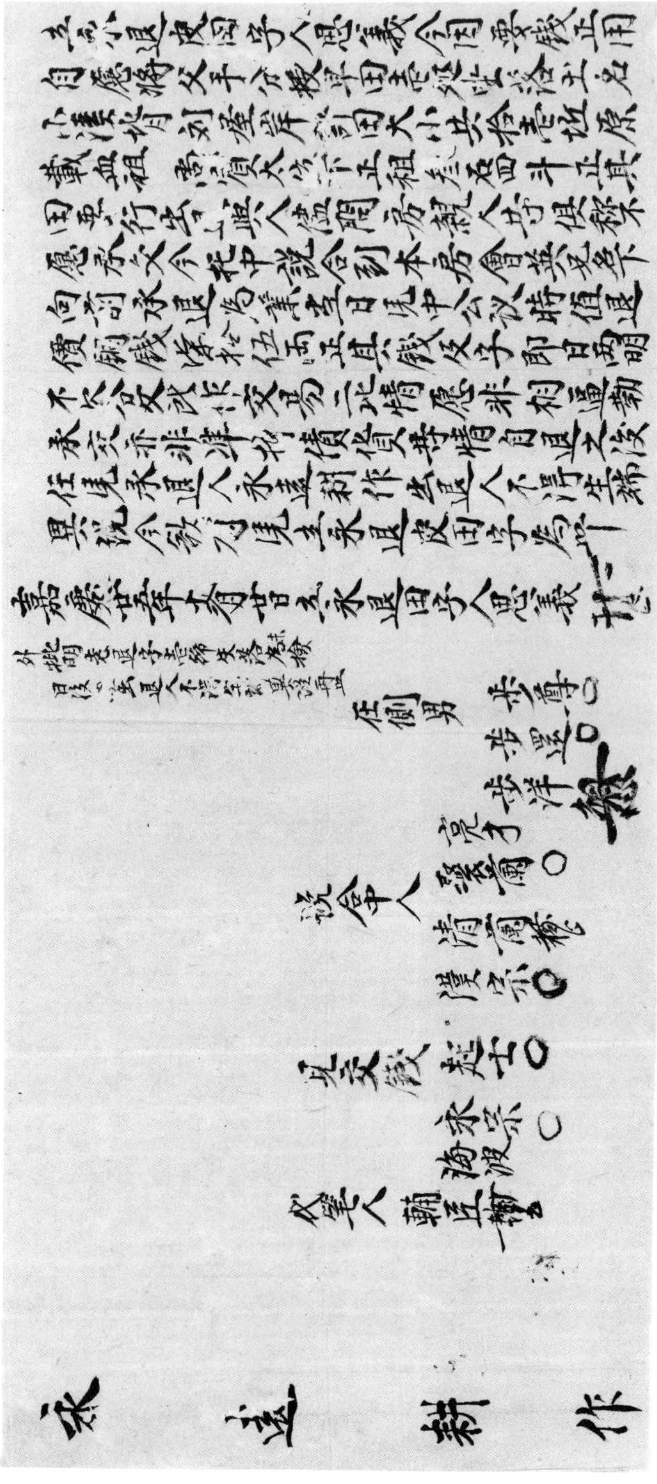

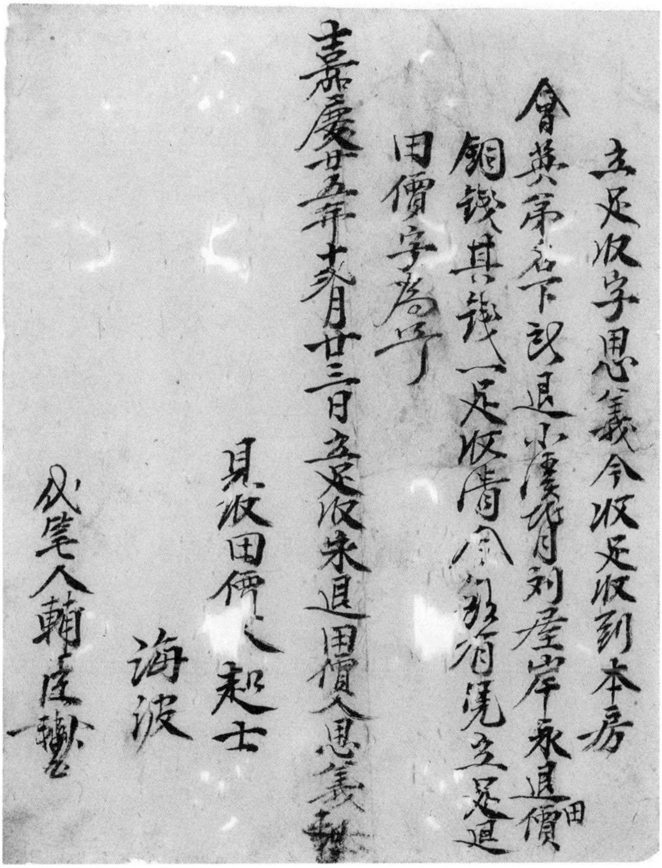

立足收字思義今收足收到本房
會英弟名下認退小溪坑月刈屋岸永退田價
銅錢其錢一足收清分文無存憑立足退
田價字為照
嘉慶廿五年十二月廿三日立足收永退田價人思義（押）
見收田價人　起士
海波
代筆人　輔廷（押）

嘉庆年间　长溪

陂下童善祥立永卖坝地子长溪赖会英表兄字

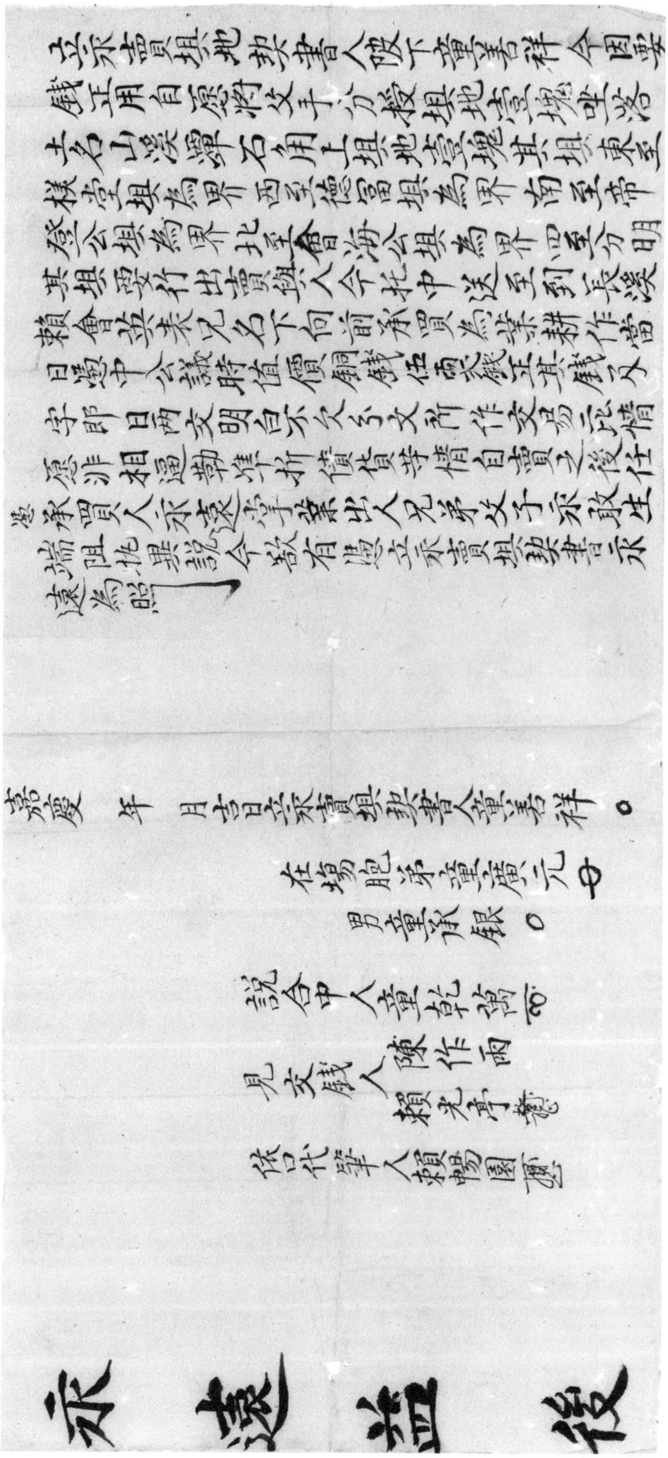
立永賣坝地契書人陂下童善祥今因要
錢正用自愿將父手分授坝地壹塊坐落
土名山溪潭石角用上坝地壹塊其坝東至
桂常坝為界西至德富坝為界南至帝
登公坝為界北至倉海公坝為界四至分明
其坝要行出賣與人今托中送至到長溪
賴會英表兄名下向前承買為業耕作當面
日憑中三面議時值價銅錢伍兩柒錢正其錢了入
字即日兩交明白不欠分文所作交易二比情
愿非相逼勒准折債貨等情自賣之後任
承買人永遠管業出入兄弟叔子永敢生
端阻挡異說今欲有憑立永賣坝地契書永
遠為照

嘉慶　年　月吉日立永賣坝地契書人童善祥 ○
在場胞弟童善元 中
男童承銀 ○
說合中人童乾齡 丙
陳作雨
見交錢人賴光亨
依口代筆人賴暢園

永　遠　益　後

嘉庆年间　长溪

福主案下族长赖彩士房长玉周等立永退田塘予本支慧英字

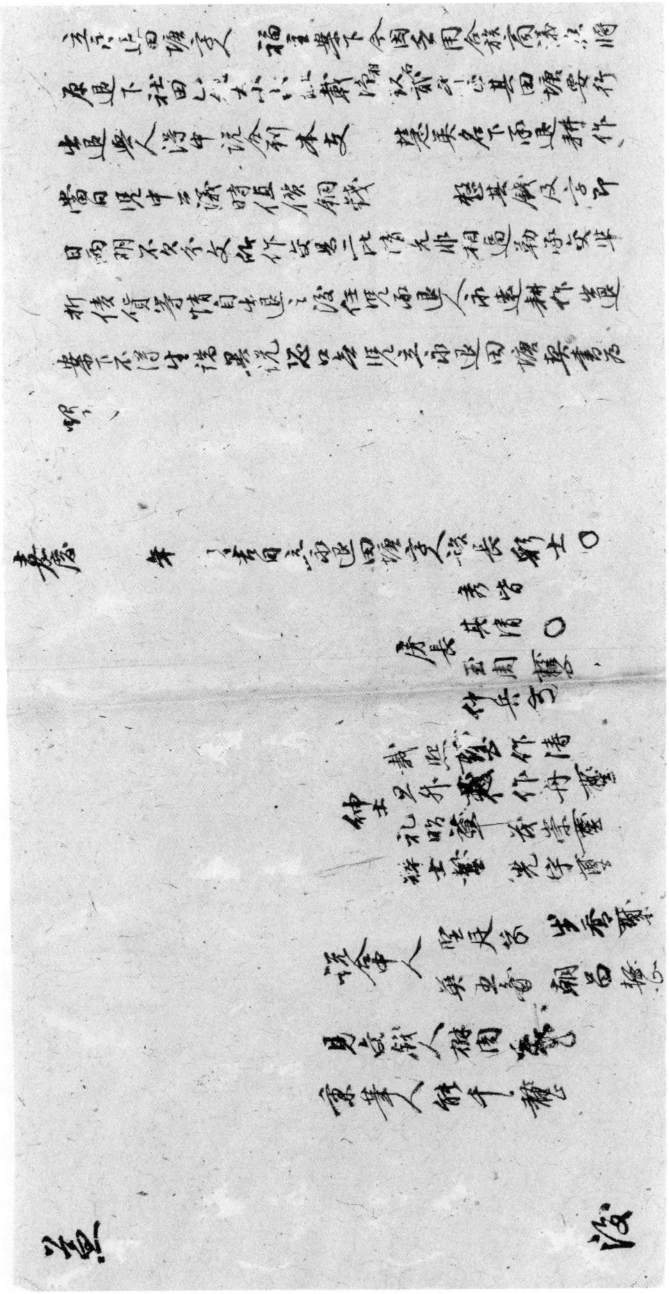

嘉庆年间 长溪
赖东辉、景松兄弟立永卖地基予本家慧英叔字

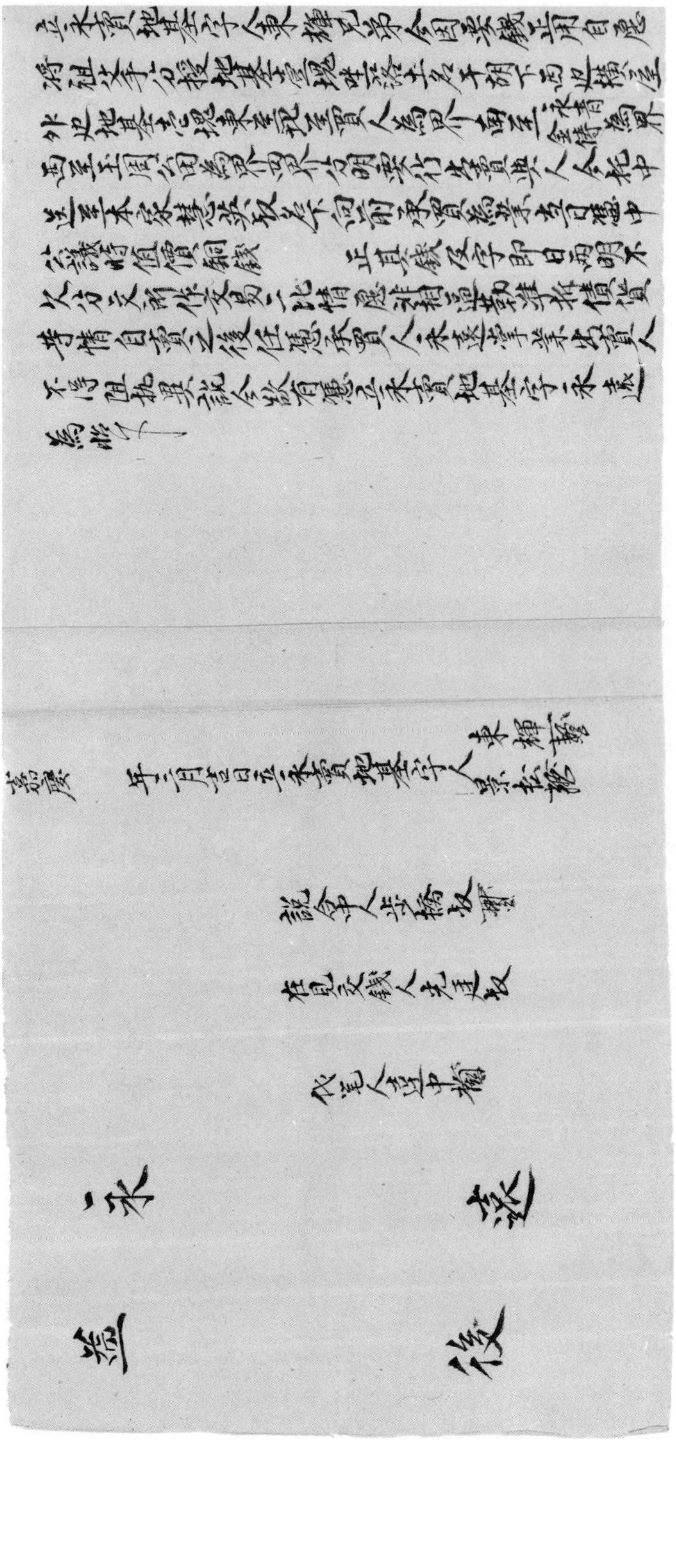

立永賣地基字人東輝兄弟今因要錢正用自愿[illegible]

[illegible]

立永賣地基字[illegible]

為照

嘉慶 年 月 日立永賣地基字人[illegible]

[illegible]

嘉庆年间 长溪

赖东辉、景松兄弟立永卖屋基予本房会英叔字

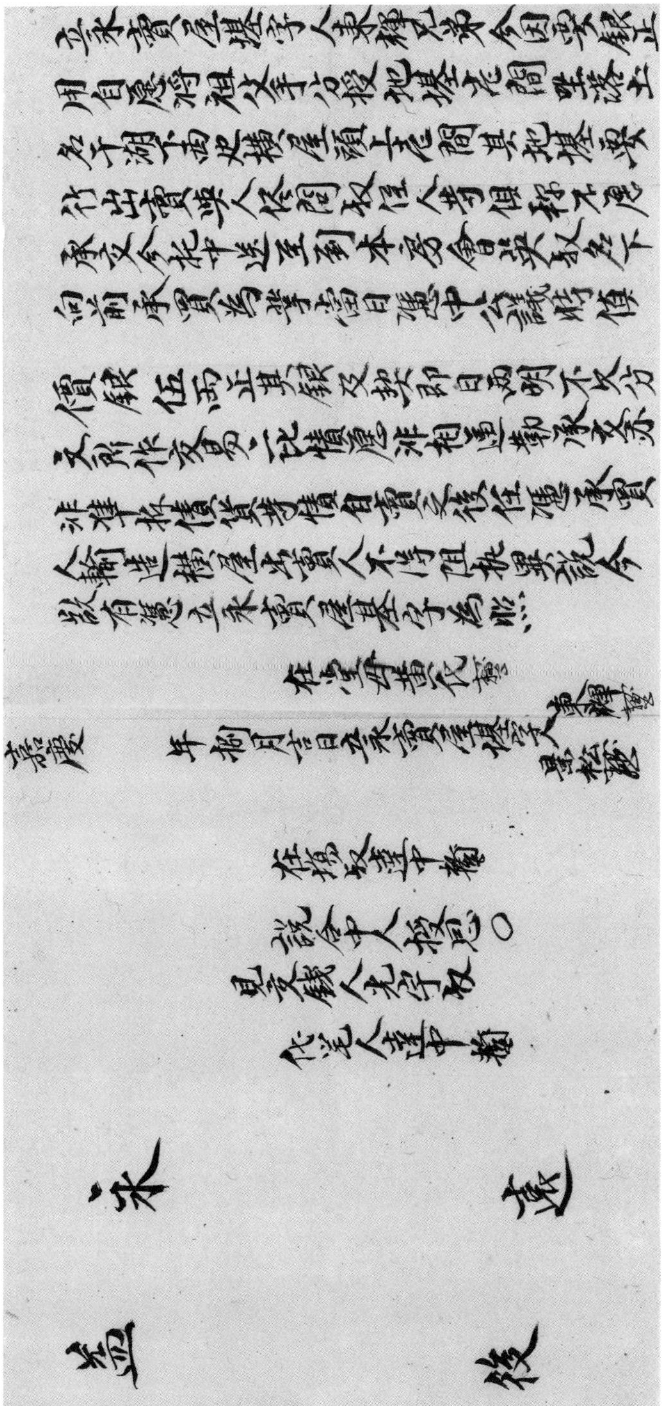

嘉庆年间　长溪

赖善堂、步乔、步贤兄弟立永卖田子本房殿元兄字

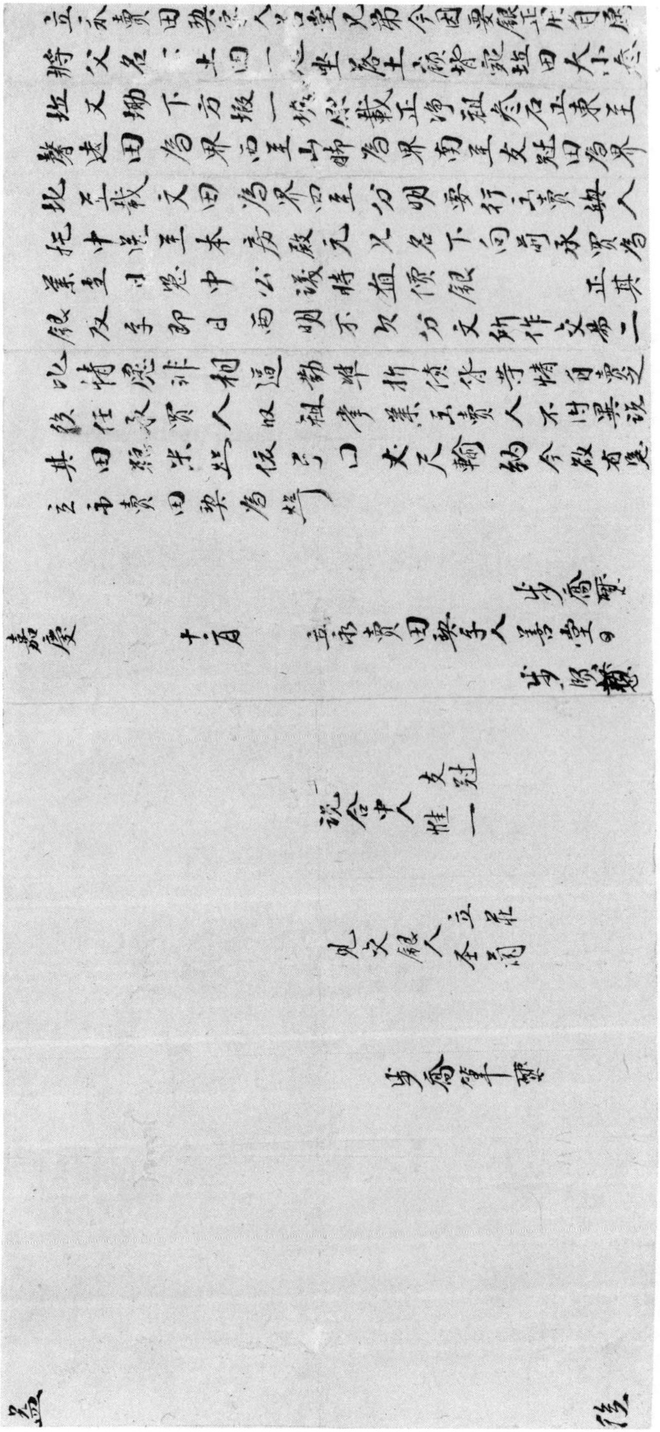

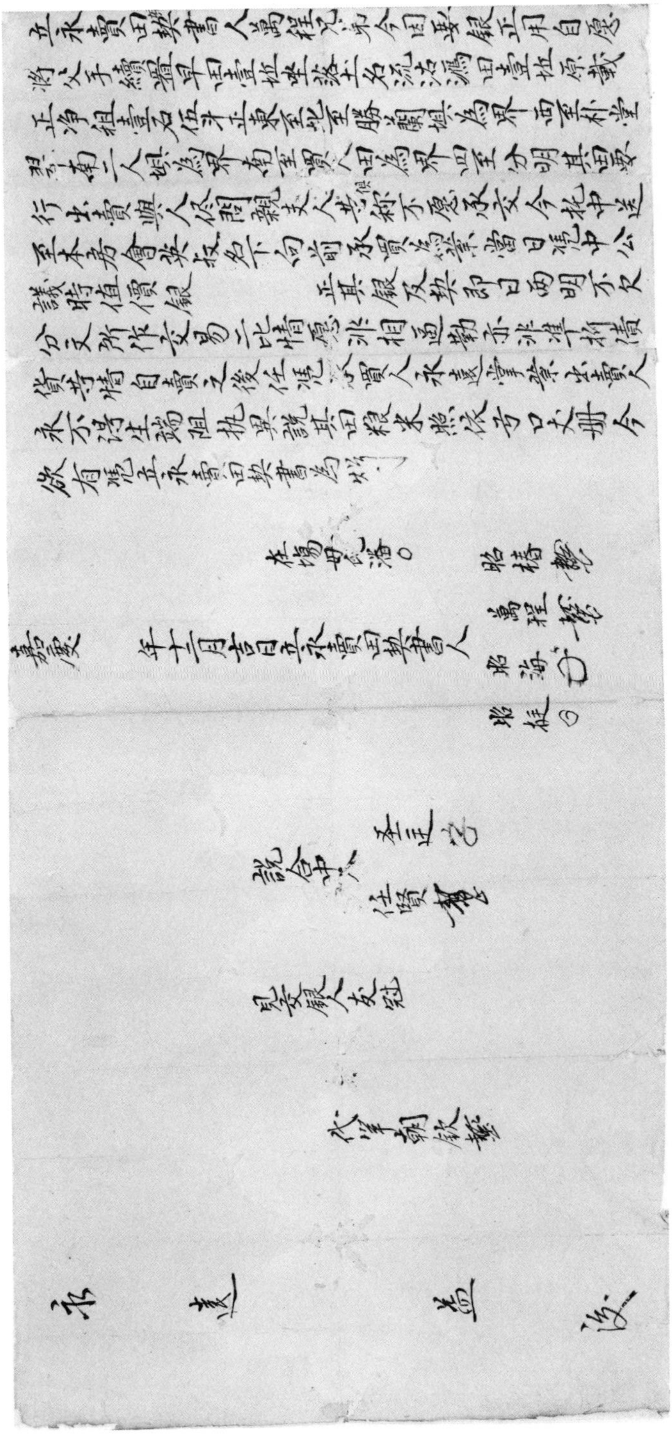
立永卖田契书人万程兄弟今因要银正用自愿
将父手续置早田壹处坐落土名□□□□田壹处原载
正净租壹石伍斗正东至坵至□□□为界西至朴堂
子南至一人坵为界南至买人田为界四至分明其田要
行出卖与本房亲支人等俱称不愿承交今托中送
至本房会英叔处为业三面言断当时承买为业当日凭中公
议时值价银　　正其银及契即日两明不欠
分文所作交易二比情愿非相逼勒亦非准折债
货等情自卖之后任凭买人永远管业出卖人
永不得生端阻挑异说其田粮米照依号口支册今
欲有凭立永卖田契书为照

在场母亲潘氏○
昭猪
万程
昭海
昭桂○
嘉庆　年十二月吉日立永卖田契书人
说合中人　圣正　德贤
见交银人友冠
代笔胡钦
永远管业

嘉庆年间 长溪

赖秀员、甘如等兄弟立永卖皮骨鱼塘子本房会英公字

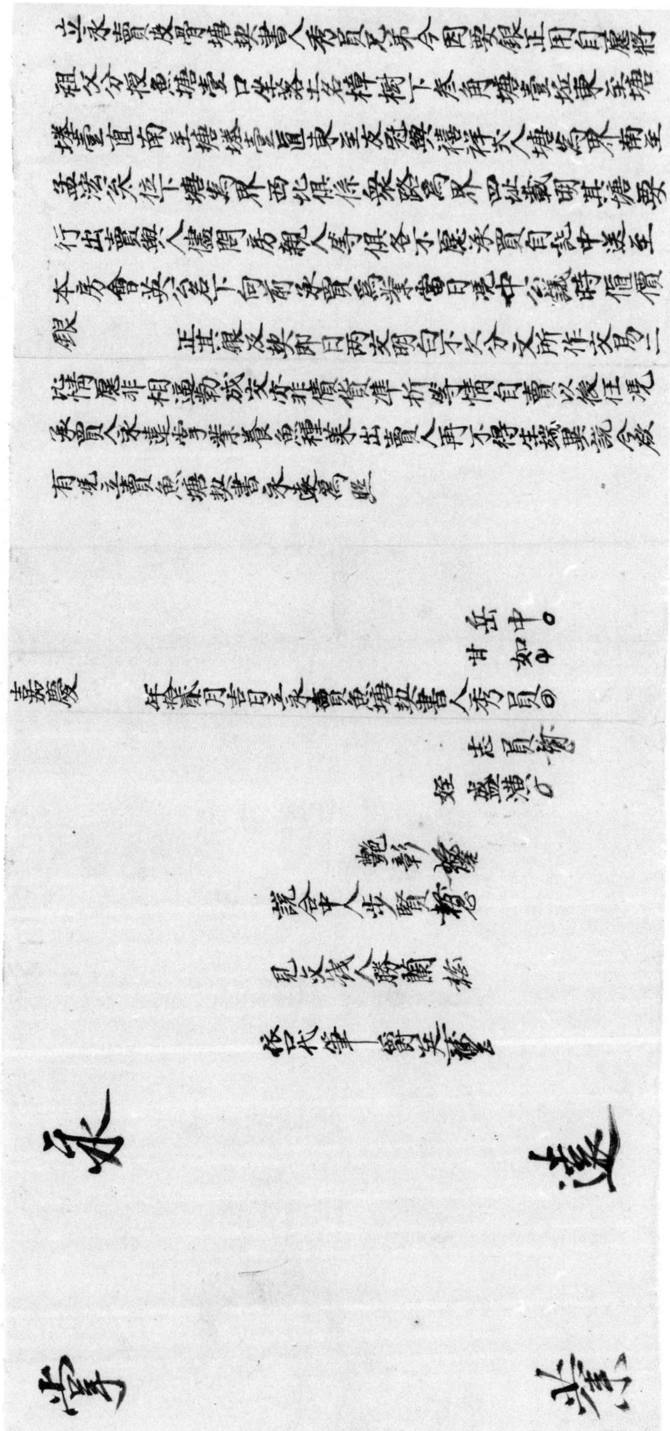

立永賣皮骨塘契人秀員兄弟今因要銀正用自愿將
祖父分授魚塘壹口坐落土名樟樹下叁角塘壹坵東至塘
墈直南至塘墈直東至友頭塘六人塘為界南至
坵水位下塘為界西北俱係大路為界四址載明其塘要
行出賣與人先儘問房親人等俱各不願承買自托中送至
本房會英公名下向前承買為業當日憑中言議時值價
銀　　正其銀及契即日兩交明白不少分文所作交易二
比情愿非相逼勒成交亦非債貨准折此係情由賣以後任憑
買人永遠管業耕種收租出賣人再不得生端異説今欲
有憑立賣魚塘契壹紙永遠存照

嘉慶　　年拾貳月吉日立永賣魚塘契書人　秀員
　　甘如
　　岳中
　　志員
　　姪　盛港

說合中人　步賢
　　艷彰
見交銀人　勝蘭
依口代筆

永遠管業

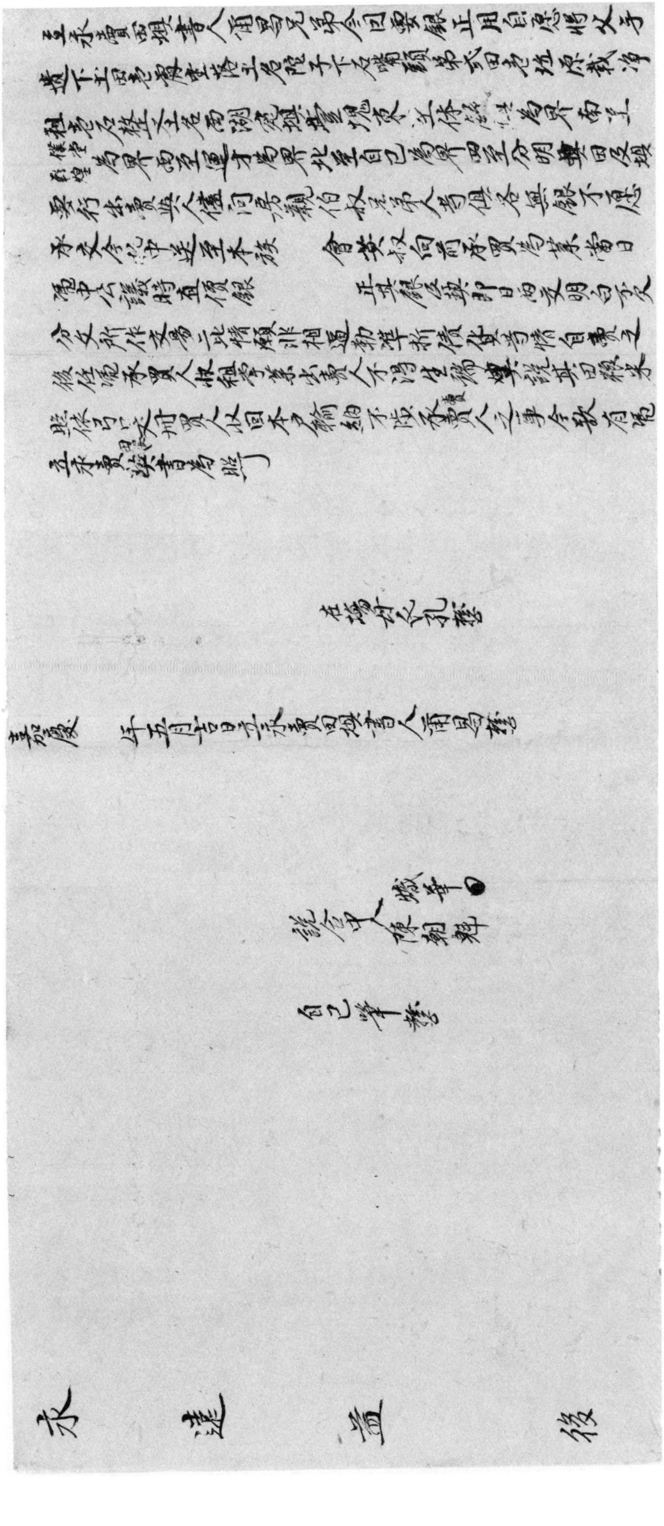
立永卖田坝字人蒲昌立今因要银正用自愿将父手
遗下土名[illegible]
[illegible]
立永卖田坝字人蒲昌立为照
在场[illegible]
嘉庆 年五月[illegible]日立永卖田坝字人蒲昌立
说合中人[illegible]
自己亲手书
永远[illegible]

嘉庆年间 长溪
蒲昌立永卖田坝予本族会英叔字

道光元年　长溪

赖会英、赞英立卖皮骨田于本支卫成字

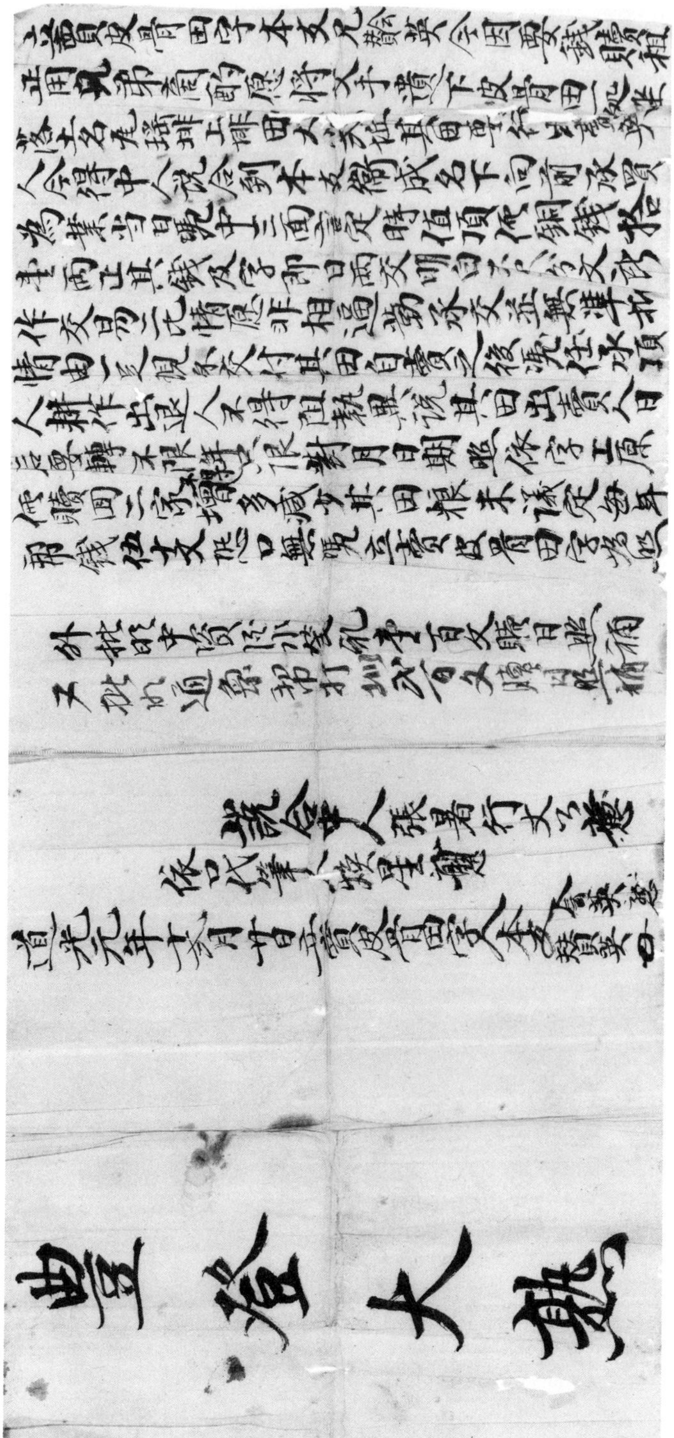

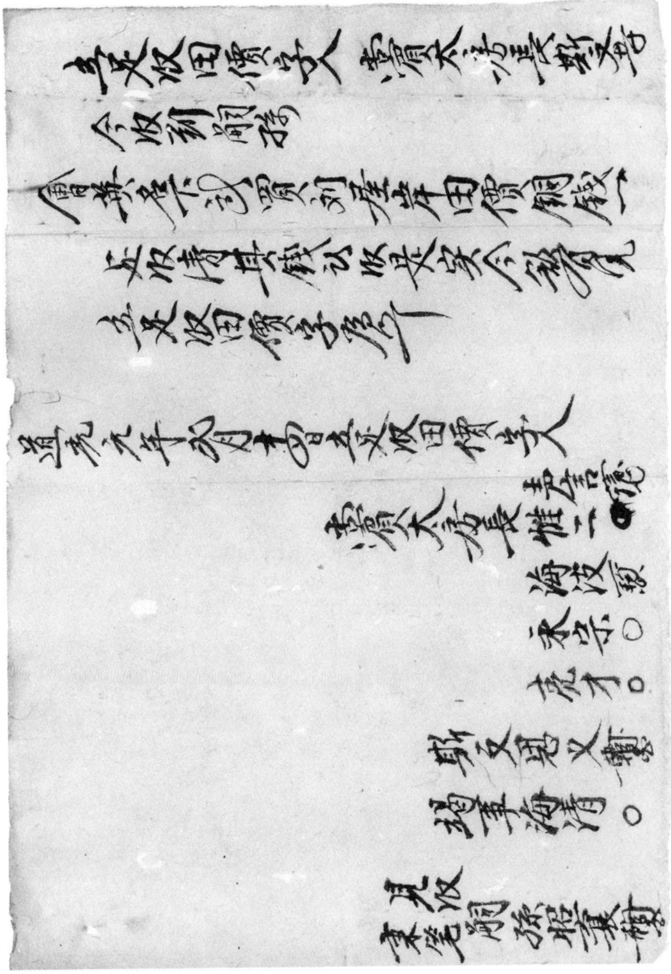

道光元年 长溪

赖尚宾太房长斯文、海波等立足收嗣孙会英买田价铜钱字

道光元年　长溪

赖尚宾太房长斯文、惟二等立足收嗣孙会英买田价铜钱字

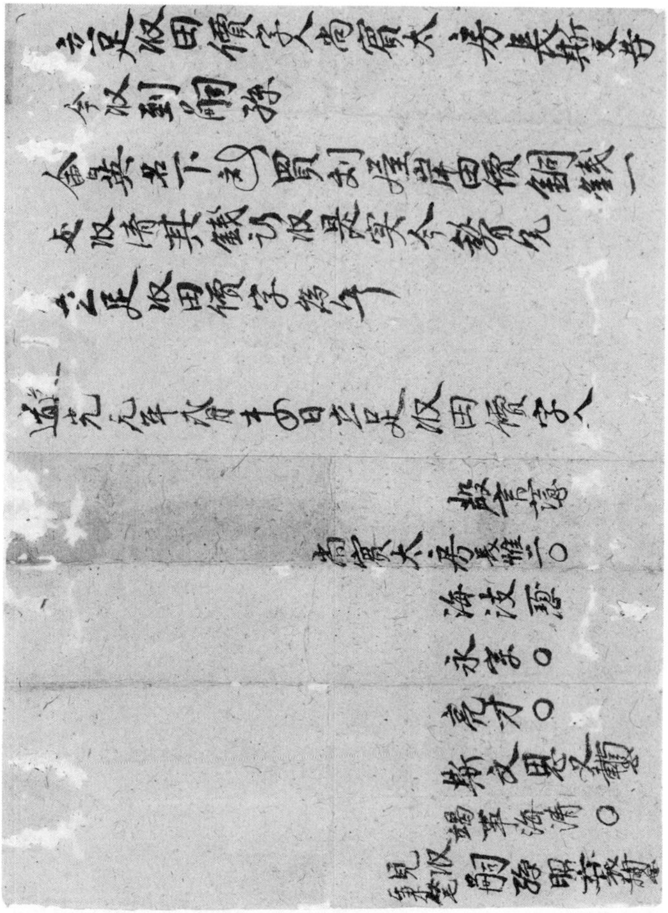
立足收田價字人尚賓太房長斯文等
今收到嗣孫
會英弟下手買受□□□□田價銅錢一
並收清其錢即收足完實今欲有憑
立足收田價字為據
道光元年□月□日立足收田價字人

道光元年　长溪

赖士珍立借本房光宇叔田字

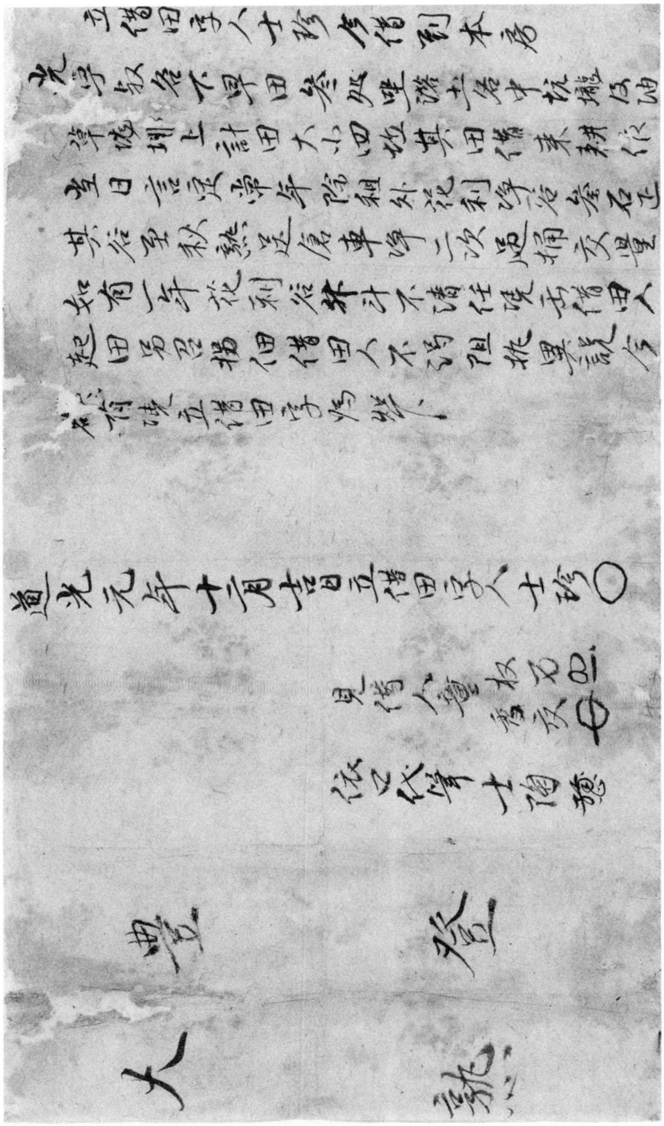

道光元年十二月吉日立借田字人士珍

道光元年　长溪
龙上里七甲赖淑球完银上忙执照

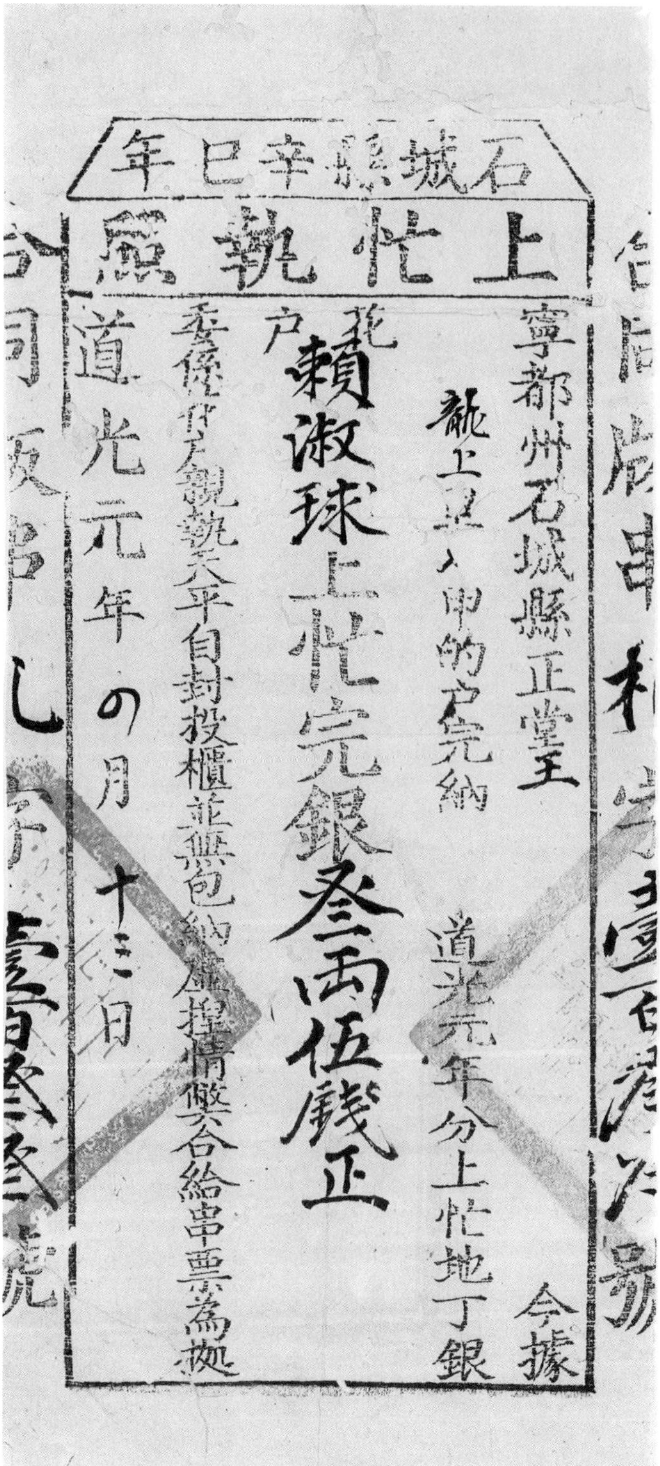
石城縣辛巳年
上忙執照
寧都州石城縣正堂王　今據
龍上里七甲的户完納　道光元年分上忙地丁銀
花户賴淑球上忙完銀叁兩伍錢正
委係花户親執天平自封投櫃並無包納濫提情弊合給串票爲拠
道光元年四月十三日

道光元年　长溪
象天立永卖滔公会股予会下字

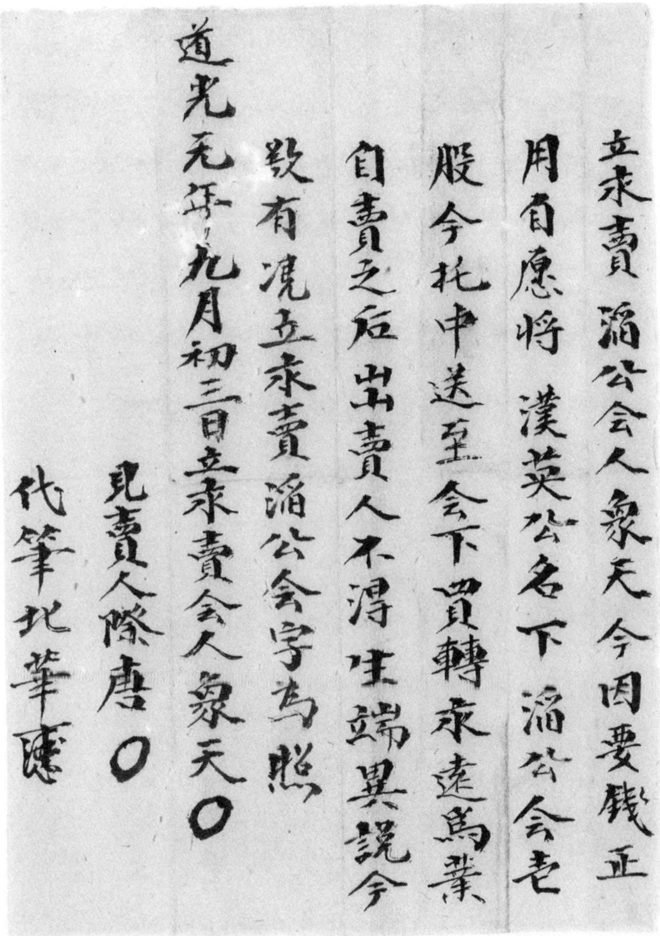
立永賣滔公会人象天今因要錢正
用自愿将漢英公名下滔公会壹
股今托中送至会下買轉永遠為業
自賣之后出賣人不得生端異説今
欲有凭立永賣滔公会字為照
道光元年九月初三日立永賣会人象天〇
見賣人際唐〇
代筆北華德

道光二年　长溪
赖载熙婆立永退冬至会股份予会英字

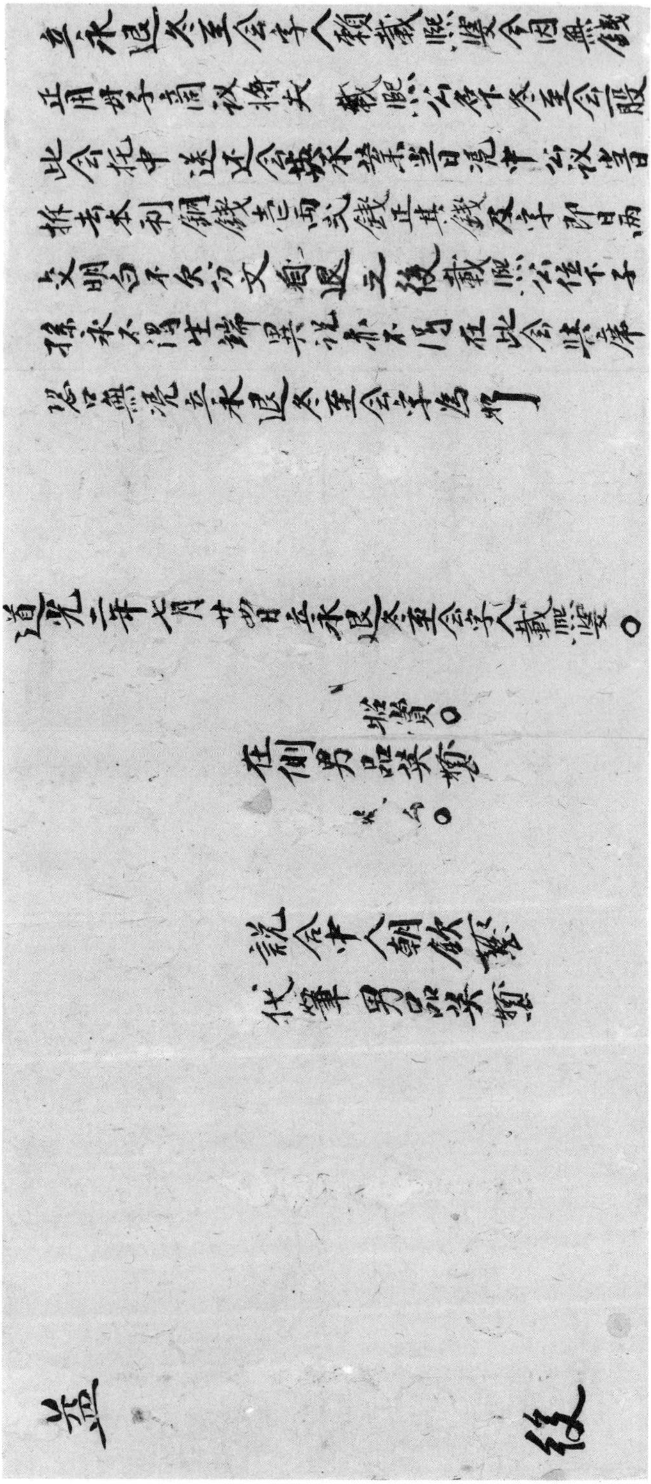
立永退冬至会字人賴載熙婆今因無錢
正用將子[illegible]叔將夫 載熙公名下冬至会股
此会在中送退與会中[illegible]承接当日憑中公議出
價錢本利銅錢[illegible]文錢正其錢及字即日兩
交明白不欠分文自退之後載熙公位下子
孫永不得生端异說亦不得在此会[illegible]
恐口無憑立永退冬至会字為照
道光二年七月廿四日立永退冬至会字人載熙婆
在側男[illegible]
說合中人[illegible]
代筆男[illegible]

道光二年　长溪

龙上里七甲赖淑球完银上忙执照

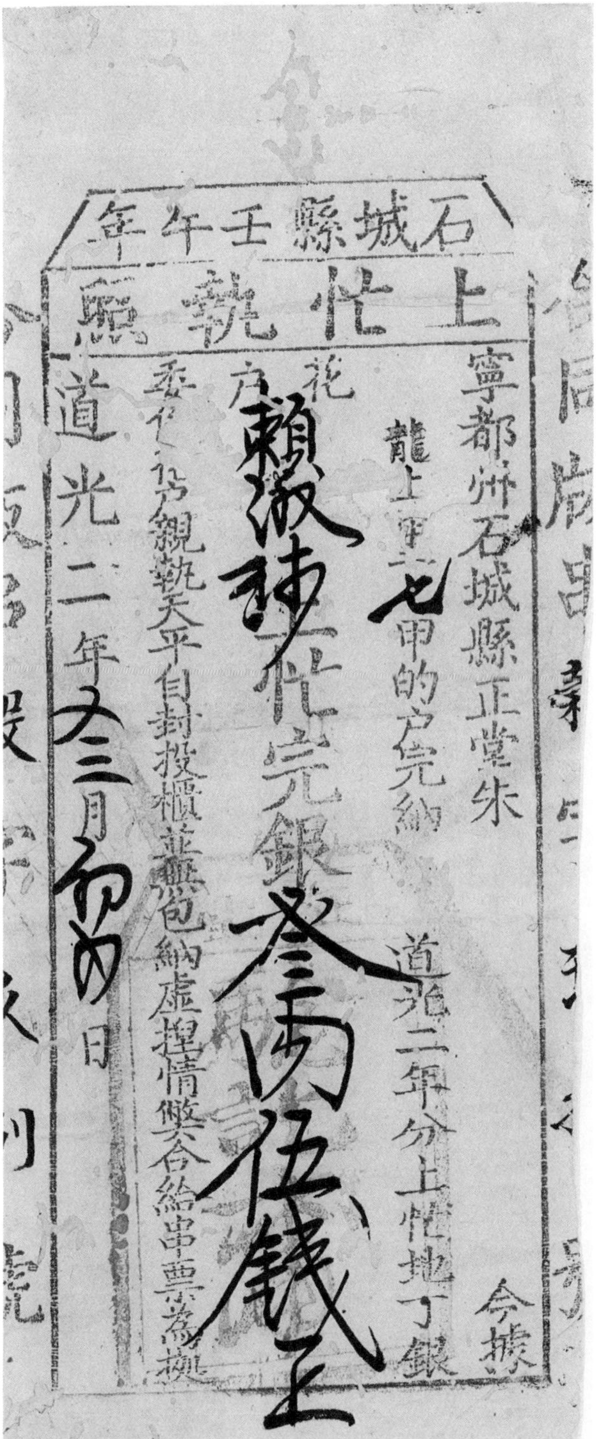
石城縣壬午年

上忙執照

寧都州石城縣正堂朱

龍上里七甲的户完納

道光二年分上忙地丁銀

今據

花户 賴淑球上忙完銀叁両伍錢正

委係親執天平自封投櫃並無包納虛揑情弊合給串票為據

道光二年三月初四日

道光二年 长溪
寿祥立永退田予必祥字

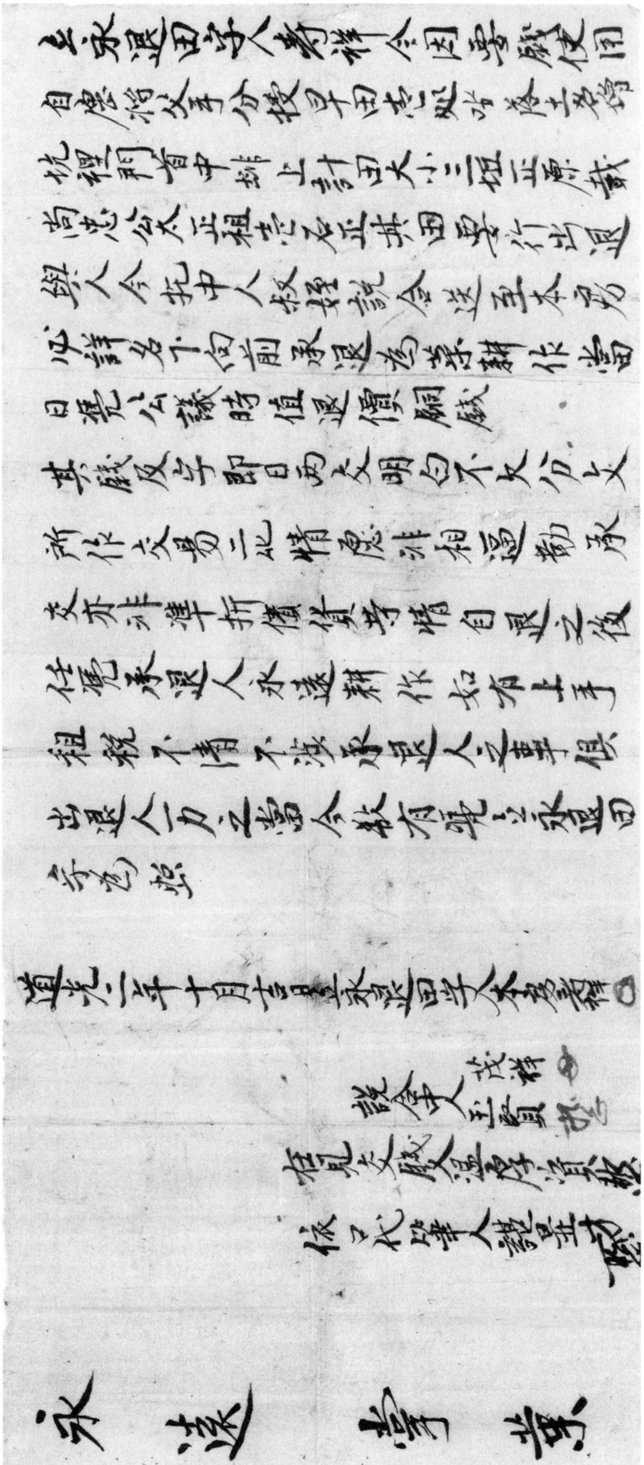

立永退田字人寿祥今因要钱使用
自愿将父手分授早田志坐落土名坞
坑[illegible]荊背中坵上計田大小三坵正租载
当[illegible]公众正租四石正其田要行出退
与人今托中人叔择说合退至本房兄
必祥兄向前承退为业耕作当
日凭公议时值退价铜钱
其钱及字即日两交明白不欠分文
所作之交易二比情愿非相逼勒承
交亦非准折债货等情自退之后
任凭承退人永远耕作如有上手
祖税不清不涉承退人之事俱
出退人一力之当今欲有凭立永退田
字为照

道光二年十月吉日立永退田字人寿祥（押）

说合人 [illegible]茂祥（押）
[illegible]（押）
在见兄文殿 [illegible]
依口代笔人[illegible]

永远管业

道光三年　长溪
黄瑞廷立收赖会英叔公补三会钱字

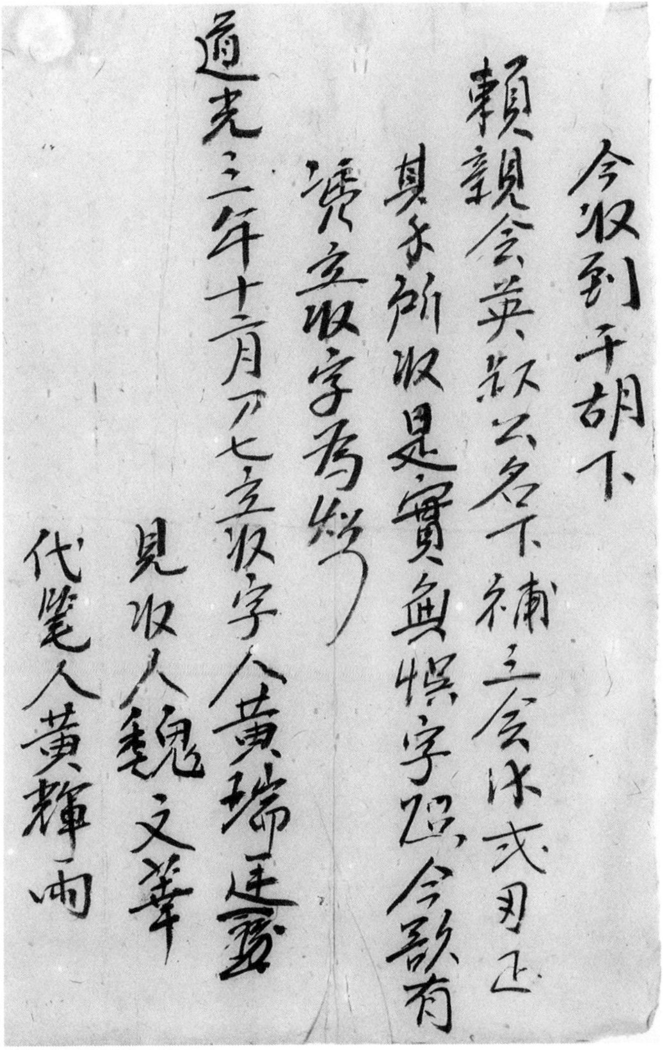
今收到于胡下
賴親会英叔公名下補三会錢弍千正
其錢所收是實無悮字照今欲有
憑立收字為炤
道光三年十二月廿七立收字人黄瑞廷
見收人魏文華
代筆人黄輝雨

道光三年　长溪

会英立收三会焕兰文弟补二会铜钱字

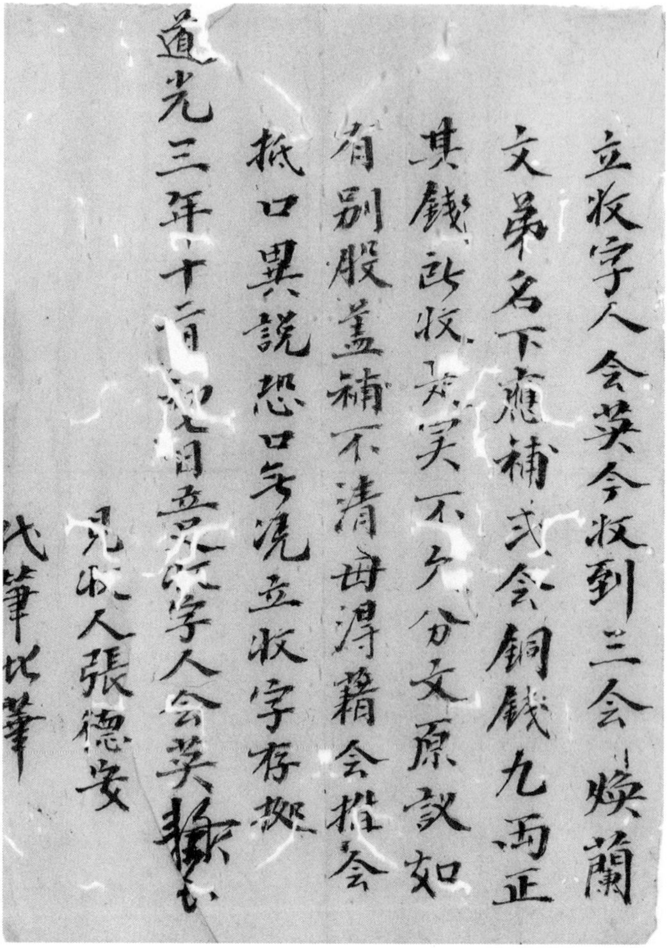

立收字人会英今收到三会焕蘭
文弟名下應補弍会銅錢九兩正
其錢即收足实不欠分文原議如
有别股蓋補不清毋得藉会推会
抵口異說恐口無凭立收字存據
道光三年十二月初九日立收字人会英
見收人張德安
代筆比筆

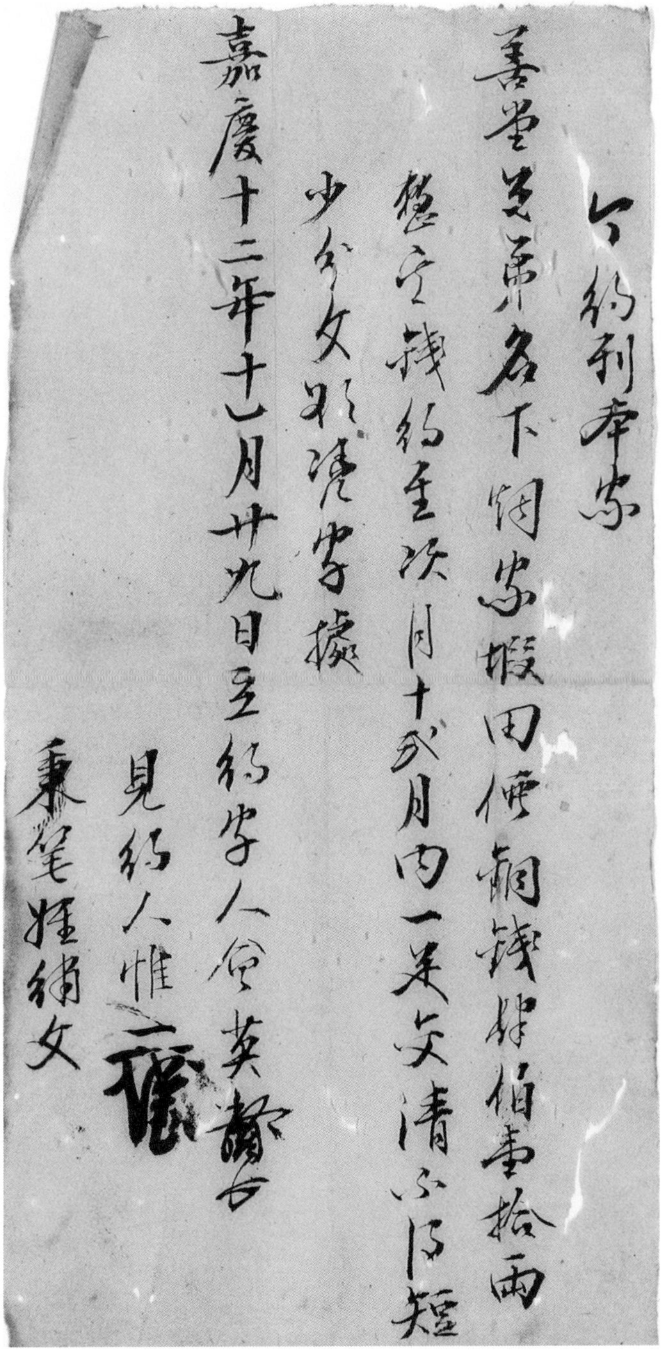

立约到本家
善堂兄弟名下惆字塅田價銅錢肆佰叁拾兩
整，其錢約至次月十弍月內一足交清，不得短
少分文，所立約字據。
嘉慶十二年十二月廿九日立約字人會英（押）
見約人惟一（押）
秉筆侄緒文

道光三年　长溪

尚宾太房长庆垂、福兴立约到滔祖太位下租谷字

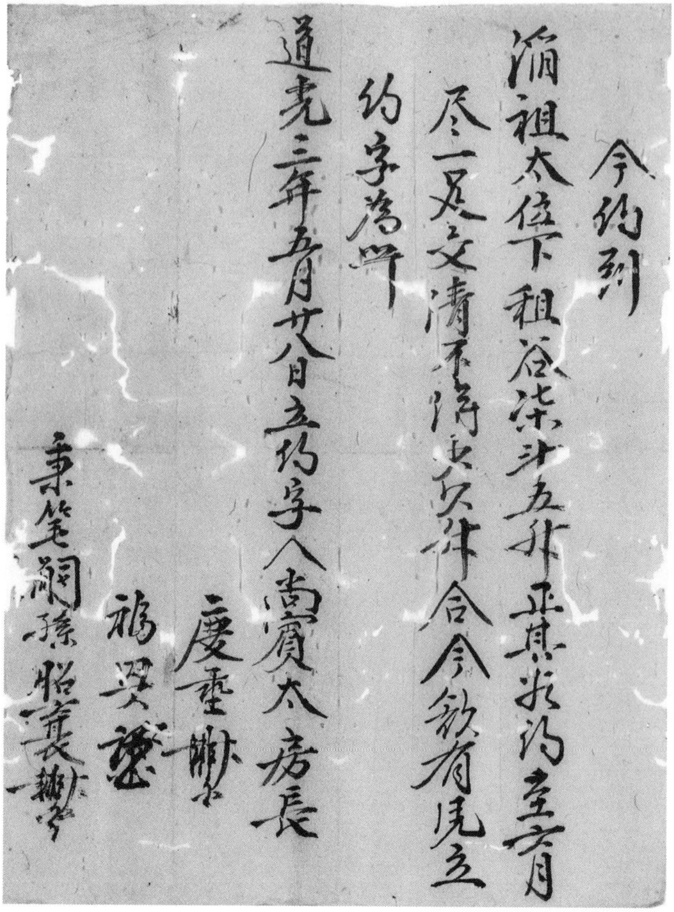

立约到
滔祖太位下租谷柒斗五升正其谷约至当月
尽一足交清不得欠少升合今欲有凭立
约字为照
道光三年五月廿八日立约字人尚宾太房长
庆垂押
福兴押
秉笔嗣孙昭贵押

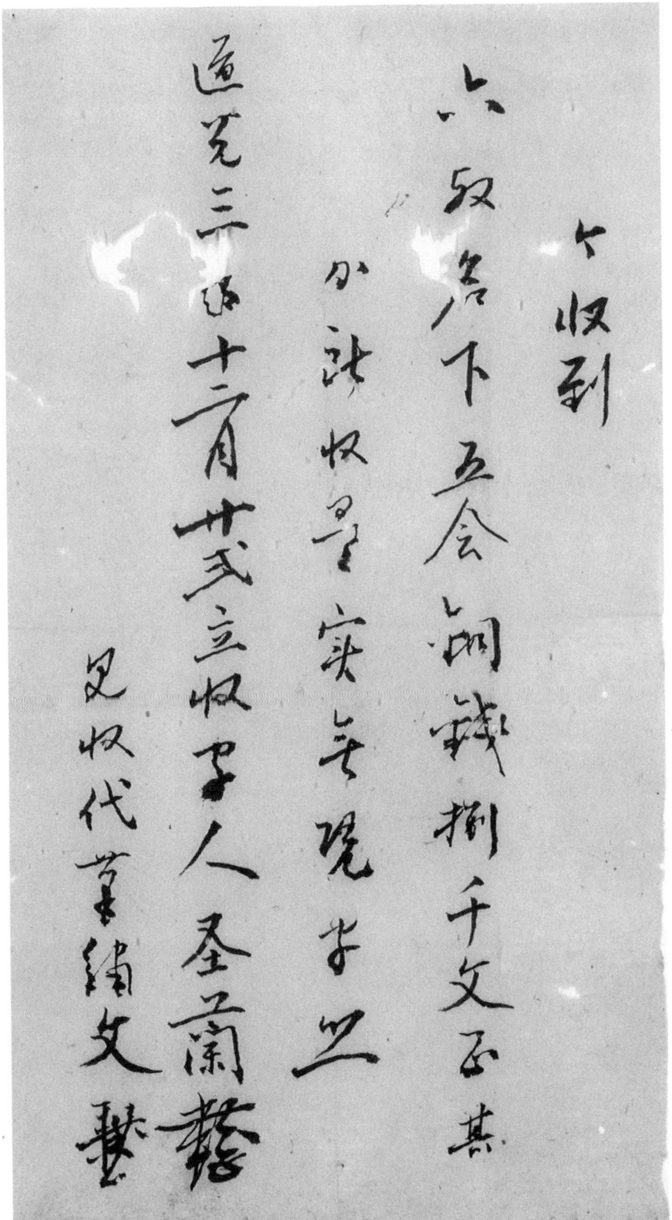
今收到
六叔名下五会铜钱捌千文正其
分计收足实无短少只
道光三年十二月廿式立收字人圣兰（押）
见收代笔绪文（押）

道光三年　长溪
圣兰立收到六叔五会铜钱字

赖明先立税本族会英叔屋字

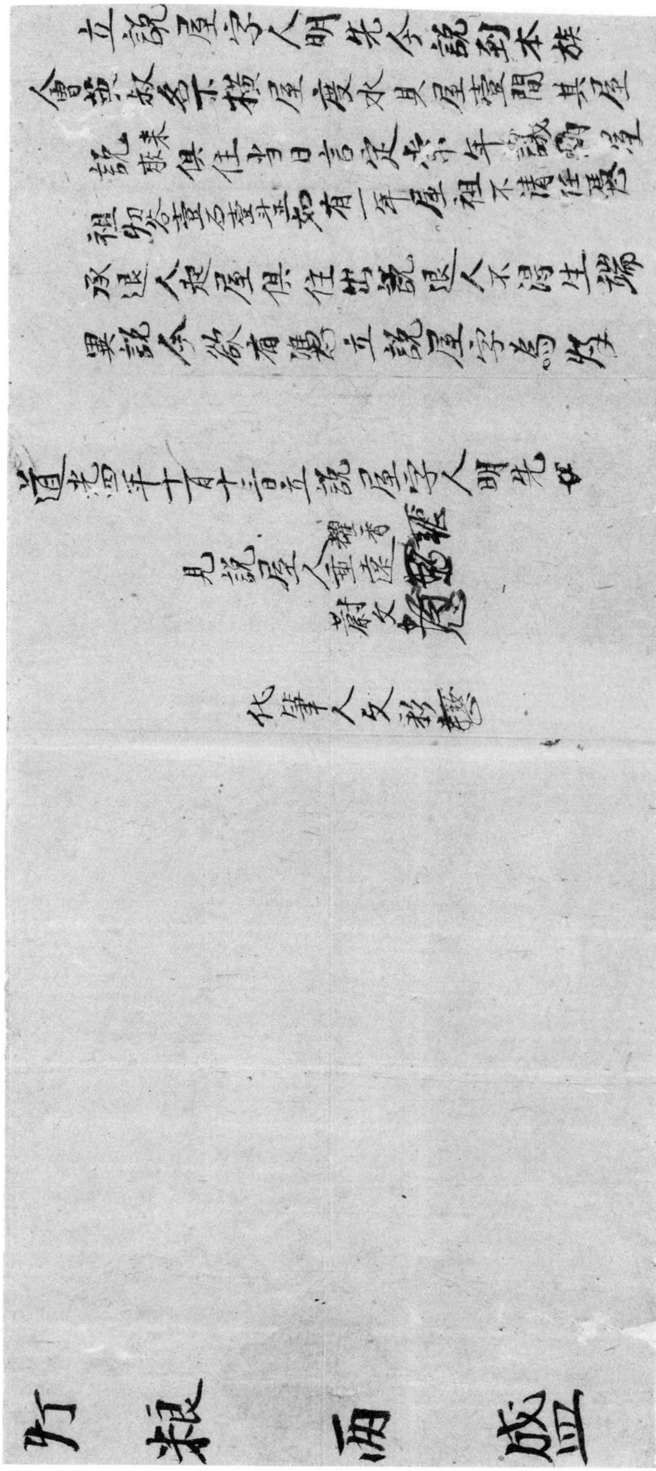
立税屋字人明先今税到本族
会英叔名下横屋壹只，其屋壹间，其屋
税银俱在当日言定，其每年税钱递
租物谷壹石壹斗正，如有一年屋租不清，任从
承退人起屋，俱住出税退人不得阻滞
異說，今欲有憑，立税屋字為照
道光四年十月十三日立税屋字人明先（押）
见税屋人
代笔人文彩

道光四年　长溪
赖明先立暂退屋予本族会英叔字

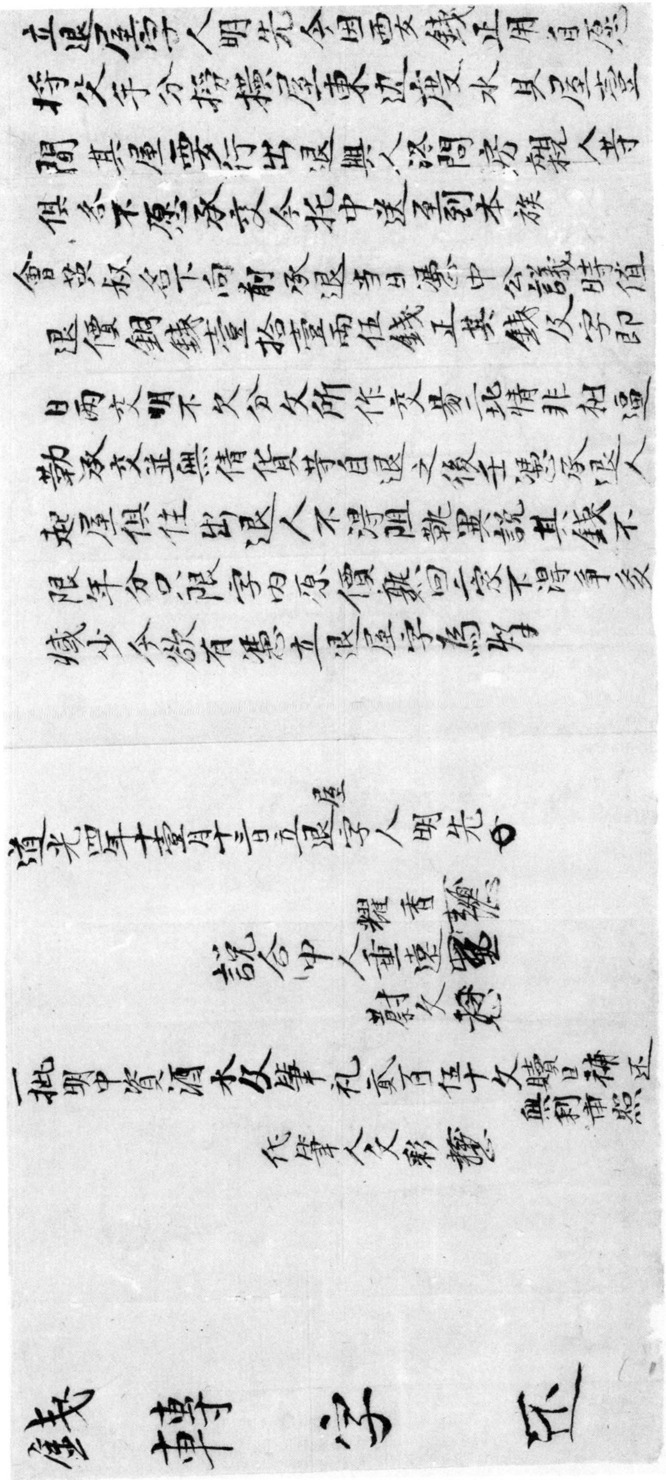
立退屋字人明先今因要钱正用自愿
将父手分得楼屋壹栋东边正座一直又具屋壹
间其屋要行出退与人请问房亲人等
俱各不愿承受今托中送至到本族
会英叔名下向前承退当日凭中公议时值
退价铜钱壹拾壹两伍钱正其钱仅字即
日两交明白不欠分文所作交易二比情非相逼
勒承交並无债货准折自退之后任从承退人
起屋居住出退人不得阻执異说其钱不
限年分只照字内原价取回不得争多
赎少今欲有凭立退屋字为照

道光四年十二月十三日立退屋字人明先

道光四年　长溪

赖昭蓄立永退田予邦宁字

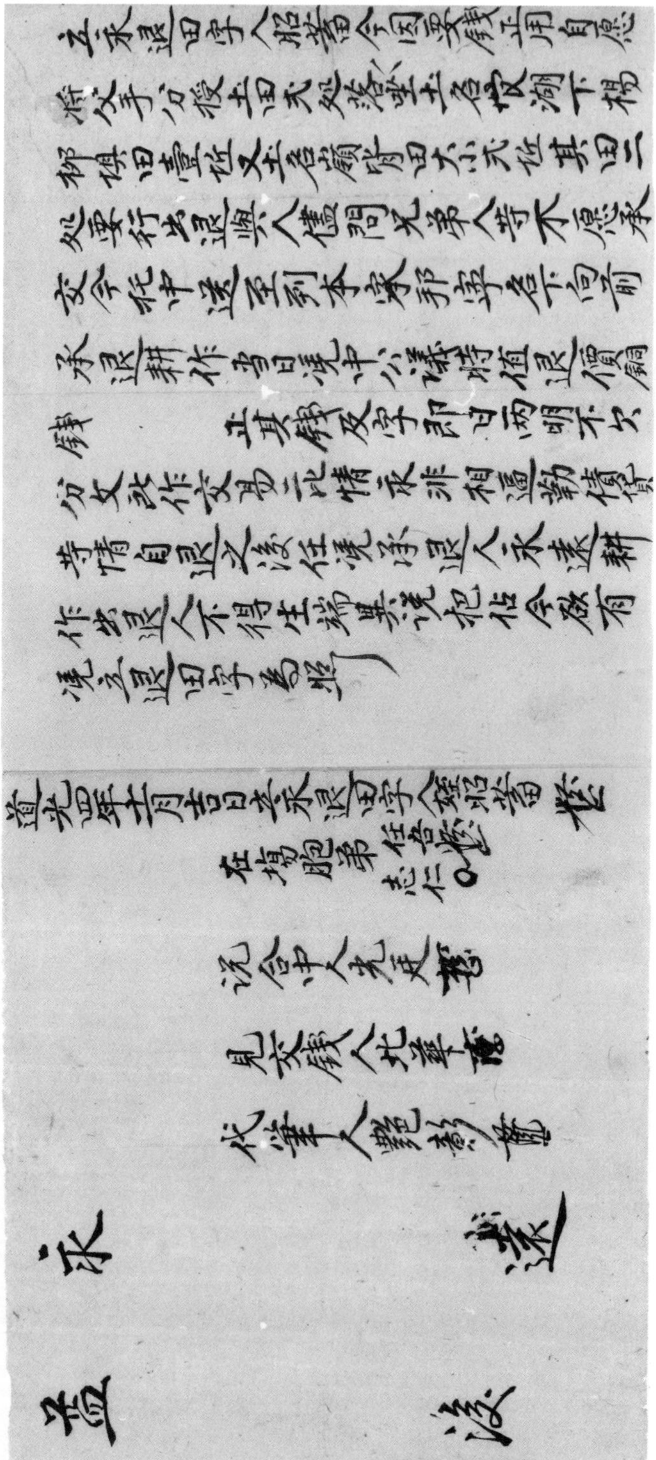

立永退田字人赖昭蓄，今因要钱正用，自愿将父手分授土田式处，落坐土名坑口湖下杨柳塅田壹丘，又土名石窝口田大小式丘，其田二处要行出退与人，先尽问兄弟人等，不愿承交，今托中送至到本家邦宁名下向前承退耕作，当日凭中公议时值退价铜钱　正，其钱及字即日两明，不少分文，此作交易，二比情愿，并非相逼勒债等情，自退之后，任凭承退人永远耕作，出退人不得生端异说，今欲有凭，立永退田字为照。

道光四年十二月廿二日立永退田字人赖昭蓄

在场胞弟　任昌悉　志仁

说合中人　孔廷瑶

见交钱人　北华应

代笔人　赖彰彪

永远　发达

道光四年 长溪

茂来立足收滔祖太位下三会补尾会铜钱字

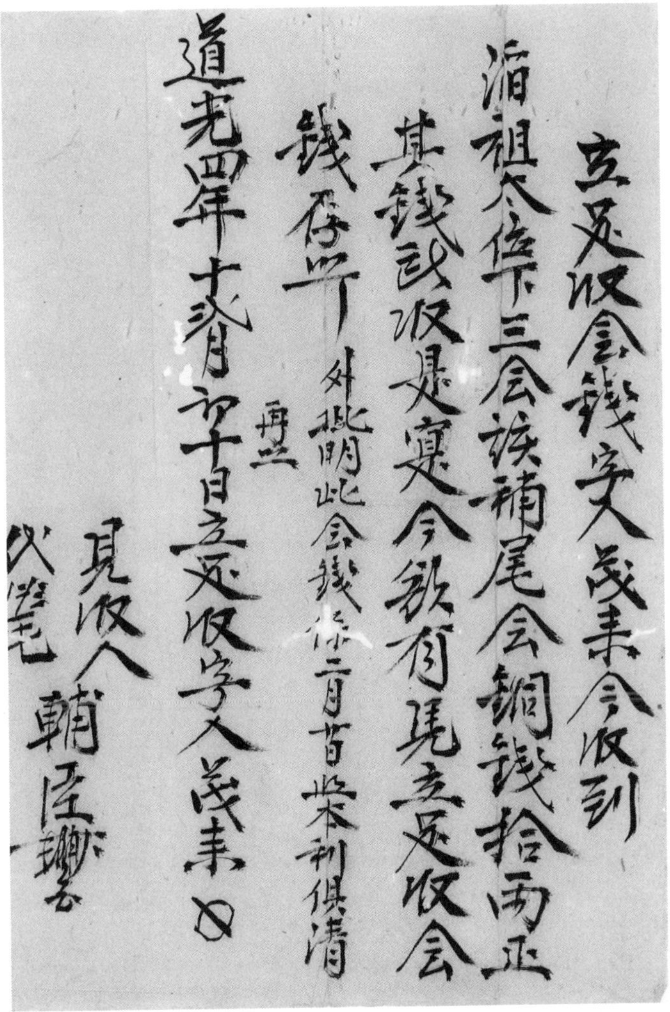

立足收會錢字人茂來今收到

滔祖太位下三會該補尾會銅錢拾兩正

其錢收足是實今欲有憑立足收會

錢存照

外批明此會錢係二月首興本利俱清

再立

道光四年十二月初十日立足收字人茂來

見收人 輔臣

代筆

道光四年　长溪

昭蓄立足收本家邦宁细伯买皮骨田价铜钱字

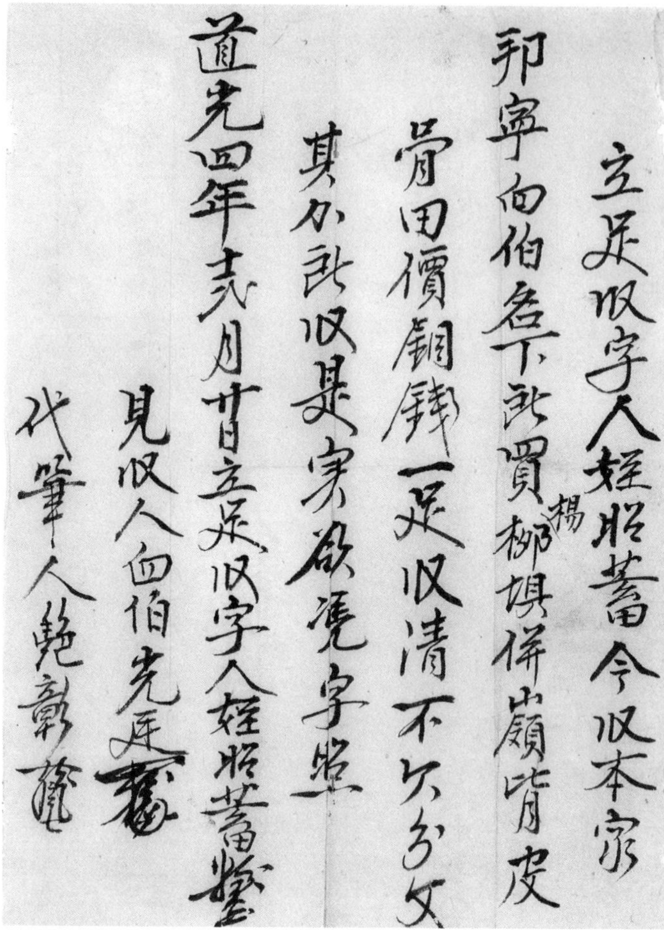

立足收字人姪昭蓄今收本家
邦寧細伯名下出買楊柳坝併嶺背皮
骨田價銅錢一足收清不欠分文
其外出收是實欲憑足收字照
道光四年十二月廿日立足收字人姪昭蓄
見收人細伯光廷
代筆人艶彰

道光五年　长溪
德酬、物华立永卖坝子本族会英叔字

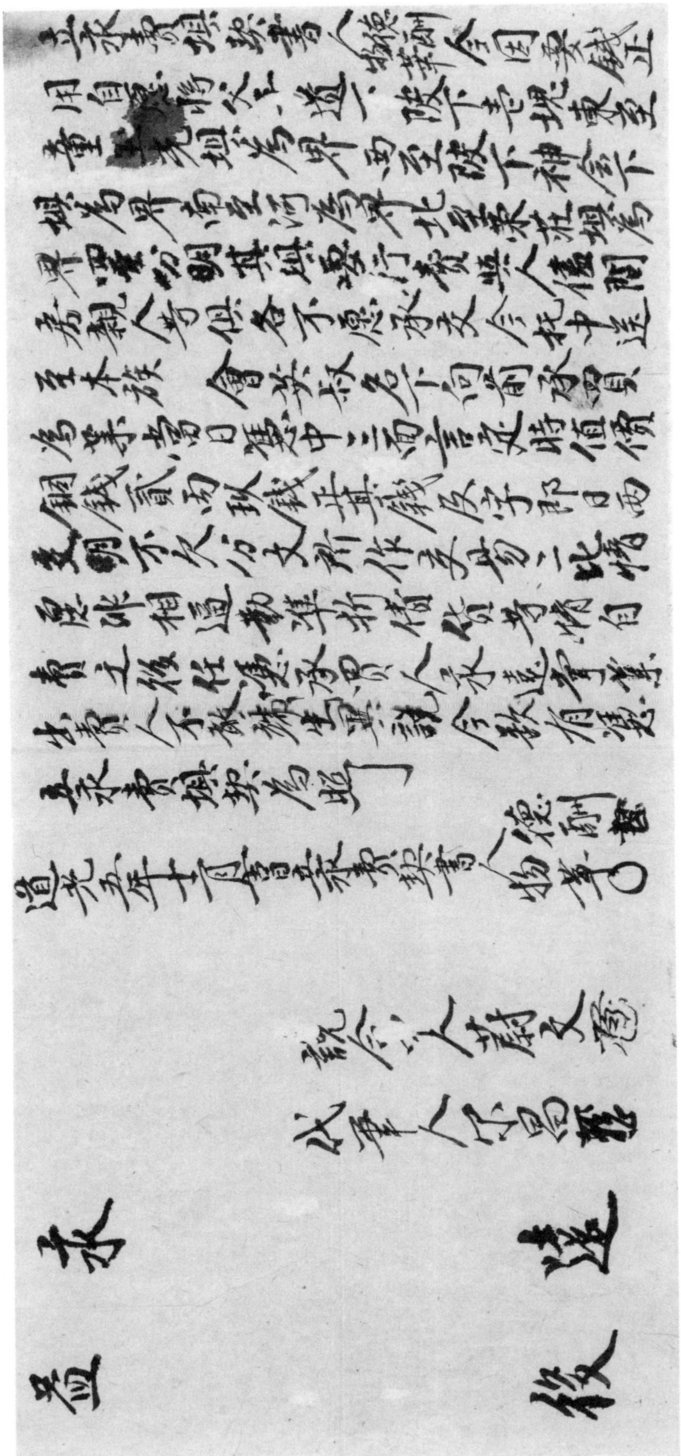

道光五年　长溪

怀恭婆立收到会英伯二会铜钱字

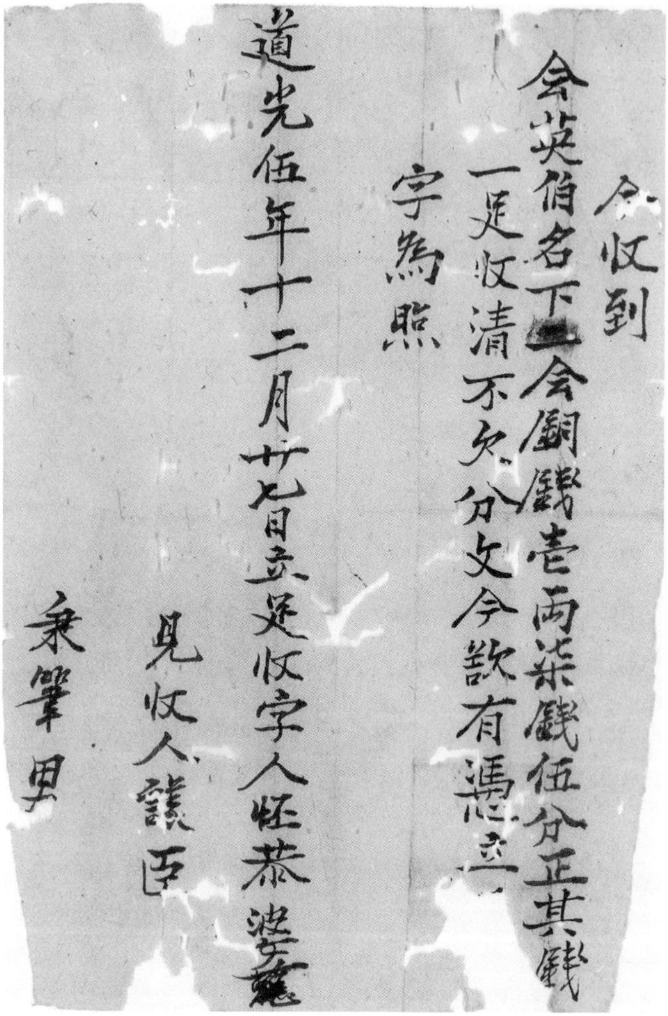

今收到
会英伯名下二会銅錢壹兩柒錢伍分正其錢
一足收清不欠分文今欲有憑立
字為照
道光伍年十二月廿七日立足收字人怀恭婆
見收人議臣
秉筆男

道光五年　长溪
赖艳章立收本家会英叔四会铜钱字

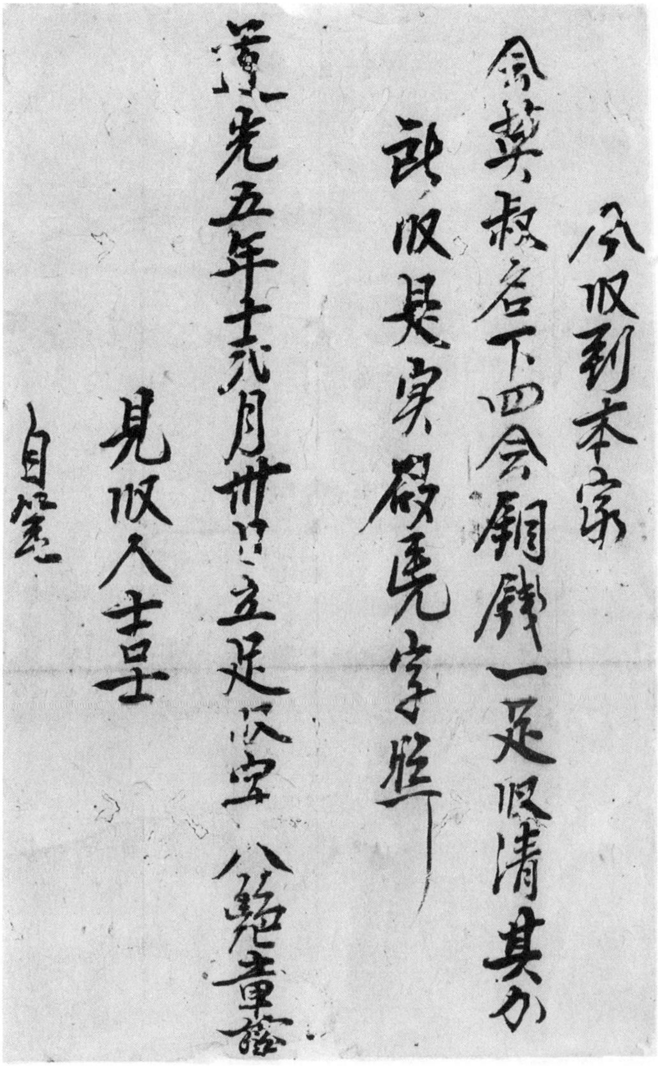
今收到本家
会英叔名下四会铜钱一足收清其分
讫收是实恐凭字照
道光五年十弍月卅日立足收字　人赖艳章押
见收人吉昌
自笔

道光五年 长溪

士兼立收本房会英兄补七会钱字

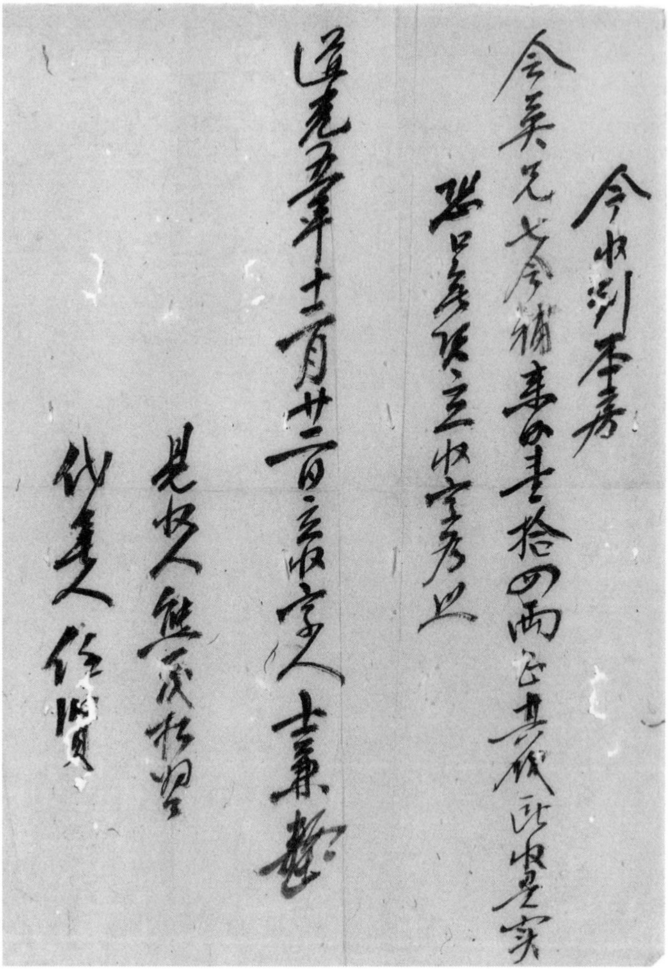
今收到本房
会英兄七会补来壹拾四两正其钱亲收是实
此收字存照
道光五年十二月廿二日立收字人士兼
见收人熊茂松
代笔人[illegible]

道光六年　长溪福主案下竭士自兴、达轲立收脉租碧潭公太六会钱字

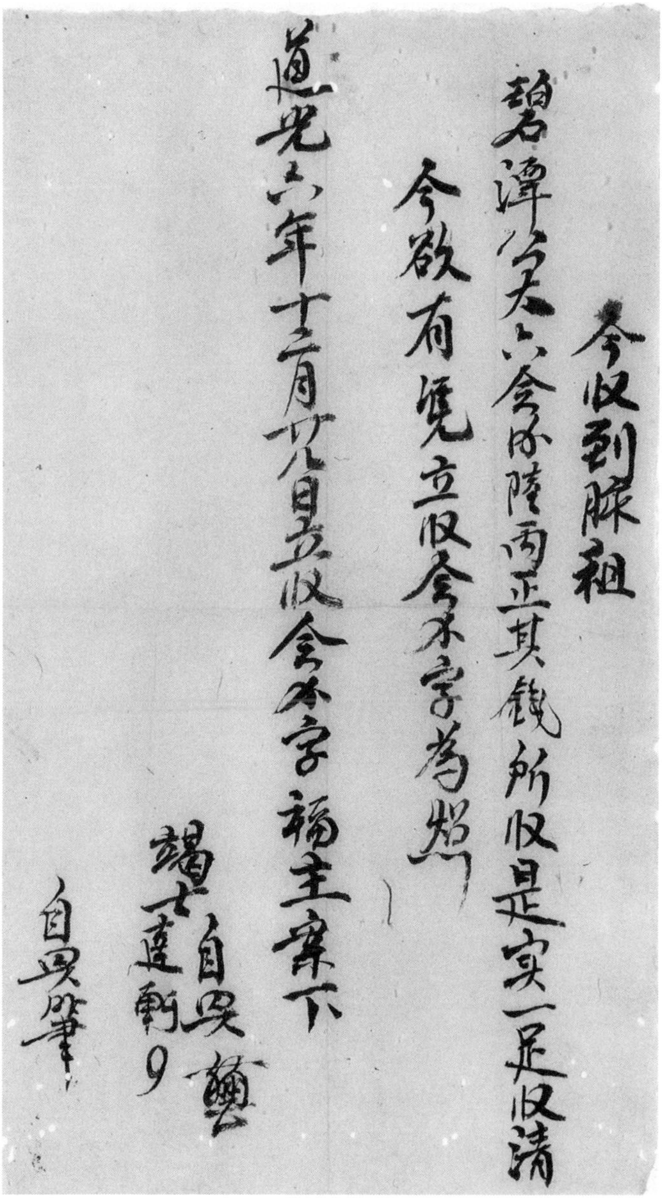
今收到脉租
碧潭公太六会除陆两正其钱所收是实一足收清
今欲有凭立收会木字为照
道光六年十二月廿八日立收会木字　福主案下
竭士　自兴
达轲　押
自兴　笔

道光六年　长溪

亨田黄翰堂立借到长溪村赖会英田字

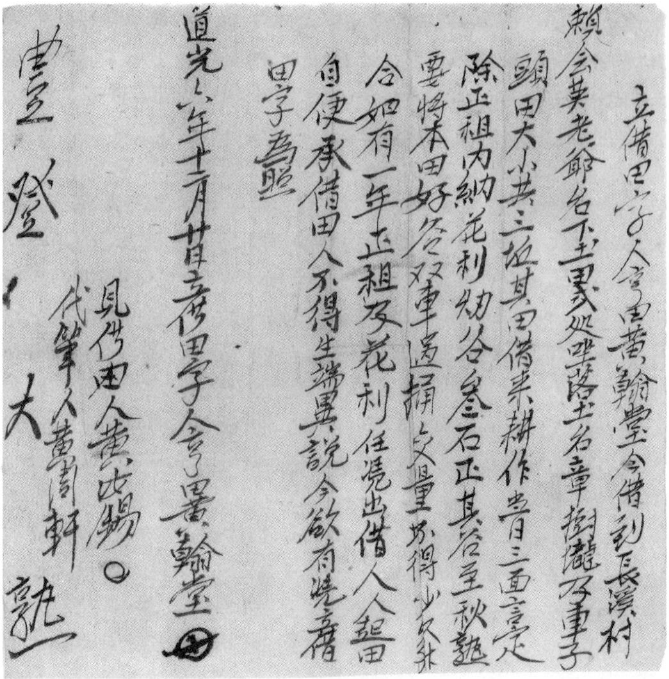

立借田字人亨田黄翰堂今借到長溪村
賴会英老爺名下土□處坐落土名章樹壠下手
頭田大小共三坵其田借来耕作当日三面言定
除正租内納花利幼谷叁石正其谷至秋熟
要將本田好谷双車過桶交量不得少欠升
合如有一年正租及花利任凭出借人召田
自便承借田人不得生端異說今欲有憑立借
田字為照
道光六年十月廿二日立借田字人亨田黄翰堂（押）
見借田人黄改賜（押）
代筆人黄肖軒
豐登大熟

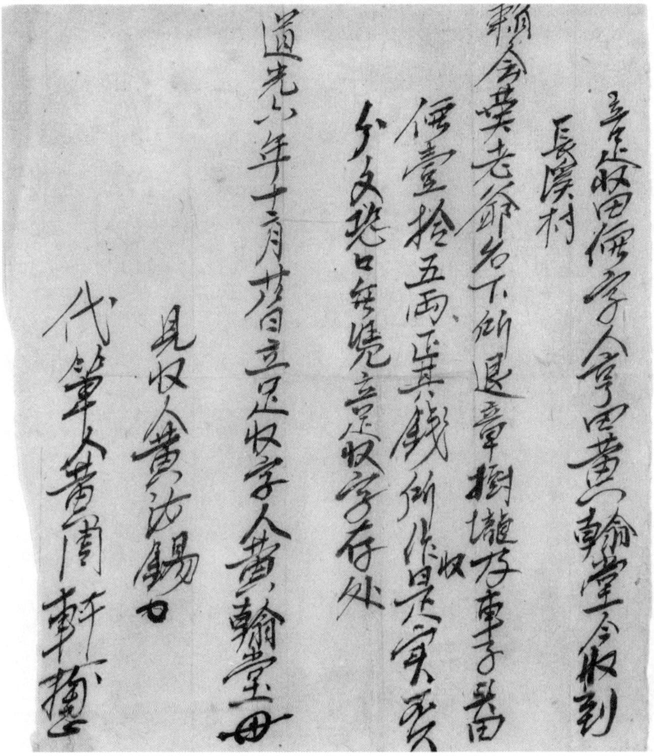

立足收田價字人亨田黄翰堂今收到
長溪村
賴会英老爺名下所退章樹壠存東子番田
價壹拾五兩正其錢所作日是收足實
分文並口無憑立足收字存处
道光六年十二月廿八日立足收字人黄翰堂
見收人黄汝錫
代筆人黄周軒

道光六年　长溪
亨田黄瑞呈立暂退田子长溪村赖会英字

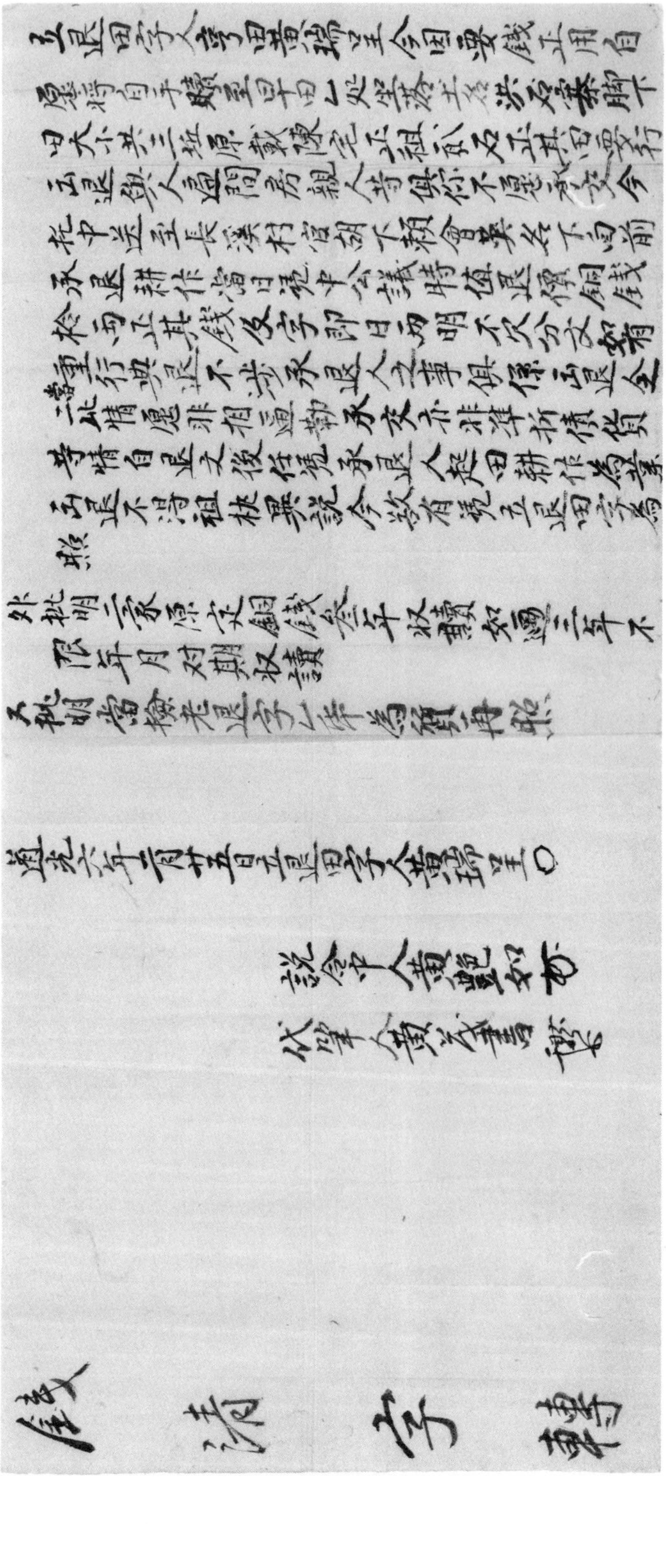

道光六年　长溪
亨田黄瑞呈立足收官胡下赖会英待公退田价铜钱字

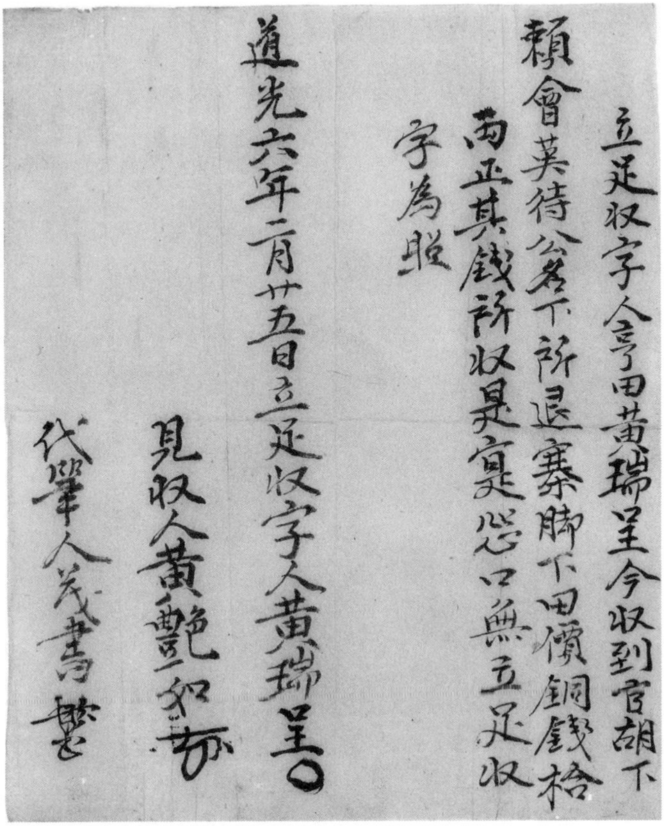
立足收字人亨田黄瑞呈今收到官胡下
賴會英待公名下所退寨脚下田價銅錢拾
兩正其錢所收是實足訖口無立足收
字為照

道光六年二月廿五日立足收字人黄瑞呈〇
見收人黄艷知押
代筆人茂書押

道光六年　长溪

亨田黄忠良立永退坝子本房希尧兄字

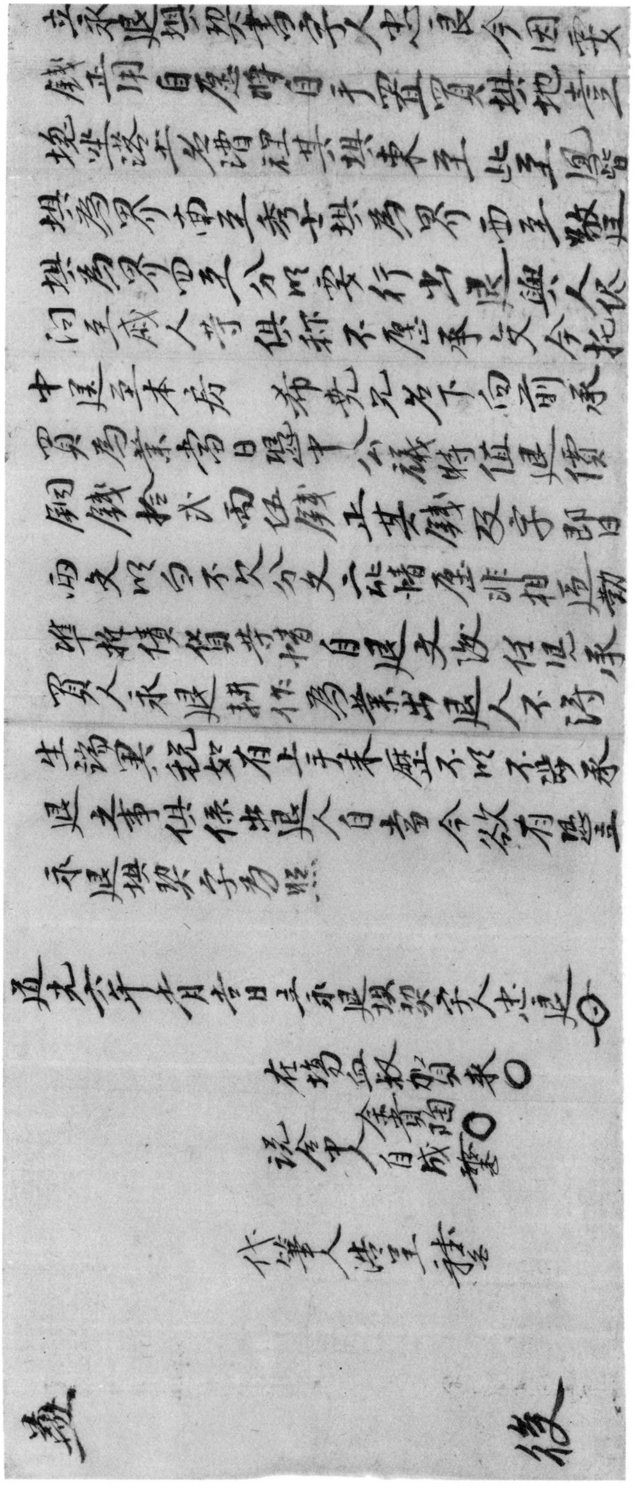

立永退坝契字人忠良今因要钱应用，自愿将自己手置买坝地壹处，坐落土名[illegible]坪里坝，东至[illegible]，北至凤凰[illegible]坝为界，南至吉古坝为界，西至路边坝为界，北至八分田，要行出退，先问至戚人等，俱称不受，今托中退与本房希尧兄名下向前承买为业。当日凭中言议时值退价铜钱拾弍两伍钱正，其钱及字即日两交明白，不欠分文。二比情愿，并非相逼准折债货等情。自退之后，任从承买人永远耕作为业，当退人不得生端异说。如有上手来历不明，不干承退人之事，俱系出退人自当。今欲有凭，立永退坝契字为照。

道光六年十月十六日立永退坝契字人忠良　押

在场血叔明秀　押

凭中人黄寿周　押

亲房叔自成　押

代笔人[illegible]

[illegible]　[illegible]

道光六年　长溪

黄翰堂立退田予长溪村赖会英字

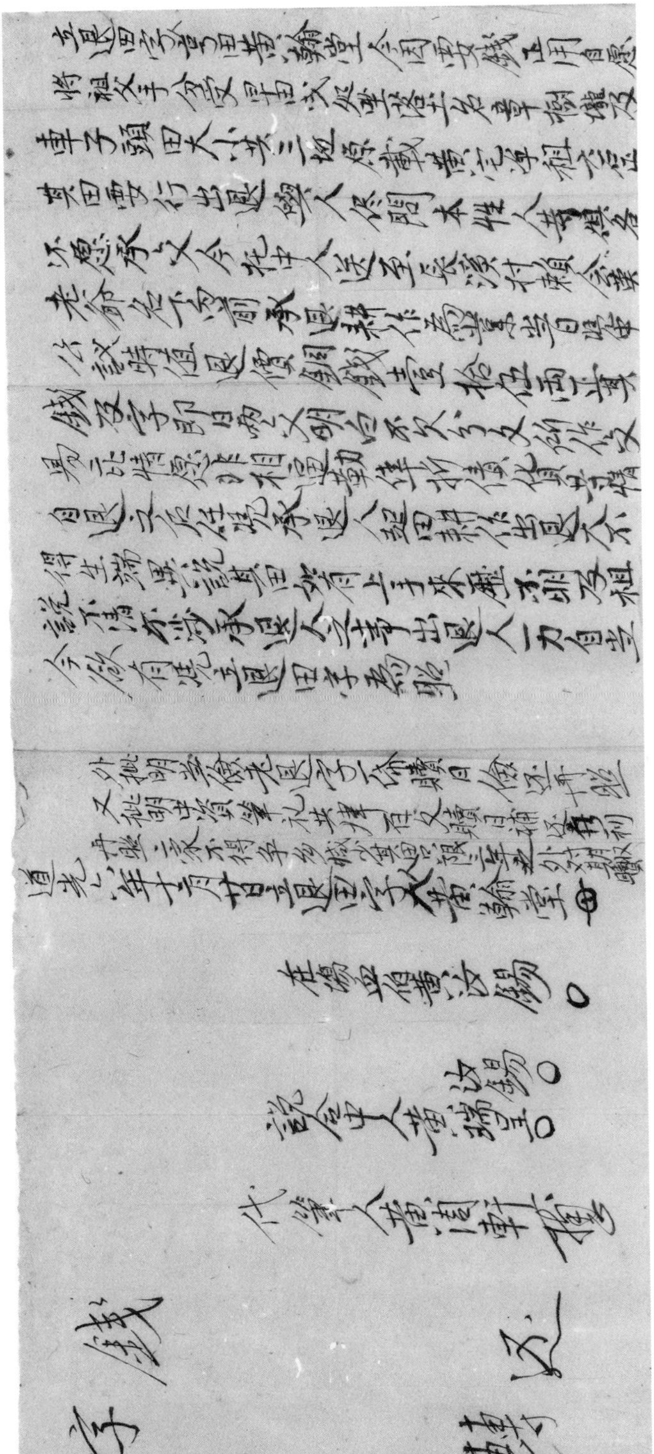

道光六年　长溪
赖殿元公位下男昭蓄、昭权立约昭苟卖田铜钱字

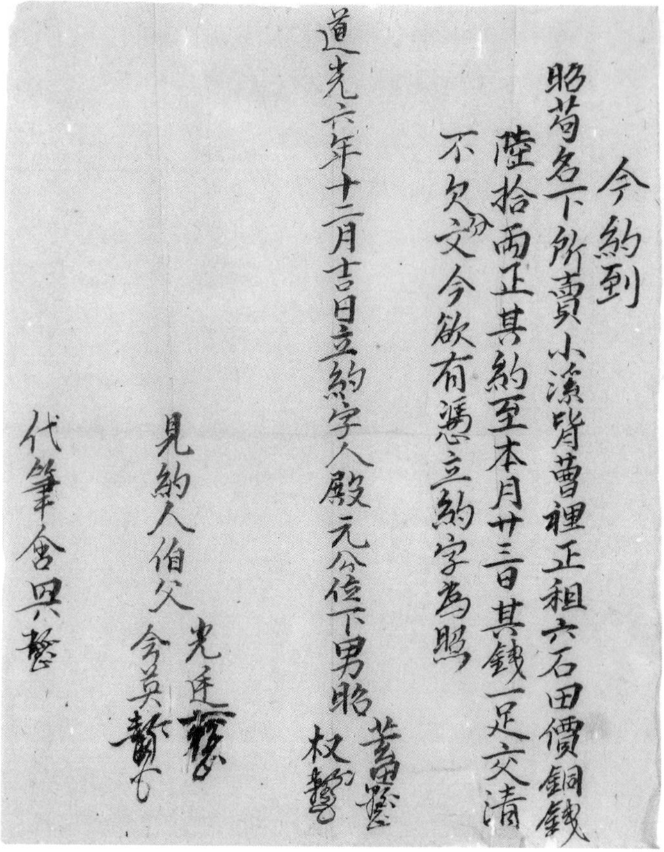
今約到
昭苟名下所賣小溪背曹裡正租六石田價銅錢
陸拾兩正其約至本月廿三日其錢一足交清
不欠分文今欲有憑立約字為照
道光六年十二月吉日立約字人殿元公位下男昭蓄
权
見約人伯父 光廷
令英
代筆舍興

道光六年　长溪

赖洪清立税慧英兄黄牛牸字

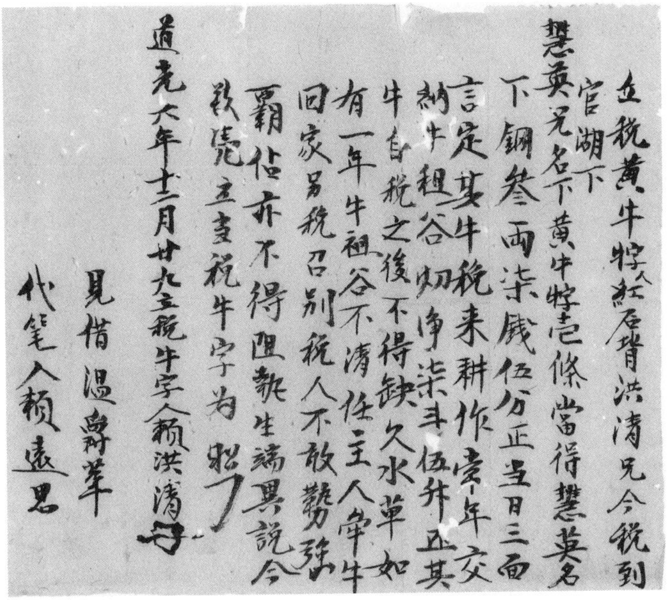

立税黄牛牸人红居背洪清兄今税到
官湖下
慧英兄名下黄牛牸壹條當得慧英名
下铜叁两柒錢伍分正当日三面
言定其牛税来耕作每年交
納牛租谷灿净柒斗伍升正其
牛自税之後不得缺欠水草如
有一年牛租谷不清任主人牵牛
回家另税召别税人不敢势强
霸佔亦不得阻執生端異說今
欲有憑立税牛字为照
道光六年十二月廿九立税牛字人赖洪清（押）
見借　温舜華
代笔人赖遠思

道光六年　长溪
赖介如立永退田予天光公太位下捐祭字

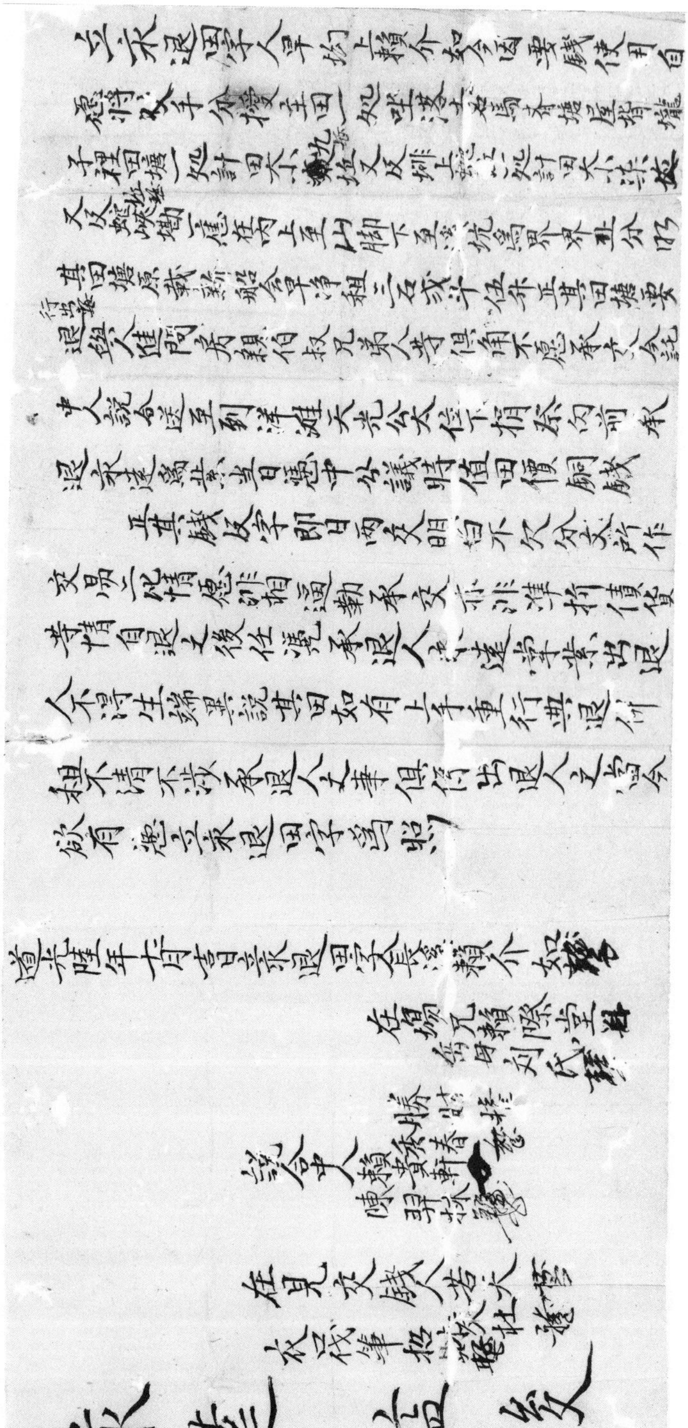

道光六年 长溪

赖氏常太谒事耀禧、学也等立收会英叔补会钱字

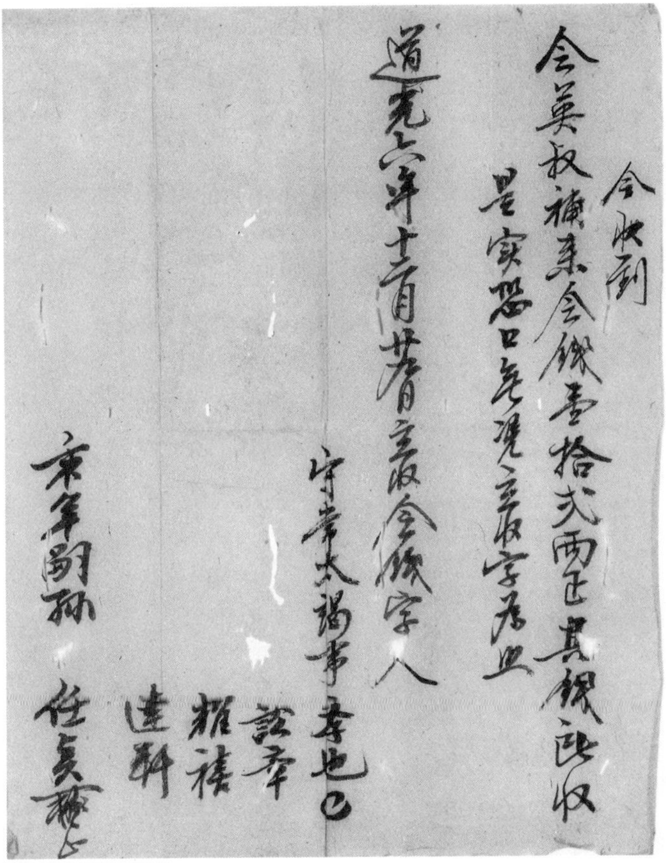

会收到

会英叔補來会錢壹拾弍兩正其錢既收

是實恐口無憑立收字存照

道光六年十二月廿八日立收会錢字人

守常太謁事 學也 誠齋 耀禧 達軒

秉筆嗣孫 任良稷

道光六年　长溪

赖昭苟立永卖田予父名下祭银字

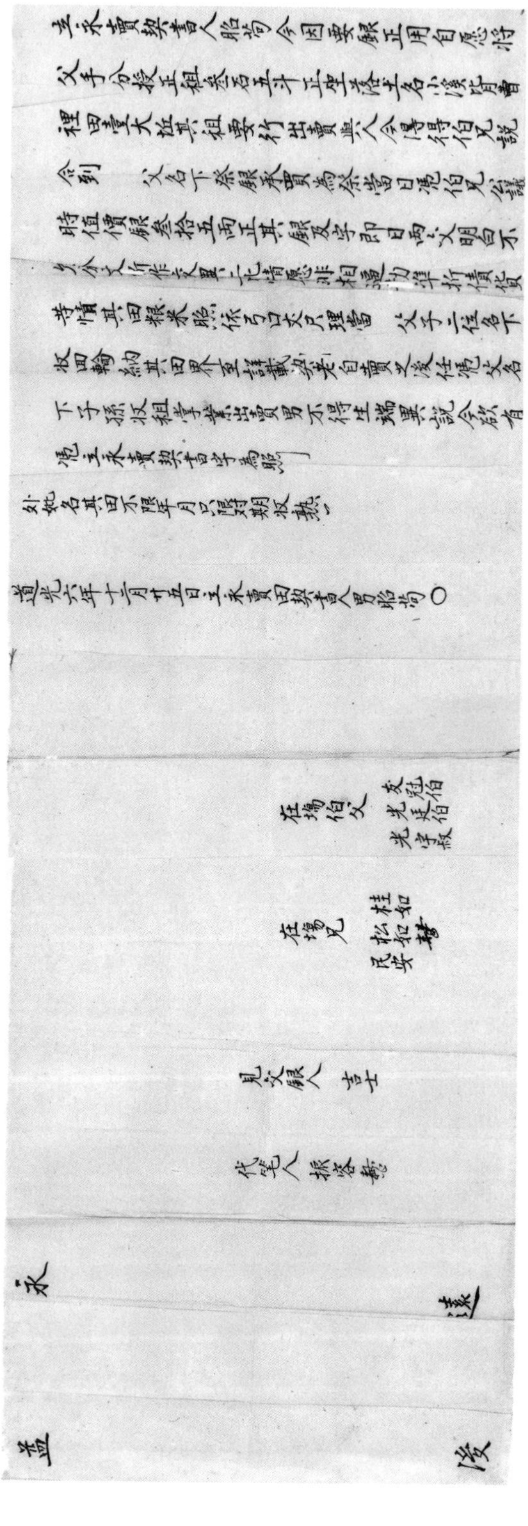
立永賣契書人賴昭苟今因要銀正用自愿將
父手分授正租谷石五斗正坐落土名小溪[illegible]背
裡田壹大坵其租要行出賣與人今憑得伯兄說
合到　父名下祭銀承買為祭嘗日憑伯兄公議
時值價銀叁拾五兩正其銀及字即日兩交明白不
少分文亦非交異二比情愿非相逼勒准折債貨
等情其田粮米照依乙口丈尺理當　父子二位名下
收回輸納其田界至詳載老契自賣之後任憑父名
下子孫收租掌業出賣男不得生端異說今欲有
憑立永賣契書字為照
外批名其田不限年月只照期收贖
道光六年十二月廿五日立永賣田契書人男昭苟 ○
在場伯父　友魁伯　光廷伯　光字叔
在場兄　桂和　松和　鳳安
見交銀人　吉士
代筆人　振塔
永　遠
達　發

道光六年　长溪
张德安、黄德福立足收碧潭公位下六会铜钱字

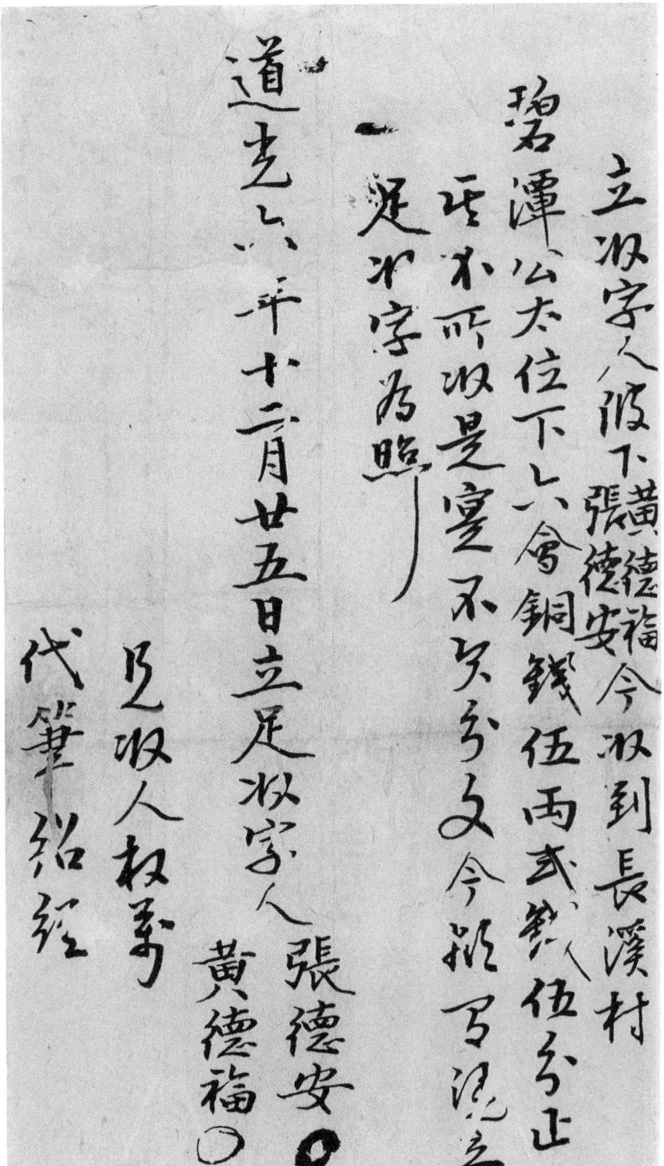

立收字人假下黄德福
張德安今收到長溪村
碧潭公太位下六會銅錢伍兩貳錢伍分正
正不所收是實不欠分文今欲有憑立
足收字為照
道光六年十二月廿五日立足收字人張德安（押）
黄德福（押）
見收人叔爵
代筆紹經

道光七年 长溪

拔萃立收到本族福主太会下退田价铜钱字

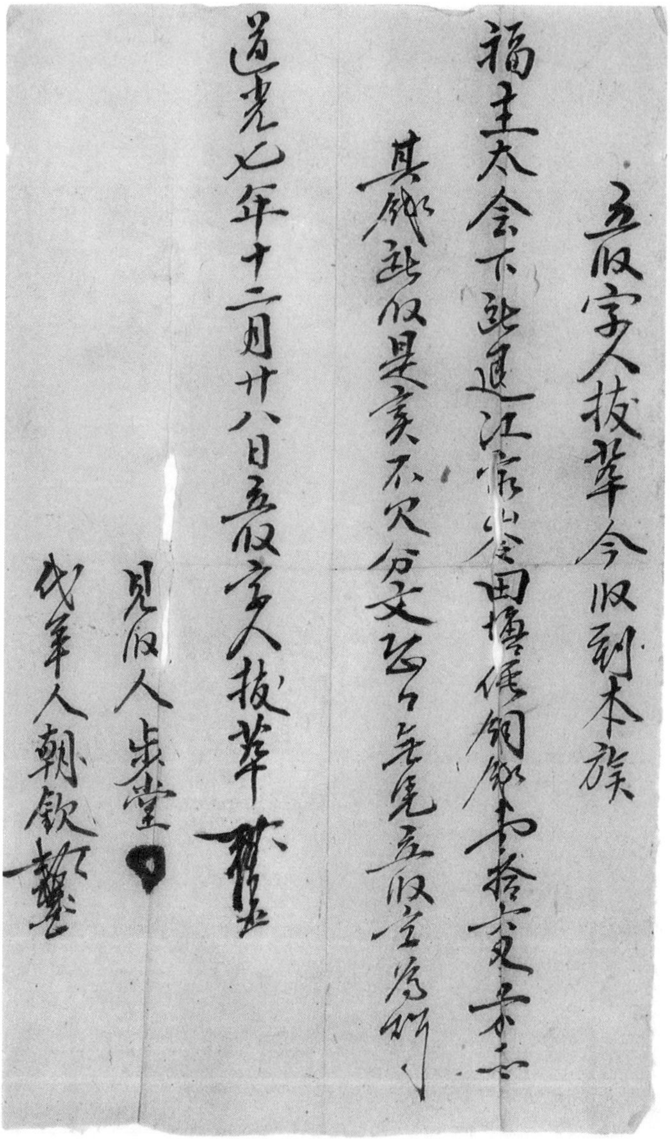
立收字人拔萃今收到本族

福主太会下边退江家山岔田塘价铜钱壹拾六千文正

其钱亲收是实，不欠分文，今恐无凭，立收字为据。

道光七年十二月廿八日立收字人拔萃（押）

见收人步堂（押）

代笔人朝钦（押）

呈祥、树和立收本房会英退田价铜钱字

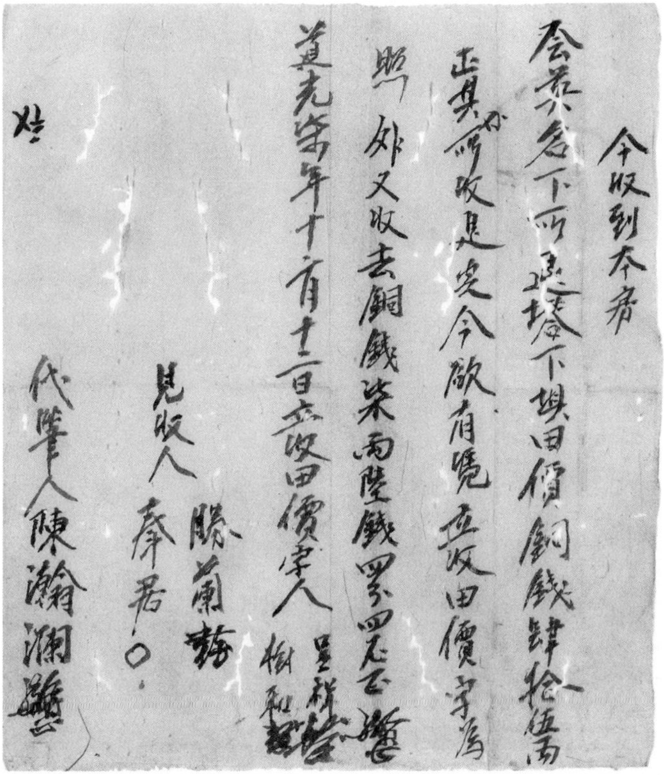
今收到本房
会英名下所退土名塔下坝田價銅錢肆拾伍兩
正其所收是實今欲有憑立收田價字爲
照　外又收去銅錢柒兩陸錢零四分正
道光柒年十月十二日立收田價字人　呈祥　樹和
見收人　滕蘭　奉君
代筆人　陳瀚淵
炶

道光七年　长溪

亨田黄翰堂立借长溪村赖含兴田字

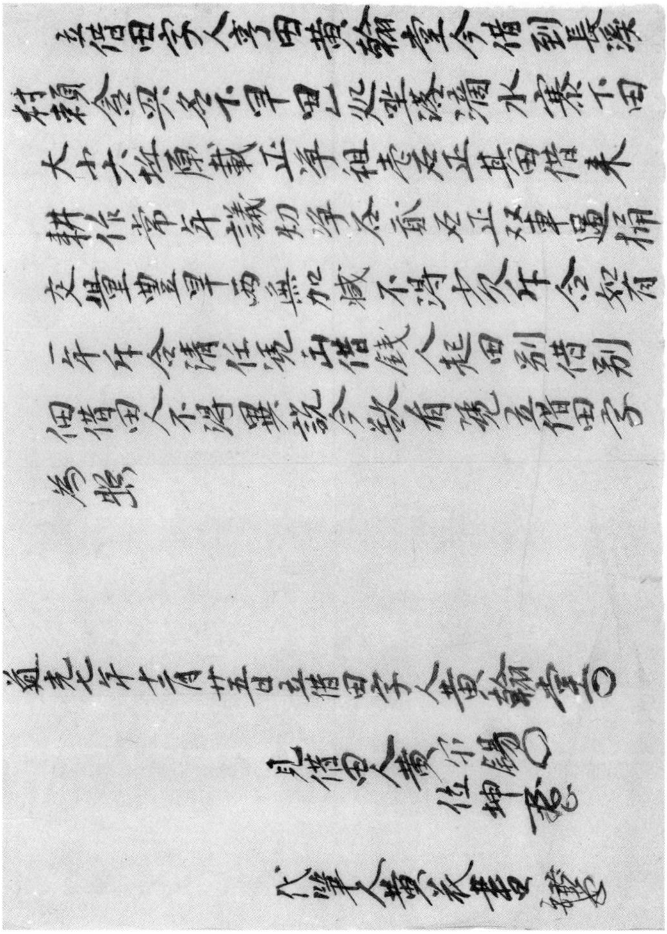

道光七年　长溪
亨田黄翰堂立暂退田予长溪村赖含兴字

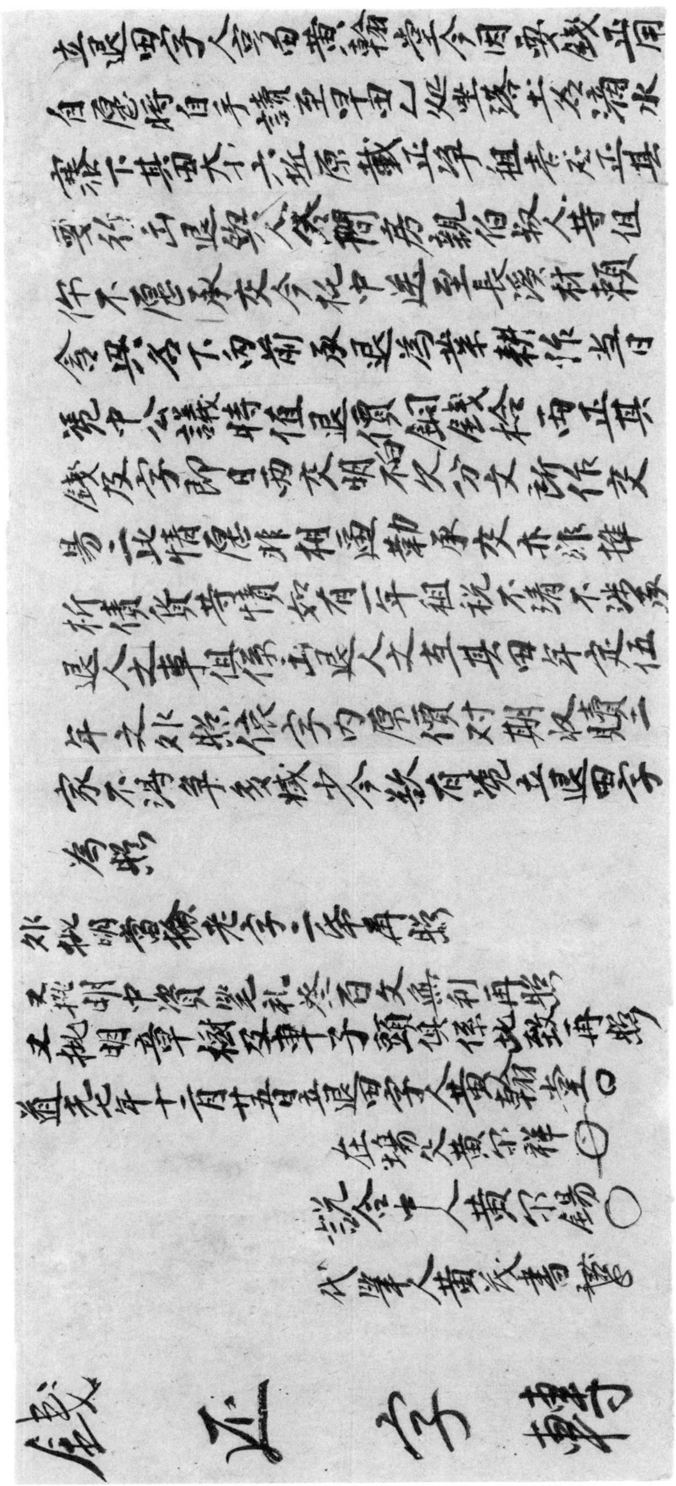

道光七年　长溪

亨田黄翰堂立足收长溪村赖含兴退田价铜钱字

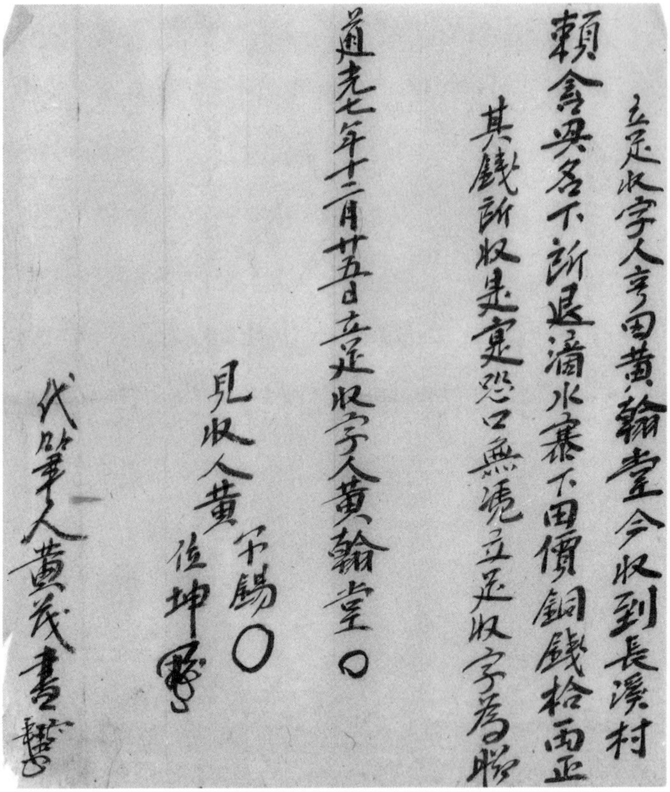

立足收字人亨田黃翰堂今收到長溪村
賴含興名下所退滴水寨下田價銅錢拾両正
其錢所收是實恐口無憑立足收字為照
道光七年十二月廿五日立足收字人黃翰堂〇
見收人黃印錫〇
佐坤（押）
代筆人黃茂書（押）

亨田黄茂能立借长溪村赖会英田字

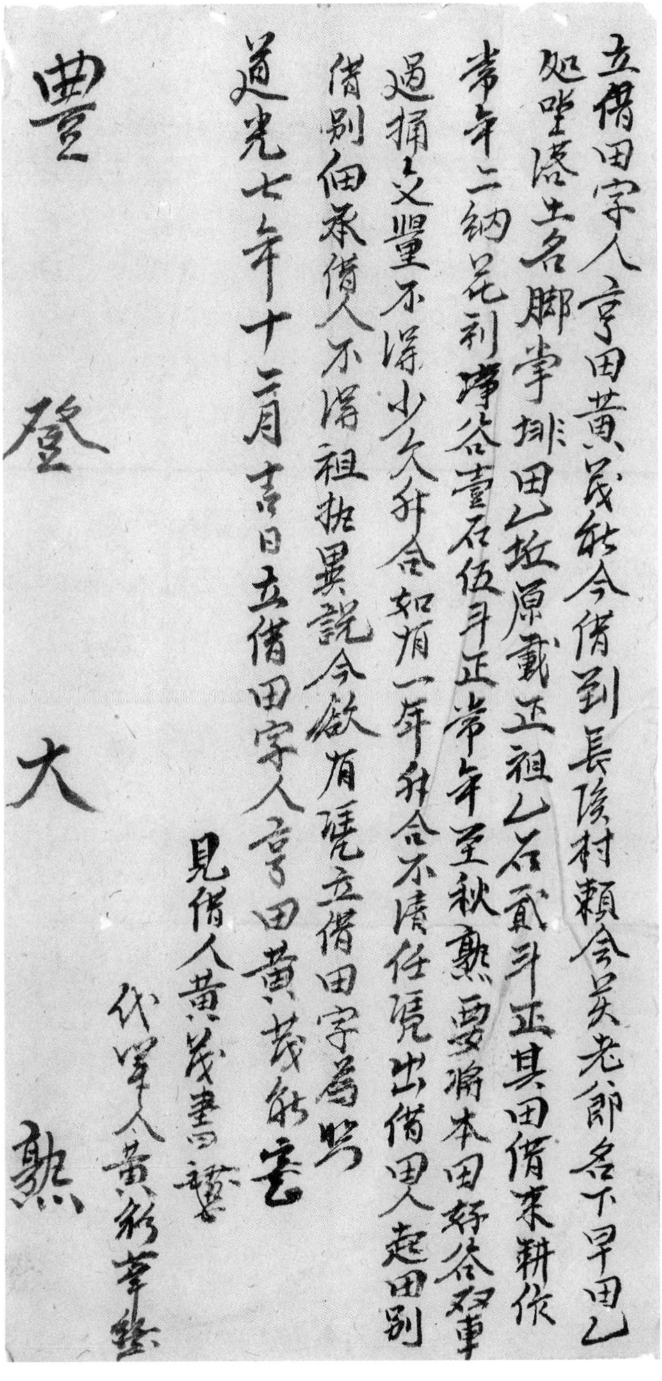

立借田字人亨田黄茂能今借到長溪村賴会英老爺名下早田乙处坐落土名脚掌排田乙坵原載正租乙石貳斗正其田借來耕作當年二納花利净谷壹石伍斗正當年至秋熟要將本田好谷送事過桶交量不得少欠升合如有一年升合不清任憑出借田人起田別借別佃承借人不得祖執異說今欲有憑立借田字為照

道光七年十二月吉日立借田字人亨田黄茂能（押）

見借人黄茂書（押）

代筆人黄能章（押）

豐登大熟

道光七年　长溪

亨田黄茂能立暂退田子长溪村赖会英字

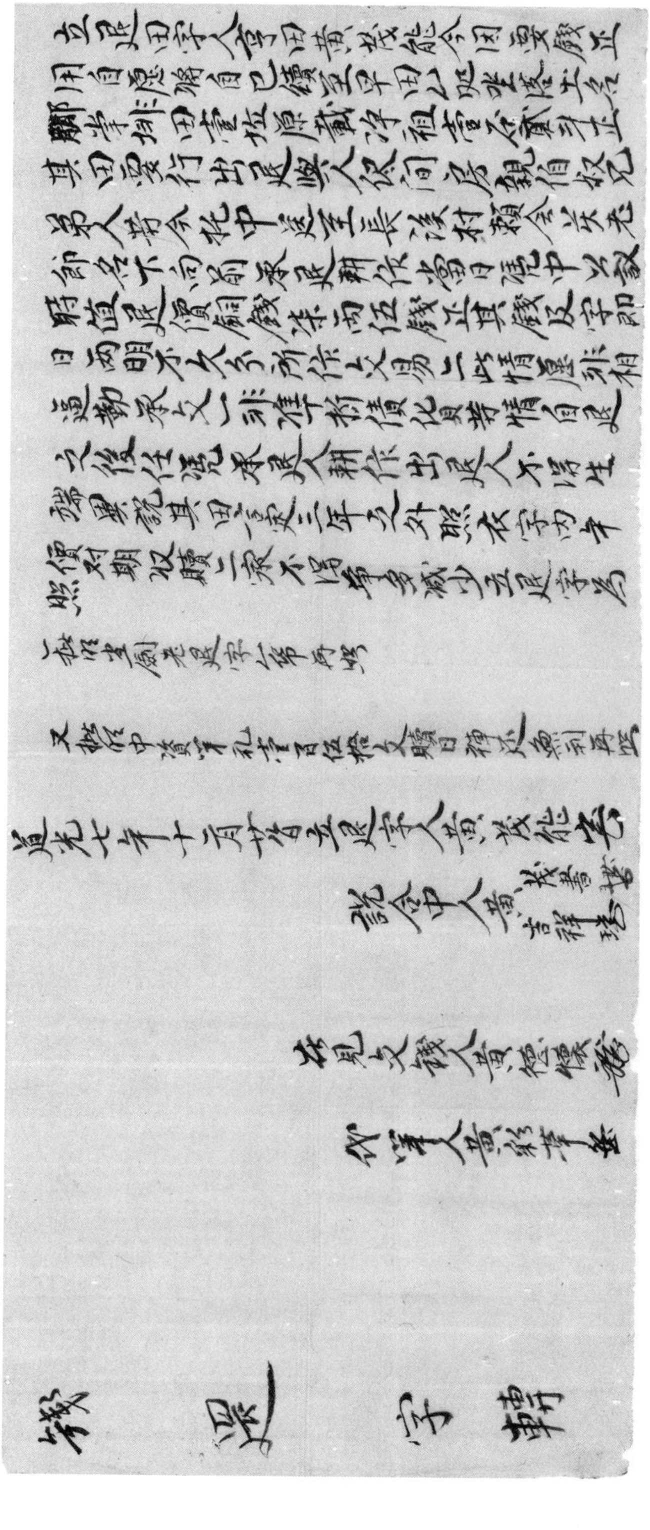

道光七年　长溪

亨田黄茂能立足收脚掌排田价银字

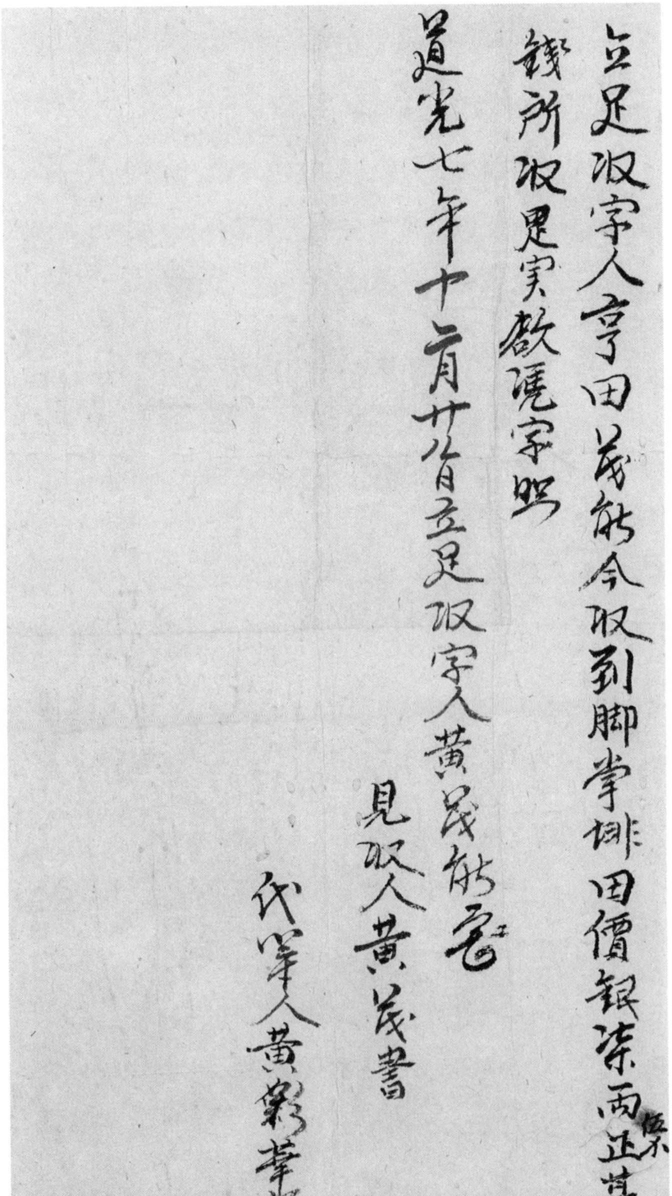

立足收字人亨田茂能今收到脚掌排田價銀柒两正其

錢所收是實欲凴字照

道光七年十二月廿八日立足收字人黄茂能（押）

見收人黄茂書

代筆人黄彩華

道光七年　长溪

亨田黄子英公太位下祠孙房长海珍立借长溪赖碧潭公位下祭田字

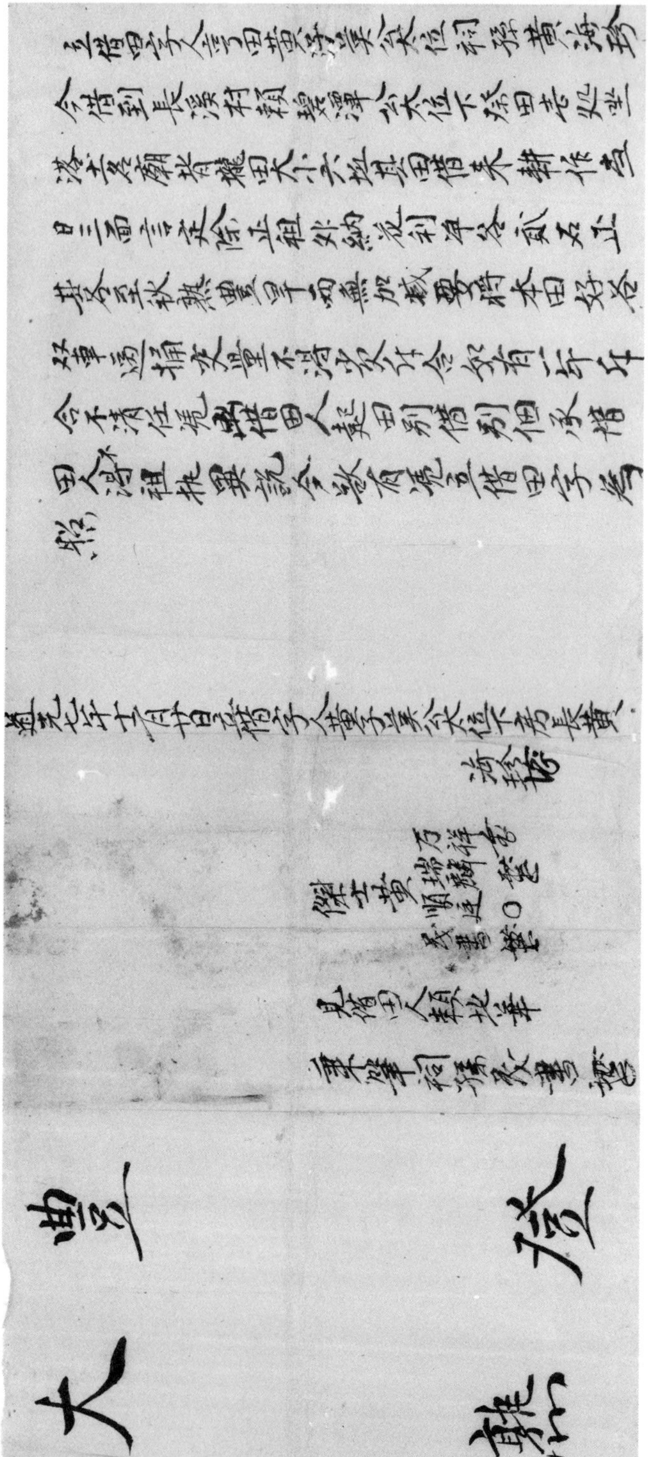

道光七年　长溪

黄位坤立永退滴水寨田予本房翰堂叔字

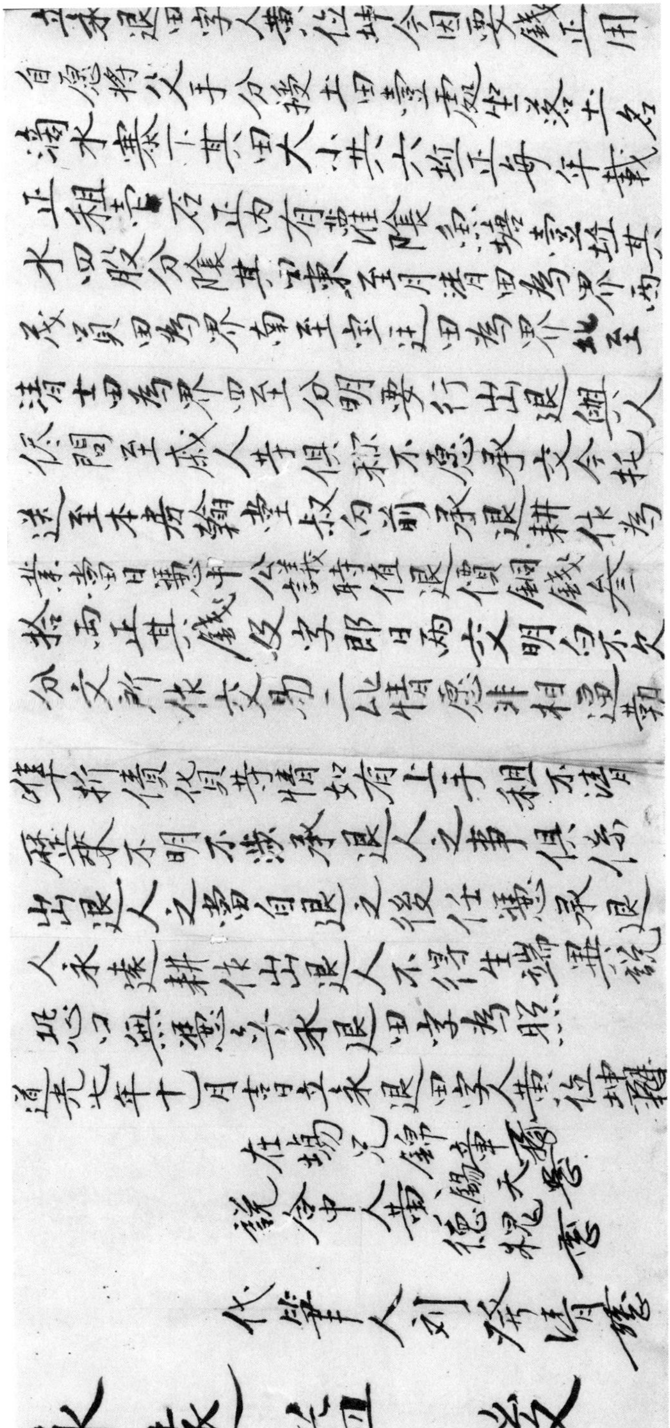
立永退田字人黄位坤今因要钱正用
自愿将父手分授土田壹处坐落土名
滴水寨下一丘田大小共六丘[illegible]
正租壹石正内有[illegible]
水田[illegible]
[illegible]为界南至[illegible]为界北至
[illegible]为界四至分明要行出退凭人
依问至亲人等俱称不愿承受今托
送至本房翰堂叔向前承退耕作为
业当日凭中三面言定时值退价铜钱叁
拾两正其钱即日两交明白不欠
分文所作交易二比情愿非相逼勒
[illegible]不明不涉承退人之事
出退人之当自退之后任凭承退
人永远耕作出退人不得异生端说
此恐口无凭立永退田字为照
道光七年十二月廿一日立永退田字人黄位坤(押)
在场兄侄[illegible]
说合中人[illegible]
代笔人刘[illegible]
永远[illegible]

道光七年　长溪

赖拔萃立暂退田塘予本族福主会神下字

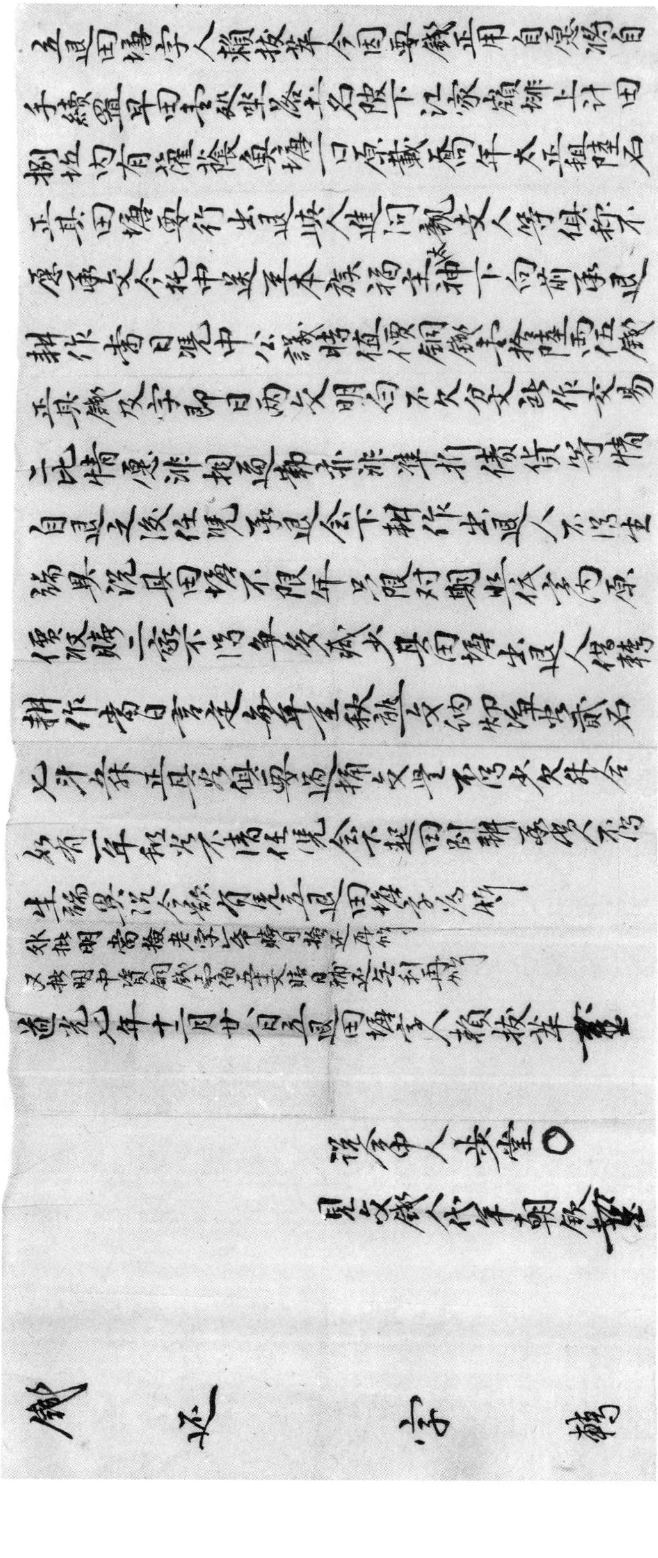

道光七年　长溪
赖呈祥树如兄弟立永退田予本房慧英字

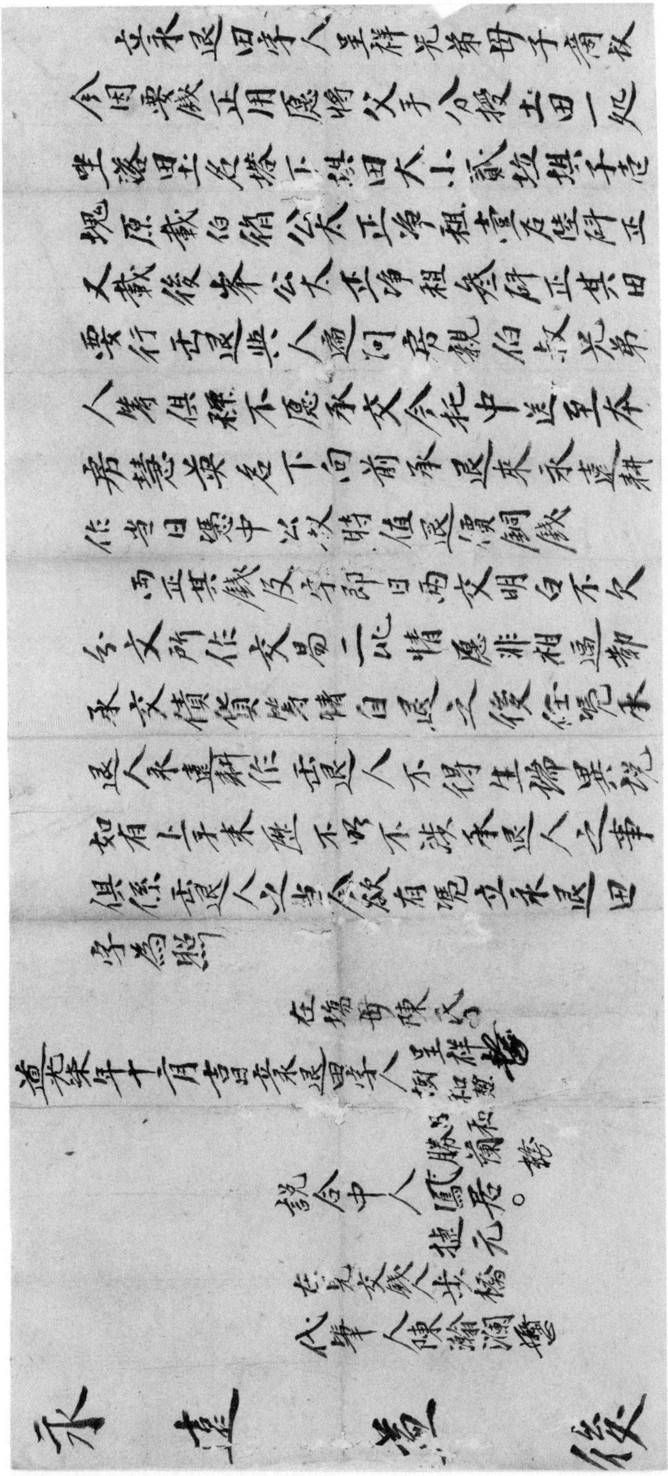
立永退田字人呈祥兄弟母子商议
今因要钱正用，愿将父手所授土田一处
坐落田土名塝下，该田大小贰丘，载[illegible]种子[illegible]
坝，原载伯叔公太正净租壹石，[illegible]年纳正
又载[illegible]公太正净租叁石正，其田
要行出退，先问房亲伯叔兄弟
人等俱称不愿承交，今托中送至本
房慧英兄名下向前承退，来永远耕
作，当日凭中三面言议时值退价铜钱
两正，其钱及字即日两交明白，不欠
分文，所作交易二比情愿，非相逼勒
承交[illegible]，自退之后，任凭承
退人永远耕作，出退人不得生端异说
如有上手来历不明，不涉承退人之事
俱系出退人之当，今欲有凭，立永退田
字为照

在场母陈氏
道光柒年十二月吉日立永退田字人 呈祥 树如
说合中人 [illegible] [illegible]
在见交钱人 [illegible]
代笔人 陈瀚澜

永远为凭

道光七年　长溪
赖聚澜兄弟立收本屋会英叔三会铜钱字

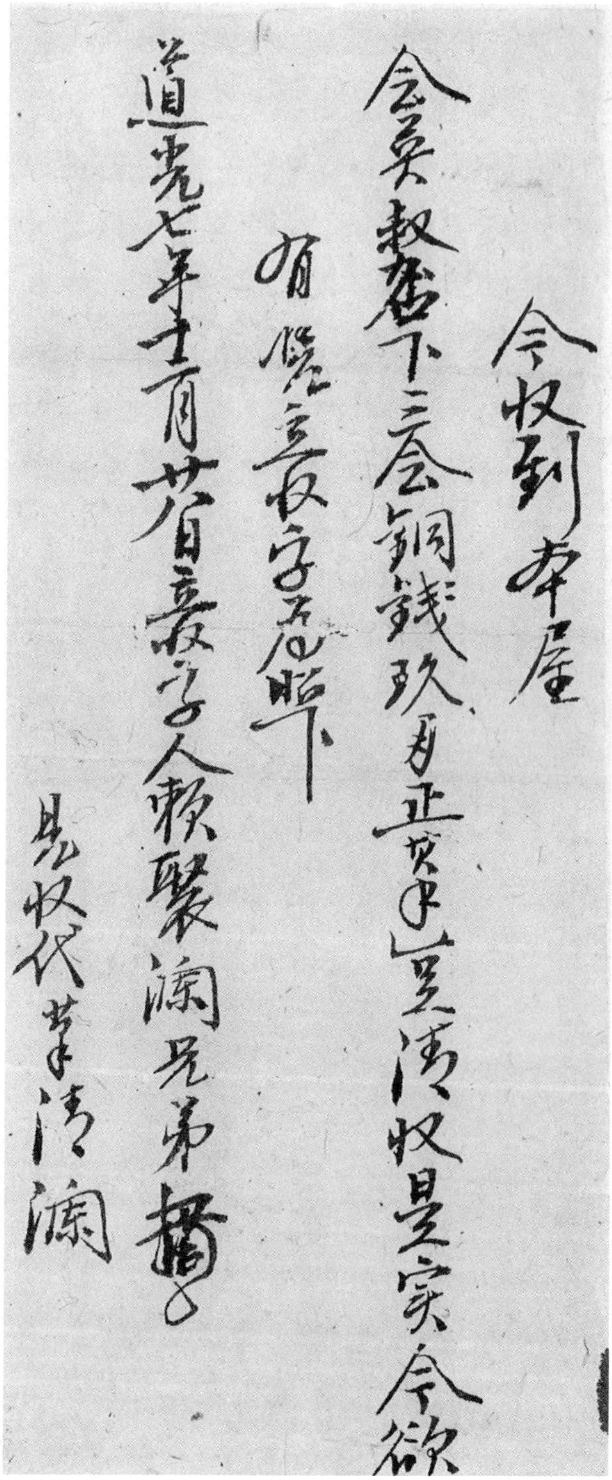
今收到本屋
会英叔台下三会铜钱玖角正[illegible]足清收是实今欲
有凭立收字存照
道光七年十二月廿日立收字人赖聚澜兄弟[illegible]
[illegible]收代笔清澜

道光七年　长溪
赖四远立永退田子芋子坑温配华字

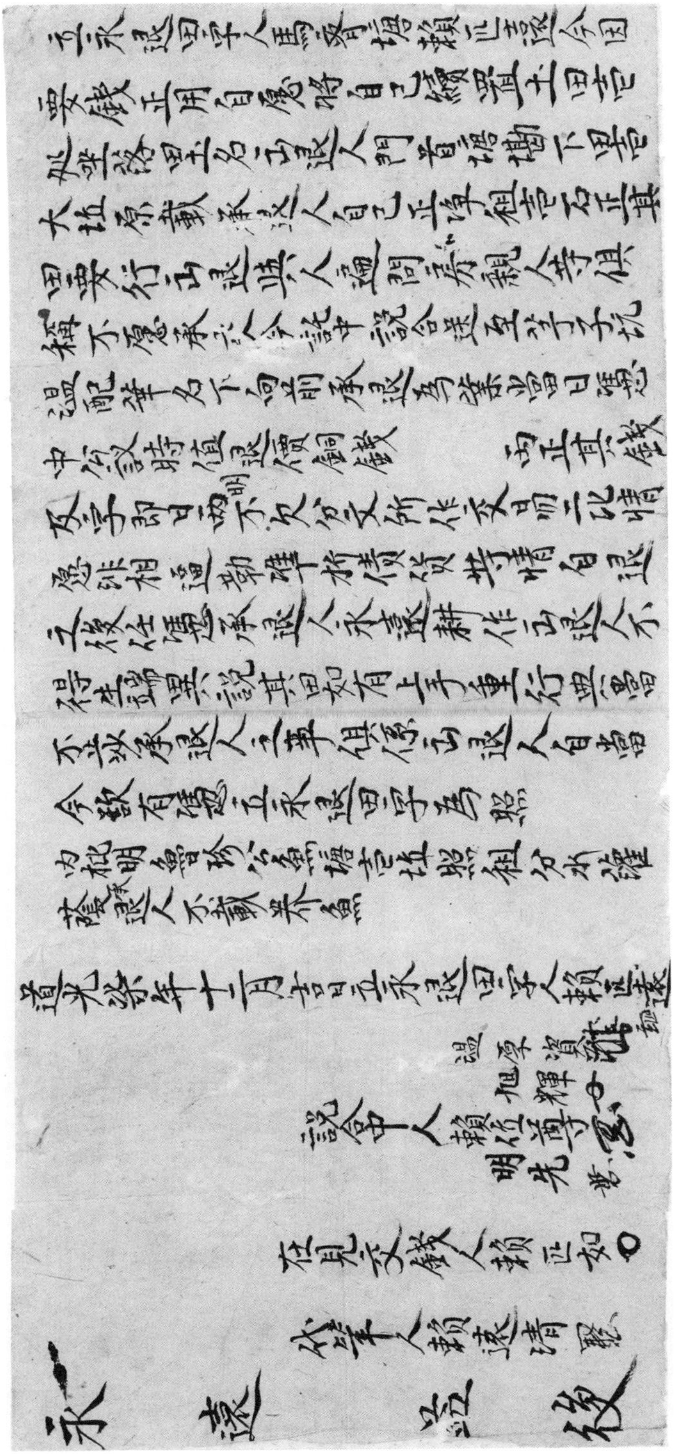

立永退田字人馬脊塘賴四遠，今因要錢正用，自愿將自己續置土田壹處，坐落土名立退人門首塘墈下，田壹大坵，原載承退人自己正淨租壹石正，其田要行立退，與人遍問房親人等，俱稱不愿承交，今託中說合，送至芋子坑温配華名下，向前承退為業，當日憑中公議時值退價銅錢　　兩正，其錢及字即日兩明，不欠分文，所作交易二比情愿，非相逼勒準折債貨等情，自退之後，任憑承退人永遠耕作，立退人不得生端異說，其田如有上手重行典當不明，承退人之事，俱係立退人自當。今欲有憑，立永退田字為照。

內批明：魯珍公魚塘壹坵照祖分水灌蔭，承退人不載養魚。

道光柒年十二月吉日立永退田字人賴四遠（押）

說合中人　賴位尊　旭輝　明先　温厚資

在見交錢人　賴四如

代筆人　賴遠清

永遠[illegible]後

道光七年　长溪

树和、呈祥兄弟立收会英兄田价铜钱字

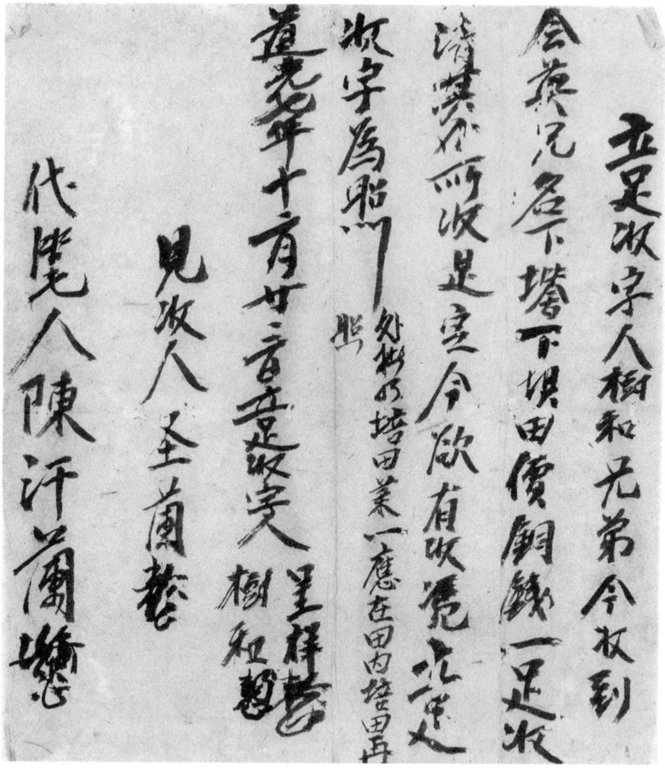
立足收字人樹和、兄弟今收到
会英兄名下塝下垻田價銅錢一足收
清其有所收是実今欲有收憑立收足
收字爲照
外批……塝田業一應在田内塝田再 照
道光七年十月廿二日立足收字人　樹和　呈祥
見收人　全蘭
代筆人　陳汗蘭

道光七年 长溪树和立收会英兄田价价铜钱字

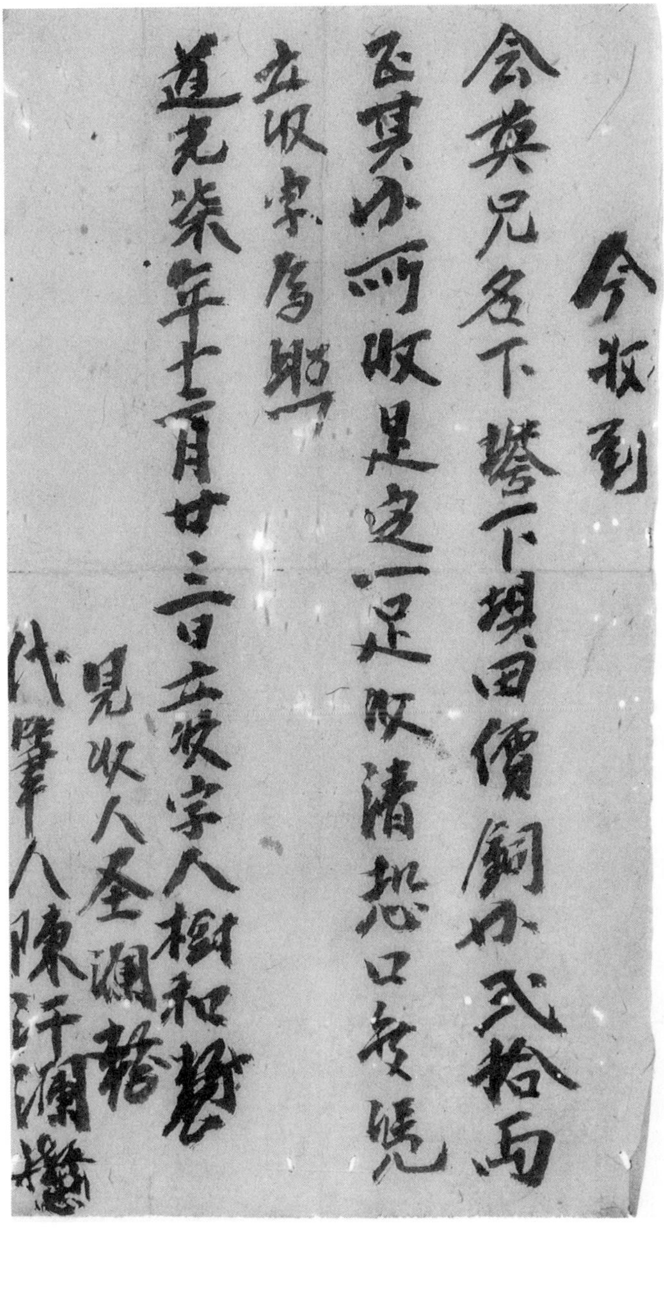

今收到
会英兄名下塆下垅田價銅錢弍拾両
正其錢所收是實一足收清恐口無憑
立收字為照
道光柒年十二月廿三日立收字人樹和
見收人全瀾
代筆人陳汗瀾

道光八年　长溪

伯循公太竭士圣符等立收祠孙会英六会钱字

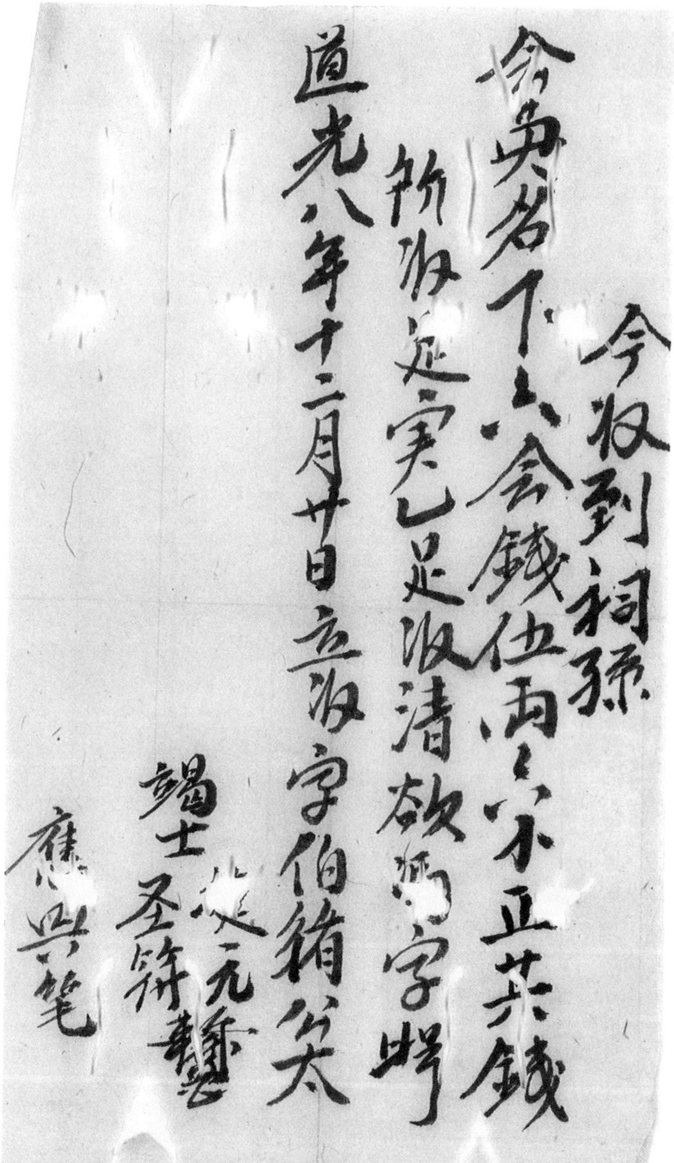

今收到祠孫
會英名下六會錢伍兩〻〻不正共錢
所收足實〻足收清敬〻字照
道光八年十二月廿日立收字伯循公太
竭士 聖符等
興筆

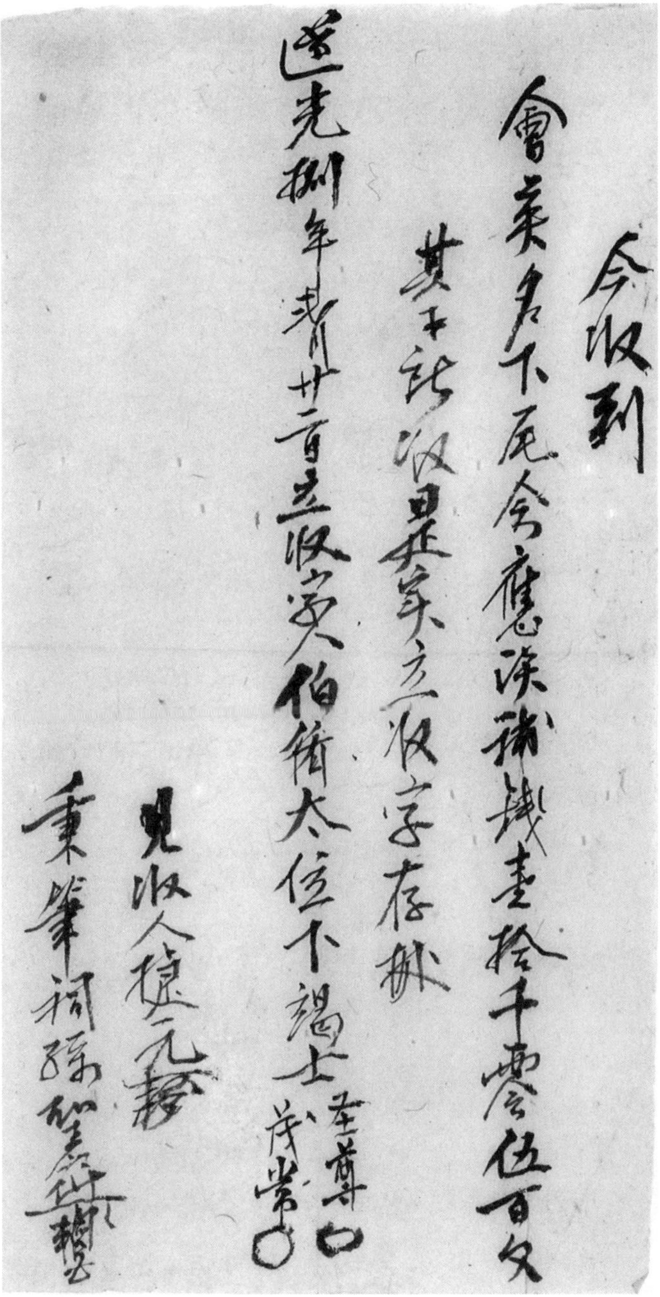
今收到
會英名下尾会應該錢壹拾千零伍百文
其錢收足是實立收字存照
道光捌年 月廿二日立收字人伯循太位下竭士 圣尊 茂常
見收人
秉筆

道光八年　长溪
伯循太位下竭士圣尊、茂常立收会英会钱字

道光八年　长溪

福文立永卖皮骨田予本房寿高、雅章字

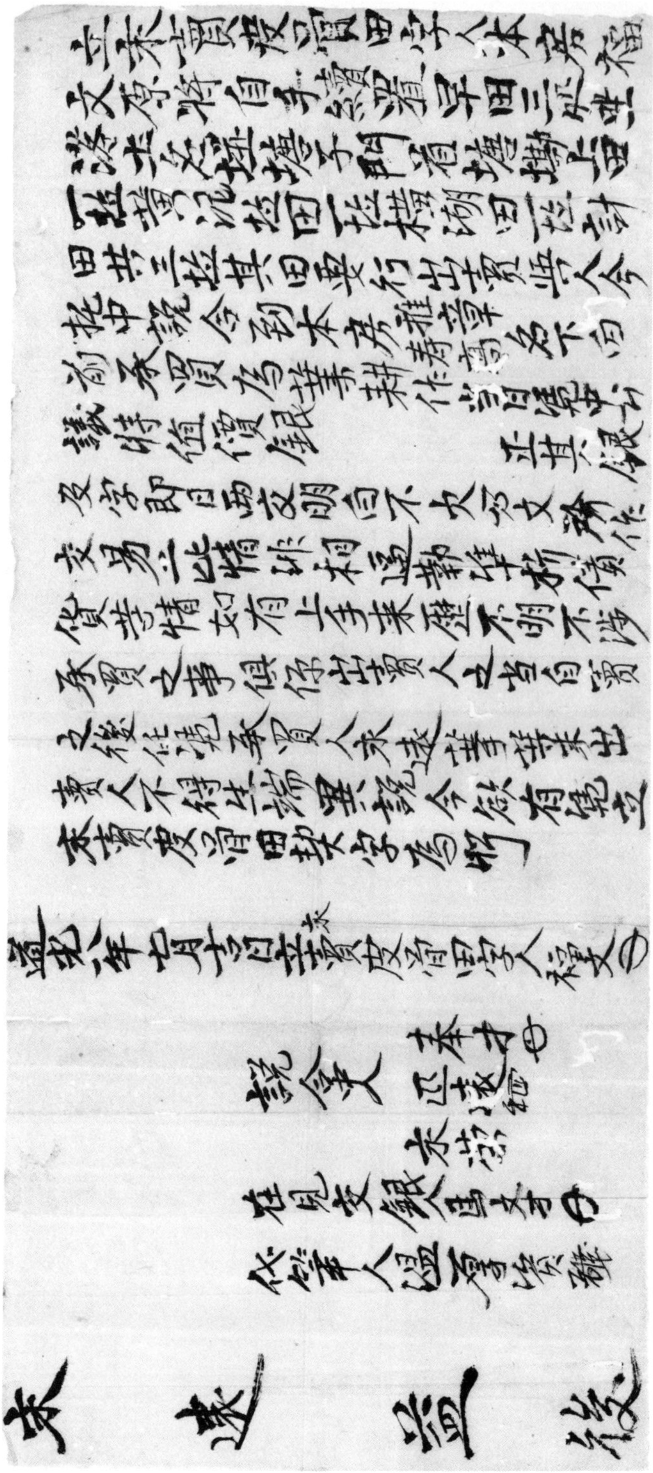

收票
坪山建祠值事友冠收到長口房
慧英祖樂助銅錢壹拾叁文五分正
收足錢五十付執
道光八年十一月廿八日

道光八年　长溪
屏山建祠值事友冠收长口房慧英祖乐助钱收票

道光八年 长溪

佘太姚竭事爵升、树勋立收六会会英文叔补三会钱字

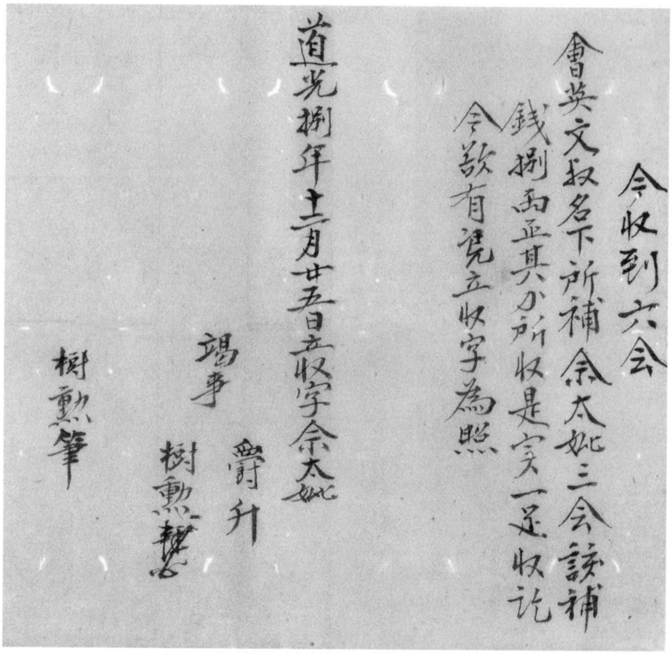

今收到六会
會英文叔名下所補佘太姚三会該補
錢捌両正其か所收是实一足收訖
今欲有憑立收字為照
道光捌年十二月廿五日立收字佘太姚
竭事 爵升
樹勲（押）
樹勲筆

道光八年　长溪

耀乡立借到本族会英公田塘字

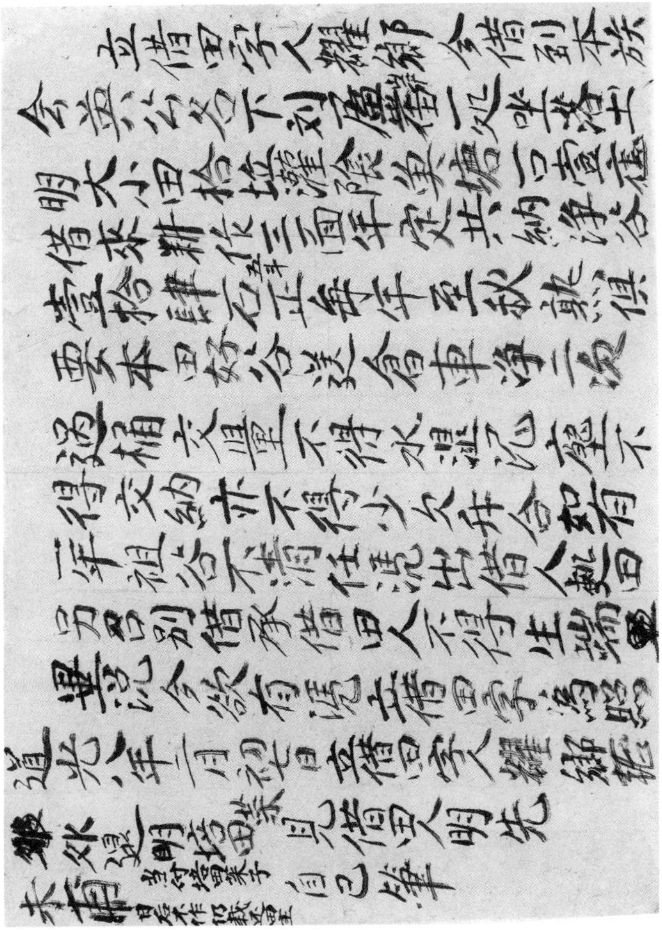

道光八年　长溪

昭珍、昭珠、昭伟、庆粮等立永卖皮骨田予胞兄昭球字

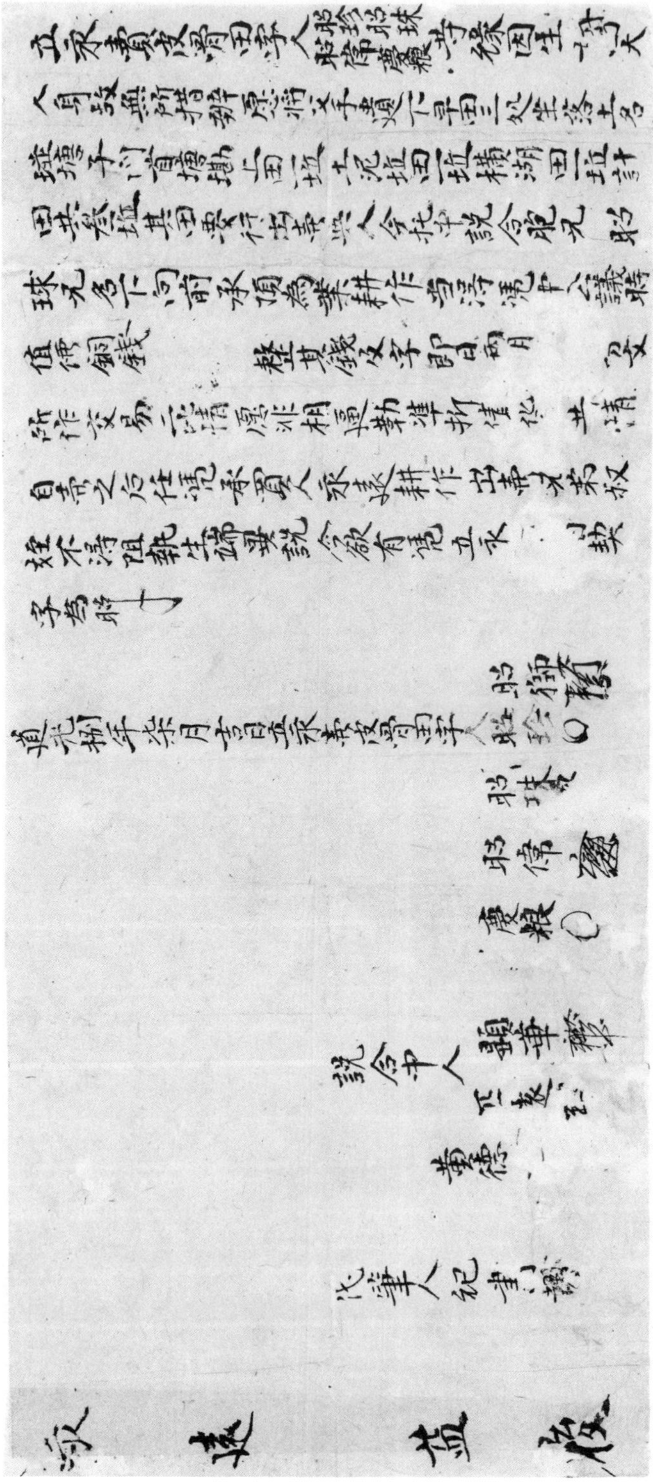

道光九年 长溪

黄在明婆、男德方立典茶山予本家汝祥公字

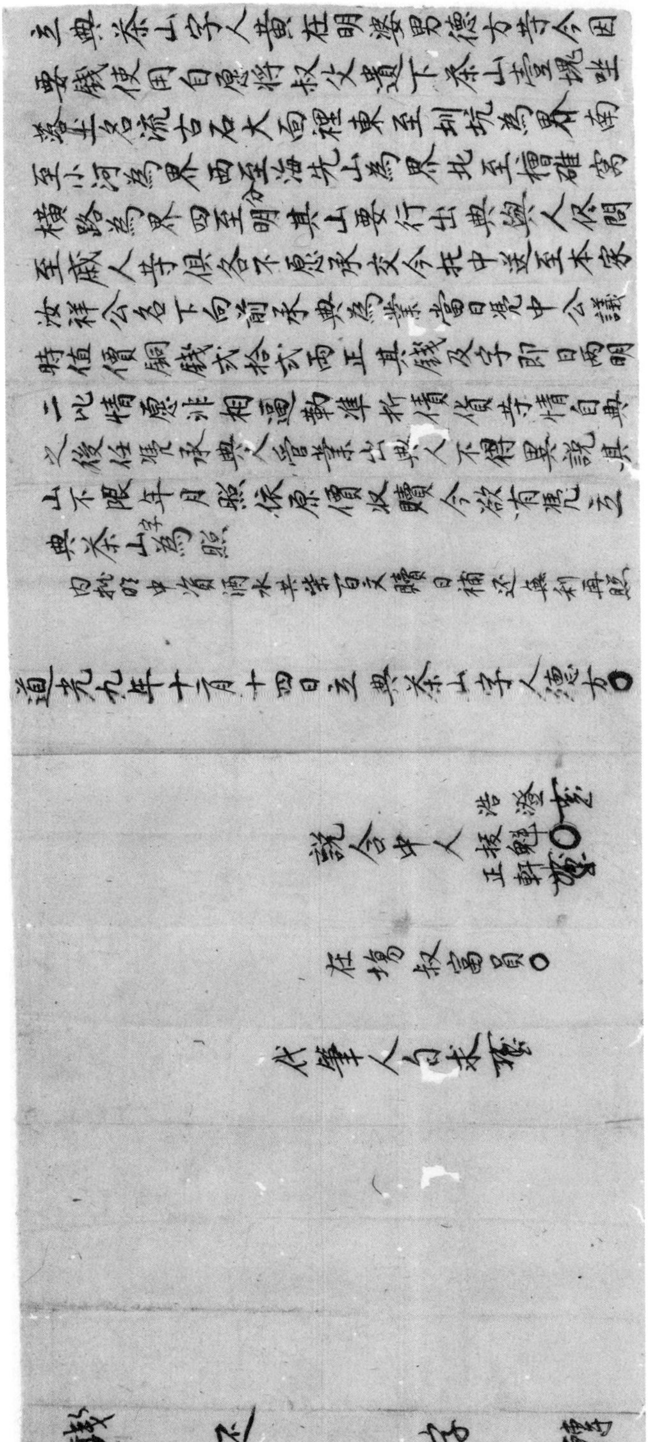

立典茶山字人黄在明婆男德方等今因
要钱使用，自愿将叔父遗下茶山壹块，坐
落土名流古石大园裡，東至圳坑為界，南
至小河為界，西至油竹山為界，北至榴碓寮
横路為界，四至明甚。山要行出典，先儘人，係間
至戚人等俱各不愿承交，今托中送至本家
汝祥公名下向前承典為業。當日憑中公議
時值價銅錢貳拾貳兩正。其錢及字即日兩明
二比情愿，非相逼勒準折債貨等情。自典
之後，任憑承典人管業，出典人不得異說。其
山不限年月，照依原價收贖，今欲有憑，立
典茶山字為照。
内批明中資酒水共壹百文，贖日補还，本利再照。

道光九年十二月十四日立典茶山字人德方○

說合中人 叔 魁浩○ 正郭 凌

在場 叔 富員○

代筆人 白未

贖 還 字 轉

道光九年　长溪

捷元立收本房会英公会钱字

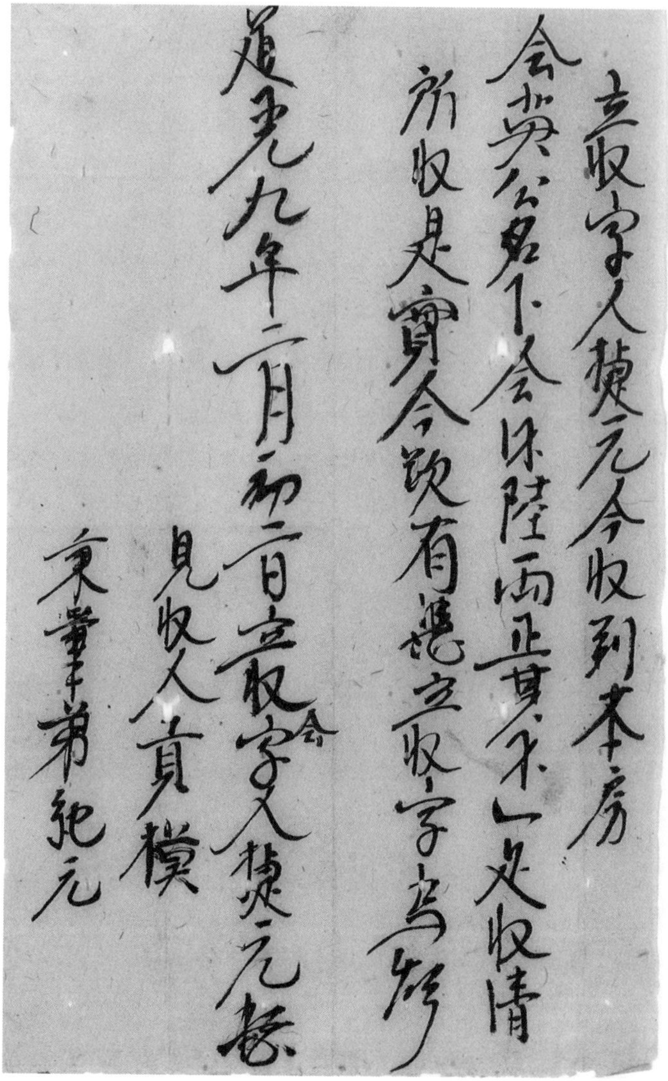
立收字人捷元今收到本房
会英公名下会钱陸兩正其本一足收清
所收是實今欲有憑立收字為照
道光九年二月初二日立收会字人捷元親
見收人員模
秉筆弟純元

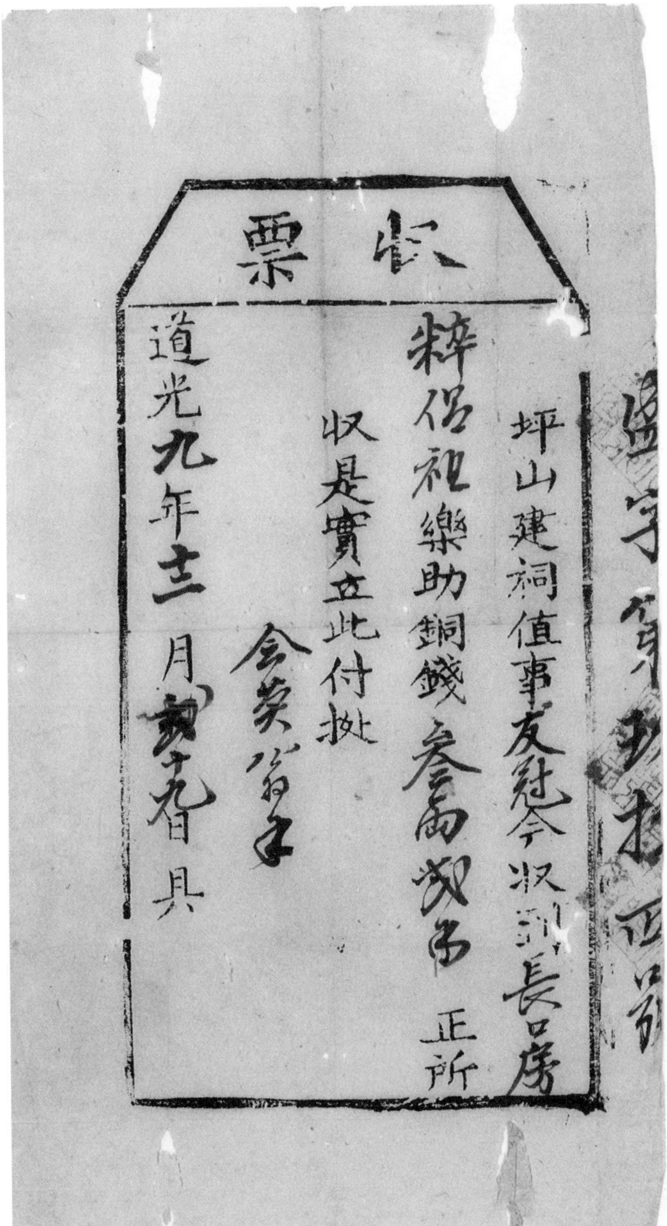

收票

坪山建祠值事友冠今收到長口房
粹侣祖樂助銅錢叁两捌分 正所
收是實立此付批
会□管手
道光九年十二月廿九日具

道光九年　长溪
屏山建祠值事友冠收长口房粹侣祖乐助钱收票

道光九年　长溪

屏山建祠值事友冠收长溪房慧英祖乐助钱收票

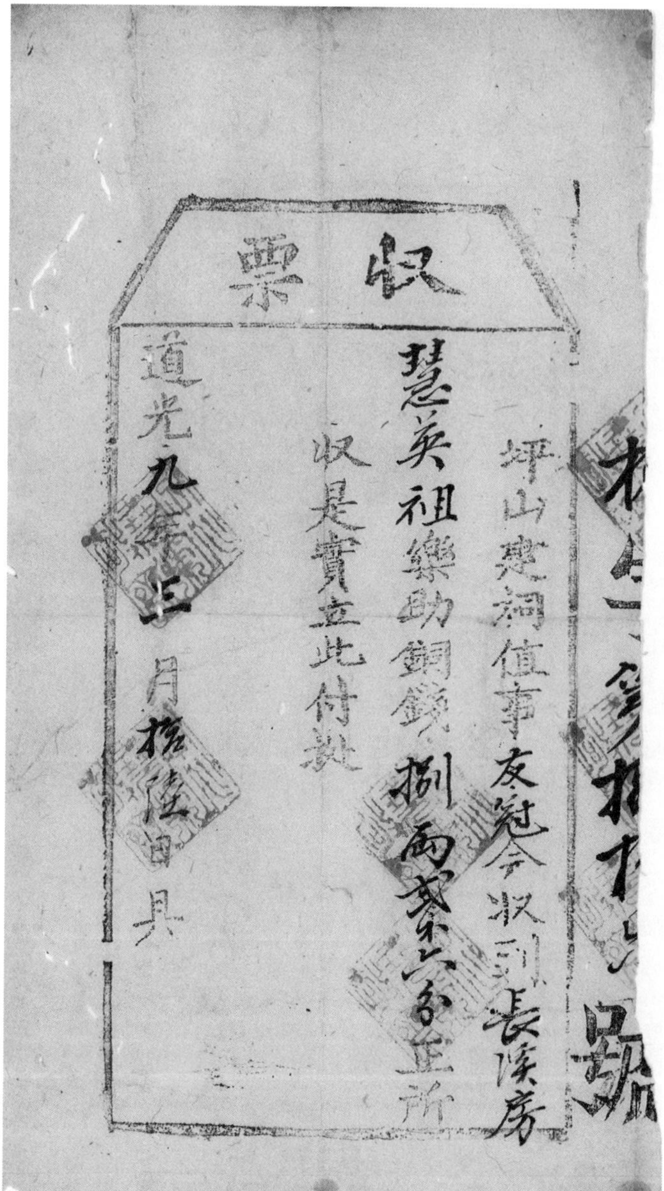

收票

坪山建祠值事友冠今收到長溪房
慧英祖樂助銅錢捌兩叁六分正所
收是實立此付批
道光九年三月栢陞自具

道光九年　长溪
寿高立足收会英叔田价铜钱字

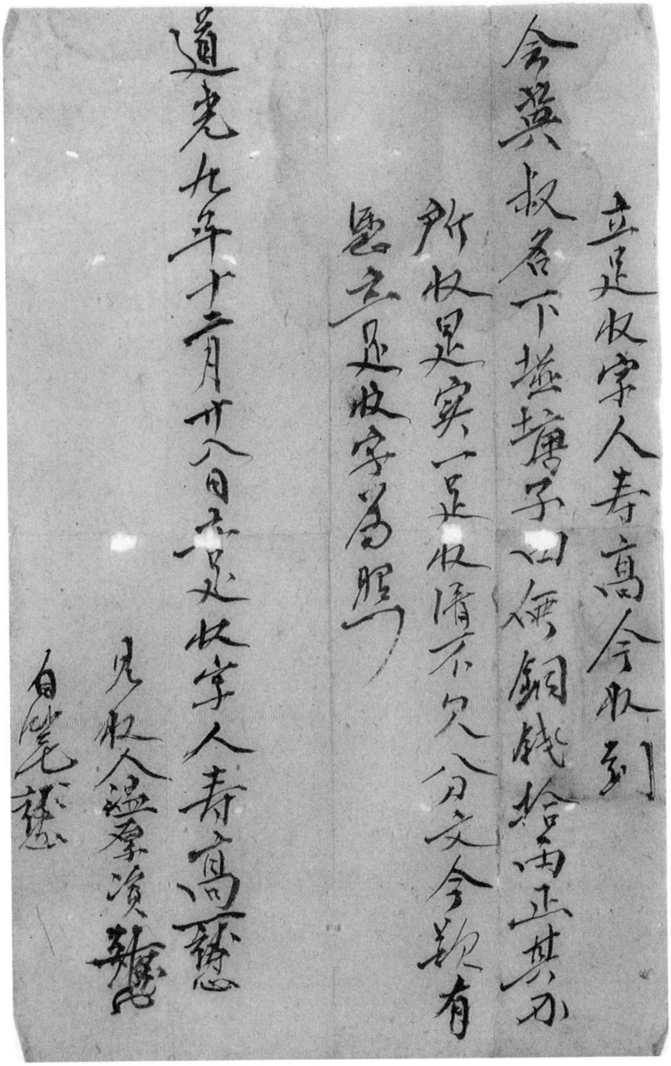
立足收字人寿高今收到
会英叔名下堪塘子田价铜钱拾两正其办
所收足实一足收清不欠分文今欲有
凭立足收字为照
道光九年十二月廿八日立足收字人寿高
见收人温辜资
自笔

道光九年　长溪

熊茂松立收会英叔公会钱字

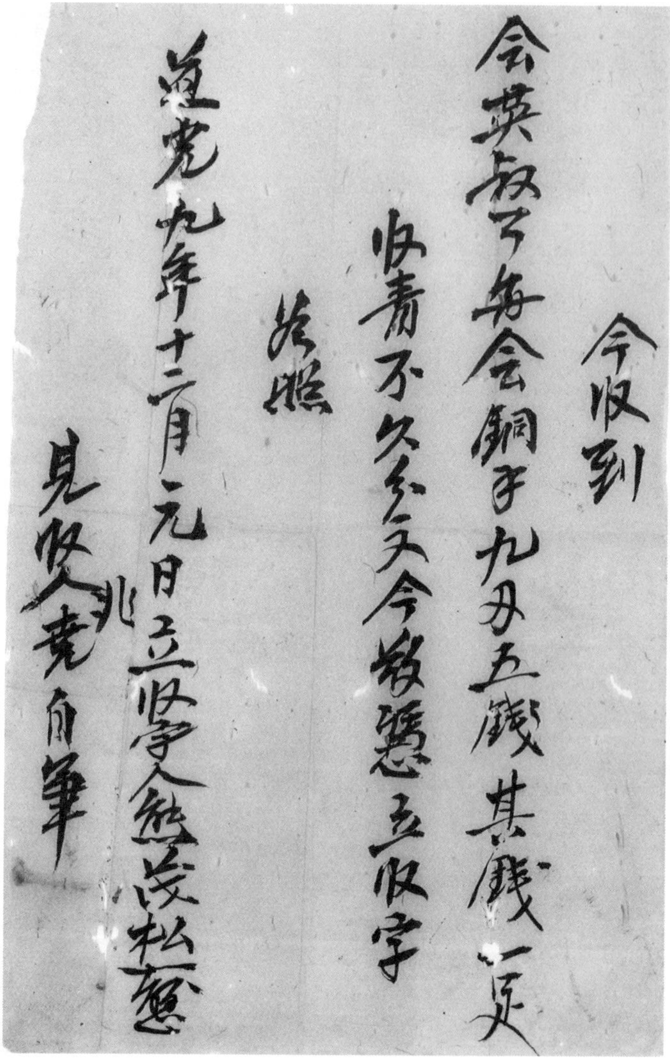

今收到

会英叔公每会铜钱九丹五钱 其钱一足

收清不欠分文今欲有凭立收字

为照

道光九年十二月初九日立收字人熊茂松[illegible]

見收人兆尧亲笔

道光九年　长溪
载明立借到聚员侄土塅字

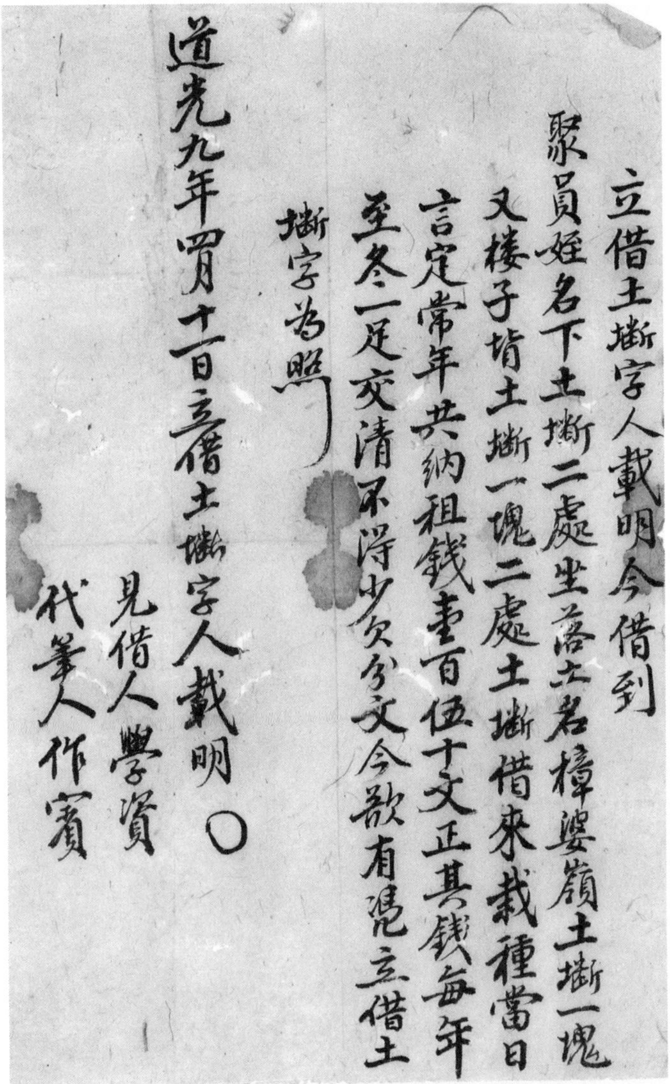

立借土塅字人載明今借到
聚員姪名下土塅二處坐落土名樟婆嶺土塅一塊
又樓子背土塅一塊二處土塅借來栽種當日
言定常年共納租錢壹百伍十文正其錢每年
至冬一足交清不得少欠分文今欲有凭立借土
塅字為照
道光九年四月十二日立借土塅字人載明 ○
見借人學資
代筆人作賓

道光九年　长溪
张德安立收到赖碧潭公太位下会铜钱字

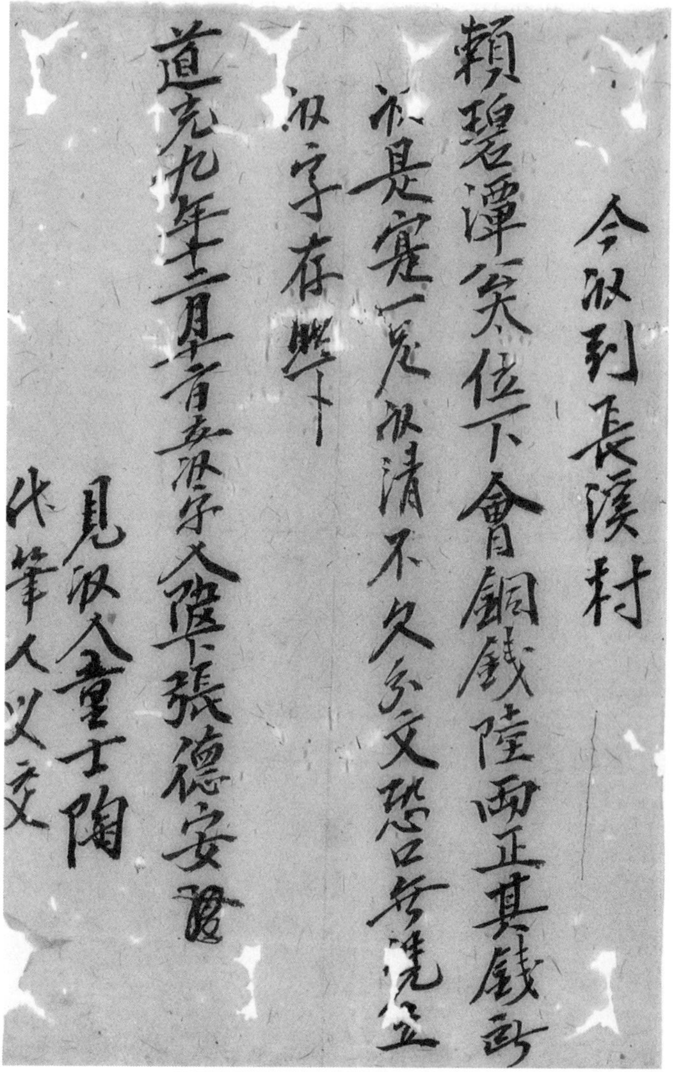

今收到長溪村
賴碧潭公太位下會銅錢陸两正其錢親
收是實一足收清不欠分文恐口無憑立
收字存照
道光九年十二月十一日立收字人陞下張德安（押）
見收人童士陶
代筆人以文

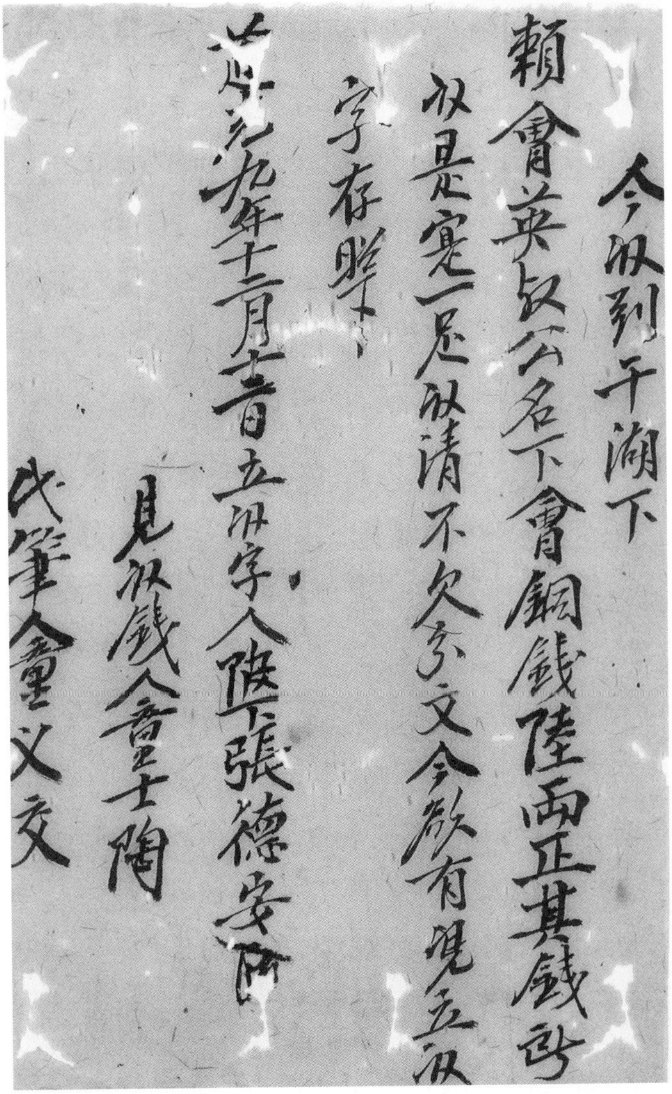

今收到千湖下
賴會英叔公名下會銅錢陸兩正其錢即
收足塞一足收清不欠分文今欲有憑立收
字存照
道光九年十二月十二日立收字人侄張德安
見收錢人會堂士陶
代筆人會堂父交

道光九年　长溪
张德安立收赖会英叔公名下会铜钱字

道光九年　长溪

张正文立暂退皮骨田塘予赖盛昌兄弟二人字

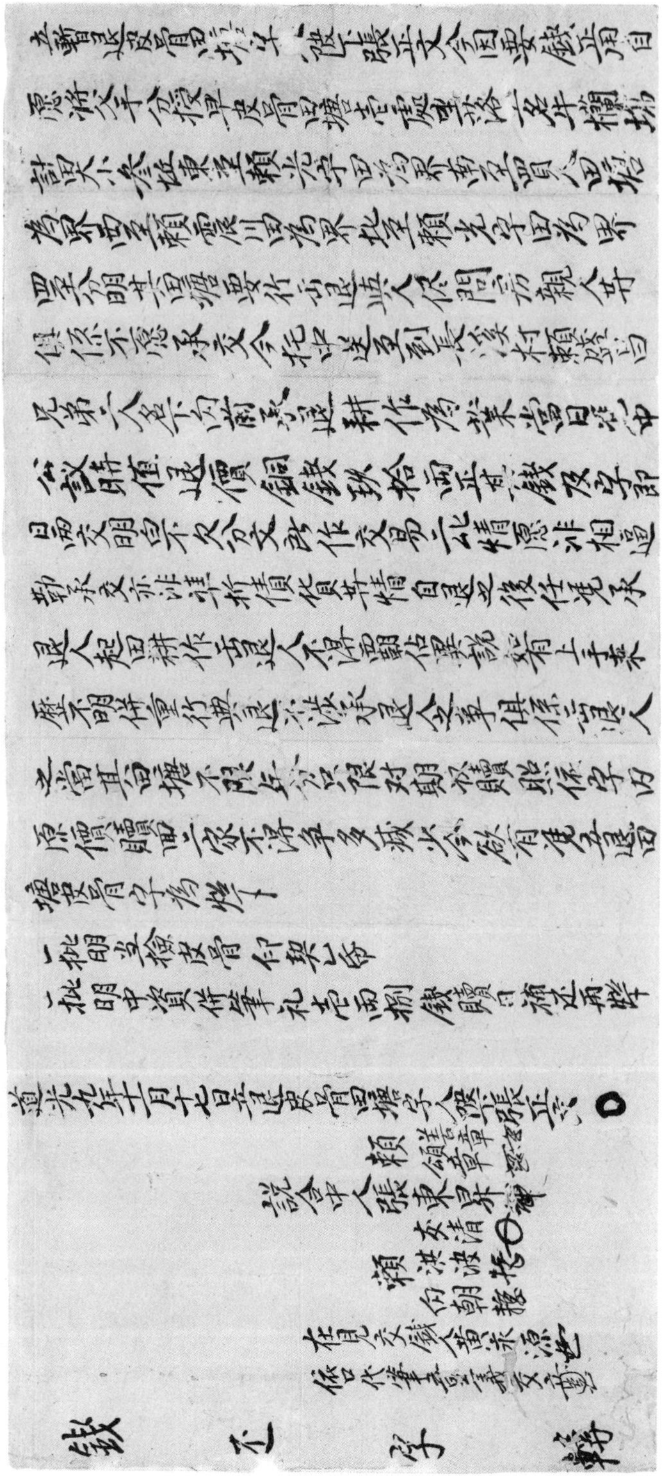

立暂退皮骨田塘字人張正文今因要錢應用自
愿將父手分授皮骨田塘壹處坐落土名井欄坵
計田大小叁坵東至賴[illegible]田為界南至[illegible]田為
界西至賴[illegible]川田為界北至賴[illegible]田為界
四至分明出退與人要行出退[illegible]問房親人等
俱係不愿承受今托中送至到長溪村賴盛昌
兄弟二人名下向前承退耕作為業當日憑中
三面議時值退價銅錢拾兩正其錢及字即
日兩交明白不欠分文此係二比情愿非相逼
勒承交亦非準折債貨之類自退之後任從承
退人起田耕作出退人不得阻滯倘有上手來
歷不明俱是出退人承當不干承退人之事但係二比退人
之[illegible]其田塘不限年近只限對期[illegible]退人字內
原價取贖[illegible]不得多爭異說今欲有憑立退田
塘皮骨字為照
一批明立據皮骨付執照
一批明中資具係出筆礼在內兩相[illegible]明日補足再照

道光九年十二月十七日立退皮骨田塘字人張正文

道光十年　长溪
亨田黄希尧立永卖坝契予长溪村赖会英侍公字

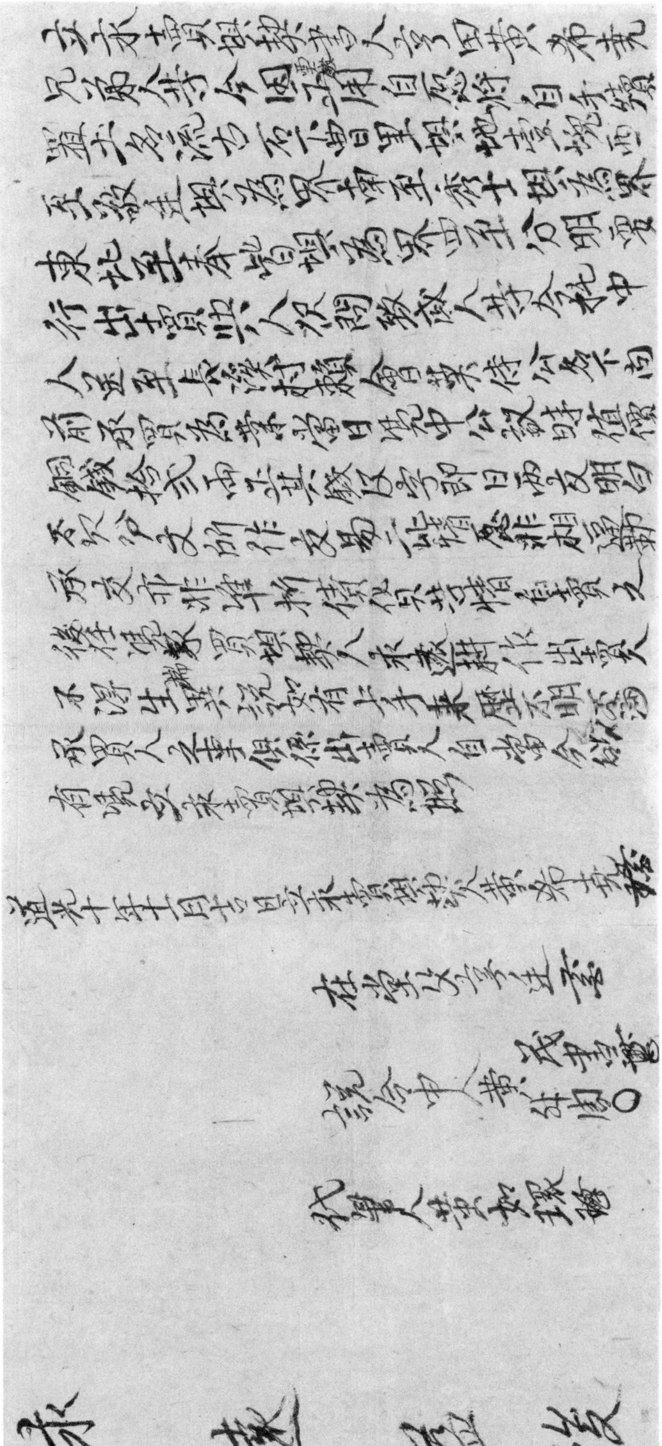

道光十年　长溪

亨田黄希尧立足收长溪村赖会英侍公买田价铜钱字

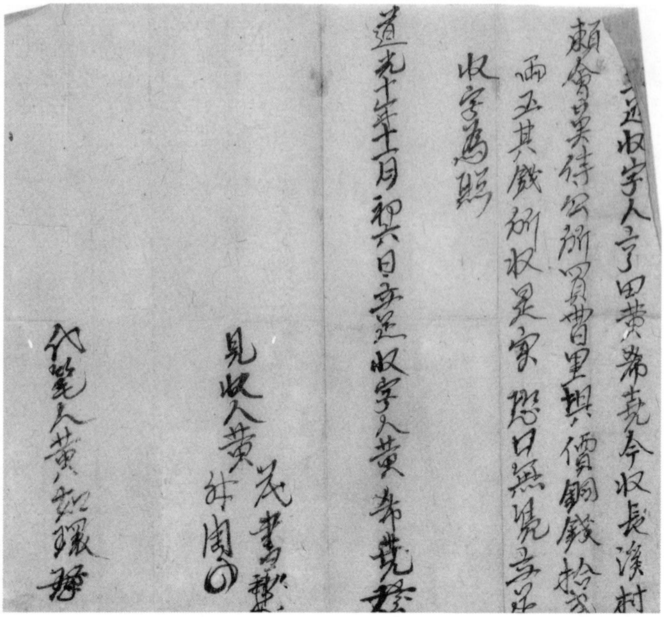

立足收字人亨田黄希尧今收長溪村
賴會英侍公所買曹里坝價銅錢拾[illegible]
兩五其錢所收足實　恐口無憑立足
收字為照
道光十年十一月初六日立足收字人黄希尧押
見收人黄茂书押
林周押
代筆人黄[illegible][illegible]押

道光十年　长溪
慧英立约本房呈祥、树和兄弟退田价铜钱字

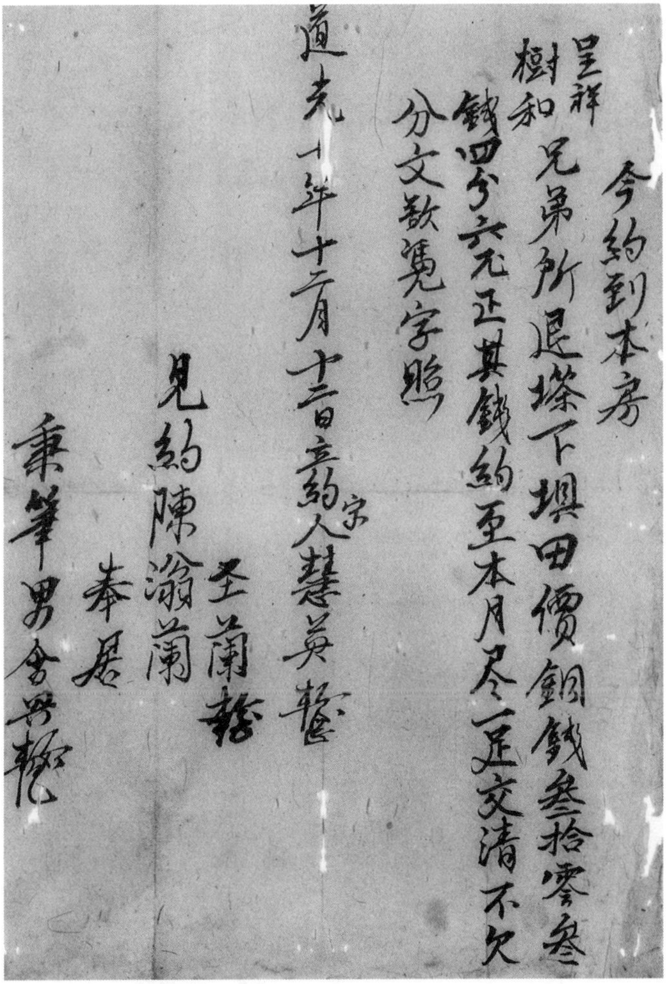

今約到本房
呈祥樹和兄弟所退塖下坝田價銅錢叁拾零叁
錢四分六元正其錢約至本月尽一足交清不欠
分文欲憑字照

道光十年十二月十二日立約字人慧英（押）
圣蘭（押）
見約陳瀚蘭
奉居
秉筆男金興（押）

赖君怀立永退卖皮骨田予胞弟贵才字

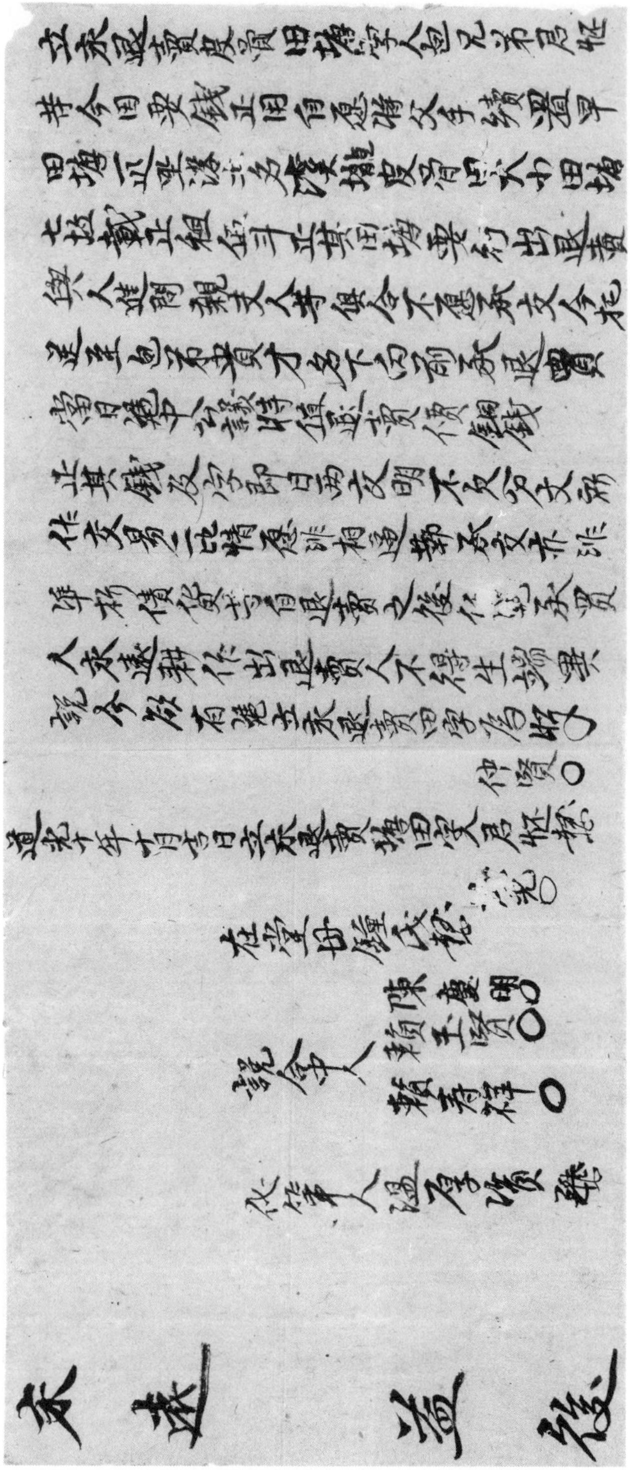

道光十年 长溪
赖氏滔祖太位下谒事家旬、镜融立收碧潭祖太位下六会钱字

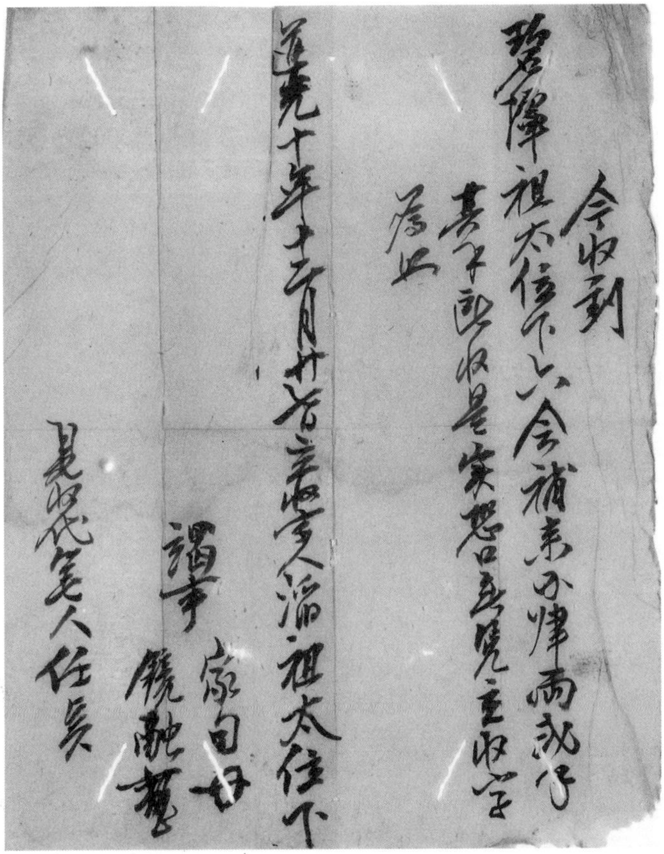

今收到
碧潭祖太位下六会补来钱肆两就付
其钱即收是实恐口无凭立收字
为照
道光十年十二月廿五日立收字人滔祖太位下
谒事 家旬 押
镜融 押
见收代笔人任吴

道光十年　长溪

赖昭苟立永退田予本家会英伯字

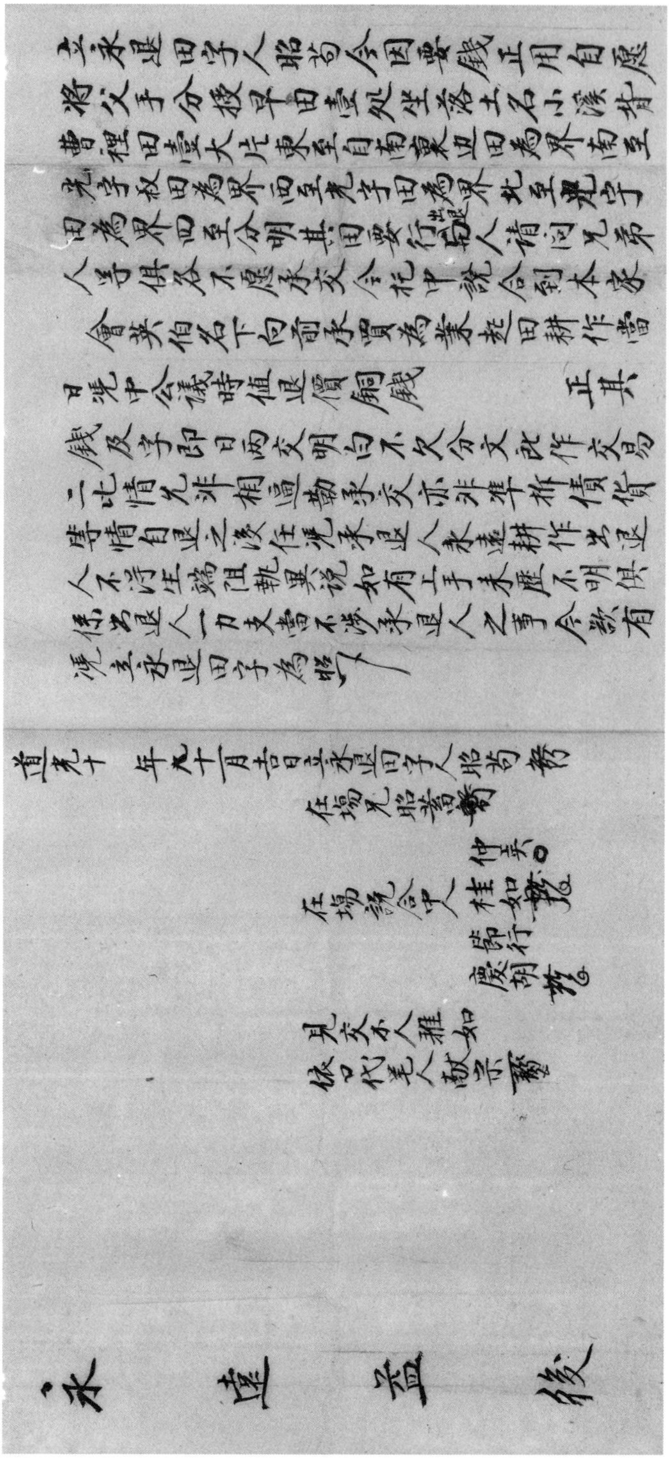

立永退田字人昭苟今因要錢正用自願
將父手分授早田壹處坐落土名小溪背
曹裡田壹大片東至自南坑田為界南至
光字秋田為界西至光字田為界北至觀字
田為界四至分明其田要行出退人請問兄弟
人等俱各不願承交今托中說合到本家
會英伯名下向前承買為業起田耕作當
日憑中言議時值退價銅錢　正其
錢及字即日兩交明白不欠分文此作交易
二比情允非相逼勒等交亦非準折債貨
等情自退之後任從承退人永遠耕作出退
人不得生端阻執異說如有上手來歷不明俱
係出退人一力支當不涉承退人之事今欲有
憑立永退田字為照

道光十　年九十一月吉日立永退田字人昭苟

在場兄昭嵩

在場說合中人　仲立　桂如　錦行　慶朗

見交本人雅如

依口代筆人啟宗

永遠富發

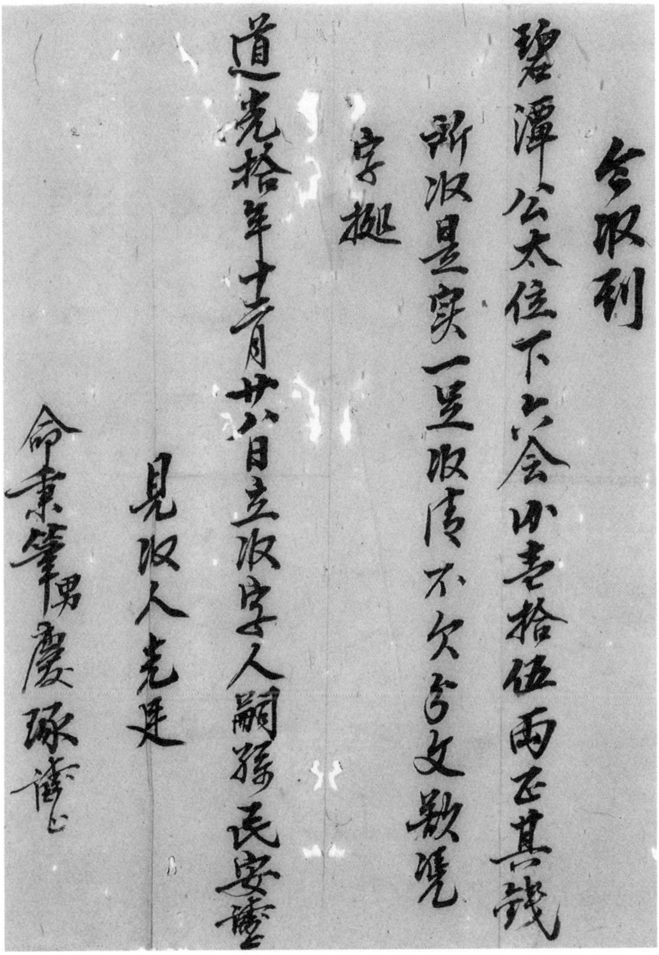

今收到
碧潭公太位下六会小壹拾伍两正其錢
所收是实一足收清不欠分文欲凭
字据
道光拾年十二月廿六日立收字人嗣孙民安（押）
見收人光廷
命秉笔男庆瑑（押）

道光十年 长溪
昭万立收粹侣公太位下二会铜钱字

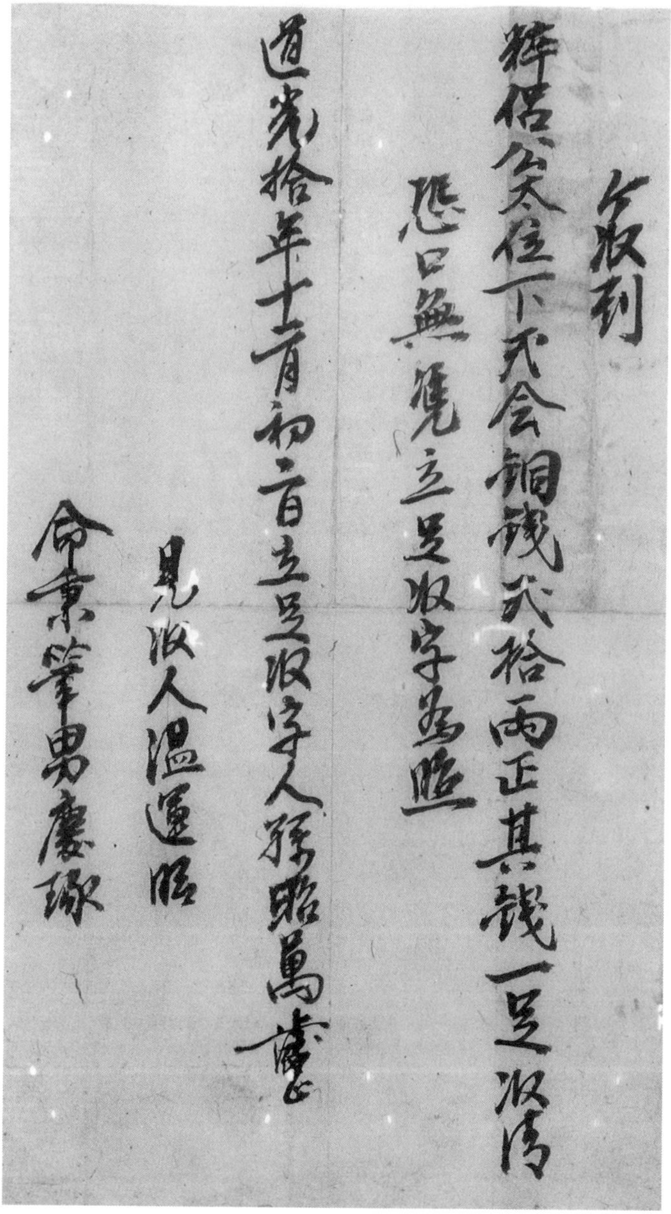

今收到
粹侣公太位下弍会铜钱弍拾两正其钱一足收清
恐口無凭立足收字為照
道光拾年十月初二日立足收字人孫昭萬
見收人温運照
命東筆男慶琢

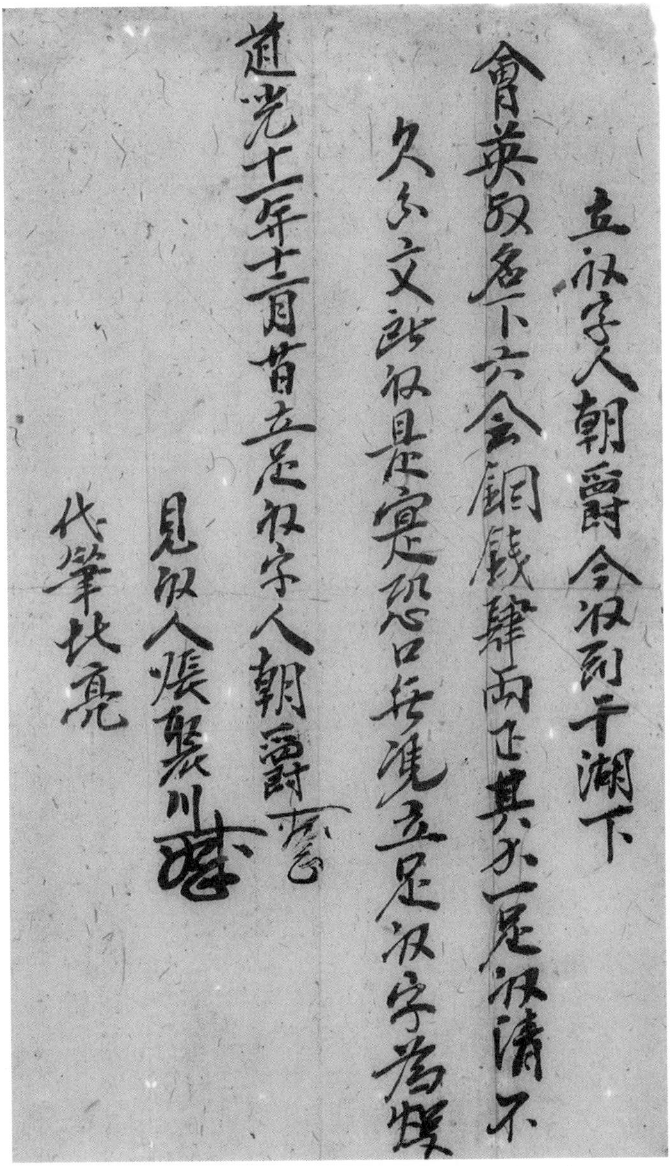
立收字人朝爵今收到于湖下
會英叔名下六会銅錢肆両正其艮一足收清不
欠分文此收是实恐口無凭立足收字為據
道光十一年十二月廿日立足收字人朝爵（押）
見收人張聚川（押）
代筆長亮

道光十一年　长溪

桂如立足收会英叔灰寮铜钱字

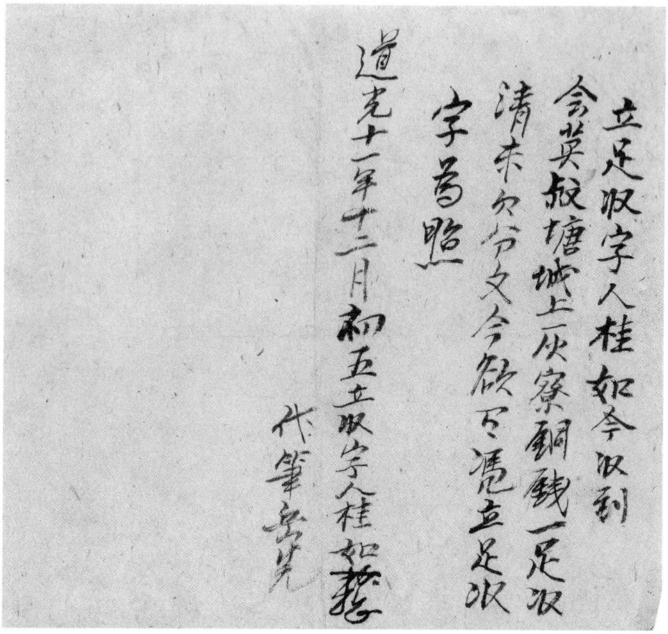

立足收字人桂如今收到
会英叔塘城上灰寮铜钱一足收
清未欠分文今欲有凭立足收
字為照
道光十一年十二月初五立收字人桂如（押）
代筆岳光

道光十一年　长溪
慧英立约本屋清澜侄所卖田价铜钱字

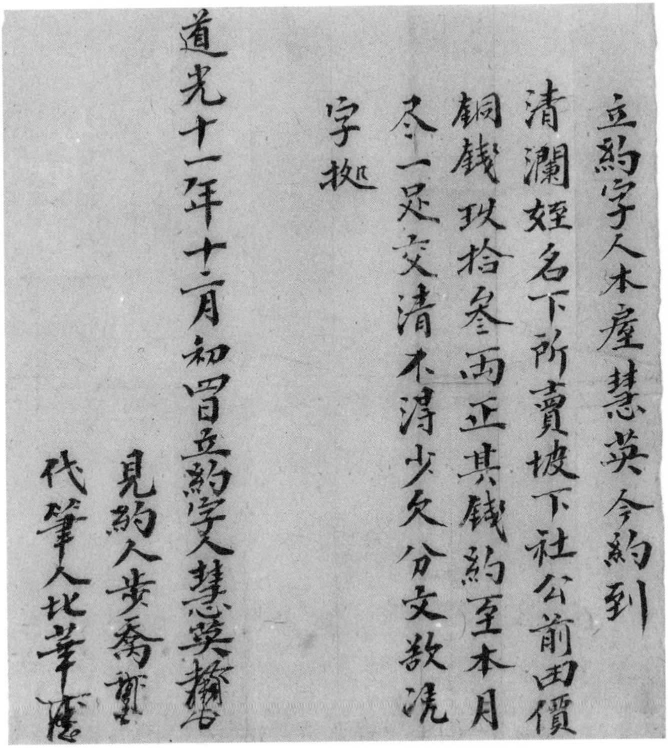
立約字人本屋慧英今約到
清瀾姪名下所賣坡下社公前田價
銅錢玖拾叁兩正其錢約至本月
尽一足交清不淂少欠分文欵洗
字據
道光十一年十二月初四日立約字人慧英押
見約人步喬押
代筆人比華押

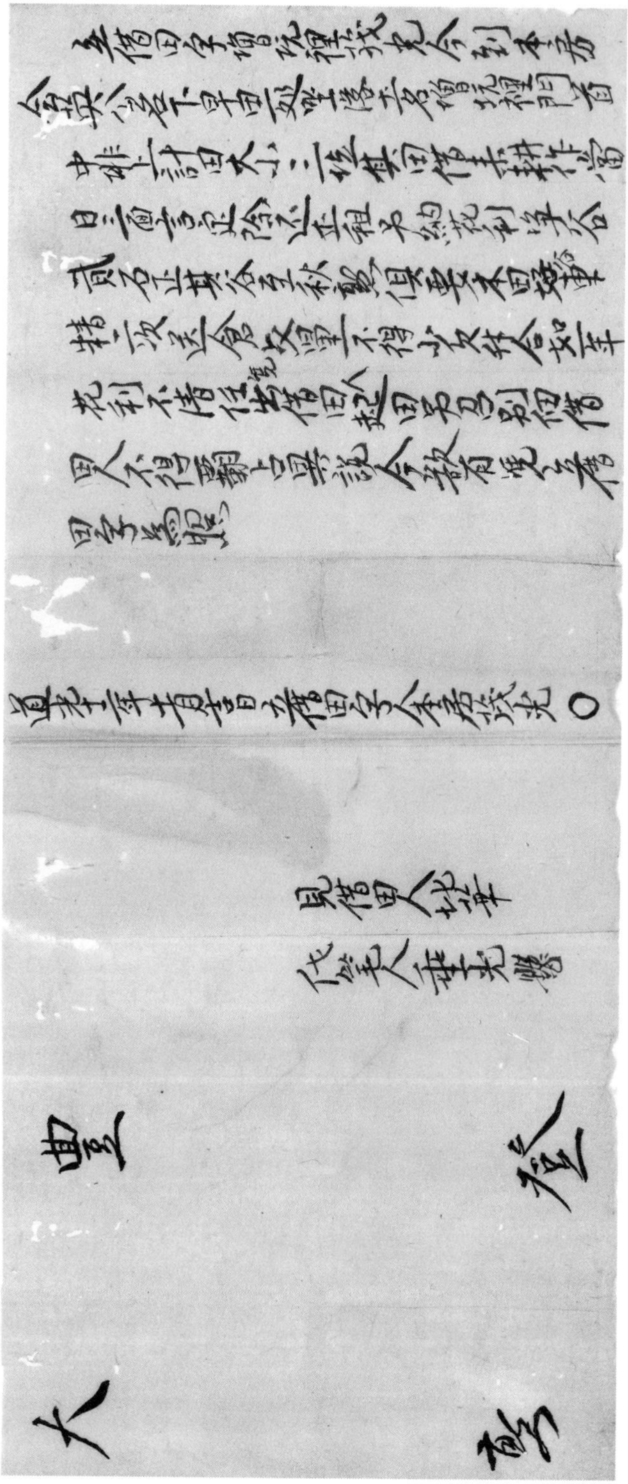
立借田字增坑裡赖茂光今到本房
会英公名下早田一処坐落土名增坑裡門首
中排上計田大小三坵其田借来耕作當
日三面言定除还正租另納花利净谷
貳石正其谷至秋熟俱要本田好車谷
精一次送倉交量不得少欠升合如年
花利不清任凭出借田人起田另召别佃借
田人不得霸占異說今欲有凭立借
田字為照

道光十一年十二月吉日立借田字人本房茂光 ○

見借田人比華
代笔人垂光

豐　登
大　發

道光十一年 长溪 赖奕良祖太位下房长友冠、光廷、跃波等立合议字

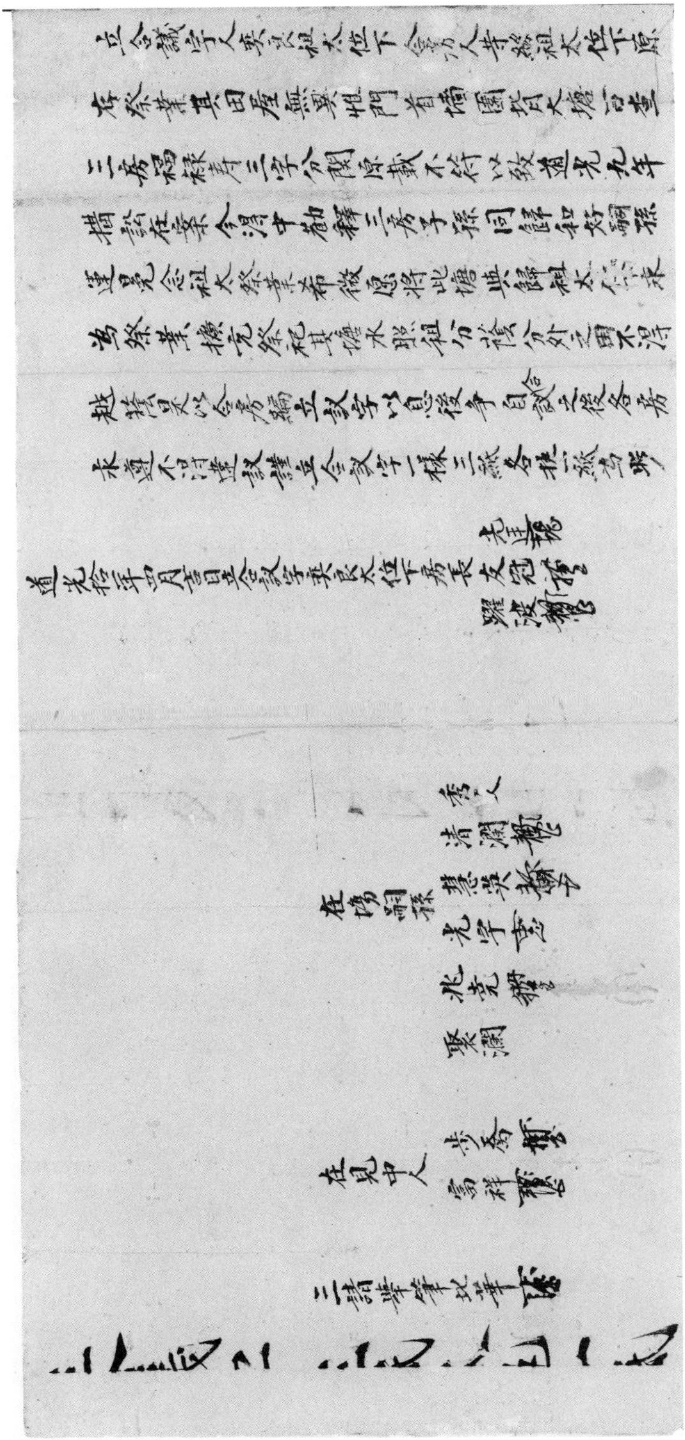

立合議字人奕良祖太位下房長人等為祖太位下原
存祭業其田座無墓祖門首牆園塅大墙下壹
三房福祿壽三字分關原載不符以致道光九年
構訟在案今得中勸釋三房子孫同謀和好嗣孫
運昌元念祖太祭業希微愿將此墙塅歸祖太位下永
為祭業以爲元祭祀其[illegible]永照祖分[illegible]後分外之田不得
越[illegible]以合房編立議字以息後爭自議之後各房
永遠不得違議恐口無憑立合議字一樣三紙各執一紙為照

道光拾壹年四月廿日立合議字奕良太位下房長 友冠 光廷 躍波

房人 清潤 [illegible]

在場嗣孫 [illegible]

在見中人 [illegible]

道光十一年　长溪

清澜立收会英堂伯买田价铜钱字

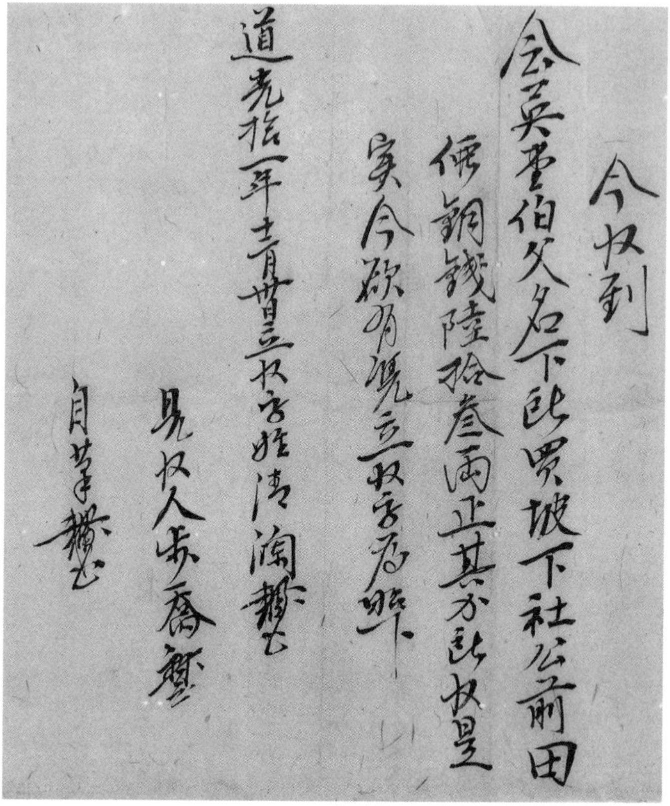

今收到
会英堂伯父名下出買坡下社公前田
價銅錢陸拾叁两正其分出收是
实今欲有凭立收字為照
道光拾一年十二月廿三立收字姪清澜押
見收人宗喬押
自筆押

道光十一年　长溪
清澜立约会英伯父所帮会铜钱字

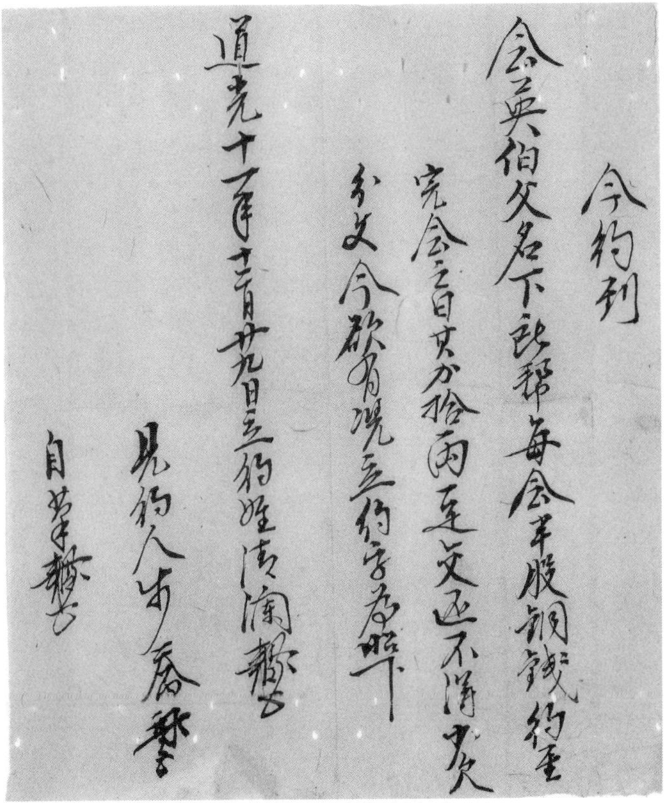

今约到
会英伯父名下，既帮每会半股铜钱，约至
完会之日，共艮拾两正，交还不得少欠
分文。今欲有凭，立约字存照。
道光十一年十二月廿九日立约侄清澜（押）
见约人□乔（押）
自笔（押）

道光十一年　长溪
清澜立足收会英伯买田价铜钱字

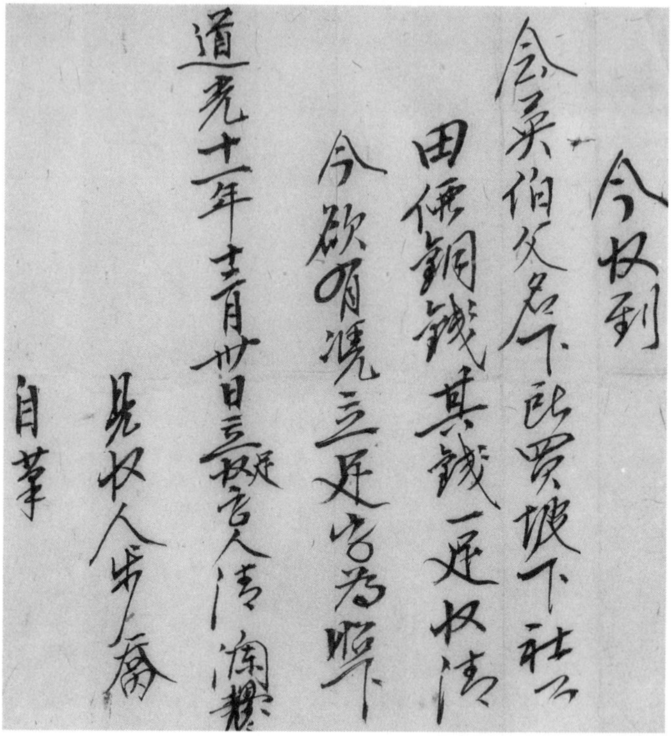
今收到
会英伯父名下所买坡下社公
田價铜錢其錢一足收清
今欲有凭立足字为照
道光十一年十二月廿日立足收字人清澜
見收人步裔
自筆

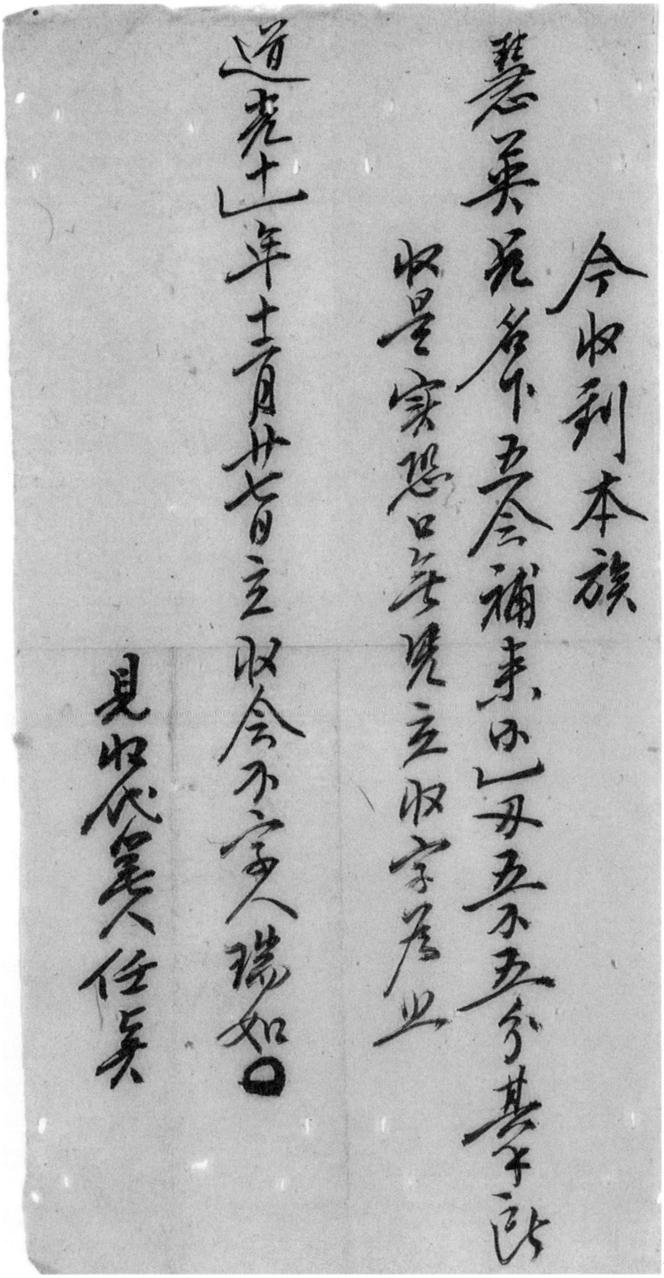
今收到本族
慧英兄名下五会補来[illegible]一两五钱五分其字訖
收是实恐口無凭立收字為照
道光十一年十二月廿七日立收会字人瑞如
見收代筆人 侄英

道光十一年 长溪
瑞如立收到本族慧英兄五会钱字

道光十一年 长溪
奕良太位下房长光廷、友冠等立收会英屋基铜钱字

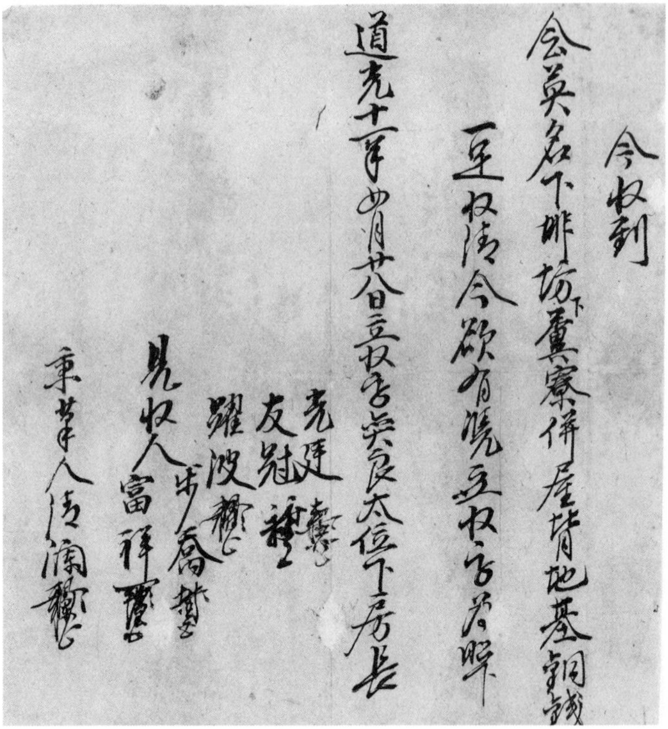
今收到
会英名下排坊下厦寮併屋背地基铜钱
一足收清今欲有凭立收字為照
道光十一年四月廿六日立收字奕良太位下房长
光廷
友冠
耀波
步乔
见收人 富祥
秉笔人 清润

道光十一年　长溪
奕良祖太位下房长光廷、友冠等立议补收运晓地基价字

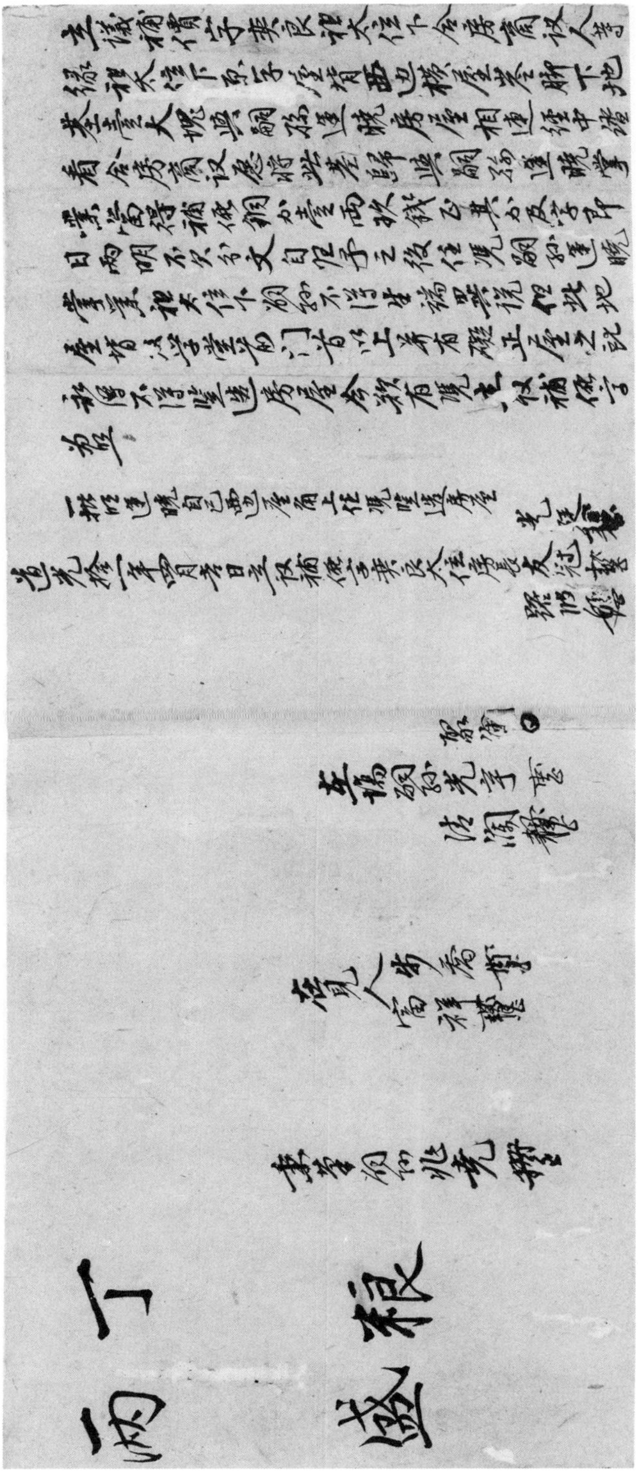
丁两

福盛

道光十二年　长溪
拔英立借慧英叔土田字

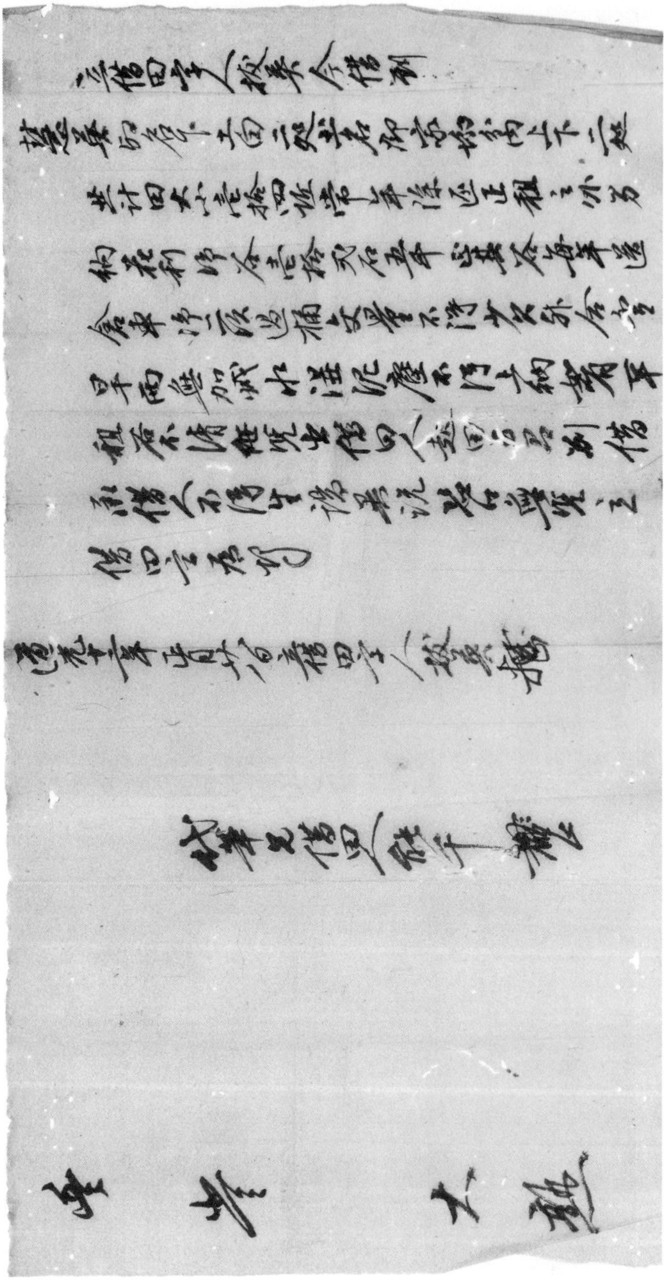

道光十二年　长溪

贵才立足收本房会英公田价铜钱字

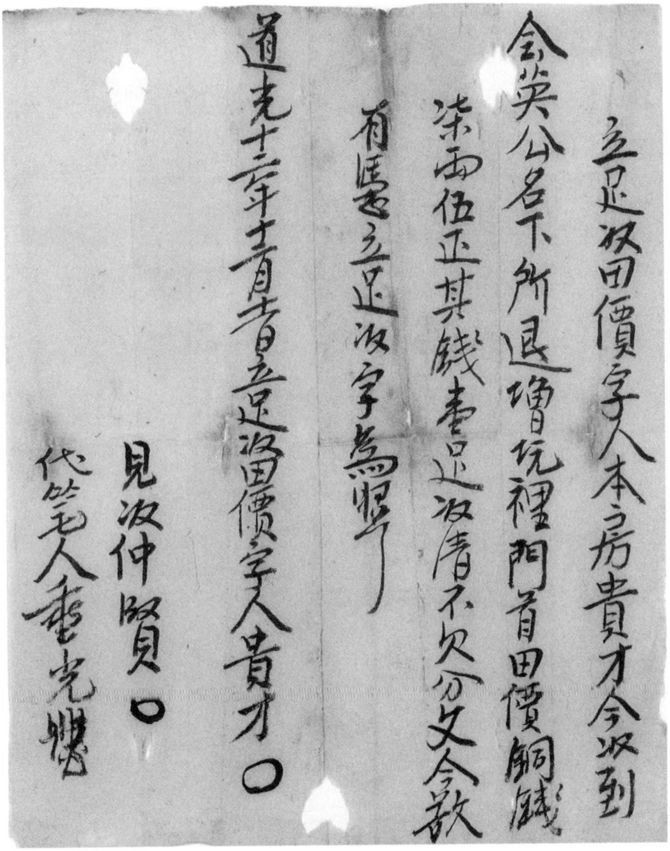

立足收田價字人本房貴才今收到
會英公名下所退墻坑裡門首田價銅錢
柒兩伍正其錢壹足收清不欠分文今欲
有憑立足收字為照
道光十二年十二月十二日立足收田價字人貴才〇
見收仲賢〇
代筆人垂光

今借到本房
会英公名下早田壹处坐落土名增坑禾坪门首
计田大小二坵，其田借来耕作，当日三面
言定除还正租另纳花利净谷壹石伍
斗正，每年至秋熟，俱要本田晒谷车
精二次过桶，交量不得少欠升合。今
欲有凭，立借田字为照。

当批明送仓交量，其田如有花利一年
不清，任出借人起田另召别佃，借田人不
得霸耕异说。

道光十二年十月吉日立借田字人贵财〇
见借田人仲贤〇
化华[illegible]
代笔人垂光[illegible]

豊登
大熟

道光十二年 长溪
亨田黄达仁立永退田予长溪村赖会英字

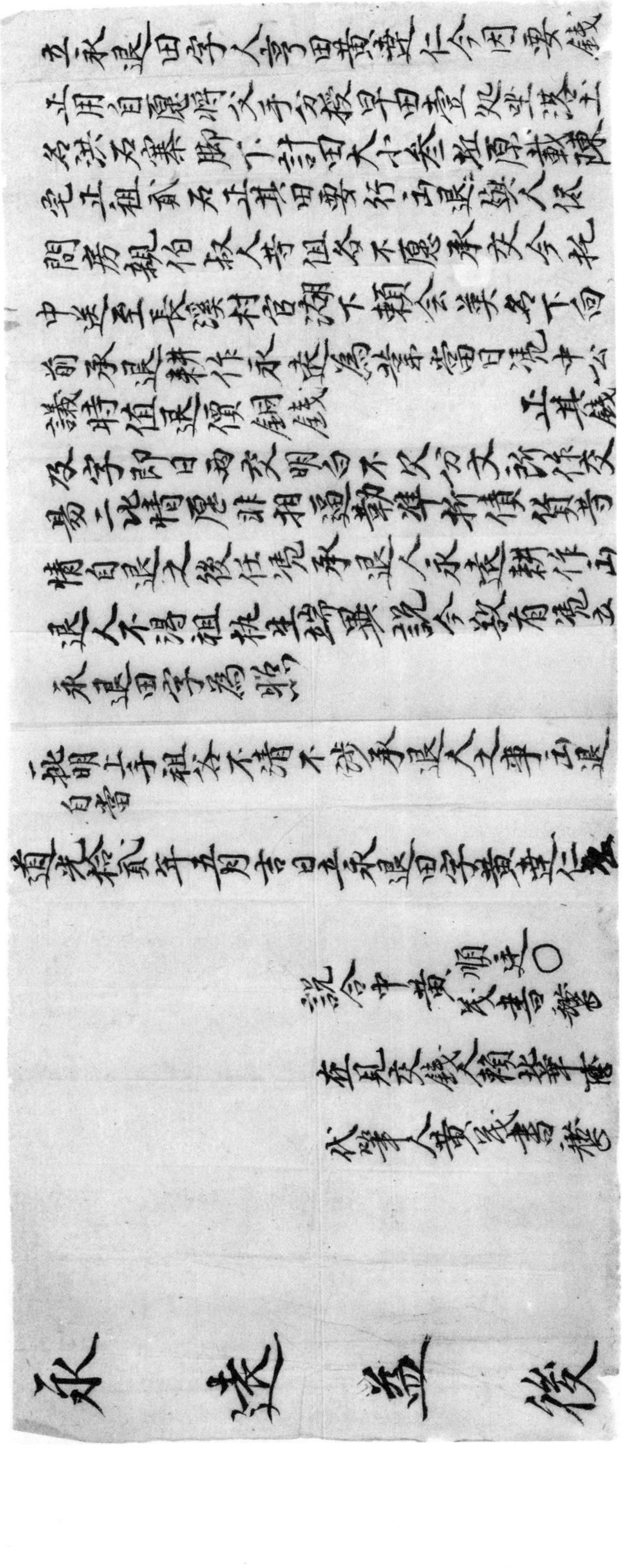

立永退田字人亨田黄达仁，今因要钱
正用，自愿将父手分授早田壹处，坐落土
名洪石寨脚下，计田大小叁丘，原载租
定正租谷贰石正，其田要行出退，先尽人侯
问房亲伯叔人等，俱各不愿承交，今托
中送至长溪村官石湖下赖会英兄弟承下，向
前承退耕作，永远为业，当日凭中公
议时值退价铜钱　　正，其钱
及字即日两交明白，不欠分文，此系作交
易，二比情愿，非相逼勒，并非准折债货等
情。自退之后，任凭承退人永远耕作，出
退人不得祖业生端异说，今欲有凭，立
永退田字为照。

一批明：上手租谷不清，不涉承退人之事，出退人自当。

道光拾贰年五月吉日立永退田字黄达仁

顺达〇
说合中黄义达
在见交钱人赖
代笔人黄

永远为据

道光十二年　长溪

亨田黄达仁立足收赖会英退田价铜钱字

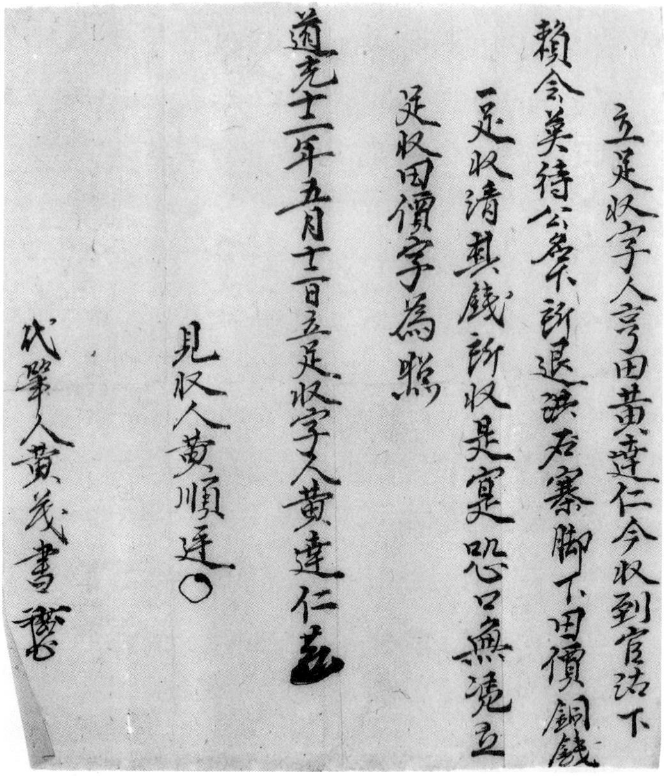

立足收字人亨田黄達仁今收到官沽下
賴會英待公叅所退洪右寨脚下田價銅錢
一足收清其錢所收是寔恐口無憑立
足收田價字為照
道光十二年五月十一日立足收字人黄達仁
見收人黄順连
代筆人黄茂書

道光十二年　长溪
慧英立约本房君怄退田价铜钱字

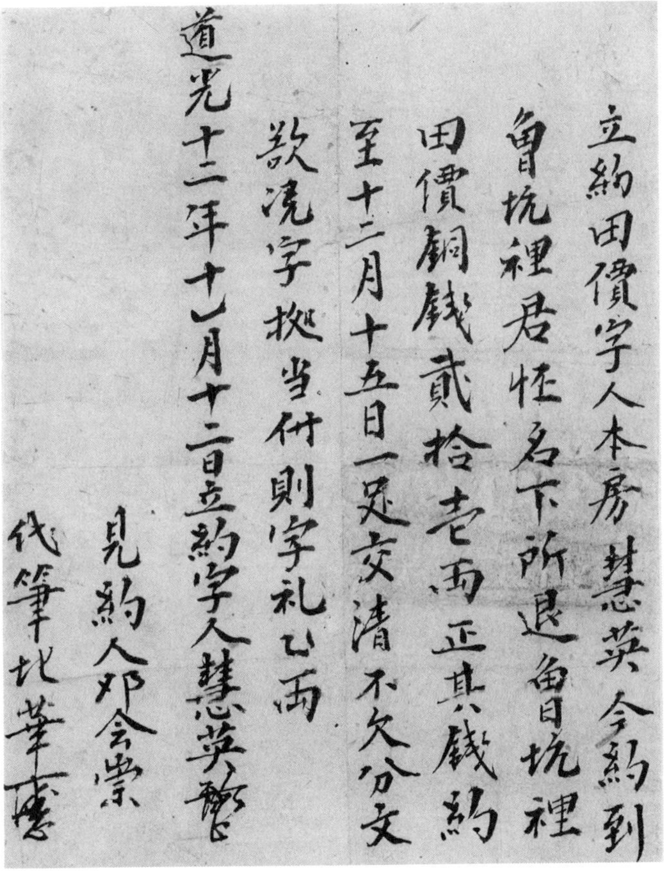

立約田價字人本房慧英今約到
曾坑裡君怔名下所退曾坑裡
田價銅錢貳拾壹兩正其錢約
至十二月十五日一足交清不欠分文
欵澆字拠当什則字礼乜両
道光十二年十乚月十二日立約字人慧英（押）
見約人邓会崇
代筆比華書

道光十二年 长溪
君怀立足收到本房会英公田价铜钱字

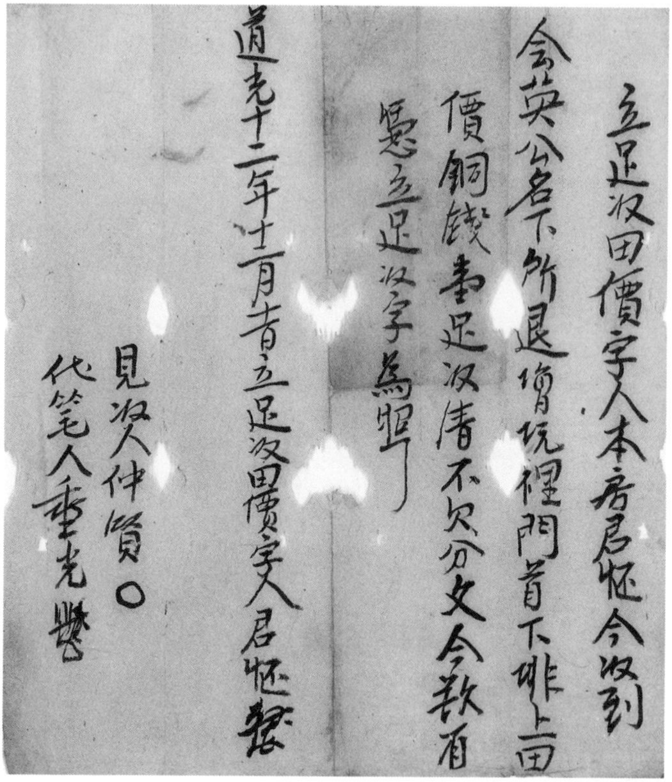
立足收田價字人本房君怀今收到
会英公名下所退增坑裡門首下排上田
價銅錢壹足收清不欠分文今欲有
憑立足收字為照
道光十二年十一月吉立足收田價字人君怀
見收人仲賢〇
代筆人垂光

道光十二年　长溪
君怌立永退田予本房会英公字

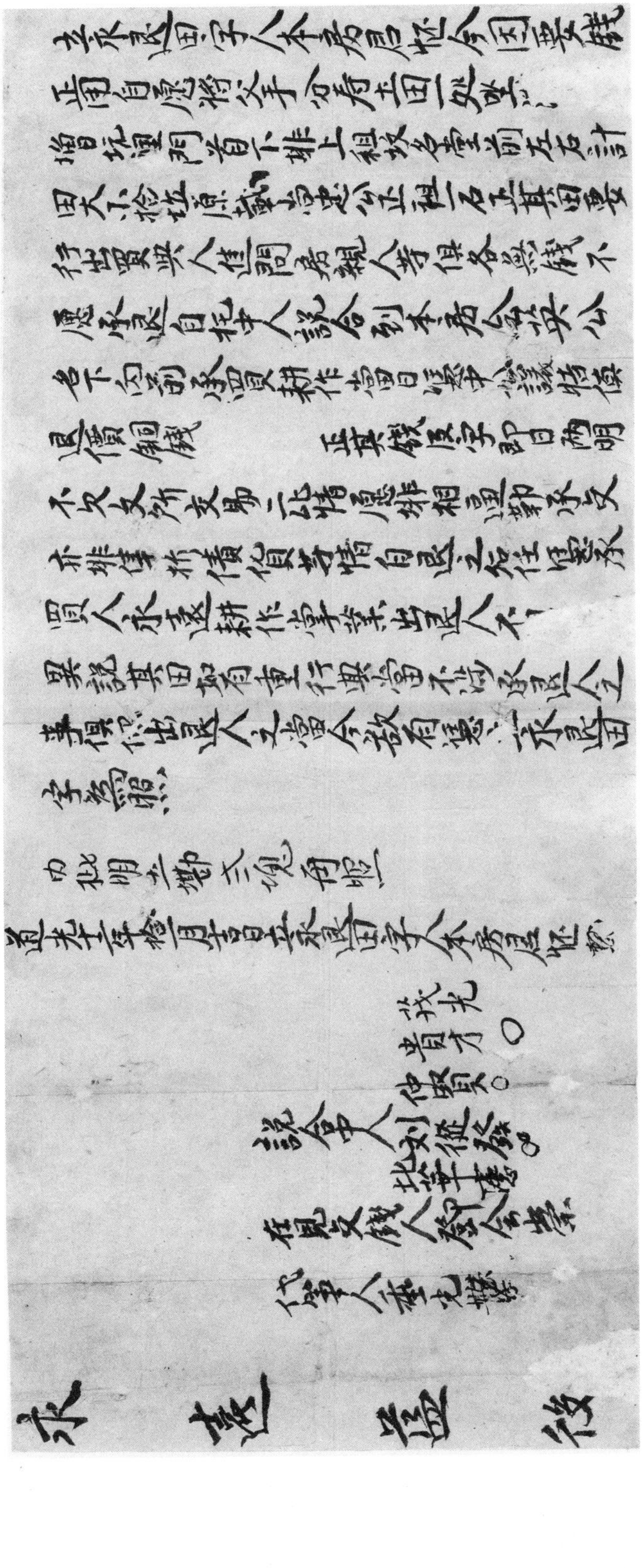

道光十二年　长溪
赖善章立永卖空冢子本族赖会英字

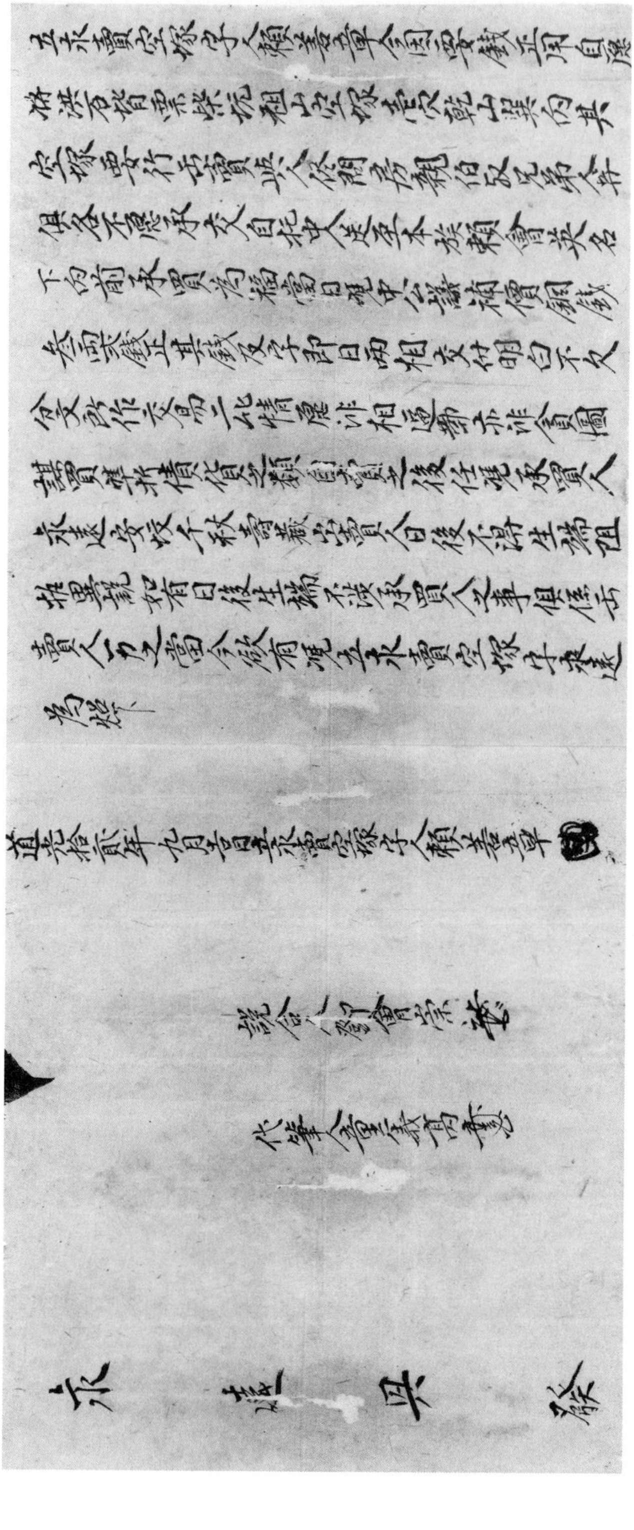
立永卖空冢字人赖善章，今因要钱正用，自愿
……
道光拾贰年九月廿日立永卖空冢字人赖善章
……
永　远　兴　发

道光十二年 长溪赖寿堂立收泽馨、含馨兄弟买地钱字

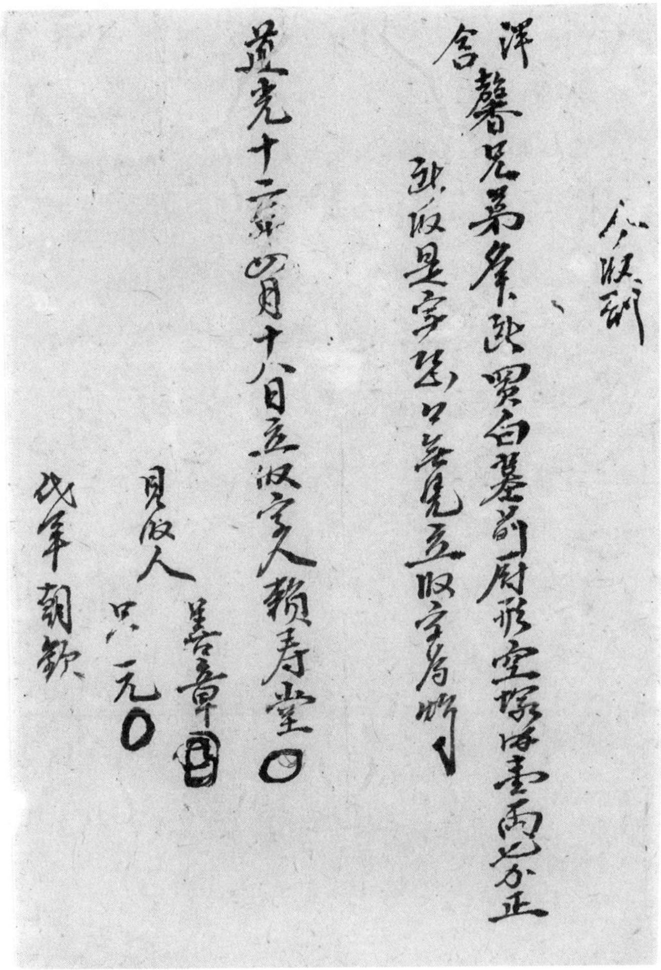

今收到
泽
含馨兄弟叁处买白墓前厨形空塚价壹两乙分正
其收是实，恐口无凭，立收字为照
道光十二年四月十八日立收字人赖寿堂
善章
见收人 只元
代笔 胡钦

道光十二年　长溪
赖寿堂立永卖空冢予本房含馨、泮馨兄弟字

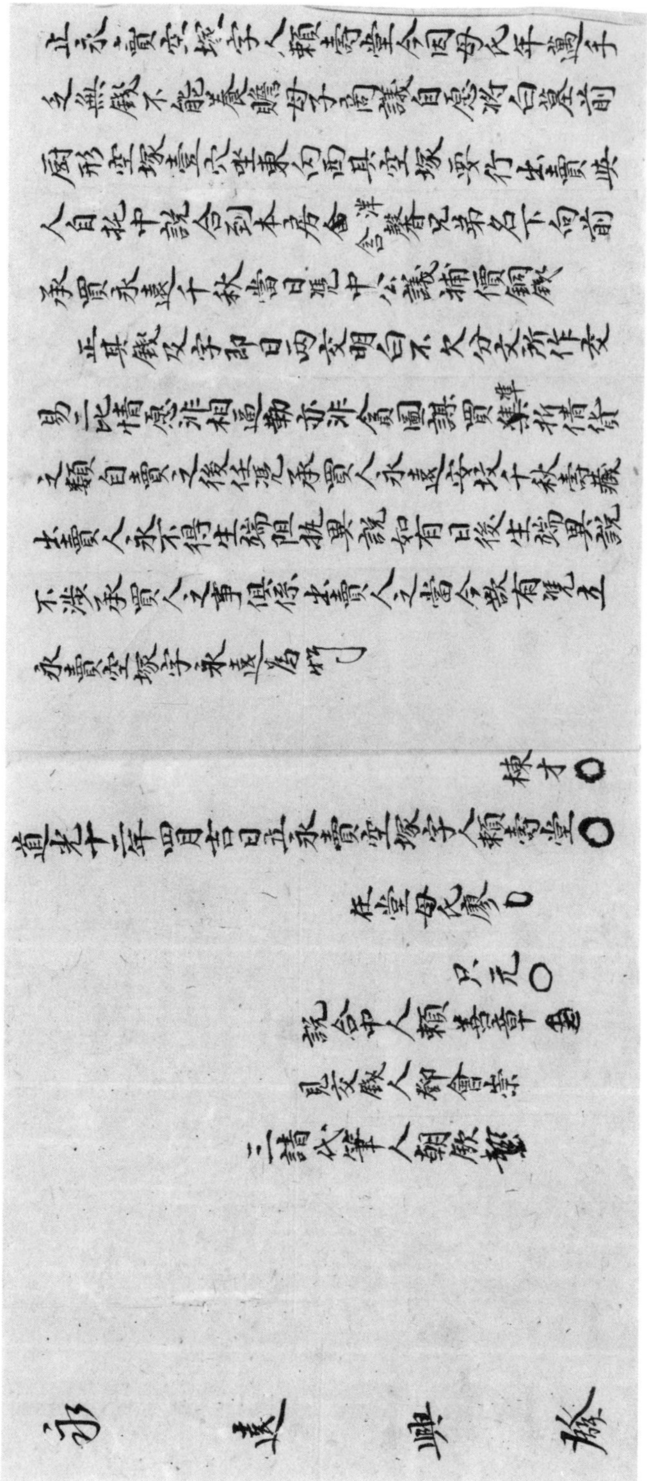

立永賣空塚字人賴壽堂，今因母氏年邁，手頭無錢，不能生養贍，母子商議，自愿將白[illegible][illegible]前廚形空塚壹穴，坐東向西，其空塚要行出賣與人，自托中說合到本房含、泮馨兄弟名下向前承買永遠千秋，當日憑中公議補價銅錢正，其錢及字即日兩交明白，不欠分文，所作交易，二比情愿，非相逼勒，亦非貪圖謀買準折債負之類。自賣之後，任從承買人永遠安扦千秋管葬，出賣人永不得生端阻執異說，如有日後生端異說，不涉承買人之事，俱係出賣人之當。今欲有憑，立永賣空塚字永遠為照。

棟才○

道光十二年四月廿日立永賣空塚字人賴壽堂○

在堂母氏廖○

只元○

說合中人賴[illegible]章○

見交錢人鄒會崇

一請代筆人胡啟龍

永　遠　興　隆

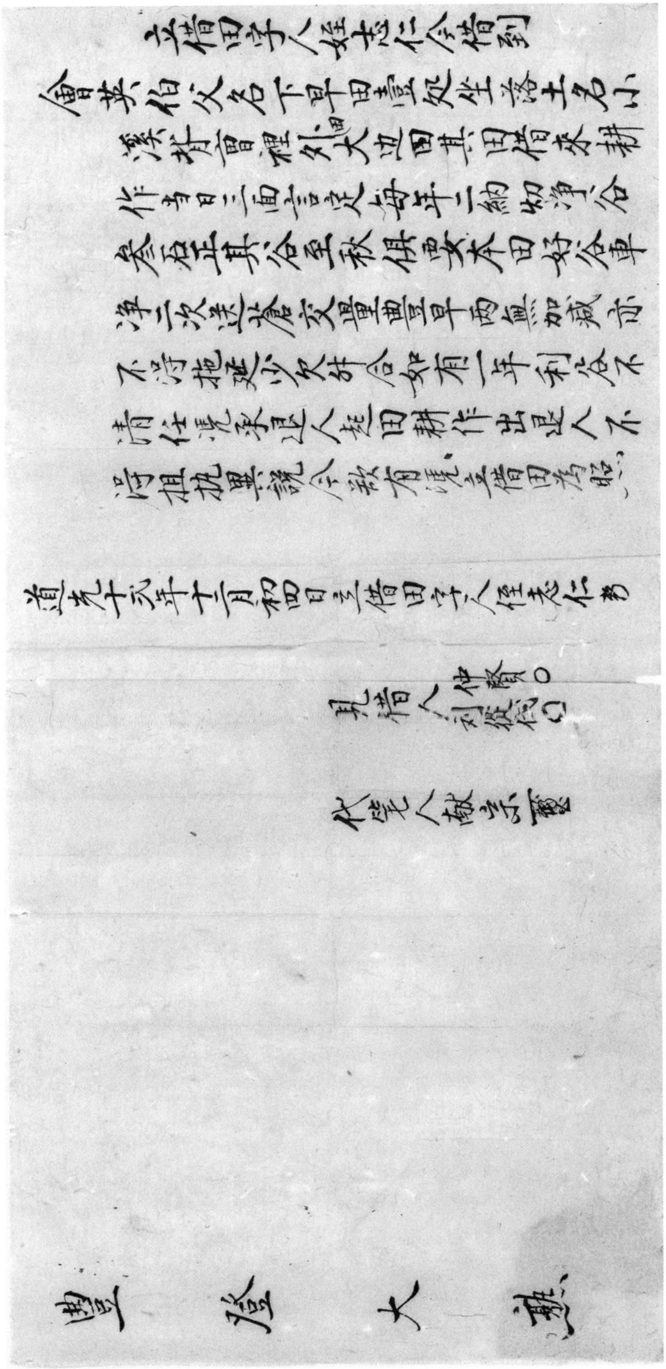

立借田字人侄志仁今借到
會英伯父名下早田壹處坐落土名小
溪坪冚裡外大丘田壹丘 田借來耕
作當日三面言定每年納如淨谷
叁石正其谷至秋收俱要本田好谷車
淨二次送至倉交量無异早兩無加減亦
不得拖延少欠升合如有一年利谷不
清任從叔父另召人起田耕作出退人不
得阻执異說今欲有凭立借田為照

道光十貳年十二月初四日立借田字人侄志仁
見借人 仲賢○
劉俊儒○
代筆人 賴之憲

豐 登 大 熟

道光十二年　长溪

茂光立暂退田予本房会英公太字

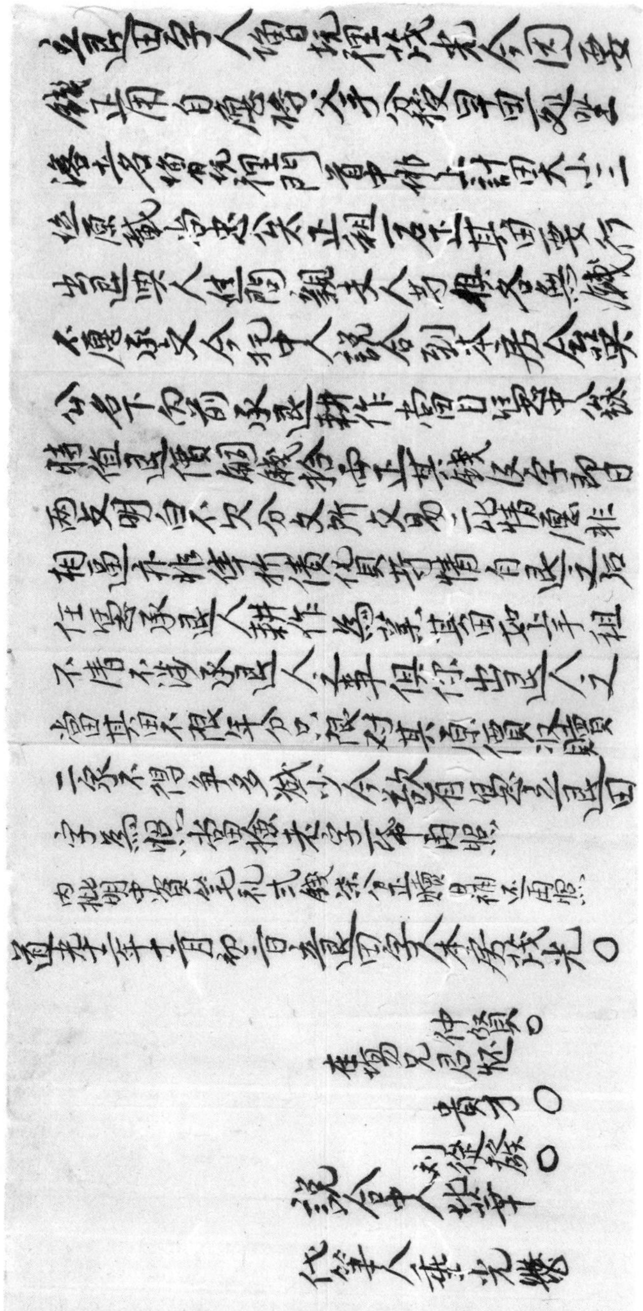

道光十二年 长溪

茂光立足收本房会英公退田铜钱字

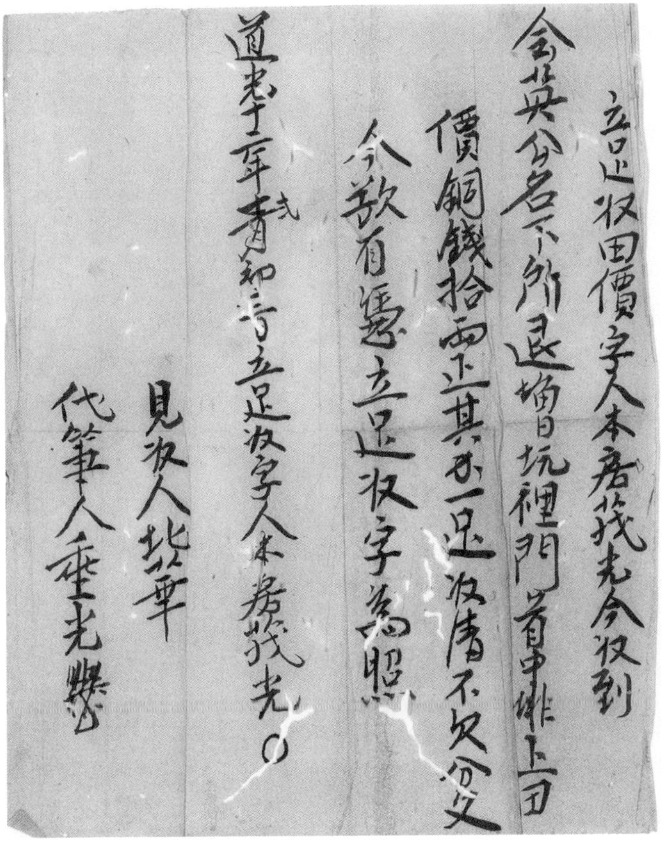
立足收田價字人本房茂光今收到
會英公名下所退增目坑裡門首中排上田
價銅錢拾兩正其錢一足收清不欠分文
今欲有憑立足收字爲照
道光十二年十二月初二日立足收字人本房茂光
見收人兆華
代筆人垂光

道光十二年　长溪

清澜立收本屋会英伯父五会铜钱字

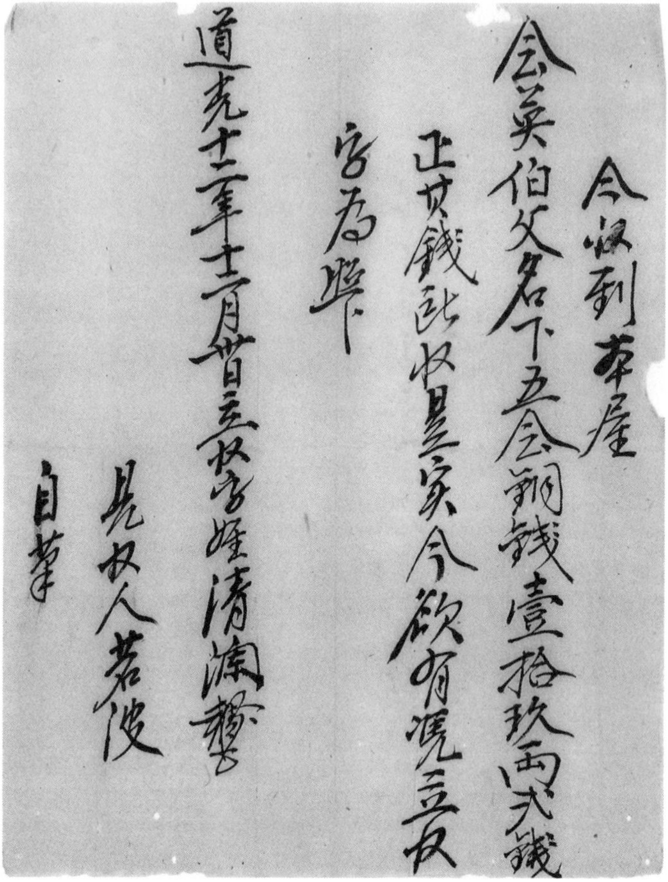

今收到本屋

会英伯父名下五会铜钱壹拾玖两弍钱

正，其钱比收是实，今欲有凭，立收

字为照。

道光十二年十二月廿三日收字侄清澜

見收人若波

自筆

道光十二年　长溪

善章立足收本族会英公买地价铜钱字

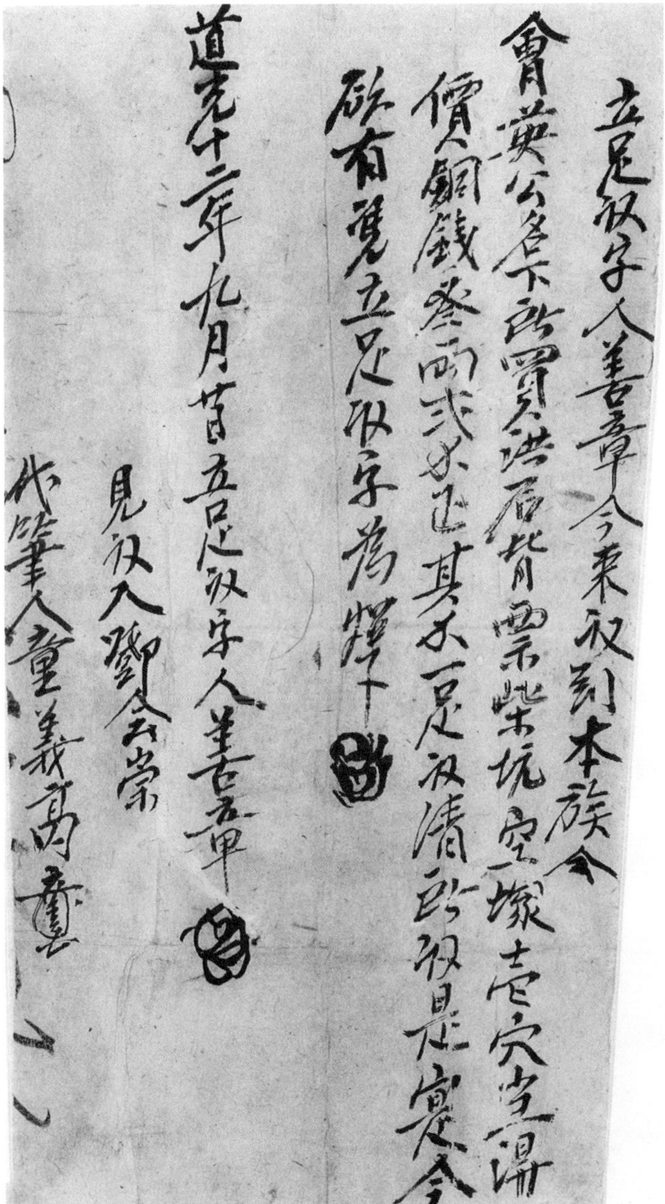

立足收字人善章，今来收到本族會英公名下所買洪居背雲柴坑空塚土壹穴坐漏價銅錢叁兩弍分正，其錢一足收清，所收是實。今欲有憑，立足收字為據。十

道光十二年九月廿五日立足收字人善章

見收人劉会崇

代筆人童義萬

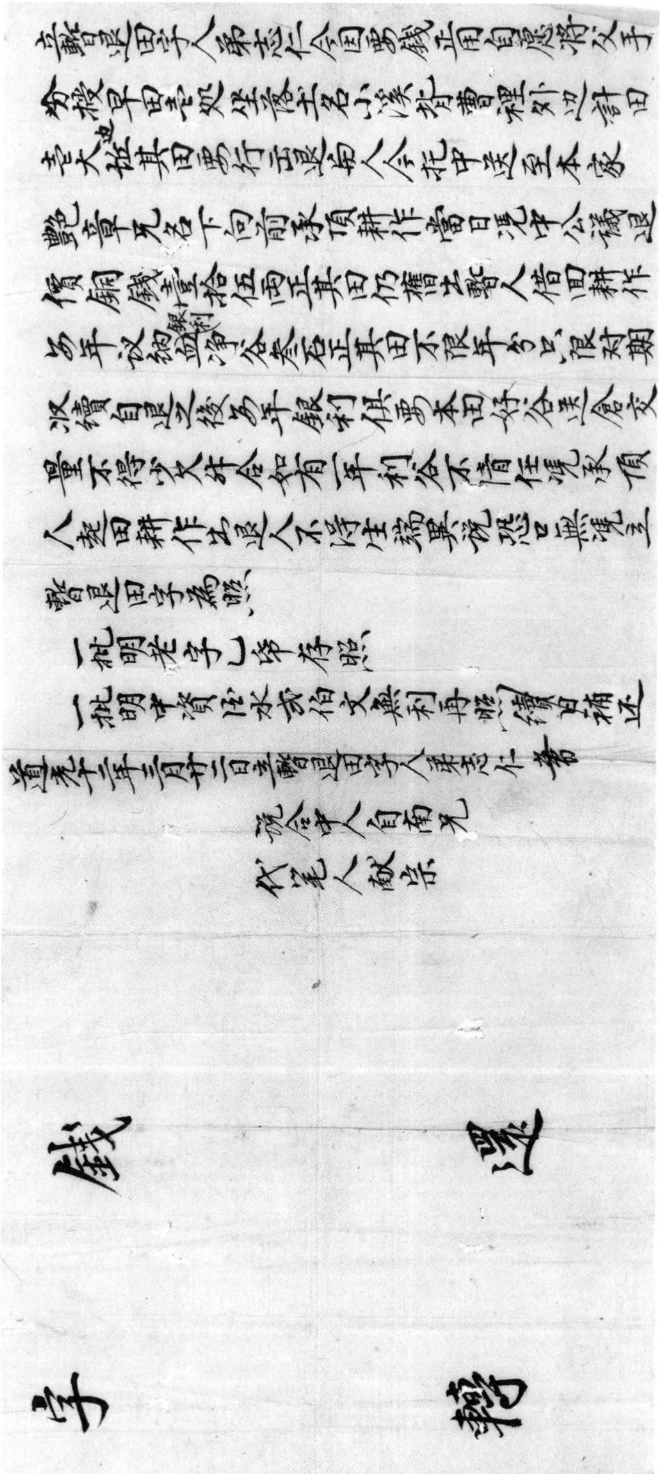

立暫退田字人弟志仁，今因要錢正用，自愿將父手分授早田壹處，坐落土名小溪背曹理對門一坵，計田壹大坵也。其田要行立退與人，今托中送至本家艷彰兄名下向前承領耕作，當日憑中公議退價銅錢壹拾伍兩正，其田仍舊出與人借田耕作，每年議納銀利淨谷叁石正，其田不限年分，以限對期取贖。自退之後，每年銀利俱要本田好谷送倉交量，不得少欠升合。如有一年利谷不清，任凭承領人起田耕作，出退人不得阻滯異說，恐口無凭，立暫退田字為照。

一批明老字乙帋存照。

一批明中資凴承領伯文無利，再照贖日補還。

道光十二年三月廿二日立暫退田字人弟志仁（押）

凴仝中人自南兄

代筆人啟宗

還贖

錢字

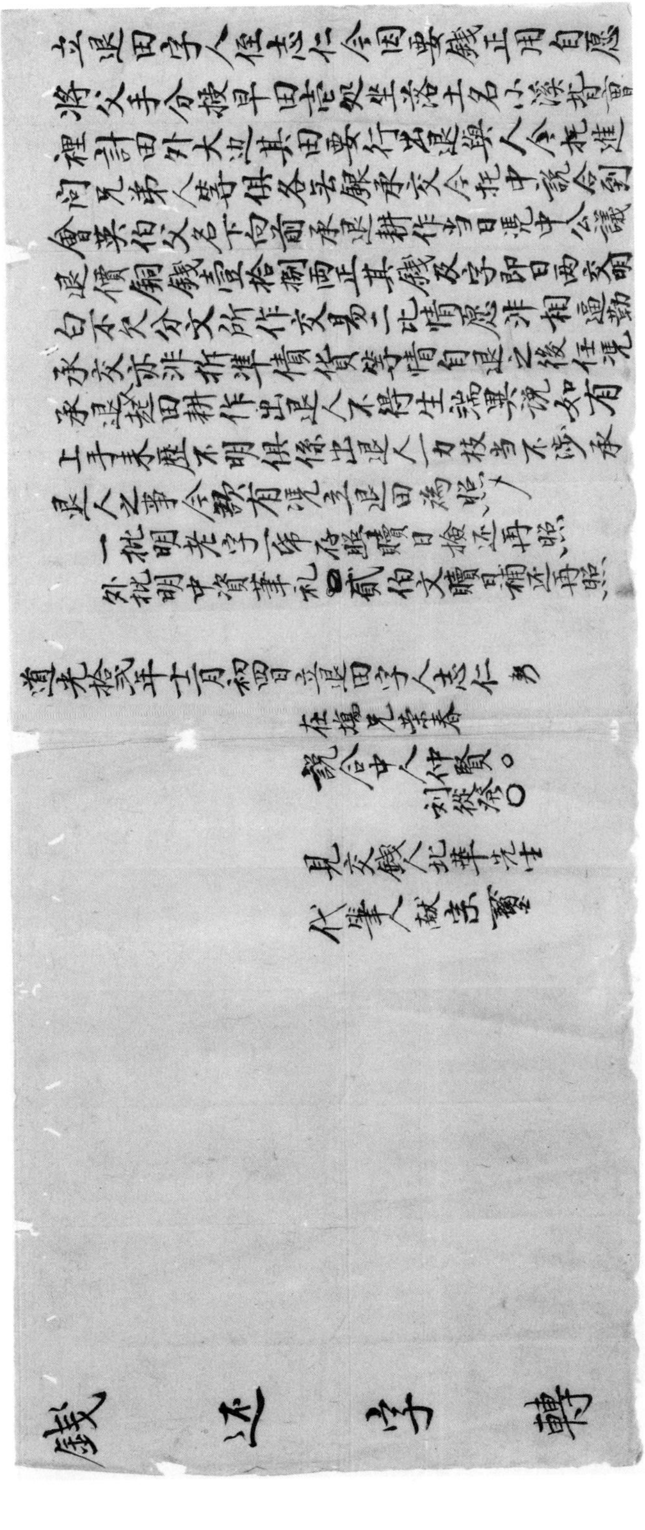

立退田字人侄志仁今因要錢正用自愿
將父手分授早田壹處坐落土名小溪坪
裡計田外大小壹坵其田要行出退與人今托進
問兄弟人等俱各不願承交今托中說合到
會英伯父名下向前承退耕作當日憑中公議
退價銅錢壹佰捌兩正其錢及字即日兩交明
白不欠分文所作交易二比情願並非相逼勒
承交亦非折準債貨等情自退之後任從
承退人起田耕作出退人不得生端異說如有
上手來歷不明俱係出退人一力抵當不涉承
退人之事今欲有憑立退田為照
一批明老字一帋仍照價日後不許再照
外批明中資筆禮錢貳佰文贖日補還再照

道光拾貳年十二月初四日立退田字人志仁 押
在場兄 宇春
說合中人 仲賢○
劉從吉○
見交錢人 兆華 之 押
代筆人 敬吉 書

道光十二年　长溪

志仁立足收到会英伯父田价铜钱字

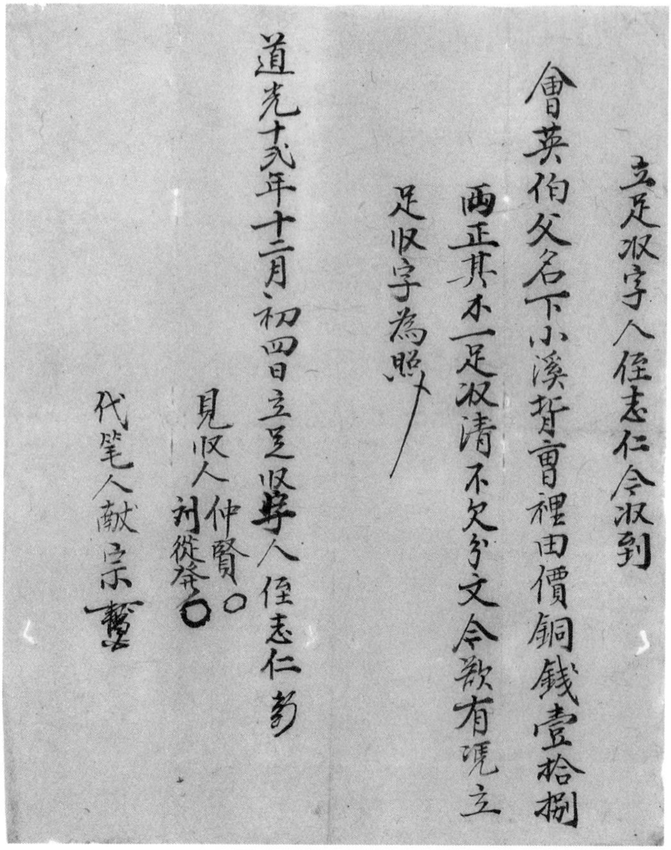

立足收字人侄志仁今收到
會英伯父名下小溪背曾裡田價銅錢壹拾捌
兩正其本一足收清不欠分文今欲有憑立
足收字為照
道光十二年十二月初四日立足收字人侄志仁（押）
見收人　仲賢〇
利從〇
代筆人　献宗（押）

拔朝立暂退房屋予本房艳彰公字

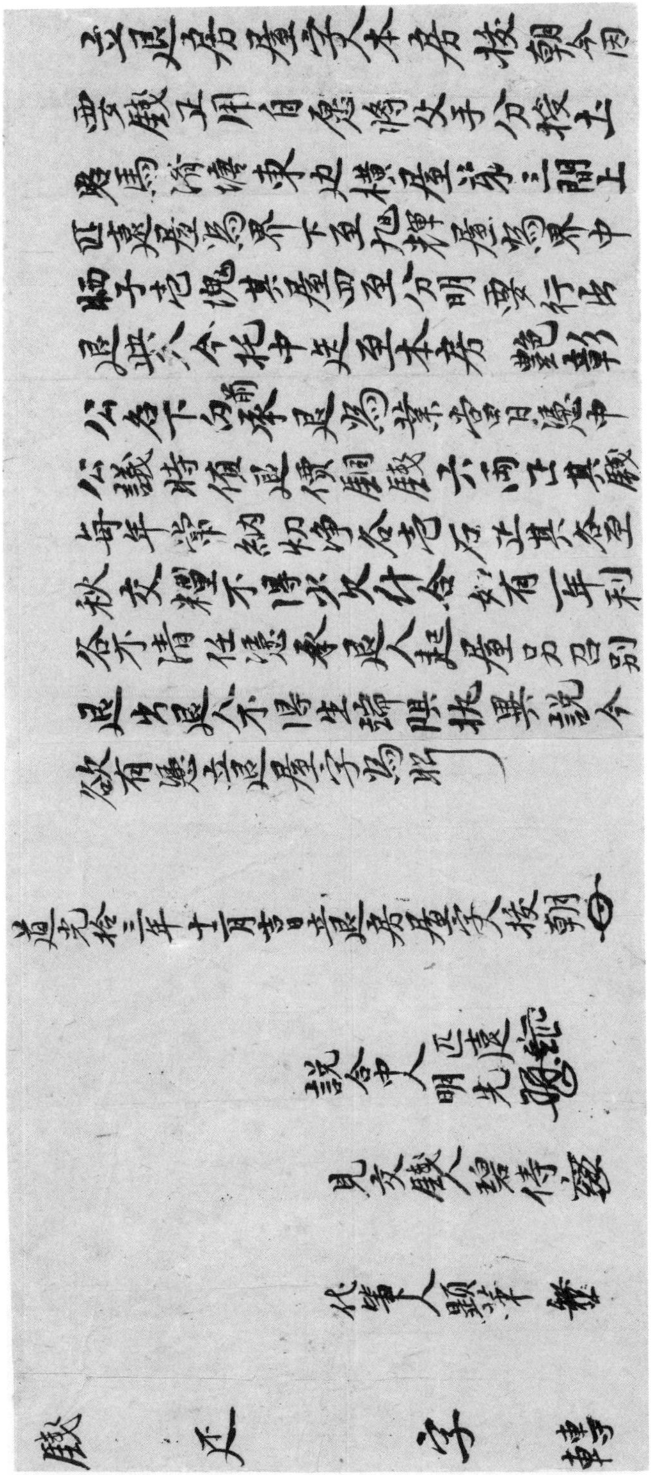
立暂退房屋字人本房拔朝今因

道光拾三年十二月吉日立退房屋字人拔朝

道光十三年　长溪

拔英立足收本房慧英叔退田价字

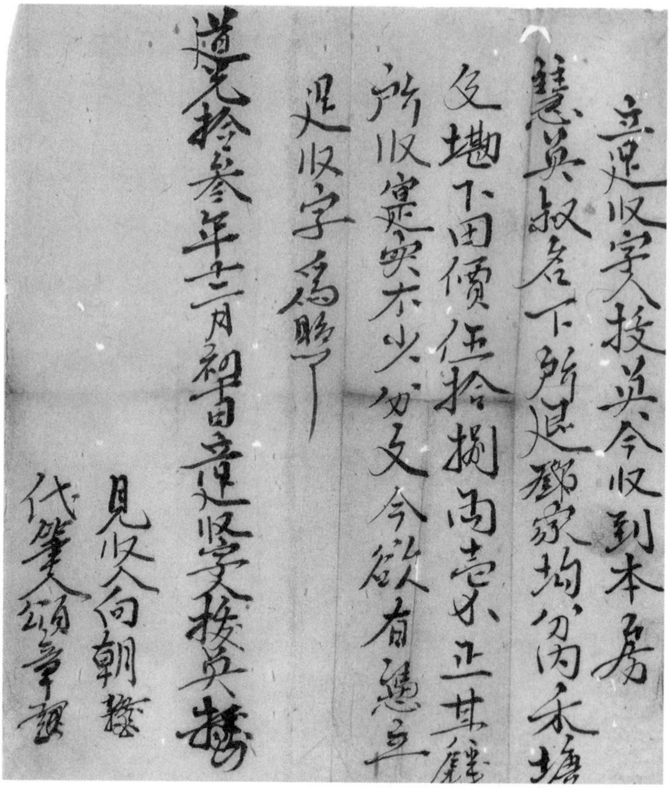

立退收字人拔英今收到本房慧英叔名下所退鄧家坳份内禾塘丘地下田價伍拾捌兩壹錢正其錢所收是實不少分文今欲有憑立退收字為照

道光拾叁年十二月初四日立退收字人拔英（押）

見收人向朝（押）

代筆人頌章（押）

道光十三年　长溪
□英立暂退田塘予本房慧英叔字

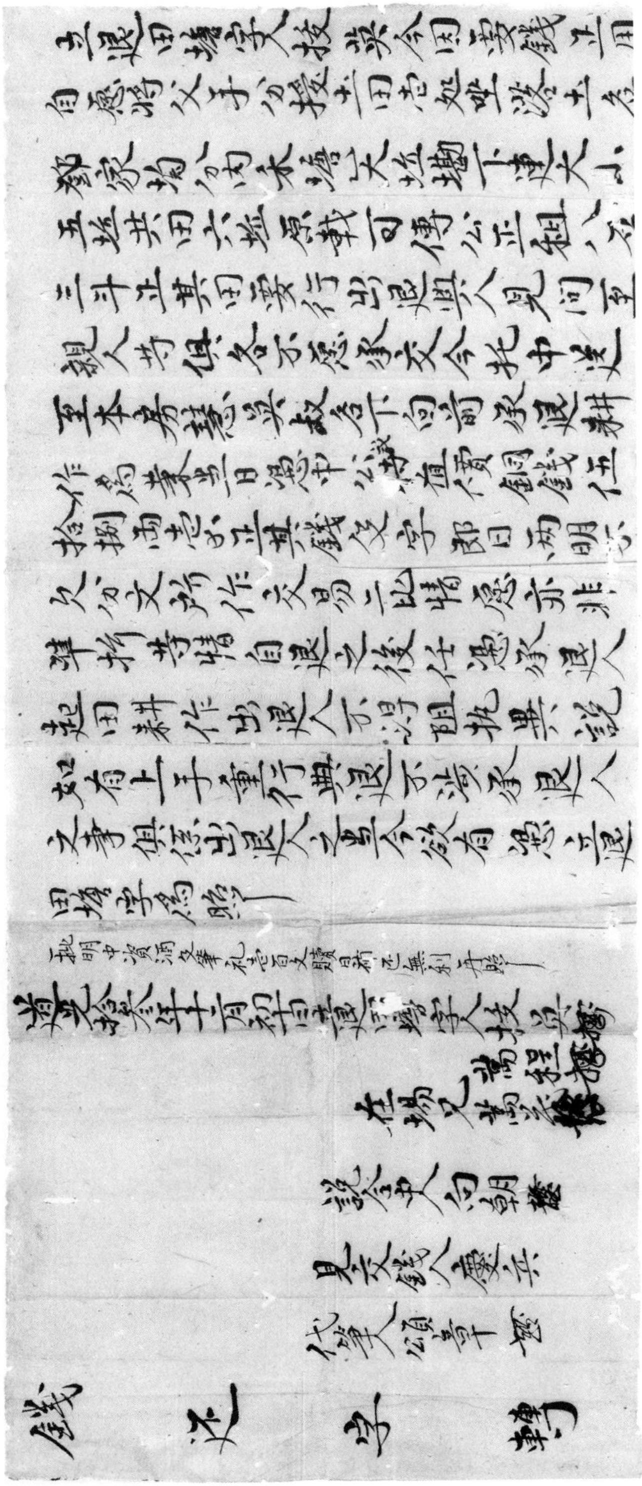

道光十三年　长溪

贵财立永退田予本房会英公字

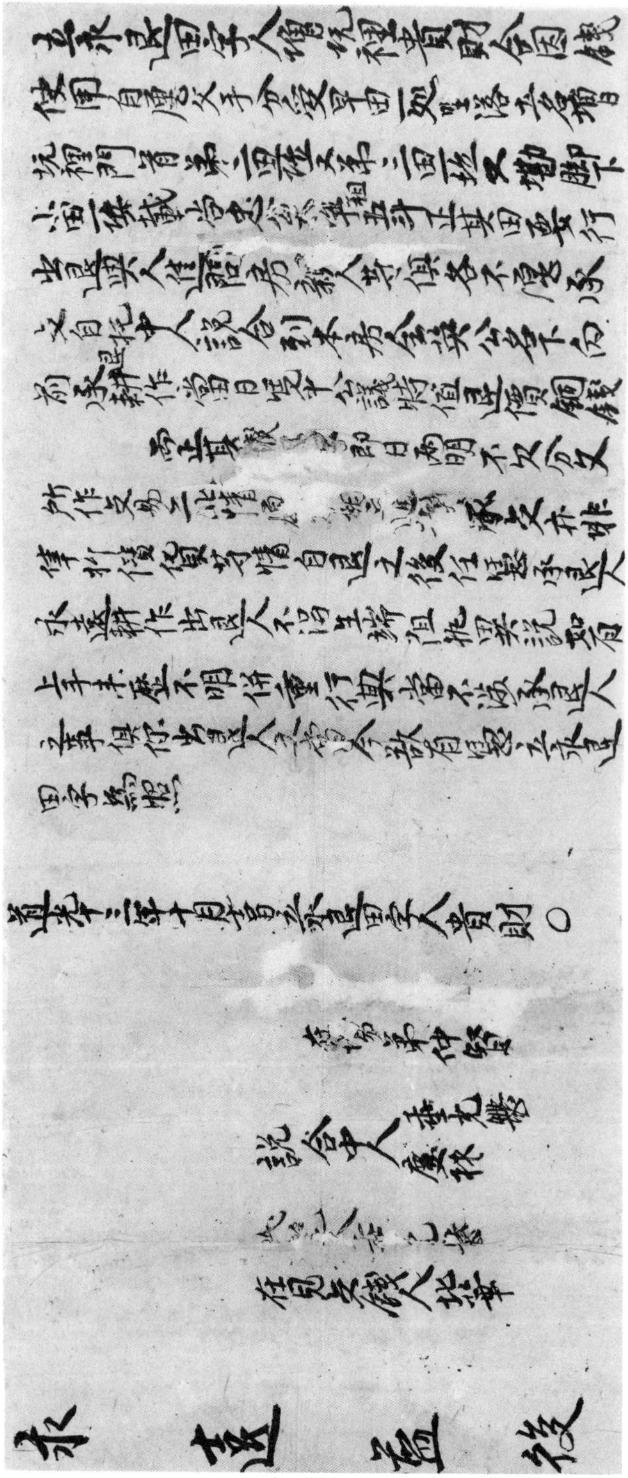

道光十三年　长溪
慧英立约本族茂崇田价铜钱字

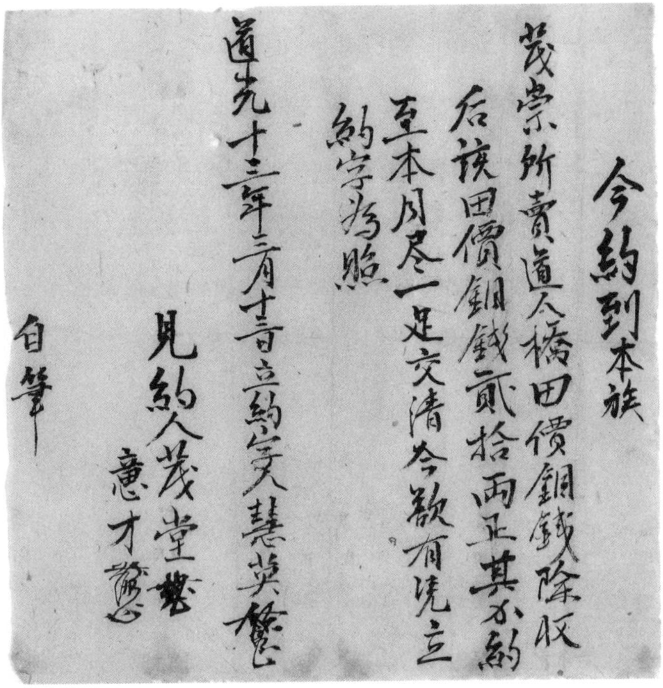
今約到本族
茂崇所賣道人橋田價銅錢除收
后該田價銅錢貳拾兩正其不約
至本月尽一足交清今欲有憑立
約字為照
道光十三年二月十二日立約字人慧英（押）
見約人茂堂（押）
德才（押）
自筆

道光十三年　长溪
赖昭万立永退田予本家六叔父慧英字

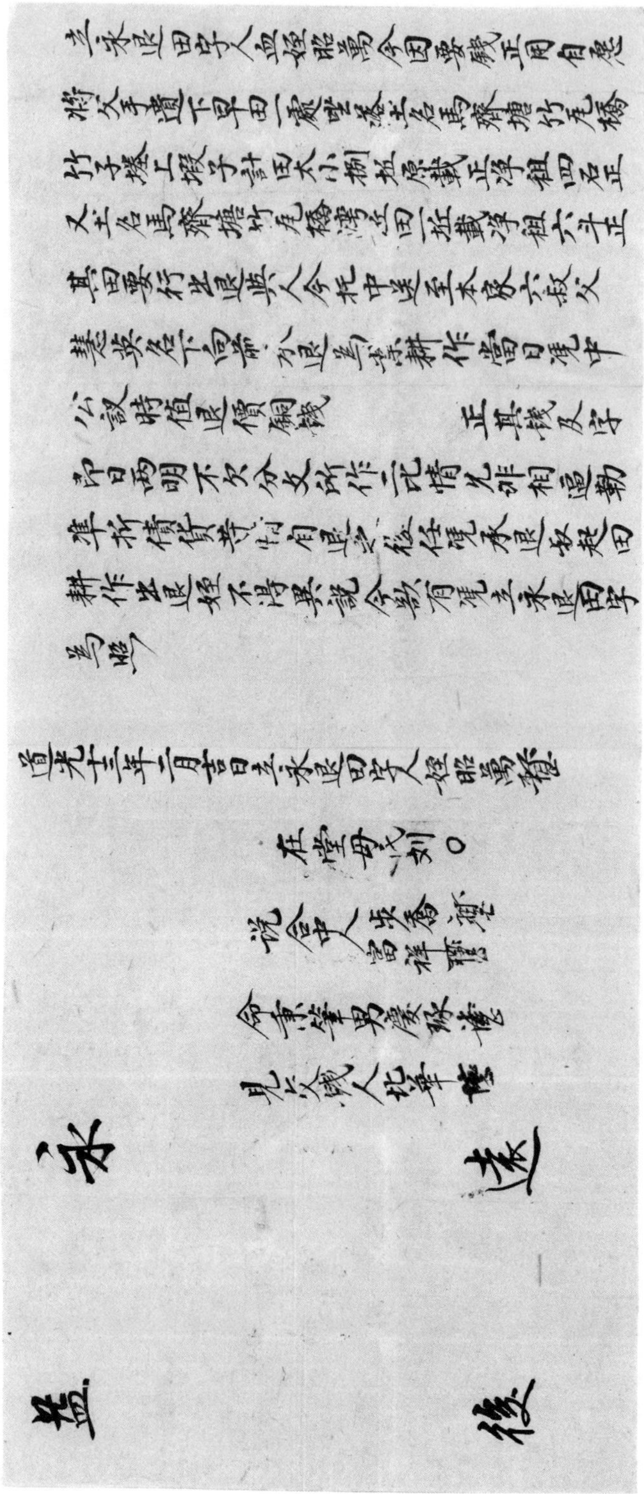
立永退田字人赖昭万，今因要钱正用，自愿将父手遗下早田一处，坐落土名马齐塘竹花桥竹子墩上墩子，计田大小捌坵，原载正浮租四石正；又土名马齐塘竹花桥湾上田一坵，载浮租六斗正。其田要行出退与人，今托中送至本家六叔父慧英名下向前承退为业耕作。当日凭中公议时值退价铜钱　正。其钱及字即日两明，不欠分文。此系二比情允，非相逼勒准折债货等情。自退之后，任凭承退人起田耕作，出退人不得异说。今欲有凭，立永退田字为照。

道光十三年二月吉日立永退田字人赖昭万亲笔

在堂母亲刘氏○

说合中人　张日香、谢□□

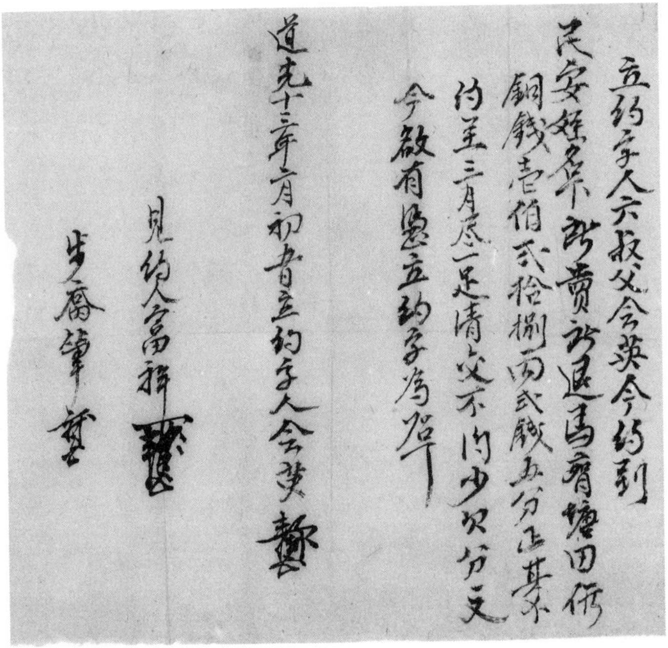

立约字人六叔父会英今约到
民安姪名下所賣所退禹宵塘田價
銅錢壹佰弍拾捌两弍錢五分正其
约至三月底一足清交不得少欠分文
今欲有憑立约字為照
道光十三年二月初十日立约字人会英
見约人富祥
[illegible]齋筆

道光十三年 长溪
六叔父赖会英立约民安侄所卖所退田价铜钱字

道光十三年　长溪

茂崇立永退田予会英公字

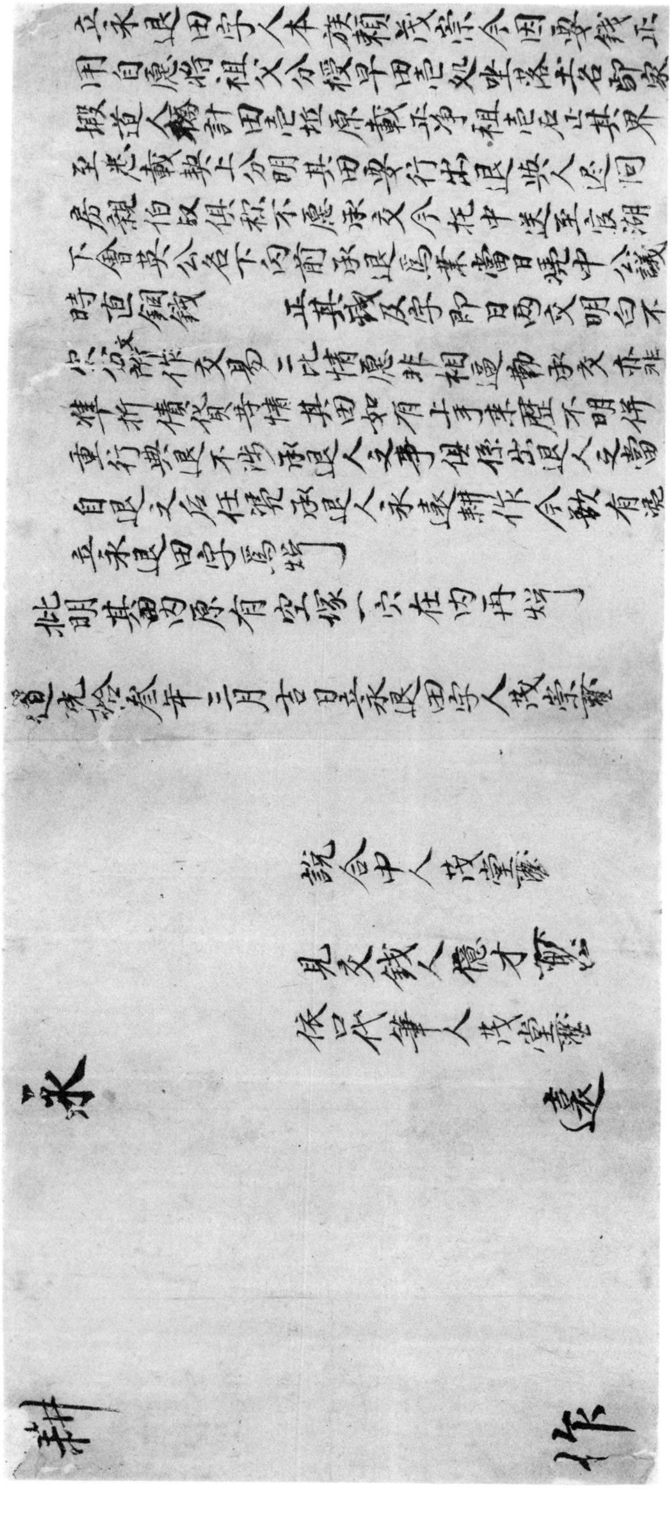

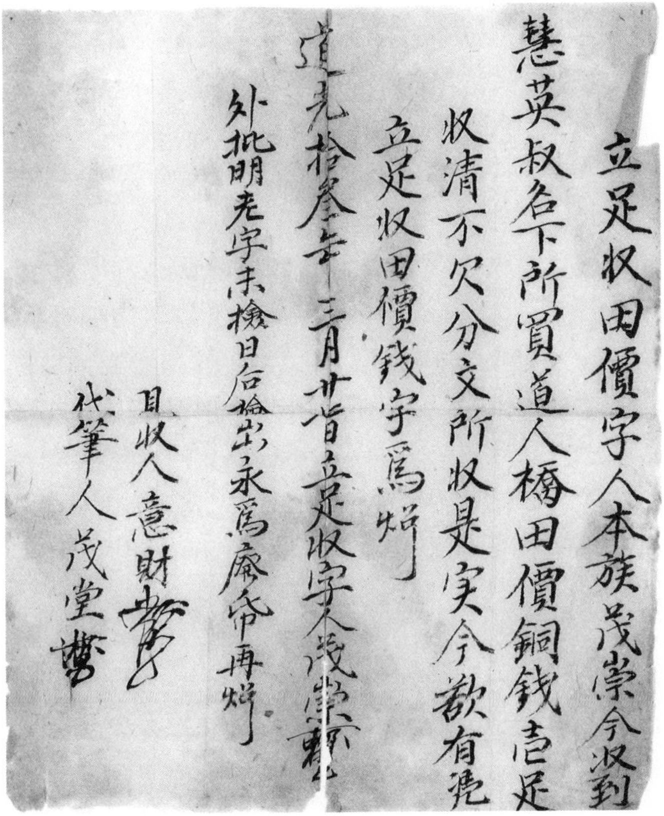
立足收田價字人本族茂崇今收到
慧英叔名下所買道人橋田價銅钱壹足
收清不欠分文所收是实今欲有凭
立足收田價钱字爲照
道光拾叁年 三月廿四日 立足收字人茂崇
外批明老字未檢日后檢出永爲廢帋再照
目收人 意財
代筆人 茂堂

道光十三年　长溪

胜兰立永卖坝子本家会英叔字

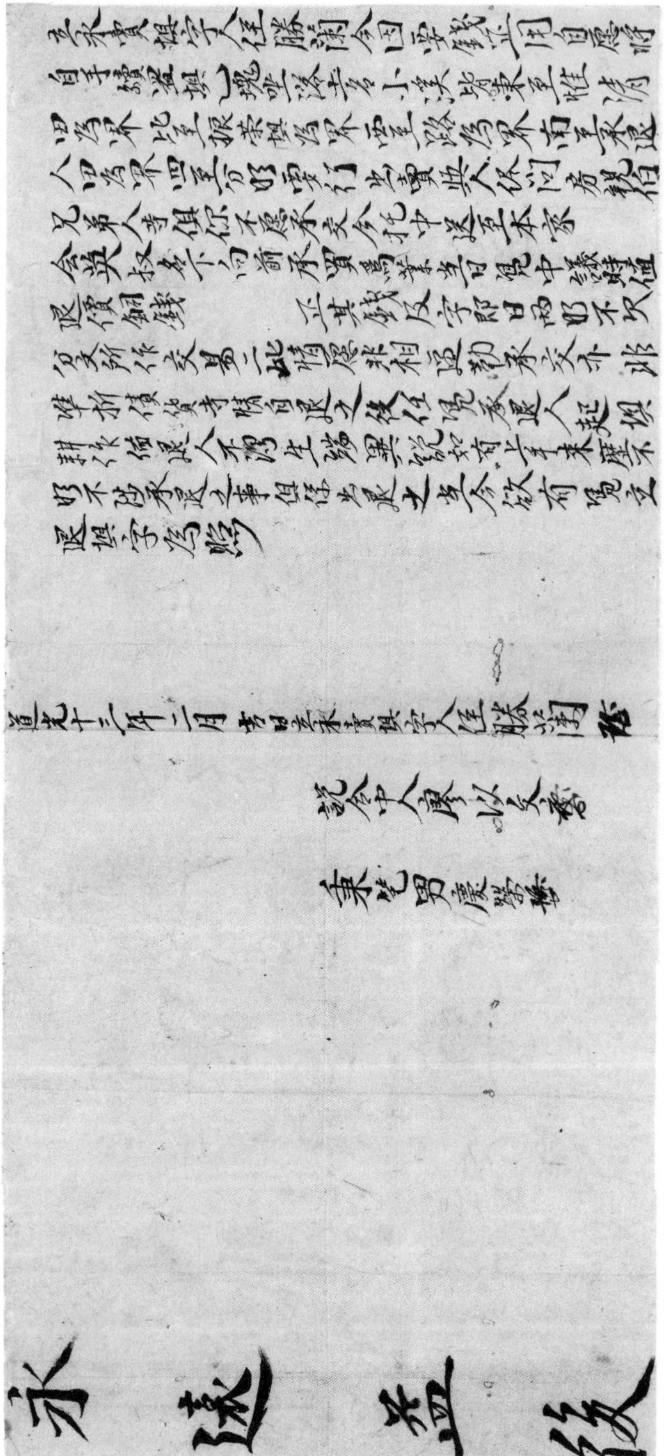
立永賣垻字人侄勝蘭，今因要錢正用，自愿將
自手續置垻一塊，坐落土名小溪，背東至惟清
田爲界，北至振榮垻爲界，西至路爲界，南至承退
人田爲界，四至分明。要行出賣與人，係問房親伯
兄弟人等，俱係不愿承交，今托中送至本家
会英叔名下向前承買爲業，当日憑中議時值
退價銅錢　　正，其錢及字即日兩明，不欠
分文。所作交易，二比情愿，非相逼勒，承交亦非
準折債貨等情。自退之後，任憑承退人起垻
耕作，備退人不得生端異說。如有上手來歷不
明，不涉承退之事，俱係出退之当。今欲有憑，立
退垻字爲照。

道光十三年二月　吉日立永賣垻字人侄勝蘭（押）

說合中人廖以文（押）

秉笔男慶鑾（押）

永遠益後

道光十三年　长溪
寿高立永卖皮骨田及滔公会股予本房慧英叔字

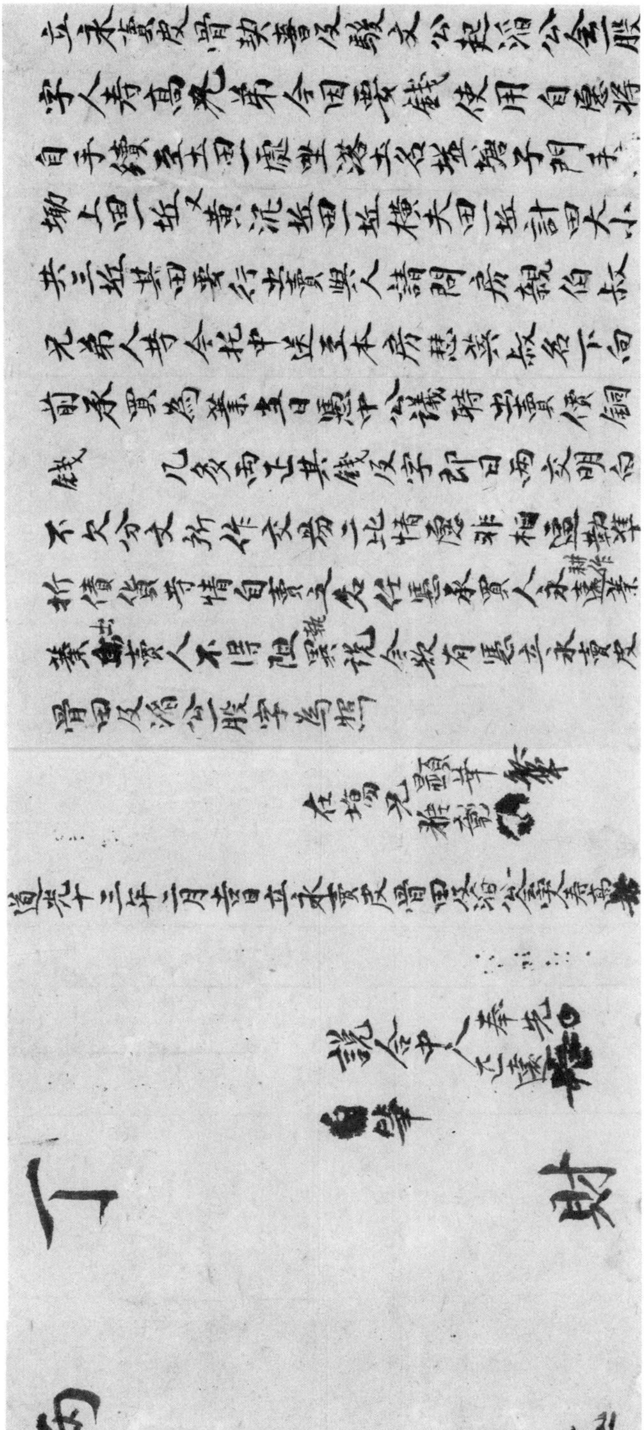

道光十三年　长溪

昭万立足收会英叔父田价字

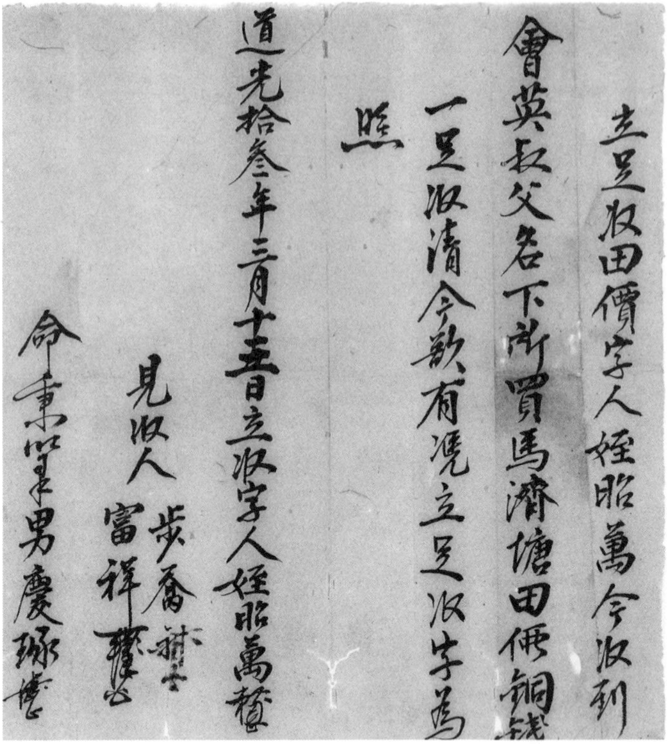

立足收田價字人姪昭萬今收到
會英叔父名下所買馬濟塘田價銅錢
一足收清今欲有憑立足收字為
照
道光拾叁年二月十五日立收字人姪昭萬
見收人　步喬　富祥
命秉筆男慶瑯書

道光十三年 长溪
云昭立借本家慧英兄田字

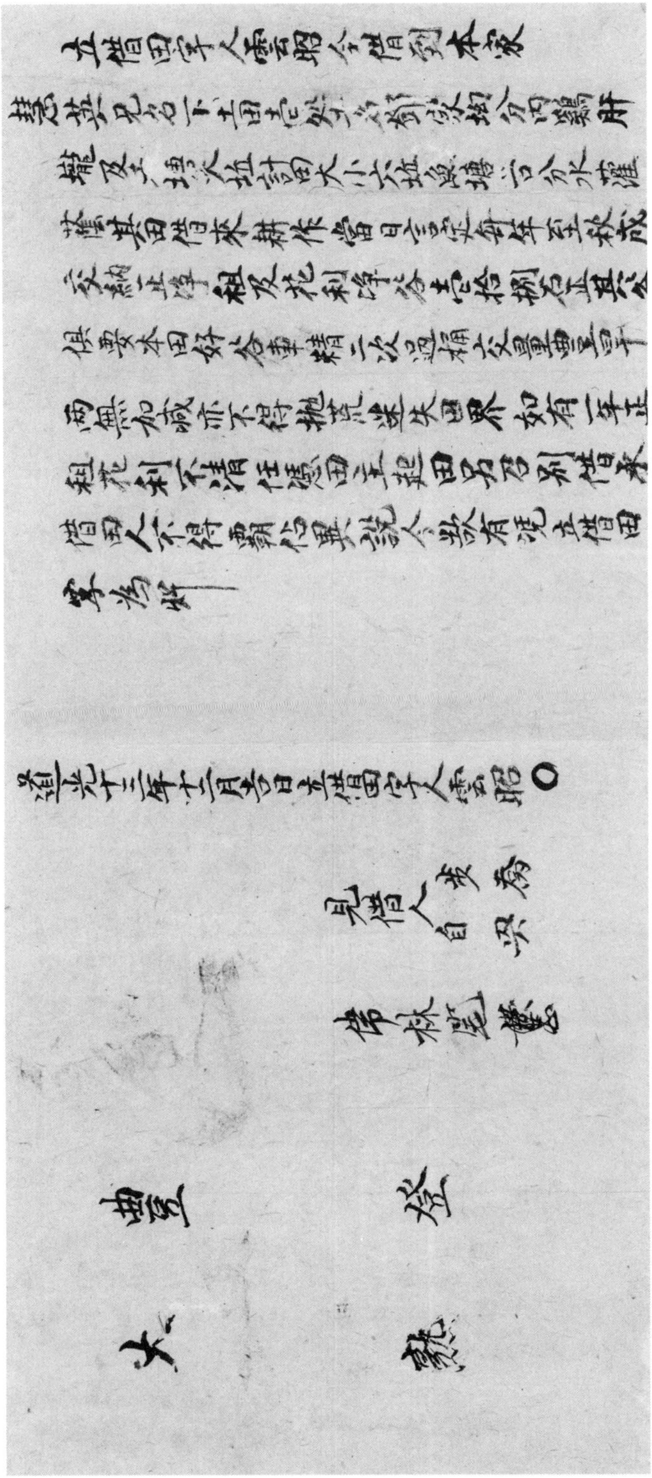

立借田字人云昭今借到本家
慧英兄名下土田土名坐处小剑坂坳分内鸡肝
垅及上坳大丘计田大小六丘递年□□分水灌
荫其田借来耕作当日三面言定每年至秋成
交纳正谷二担及花利谷三担正其谷
俱要本田好谷扇净精干不得湿冇交量其田
两无加减亦不得拖欠短少升合如有一年正
租花利不清任凭田主起田另召别借承
借田人不得再霸阻碍异说今恐有凭立借田
字为照

道光十三年十二月 日立借田字人云昭○

道光十四年　长溪
拔朝立暂退房屋予本家旭辉公字

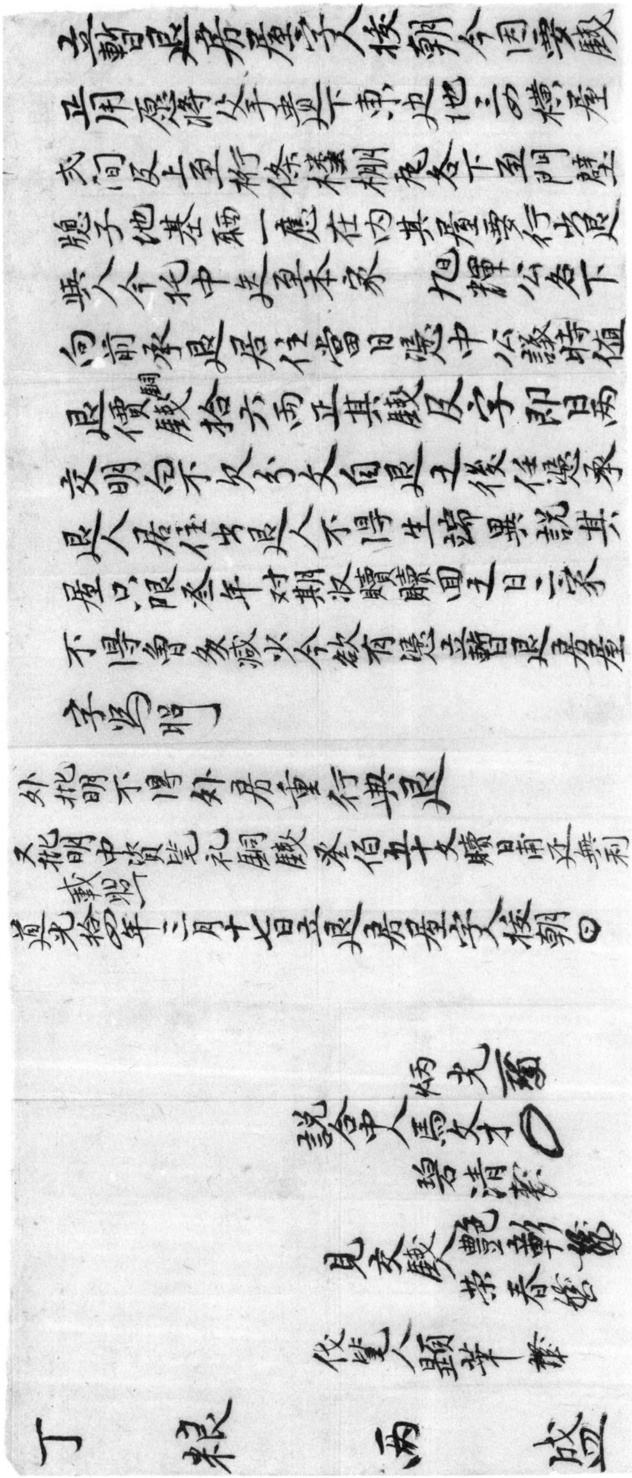
立暫退房屋字人拔朝今因要錢
正用愿將父手遺下東边地三面横屋
式間及上至桁條樓棚瓦角下至門壁
牕子地基砸一應在内其屋要行出退
與人今托中退至本家　旭輝公名下
向前承退居住當日憑中公議時值
退價銅錢拾六兩正其錢及字即日兩
交明白不欠分文自退之後任憑承
退人居住出退人不得生端異説其
屋只限叁年对期收贖贖回之日二家
不得多減以今欲有憑立暫退房屋
字爲照
外批明不得外房重行典退
又批明中資筆礼銅錢叁佰五十文贖日甫还無利
載照
道光拾四年三月十七日立退房屋字人拔朝 ⊙
說合中人　馬文才 ⊙　炳光　碧清
見交錢人　艷彰　荣春
代筆人　顯華
丁　粮　兩　盛

道光十四年　长溪
拔朝立足收本房慧英公位下买屋价铜钱字

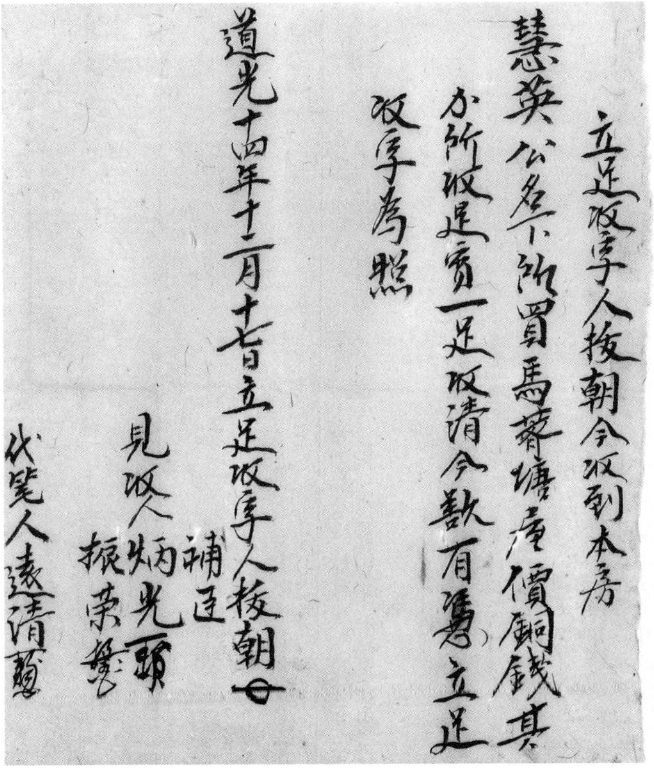
立足收字人拔朝今收到本房
慧英公名下所買馬蒋塘屋價銅錢其
分所收足實一足收清今欲有憑立足
收字為照
道光十四年十二月十七日立足收字人拔朝
見收人　輔廷
炳光
振榮
代筆人　遠清

道光十四年　长溪

拔朝立足收本家旭辉退房屋铜钱字

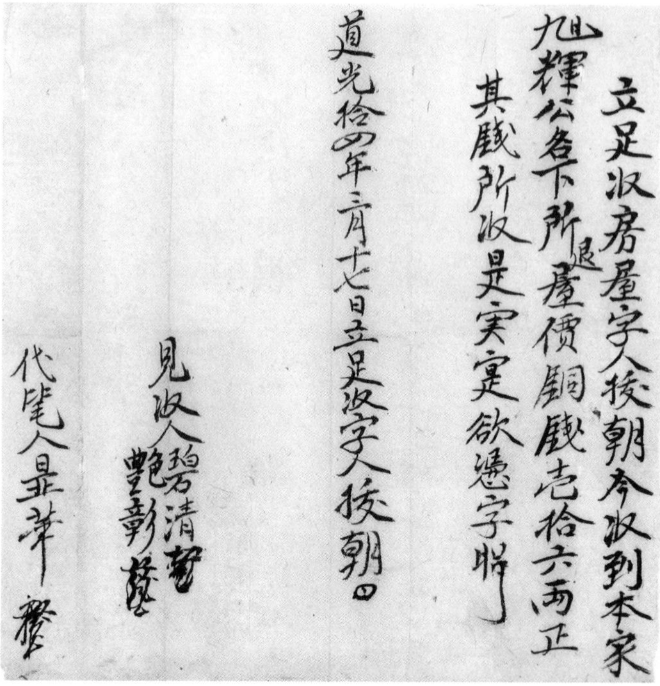

立足收房屋字人拔朝今收到本家
旭輝公名下所退屋價銅錢壹拾六两正
其錢所收是实定欲憑字據
道光拾四年六月十七日立足收字人拔朝
見收人碧清
艷彰
代筆人显華

道光十四年　长溪

奉才立永卖房屋予本家弟福三字

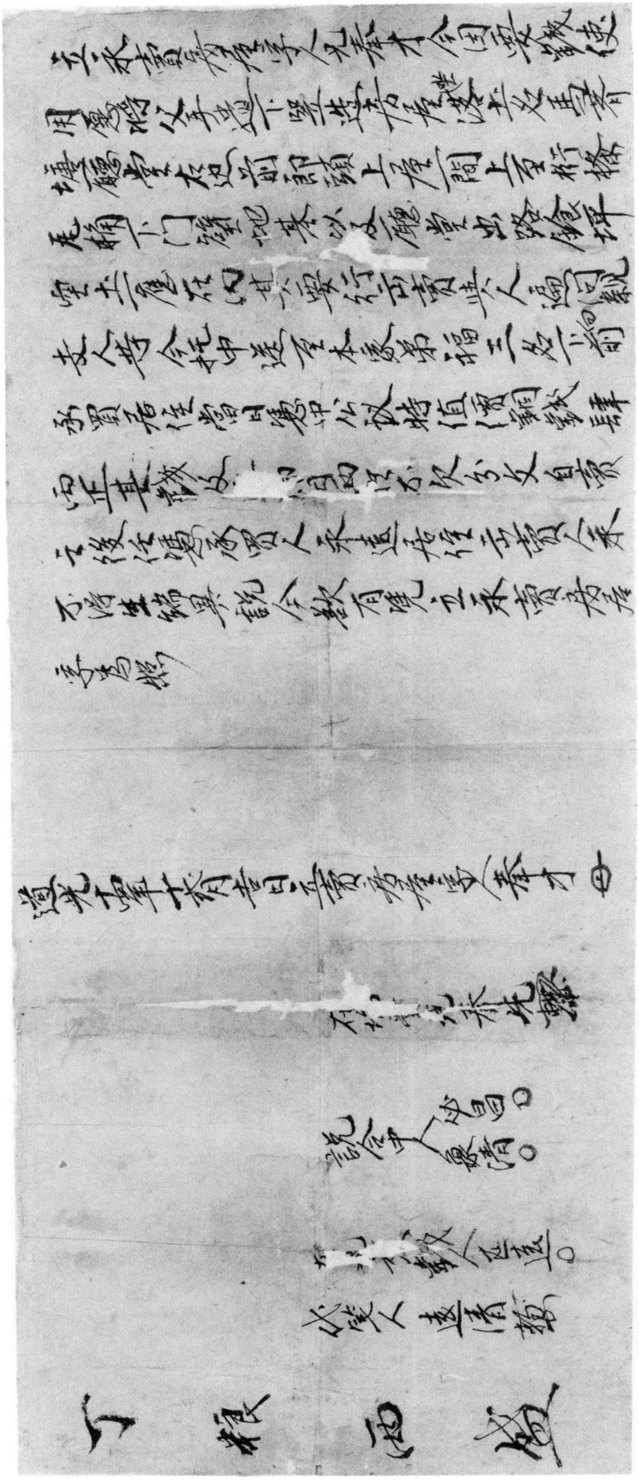

道光十四年　长溪

会英立约本家侄志仁田价铜钱字

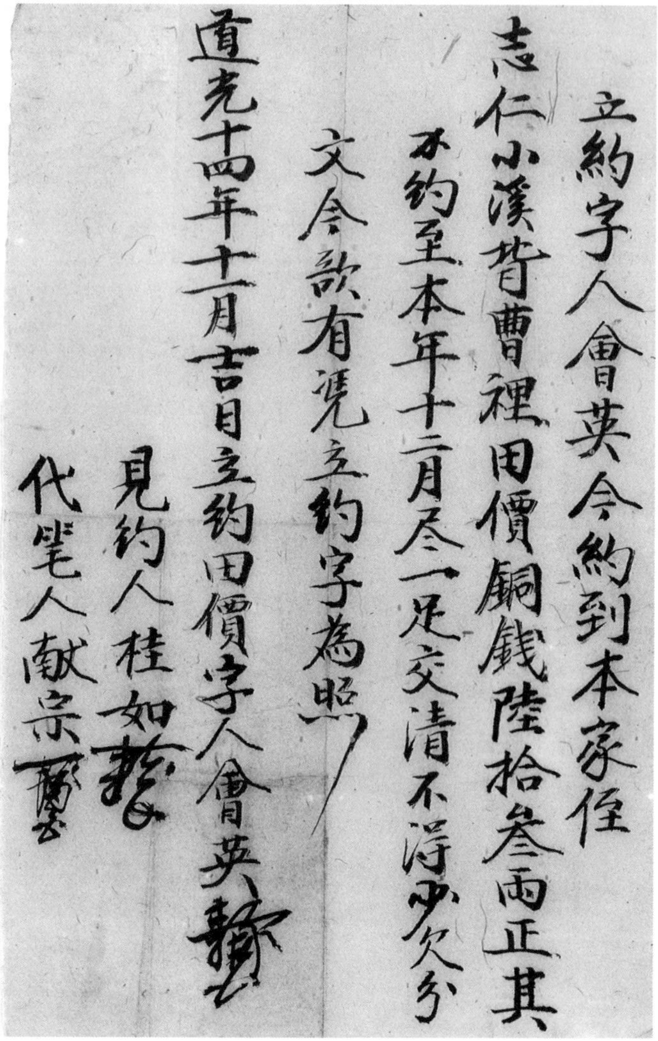

立約字人會英今約到本家侄
志仁小溪背曹裡田價銅錢陸拾叁兩正其
不約至本年十二月尽一足交清不得少欠分
文今欲有憑立約字為照
道光十四年十一月吉日立約田價字人會英（押）
見約人桂如（押）
代筆人献宗（押）

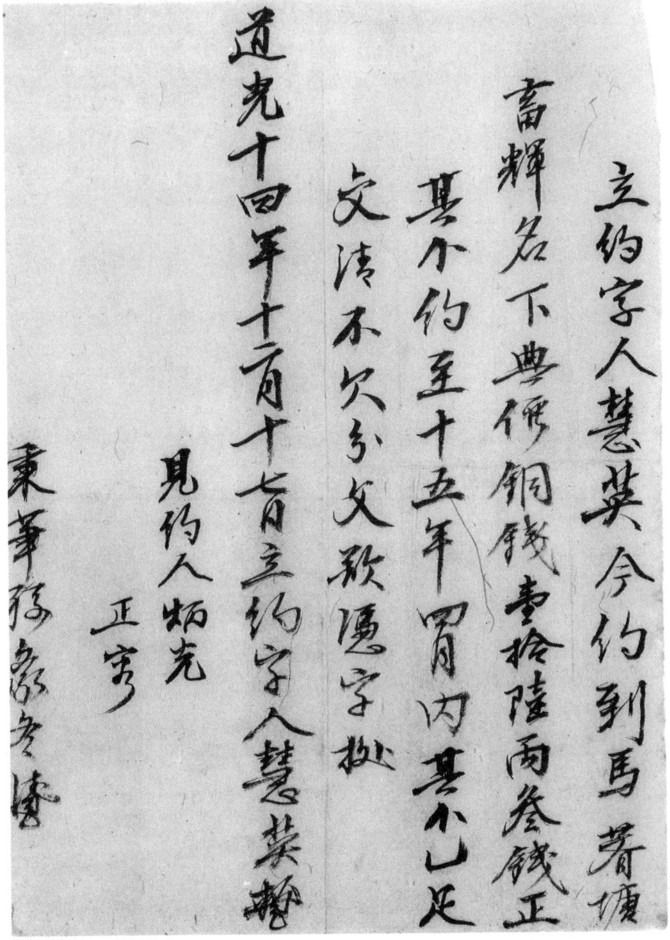

立约字人慧英今约到馬菁塘
畲辉名下典価铜錢壹拾陸两叁錢正
其个约至十五年冒内其个山足
交清不欠分文欵憑字據
道光十四年十月十七日立约字人慧英押
見约人炳光
正寅
秉筆孫[illegible]参登

道光十四年　长溪

赖□朝立永卖房屋予本房慧英公字

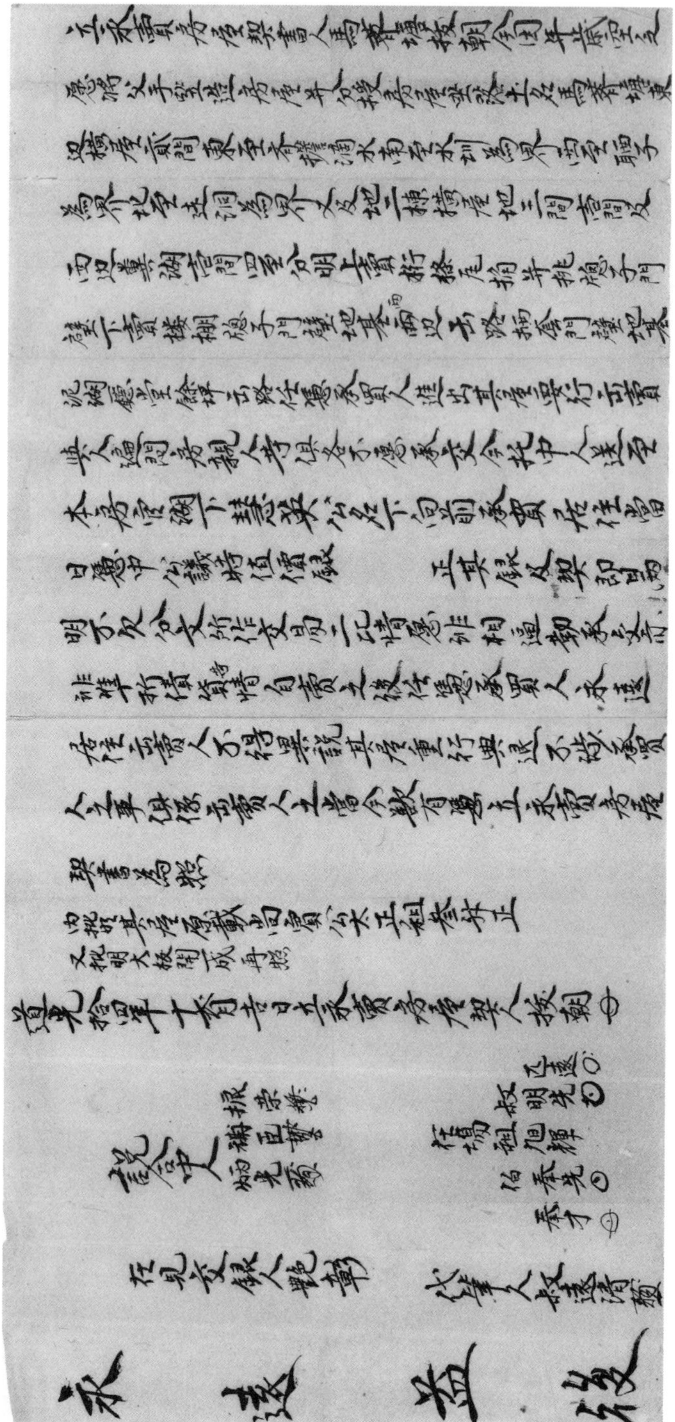

道光十四年　长溪

赖孟潜太位下竭事达轩、惟贵等立约本支胜彭本利钱字

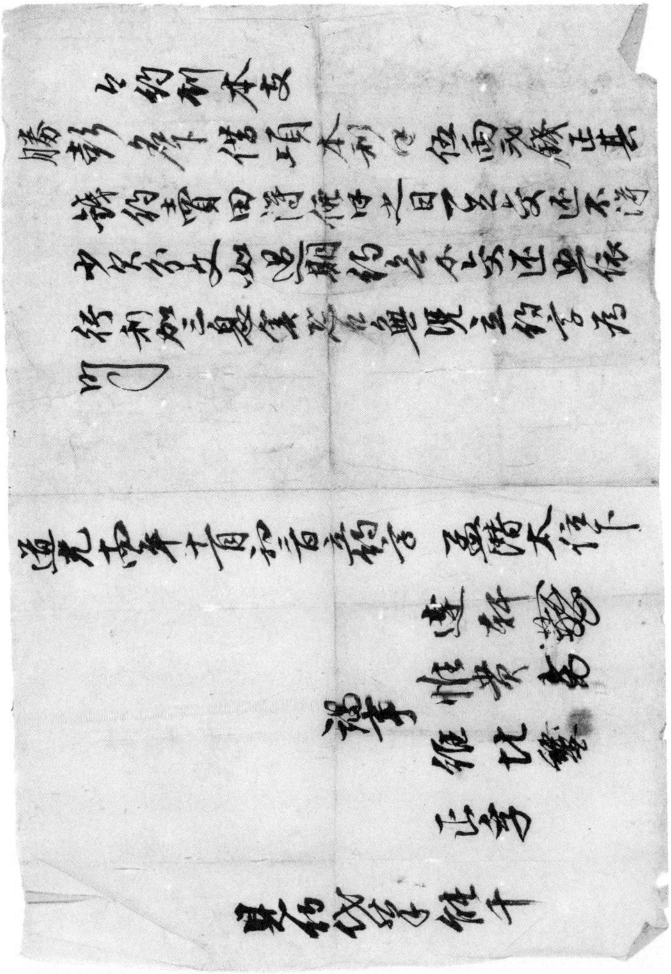

道光十四年　长溪

赖昭苟立收本家会英伯退田价铜钱字

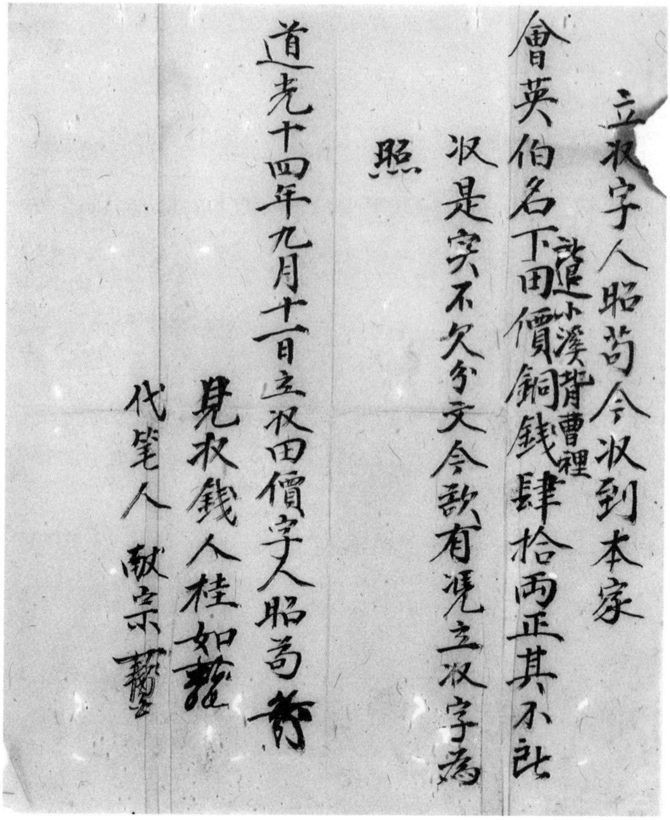

立收字人昭苟今收到本家

會英伯名下田退小溪背曹裡價銅錢肆拾両正其不訖

收是實不欠分文今欲有憑立收字為

照

道光十四年九月十一日立收田價字人昭苟（押）

見收錢人桂如（押）

代笔人　献宗（押）

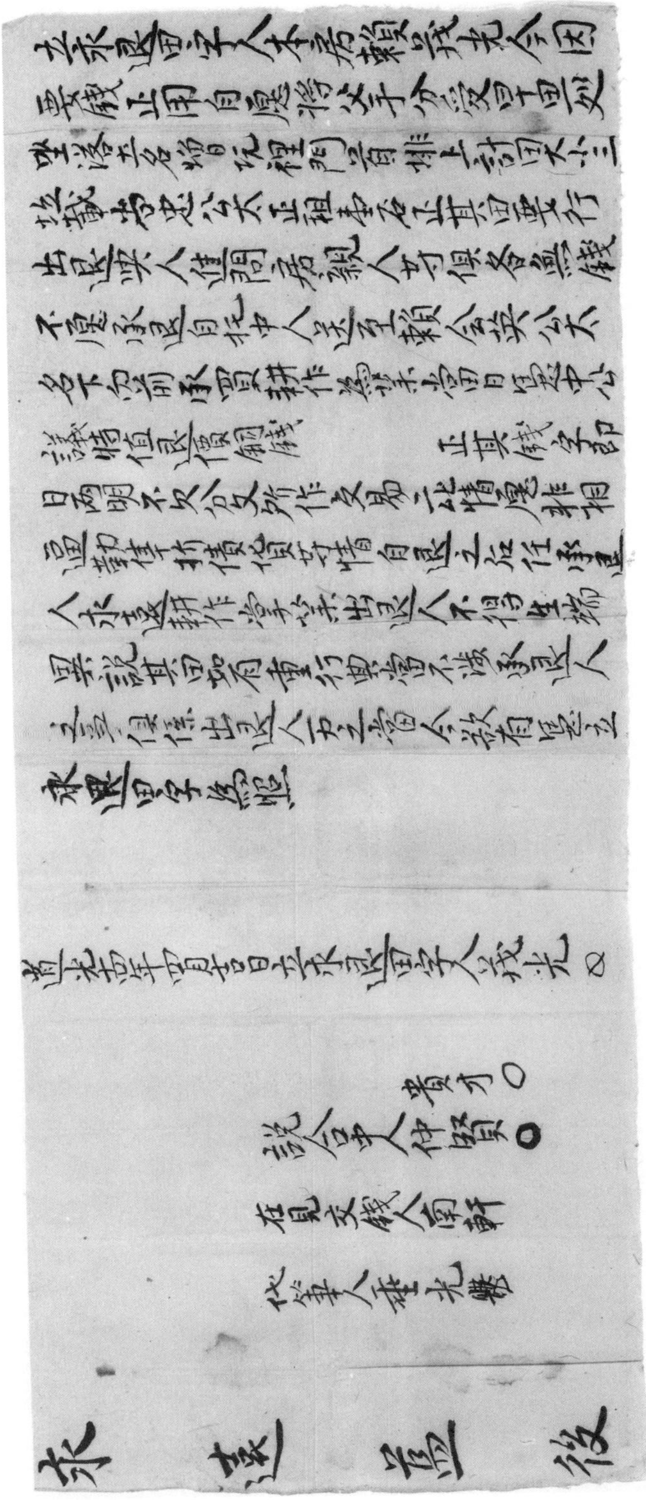

道光十四年　长溪
茂光立永退田予本房赖会英公太字

道光十四年　长溪

茂光立足收本房会英公退田价铜钱字

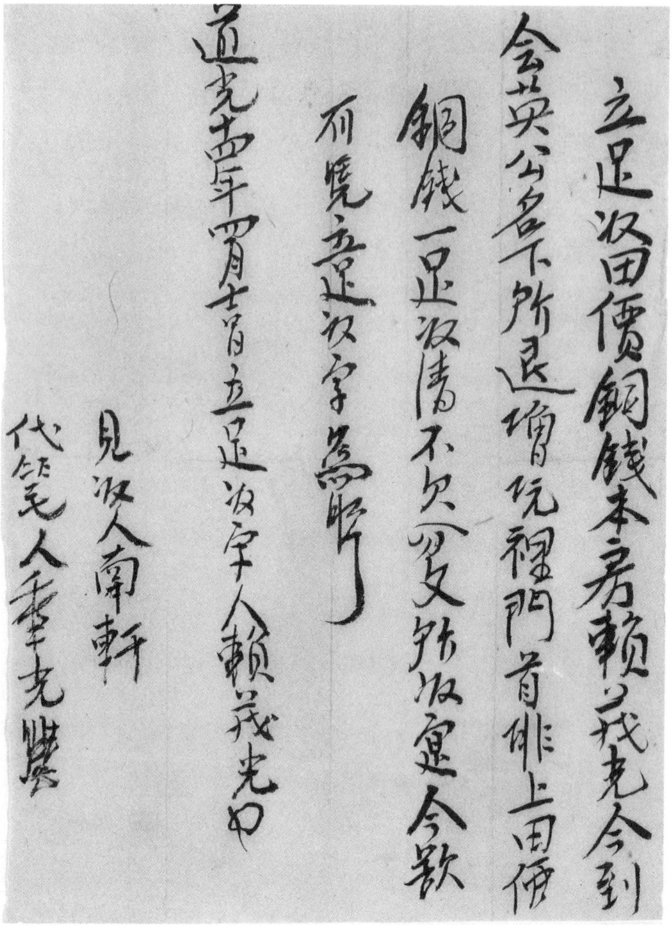
立足收田價銅錢本房賴茂光今到
會英公名下所退增坑裡門首排上田價
銅錢一足收清不欠分文所收寔今欲
有憑立足收字為照
見收人南軒
代筆人秉光
道光十四年四月十一日立足收字人賴茂光

道光十四年　长溪

孟潜公太位下房长、嗣孙顶如等立质借会英文侄铜钱字

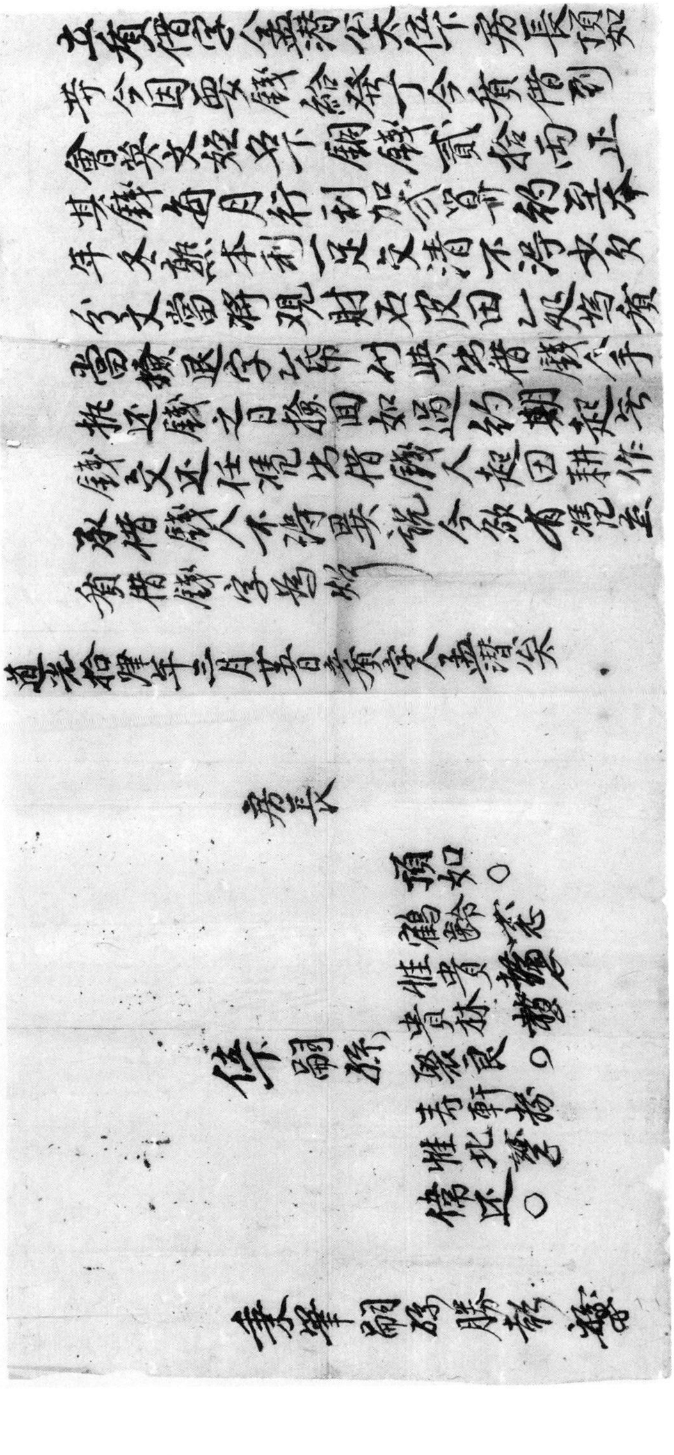

道光十四年　长溪

明先立税慧英公房屋字

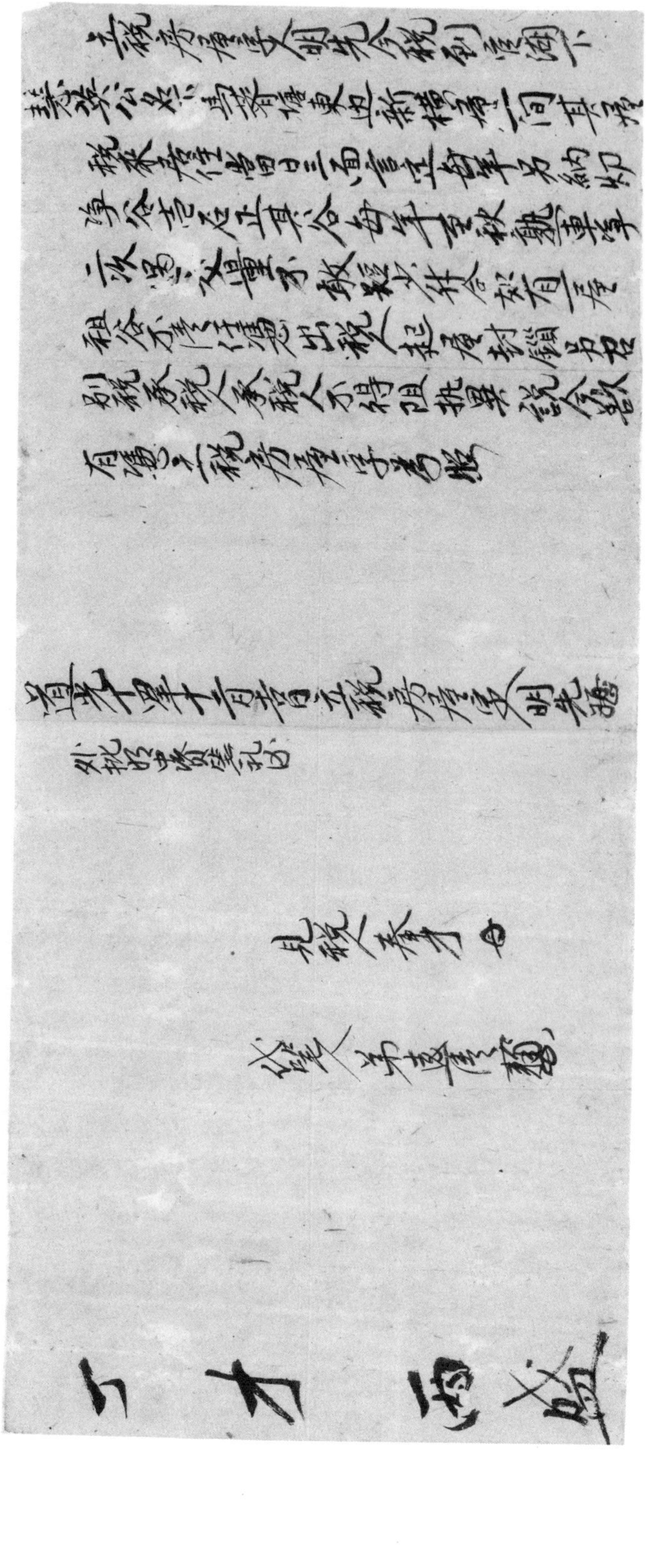

立税房屋字人明先，今税到房侄[illegible]下
慧英公名下，[illegible]东边新楼屋一间，其屋系
[illegible]三面言定每年另纳[illegible]
[illegible]
[illegible]
[illegible]
别税，系税人承税人不得阻挑异说，今欲
有凭，立税房屋字为照。

道光十四年十二月廿日立税房屋字人明先[illegible]
外批[illegible]

[illegible]

代笔人[illegible]

丁才两盛

道光十四年　长溪
明先立暂卖房屋予本房慧英公字

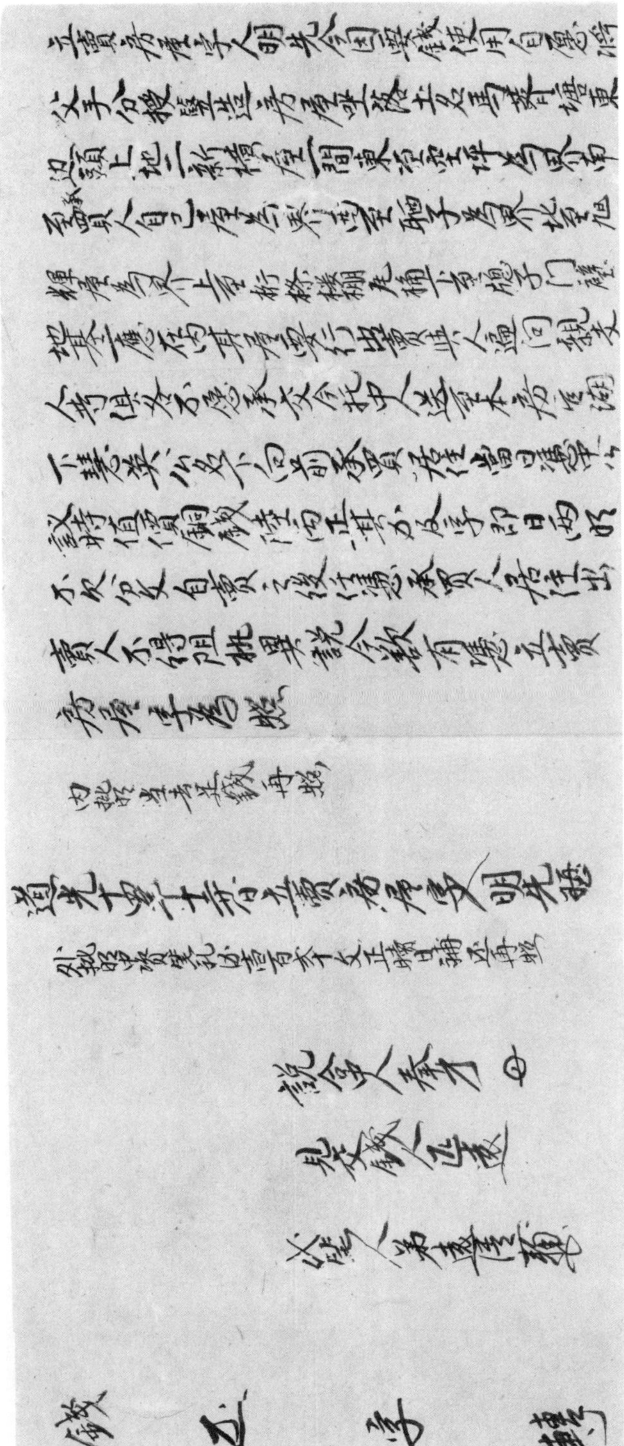

道光十四年　长溪

明先立足收本房慧英公买屋价铜钱字

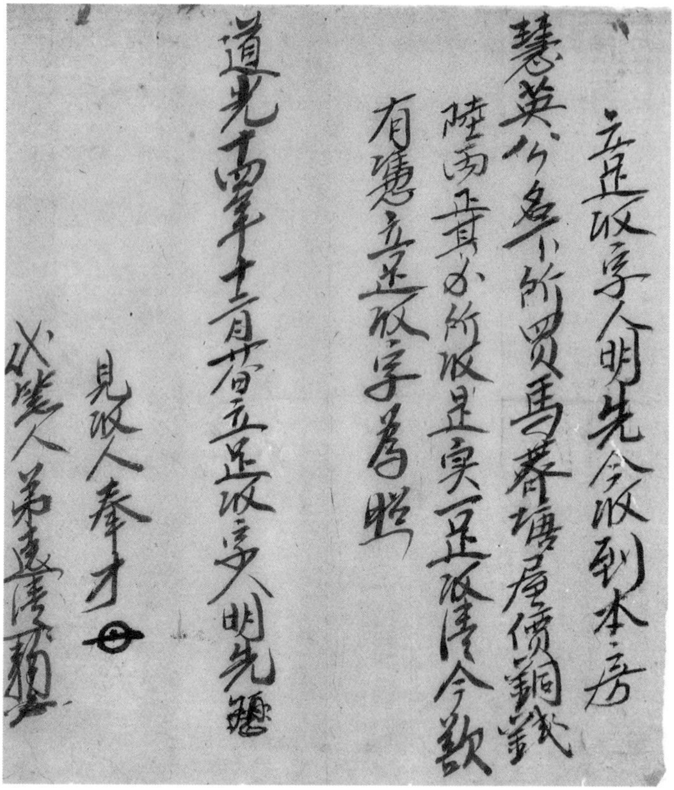
立足收字人明先今收到本房
慧英公名下所買馬蓉塘屋價銅錢
陸兩正其名下所收足實正足收清今欲
有憑立足收字為照
道光十四年十二月廿五日立足收字人明先親筆
見收人奉才
代筆人弟遠清

道光十四年 长溪

温配华立永退皮骨田予赖象清字

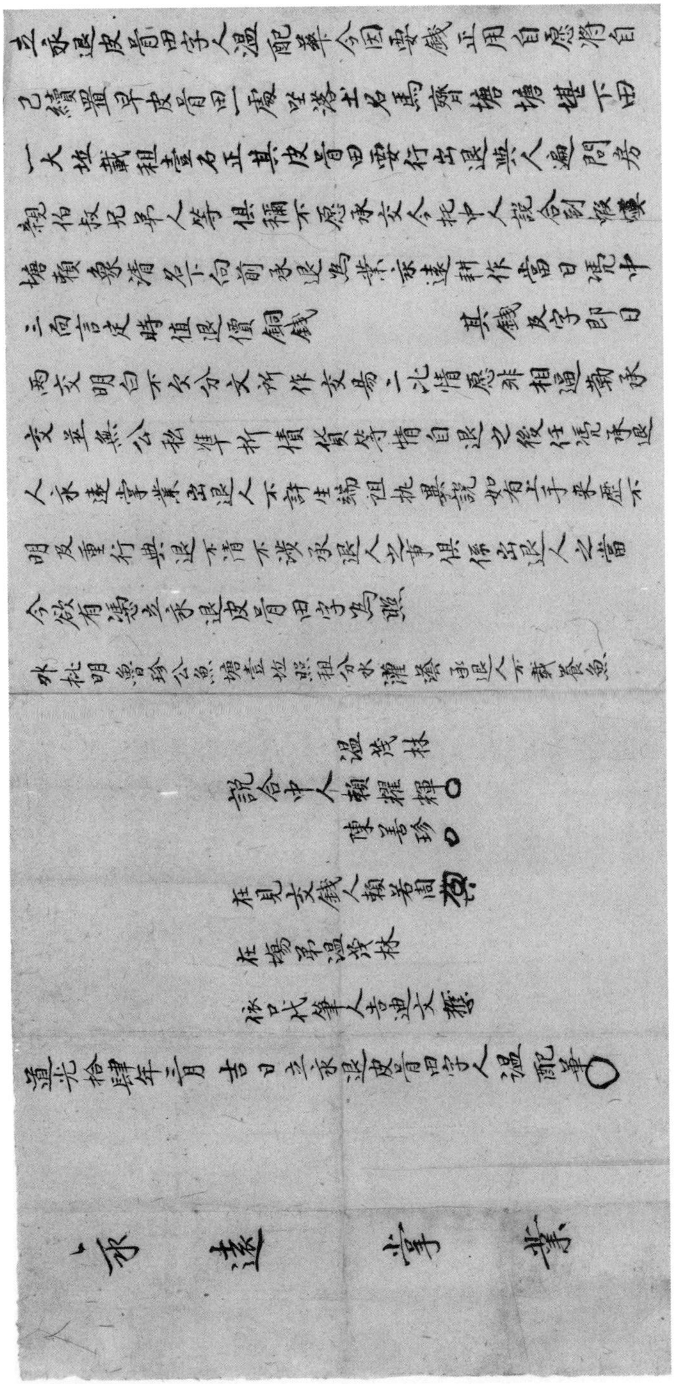

立永退皮骨田字人温配華，今因要錢正用，自愿將自己續置早皮骨田一處，坐落土名馬齊塘塘墘下田一大坵，載租壹石正。其皮骨田要行出退，盡問房親伯叔兄弟人等，俱稱不愿承交。今托中人說合到賴塘賴象清名下向前承退爲業，前去耕作。當日憑中三面言定時值退價銅錢　　　其錢及字即日兩交明白，不少分文。於作交易，二比情愿，非相逼勒承交，並無公私准折債貨等情。自退之後，任憑承退人永遠掌業，出退人不許生端阻執異說。如有上手來歷不明及重行典退不清，不涉承退人之事，俱係出退人之當。今欲有憑，立永退皮骨田字為照。

外批明出骨珍公名塘壹坵照租谷水灌溉承退人不敢異意

說合中人　温茂林

　　　　　賴耀輝○

　　　　　陳善珍○

在見交錢人　賴若周○

在場弟　温茂林

依口代筆人　吉連文○

道光拾肆年三月吉日立永退皮骨田字人温配華○

永遠掌業

道光十四年　长溪

艳章立约到会英叔铜钱字

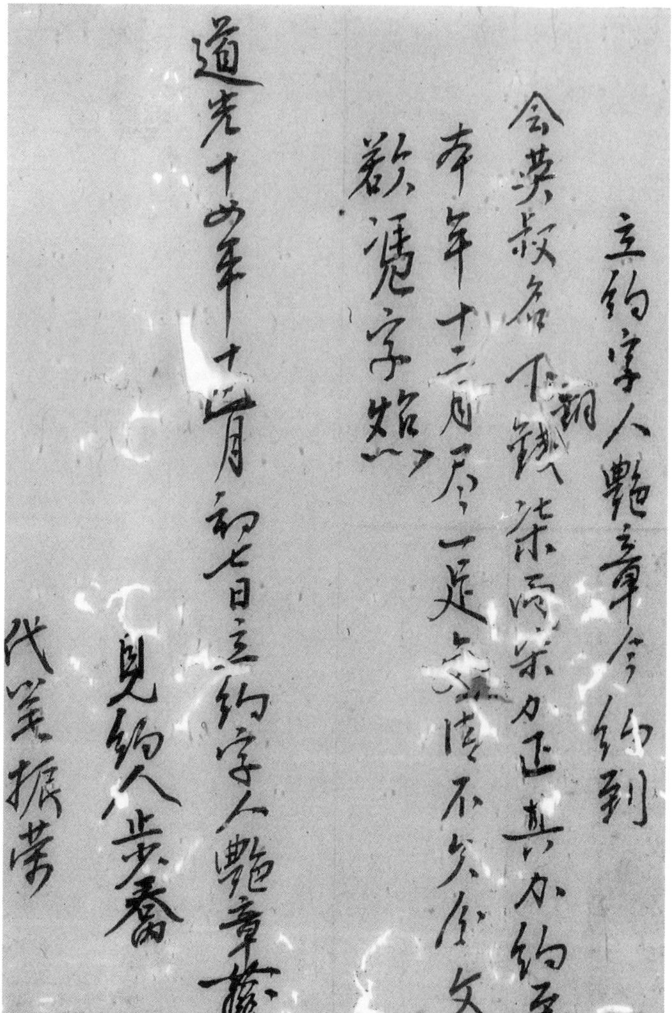

立約字人艷章今約到

會英叔名下銅錢柒兩柒分正其分約至

本年十二月尽一足交清不少分文

欲後憑字照

道光十四年十二月初七日立約字人艷章（押）

見約人步泰

代筆振荣

道光十四年　长溪
涌泉立暂退田予本房含馨弟字

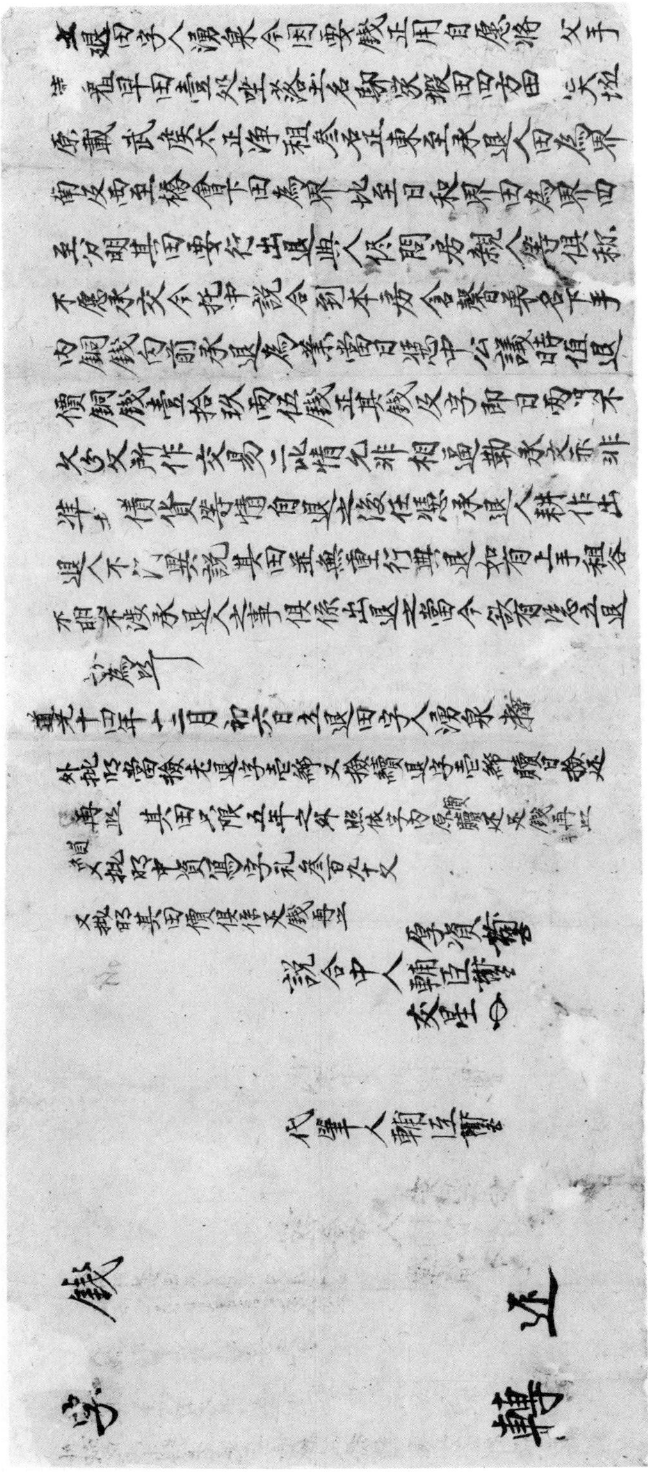

道光十四年　长溪

余太姚立收赖伯循太位下会钱字

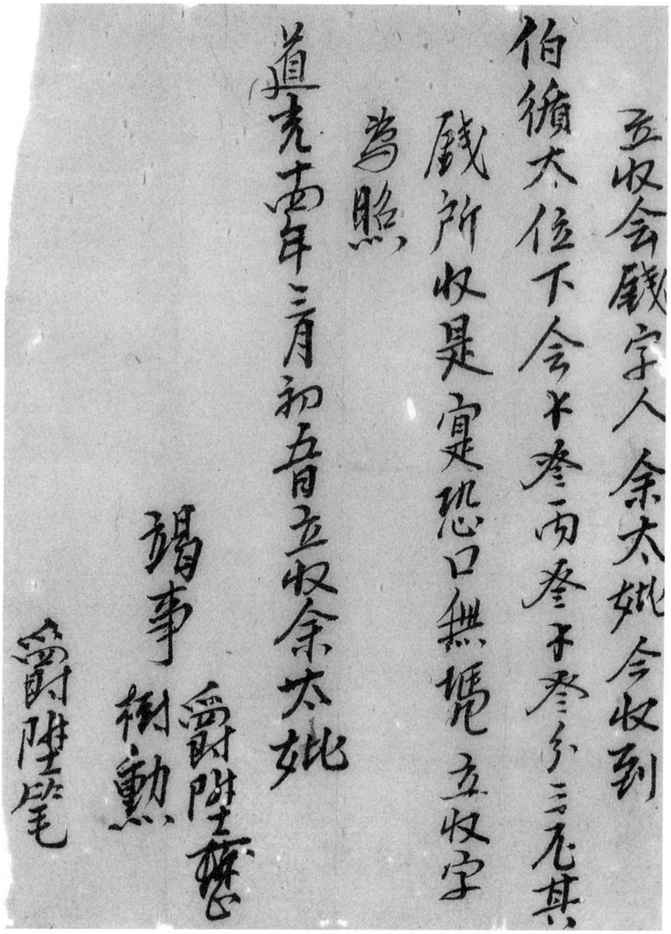

立收会钱字人余太姚今收到

伯循太位下会半叁两叁千叁分三厘其

钱所收是实恐口无凭立收字

为照

道光十四年三月初五日立收余太姚

唱事　爵陞懋　树勋

爵陞笔

道光十四年 长溪

昭苟立足收会英伯买田价钱字

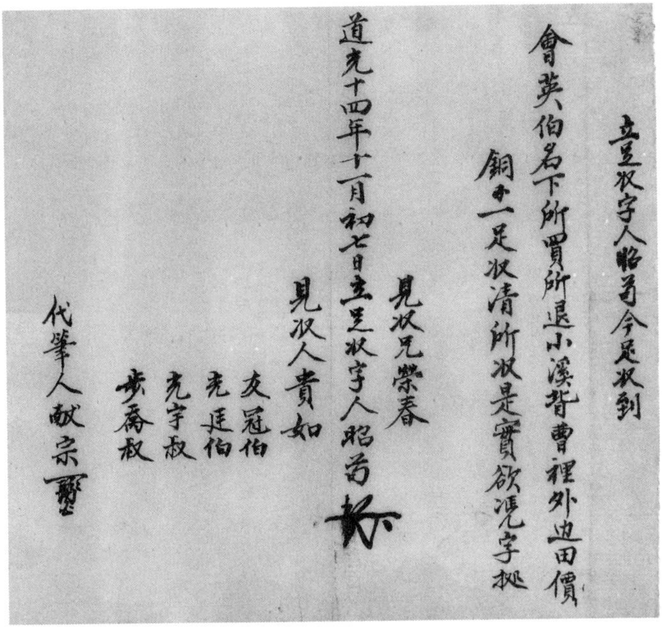

立足収字人昭苟今足収到

會英伯名下所買所退小溪背曹裡外边田價

銅廿一足収清所収是實欲凭字拠

見収兄榮春

道光十四年十一月初七日立足収字人昭苟

見収人貴如

友冠伯

光廷伯

光宇叔

步喬叔

代筆人献宗

道光十四年　长溪　志仁立暂退田予自南兄字

立暂退田字人志仁今因要钱正用自
愿将父手分授早田壹坵坐落土名小
溪坵角菖日裡計田壹坵大边東至余柒
伯田為界南至自南田為界西至光
字叔田為界北至光字叔田為界四
至分明其田要行出退與人請問兄
弟人等今托中說合到自南兄名下
內當前承退為業當日憑中公議時值
價銅錢壹拾肆兩正其錢及字即
日兩明不欠分文所作交易二比
情允非相逼勒準折債貨等情
自退之後任憑承退人耕作出退
人不得異說今欲有憑立暫退字為
照
外批明當年穀納如谷弍石正
道光十四年三月十五日立暫退田字人志仁　押
又批明其退田以后有文赎日補還無利內照
說合中胞兄乘春
代筆抗華

永遠益發

道光十五年 长溪 君怄立永退田塘予胞弟茂光字

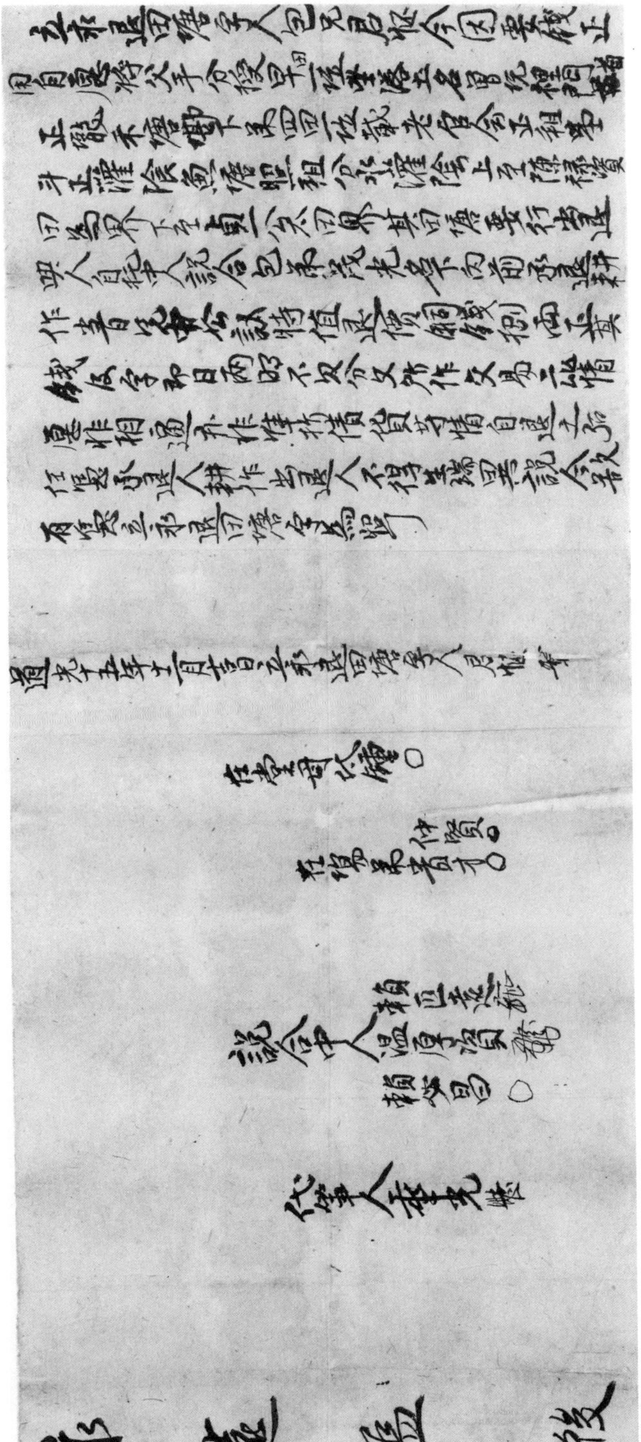

道光十五年　长溪
君恆立足收胞弟茂光退田价铜钱字

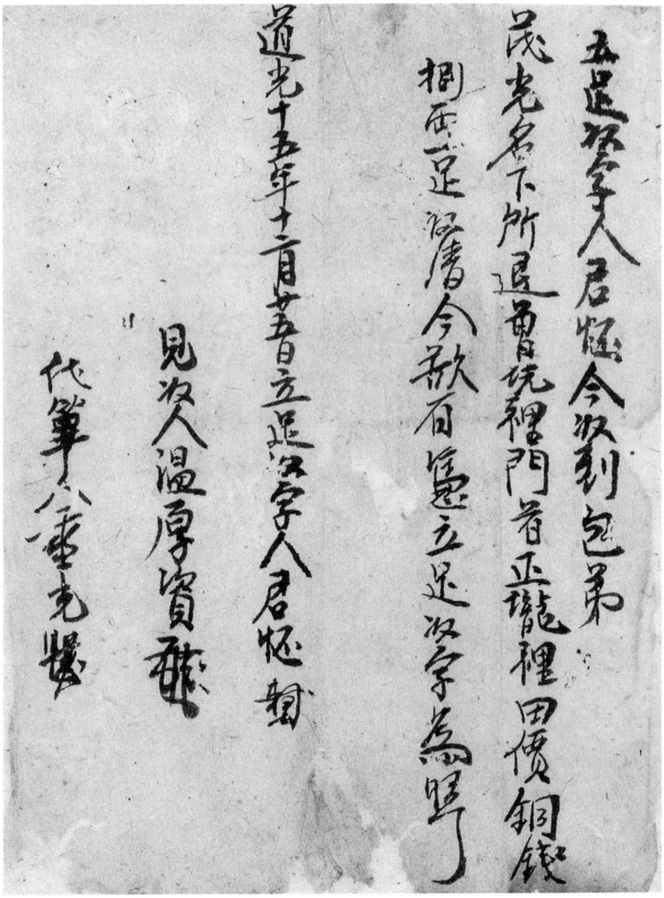
立足收字人君恆，今收到胞弟
茂光名下所退曾坑裡門首巫壟裡田價銅錢
捌[illegible]足，[illegible]清，今欲有憑，立足收字為照
道光十五年十二月廿三日立足收字人君恆（押）
見收人溫厚資（押）
代筆人[illegible]光（押）

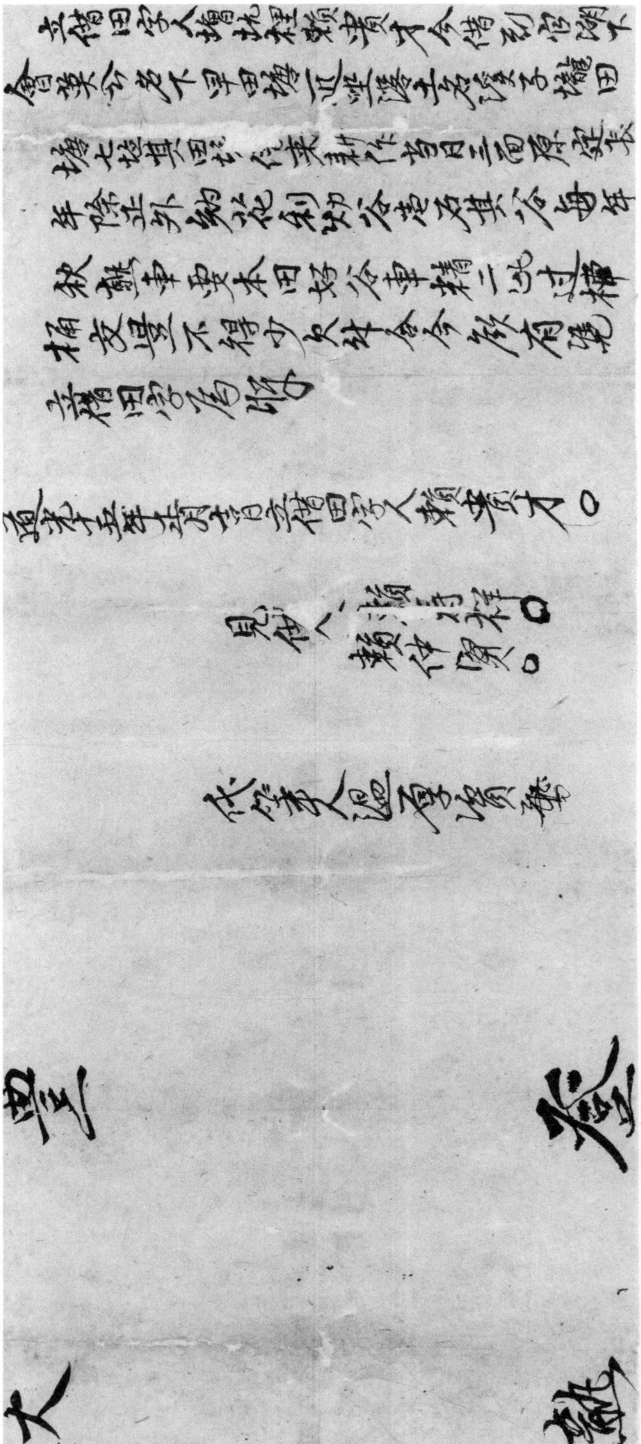

道光十五年　长溪
赖贵才立暂退皮骨田予本房会英公字

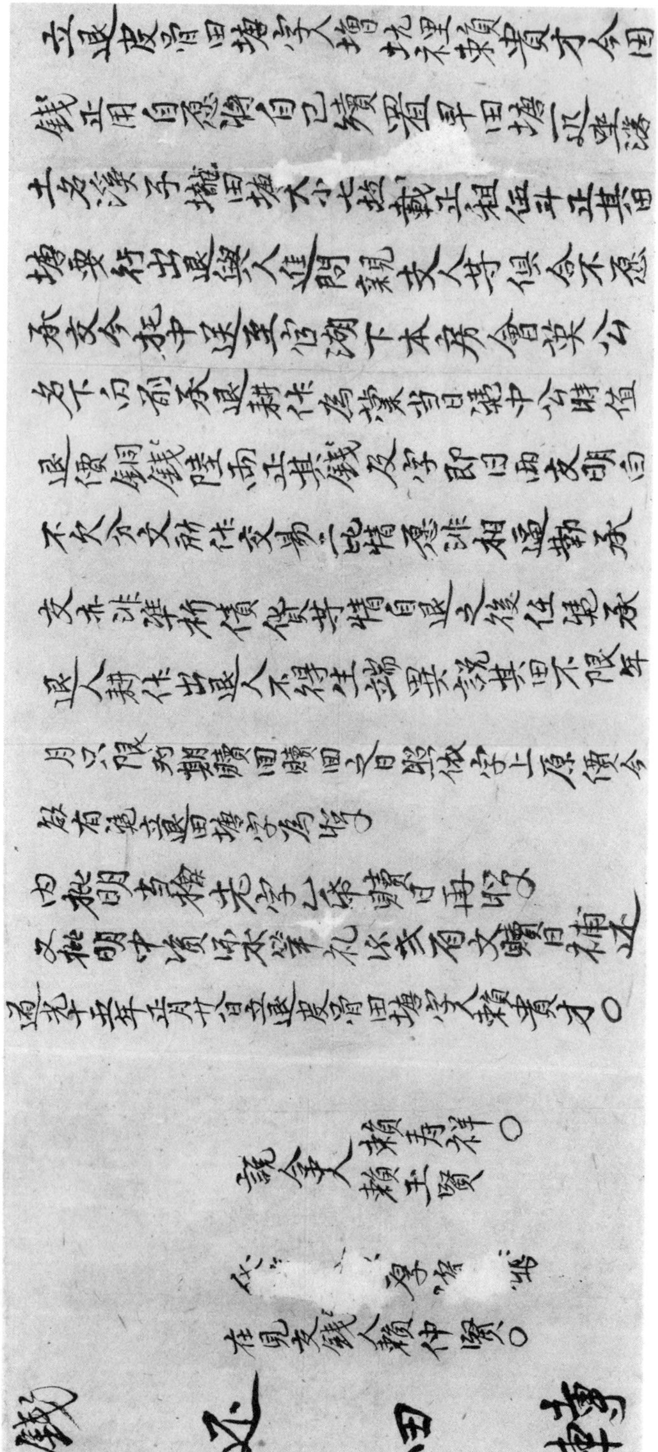

道光十五年　长溪

赖孟潜公太位下嗣孙房长桂林等立永退田塘予本族慧英字

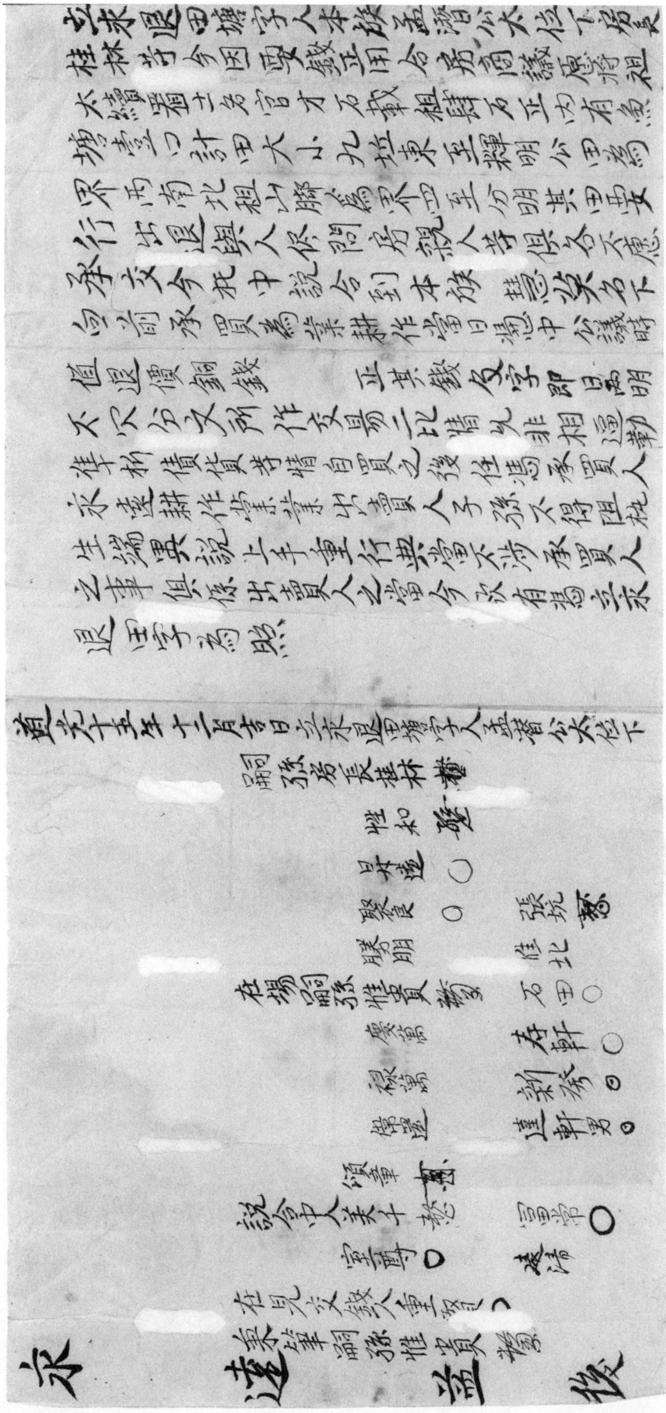

道光十五年　长溪

孟潜公太位下房长贵林等立足收会英买田塘铜钱字

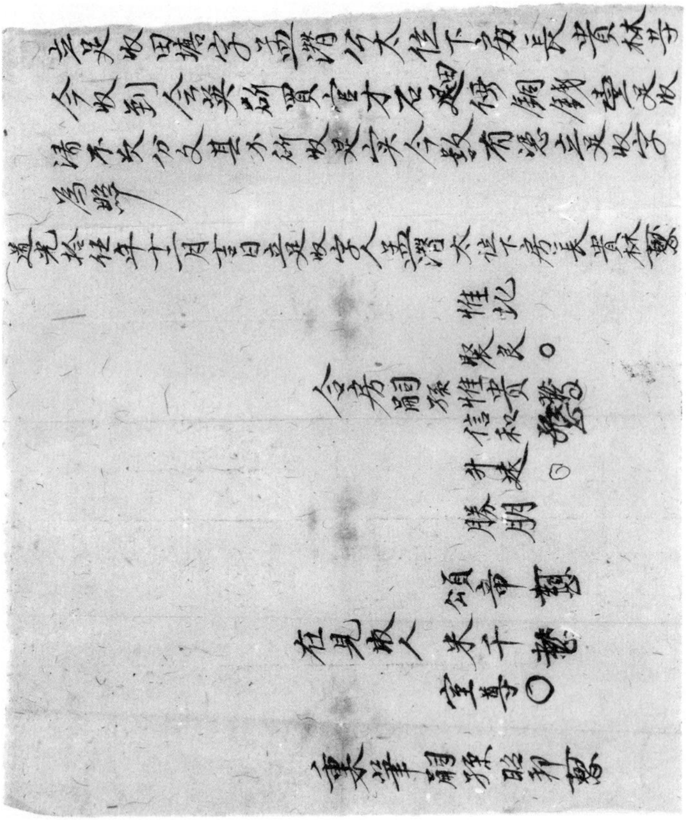

立足收因據字孟潜公太位下房長貴林等
今收到會英出買田塘土名趙塘銅錢壹千文收
清不欠分文且不欠收足字今欲有憑立足收字
為照

道光拾伍年十二月十三日立足收字人孟潜太位下房長貴林（押）

惟兆
聚良○

會房嗣孫　信惟
和貴（押）

升連
勝明○

頌章（押）

在見收人　朱干（押）
宣尊○

代筆嗣孫聯孙（押）

道光十五年　长溪

孟潜公位下房长贵林立质皮田借会英兄铜钱字

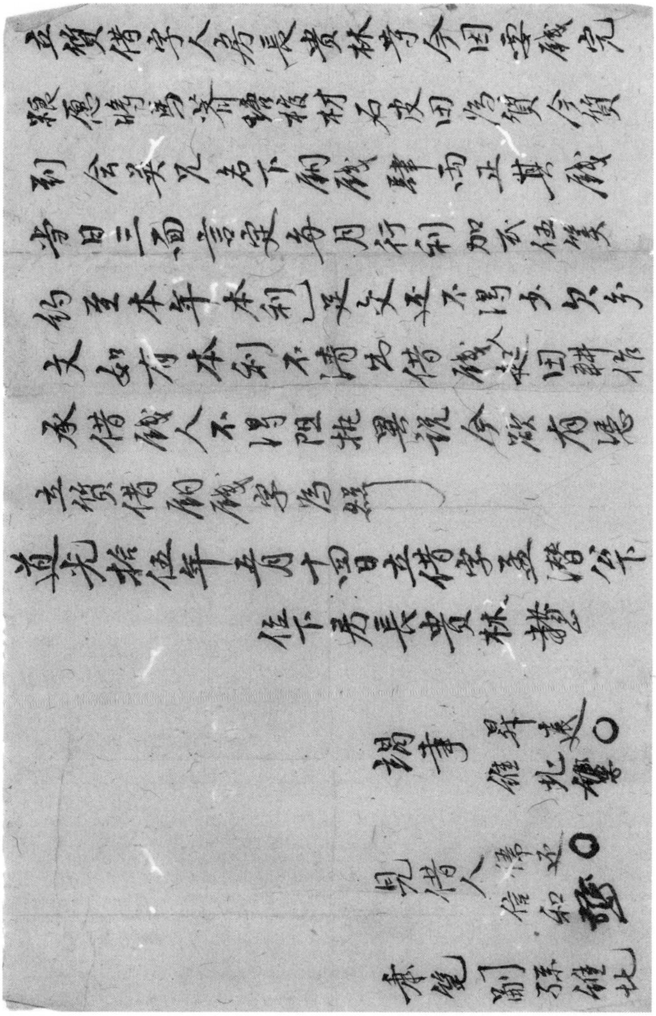

道光十五年　长溪

孟潜太位下嗣孙房长应德、庆万等立足收本族会英暂卖骨租田价钱字

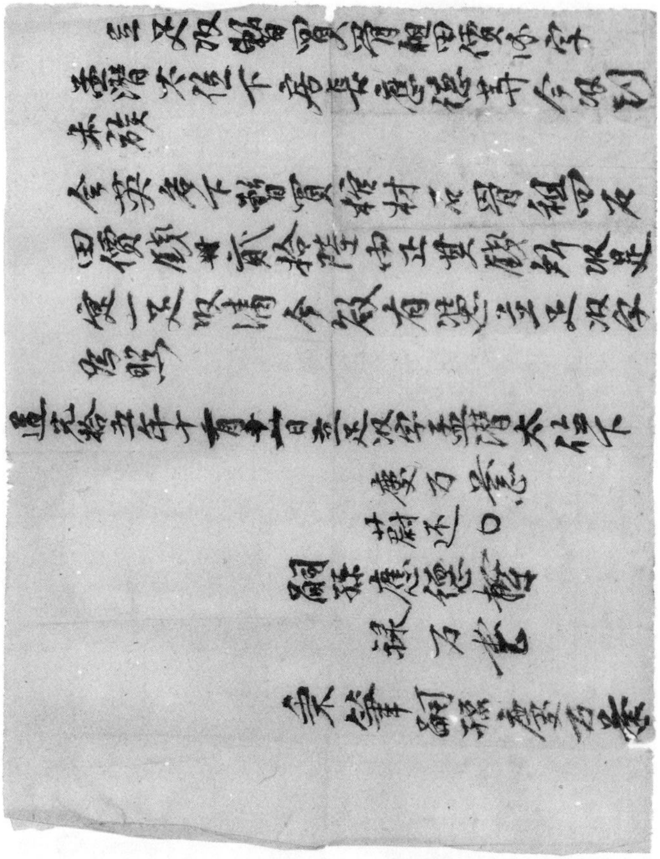

道光十五年　长溪
惟贵立领到会英买皮田契字

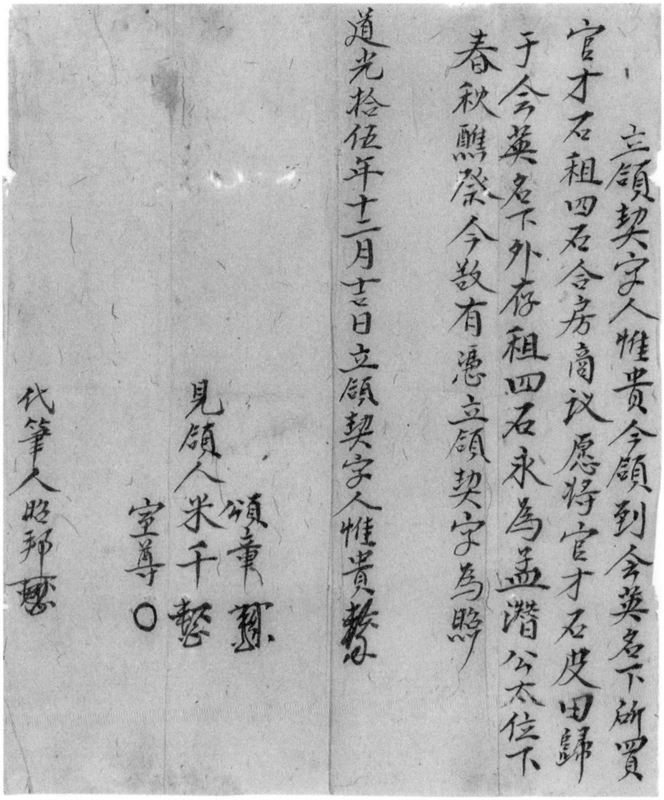

立領契字人惟貴今領到会英名下所買
官才石租四石合房商議愿将官才石皮田歸
于会英名下外存租四石永為孟潛公太位下
春秋醮祭今欲有憑立領契字為照

道光拾伍年十二月十二日立領契字人惟貴（押）

見領人　領章（押）
　　　　米千（押）
　　　　室尊　○

代筆人昭邦（押）

道光十五年　长溪

旭辉立足收本房慧英公买屋铜钱字

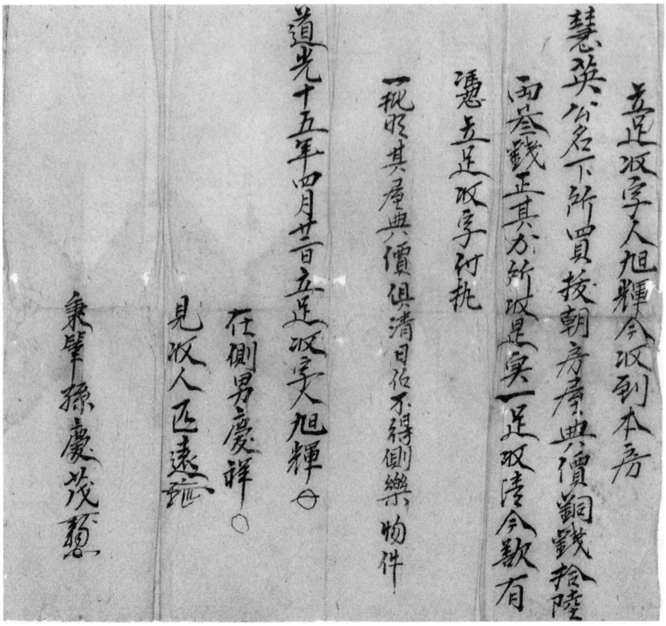

立足收字人旭輝今收到本房
慧英公名下所買接朝房屋典價銅錢拾陸
兩叁錢正其分所收是實一足收清分數有
憑立足收字付執
一批明其屋典價俱清日后不得側樂物件
道光十五年四月廿三日立足收字人旭輝
在側男慶祥
見收人丘遠疏
秉筆孫慶茂題

道光十六年　长溪
拔朝立足收会英公买塘价及山价铜钱字

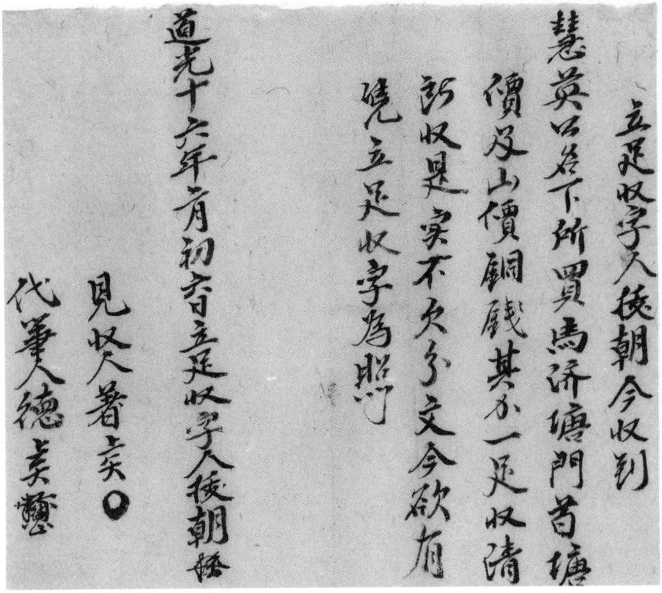
立足收字人拔朝今收到
慧英公名下所買馬济塘門首塘
價及山價銅錢其分一足收清
訖收是實不欠分文今欲有
憑立足收字為照
道光十六年肓月初六日立足收字人拔朝
見收人著美
代筆人德美

道光十六年　长溪

翠尧立足收本房会英伯买田价银字

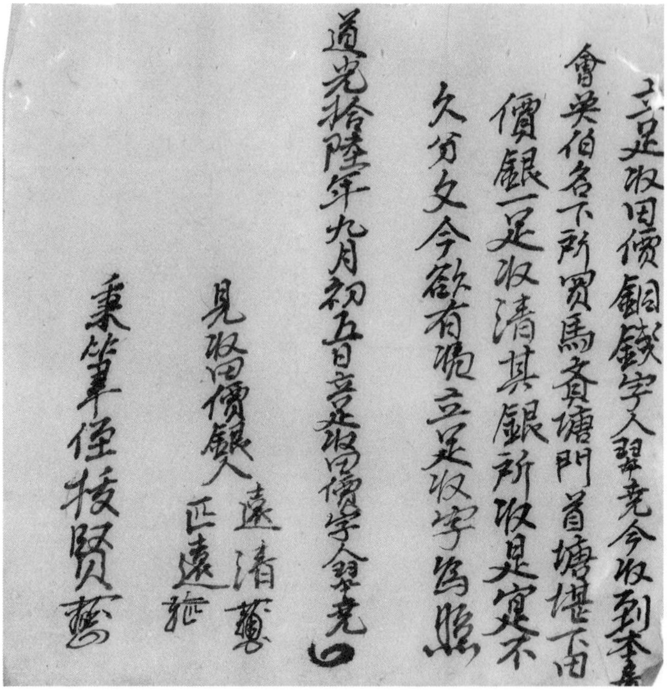
立足收田價銅錢字人翠尭今收到本房
會英伯名下所買馬脊塘門首塘堪下田
價銀一足收清其銀所收是實不
欠分文今欲有憑立足收字為照
道光拾陸年九月初五日立足收田價字人翠尭
見收田價銀人 遠清
匠遠
秉筆侄 接賢

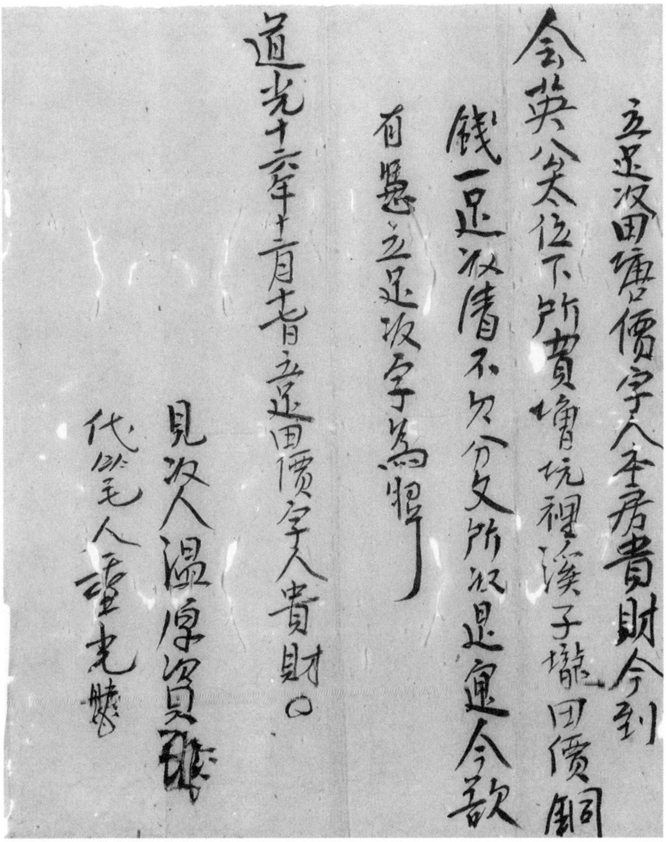

立足收田塘價字人本房貴財今到
會英公太位下所買增坑裡溪子塅田價銅
錢一足收清不欠分文所收是實今欲
有憑立足收字為據
道光十六年十二月十二日立足收田價字人貴財
見收人溫厚資
代筆人[illegible]光

道光十六年　长溪
贵才立足收到本房会英公太位下买田塘价钱字

道光十六年　长溪

君怄立足收本房会英公太买山铜钱价字

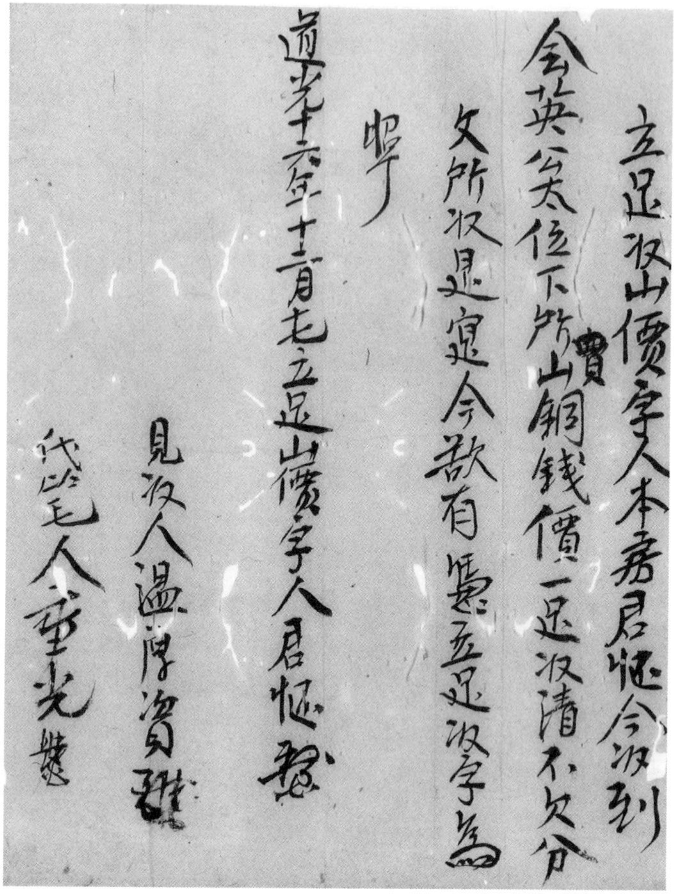

立足收山價字人本房君怄今收到

會英公太位下所買山铜钱價一足收清不欠分

文所收是寔今欲有憑立足收字為

照

道光十六年十二月七日立足山價字人君怄親

見收人温厚資親

代筆人重光筆

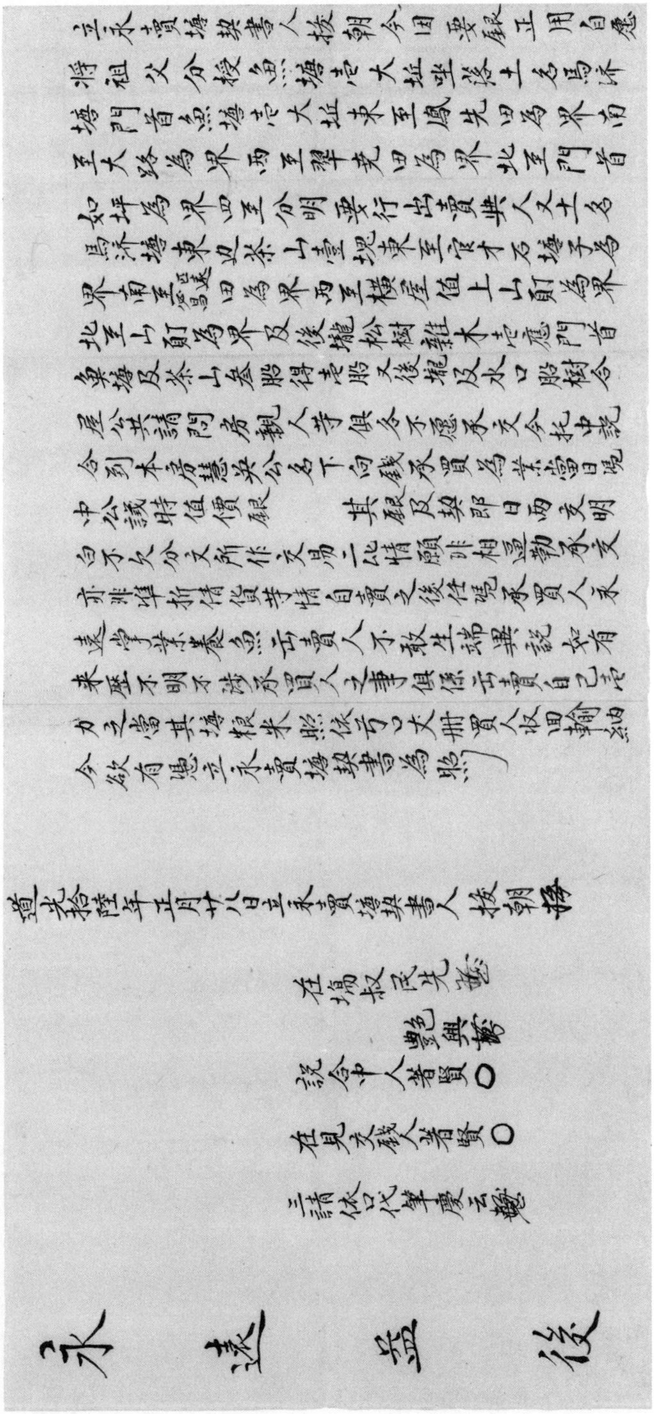

立永賣塘契書人拔朝今因要銀正用自愿
將祖父分授魚塘一口大坵坐落土名馬濟
塘門首魚塘一口大坵東至鳳先田為界南
至大路為界西至翠華先田為界北至門首
如坪為界四至分明要行出賣與人又土名
馬濟塘東邊茶山壹塊東至宜才石塘子為
界南至路邊田為界西至樓屋值上山頂為界
北至山頂為界及後壠松樹雜木一應門首
魚塘及茶山盡照得契照又後壠及水口照樹合
屋公共請問房親人等俱各不愿承交今托中說
合到本房慧英公名下向前承買為業當日憑
中公議時值價銀　其銀及契即日兩交明
白不欠分文所作交易二比情愿非相逼勒承交
亦非準折債貨等情自賣之後任憑承買人承
遠掌業養魚亦賣人不敢生端異說如有
來歷不明不涉承買人之事俱係賣人自己出
力之當其塘糧米照依丁口文冊買人收回輸納
今欲有憑立永賣塘契書為照

道光拾陸年正月廿八日立永賣塘契書人拔朝（押）

在場叔　民先（押）

豐興（押）

說合中人　若賢○

在見交錢人　若賢○

請依口代筆　慶云（押）

永　遠　益　後

道光十六年　长溪
赖翠尧立永卖田予本房会英字

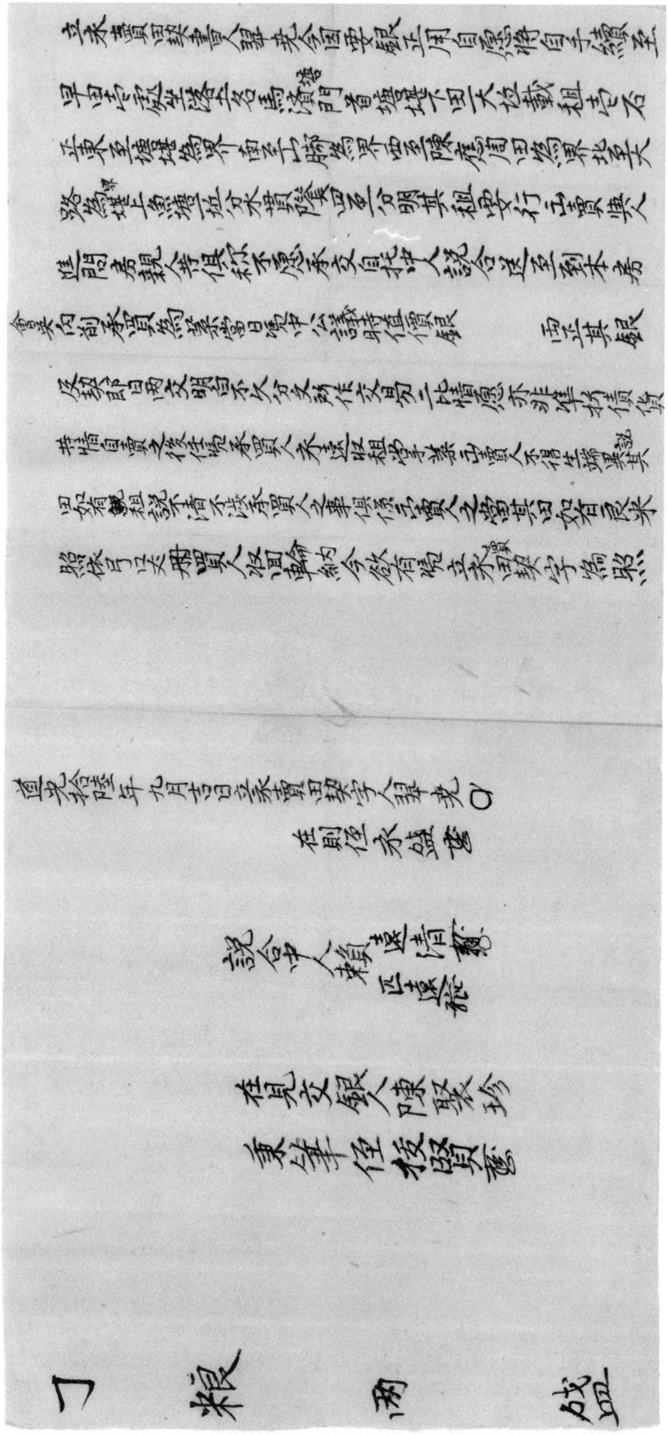

立永賣田契書人翠尧今因要銀正用自愿將自手續至
早田壹處坐落土名馬演門首塘堪下田一大坵載租壹石
正東至塘堪為界南至山脚為界西至陳應周田為界北至大
路為界堪上魚塘一坵分水貫隴四至分明其租要行出賣與人
進問房親人等俱称不愿承交自托中人說合送至到本房
會英內前承買為業當日憑中公議時值價銀　　兩正其銀
及契即日兩交明白不欠分文所作交易二比情愿亦非準折債貨
等情自賣之後任憑承買人永遠收租掌業出賣人不得生端異說其
田如有親租說不清不涉承買人之事俱係出賣人之當其田如有良米
照依号口去册買人收同輸納今欲有憑立永賣田契字為照

道光拾陸年九月吉日立永賣田契字人翠尧（押）
在則侄永盛（押）
說合中人賴遠清（押）
匹遠（押）
在見交銀人陳聚珍
秉筆侄梭賢（押）

丁粮兩盛

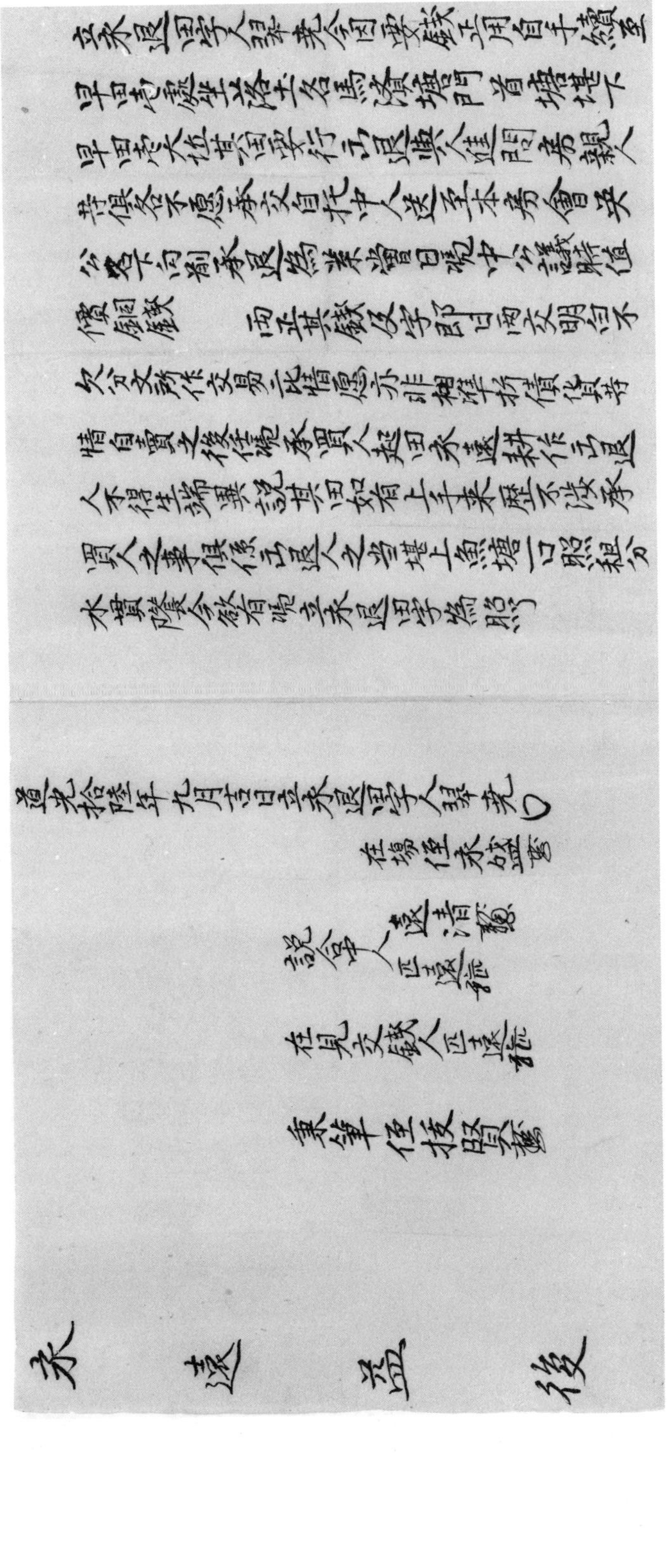

道光十六年　长溪

赖翠尧立永退田予本房会英公字

道光十六年　长溪

赖贵财立永卖田塘予本房会英公太位下字

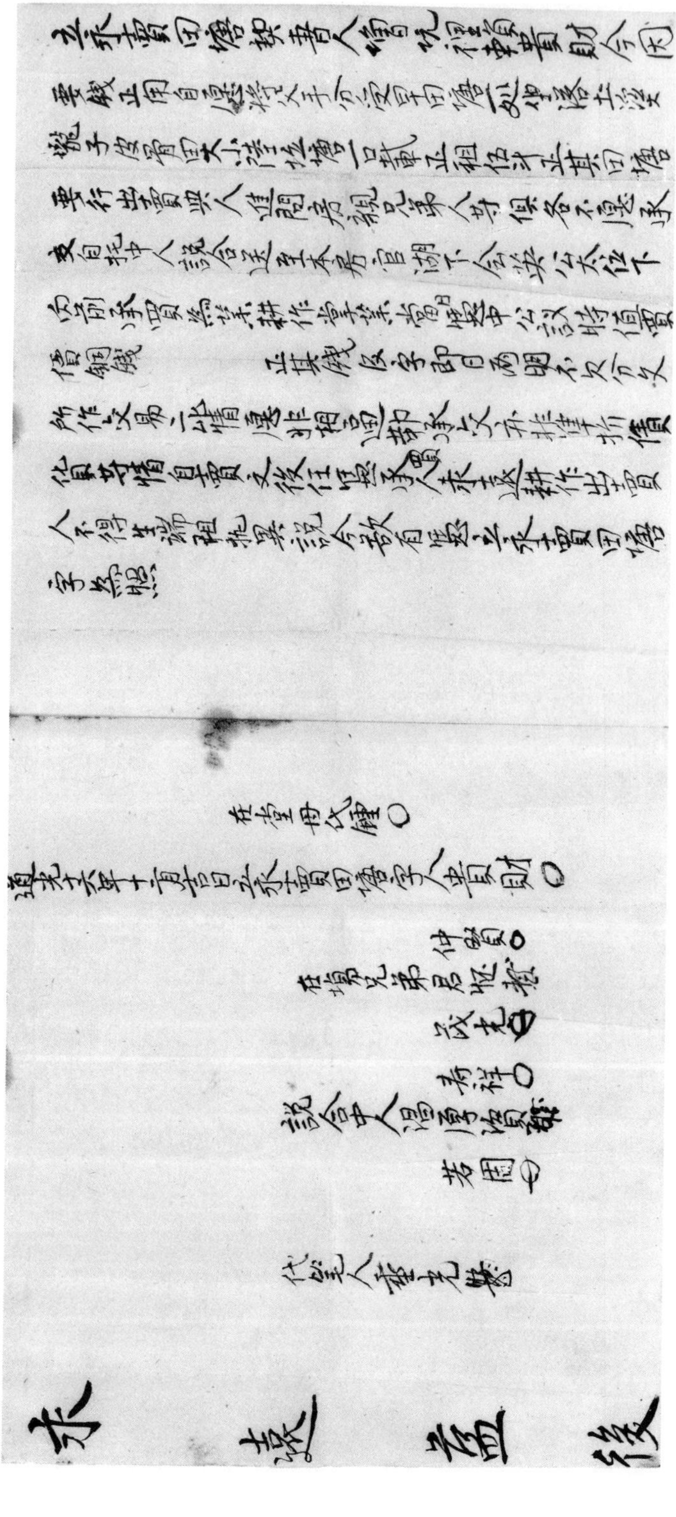

立永卖田塘契字人赖贵财，今因
要钱正用，自愿将父手所分受己下田塘一处，坐落[illegible]土名[illegible]
塅子坡安田大小[illegible]丘，塘一口，载租正租伍斗正，其田塘
要行出卖，先尽问亲房兄弟人等，俱各不愿承
受，自托中人说合，送至本房会英公太位下
向前承买为业耕作，当日凭中三面言议，时值价
价铜钱　　正，其钱即日两相交明，不欠分文。
所作之田，二比情愿，非相逼勒，系父手之业，亦非准折债
偿，自卖之后，任凭承买人永远耕作，出卖
人不得生端异说。今欲有凭，立永卖田塘
字为照。

在堂母仕娘○

道光十六年十月十二日立永卖田塘字人赖贵财○

在场兄弟　仲贤○　君相○　以光○　寿祥○

说合中人　赖茂贤○　芳周○

代笔人　赖光[illegible]

道光十六年　长溪
赖君怀立永卖松茶山予会英公位下字

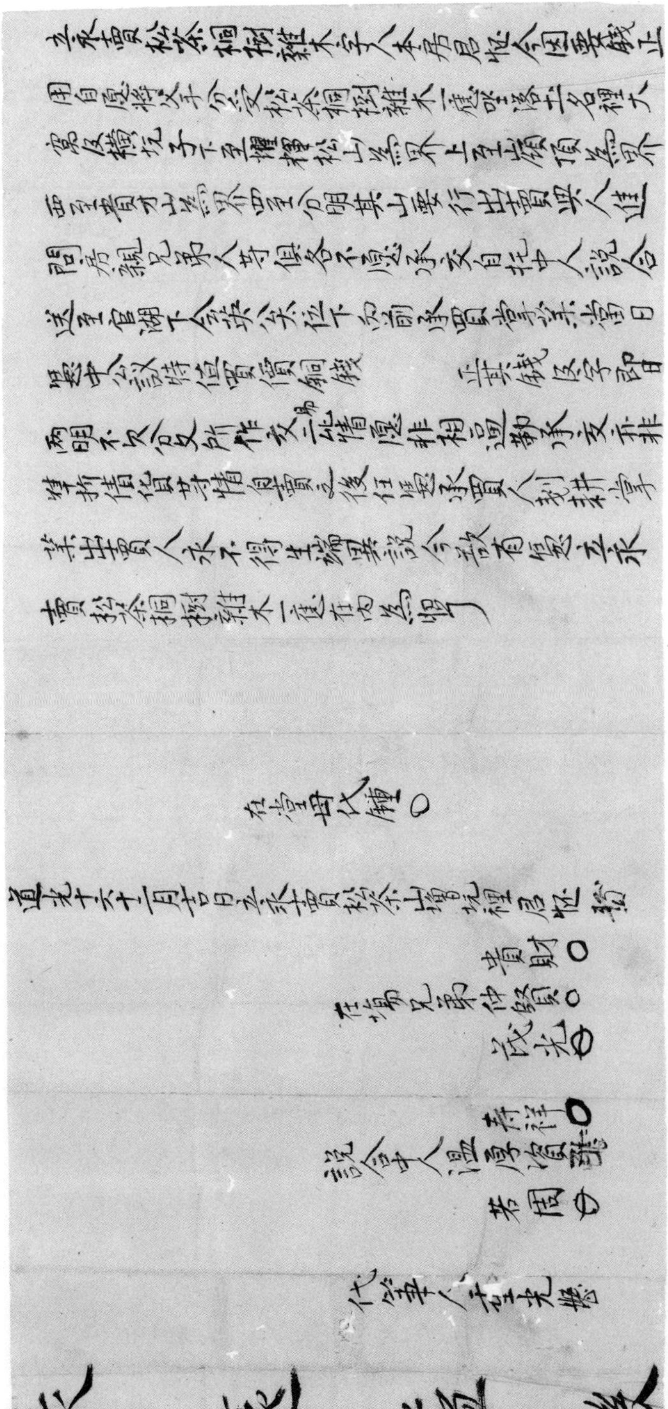

道光十六年　长溪

赖君怀立暂退松茶山予本房会英公太字

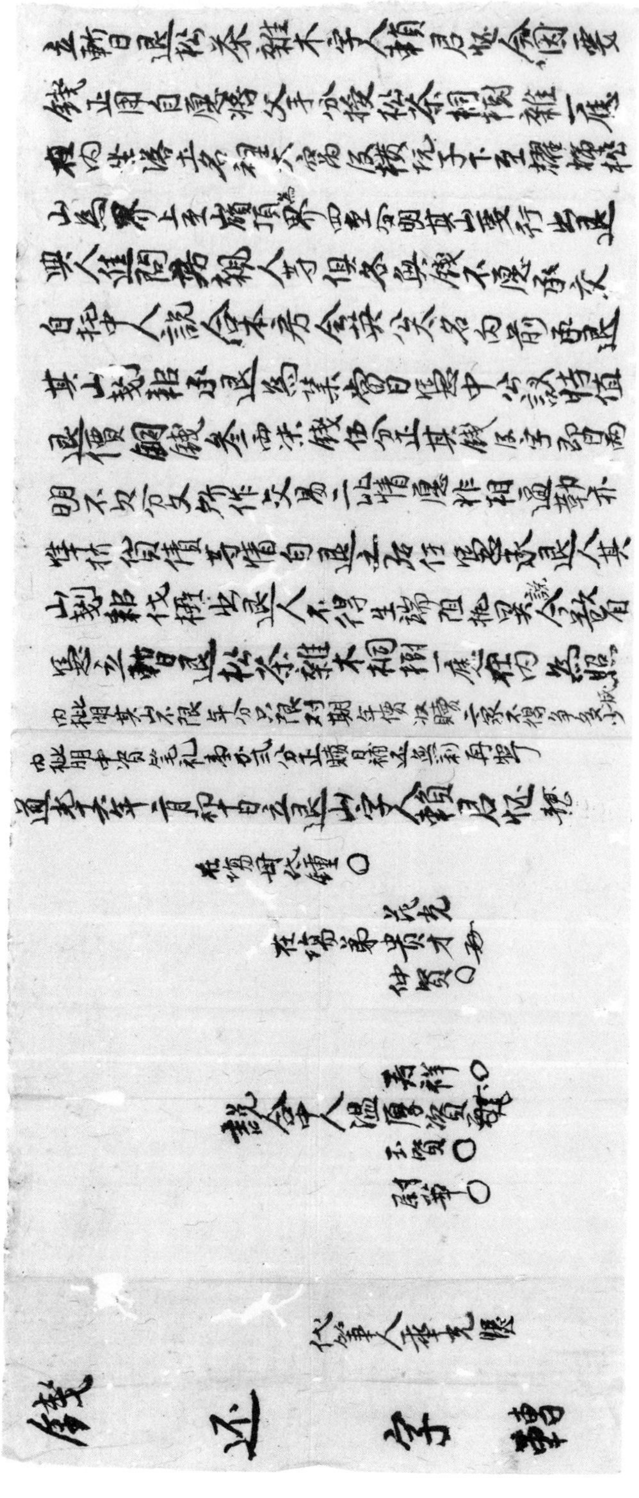

道光十六年　长溪
赖君恠立借会英公太所退松茶山字

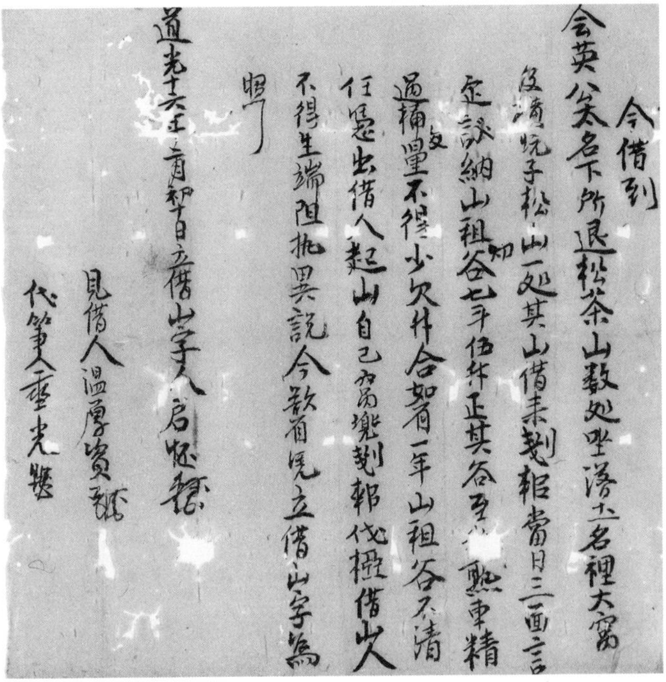

今借到
会英公太名下所退松茶山数处坐落土名裡大窩
及済坑子松山一処其山借来栽插当日三面言
定誌納山租谷七斗伍升正其谷至冬熟車精
遍稱量不得少欠升合如有一年山租谷不清
任憑出借人起山自己為變栽插伐樹借山人
不得生端阻挑異說今欲有憑立借山字為
照
道光十六年二月初十日立借山字人　君恠（號）
見借人　温厚資（號）
代筆人　垂光（號）

道光十六年　长溪
赖茂光立永退松茶山毛子芋子坑温任贤字

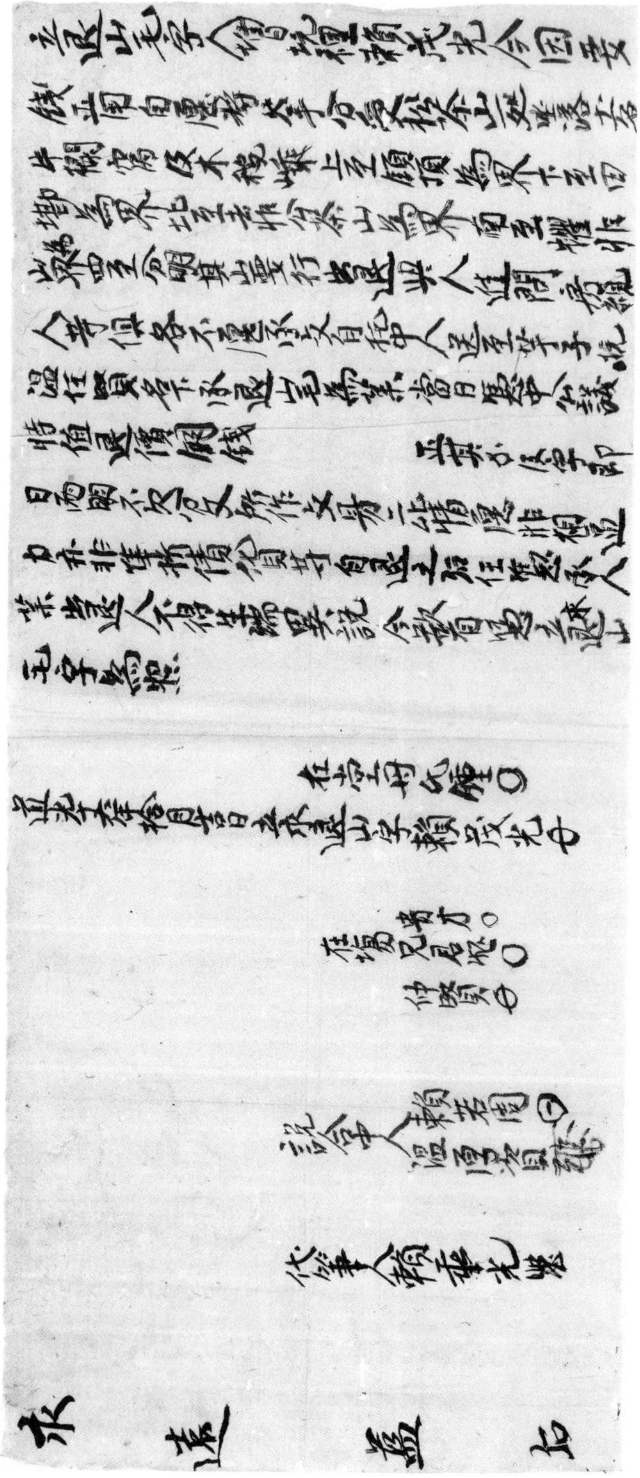

赖茂光立永退田塘予会英公太字

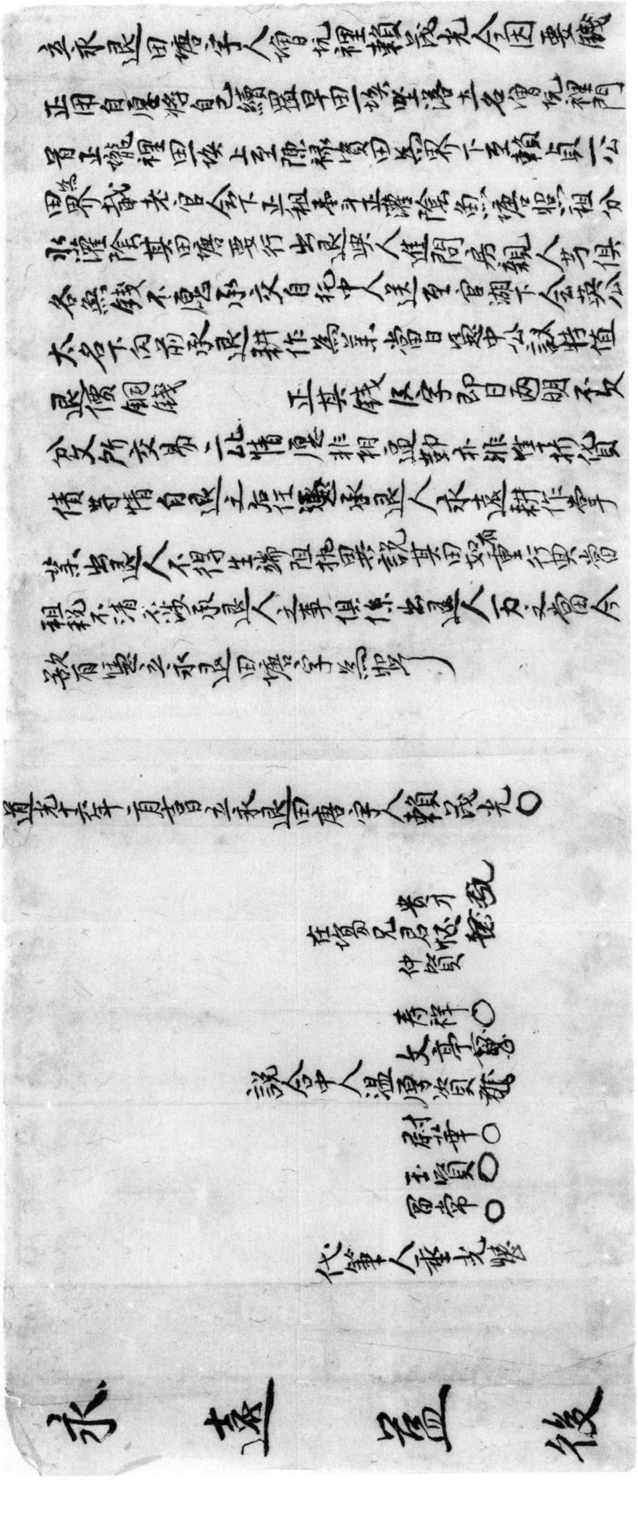
立永退田塘字人賴祀禮賴茂光，今因要錢
正用，自愿將自己續置早田一坵，坐落土名塘祀禮門
首上坑祀禮田一坵，上至陳林墳田，下至賴良一公
田界，[illegible]
[illegible]，其田塘要行出退與人，進問房親人等俱
各無錢不願承交，自托中人送至官湖下會英公
太公名下向前承退耕作為業。當日憑中三面言議值
退價銅錢　正，其錢係字即日兩明不欠
分文，所交是一比，情愿非相逼迫，[illegible]
倘有情自退之后，任憑承退人永遠耕作管業，
其出退人不得生端阻擋，[illegible]
租稅不清，不涉承退人之事，俱係出退人一力承當。今
欲有憑，立永退田塘字為照。
道光十六年二月十三日立永退田塘字人賴茂光○
在場兄弟 [illegible]
說合中人 [illegible]
代筆人 [illegible]
永遠管業

道光十六年　长溪

赖孟潜公太位下房长惟贵、竭士升远立质田谷租借会英铜钱字

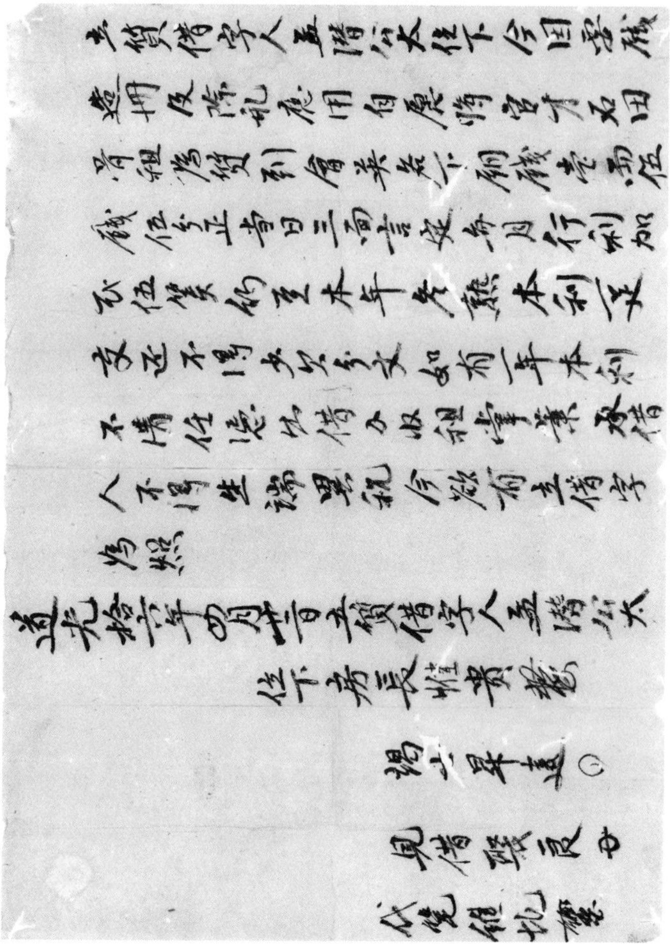

道光十七年　长溪

陈磜周永茂、滕高等兄弟立永退田予长溪赖碧潭公位下字

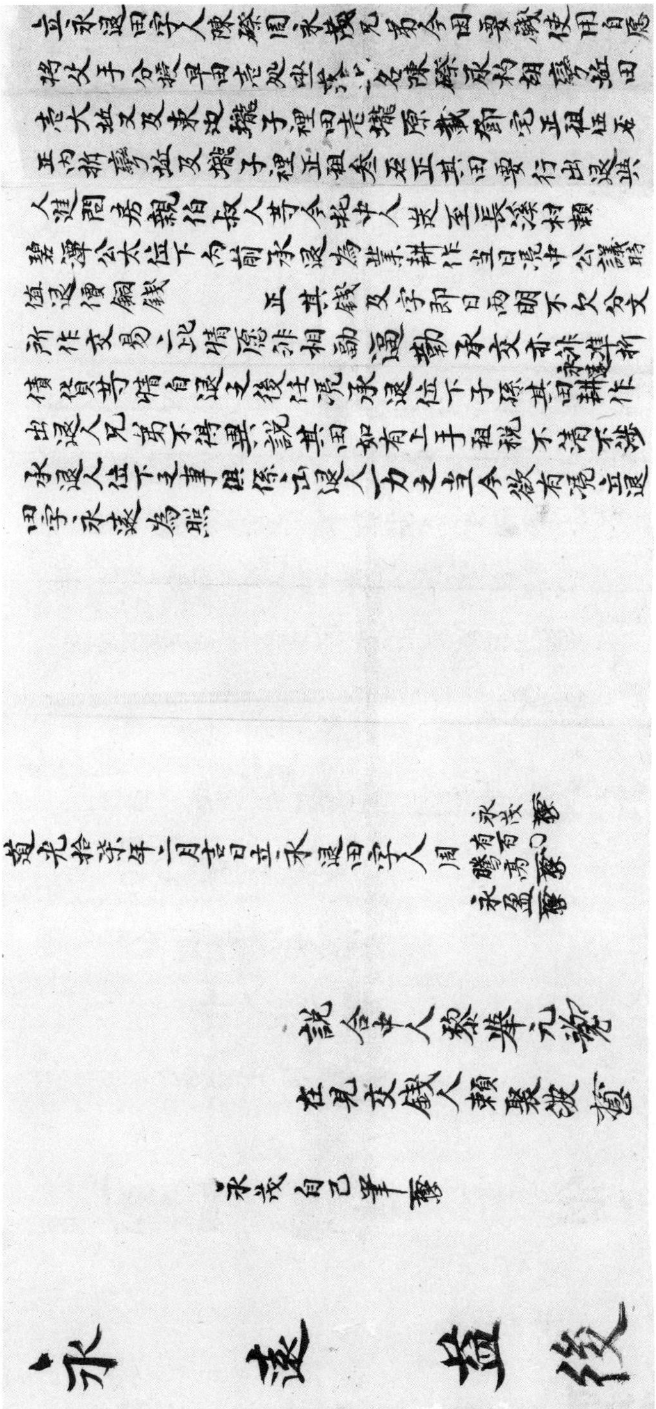

立永退田字人陳磜周永茂兄弟今因要錢使用自愿

將父手分授早田壹處坐落土名陳磜承杓胡廖坵田

壹大坵又及東边壠子裡田壹壠原載鄧宅正租伍石

正內拆廖坵及壠子裡正租叁石正其田要行出退與

人進問房親伯叔人等今托中人送至長溪村賴

碧潭公太位下內前承退為業耕作當日憑中公議時

值退價銅錢　　正其錢及字即日兩明不欠分文

所作交易二比情愿非相勒逼勒承交亦非準折

債貨等情自退之後任憑承退位下子孫其田耕作

出退人兄弟不得異說其田如有上手租稅不清不涉

承退人位下之事俱係出退人一力之當今欲有憑立退

田字永遠為照

道光拾柒年二月吉日立永退田字人周 永茂 有百 滕高 永盈

說合中人黎舉元

在見交錢人賴聚波

永茂自己筆

永遠益後

道光十七年　长溪
桂如立永卖粪寮予六叔父字

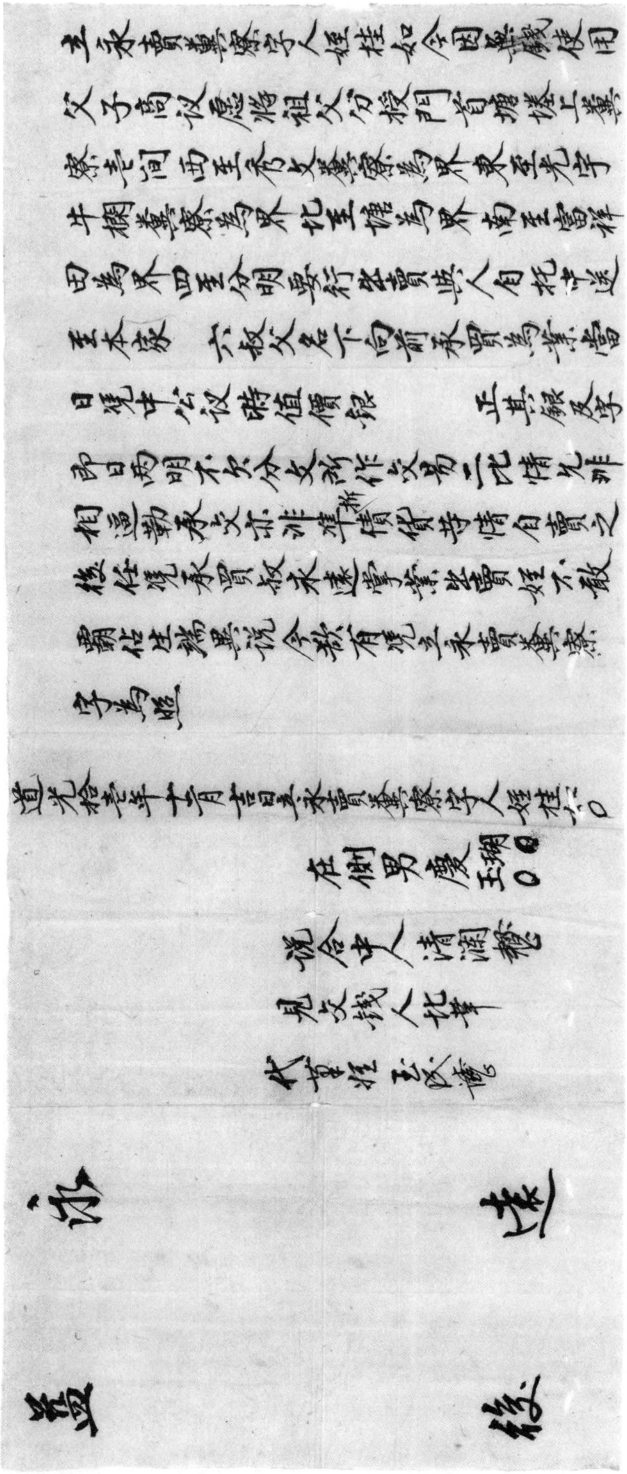

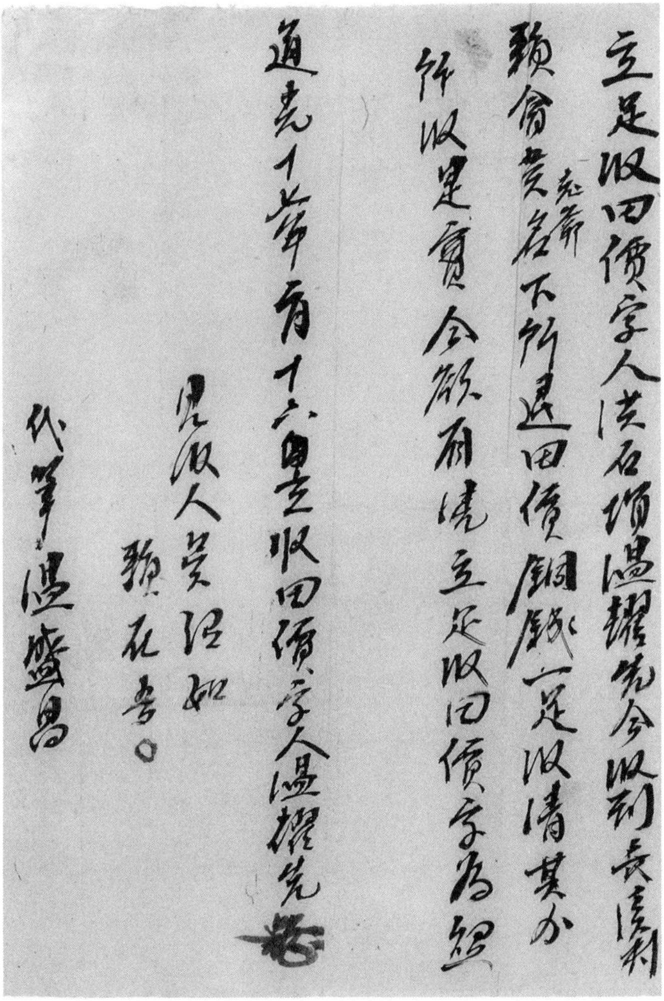
立足收田價字人洪石塇温耀先今收到長溪村
賴會英老爺名下所退田價銅錢一足收清其分
所收是實今欲有憑立足收田價字為照
道光十七年三月十六日立收田價字人温耀先（押）
見收人吳紹如
賴花喜
代筆温盛昌

道光十七年　长溪

温耀先立永卖皮骨田菜园灰寮予赖会英字

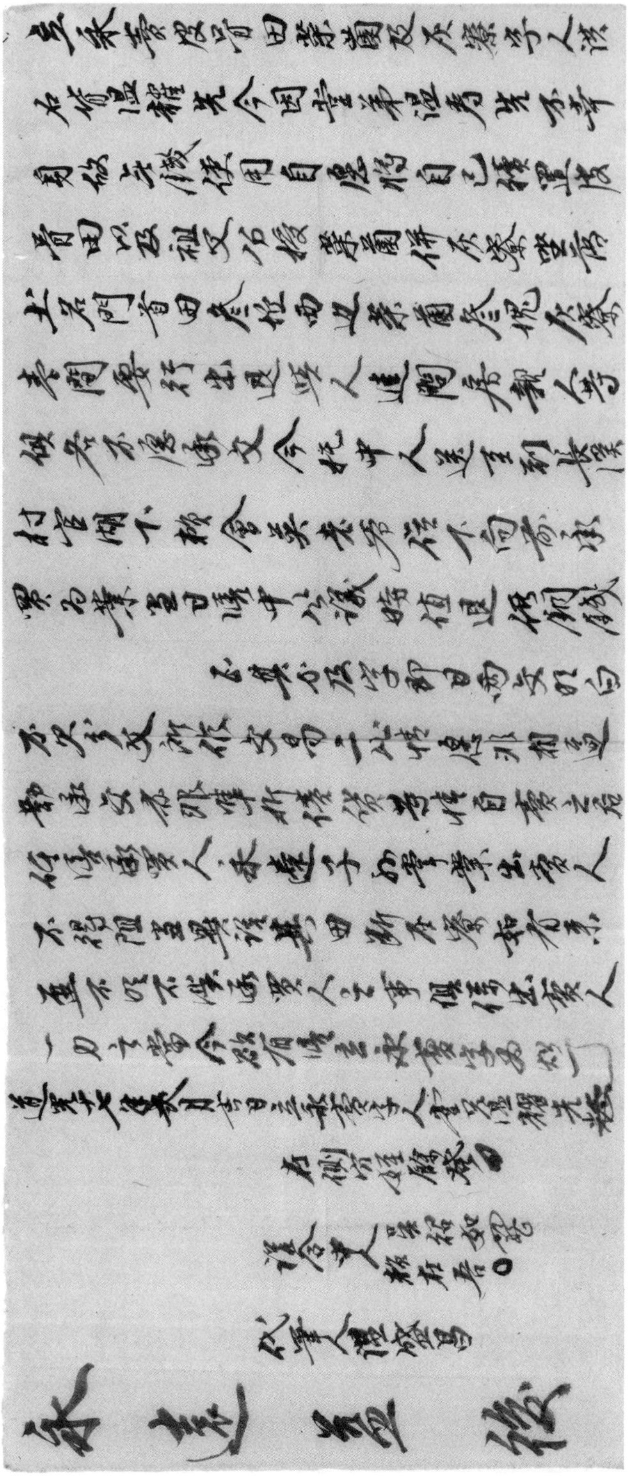

道光十八年　长溪
赖匹远立永卖关帝会田予本房福三弟字

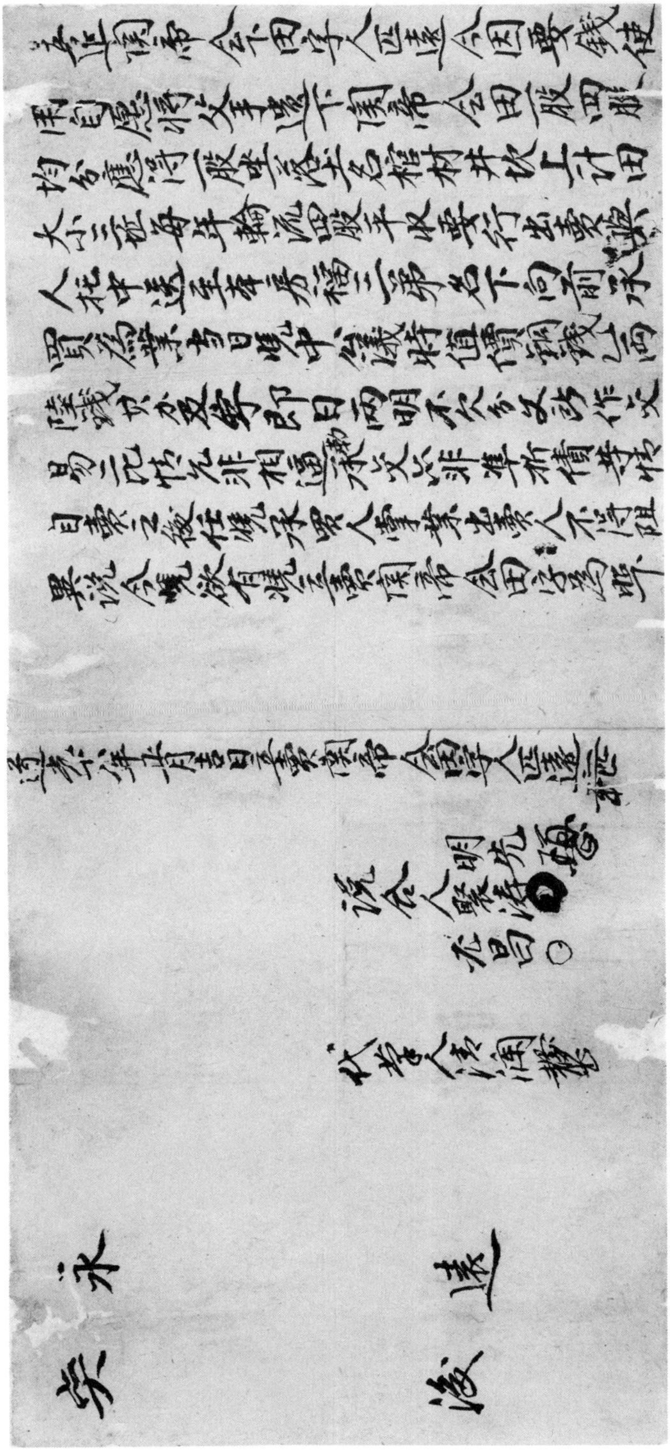

道光十九年　长溪
赖匹远立永退松茶山予本族会英公位字

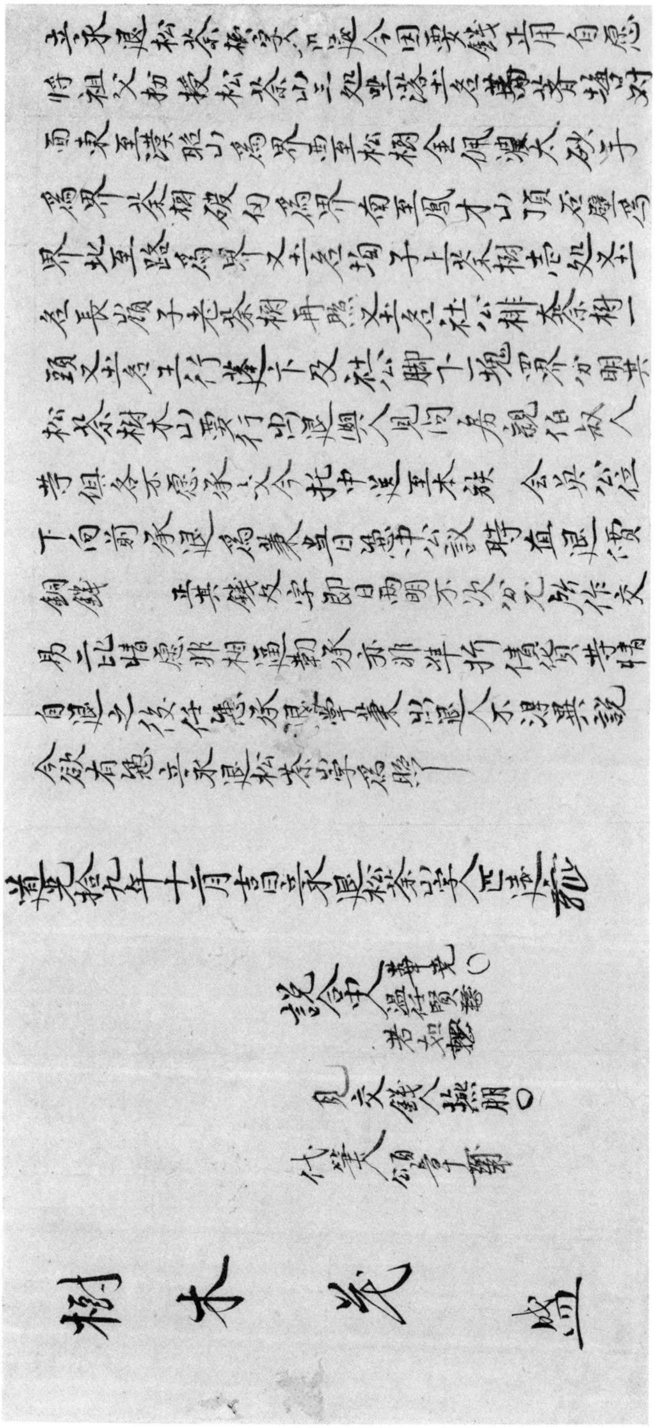

立永退松茶山字人匹远今因要钱应用自愿
将祖父物授松茶山三处坐落土名黄竹坑对
面东至潆脑山为界西至松树仓佩坝大砂手
为界北茶树坡坳为界南至凤才山顶石壁为
界北至路为界又土名坳子上茶树坪处又土
名长岭子老茶树再照又土名社公排茶树一
头又土名王行塘下及社公脚下一块四界分明其
松茶树木山要行出退与人凡问房亲伯叔人
等俱各不愿承受又今托中送至本族　会英公位
下向前承退为业当日凭中公议时值退价
铜钱　　正其钱即日两明不欠分文所作交
易二比情愿非相逼勒承亦非准折债货等情
自退之后任凭承退人掌业以后退人不得异说
今欲有凭立永退松茶山字为照

道光拾玖年十二月吉日立永退松茶山字人匹远亲笔

说合中人　华光○

见交钱人　兆明○

代笔人

树木茂盛

道光十九年　长溪
赖匹远立足收本族会英公位下买松茶山价铜钱字

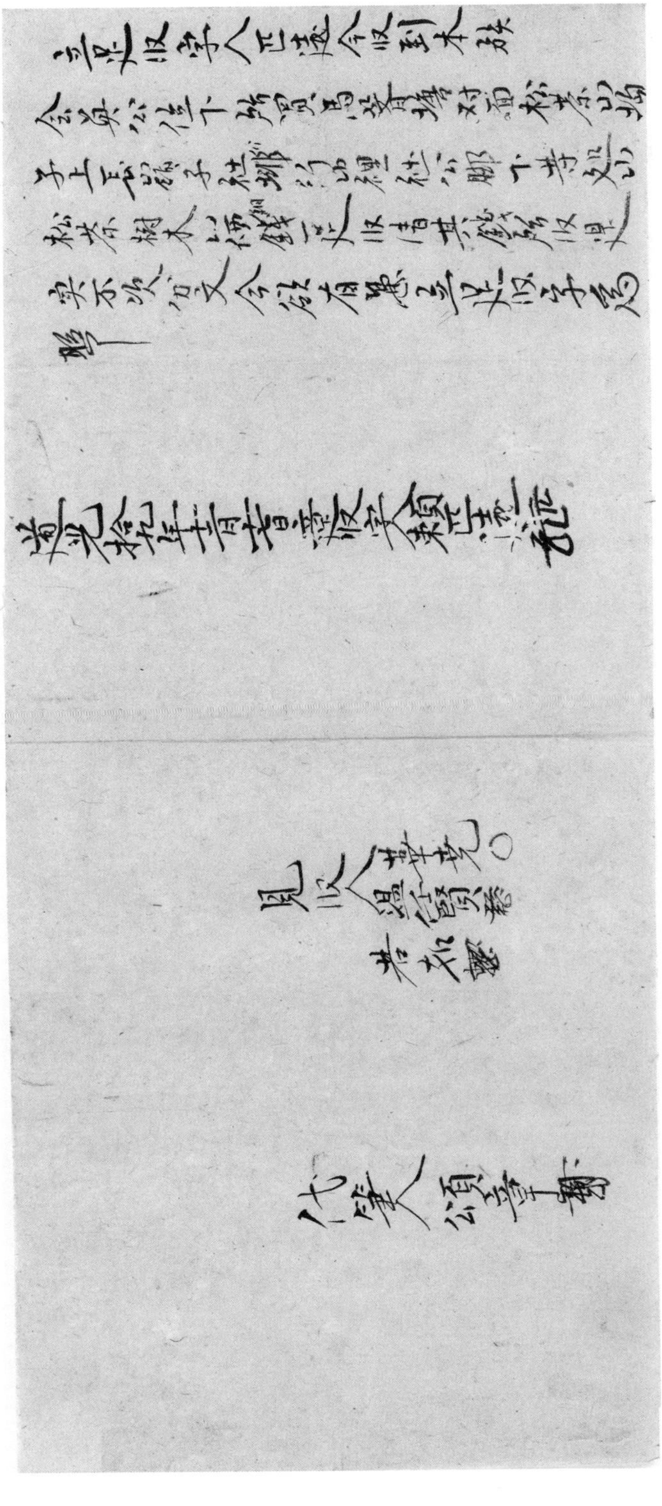

道光十九年　长溪
赖玉和立退田予本房含馨叔字

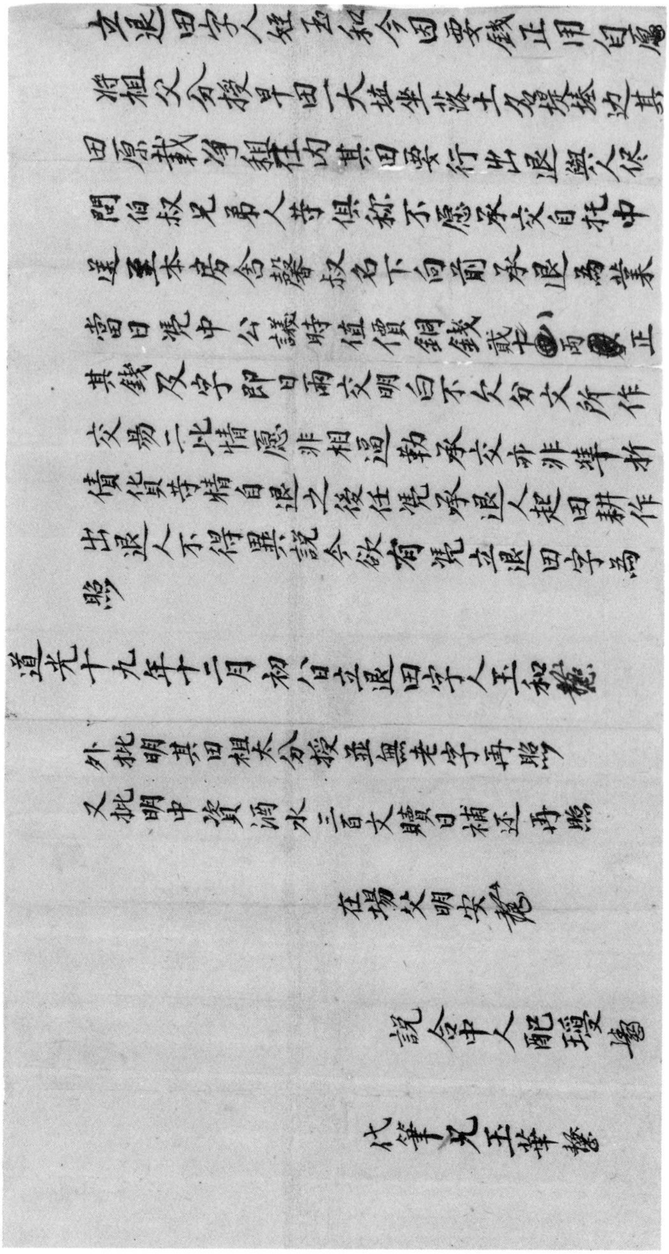
立退田字人赖玉和今因要錢正用自愿
将祖父分授早田一大坵坐落土名塅塘边其
田原載種净租拾内其田要行出退與人係
問自叔兄弟人等俱称不愿承交自托中
送至本房含馨叔名下向前承退為業
當日憑中公議時值價銅錢貳千四百文正
其錢及字即日兩交明白不欠分文所作
交易二比情愿非相逼勒承交亦非準折
債貨但其田自退之後任憑承退人起田耕作
出退人不得異説今欲有憑立退田字為
照

道光十九年十二月初八日立退田字人玉和（押）

外批明其田祖父分授並無老字再照
又批明中資貝洞水三百文贖日補還再照

在場父明安（押）

説合中人賴瓊（押）

代筆兄玉柴（押）

石城文书

道光十九年　长溪
赖玉和立足收会馨叔田价铜钱字

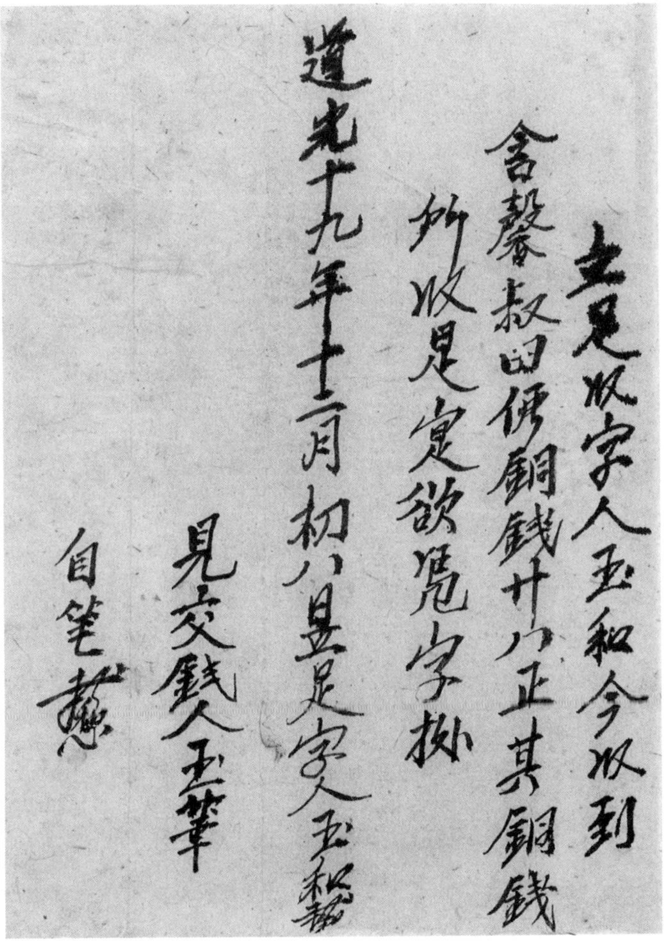

立足收字人玉和今收到
會馨叔田價銅錢廿八正其銅錢
所收足寔欲憑字據
道光十九年十二月初八日立足字人玉和
見交錢人玉華
自筆

道光二十年 长溪

车上李文元公太位下嗣孙房长立岐等立暂退皮骨田予陈坊村陈盛昌字

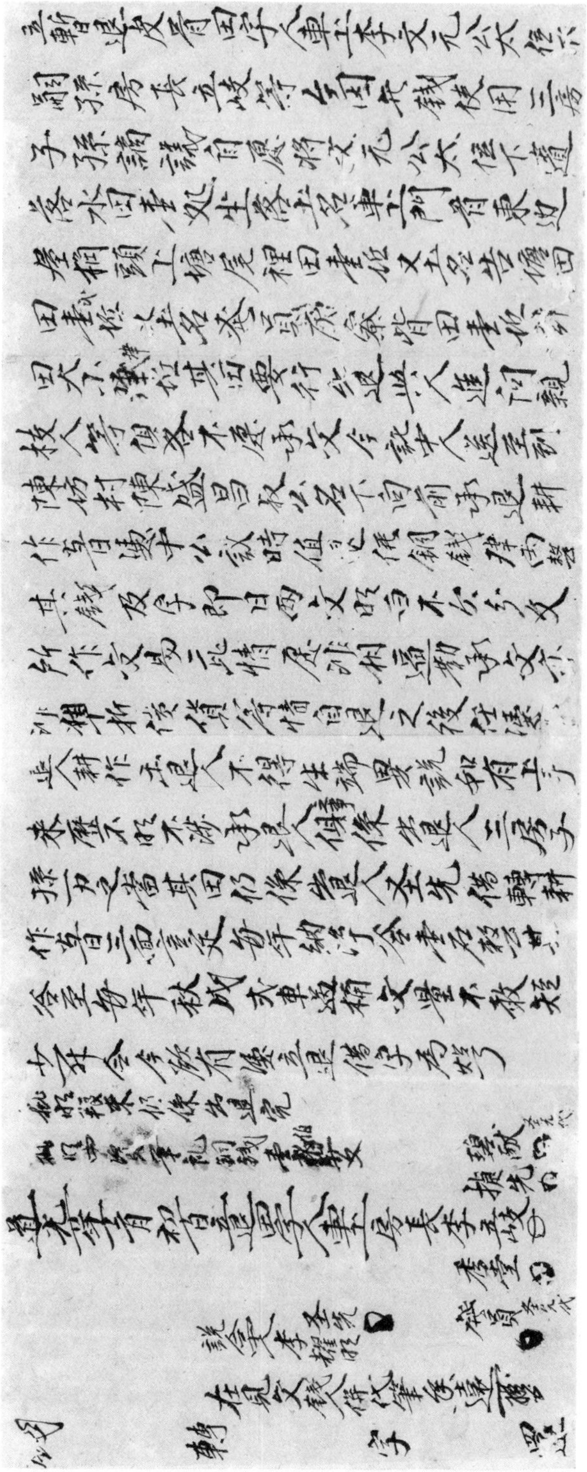

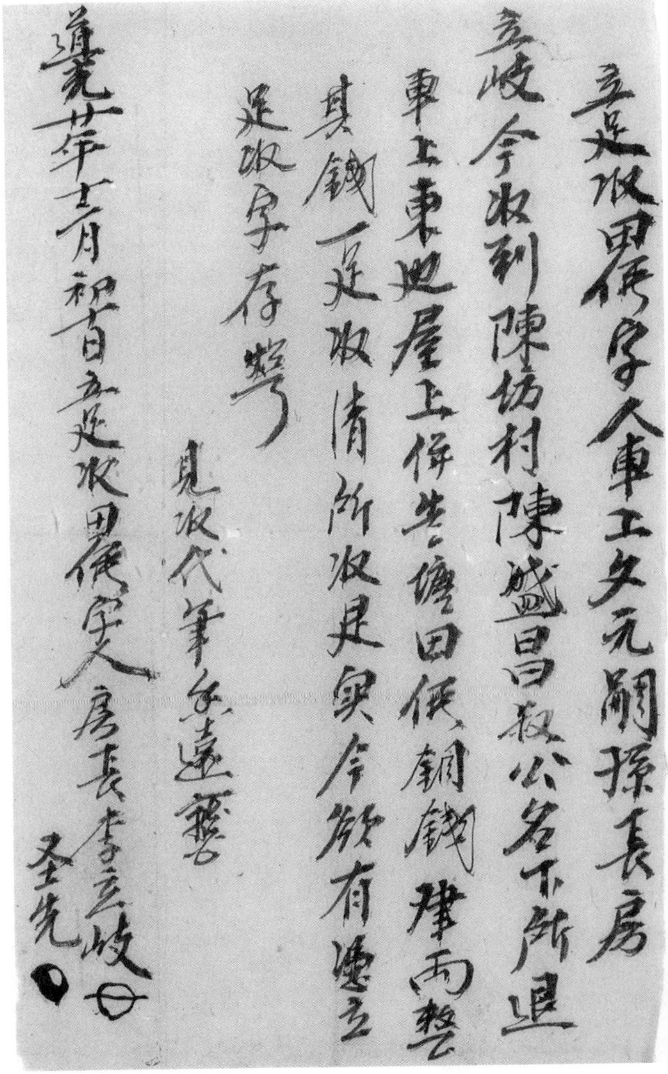
立足收田價字人車上文元嗣孫長房
立岐，今收到陳坊村陳盛昌叔公名下所退
車上東邊屋上併先年之田價銅錢肆兩整，
其錢一足收清，所收是實，今欲有憑，立
足收字存照。
見收代筆 [illegible]遠 押
道光廿年十二月初二日立足收田價字人 房長李立岐
聖元

道光二十年　长溪
车上文元嗣孙长房李立岐、李圣元立足收陈坊陈盛昌叔公田价铜钱字

道光二十一年　长溪

奉才、贵才立卖房屋予本房慧英公太字

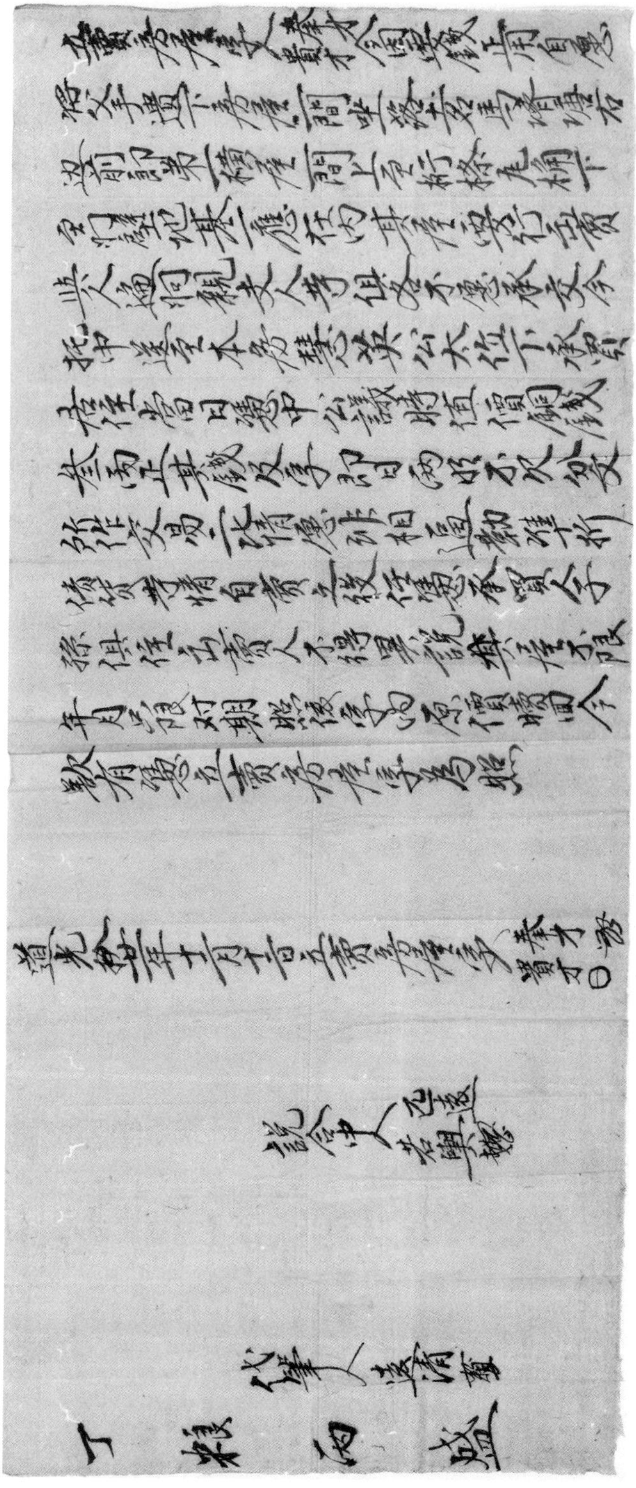

道光二十一年　长溪
奉才、贵才立税本房慧英公太房屋字

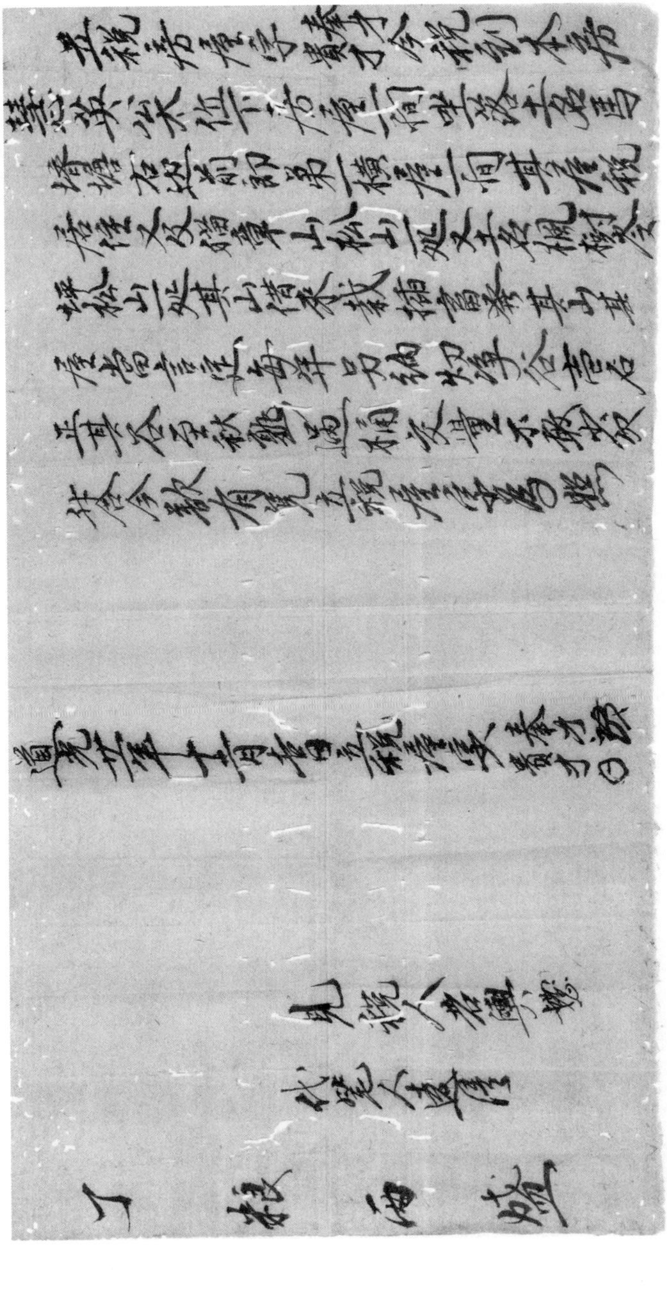

道光二十一年　长溪

奉才、贵才立足收慧英公太位下典屋价及山价铜钱字

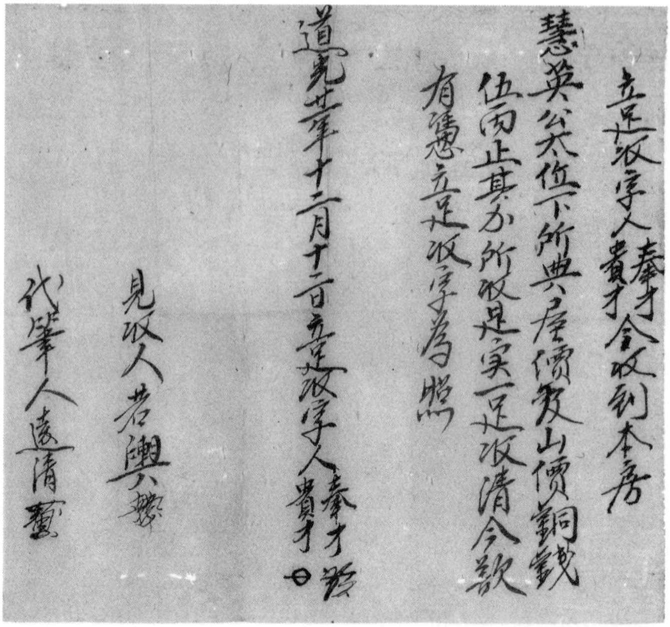

立足收字人奉才、貴才今收到本房
慧英公太位下所典屋價及山價銅錢
伍両止，其分所收是实，一足收清，今欲
有憑，立足收字為照。
道光廿一年十二月十二日立足收字人奉才（押）貴才（押）
見收人　若興（押）
代筆人　遠清（押）

道光二十一年 长溪
赖德淳立永退桥子会予会英公位下字

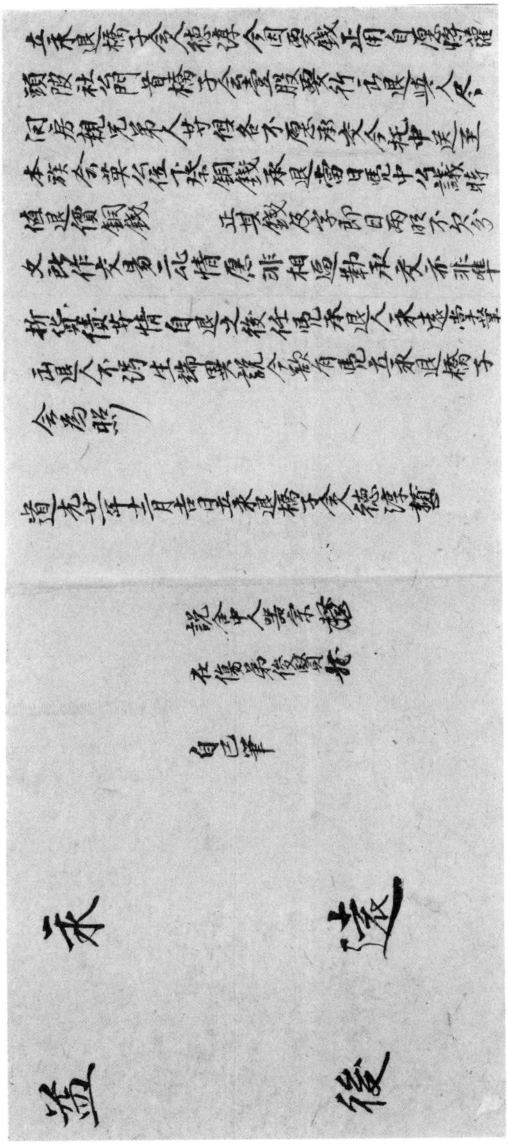

道光二十一年 长溪
赖奉才贵才兄弟立卖松山予本房慧英公太位下字

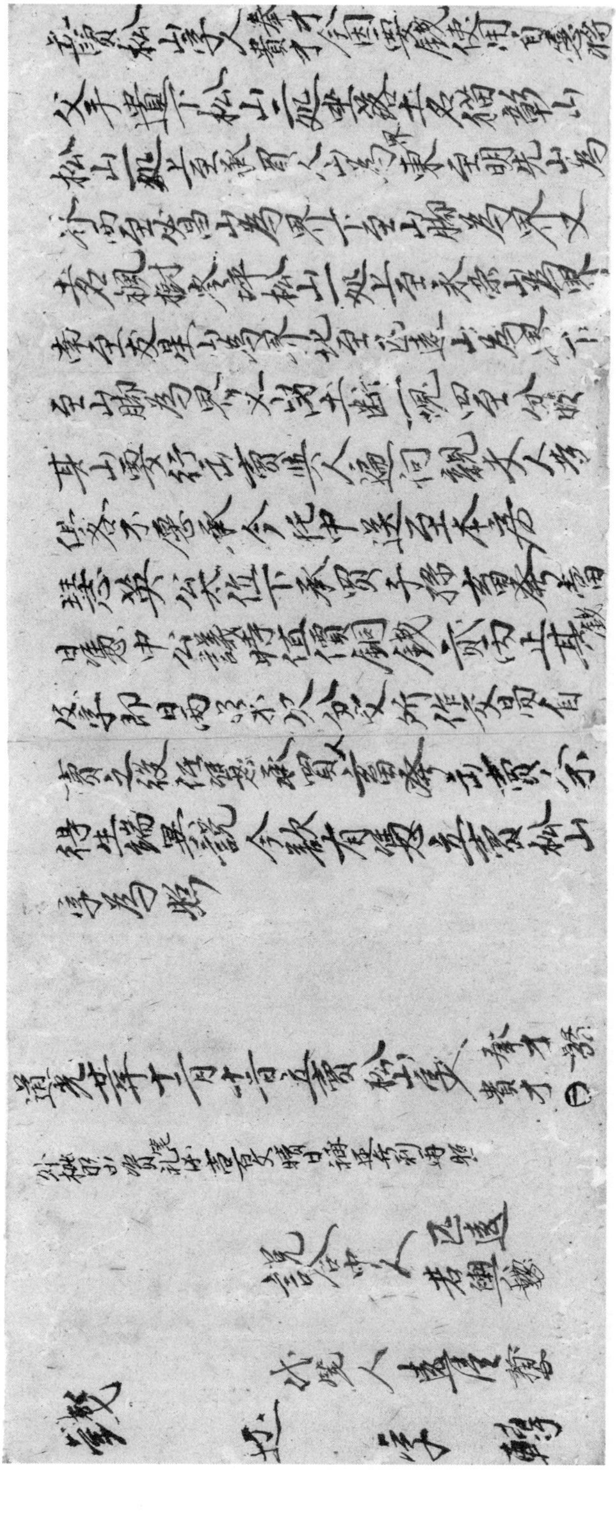

道光二十一年　长溪
赖奉三立收会英公田屋铜钱字

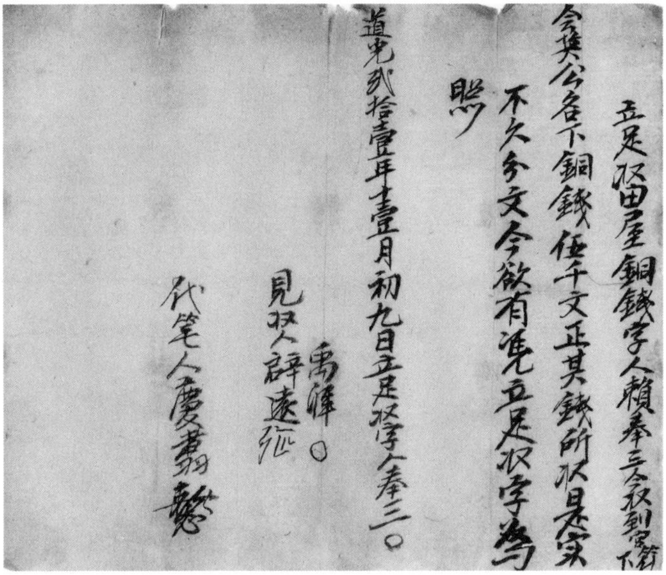

立足收田屋銅錢字人賴奉三今收到堂下[illegible]
會英公名下銅錢伍千文正其錢所收是實
不欠分文今欲有憑立足收字為
照
道光貳拾壹年十壹月初九日立足收字人奉三
見收人薛遠征
禹祥
代筆人慶[illegible]

道光二十一年　长溪
赖奉三立税会英公房屋字

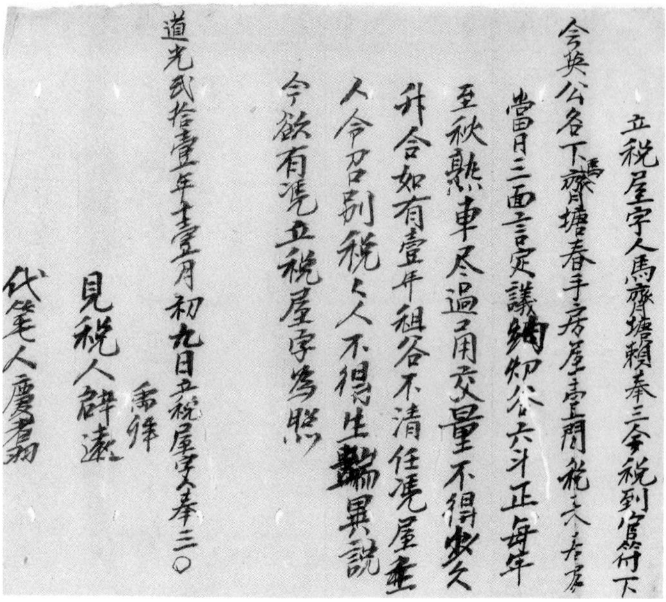

立税屋字人馬㵎塘賴奉三今税到官符下
会英公名下馬㵎塘春手房屋壹間税与人居
當日三面言定議納租谷六斗正每年
至秋熟車尽過〻用交量不得少欠
升合如有壹年租谷不清任凭屋主
人另召別税之人不得生端異說
今欲有凭立税屋字為照
道光貳拾壹年十二月初九日立税屋字人奉三○
見税人辟遠
代笔人慶昌

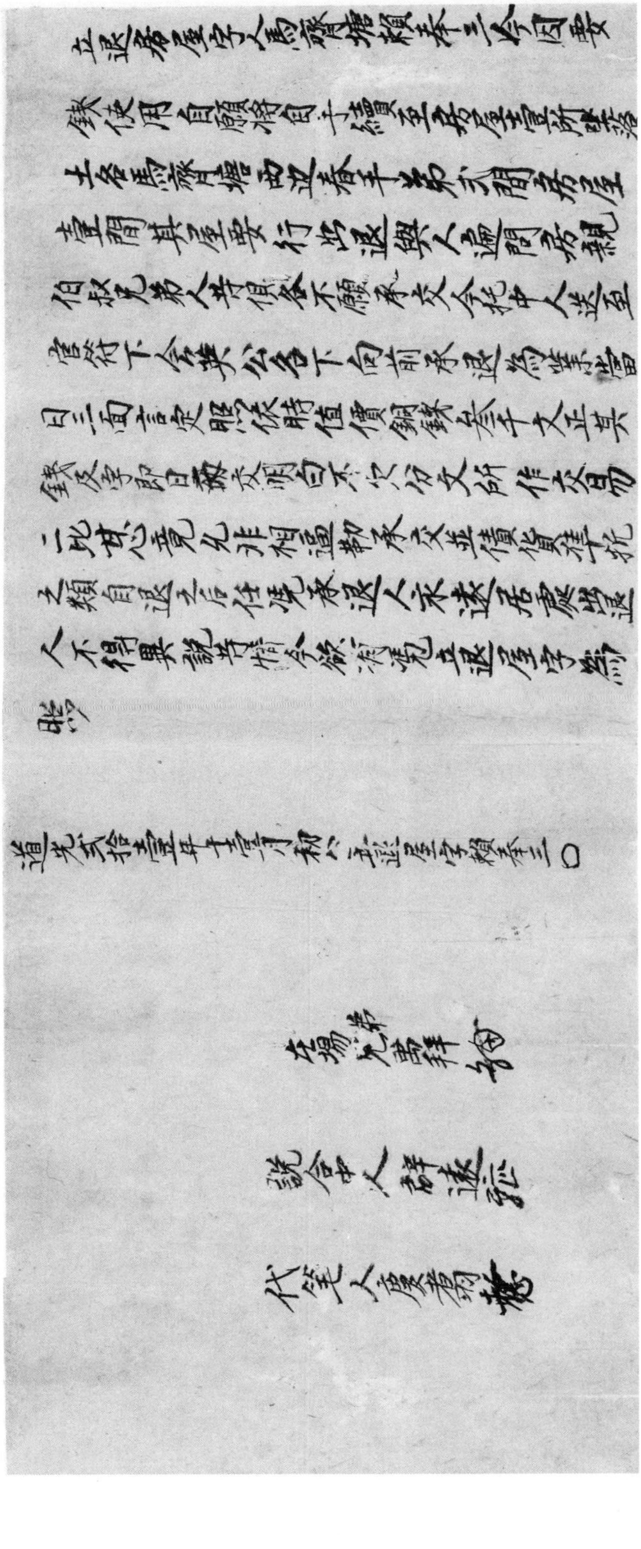

道光二十一年　长溪
赖奉三立退田予会英公名下字

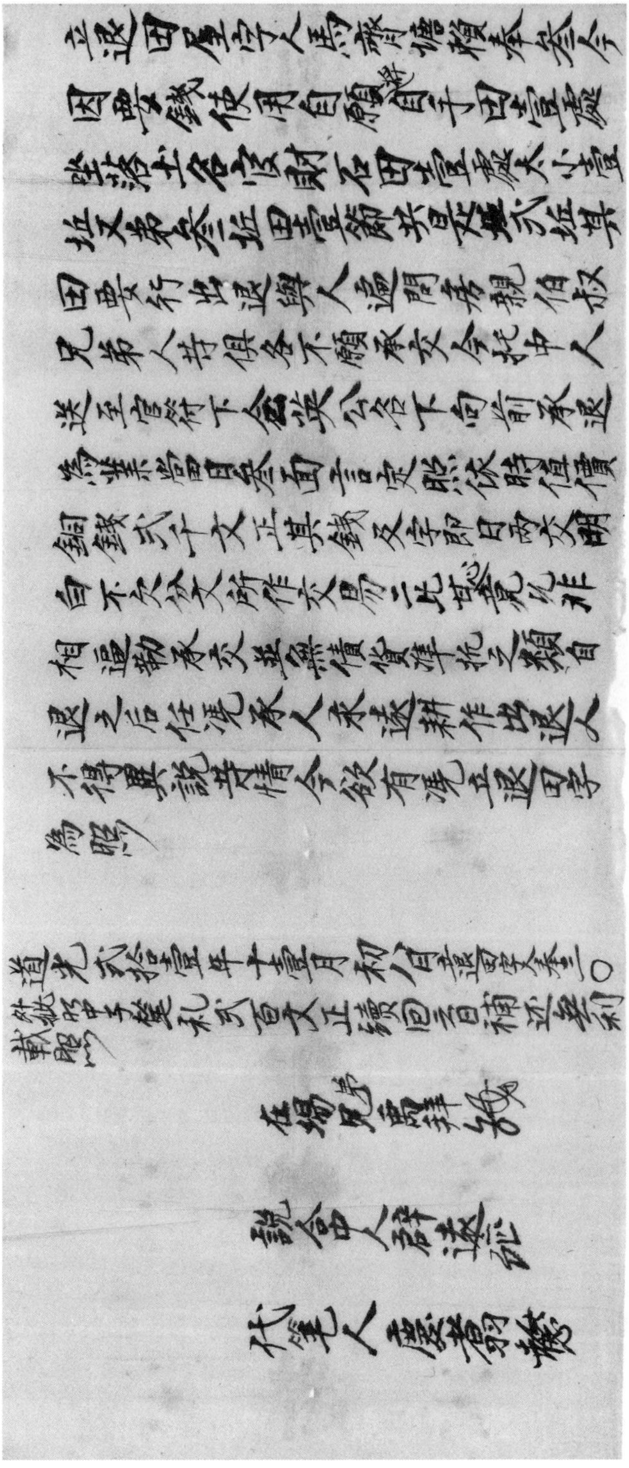

道光二十一年 长溪李达君立足收长溪村赖含馨退田价铜钱字

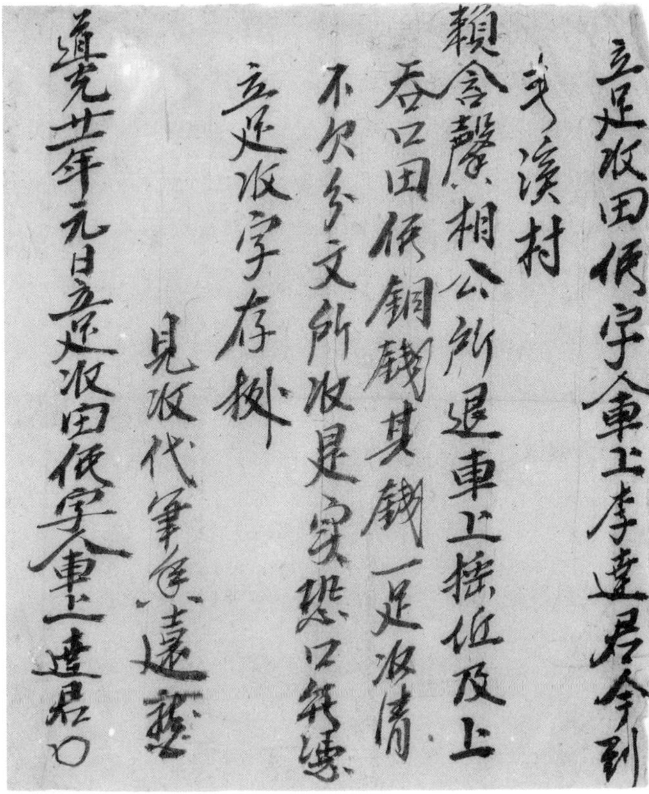

立足收田价字人車上李達君今到
長溪村
賴含馨相公所退車上揺伍及上
吞口田价銅錢其錢一足收清
不欠分文所收是實恐口無憑
立足收字存據
見收代筆侄遠藝
道光廿一年元月日立足收田价字人車上達君

道光二十二年　长溪

陂下魏发廷立永退真君会股份予长溪赖舍兴字

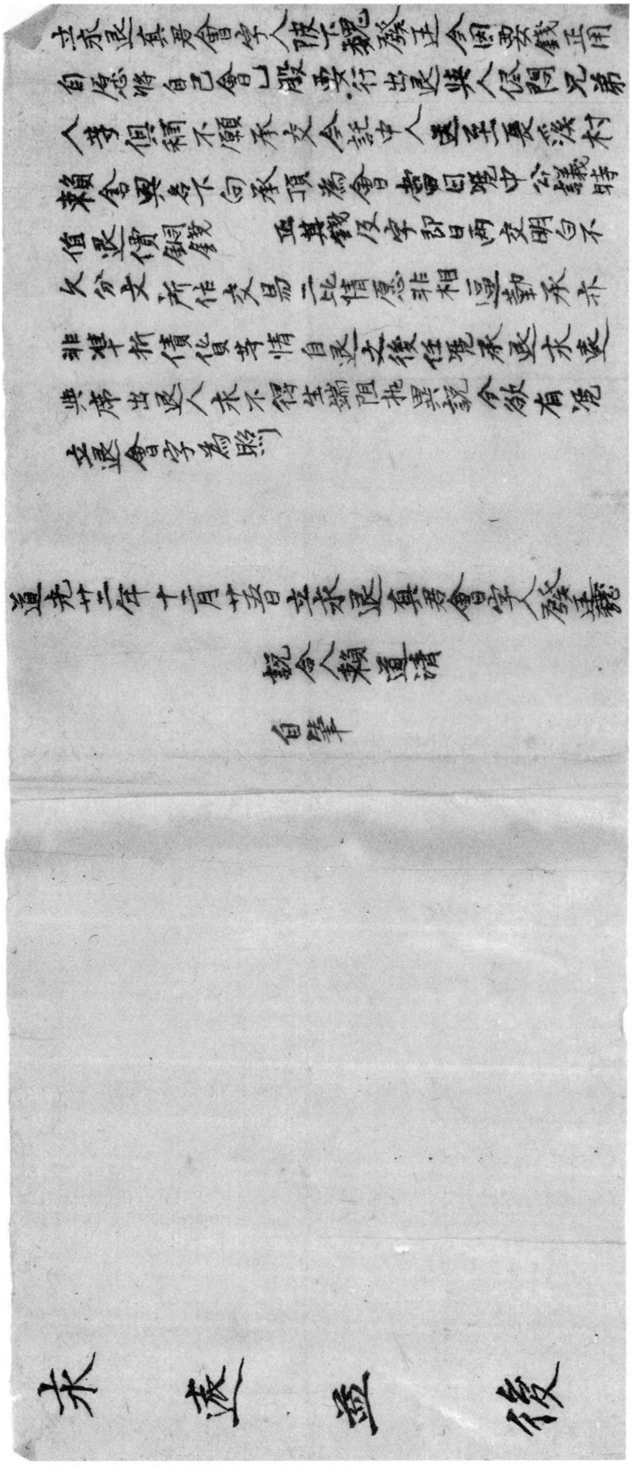

立永退真君會字人陂下魏發廷，今因要錢正用，自愿將自己會山股要行出退與人，儘問兄弟人等，俱稱不願承交，今託中人送至長溪村賴舍興名下向承頂為會。當日憑中公議，時值退價銅錢　正，其錢係字即日兩交明白，不欠分文。所作交易，二比情愿，非相逼勒，承亦非准折債貨等情。自退之後，任憑承退永遠為業，出退人永不得生端阻挑異説。今欲有憑，立退會字為照。

道光廿二年十二月廿五日立永退真君會字人魏發廷

說合人賴逼清

自筆

永遠[illegible]

道光二十二年　长溪
盛昌福昌兄弟立暂退皮骨田塘子本房聘登公太位下字

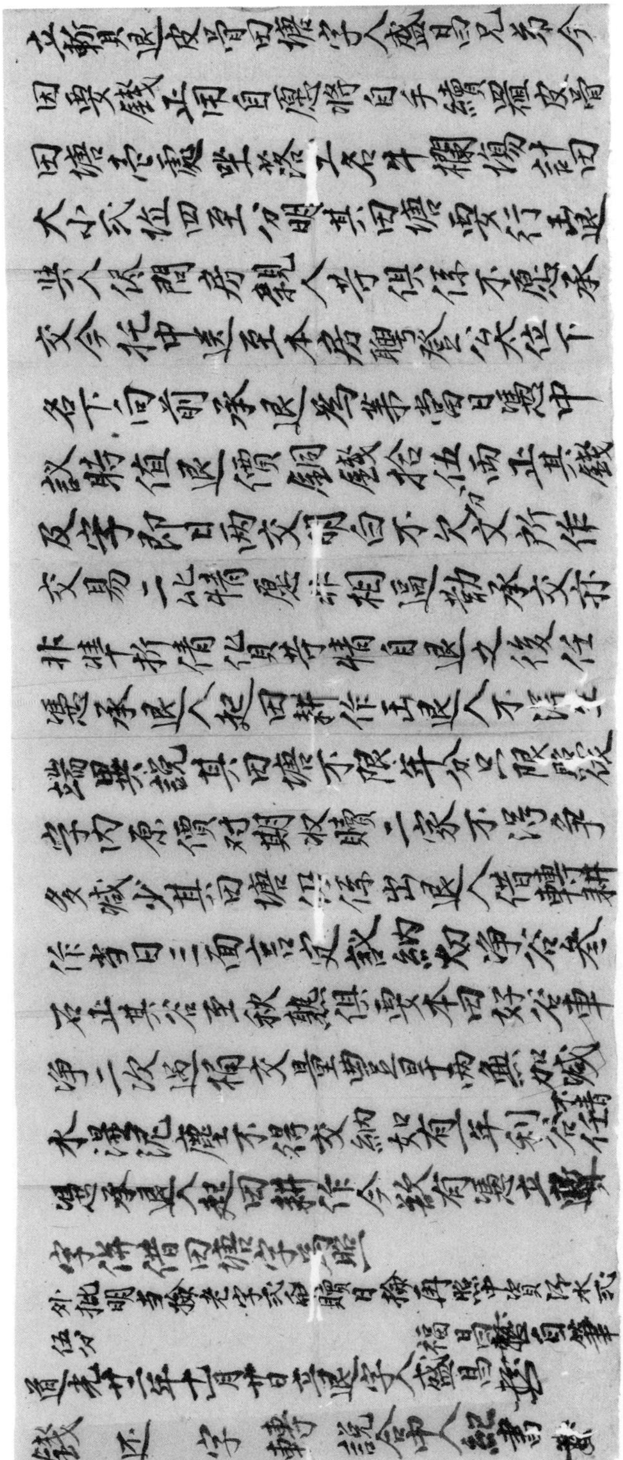

道光二十三年　长溪

思荣婆立暂退皮骨田予本房品登公太位下字

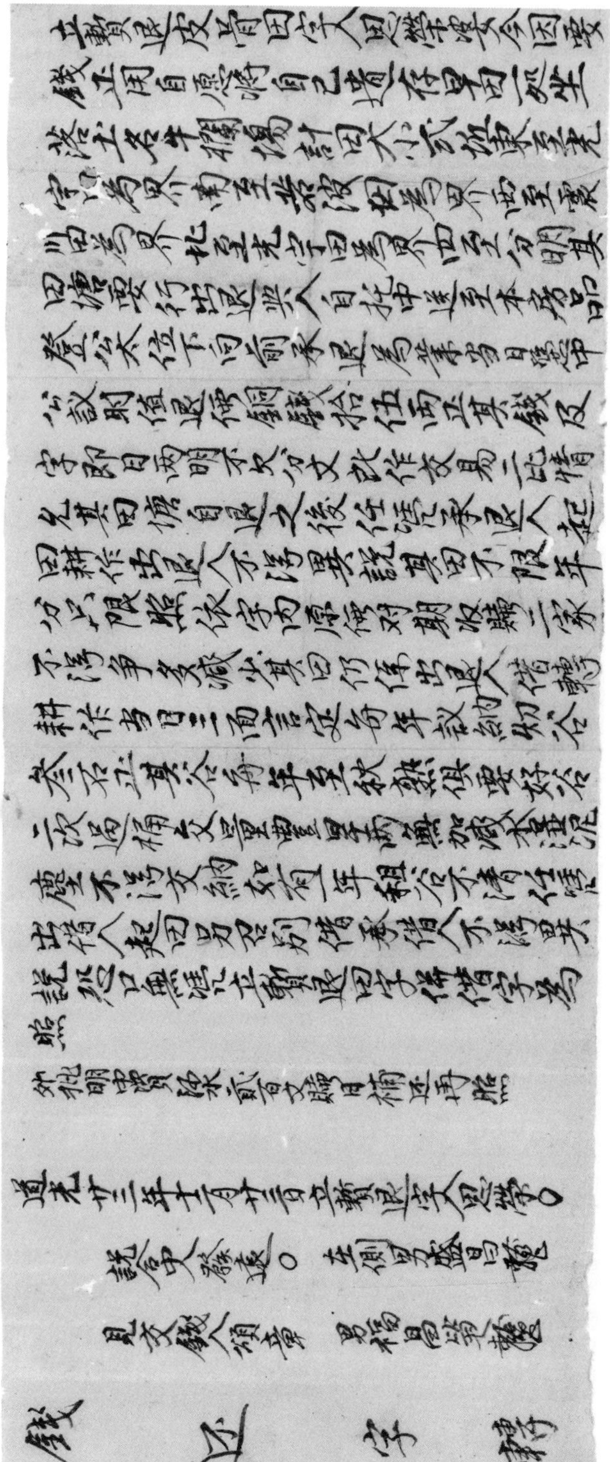

道光二十三年　长溪

洋潭赖天光公捐祭下嗣孙会祥等立永退田塘予本家长溪会英公位下字

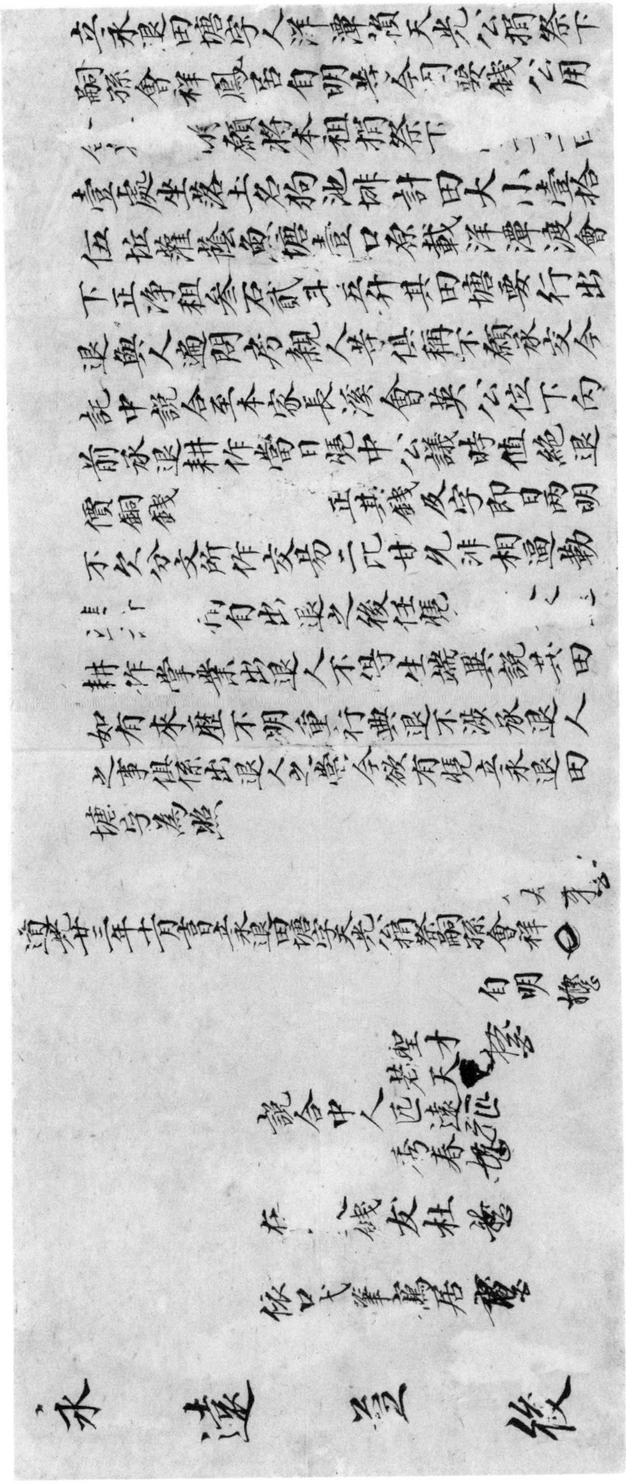

道光二十三年　长溪
耀明立永卖空冢予本族含馨字

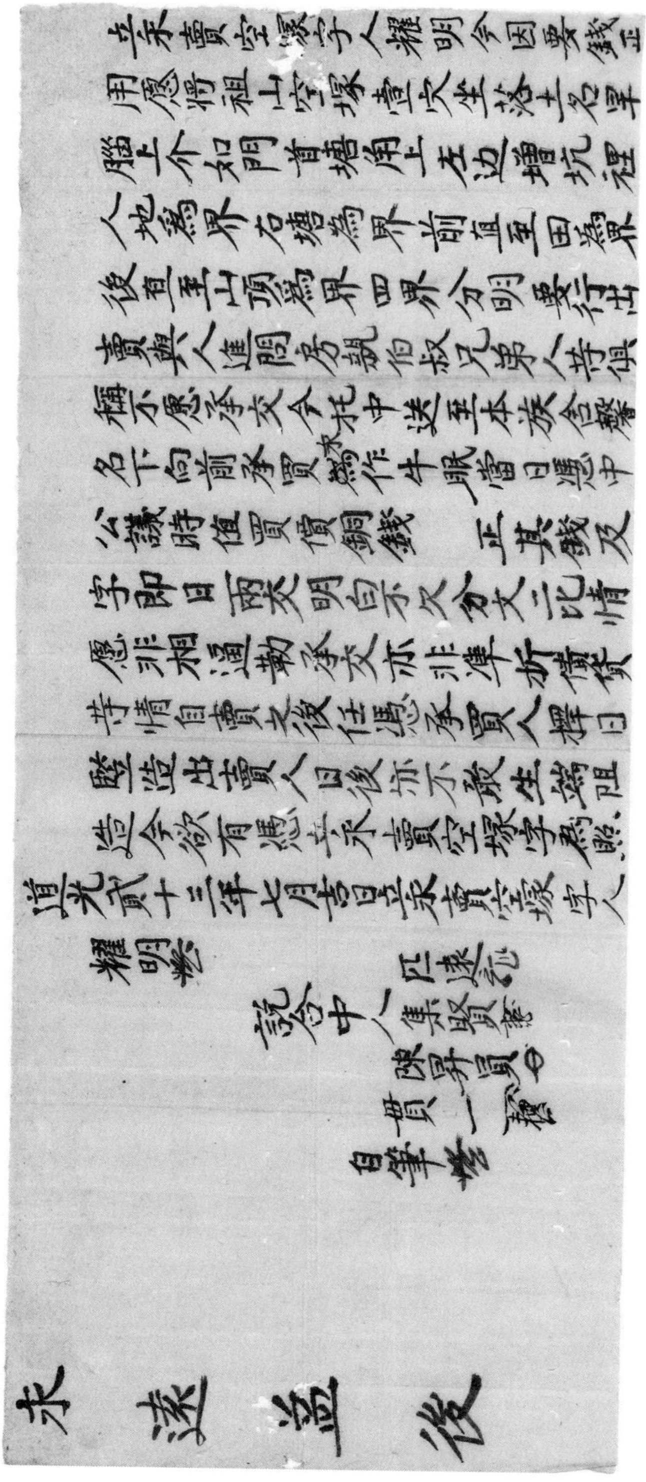

立永賣空冢字人耀明今因要錢正
用愿將祖山空塚壹穴坐落土名羊
腦上介如門首塘角上左边增坑裡
人地為界右塘為界前直至田為界
後直至山頂為界四界分明要行出
賣與人進問房親伯叔兄弟人等俱
稱不愿承交今托中送至本族含馨
名下向前承買永為作牛眠當日憑中
公議時值買價銅錢　正其錢及
字即日兩交明白不欠分文二比情
愿非相逼勒承交亦非準折債貨
等情自賣之後任憑承買人擇日
營造出賣人日後亦不敢生端阻
造今欲有憑立永賣空塚字為照
道光貳十三年七月吉日立永賣空塚字人
耀明
說合中人　匹遠　集賢　陳昇員　貫一
自筆
永遠益後

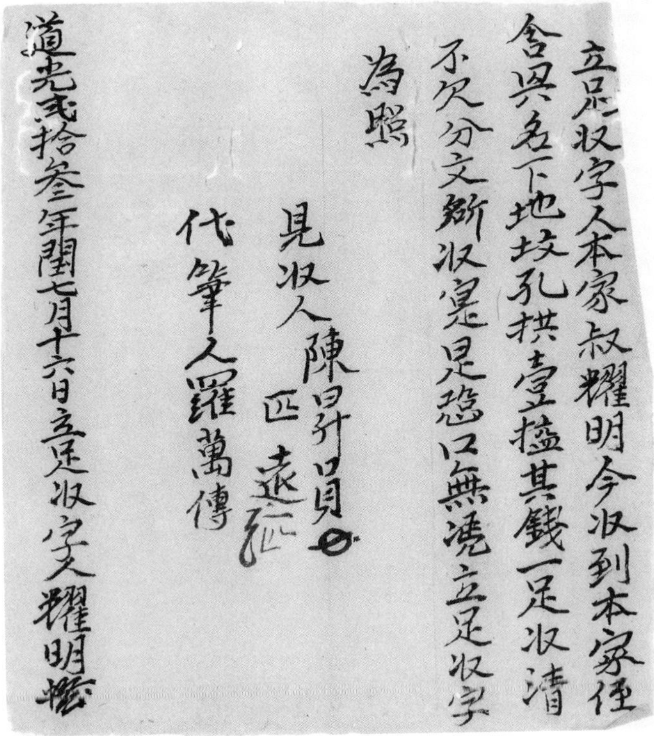

立足收字人本家叔耀明今收到本家侄
含興名下地坟孔拱壹搕其錢一足收清
不欠分文斷收寔是恐口無憑立足收字
為照
見收人陳昇員（押）
匹　遠（押）
代筆人羅萬傳
道光貳拾叁年閏七月十六日立足收字人耀明（押）

道光二十三年　长溪

永荣立借本房舍兴铜钱字

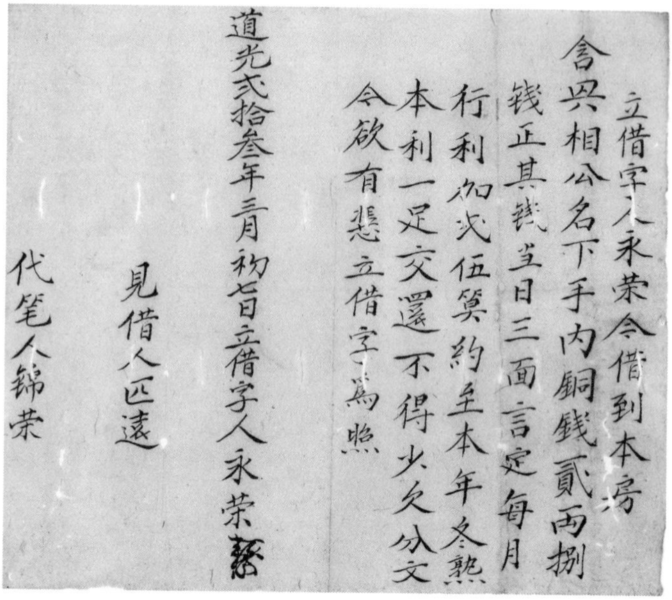

立借字人永荣今借到本房
舍兴相公名下手内铜钱贰两捌
钱正其钱当日三面言定每月
行利加弍伍算约至本年冬熟
本利一足交還不得少欠分文
今欲有憑立借字為照
道光弍拾叁年三月初七日立借字人永荣（押）
見借人匹遠
代笔人錦荣

道光二十三年 长溪

芋子坑温任贤立永卖松茶山予赖会英侍公字

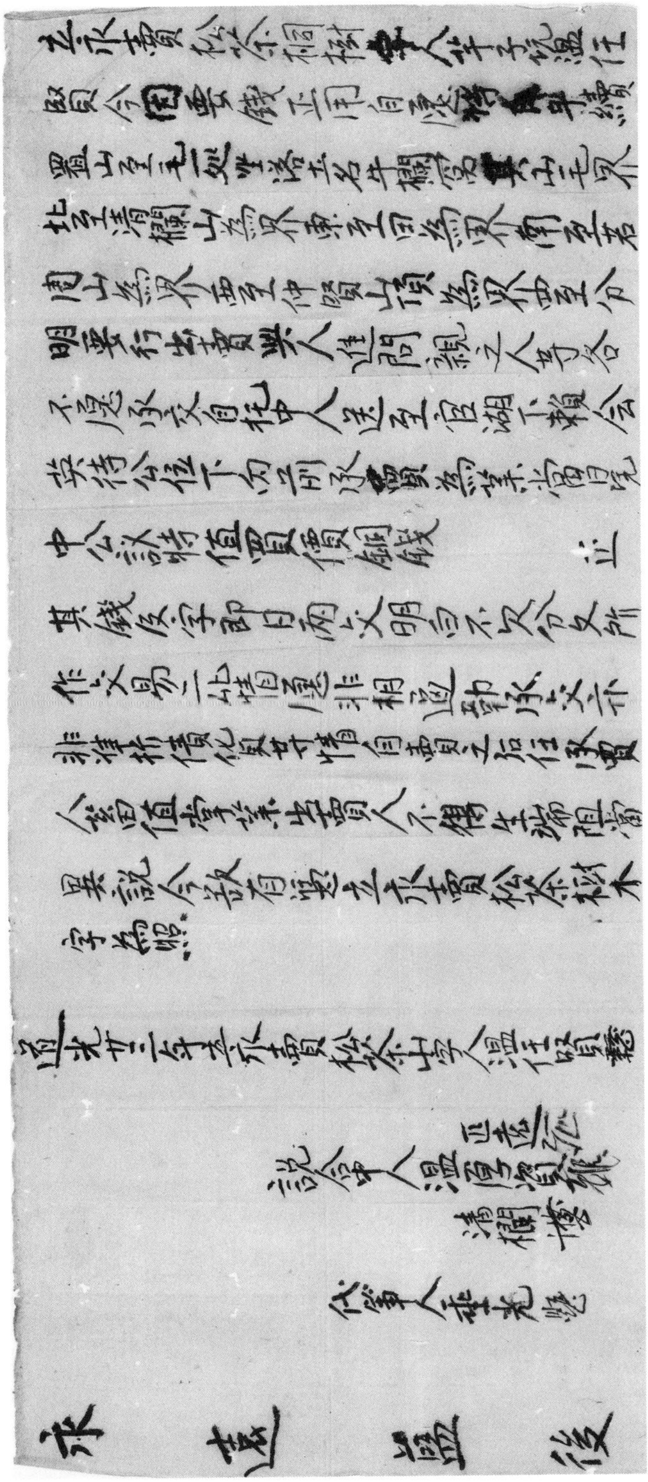

立永賣松茶相樹字人芋子坑溫任
賢，今因要錢正用，自己情愿將自手續
置山乙處，坐落土名牛欄窩，其山上至界
址，下至溝欄山為界，東至同為界，南至黃
坑山為界，西至仲賢山頂為界，四至分
明，要行出賣與人，先問親房人等，各
不愿承受，自托中人送至后湖下賴會
英侍公位下向前承買為業，當日憑
中公議時值賣價銅錢　　正
其錢係字即日兩相交明，不欠分文。所
作之業，自前二比情愿，並非相逼勒，亦
非准折債貨之物，其情自賣之後任從買
人前去管業，出賣人不得生端阻滯。
恐無憑，今欲有憑，立永賣松茶樹木
字為照。

道光廿三年立永賣松茶山字人溫任賢親筆

在見 [illegible]
說合中人 溫昌[illegible]
[illegible]

代筆人 [illegible]

永遠[illegible][illegible]

道光二十三年　长溪

仲贤立借本房会英公太位下田字

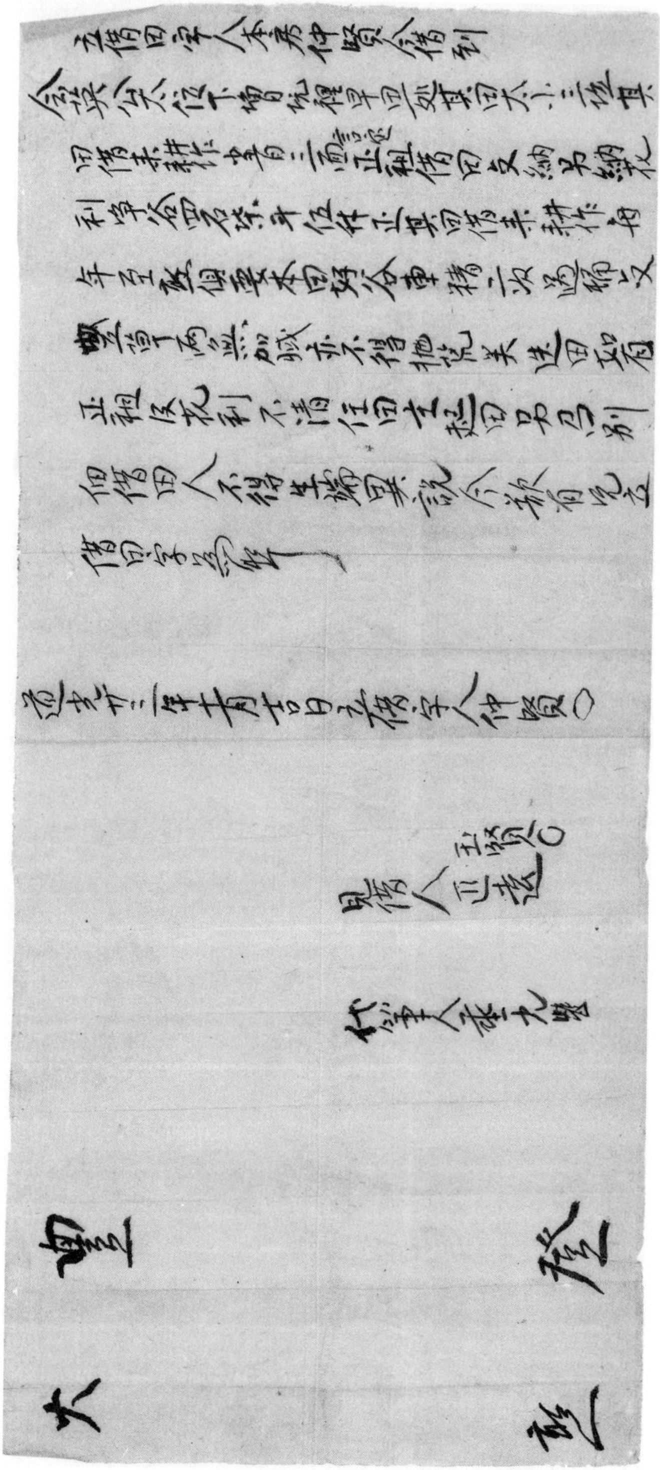

仲贤立永退田予本房会英公太位下字

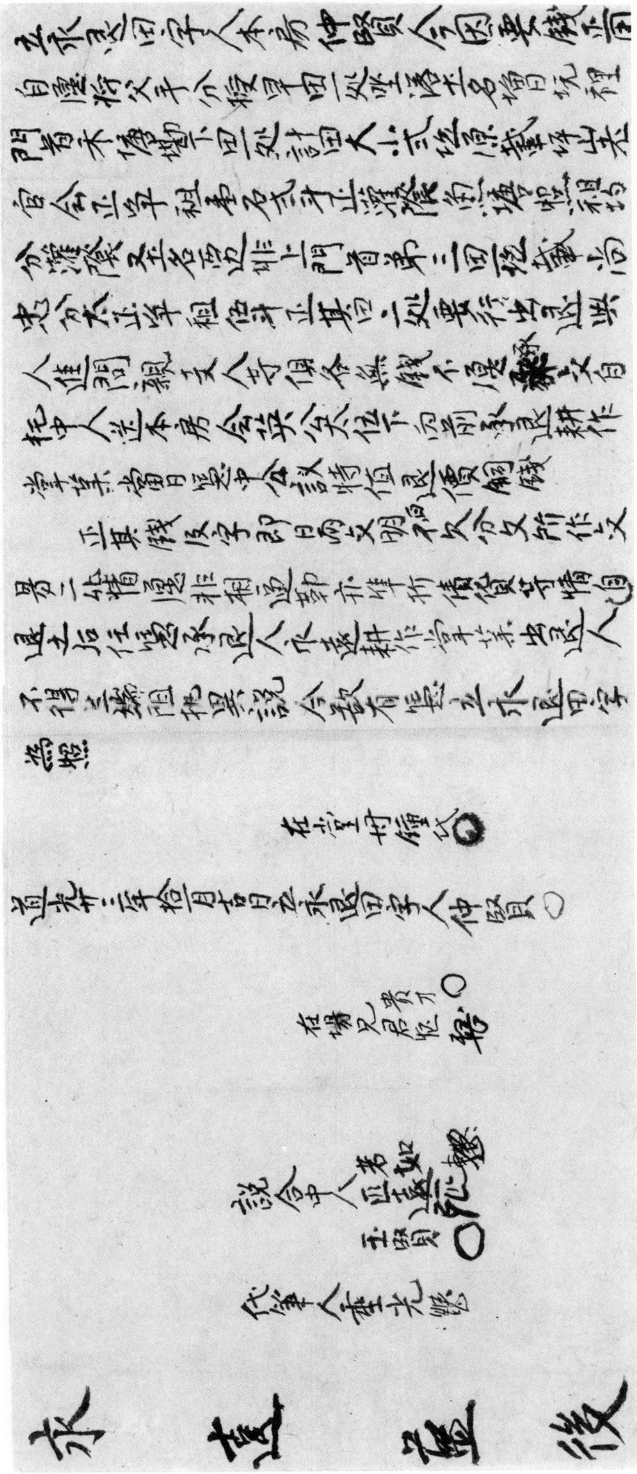

道光二十三年　长溪

仲贤立足收本房会英公太位下退田价铜钱字

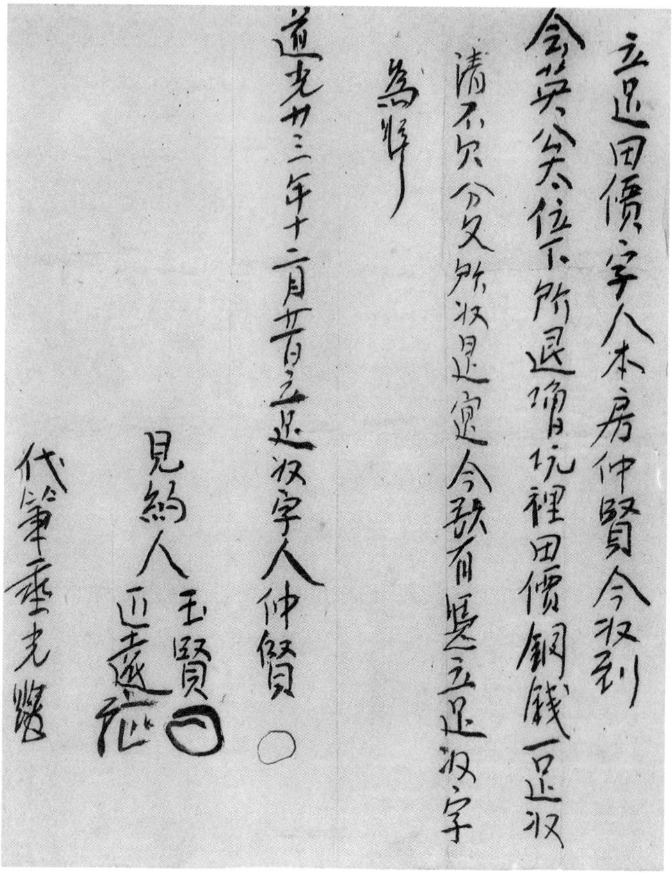
立退田價字人本房仲賢今收到
會英公太位下所退塆坑裡田價銅錢一足收
清不欠分文所收是實今欲有憑立足收字
為照
道光廿三年十二月廿日立退收字人仲賢
見約人　玉賢
近遠德
代筆垂光[illegible]

道光二十四年　长溪
奉才立借本房舍馨叔铜钱字

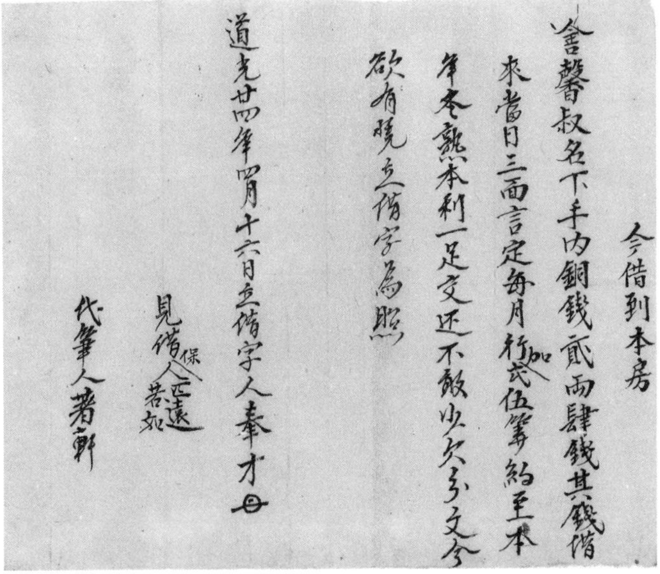
今借到本房
舍馨叔名下手内铜钱贰两肆钱其钱借
来当日三面言定每月行加贰伍算約至本
年冬熟本利一足交还不敢少欠分文今
欲有凭立借字為照
道光廿四年四月十六日立借字人奉才(押)
見借保人正遠
若如
代筆人著軒

道光二十四年　长溪

永荣立借本房会兴铜钱字

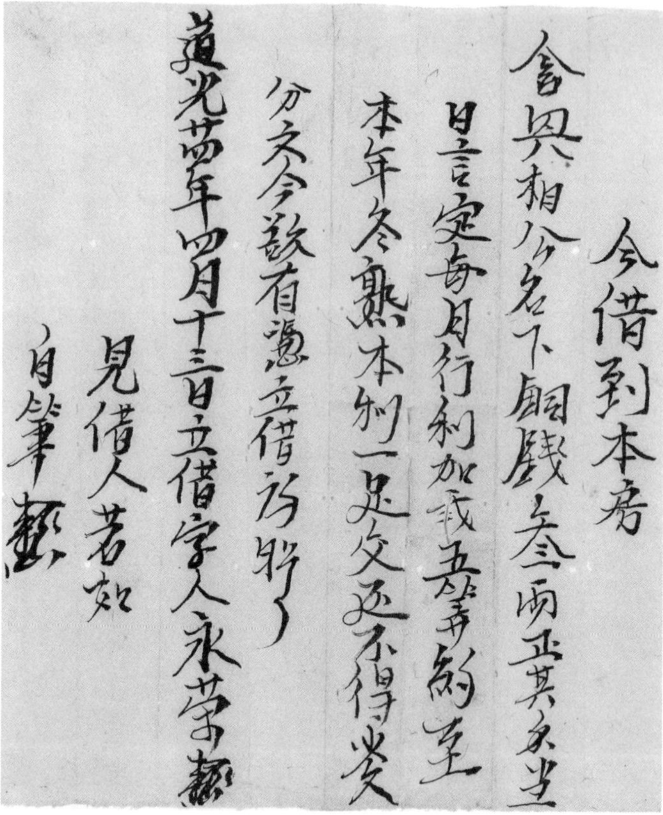
今借到本房
會興相公名下銅錢叁两正其錢當
日言定每月行利加弍五算納至
本年冬熟本利一足交还不得欠
分文今欲有憑立借字爲照
道光廿四年四月十三日立借字人永荣（押）
見借人若如
自筆（押）

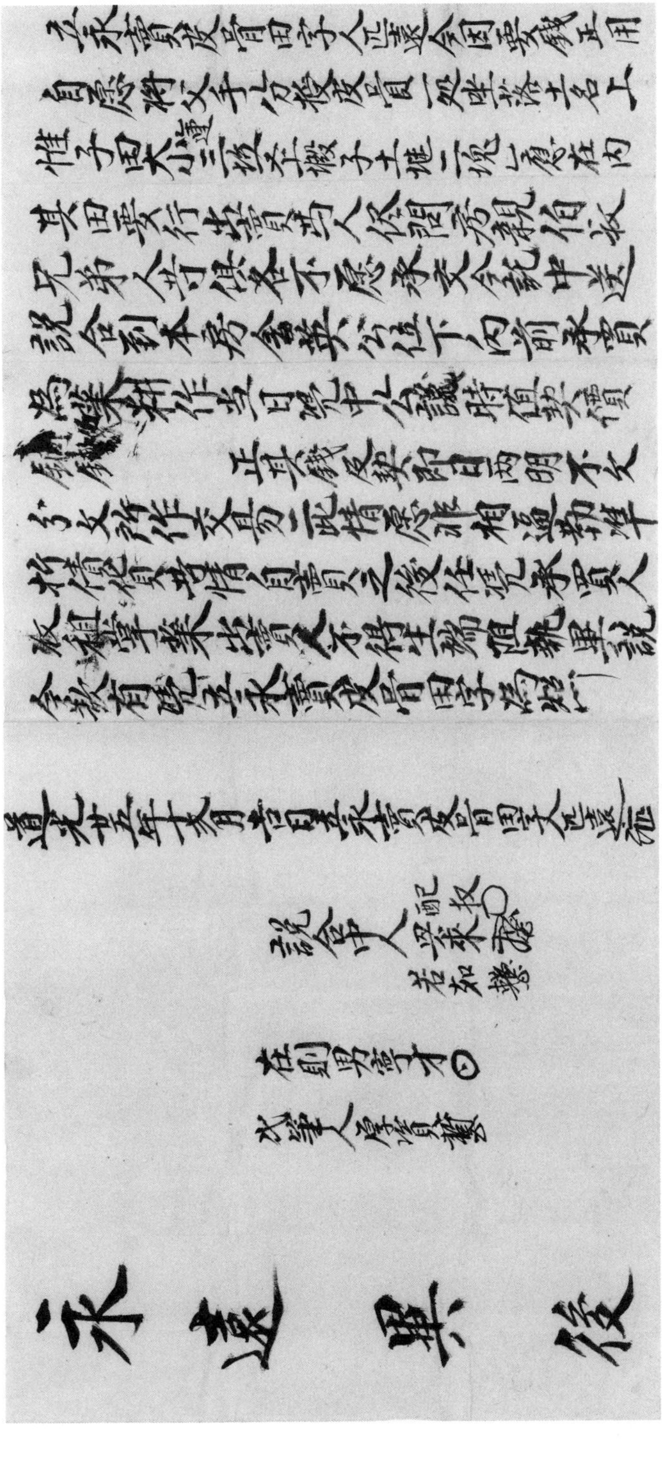

道光二十五年　长溪
赖匹远立永卖皮骨田予本房会英公位下字

道光二十五年 长溪

赖庆万、赖庆全立永卖滔公祭会予会英公位下字

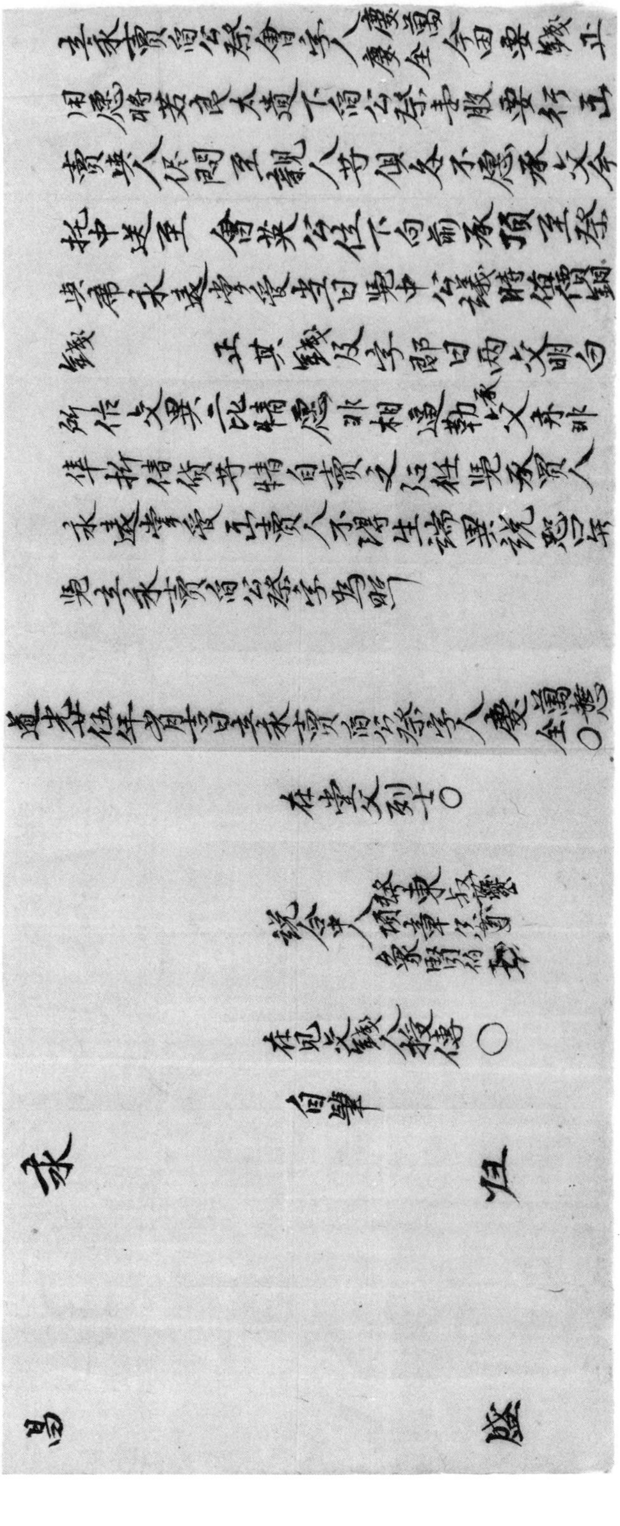

道光二十五年　长溪
赖向朝立足收本房舍兴兄退山价铜钱字

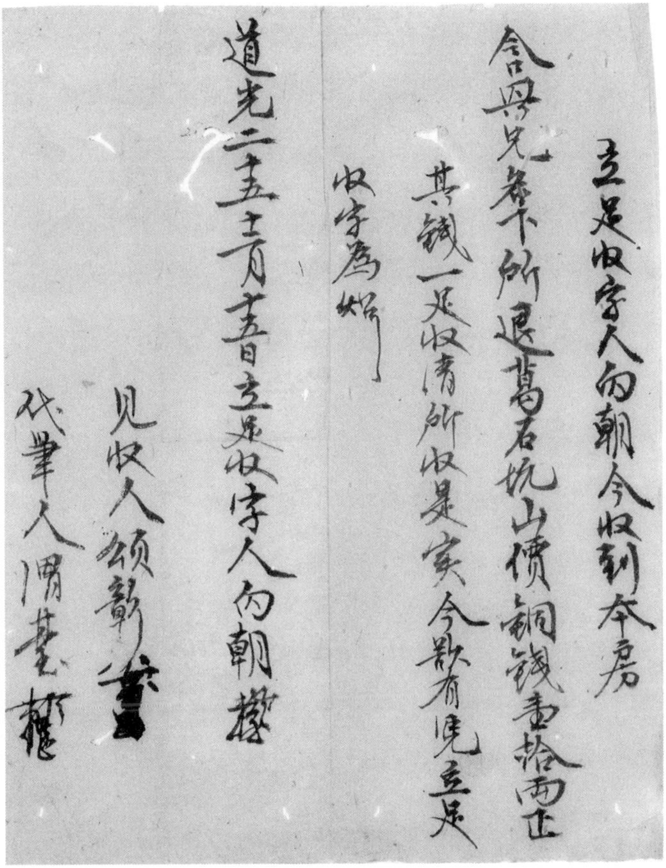
立足收字人向朝今收到本房舍興兄弟下所退葛石坑山價銅錢壹拾兩正其錢一足收清所收是实今欲有凭立足收字為照
道光二十五十二月十五日立足收字人向朝（押）
見收人頌謙（押）
代筆人偶華（押）

道光二十五年　长溪
赖兴来立税本房含馨公房屋字

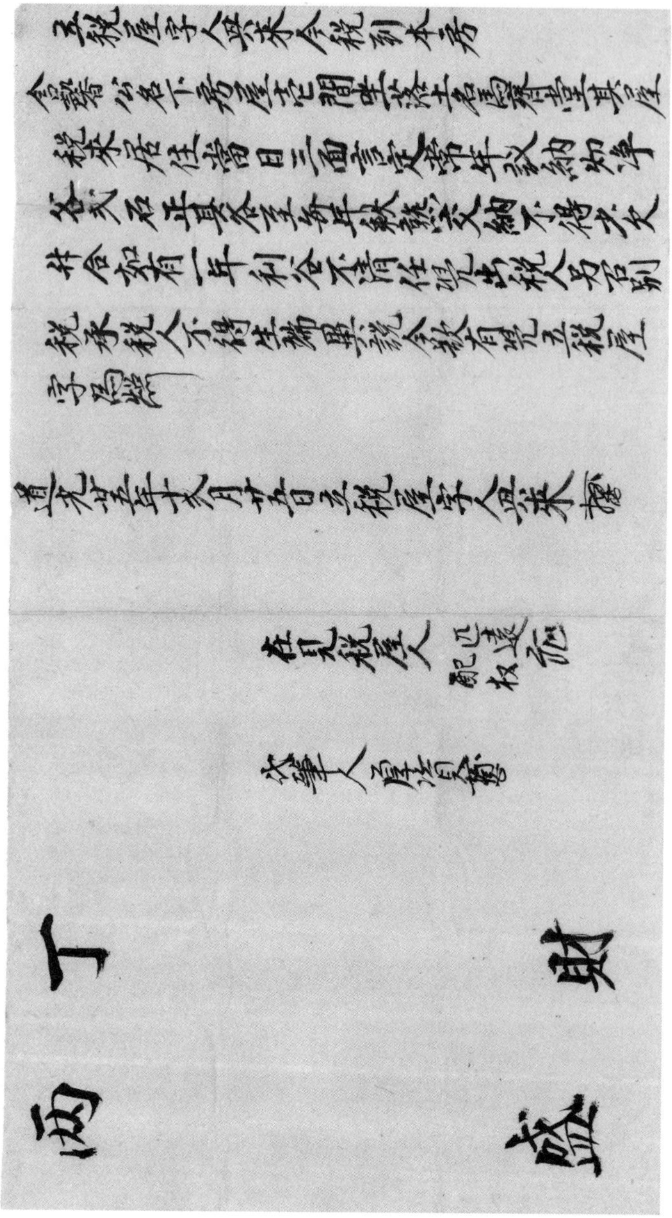
立税屋字人赖兴来今税到本房
含馨公名下房屋[illegible]间坐落土名[illegible]其屋
税来居住当日三面言定每年议纳[illegible]净
谷贰石正其谷至冬收熟之日交纳不得少欠
升合如有一年利谷不清任凭出税人另召别
税承税人不得生端异说今欲有凭立税屋
字为照

道光廿五年十二月廿五日立税屋字人赖兴来（押）

在见税屋人　[illegible]

代笔人　房侄[illegible]

丁财两盛

道光二十五年　长溪

赖兴来立暂退房屋予本房含馨叔字

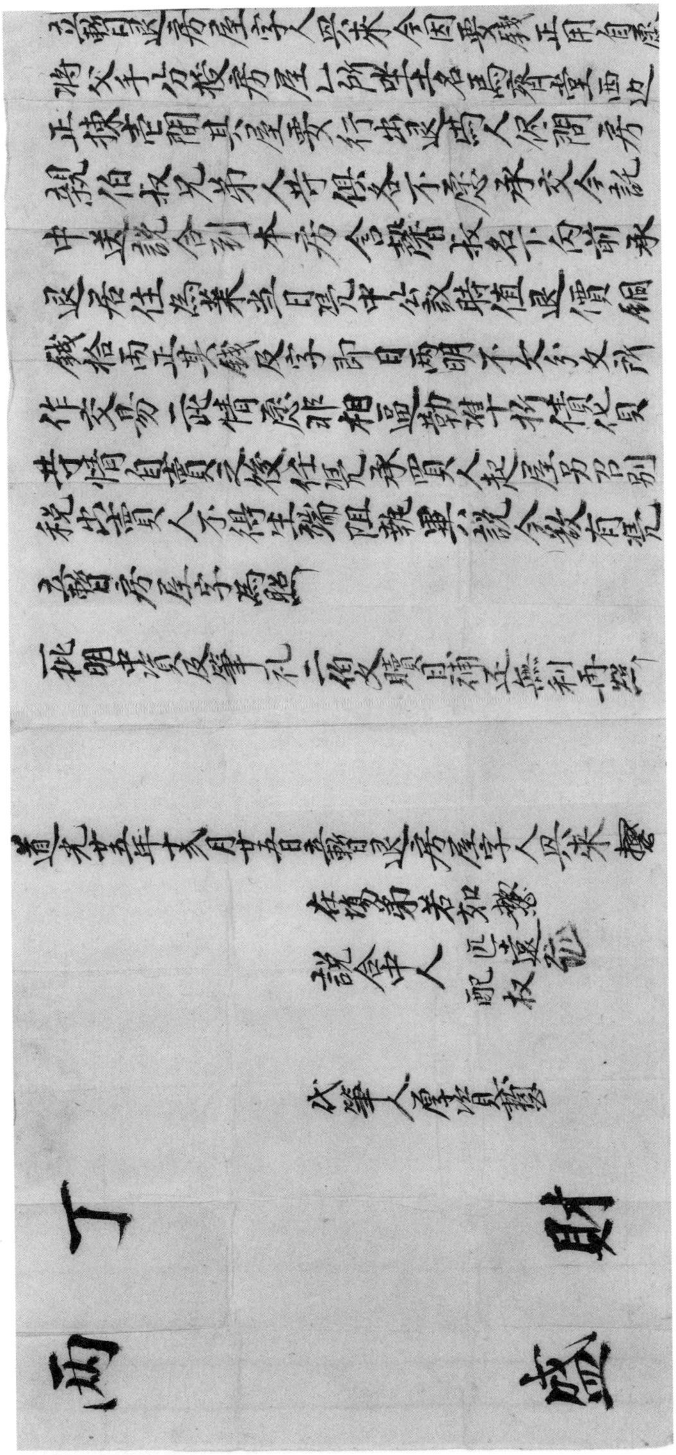

道光二十五年 长溪
赖兴赖历足收本房含馨公买屋铜钱字

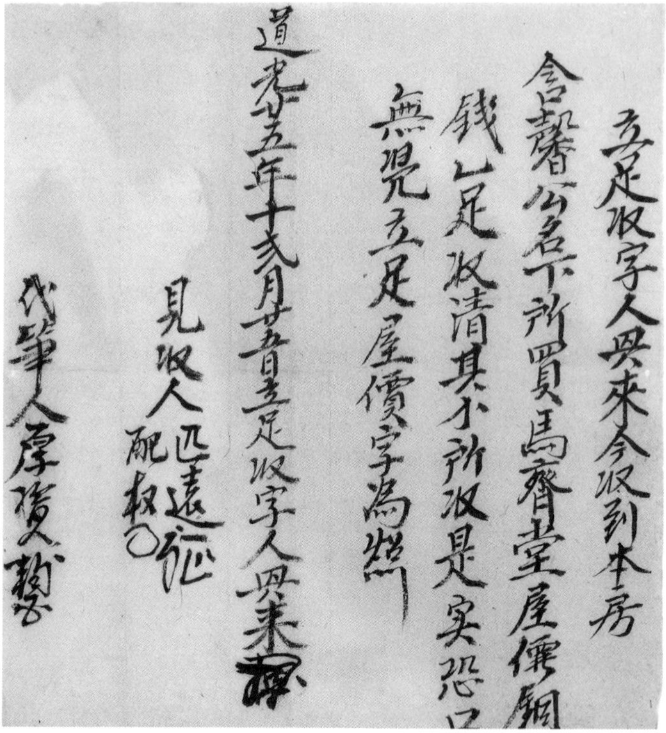
立足收字人興來今收到本房
含馨公名下所買馬齊堂屋價銅
錢一足收清其不所收是實恐口
無憑立足屋價字為照
道光廿五年十弍月廿五日立足收字人興來
見收人 迎遠
配叔
代筆人 厚俊

道光二十五年　长溪
赖禹拜立暂退坝予本房舍兴叔字

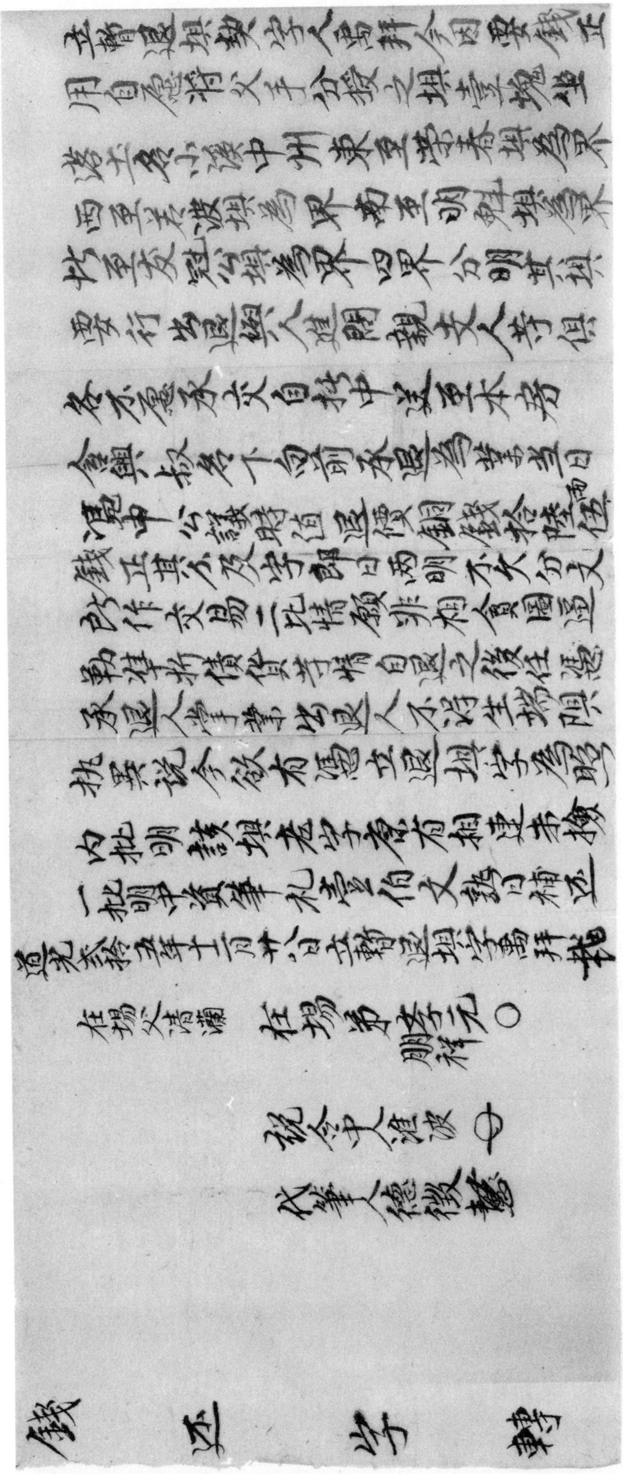

道光二十五年　长溪

匹远立借本房会英公位下皮骨田字

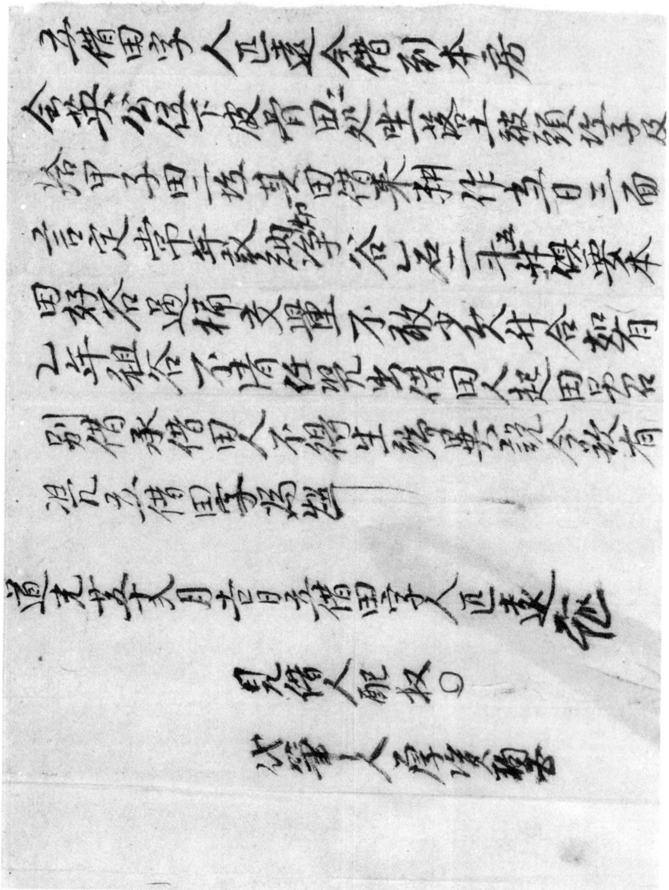

道光二十五年　长溪
匹远立暂退皮骨田予本房会英公位下字

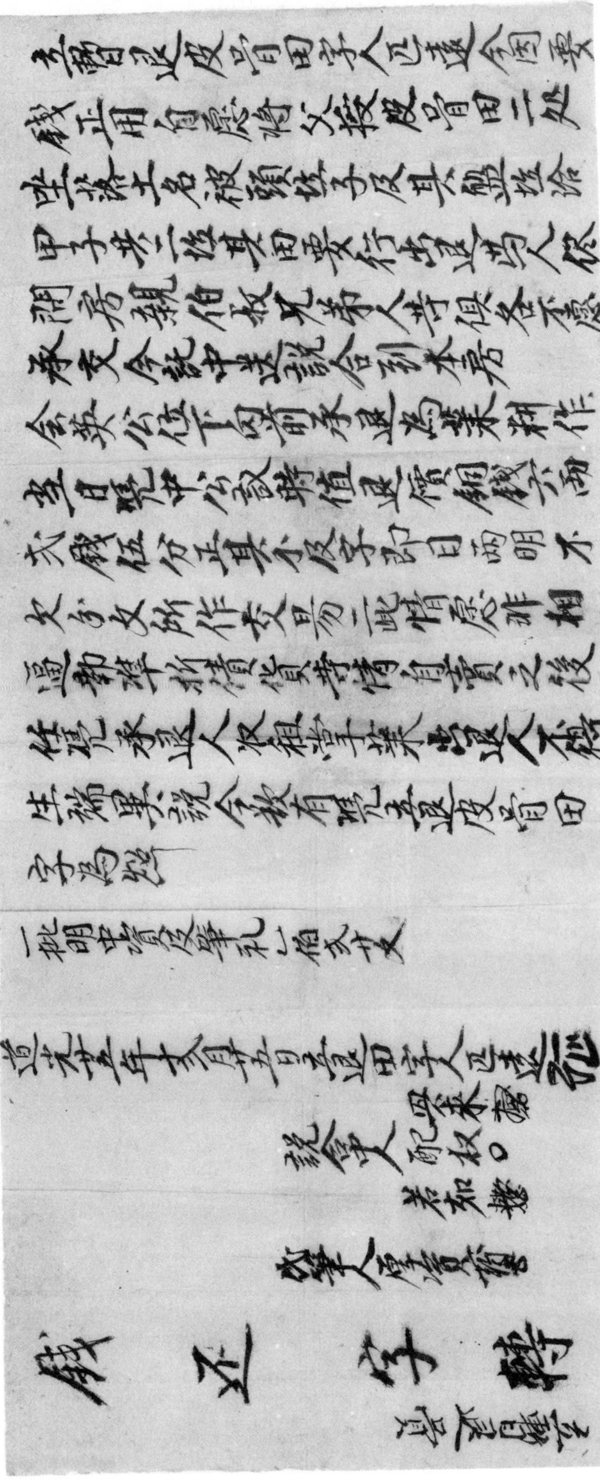

立暂退皮骨田字人匹远今因要
钱正用自愿将父授皮骨田二处
坐落土名被头垅子及其盘垅洽
甲子共二垅其田要行出退与人依
问房亲伯叔兄弟人等俱各不愿
承交今托中送说合到本房
会英公位下向前承退为业耕作
当日凭中公议时值退价铜钱六两
贰钱伍分正其不及字即日两明不
欠分文所作交易二比情愿非相
逼勒准折债货等情自卖之后
任凭承退人收租掌业出退人不得
生端异说今欲有凭立退皮骨田
字为照

一批明中资及笔礼一佰贰廿文

道光廿五年十二月廿五日立退田字人匹远
说合中人　母来　配权〇　若知
代笔人厚资

钱还字转

道光二十五年　长溪

匹远立足收本房会英公位下买田价铜钱字

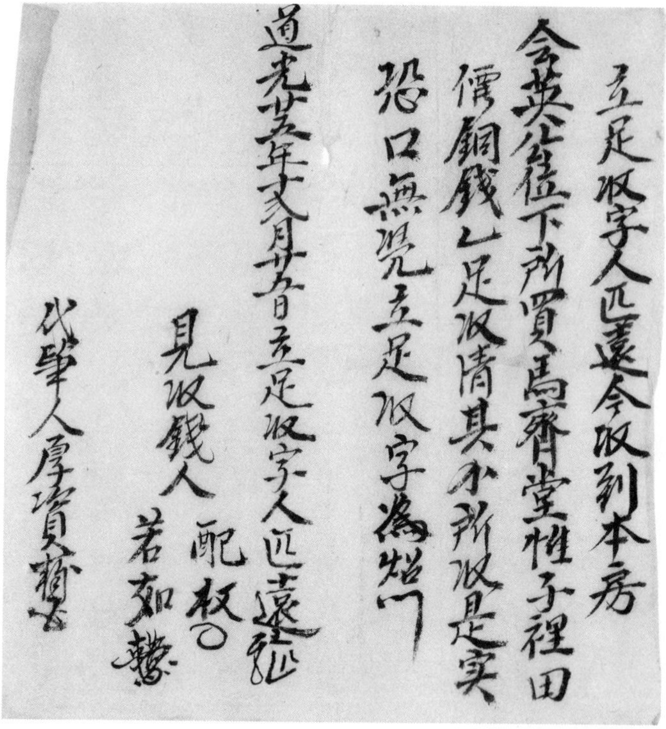
立足收字人匹遠今收到本房
会英公位下所買馬齊堂性子裡田
價銅錢乙足收清其不所收是实
恐口無凭立足收字為照
道光廿五年十二月廿五日立足收字人匹遠
見收錢人　配权
若茹
代筆人厚瑨親書

道光二十五年　长溪

匹远立足收本房会英公位下退田价字

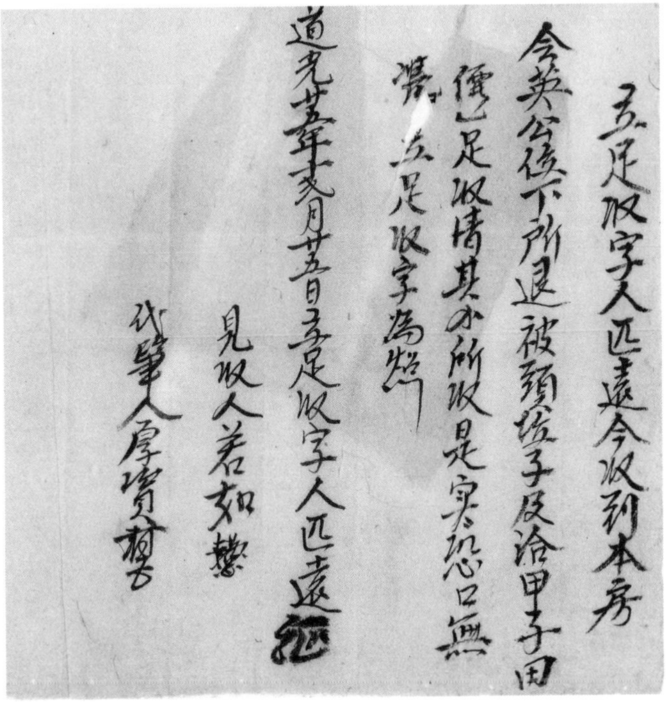

立足收字人匹遠今收到本房
会英公位下所退被頭垅子段洽甲子田
價已足收清其水所收是實恐口無
憑立足收字為照
道光廿五年十弍月廿五日立足收字人匹遠（押）
見收人若知（押）
代筆人學賢（押）

道光二十五年　长溪

授传立约本族会英公铜钱字

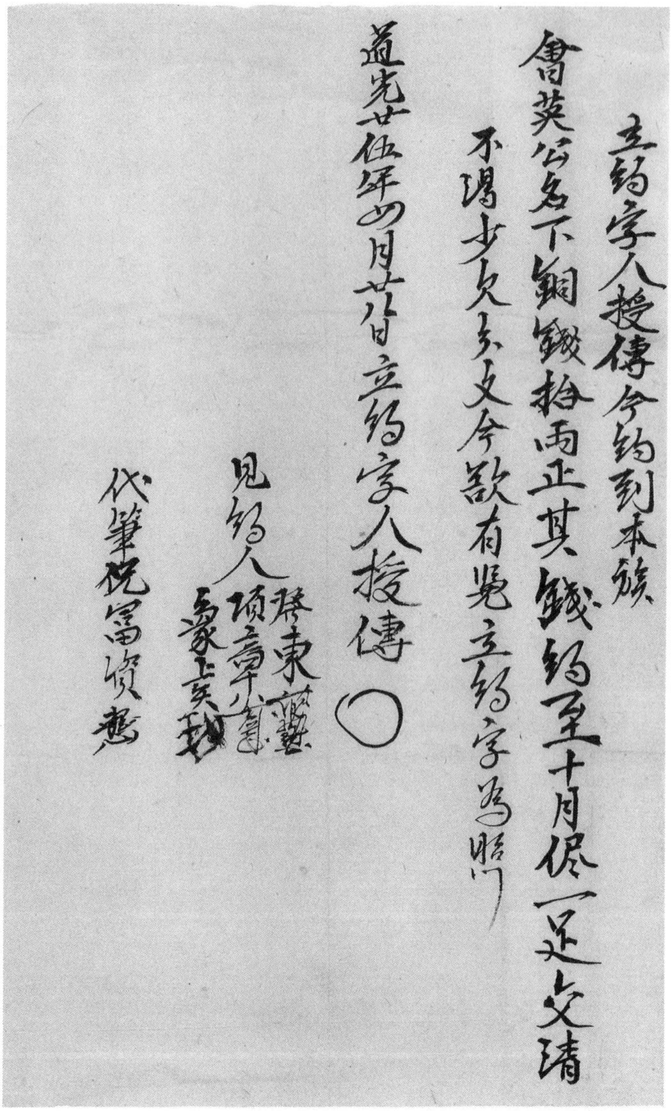
立约字人授傳今约到本族
會英公名下銅錢拾兩正其錢约至十月俱一足交清
不得少欠分文今欲有凴立约字為照
道光廿伍年四月廿八日立约字人授傳〇
見约人　琴東　項章　象上
代筆　祝富賓

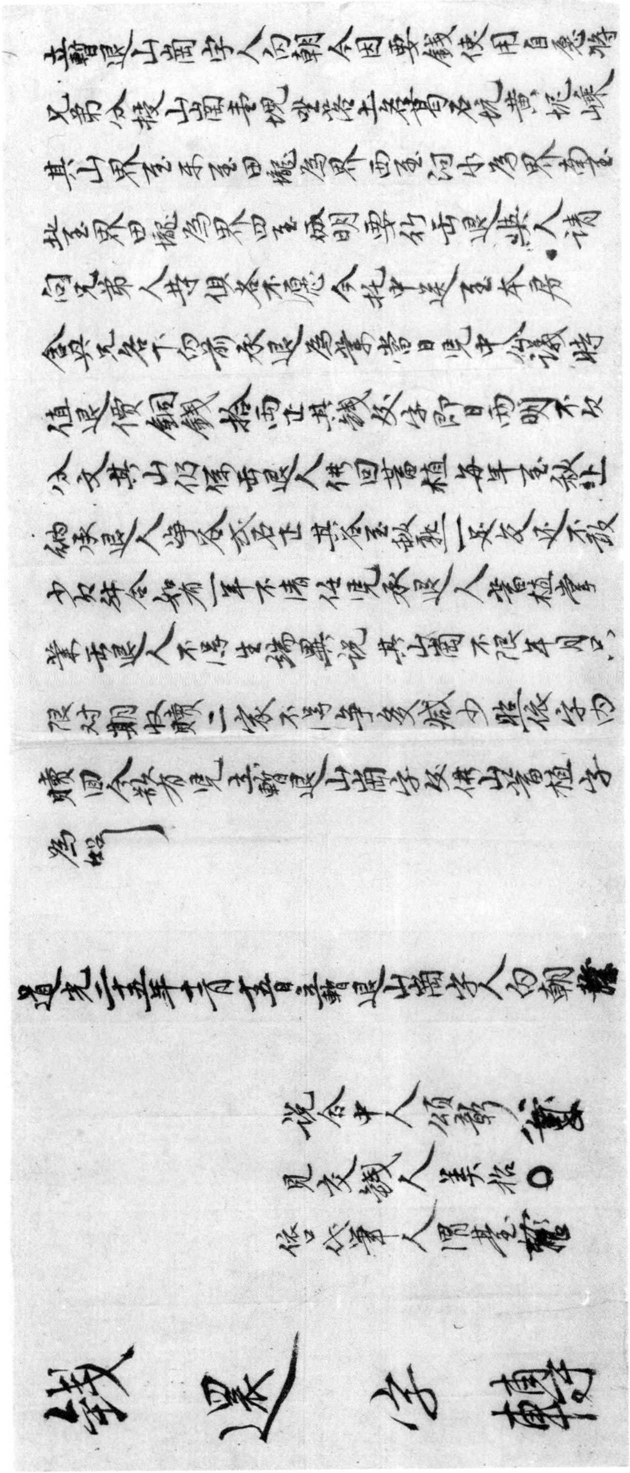

道光二十五年　长溪
作宾立足收本族含兴相公买地净租谷字

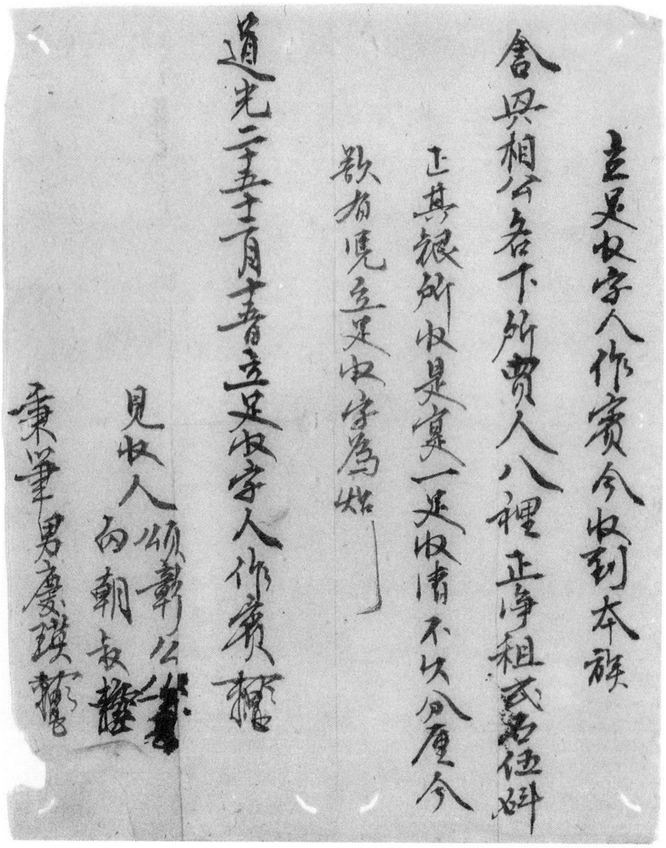

立足收字人作賓今收到本族
含興相公名下所買人八裡正淨租貳石伍斗
正其銀所收是實一足收清不少分厘今
欲有憑立足收字爲據
道光二十五年十二月十二日立足收字人作賓（押）
見收人　順彰公（押）
向朝叔（押）
秉筆男慶瑛（押）

道光二十六年　长溪

曾坑里欲贤、蔚华、盛余立足收本房会英公位下买印基价铜钱字

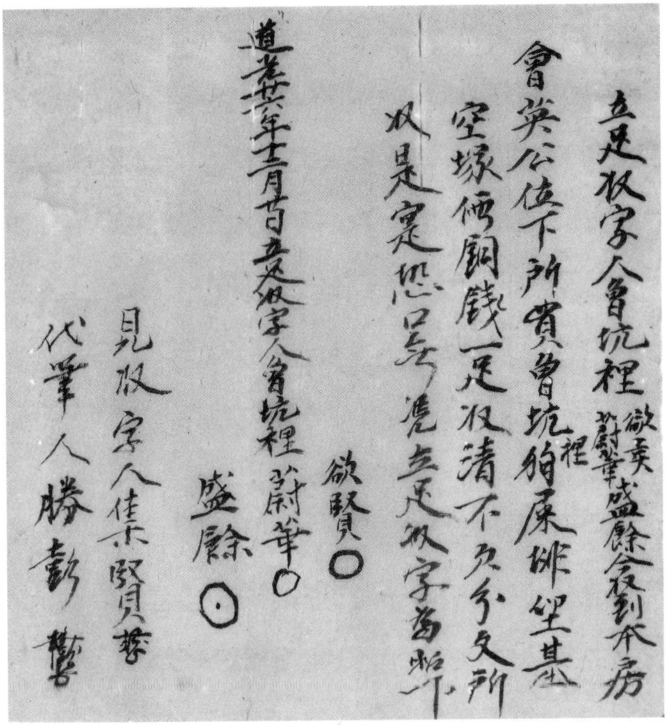

立足收字人曾坑裡欲賢、蔚華、盛餘今收到本房
會英公位下所買曾坑裡狗屎排坐基
空塚價銅錢一足收清不欠分文所
收是實恐口無憑立足收字為照

道光廿六年十二月廿日立足收字人曾坑裡蔚華
欲賢
盛餘

見收字人集賢押

代筆人勝彰押

道光二十六年　长溪

赖利江、载隆、昭松兄弟立永卖坝土予本房会英公位下字

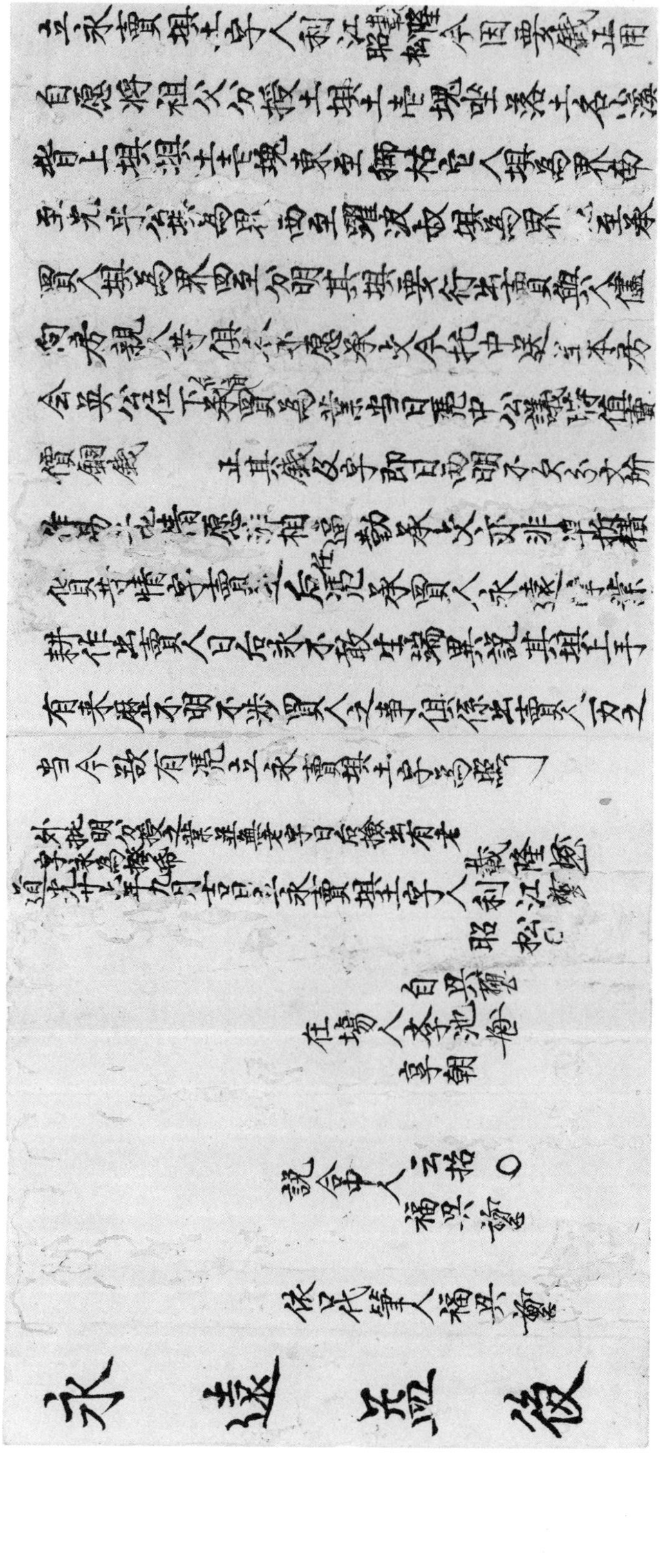

道光二十六年　长溪
赖欲贤、蔚华、盛余立永卖印基空冢予本房会英公位下字

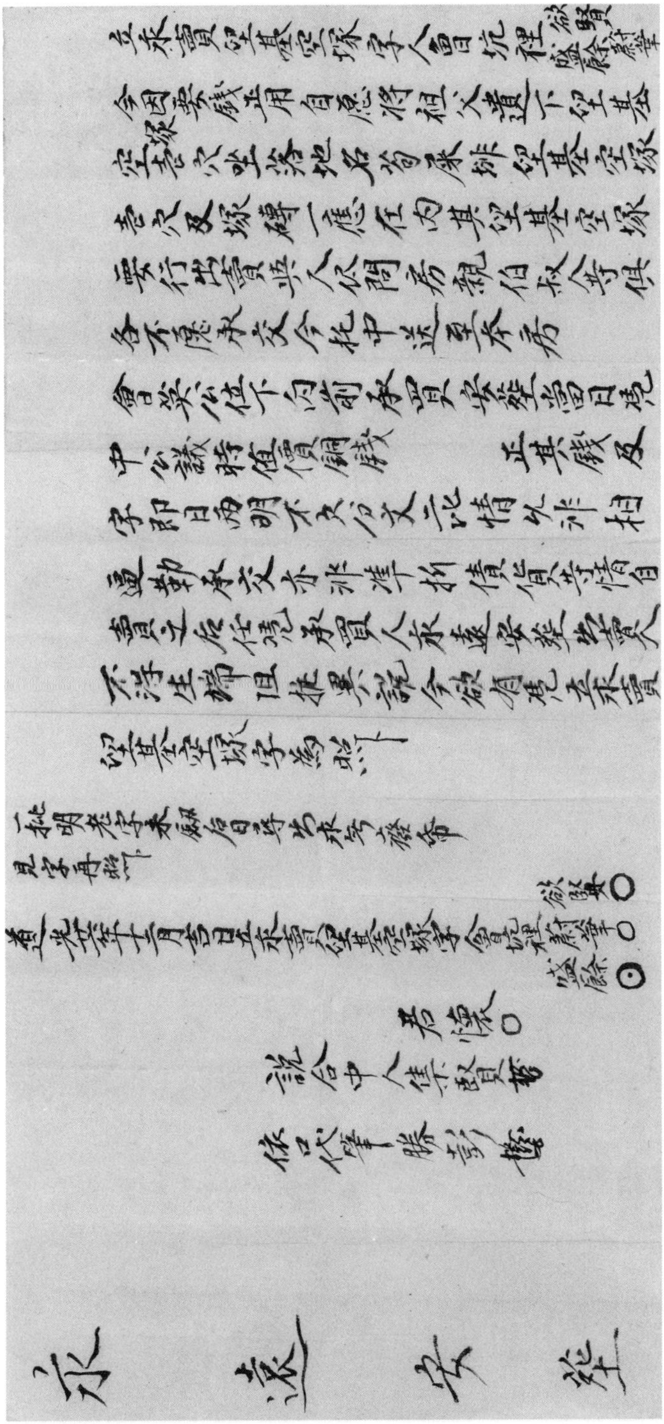
立永賣印基空冢字人[illegible]孫欲賢、蔚華、盛餘
今因要錢正用，自愿將祖父遺下印基
空冢壹穴，坐落地名[illegible]，印基空冢
壹穴及冢磚一應在內，其印基空冢
要行出賣，先盡房親伯叔侄人等俱
各不受，外托中送至本房
會英公位下[illegible]
中心議時值價銅錢[illegible]正，其錢及
字即日兩明，不欠分文。二比情愿，非相
逼勒[illegible]
[illegible]
不得生端[illegible]
印基空冢字為照。

一批明老字[illegible]
見字為照。

道光廿六年十二月吉日立永賣印基空冢字人[illegible]孫 欲賢○ 蔚華○ 盛餘○
[illegible]○
說合中人[illegible]
依口代筆[illegible]

永遠管業

道光二十七年　长溪

贵才、仲贤、茂光等立足收本族慧英公位下买塘价铜钱字

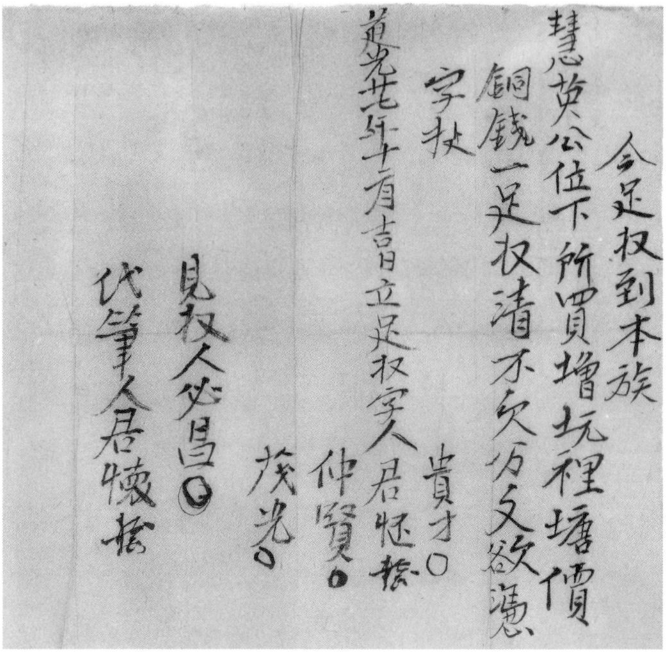

今足收到本族
慧英公位下所買增坑程塘價
銅錢一足收清不欠分文欲憑
字據
道光廿七年十一月吉日立足收字人君恆押
貴才〇
仲賢〇
茂光〇
見收人必昌〇
代筆人君懷押

道光二十七年　长溪
钟氏及男君怀、贵才、仲贤、茂光立永卖鱼塘予本族慧英公位下字

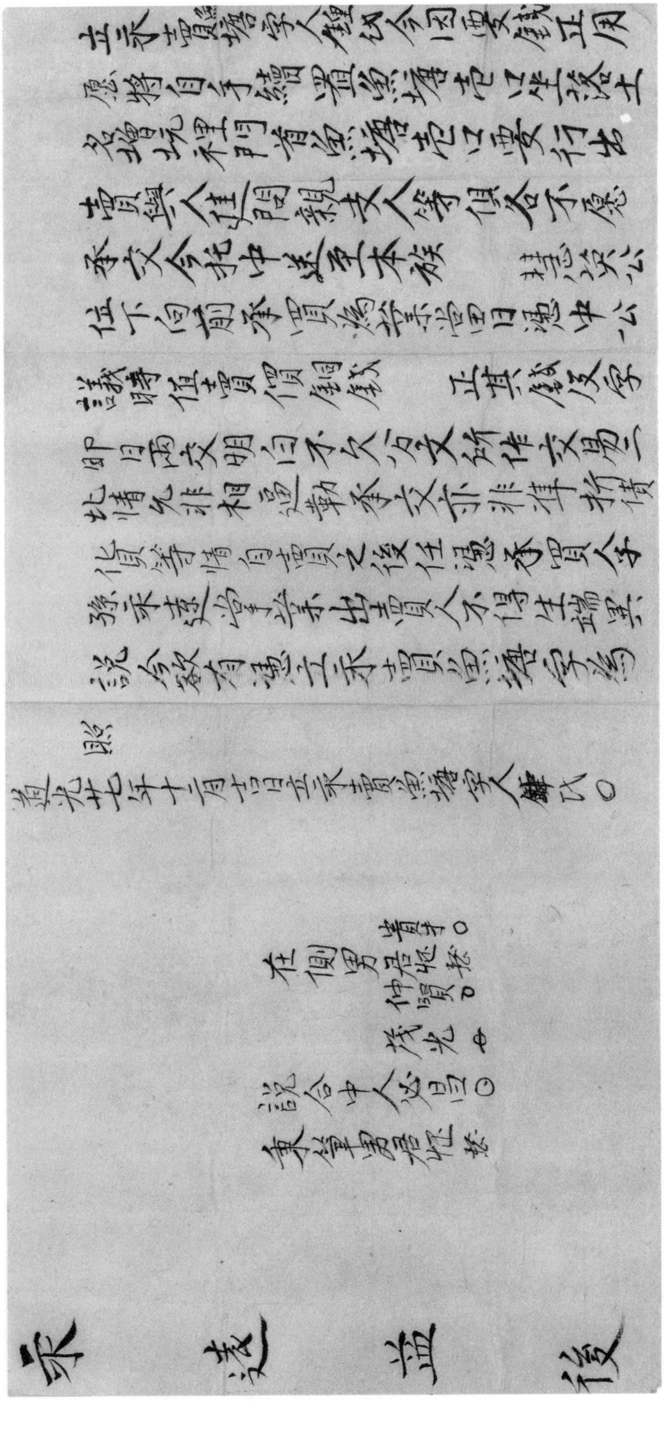

道光二十八年　长溪

福荣立足收本房会英公位下田价字

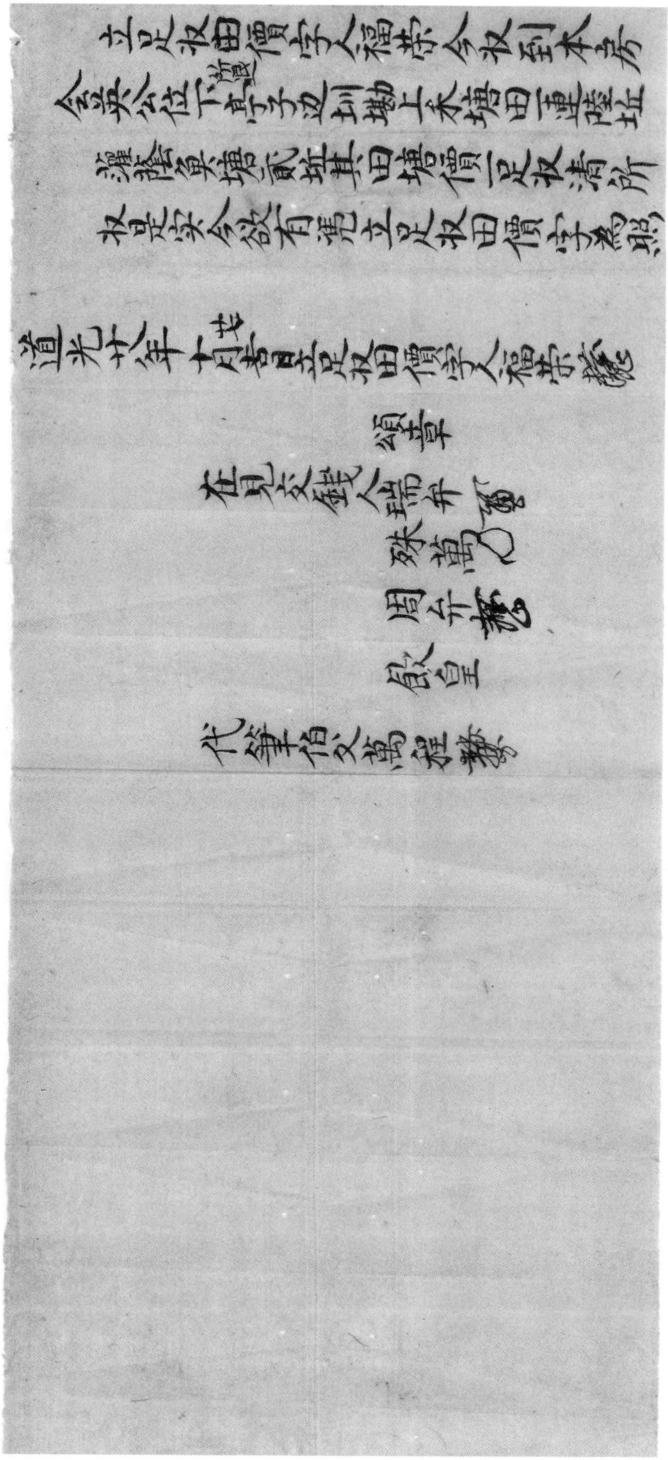

立足收田價字人福荣，今收到本房
會英公位下附近良字号边圳墘上禾塘田壹連，坐址
灘隆家塘貳坵，其田塘價一足收清，所
收是实。今欲有憑，立足收田價字為照。

道光廿八年十二月吉日立足收田價字人福荣（押）

頌堂
在見文錢人 聯甫（押）
殊萬（押）
周公甫（押）
殷宜
代筆伯父萬從（押）

赖福荣立永退田塘予本房会英公位下字

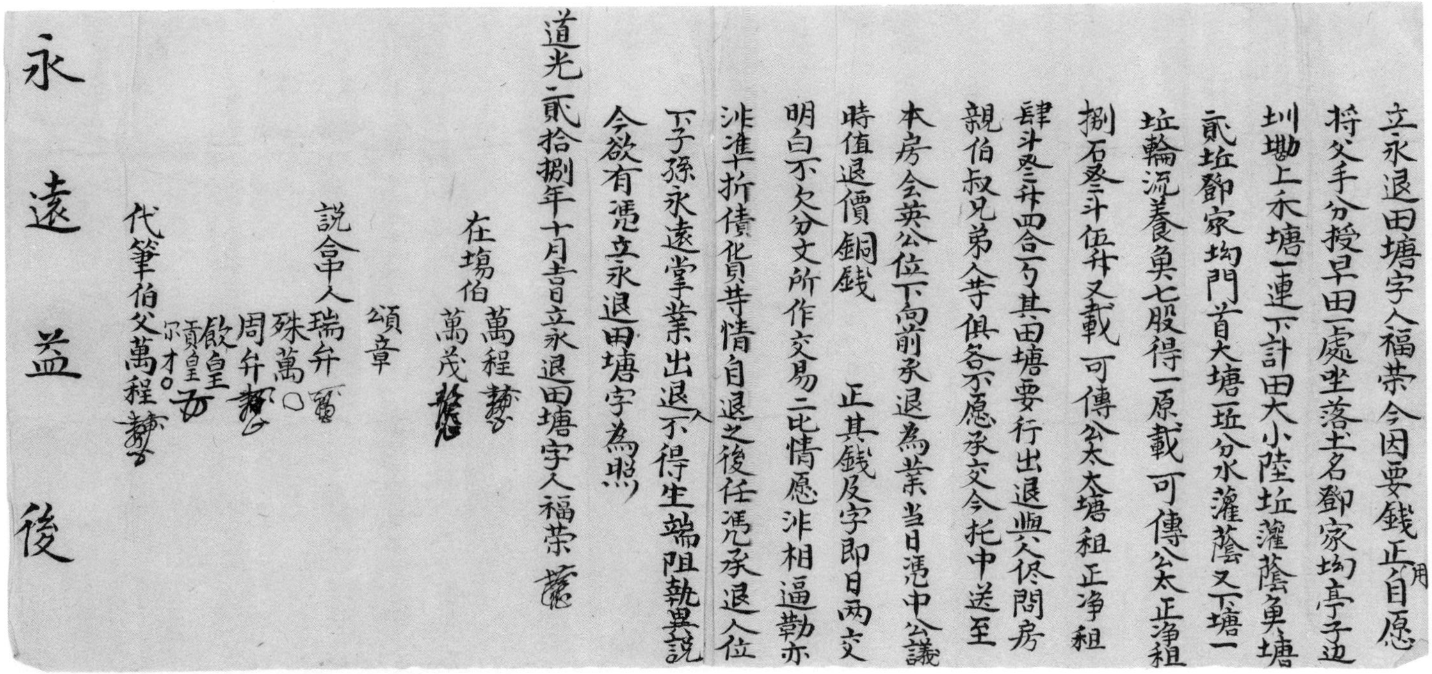

立永退田塘字人福荣今因要錢正用自愿
将父手分授早田乙處坐落土名鄧家坳亭子边
圳墈上禾塘一連下計田大小陸坵灌蔭魚塘
貳坵鄧家坳門首大塘乙坵分水灌蔭又下塘一
坵輪流養魚七股得一原載可傳公太正淨租
捌石叁斗伍升又載可傳公太太塘租正淨租
肆斗叁升四合乙勺其田塘要行出退與人侭問房
親伯叔兄弟人等俱各不愿承交今托中送至
本房会英公位下向前承退為業當日憑中公議
時值退價銅錢　正其錢及字即日兩交
明白不欠分文所作交易二比情愿非相逼勒亦
非準折債貨等情自退之後任憑承退人位
下子孫永遠掌業出退人不得生端阻執異說
今欲有憑立永退田塘字為照
道光貳拾捌年十月吉日立永退田塘字人福荣
在場伯　萬程　萬茂
頌章
說合中人　瑞升　殊萬　周升　欽皇　貢皇　尔才
代筆伯父　萬程
永遠益後

道光二十八年　长溪

赖昭苟永卖田于赖会英字及咸丰元年官发契尾

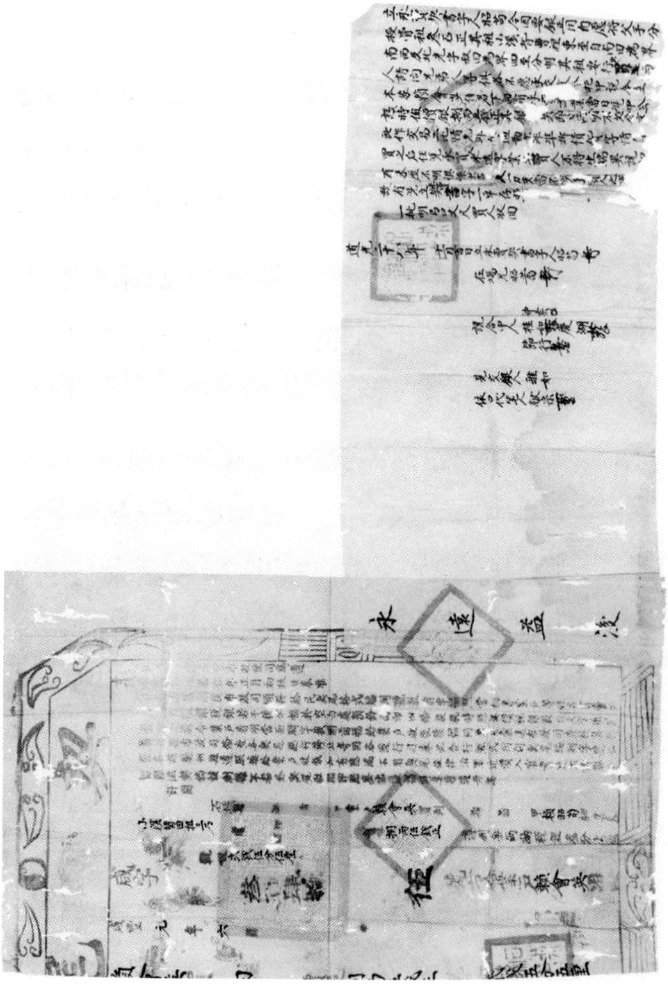

道光二十九年　长溪

赖必祥妻钟氏立永卖茶山予本族慧英公位下字

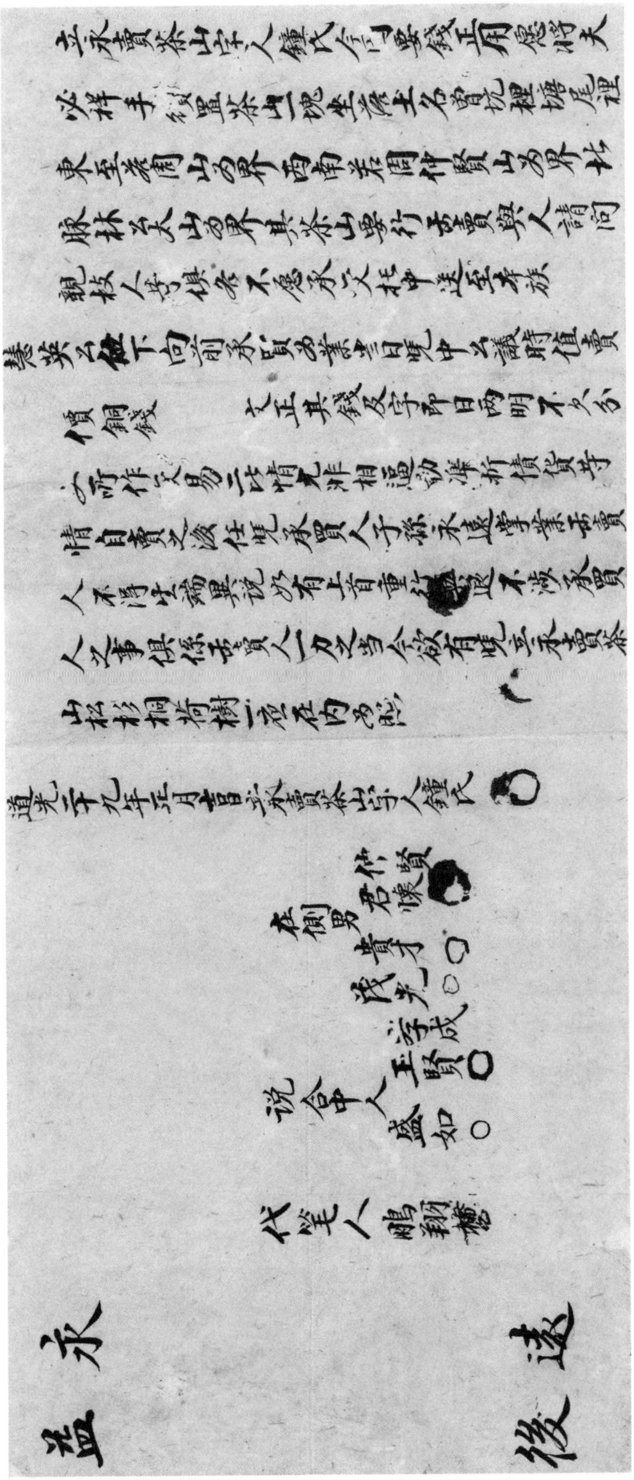
立永賣茶山字人鍾氏，今因要錢正用，憑將夫
必祥手置茶山一號，坐落土名曾坑鯉塘尾裡，
東至茶園山為界，西南茶園併賢山為界，北
豚林公大山為界。其茶山要行出賣與人，請問
親房人等俱各不願承受，又托中送至本族
慧英公位下向前承買為業。當日憑中三面議時值賣
價銅錢　文正。其錢及字即日兩明，不少分文。
[illegible]作之日，乃是二比情允，非相逼勒準折債貨等
情。自賣之後，任從承買人子孫永遠管業，出賣
人不得生端異說。如有上首重叠交易，不涉承買
人之事，俱係出賣人一力承當。今欲有憑，立永賣茶
山松杉桐等樹一應在內，為照。

道光二十九年正月吉日　立永賣茶山字人鍾氏（押）

在側男　仲賢（押）　君賺　貴才　茂光　家成　玉賢

說合中人　盛如

代筆人　鳴翔

永遠　益後

道光三十年　长溪

栗畲排赖慎行立借长溪村赖惠英公位下祭田字

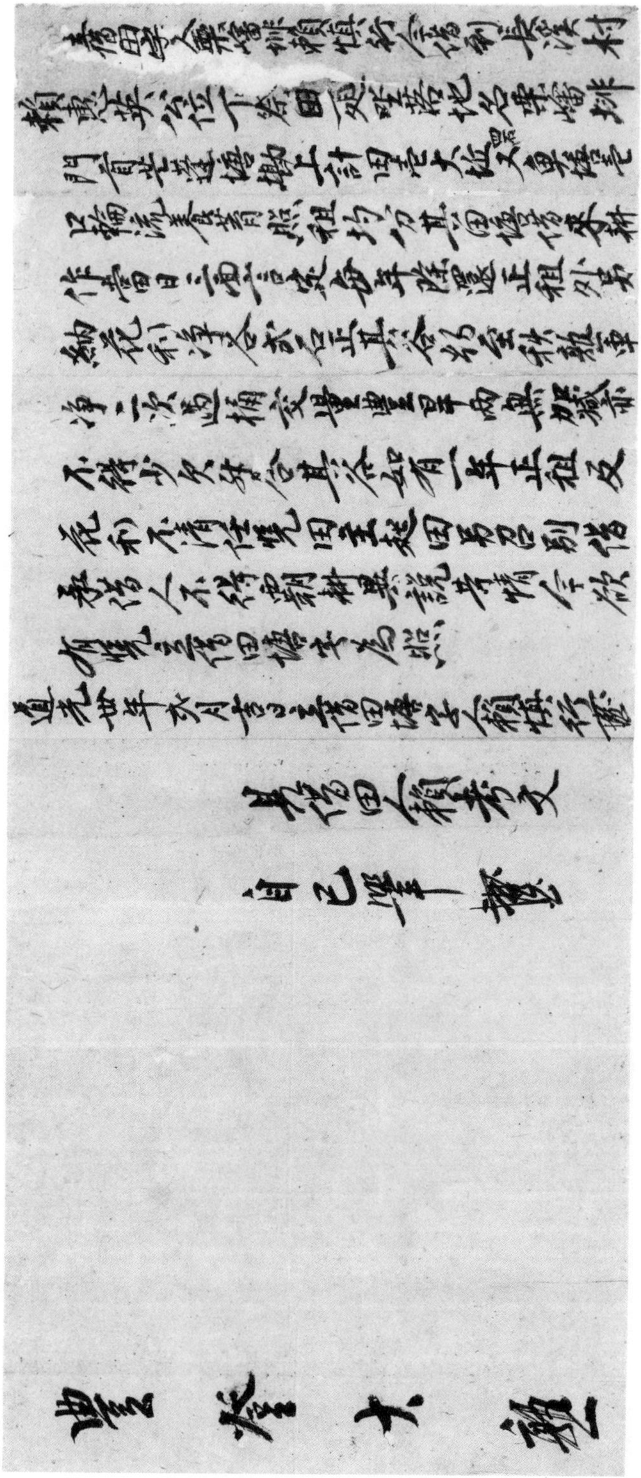

道光年间　长溪

赖茂崇立永卖田契予赖慧英字

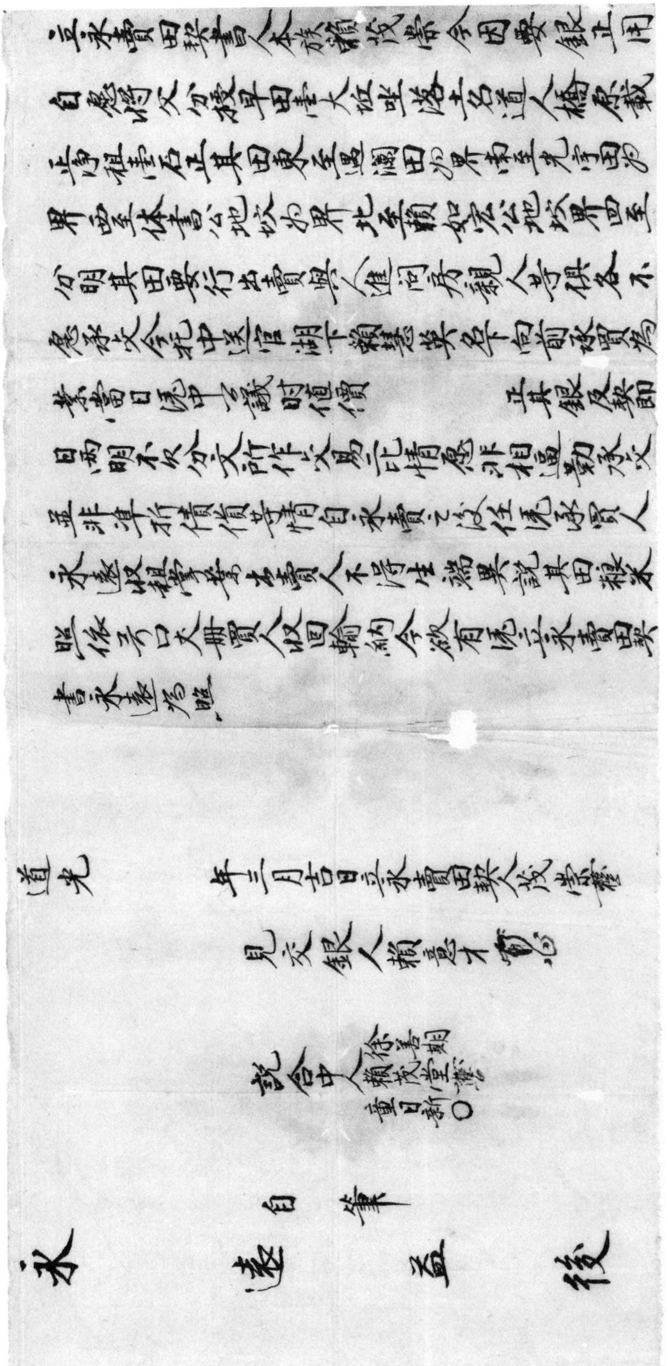
立永卖田契书人本族赖茂崇今因要银正用
自愿将父分授早田壹大坵坐落土名道人墧原载
正租壹石正其田东至墨墈田为界南至光亭田为
界西至休书公地坎为界北至赖奶宏公地坎界四至
分明其田要行出卖与人先问房亲人等俱各不
愿承交今托中送与湖下赖慧英出首向前承买为
业当日凭中三面言定时值价　　正其银及契即
日两明不少分文附作一次交足二比情愿非相逼勒亦无
重非准折债负之情自永卖之后任凭买人
永远收租管业出卖人不得生端异说其田粮米
照依子口大册买人收回输纳今欲有凭立永卖田契
书一纸永远为照

道光　　年三月吉日立永卖田契人赖茂崇
见交银人赖[illegible]才
在场中人　徐[illegible]翔　赖茂宣
[illegible]

永　远　管　业

道光年间 长溪
赖作宾立永卖田塘予本族含英字

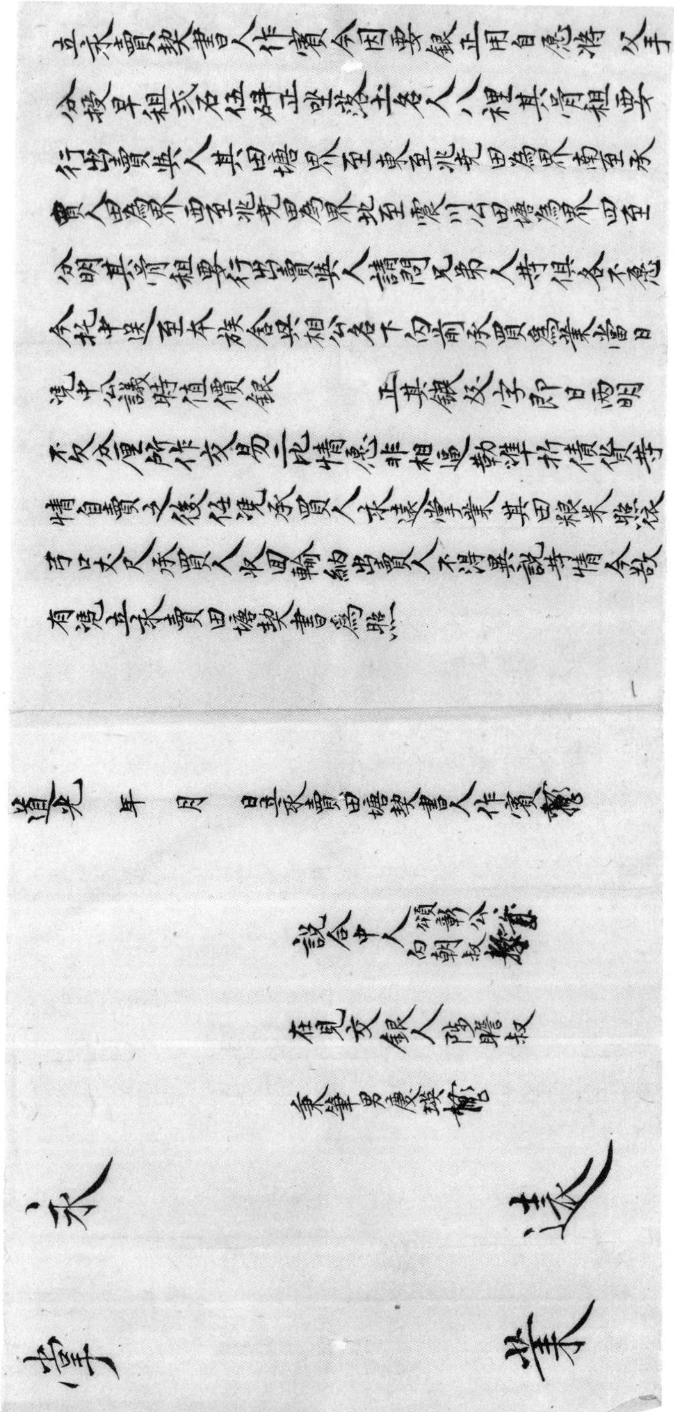
立永賣契書人作賓今因要錢正用自愿將 父手
分授早租弍石伍肆正坐落土名八八裡其寄租要
行出賣與人其田塘界至東至兆先田為界南至承
賣人田為界西至兆先田為界北至震川公田塘為界四至
分明其寄租要行出賣與人請問兄弟人等俱各不愿
今托中送至本族含英相公名下向前承買為業比當日
憑中公議時值價銀　　　正其銀收足即日兩明
不欠分厘所作交易二比情愿非相逼勒準折債貨等
情自賣之後任從承買人永遠管業其田糧米照依
弓口丈尺承買人收回輸納出賣人不得異說等情今欲
有憑立永賣田塘契書為照

道光　年　月　日立永賣田塘契書人作賓（押）

說合中人　頌勤公（押）　向朝叔（押）

在見交銀人　陞賢叔

秉筆男慶璉（押）

永遠管業

昭蓄立永卖田契予赖邦宁字

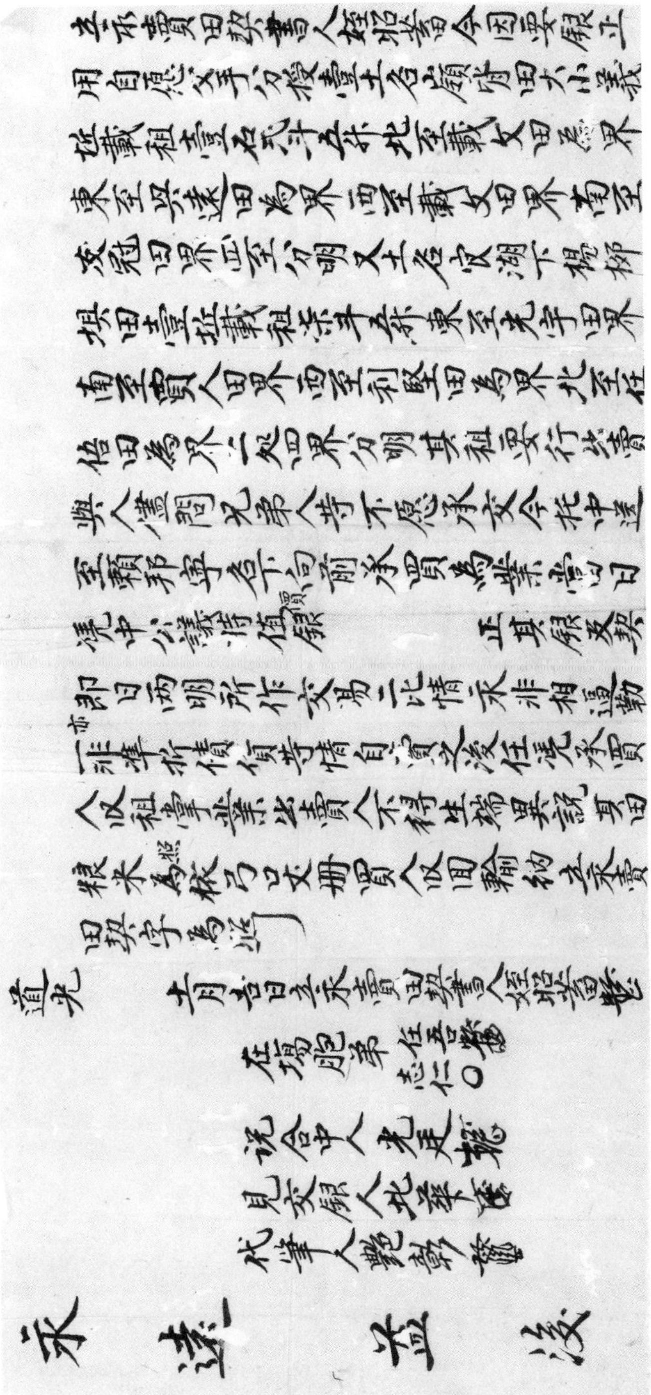
立永賣田契書人侄昭蓄今因要銀正
用自愿將手分授壹土名山頭背田大小壹坵
計載租壹石弍斗五升北至載文田為界
東至買主田為界西至載文田界南至
交冠田界四至分明又土名坑湖下楊梆
坵田壹坵載租弍斗五升東至光字田界
南至買人田界西至利陞田為界北至任
佑田為界二處四界分明其租要行出賣
與人請憑到兄弟人等不願承交今托中送
至賴邦寧名下向前承買為業當日
憑中公議得值價銀　正其銀及契
即日兩明所作交易二比情愿不非相逼勒
亦非準折債負私等情自賣之後任從承買
人收租管業出賣人不得生端異說其田
糧米為照弓口丈冊買人收回割納立永賣
田契字為照
道光　十一月吉日立永賣田契書人侄昭蓄
在場胞弟　任五　志仁
說合中人　光廷
見交銀人　兆峯
代筆人　彰
永遠[illegible]後

道光十年 长溪
赖邦宁分关书

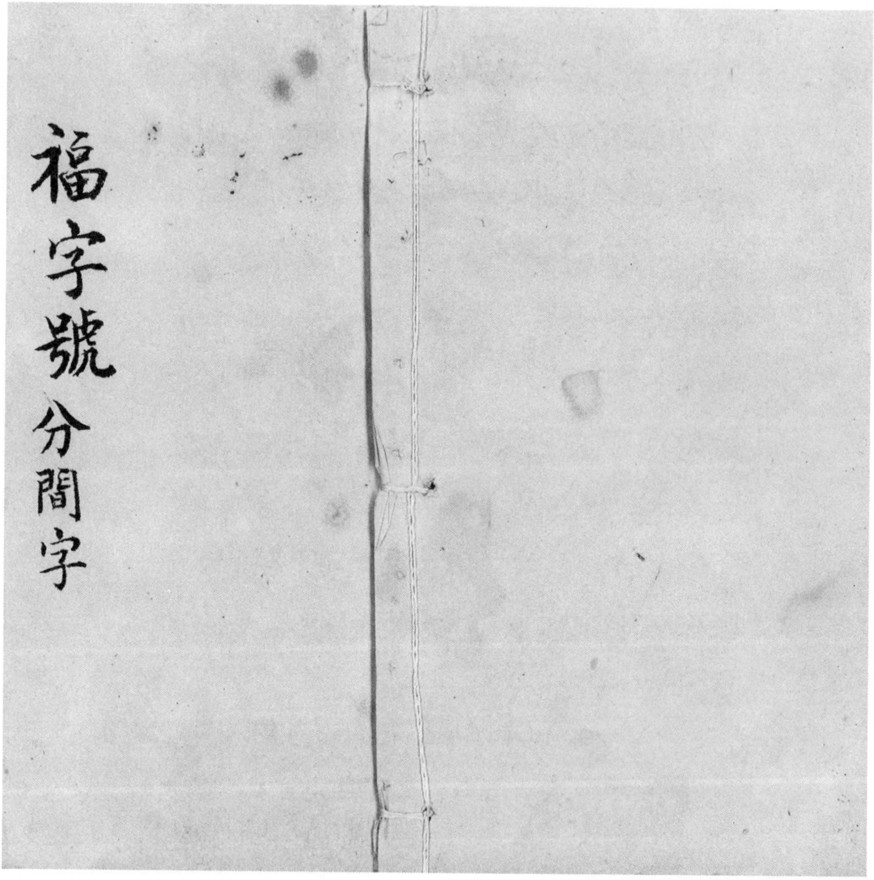

（一）

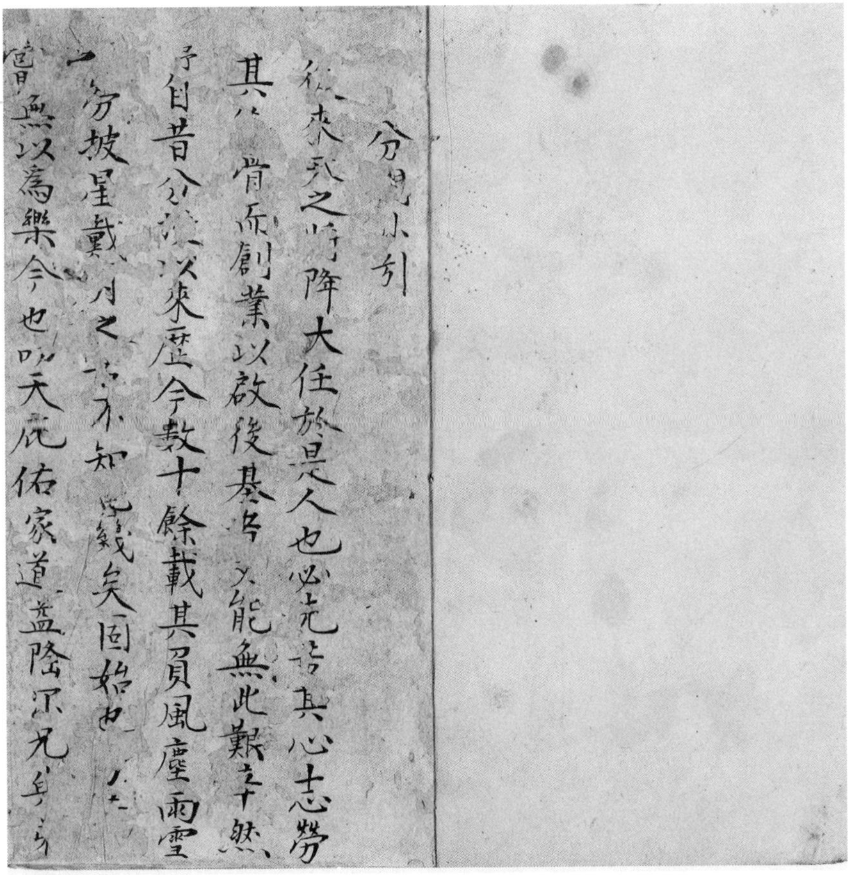

分關小引

從來天之將降大任於是人也必先苦其心志勞

其〻骨所創業以啟後基各〻能無此艱辛然、

予自昔父公以來歷今數十餘載其冒風塵雨雪

一勞披星戴月之苦不知凡幾矣因始也人〻

曾無以為樂今也叨天庇佑家道益隆不見乎〻

（二）

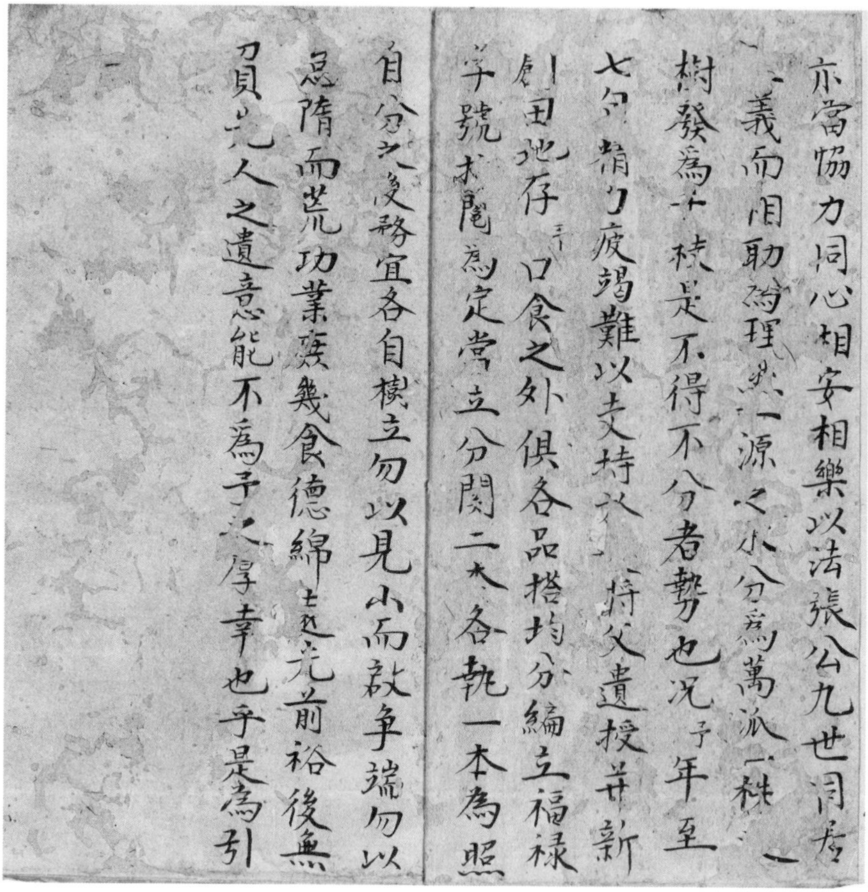

亦當協力同心相安相樂以法張公九世同居一義而同勵為理然一源之水分為萬派一株之樹發為千枝是不得不分者勢也況予年至七旬精力疲竭難以支持議將父遺授并新創田地存三口食之外俱各品搭均分編立福祿二字號求鬮為定當立分關二本各執一本為照自分之後務宜各自樹立勿以見小而啟爭端勿以怠惰而荒功業庶幾食德綿遠光前裕後無負先人之遺意能不為予之厚幸也乎是為引

（三）

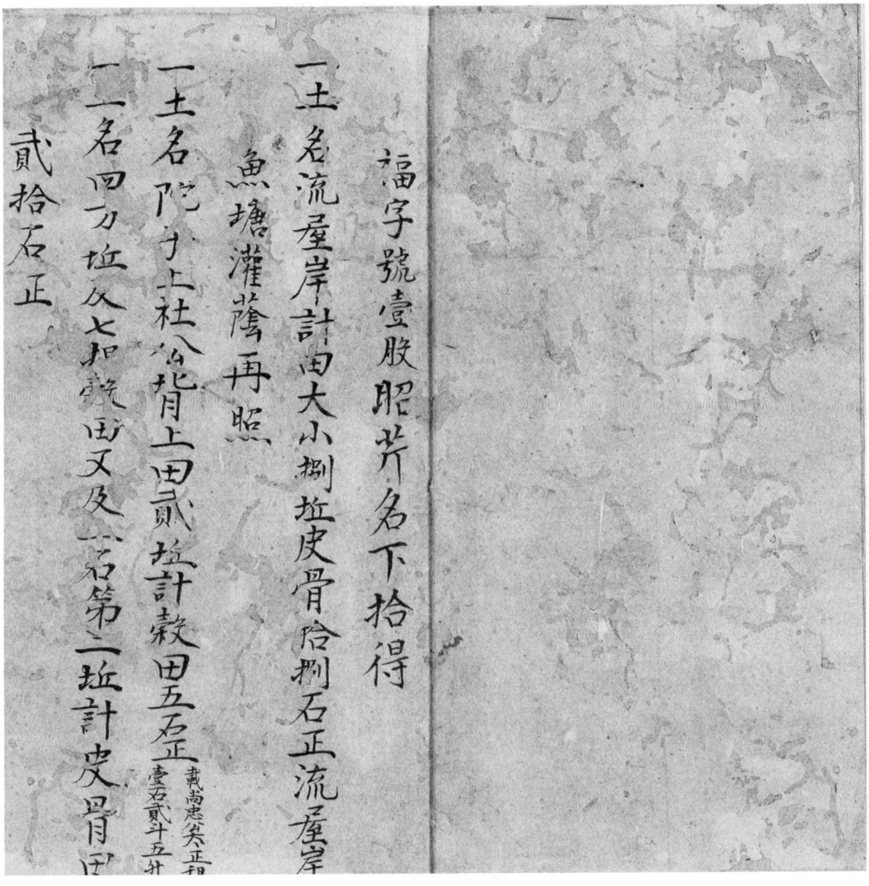

福字號壹股昭芹名下拾得

一土名流壟岸計田大小捌坵皮骨拾捌石正流壟岸

魚塘灌蔭再照

一土名陀寸上社公背上田貳坵計穀田五石正（載尚忠癸正租壹石貳斗五升）

一土名回力坵及七扣段田又及上名第二一坵計皮骨田

貳拾石正

（四）

一土名曹裡民安田坎下田貳坵計皮骨田柒石正
一土名中坑壠計皮田共壹拾肆坵計穀貳拾叁石正
内有塘子壹口灌蔭
一土名馬山排圳坎上皮田壹坵計穀拾一石正
一土名鄢家塅叁角坵計穀皮田捌拾石正
一土名〃〃梨塲坎上菜土壹大塊

東边〃路敖間壹所　又西边横屋頭上壹聯
貳間　又西边貳直上第叁壹間　又北上樓廳
東边樓廳壹間

（五）

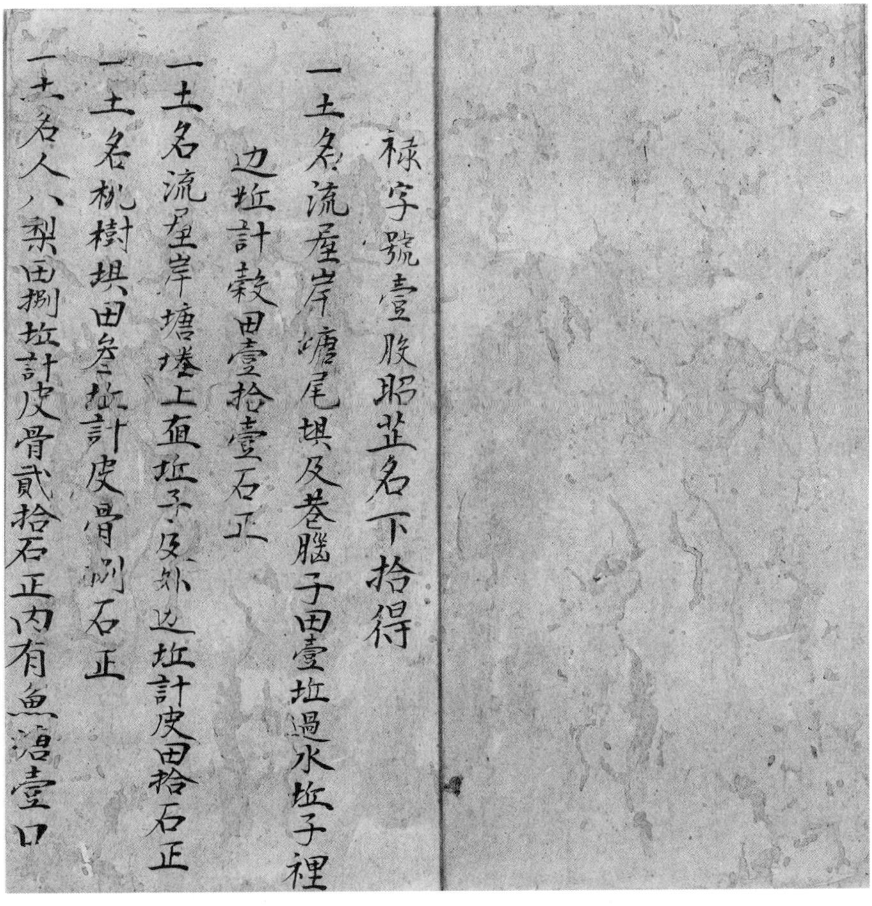
禄字號壹股昭並名下拾得
一土名流屋岸塘尾埧及巷腦子田壹坵過水坵子裡
边坵計穀田壹拾壹石正
一土名流屋岸塘壋上面坵子々及外边坵計皮田拾石正
一土名桃樹埧田叁坵計皮骨洲石正
一土名人八梨田捌坵計皮骨貳拾石正内有魚涪壹口

（六）

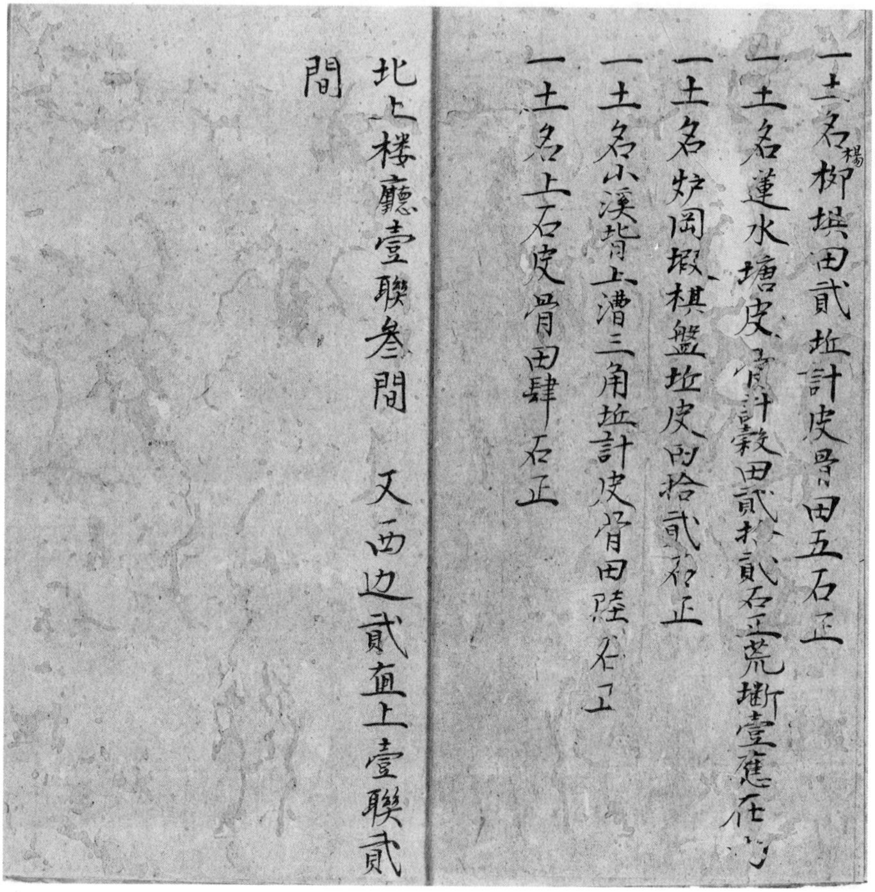
一土名柳（楊）塅田贰坵計皮骨田五石正
一土名蓮水塘皮骨計穀田貳拾貳石正荒墈壹塍在内
一土名炉岡塅棋盤坵皮骨拾贰石正
一土名小溪背上漕三角坵計皮骨田陸石正
一土名上石皮骨田肆石正

北上樓廳壹聯叁間　又西边贰直上壹聯贰間

（七）

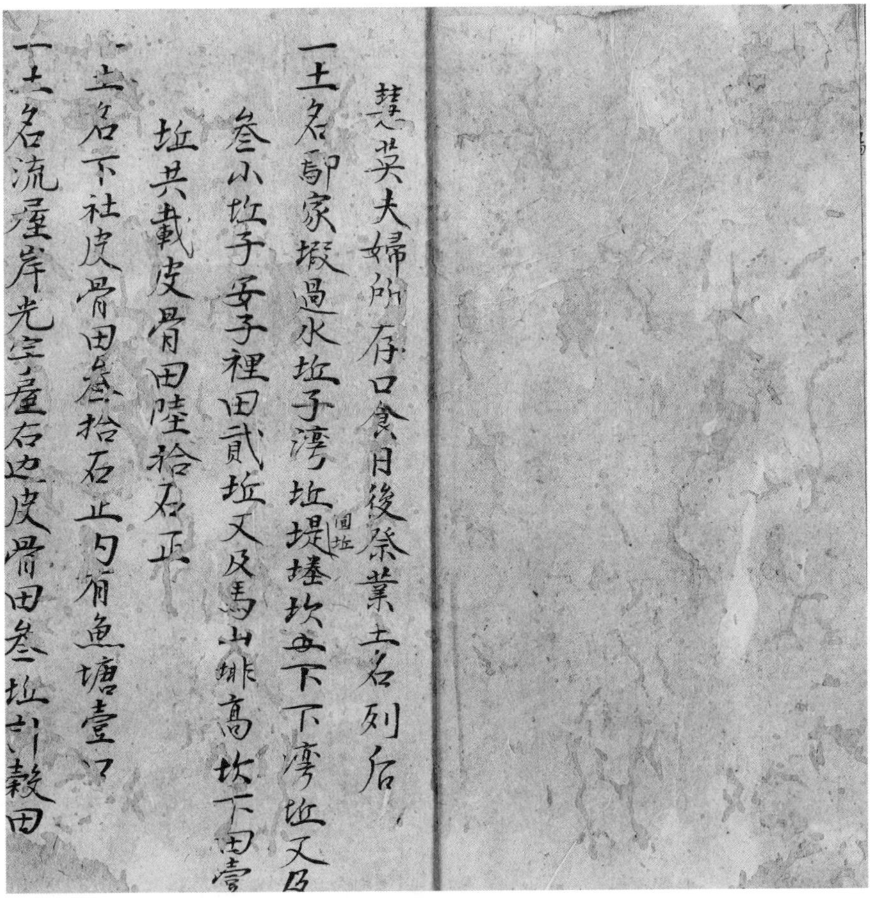

慧英夫婦所存口食日後祭業土名列后
一土名鄔家墩過水坵子湾坵堤回坵塝坎上下下湾坵又及
叁小坵子安子裡田貳坵又及馬山排高坎下田壹
坵共載皮骨田陸拾石正
一土名下社皮骨田叁拾石正勺有魚塘壹口
一土名流屋岸光字屋右边皮骨田叁坵計穀田

（八）

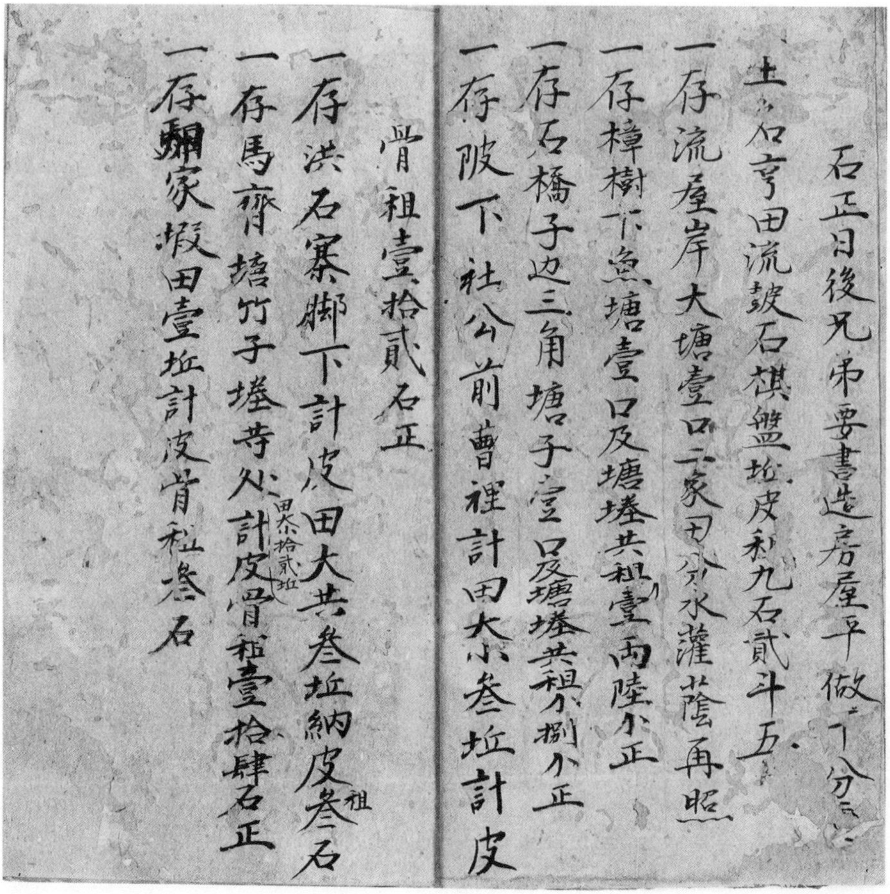
石丘日後兄弟要書造房屋平做二丁分之

土名亨田流䟦石棋盤坵皮租九石貳斗五

一存流屋岸大塘壹口二家田分水灌蔭再照

一存樟樹下魚塘壹口及塘塝共租壹兩陸分正

一存石橋子边三角塘子壹口及塘塝共租八捌分正

一存陂下社公前曹裡計田大小叁坵計皮

骨租壹拾貳石正

一存洪石寨脚下計皮田大共叁坵納皮租叁石

一存馬齊塘竹子塝等處田大小拾貳坵計皮骨租壹拾肆石正

一存蒯家塅田壹坵計皮骨租叁石

（九）

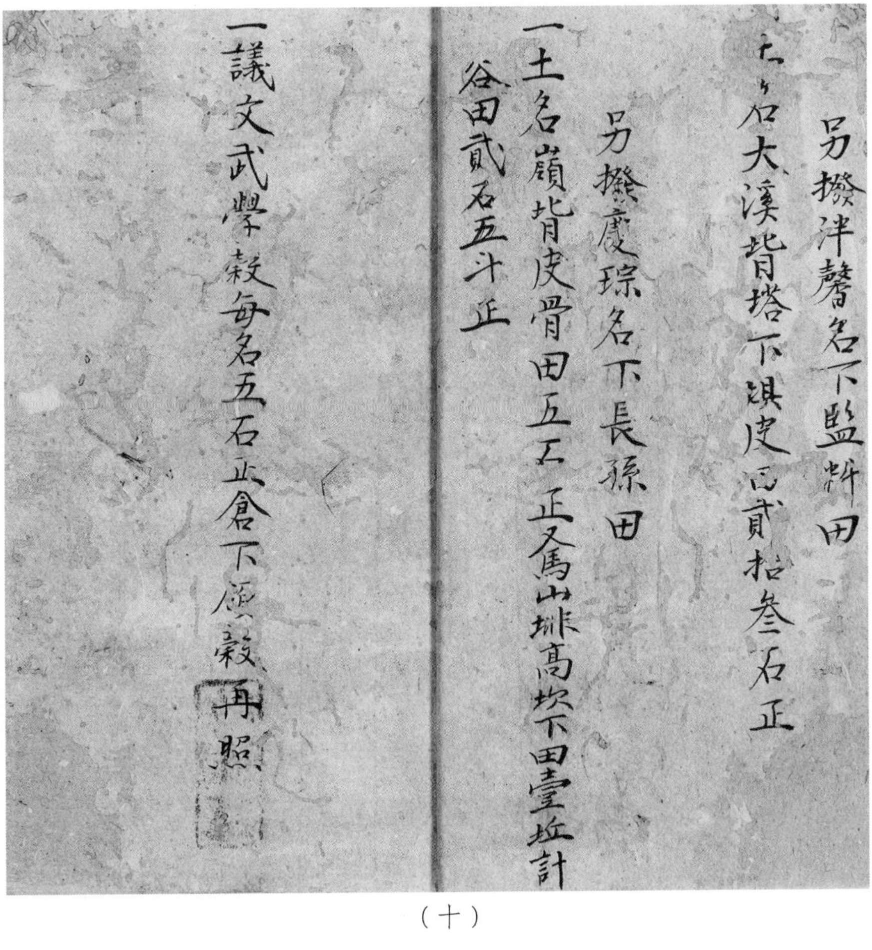
另撥泮磬名下監粁田
土名大溪背塔下垻皮田貳拾叁石正
另撥慶琮名下長孫田
一土名嶺背皮骨田五石正又隔山排高坎下田壹坵計
谷田貳石五斗正
一議文武學穀每名五石正倉下原穀再照

（十）

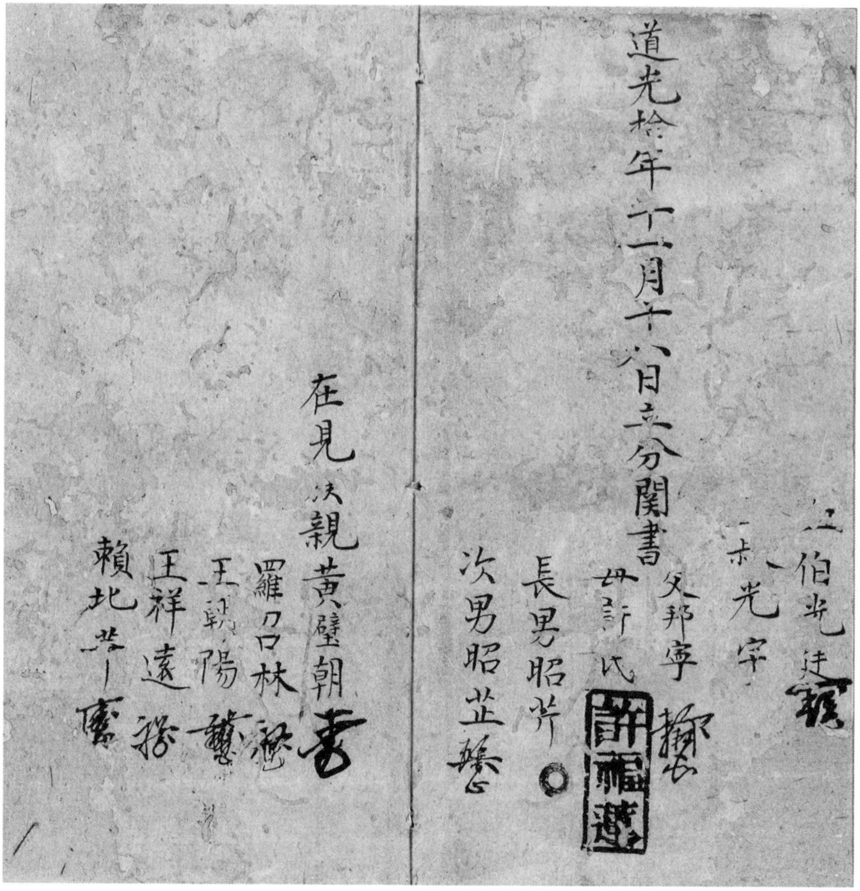
道光拾年十一月十八日立分関書
立 伯光 建
仝 光宇
父邦寧
母許氏
長男昭芹
次男昭芷
在見 族親黄璧朝
羅呂林
王親陽
王祥遠
賴地芳

（十一）

咸丰元年　长溪

赖茂才立永卖田塘子本房会英公位下祭银字

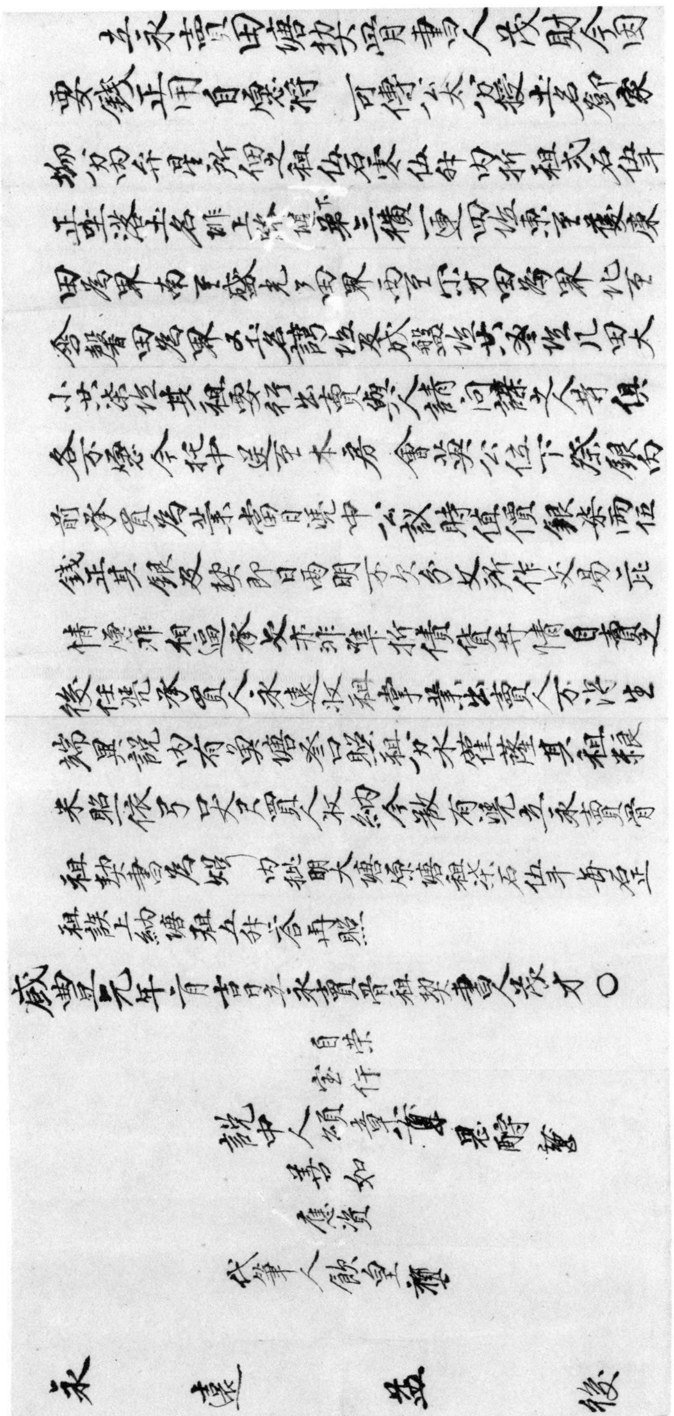

（一）

立永賣田塘契骨書人茂財今因
要錢正用自愿將　可傳公太分授土名鄧家
坳分內弁星所佃之祖伍石零伍升內折租弍石伍斗
正坐落土名排上路堪𧺫三橫一連四坵東至護康
田為界南至盛光〻田界西至𡰪才田為界北至
會馨田為界土名灣坵及成盤坵廿六叁坵几田大
小廿柒坵其租要行出賣與人請向親支人等俱
各不愿今托中送至本房會英公位下奈銀向
前承買為業當日憑中公議時值價銀
　正其銀及契即日兩明不欠分文所作交易二比
情愿非相逼承文亦非準折債貨等情自賣之
後任憑承買人永遠收租掌業出賣人不得生
端異說內有奠塘叁口照租分水灌蔭其租粮
未照依弓口丈尺買人收納今欵有憑立永賣骨
租契書為炤　內批明大塘原塘租柒石伍斗每石正
租訣上納塘租五升二合再照
咸豐元年二月吉日立永賣骨租契書人茂才〇
自宗
宏仔
說中人　頌章　賓　恩爵
善如
應資
代筆人欽皇

永　遠　益　後

（二）

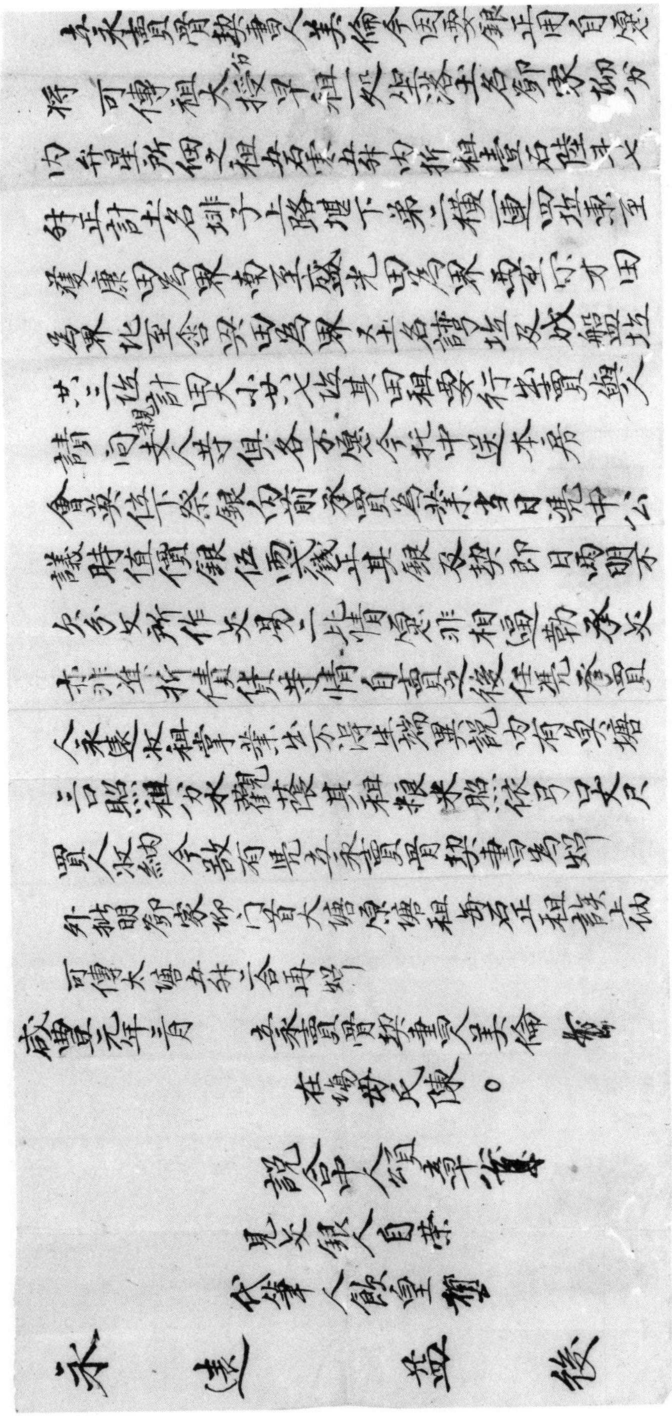

（一）

立永賣買契書人美倫今因要銀正用自愿
將　可傳祖太分授早祖一処坐落土名鄧家坳分
内弁星所佃之祖五石零五升内拆祖壹石陸斗七
升正計土名排子上路堪下弟二横一連四坵東至
獲康田為界南至盛光田為界西至宗才田
為界北至舍吳田為界又土名湾坵及成盤坵
共三坵計田大小共七坵其田租要行出賣與人
請　向親夫人等俱各不愿今托中送本房
會英位下承銀向前承買為業当日憑中公
議時值價銀　　　正其銀及契即日兩明不
欠分文所作交易二比情愿非相逼勒承交
亦非準折債貨等情自賣之後任憑承買
人永遠收租管業出入不得生端異説内有奐塘
三口照租分水灌蔭其租粮米照依乃口丈尺
買人收納今欲有憑立永賣買契書為據
外批明鄧家坳门首大塘原塘租每石正租該上納
可傳太塘租五升二合再據
咸豐元年三月　立永賣買契書人美倫
在場母氏陳 ○
説合中人頌章
見交銀人自荣
代筆人欽皇
永　遠　益　後

（二）

咸丰元年　长溪赖门子立永卖松茶桐树木予本房舍兴伯字

立永賣松茶桐樹字人門子，今因要錢正用，自愿將祖父置有值松茶樹木，坐落土名岩背茶坑山上坭，東至田壠山脚為界，西至塆坑為界，南至山脚田壠為界，北至山脚田壠為界，四至分明，要其山內樹木要行出賣，無人見問，言同文人等俱各不愿承交，今托中送至本房　舍兴伯名下向前承買為業，當日憑中公議時值價銅錢正，其錢及字即日兩明，不欠分文，所作交易二比情愿，非相逼勒，承交亦非準折債貨並討情，自賣之後，任凭承買人永遠管業，出賣人不得翻悔異說，今欲有憑，立永賣松茶桐樹木字為照。

在場姆嬸氏○

咸豐元年十月廿二日立永賣松茶桐樹木字人門子○

在場叔祖樟○

說合中人　姜桂勷　秀朝邦

代筆兄閱仁影

永遠管業

咸丰元年　长溪

门子立足收本房舍兴伯退山价铜钱字

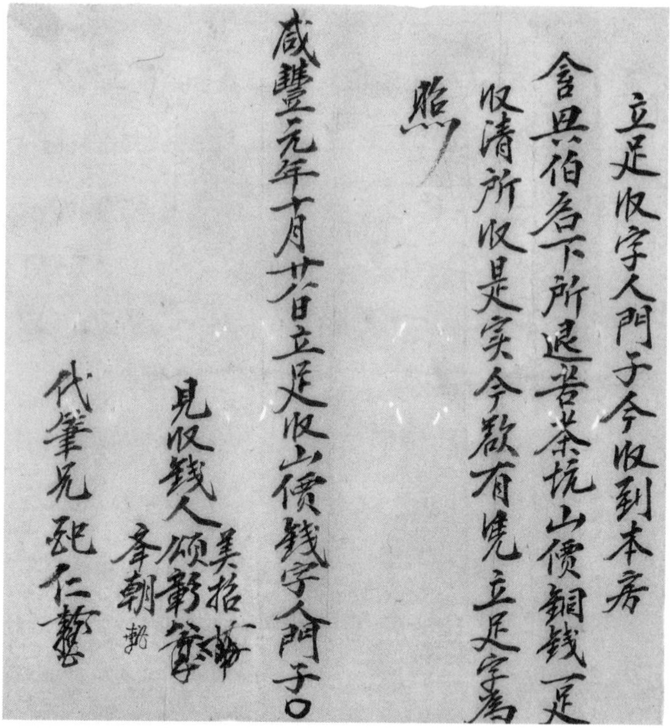

立足收字人門子今收到本房
舍興伯名下所退茶坑山價銅錢一足
收清所收是实今欲有凭立足字爲
照。
咸豐元年十月廿六日立足收山價錢字人門子（押）
見收錢人　美招（押）　頌彰（押）　峯朝（押）
代筆兄　毓仁（押）

咸丰六年 长溪
魏显杨、赖宜安立约赖舍兴丈公铜钱字

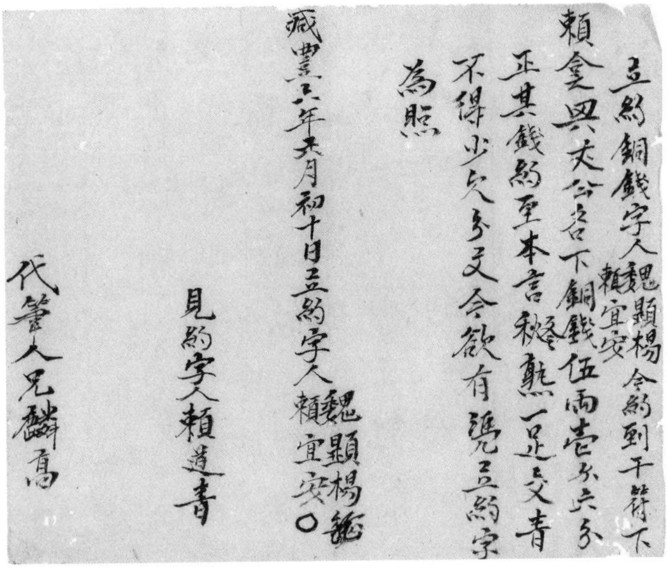
立約銅錢字人魏顯楊 賴宜安 今約到千脊下
賴舍興丈公名下銅錢伍両壹分六分
正其錢約至本年秋冬熟一足交清
不得少欠分文今欲有憑立約字
為照
咸豐六年六月初十日立約字人魏顯楊 賴宜安 〇
見約字人賴道青
代筆人兄麟高

光绪二年　长溪
事宜立借本房配辛兄铜钱字

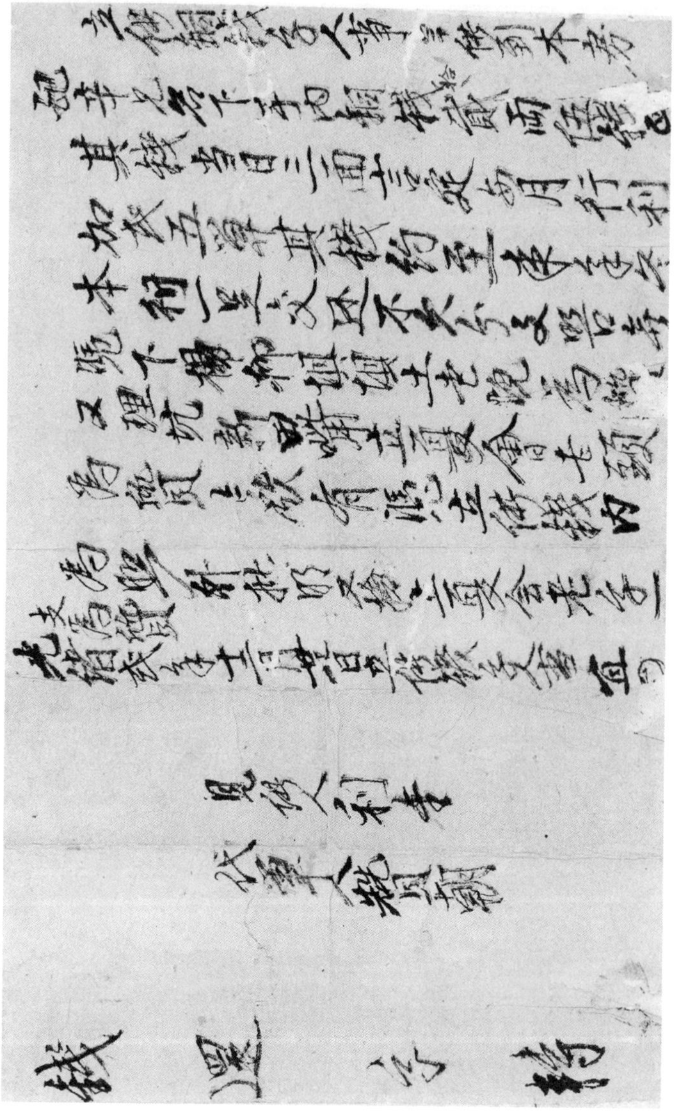

石城縣乙酉年

下忙執照

甯都州石城縣正堂

石中里

花戶陳財源完納

下忙銀

光緒十一年 月 日給

光绪十一年 长溪

石中里陈财源完银下忙执照

光绪三十二年　长溪
茂恒立永卖灰寮粪湖予本房慧英公太字

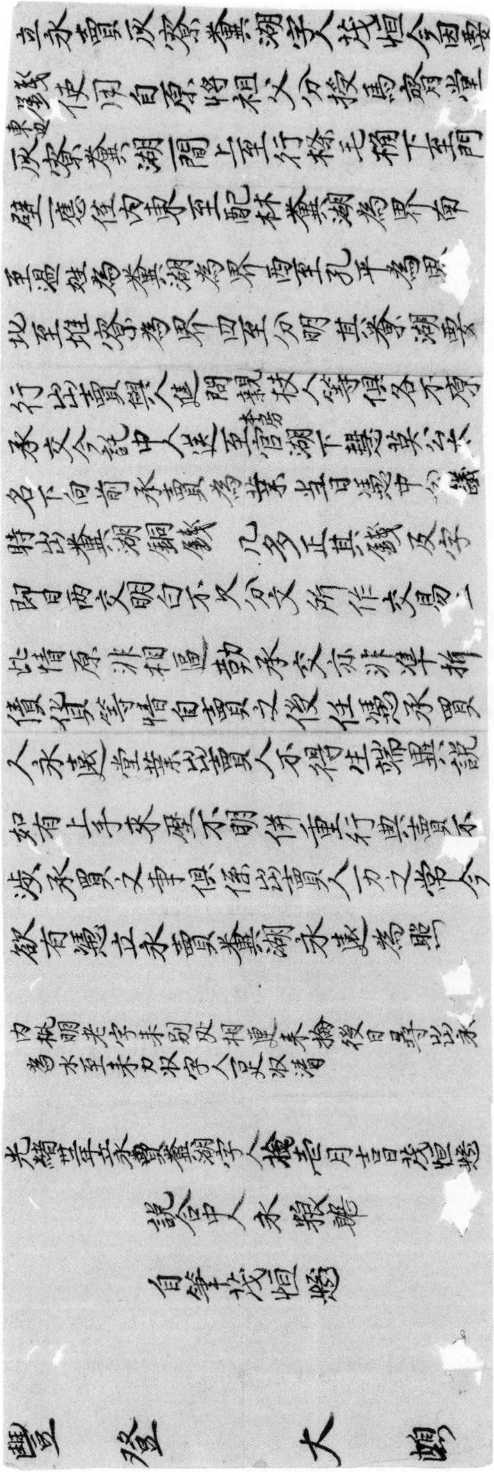

立永賣灰寮糞湖字人茂恒今因要
錢使用自愿將祖父分授為己業
東邊灰寮糞湖一間上至行路毛桐下至門
壁一底從內東至配林糞湖為界南
至過壁為糞湖為界西至孔平為界
北至壁寮為界四至分明其糞湖要
行出賣與人徙問親族人等俱各不受
承交今託中人送至本房湖下慧英公太
名下向前承買為業當日憑中言議
時出糞湖銅錢　几千五正其錢及字
即日兩交明白不欠分文所作交易二
比情愿非相逼勒等交亦非準折
債貨其糞湖自賣之後任憑承買
人永遠掌業出賣人不得生端異說
如有上手來歷不明俱係出賣人不
涉承買人之事俱係出賣人一力之當今
欲有憑立永賣糞湖永遠為照

內批明光字未別收相連未摘後日尋出永
為水至未乃收字人之收清

光緒卅二年立永賣糞湖字人茂恒　月廿二日茂恒親
說合中人永瑞
自筆茂恒親

興　發　大　[illegible]

光绪三十三年 长溪 赖衍宗立典匀房丁谷股份予本房嘉祥字

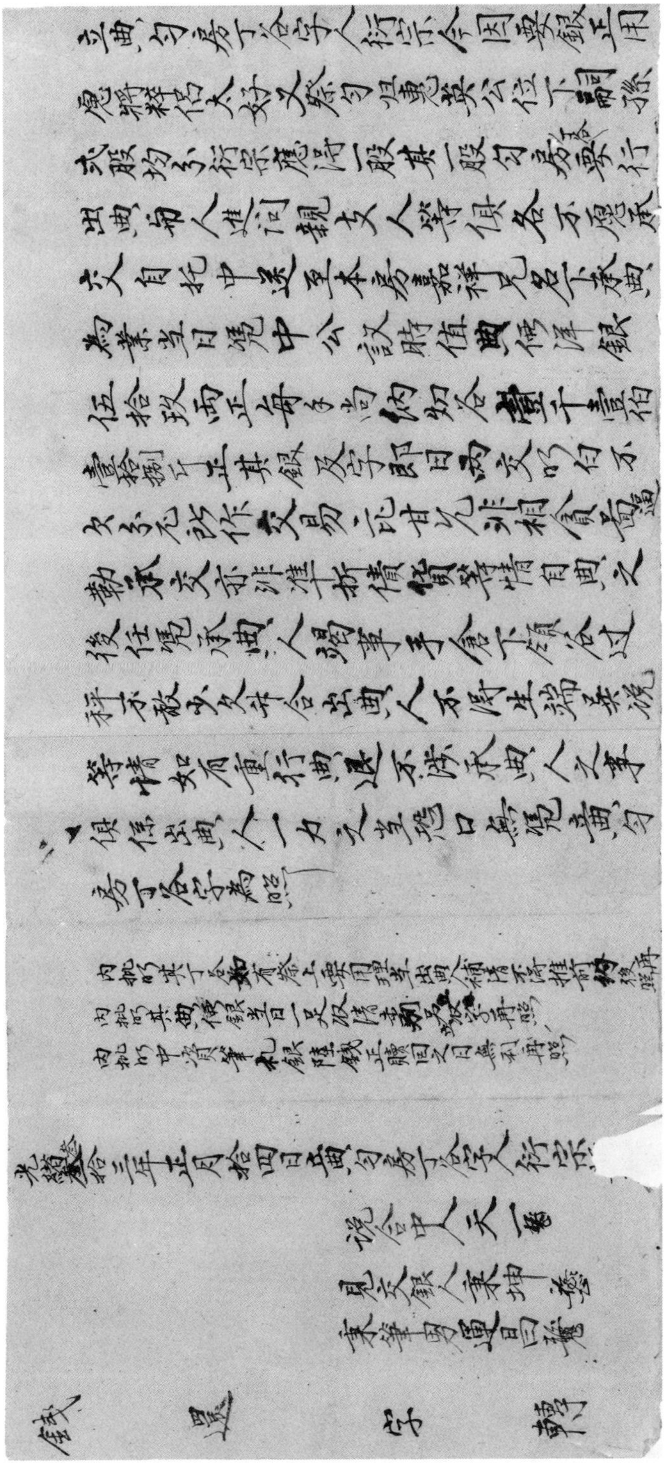
立典匀房丁谷字人衍宗，今因要银正用，
愿将祥记太妣父祭匀田惠思翼公位下嗣孙
贰股均分，衍宗应得一股，其一股匀房丁谷要行
出典，尽前人往问亲支人等，俱各不愿承
交，自托中送至本房嘉祥兄名下承典
为业。当日凭中公议，时值典价洋银
伍拾玖两正，每年止纳物谷壹千壹佰
壹拾捌斤正，其银及字即日两交明白，不
欠分厘，此系二比甘心，非相逼
勒，亦无交易非准折债负等情。自典之
后，任凭承典人自掌手管，不得阻挡
并不敢反悔，今出典人不得生端异说
等情。如有重行典退，不涉承典人之事，
但係出典人一力之当。恐口无凭，立典匀
房丁谷字为照。
内批的，共丁谷…上…出典人…再照
内批的，其典价银当日一足收清…再照
内批的，中资笔礼银陆钱正，照日无利，再照
光绪叁拾三年正月拾四日立典匀房丁谷字人衍宗
说合中人天一
见交银人…
亲笔…
钱　退　字　…

衍宗立暂典匀房丁谷子嘉祥兄字

宣统元年　长溪
赖衍宗立暂典皮骨田塘树木予本房鉴明弟字

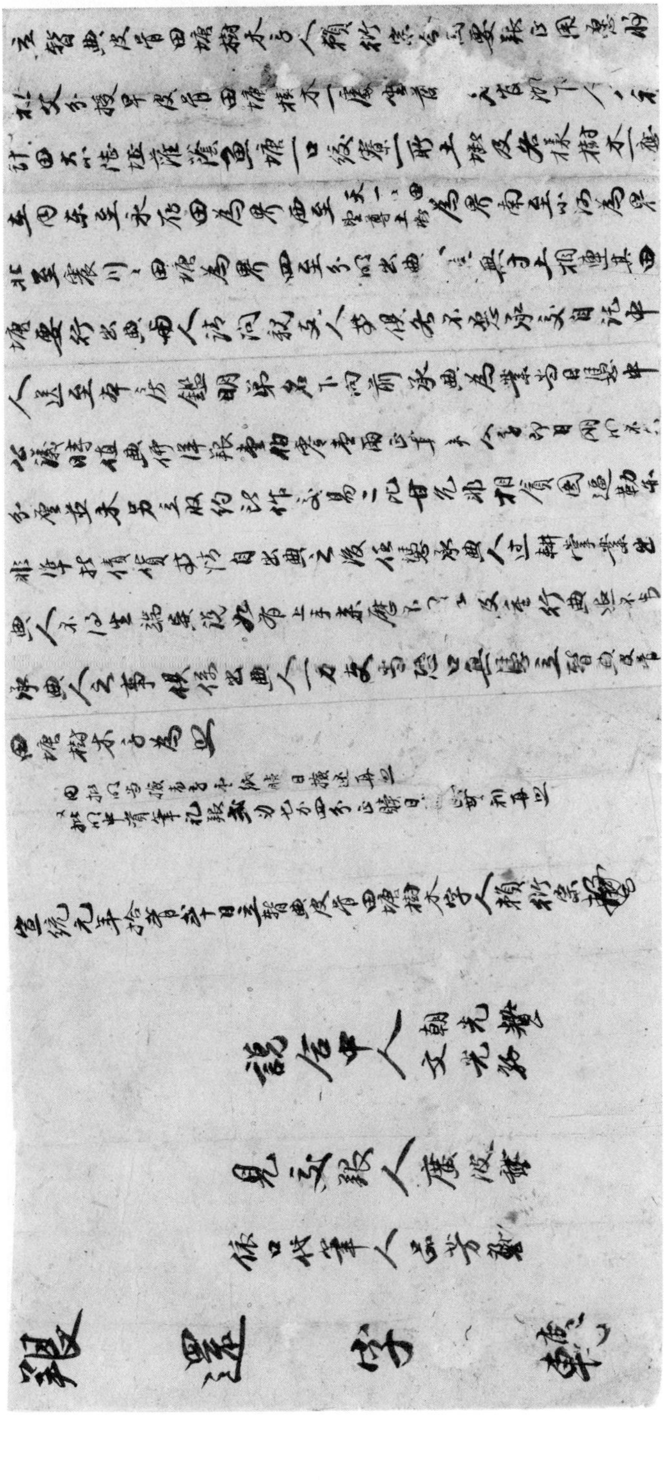

宣统元年　长溪
衍宗立暂典皮骨田及坝土果树子本房嘉祥字

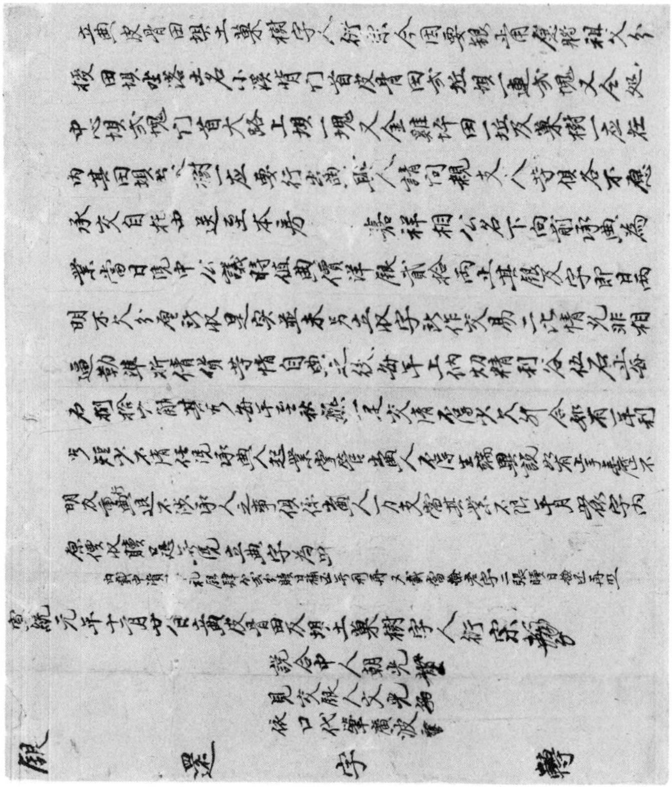

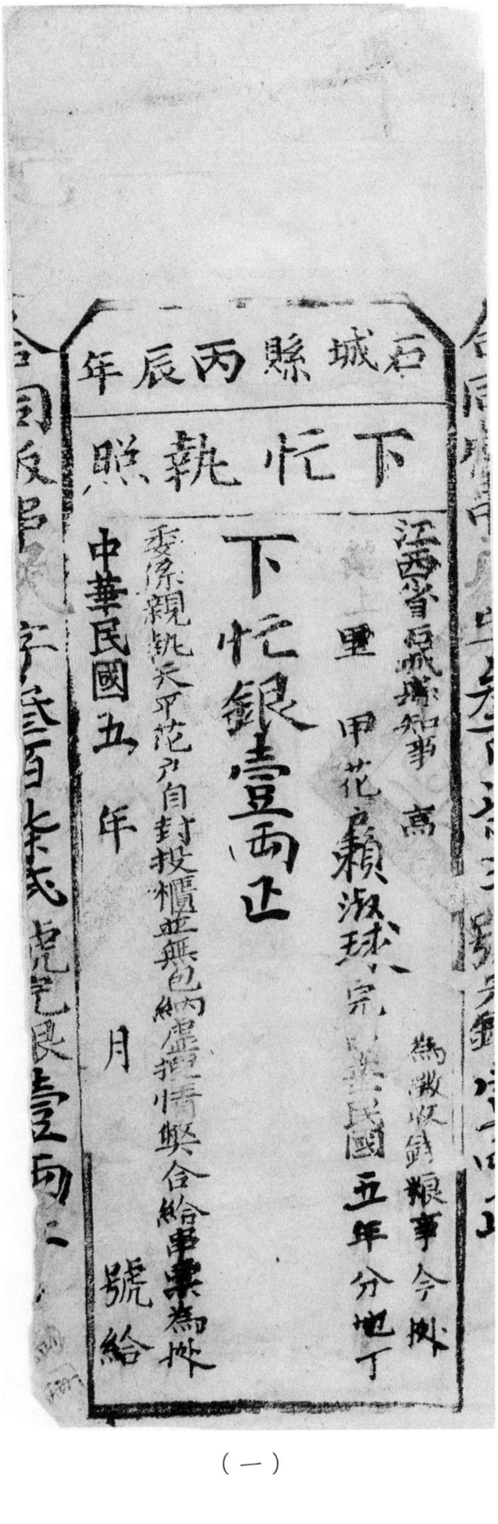

石城縣丙辰年

下忙執照

江西省石城縣知事　高　為徵收錢糧事今據

龍上里　甲花戶賴淑球完　民國五年分地丁

下忙銀壹兩正

委係親執天平花戶自封投櫃並無包納虛擬情弊合給串票為據

中華民國五年　年　月　號給

（一）

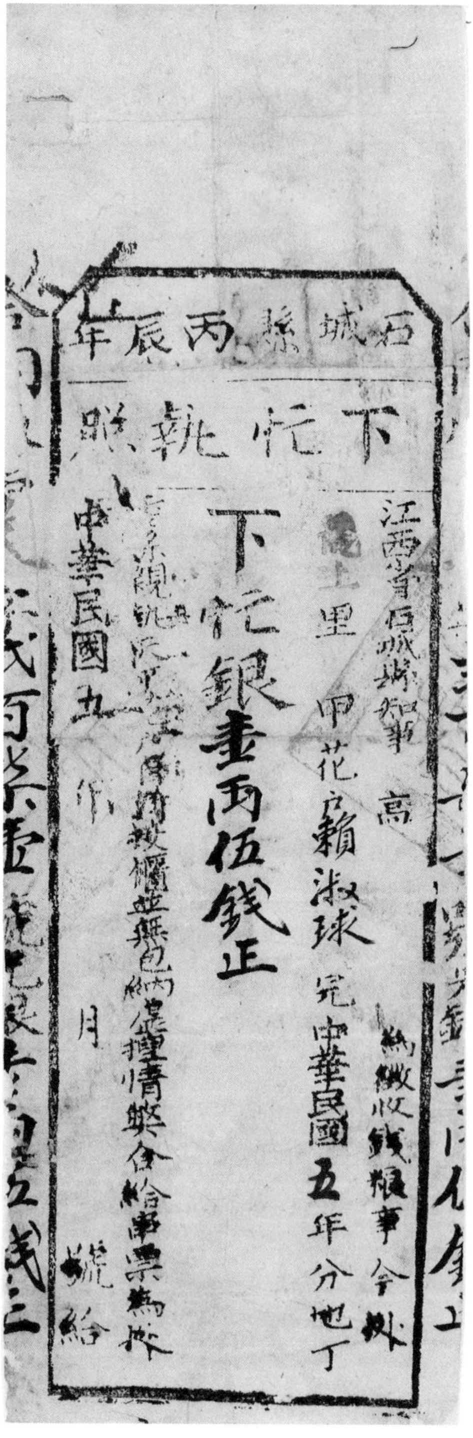
石城縣丙辰年

下忙執照

江西省石城縣知事 高 為徵收錢粮事今據

□上里 甲 花户 賴淑球 完中華民國五年分地丁

下忙銀壹两伍錢正

[illegible]自封投櫃並無包納浮收情弊合給串票為據

中華民國五年 月 號給

（二）

民国七年　长溪
龙上里赖淑球完银下忙执照

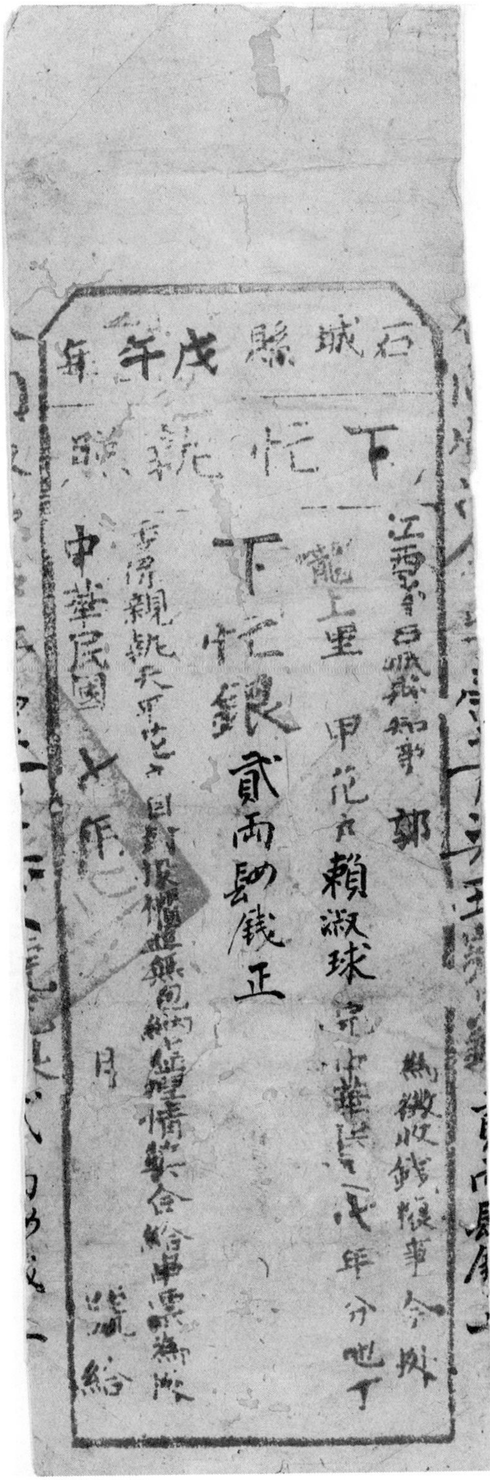
石城縣戊午年
下忙執照
江西省石城縣知事鄒　為徵收錢糧事今據
龍上里　甲花戶賴淑球完中華民國七年分地丁
下忙銀貳兩捌錢正
中華民國七年　月　號給

民国十八年　长溪

龙上里赖庆珂完纳上忙米花户执照

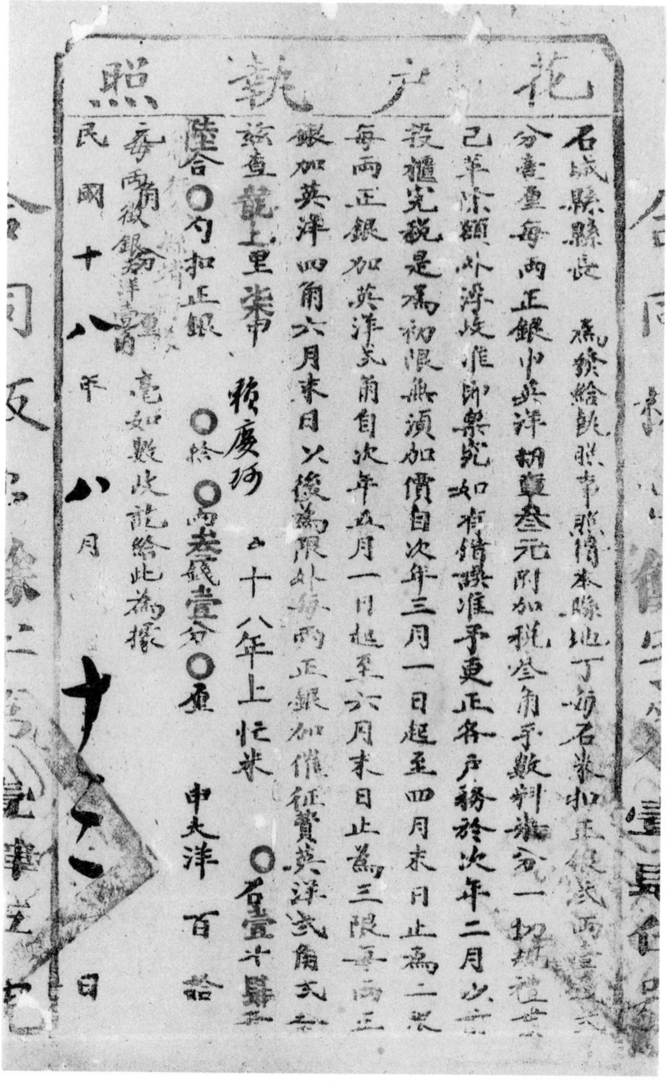

花户執照

石城縣縣長　為發給執照事照得本縣地丁每石米扣正銀貳兩壹錢貳
分壹厘每兩正銀加英洋捌角叁元附加税叁角予數捌錢分一切揭禮世
己革除額外浮收准即繳究如有錯誤准予更正各户務於次年二月以前
投櫃完税是為初限無須加價自次年三月一日起至四月末日止為二限
每兩正銀加英洋貳角自次年五月一日起至六月末日止為三限每兩正
銀加英洋四角六月末日以後為限外每兩正銀加催征費英洋貳角式毫
茲查龍上里米戶　賴慶珂　十八年上忙米　○石壹斗肆升
陸合○勺扣正銀　○拾○兩叁錢壹分○厘　中大洋　百　拾
每兩角徵銀洋壹角　毫如數收訖給此為據
民國十八年八月　日

十六二

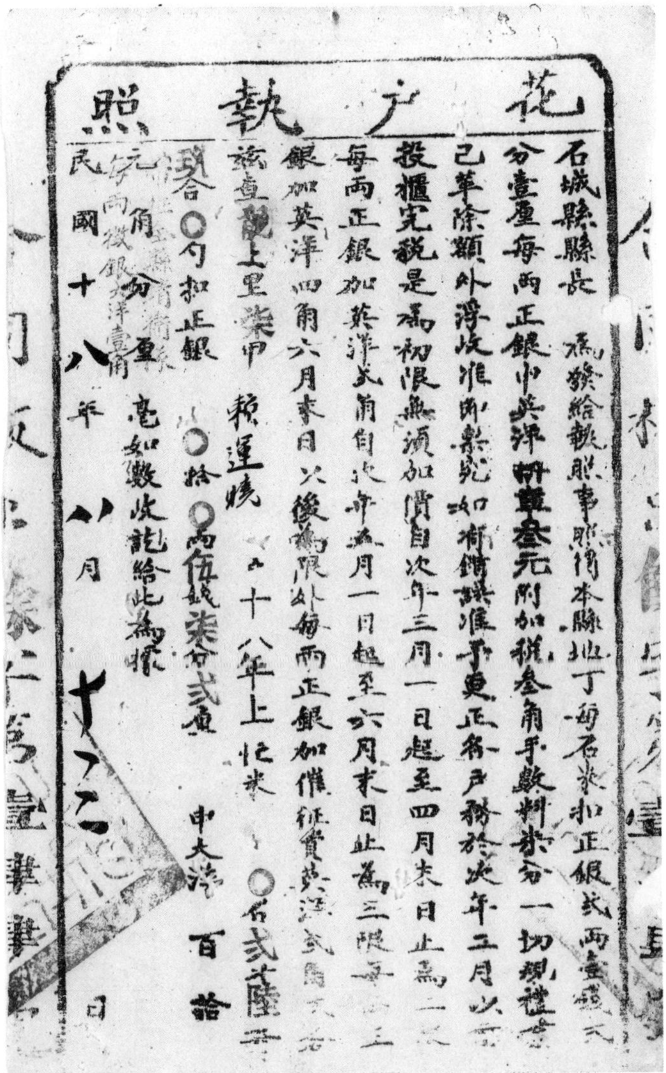

花户執照

石城縣縣長 為發給執照事照得本縣地丁每石米征正銀貳兩壹錢
分壹厘每兩正銀中英洋捌角叁元附加税叁角予數料米分一切規禮
已革除額外浮收准所如准予更正各户務於次年二月以
投櫃完税是為初限無須加價自次年三月一日起至四月末日止為二限
每兩正銀加英洋貳角自次年五月一日起至六月末日止為三限每兩
銀加英洋四角六月末日以後為限外每兩正銀加倍征費英洋貳角
流查龍上里柒甲 賴運曉 民國十八年上忙米 中大洋 〇石貳斗陸升
致合〇勺扣正銀 〇〇拾〇兩伍錢柒分貳厘 百 拾
元 角 分 毫如數收訖給此為據
每兩徵銀大洋壹角
民國十八年八月 十八 日

（一）

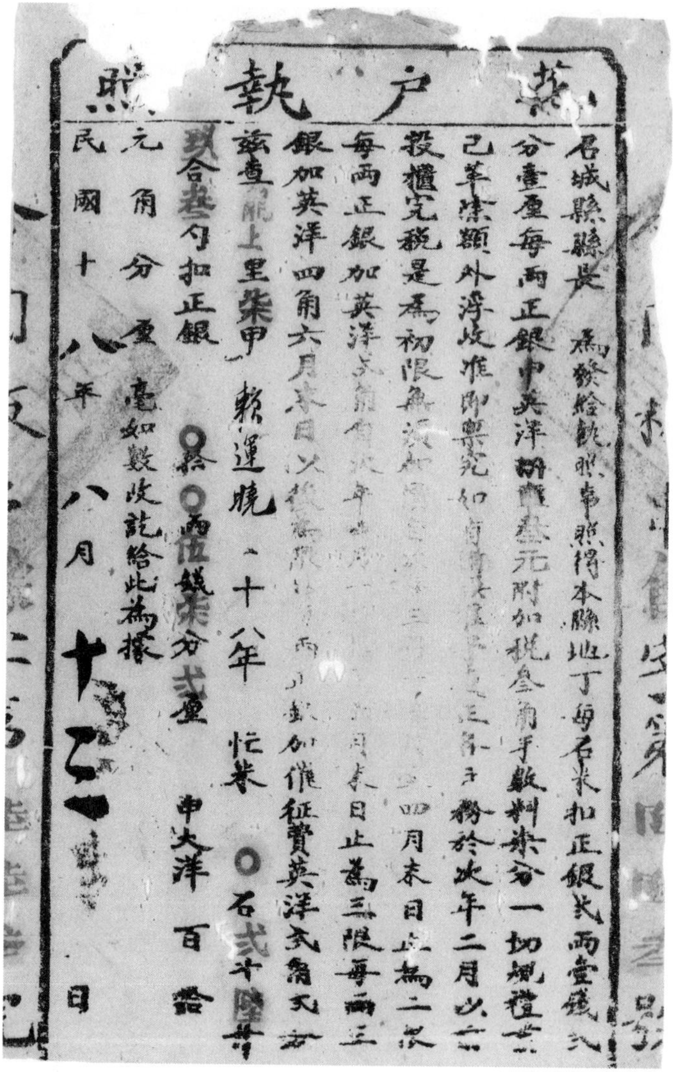

業户執照

石城縣縣長　為發給執照事照得本縣地丁每石米扣正銀弍兩壹錢八分壹厘每兩正銀申英洋[illegible]元附加稅叁角[illegible]數料[illegible]分一切規費[illegible]己革除額外浮收准即[illegible]完[illegible]務於次年二月以前投櫃完稅是為初限[illegible]四月末日止為二限每兩正銀加英洋[illegible]月末日止為三限每兩正銀加英洋四角六月末日以[illegible]加催征費英洋貳角又[illegible]

茲查[illegible]上里柒甲　賴運曉　十八年　忙[illegible]　○石弍斗陸升

計合叁勺扣正銀　○拾○兩伍錢柒分弍厘　申大洋　百　拾　元　角　分　厘　毫如數收訖給此為據

民國十八年八月十二日

（二）

民国十九年　长溪
龙上里庚午牌完银下忙执照

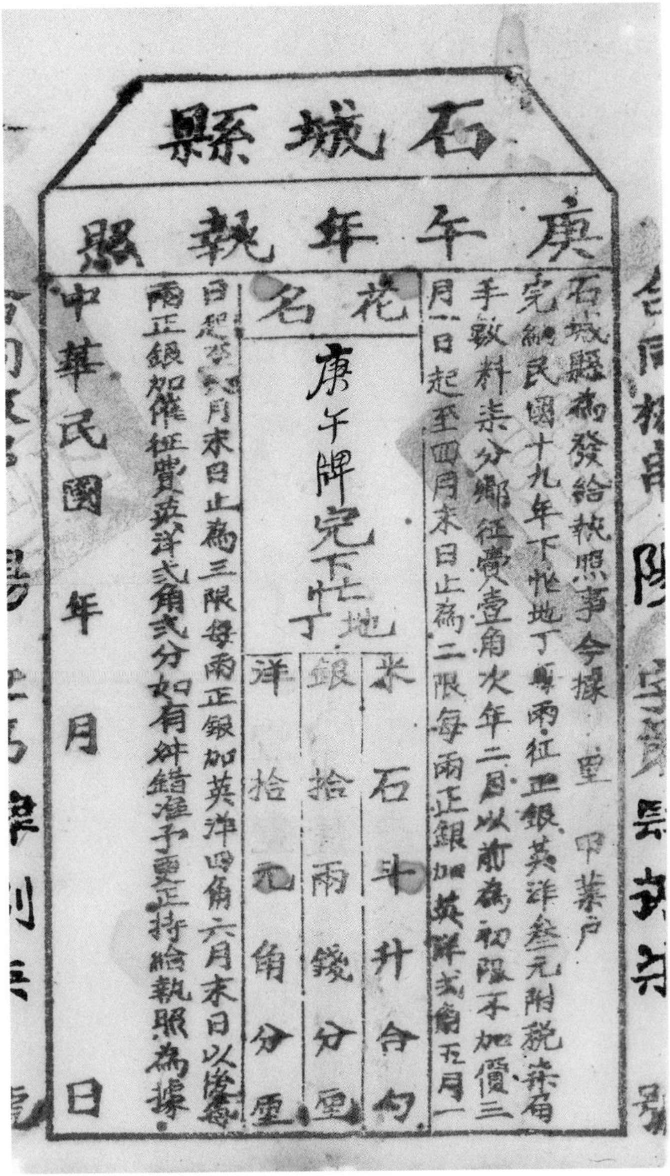
石城縣
庚午年執照
石城縣為發給執照事今據　里　甲　業户
完納民國十九年下忙地丁每兩征正銀英洋叁元附稅弍角
手數料柒分鄉征費壹角次年二月以前為初限不加價三
月一日起至四月末日止為二限每兩正銀加英洋弍角五月一
花名
庚午牌完下忙丁地
米　石　斗　升　合　勺
銀　拾　兩　錢　分　厘
洋　拾　元　角　分　厘
日起至六月末日止為三限每兩正銀加英洋四角六月末日以後每
兩正銀加催征費英洋弍角弍分如有舛錯准予更正持給執照為據
中華民國　年　月　日

民国二十四年　长溪支出账单

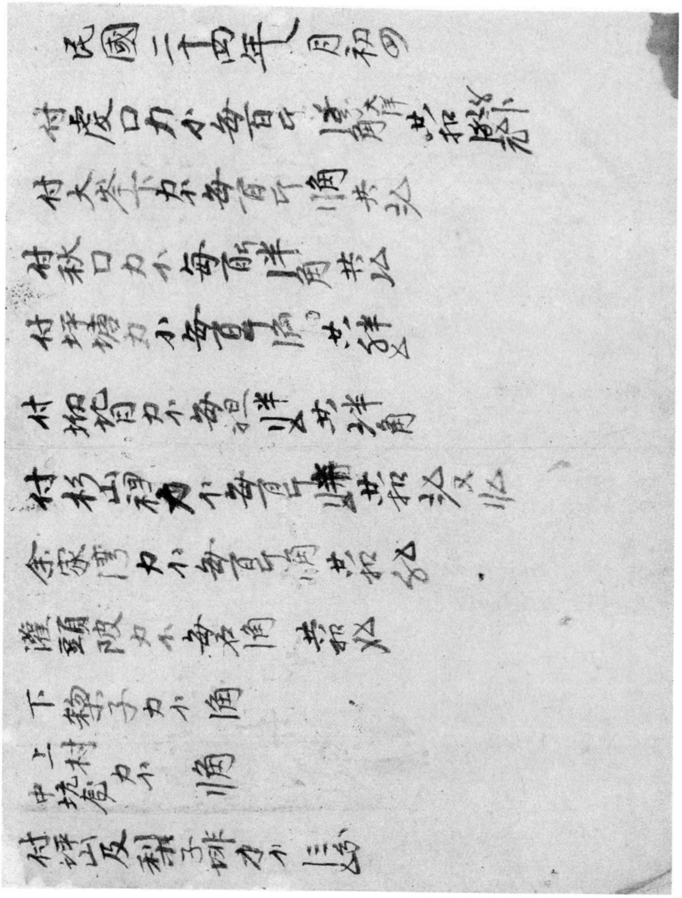

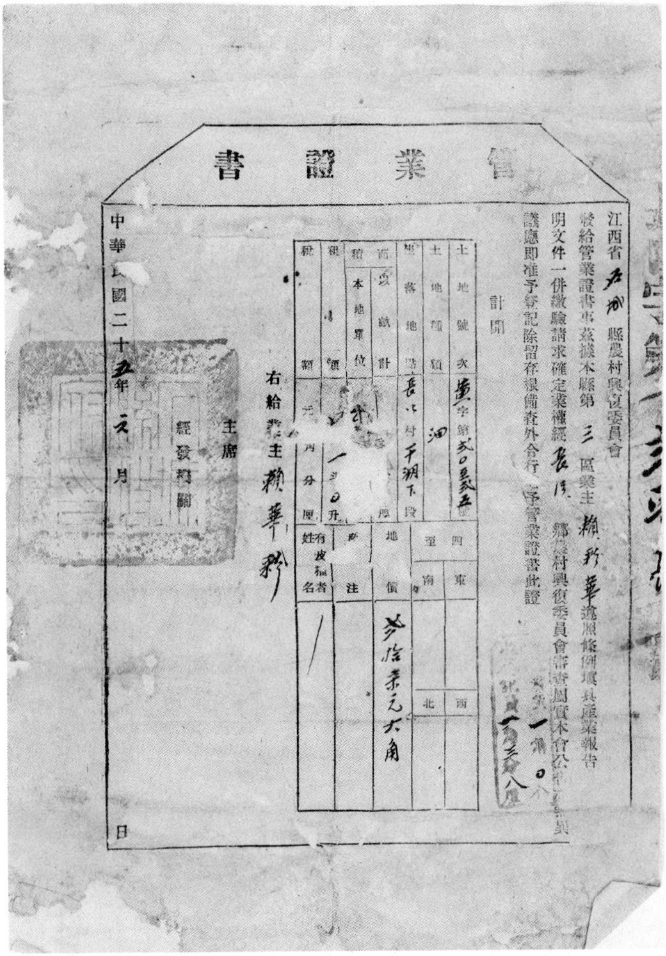

管業證書

江西省石城縣農村興復委員會
發給管業證書事茲據本縣第三區業主賴彩華遵照條例填具産業報告
明文件一併繳驗請求確定業權經長溪鄉農村興復委員會審查屬實本會公
議應即准予登記除留存根備查外合行給予管業證書此證

計開

土地號次	黄字第弍〇叁叁五
土地種類	田
坐落地點	長溪村下段
面積 以畝計	
本地單位	
税額	元 角 分 厘
四至	東 西 南 北
地價	叁拾柒元大角
附注	
有無他項權利者姓名	

右給業主賴華彩

主席

經發機關

中華民國二十五年六月日

民国二十五年 长溪
赖彩华管业证书

民国二十五年　长溪
龙上里赖淑球完银上忙执照

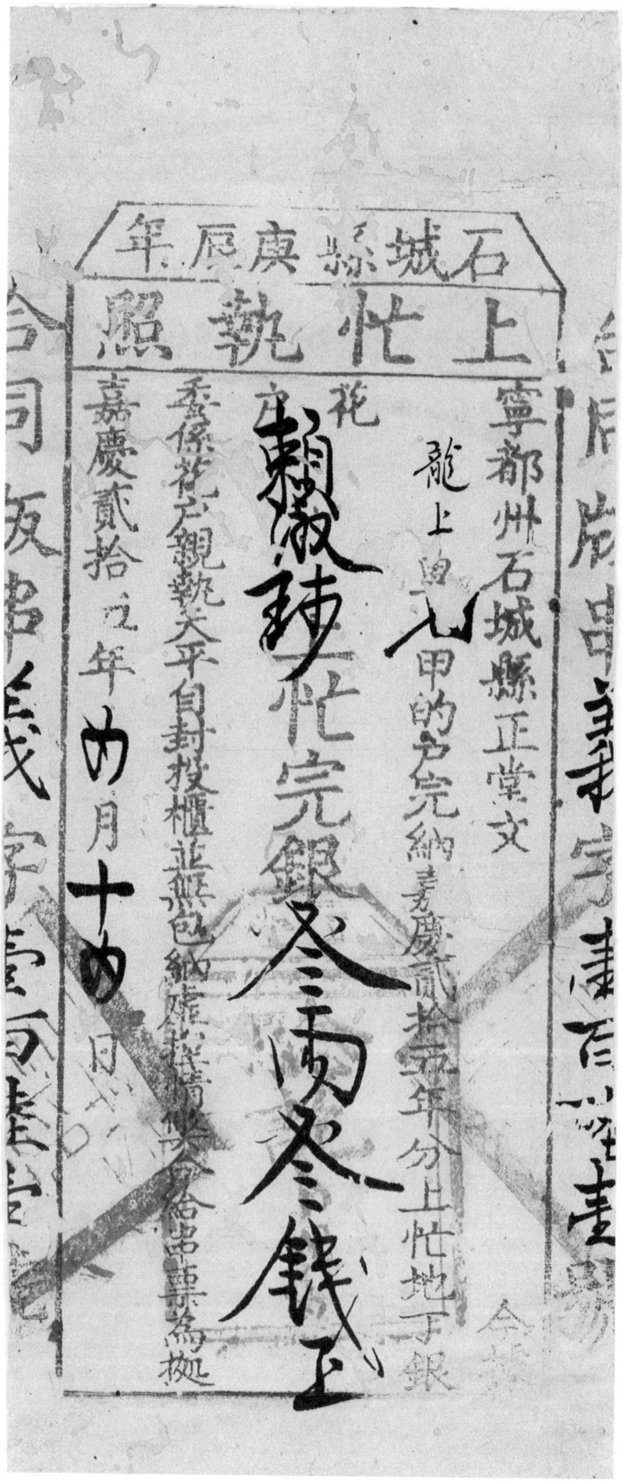
石城縣庚辰年
上忙執照
寧都州石城縣正堂文
龍上里[illegible]甲的名完納嘉慶貳拾五年分上忙地丁銀
花戶賴淑球上忙完銀叁兩叁錢玉
爲係花戶親執天平自封投櫃並無包納[illegible]合給串票爲據
嘉慶貳拾五年四月十四日
合同版串[illegible]字[illegible]號

民国二十七年 长溪
赖采华完纳田赋收据

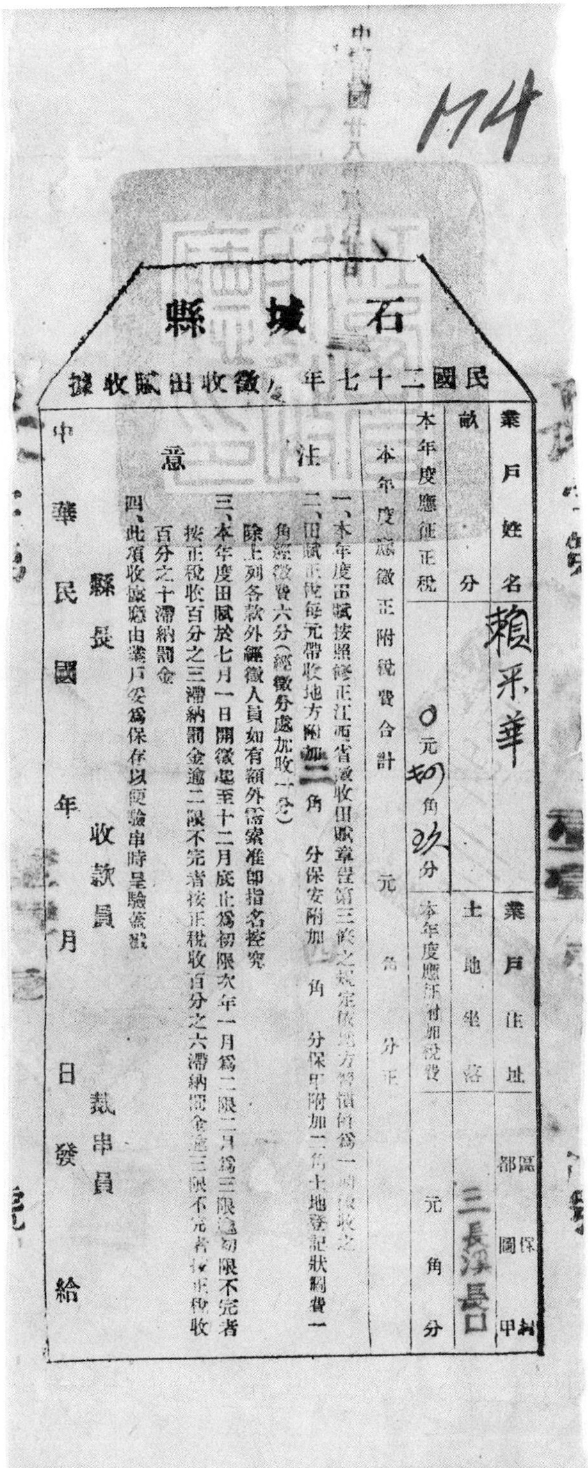

114

中華民國廿八年[illegible]月廿日

石城縣

民國二十七年度徵收田賦收據

業戶姓名	賴采華	業戶住址	區 保 都 圖 甲 三長溪長口
畝分	分	土地坐落	
本年度應征正稅	元 角 分	本年度應征附加稅費	元 角 分

本年度應徵正附稅費合計　元　角　分正

注意

一、本年度田賦按照修正江西省徵收田賦章程第三條之規定依地方習慣仍為一期徵收之

二、田賦正稅每元帶收地方附加二角　分保安附加　角　分保甲附加二角土地登記狀糊費一角經徵費六分（經徵分處加收一分）

除上列各款外經徵人員如有額外需索准即指名控究

三、本年度田賦於七月一日開徵起至十二月底止為初限次年一月為二限二月為三限逾初限不完者按正稅收百分之三滯納罰金逾二限不完者按正稅收百分之六滯納罰金逾三限不完者按正稅收百分之十滯納罰金

四、此項收據應由業戶妥為保存以便驗串時呈驗截

縣長　收款員　截串員

中華民國　年　月　日發給

民国二十八年 长溪
赖采华完纳田赋收据

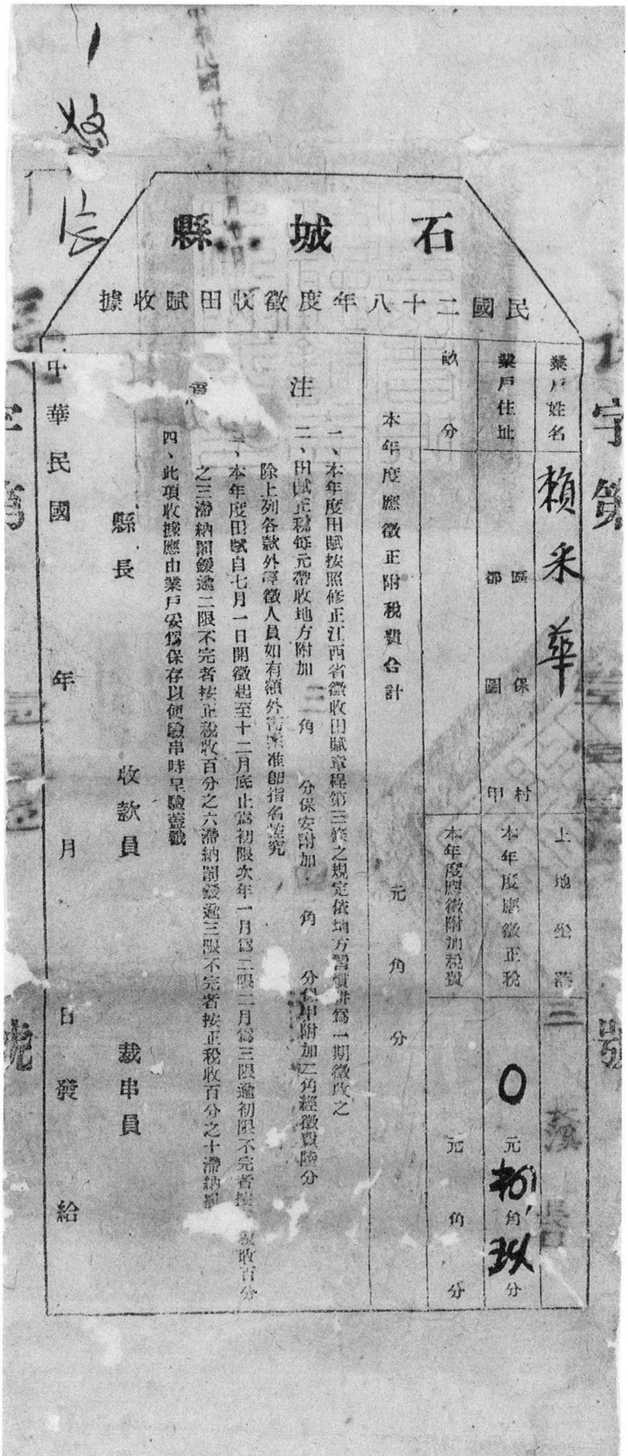

石城縣

民國二十八年度徵收田賦收據

業戶姓名	賴采華
業戶住址	區 保 村 鄉 圖 甲
上地坐落	三
畝分	
本年度應徵正稅	0元 捌角 玖分
本年度應徵附加稅費	元 角 分
本年度應徵正附稅費合計	元 角 分

注

一、本年度田賦按照修正江西省徵收田賦章程第三條之規定依地方習慣併爲一期徵收之

二、田賦正稅每元帶收地方附加三角 分保安附加 角 分保甲附加二角經徵費陸分 除上列各款外徵人員如有額外需索准即指名控究

三、本年度田賦自七月一日開徵起至十二月底止爲初限次年一月爲二限二月爲三限逾初限不完者按正稅收百分之三滯納罰鍰逾二限不完者按正稅收百分之六滯納罰鍰逾三限不完者按正稅收百分之十滯納罰鍰

四、此項收據應由業戶妥慎保存以便驗串時呈驗查截

縣長 收款員 截串員

中華民國 年 月 日 發給

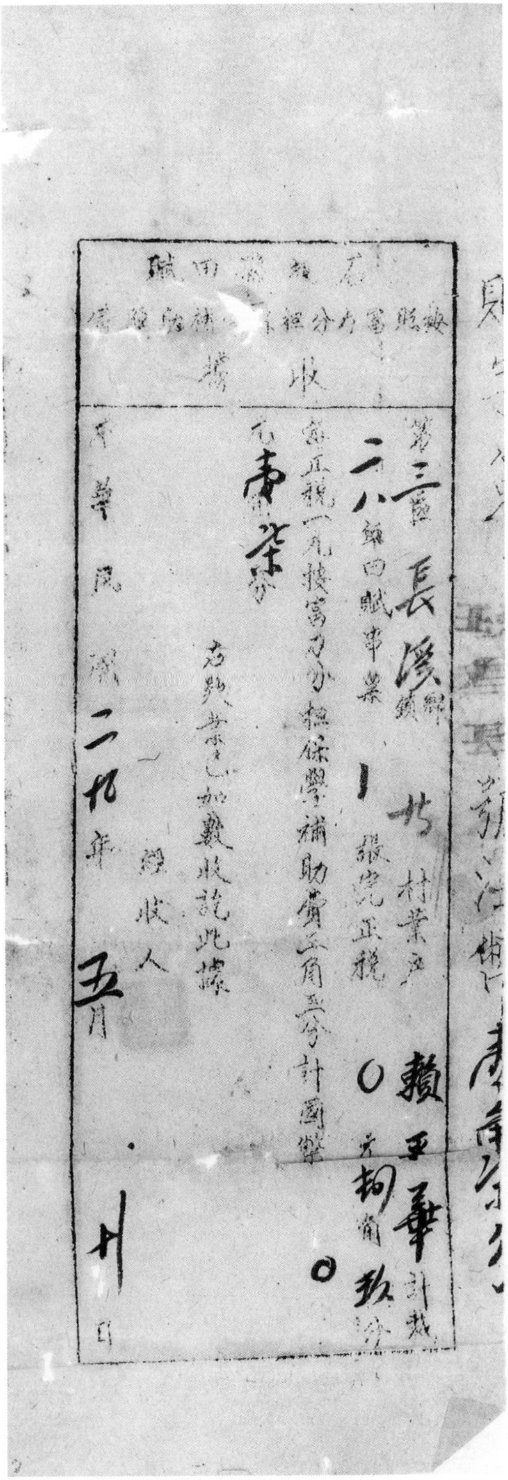
石城縣田賦
按照富力分擔保學補助費
收據

第三區長溪鎮(鄉)廿村業戶賴采華計栽
二八年田賦串票 1 張完正稅 0 元捌角玖分
每正稅一元按富力分擔保學補助費五角五分計國幣 0
元東柒分
右款業已如數收訖此據
經收人
中華民國二九年五月廿日

民国二十九年　长溪
刘永昌立借赖会英公位下皮骨田塘房屋字

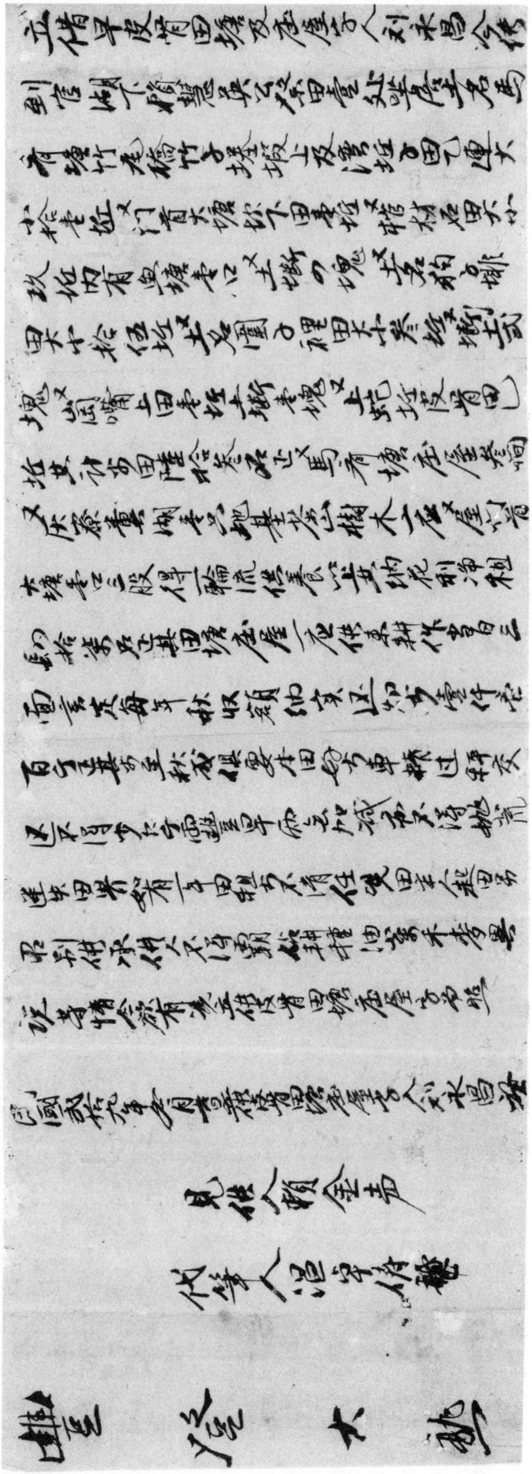

民国三十年　长溪
赖福传立永卖房屋予赖会英公太位下字

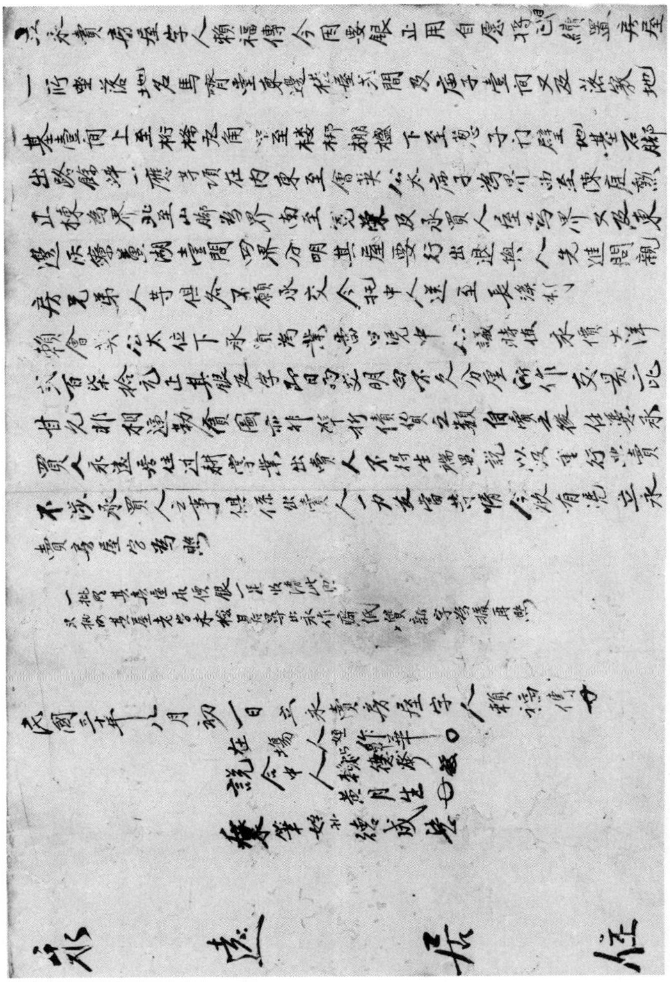

民国三十六年 长溪
赖邦宁完纳田赋折征法币收据

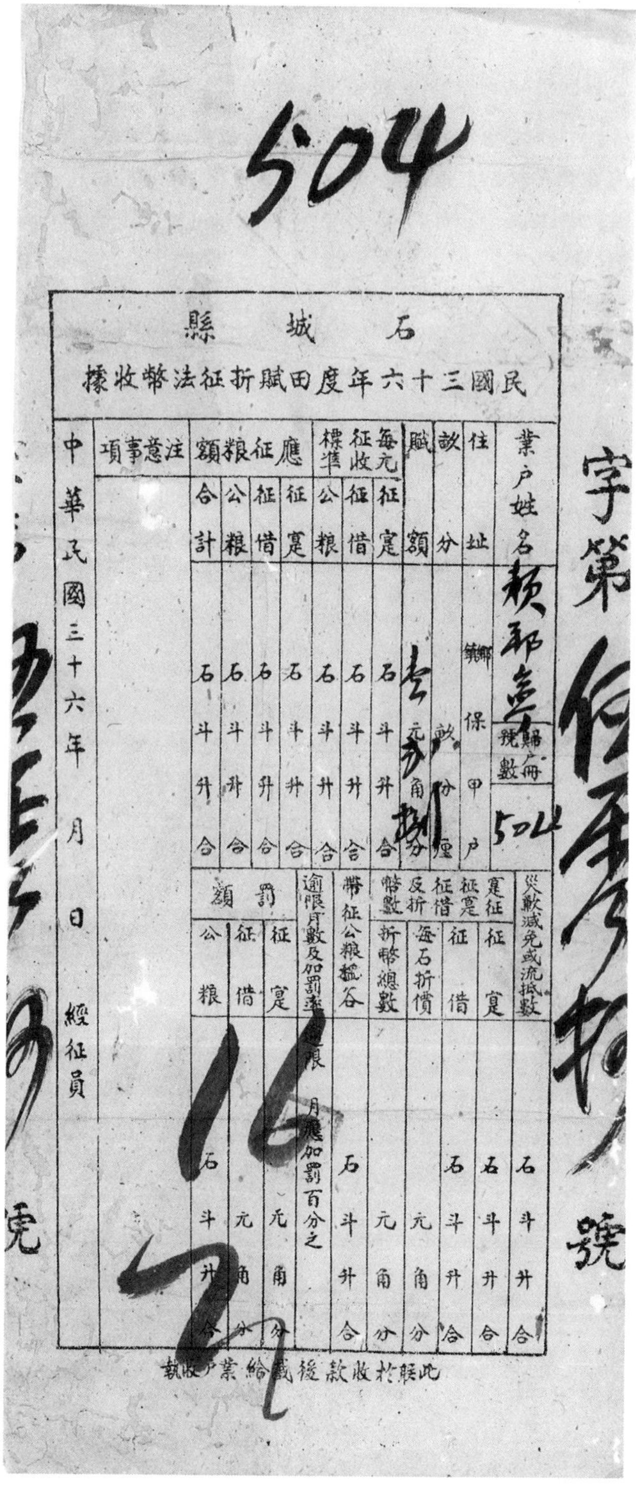

504

石城縣
民國三十六年度田賦折征法幣收據

字第　　號

業户姓名	住址	畝分	賦額	每元征收標準			應征粮額				注意事項
				征寔	征借	公粮	征寔	征借	公粮	合計	
赖邦宁	鄉鎮 保 甲 户	畝 分 厘	元 角 分	石 斗 升 合	石 斗 升 合	石 斗 升 合	石 斗 升 合	石 斗 升 合	石 斗 升 合	石 斗 升 合	
歸册號數 504											

災歉減免或流抵數	寔征	征借	征借抵寔	反折幣數	帶征公粮穀谷	逾限月數及加罰率	罰額		
	征寔	征借	每石折價	折幣總數			征寔	征借	公粮
石 斗 升 合	石 斗 升 合	石 斗 升 合	元 角 分	元 角 分	石 斗 升 合	逾限　月應加罰百分之	元 角 分	元 角 分	石 斗 升 合

中華民國三十六年　月　日　經征員

此联於收款後截給業户收執

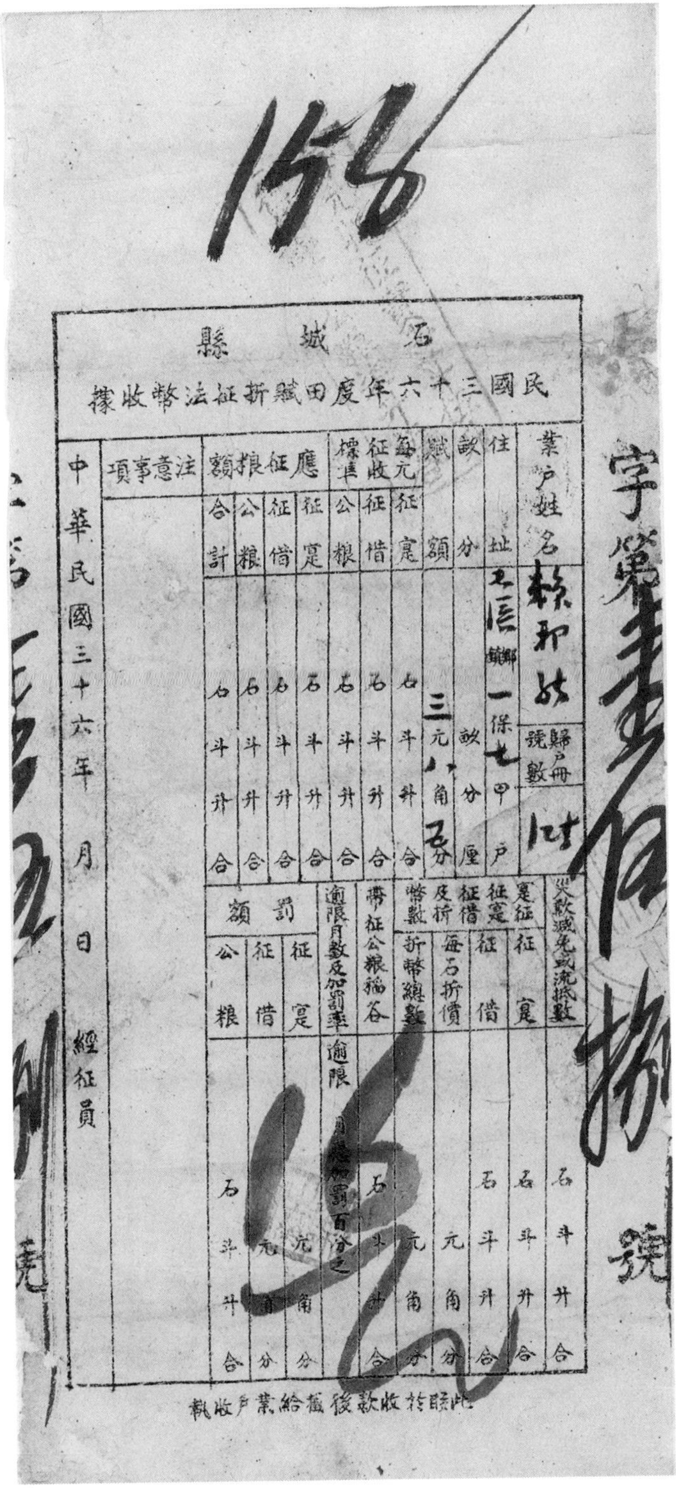
石城縣

民國三十六年度田賦折征法幣收據

業戶姓名 賴邦新

住址 鄉 一保七甲 戶

歸戶冊號數

畝分 畝 分 厘

賦額 三元八角五分

每元征收標準：征寔 石 斗 升 合；征借 石 斗 升 合；公粮 石 斗 升 合

應征粮額：征寔 石 斗 升 合；征借 石 斗 升 合；公粮 石 斗 升 合；合計 石 斗 升 合

災歉減免或流抵數 石 斗 升 合

寔征：征寔 石 斗 升 合；征借 石 斗 升 合

征借及折幣數：每石折價 元 角 分；折幣總數 元 角 分

帶征公粮稻谷 石 斗 升 合

逾限月數及加罰率：逾限 月 加罰百分之

罰額：征寔 元 角 分；征借 元 角 分；公粮 石 斗 升 合

注意事項

中華民國三十六年 月 日 經征員

此聯於收款後截給業戶收執

字第 號

民国三十六年 长溪

赖邦新完纳田赋折征法币收据

民国三十六年　长溪

赖德新完纳田赋折征法币收据

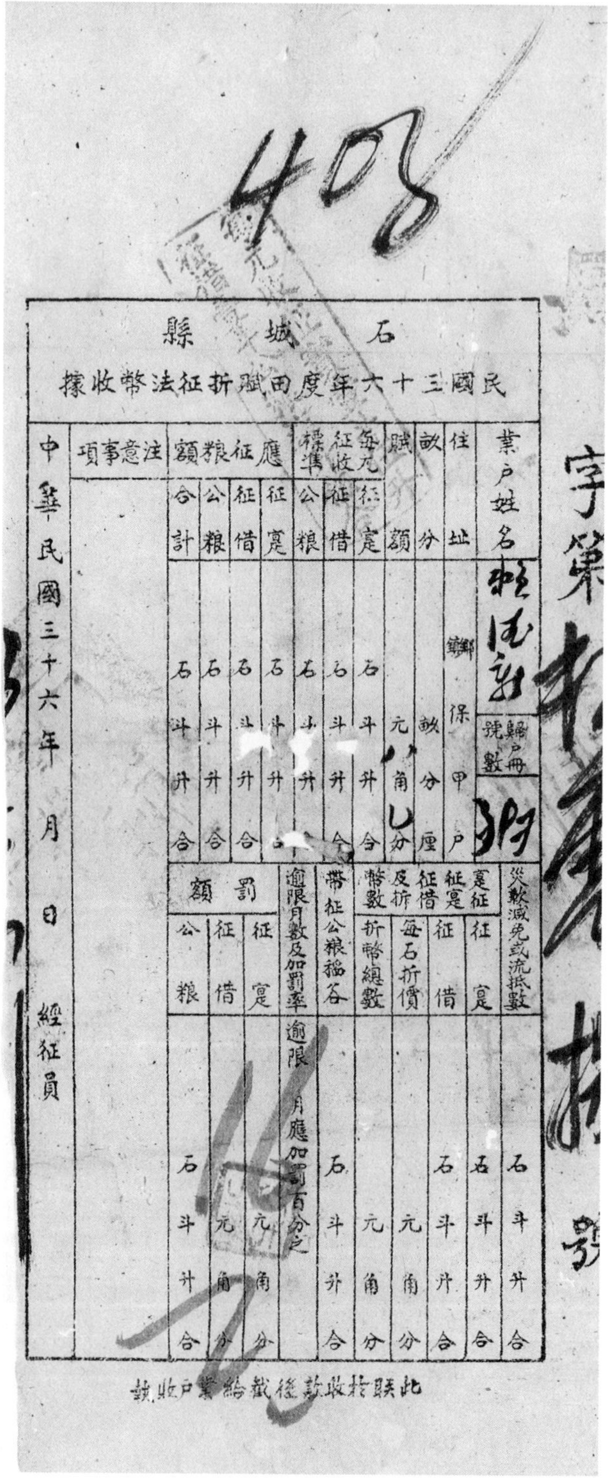

石城縣

民國三十六年度田賦折征法幣收據

字第　　號

業戶姓名	住址	畝分	賦額	每元征收標準			應征糧額				注意事項
				征寔	征借	公粮	征寔	征借	公粮	合計	
賴德新	鄉　保　甲　戶	畝　分　釐	元　角　分	石　斗　升　合	石　斗　升　合	石　斗　升　合	石　斗　升　合	石　斗　升　合	石　斗　升　合	石　斗　升　合	
歸戶冊號數											

災歉減免或流抵數	征寔征借及折幣數				帶征公粮谷	逾限月數及加罰率	罰額		
	征寔	征借	每石折價	折幣總數			征寔	征借	公粮
石　斗　升　合	石　斗　升　合	石　斗　升　合	元　角　分	元　角　分	石　斗　分　合	逾限　月應加罰百分之	元　角　分	元　角　分	石　斗　升　合

中華民國三十六年　月　日　經征員

此联於收款後截給業户收執

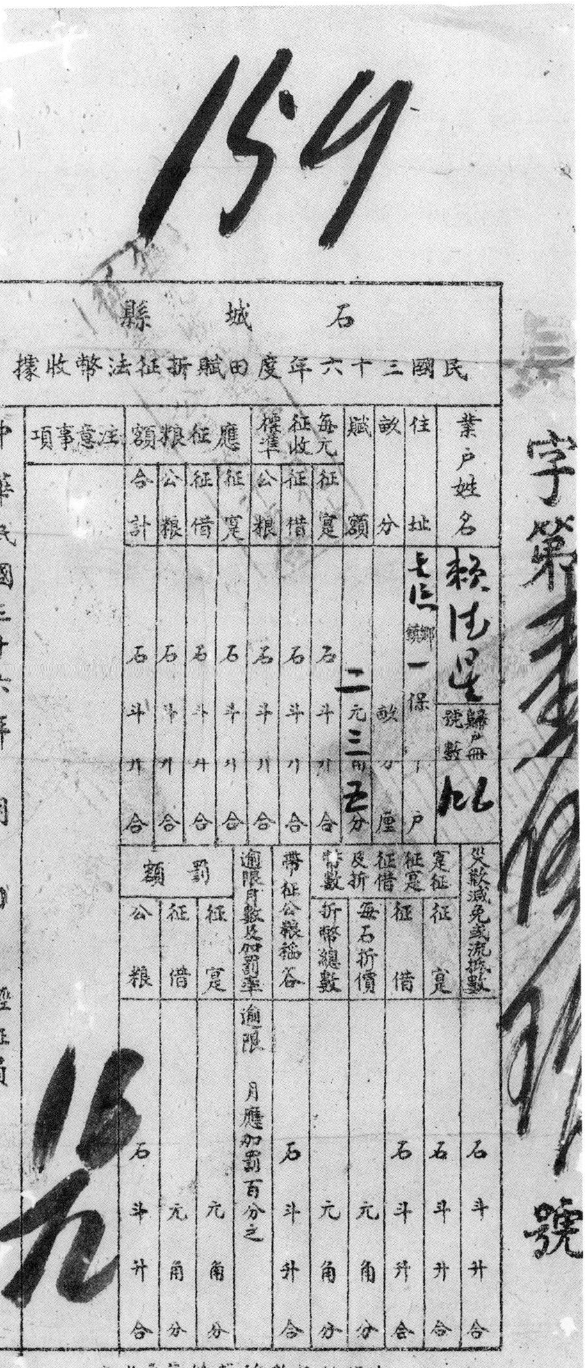

159

石城縣

民國三十六年度田賦折征法幣收據

字第 [illegible] 號

業户姓名	住址	畝分	賦額	每元征收標準 征實	每元征收標準 征借	每元征收標準 公粮	應征粮額 征實	應征粮額 征借	應征粮額 公粮	應征粮額 合計	注意事項
賴德星	[illegible]鄉(鎮)一保 甲 戶	畝 分 釐	二元三角五分	石 斗 升 合	石 斗 升 合	石 斗 升 合	石 斗 升 合	石 斗 升 合	石 斗 升 合	石 斗 升 合	

歸户冊號數：66

災歉減免或流拆數	寬征 征實	征借	每石折價	折幣總數	帶征公粮稻谷	逾限月數及加罰率	罰額 征實	罰額 征借	罰額 公粮
石 斗 升 合	石 斗 升 合	石 斗 升 合	元 角 分	元 角 分	石 斗 升 合	逾限 月應加罰百分之	元 角 分	元 角 分	石 斗 升 合

15元

中華民國三十六年 月 日 經征員

此聯於收款後截給業戶收執

民国三十六年　长溪
赖汉和立典皮骨田予盘龙岗家栋华字

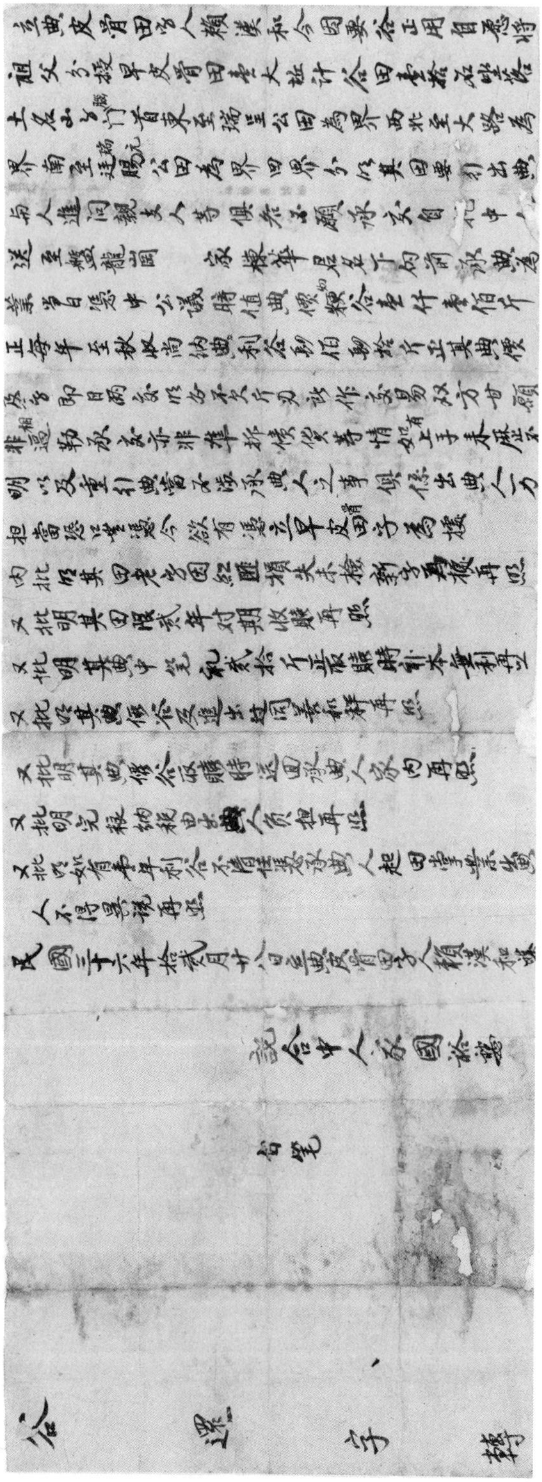

民国三十六年　长溪

赖会英完纳田赋折征法币收据

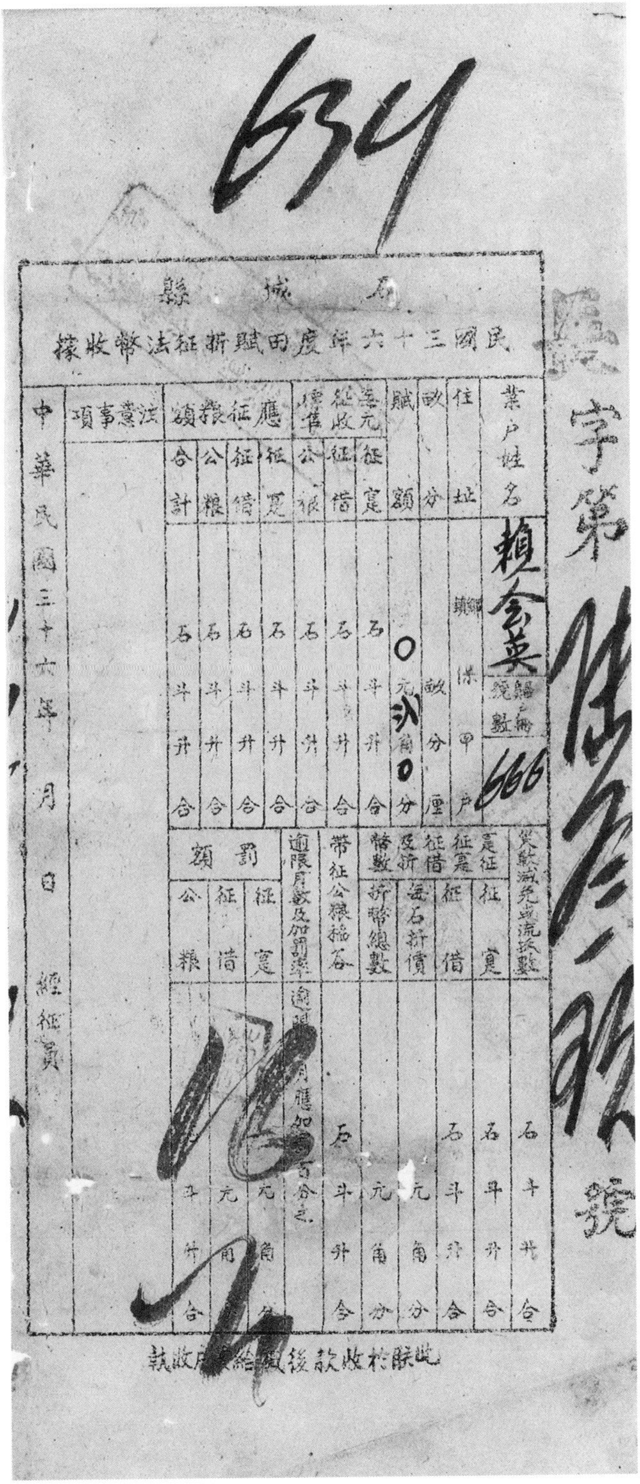
634

石城縣

民國三十六年度田賦折征法幣收據

業戶姓名：賴會英

住址：鄉鎮 保 甲 戶

歸戶編號：666

畝分：畝 分 釐

賦額：0元 38角 0分

每元征收標準：征實 石斗升合；征借 石斗升合；公粮 石斗升合

應征粮額：征實 石斗升合；征借 石斗升合；公粮 石斗升合；合計 石斗升合

法意事項

災歉減免或流抵數：石斗升合

征實征借每石折價及折幣總數：征實 石斗升合；征借 石斗升合；每石折價 元角分；折幣總數 元角分

帶征公粮稻谷：石斗升合

逾限月數及加罰率：逾限 月應加罰百分之

罰額：征實 元角分；征借 元角分；公粮 斗升合

中華民國三十六年 月 日 經征員

字第 號

此聯於收款後給與納戶收執

民国三十六年　长溪

赖美容完纳田赋折征法币收据

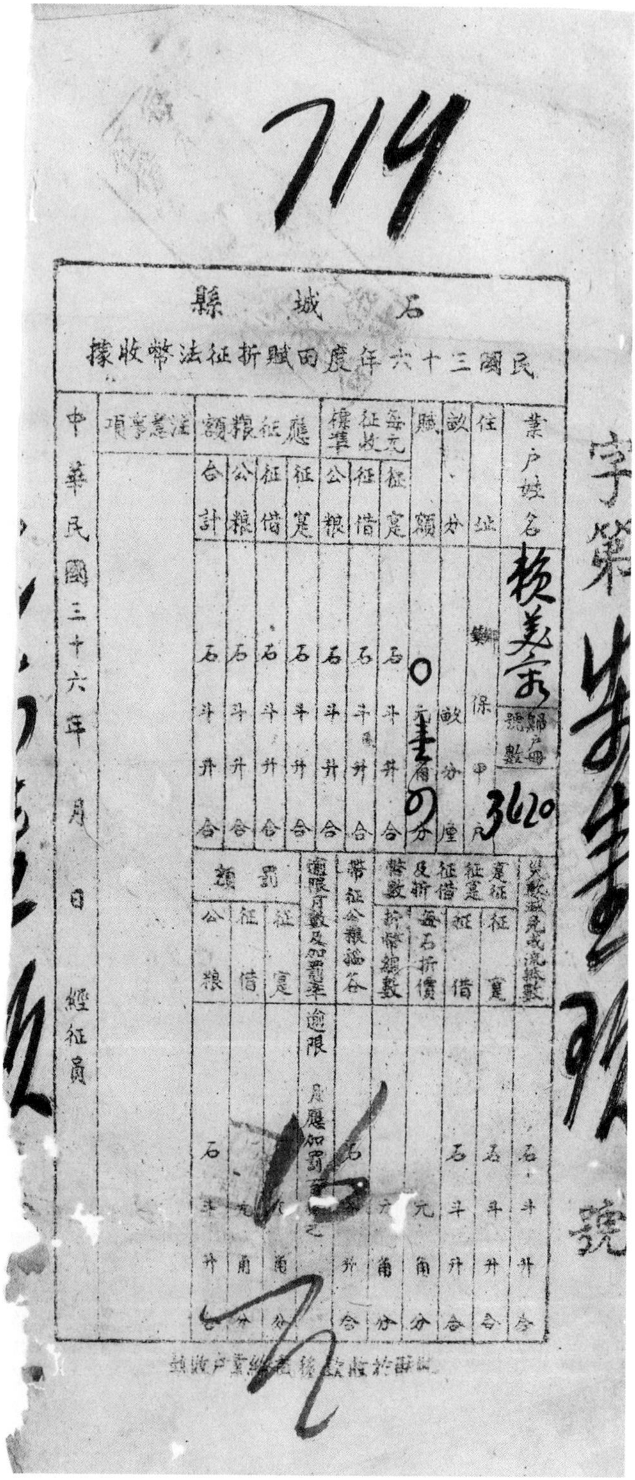
714

石城縣

民國三十六年度田賦折征法幣收據

業户姓名　賴美容

住址　鄉　保　甲　户

畝分　畝　分　釐

賦額　元　角　分

歸户冊號數　3620

每元征收標準：征寔　征借　公糧

應征糧額：征寔　征借　公糧　合計　石　斗　升　合

減免或流抵數：寔征　征寔　征借　及折　幣數

每石折價　折幣總數　帶征公糧谷　逾限月數及加罰率

罰額：征寔　征借　公糧

注意事項

中華民國三十六年　月　日　經征員

字第　號

民国年间 长溪

赖列中、庆波、魁元等诉赖运昌、有仔兄弟状稿

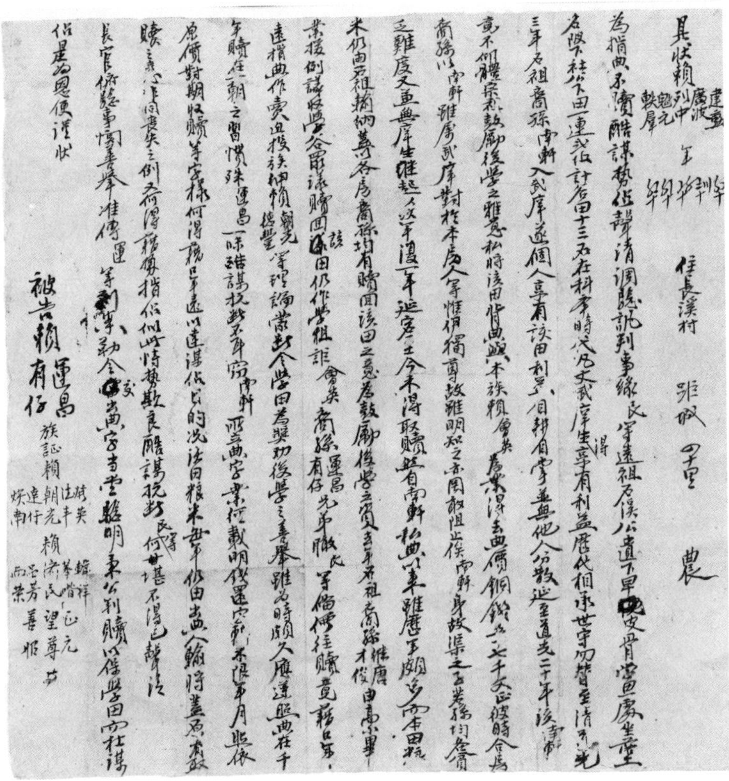

具状赖列中 庆波 魁元 [illegible] 年 [illegible] 住長溪村 距城 四十里 農

為指典不贖酷謀勢佔聲請調驗訊判事緣民等遠祖石侯公遺下早[illegible]貫當[illegible]處土[illegible]名限下[illegible]田一連式坵計谷田十三石在科考時代凡文武庠生等有利益歷代相承世守勿替至清光[illegible]三年石祖裔孫南軒入武庠遂個人享有該田利息、自耕自享並無他人分散延至道光二十年後南軒竟不[illegible]宗承鼓勵後學之雅意私將該田背典與本族賴會英名下得去典價銅錢五六千文正彼時合族裔孫以南軒雖身武庠對於本房人等惟伊獨尊故雖明知之亦罔敢阻止俟南軒身故渠之子孫均念贖之難度又無庠生繼起久之年復一年延宕至今未得取贖然自南軒私典以來雖歷年頗多而本田粮米仍由石祖輸納蓋以各房裔孫均有贖回該田之意為鼓勵後學之資去年石祖裔孫才俊由高小畢業援例議收學谷眾議贖回該田仍作學租詎會英裔孫運昌有仔兄弟膽敢等倚[illegible]往贖竟藉口[illegible]遠指典作賣且援[illegible] 魁元等理論[illegible]今學田為獎勵後學之善舉雖為時頗久應遵照典在千年贖在一朝之習慣殊運昌一味[illegible]謀抗贖不[illegible]南軒當典字業經載明俟還原價不限年月照依原價對期收贖等字樣何得藉口年遠以遠謀佔[illegible]該田粮米每年仍由出典人輸將蓋原[illegible]贖[illegible]喪失之例而得[illegible]指佔似此情勢欺良酷謀抗贖民等何堪不得已聲請長官俯賜[illegible]舉准傳運昌等到案勒令[illegible]出典字書堂驗明秉公判贖以保學田而杜謀佔是為恩便謹狀

被告 賴運昌 有仔

族証 賴朝光 [illegible]

民国年间　长溪

赖列中、庆波、魁元状诉赖运昌、有仔兄弟诉等案县知事批语

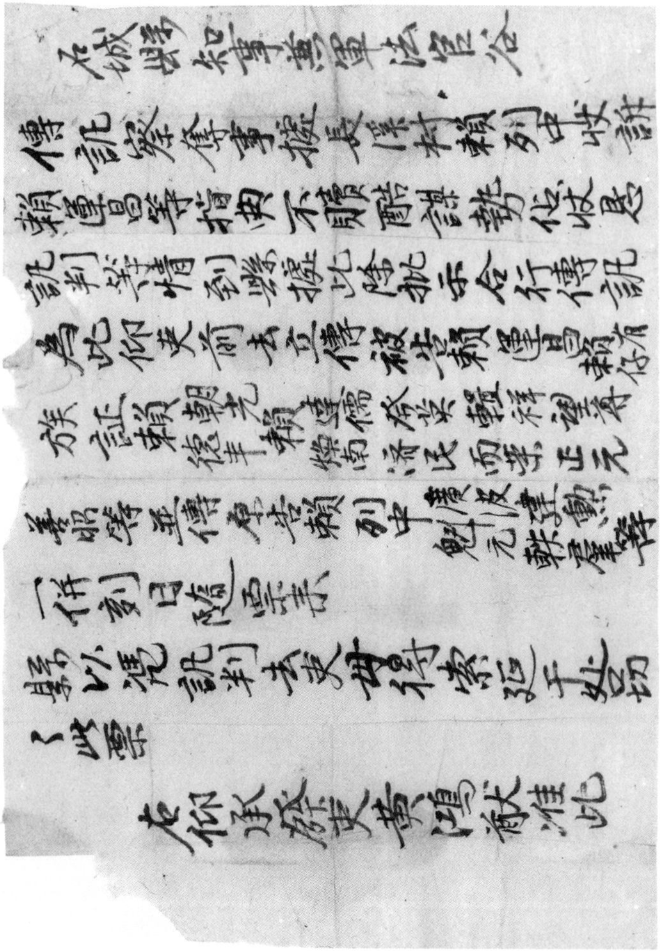

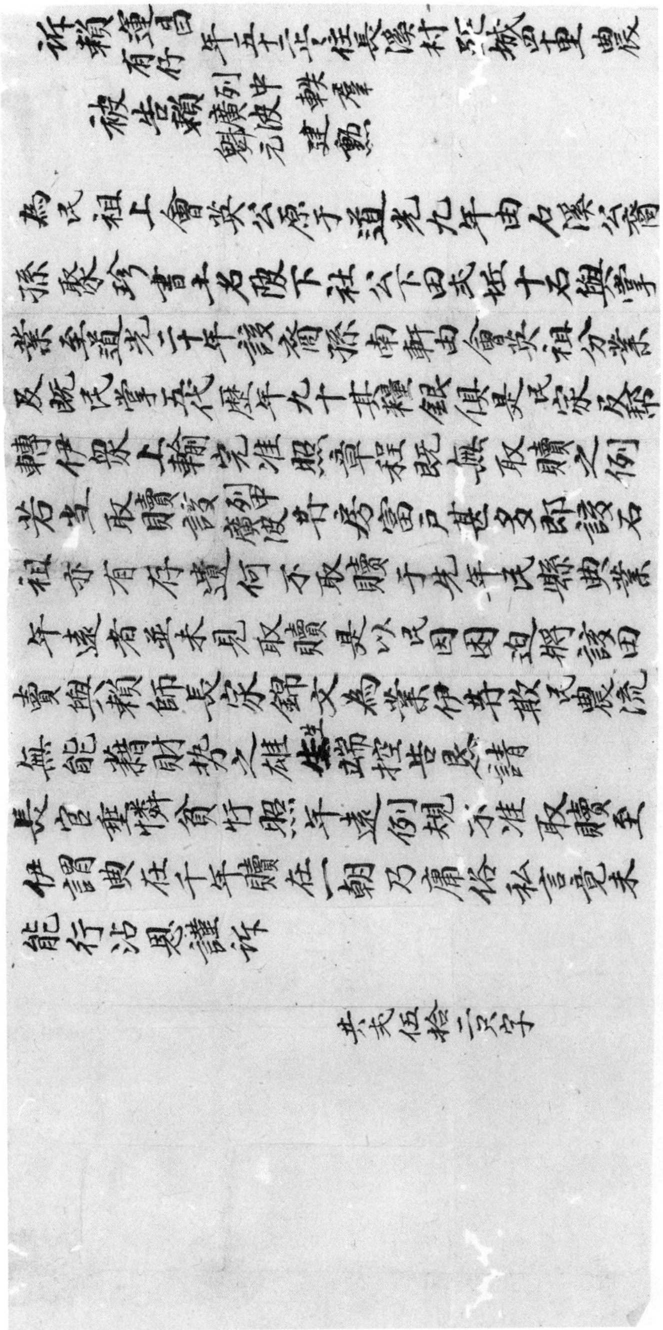

祈 赖运昌 有仔 年五十二岁 住长溪村 距城四十里 由[illegible]

赖列中 庆波 魁元 建勋

为氏祖上曾[illegible]公原于道光九年由[illegible]溪公置

孙聚珍书主名股下社公下田式拾十石归曾手

业至道光二十年发卖[illegible]孙南斩由曾[illegible]祖分业

及毙氏曾手五花历年九十其粮银俱是氏完纳及归

转伊众上辈冇先准照章程既无取赎之例

若是取赎设列中庆波等[illegible]若各户甚多即诸名

祖亦有[illegible]仔遗何不取赎于先年氏将典业

年远者并未见取赎是以氏因迫将该田

卖与赖师长家铺交为业伊等敢氏典流

无能[illegible]财势之雄[illegible]控告恳请

长官垂怜贫竹照年远例规不准取赎至

伊图典在千年赎在一朝乃庸俗私言竟未

能行沾恩谨诉

共计伍拾二只字

民国年间 长溪

赖运昌、有仔兄弟诉赖列中、庆波、魁元等状稿

民国年间 长溪

赖运昌住民证

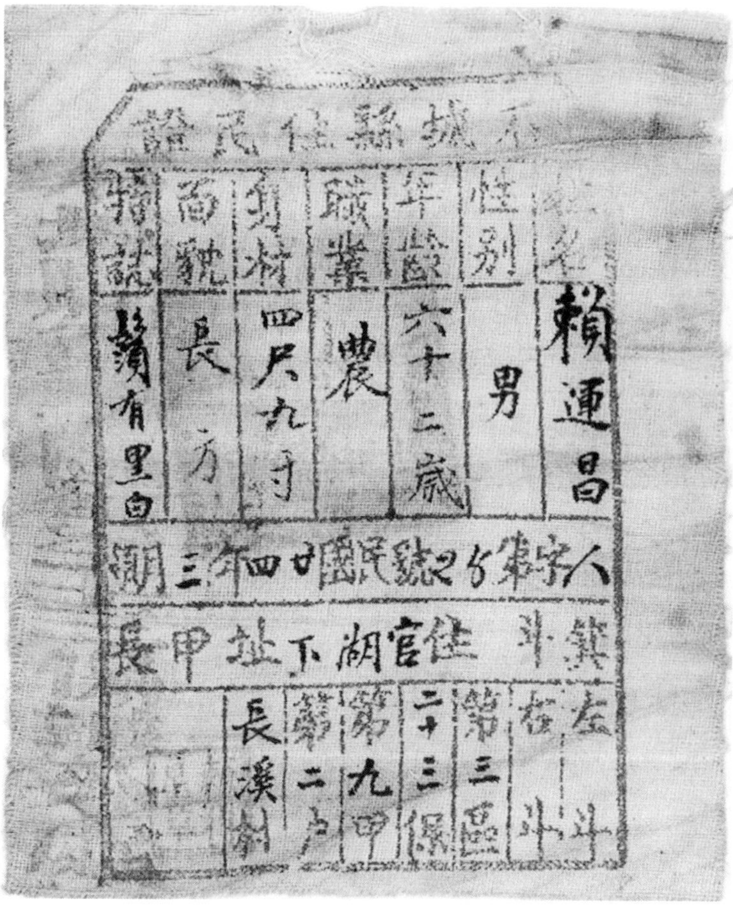

石城縣住民證

姓名	性別	年齡	職業	身材	面貌	特徵
賴運昌	男	六十二歲	農	四尺九寸	長方	鬚有里白

人字第　號　民國廿四年三月

籍貫　住址　官湖下　甲長

左斗　右斗　第三區　二十三保　第九甲　第二戶　長溪村

民国年间　长溪
龙上里七甲赖淑球户内粮田家册

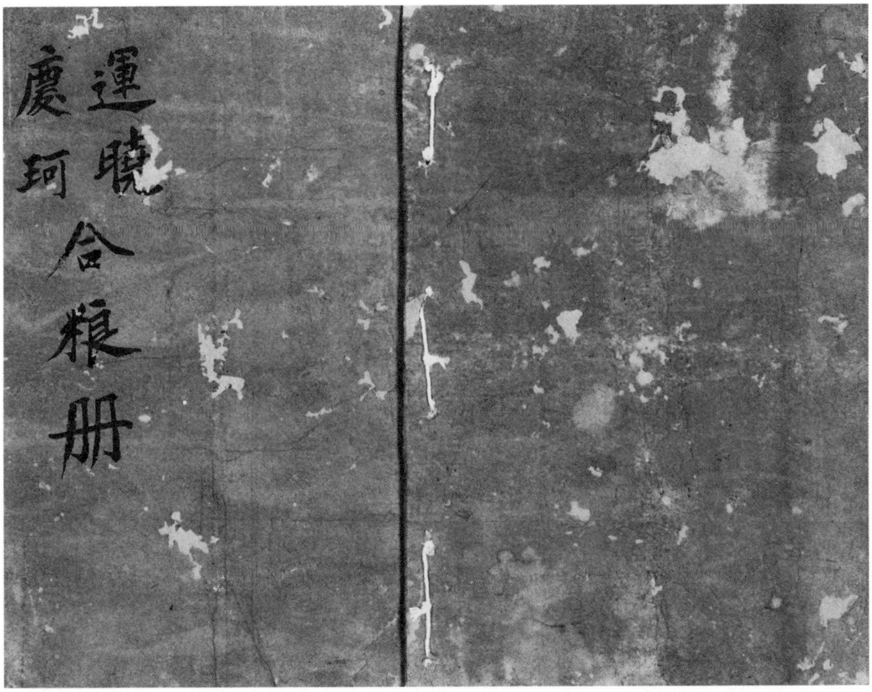

（一）

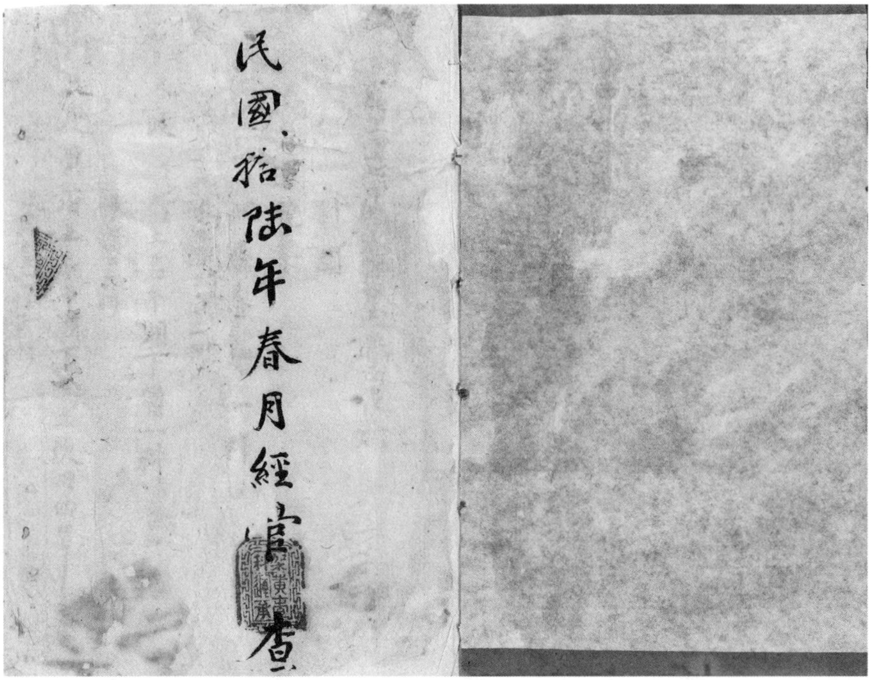

（二）

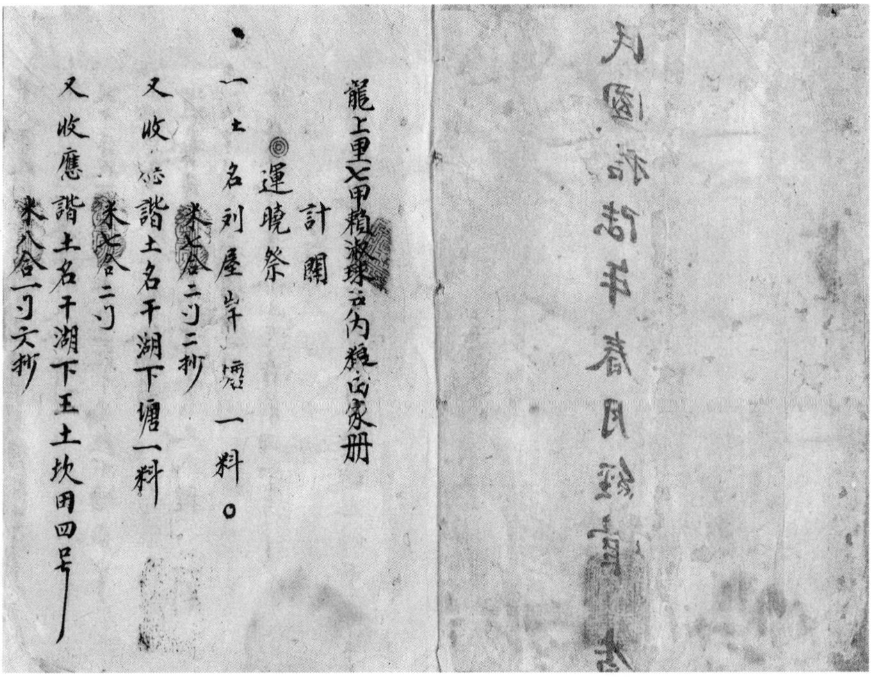

龍上里七甲賴滋球戶內賴□家册

計開

運曉祭

一土名刈屋岸壢一料。

米七合二勺二抄

又收□諧土名干湖下壢一料

米七合二勺

又收應諧土名干湖下王土坎田四号

米八合一勺文抄

（三）

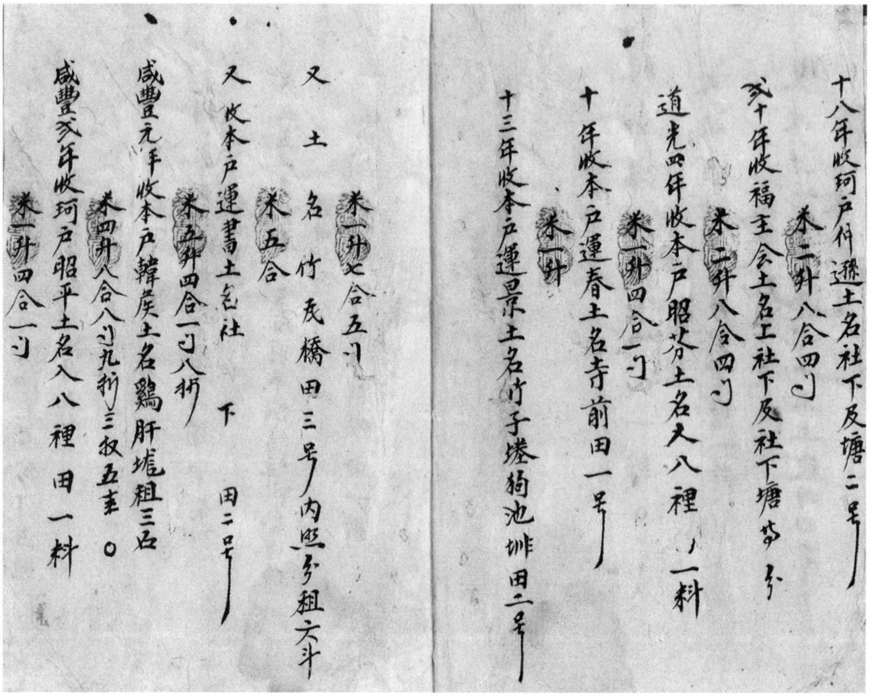
十八年收珂户仵遜土名社下反塘二号
米二升八合四勺
弍十年收福主会土名上社下反社下塘芬分
米二升八合四勺
道光四年收本户昭芬土名大八裡 一料
米一升四合一勺
十年收本户運春土名寺前田一号
米一升
十三年收本户運景土名竹子塝狗池塅田二号
米一升七合五勺
又 土 名 竹 茂 橋 田 三号内照分租六斗
米五合
又收本户運書土名社 下 田二号
米五升四合一勺八折
咸豐元年收本户韓茂土名鷄肝塅租三石
米四升八合八勺九折三抄五圭 〇
咸豐弍年收珂户昭平土名入八裡 田一料
米一升四合一勺

（四）

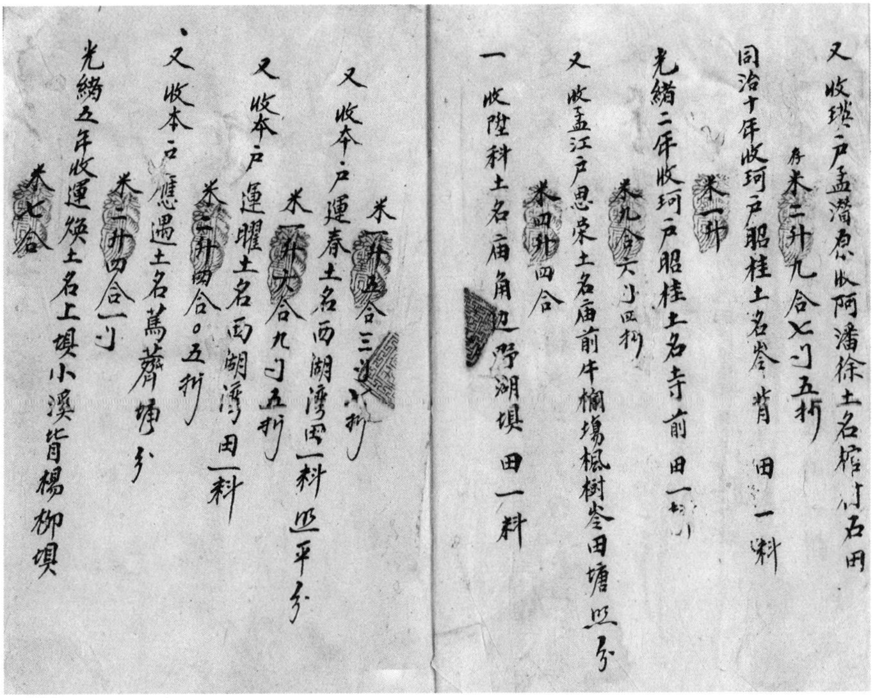

又收琰〻户孟潛恩〻收阿潘徐土名棺材石田
存米二升九合七勺五抄
同治十年收珂〻户昭桂土名岺背田一料
米一升
光緒二年收珂〻户昭桂土名寺前田一料
米九合六勺四抄
又收孟江户恩荣土名庙前牛欄塲楓樹岺田塘照分
米四升四合
一收陞科土名庙角边浮湖塻田一料
米一升五合三勺八抄
又收本〻户運春土名西湖湾田一料照平分
米一升六合九勺五抄
又收本户運曜土名西湖湾田一料
米二升四合〇五抄
又收本〻户應遇土名萬薺塘分
米二升四合一勺
光緒五年收運煥土名上塻小溪旨楊柳塻
米七合

（五）

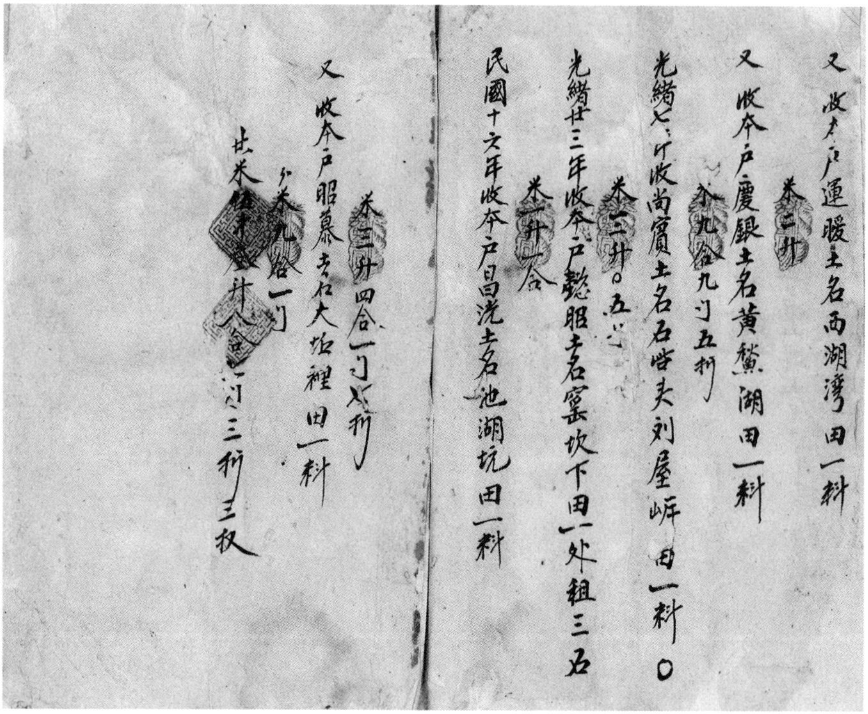

又收本户運暖土名西湖灣田一料
米二升
又收本户慶銀土名黃蟹湖田一料
米九合九勺五抄
光緒七年收尚賓土名石背夫刘屋岭田一料〇
米二升〇五勺
光緒廿三年收本户懿照土名窯坎下田一外祖三石
米一升一合
民國十六年收本户昌洸土名池湖坑田一料
米三升四合一勺八抄
又收本户昭慕土名大坵裡田一料
少米九合一勺
廿米伍升八合一勺三抄三撮

（六）

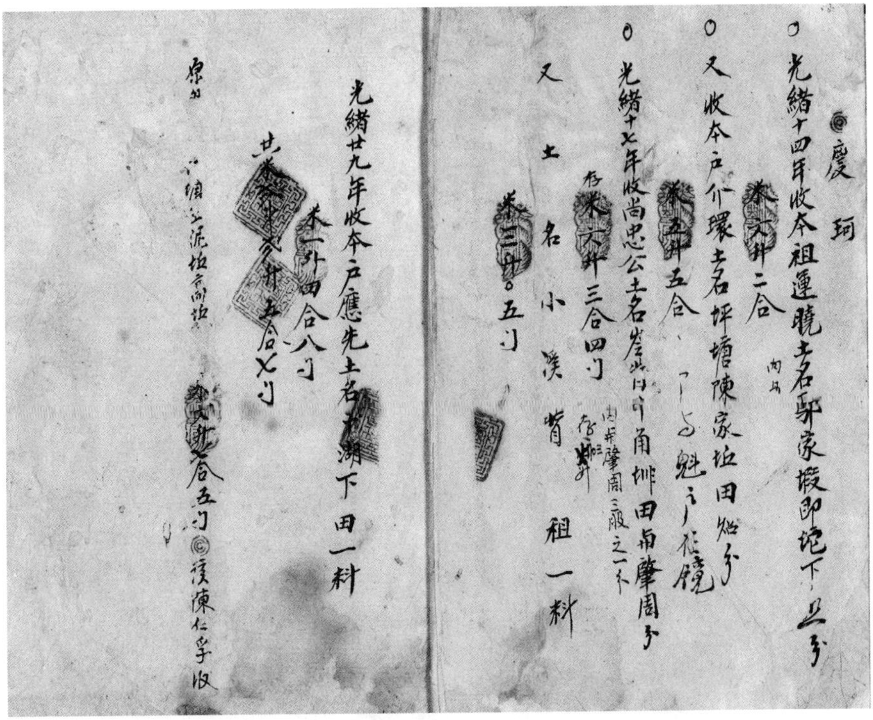

慶珂
光緒十四年收本祖運龍土名馬家墩脚坵下□分 米六升二合
又收本户介環土名坪塘陳家坵田俻分 米五升五合
光緒十七年收尚忠公土名崖头□角排田帛肇周分 米六升三合四勺
又土名小溪背祖一料 米三升〇五勺
光緒廿九年收本户應先土名□湖下田一料 米一升四合八勺
米六升□合五勺 ◎後陳仁孚收

（七）

时间不详　长溪

陈列鸣致赖含馨尊侍翁暨贤犹子书信

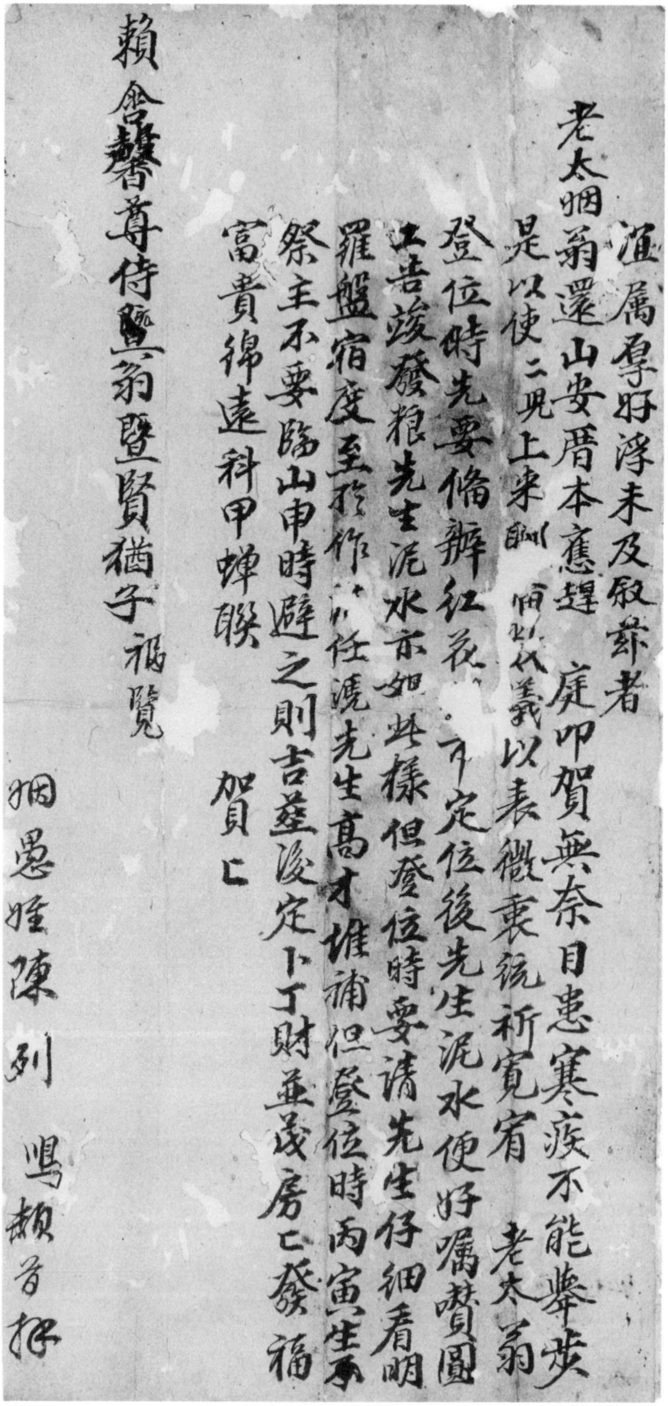
渥屬尊好浮未及叙辭者
老太姻翁還山安厝本應趕　庭叩賀無奈目患寒疾不能舉步
是以使二兒上来面叩以義以表微衷　統祈寬宥　老太翁
登位時先要倫辨红花　下定位後先生泥水便好嘱咐圖
上吉發發粮先生泥水亦如此樣　但登位時要請先生仔细看明
羅盤宿度至於作　任憑先生高才　雖補但登位時丙寅生不
祭主不要臨山申時避之則吉並後定卜丁財並茂房房發福
富貴綿遠科甲蟬聯
賀賀
賴含馨尊侍翁暨賢猶子　福覽
姻愚侄陳列鳴頓首拜

石城文书

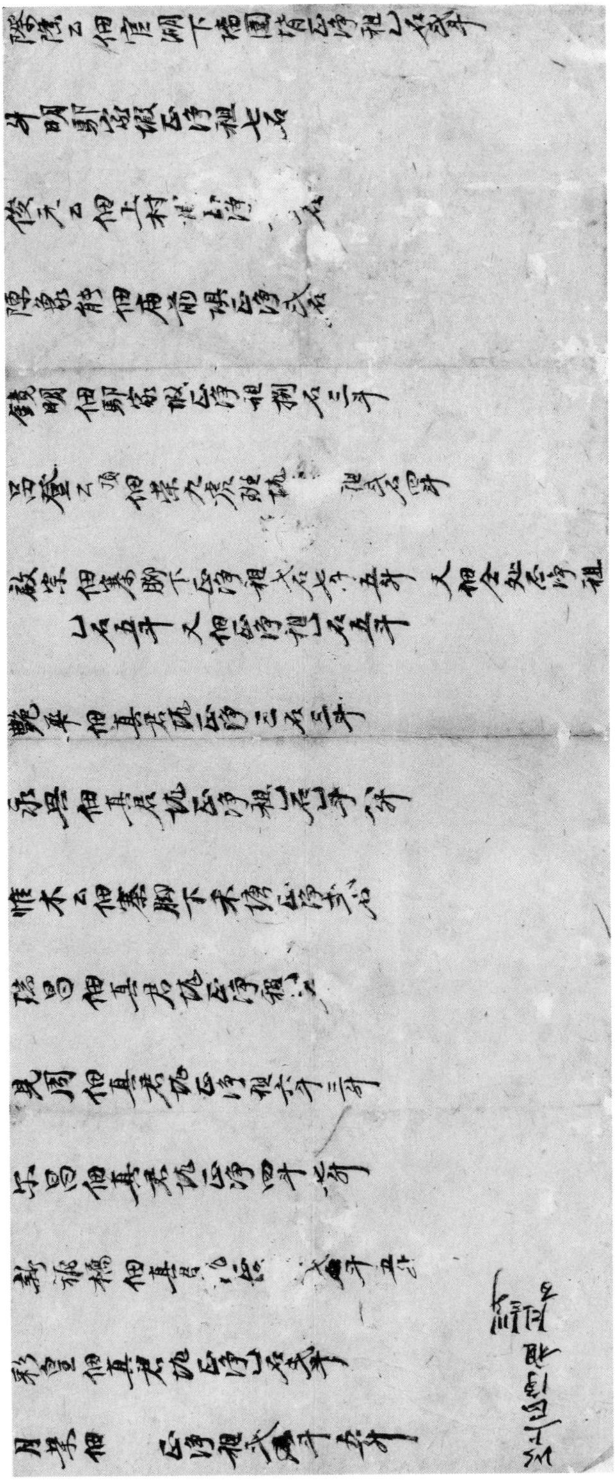

时间不详 长溪

赖衮华奉送舅台位贤礼单

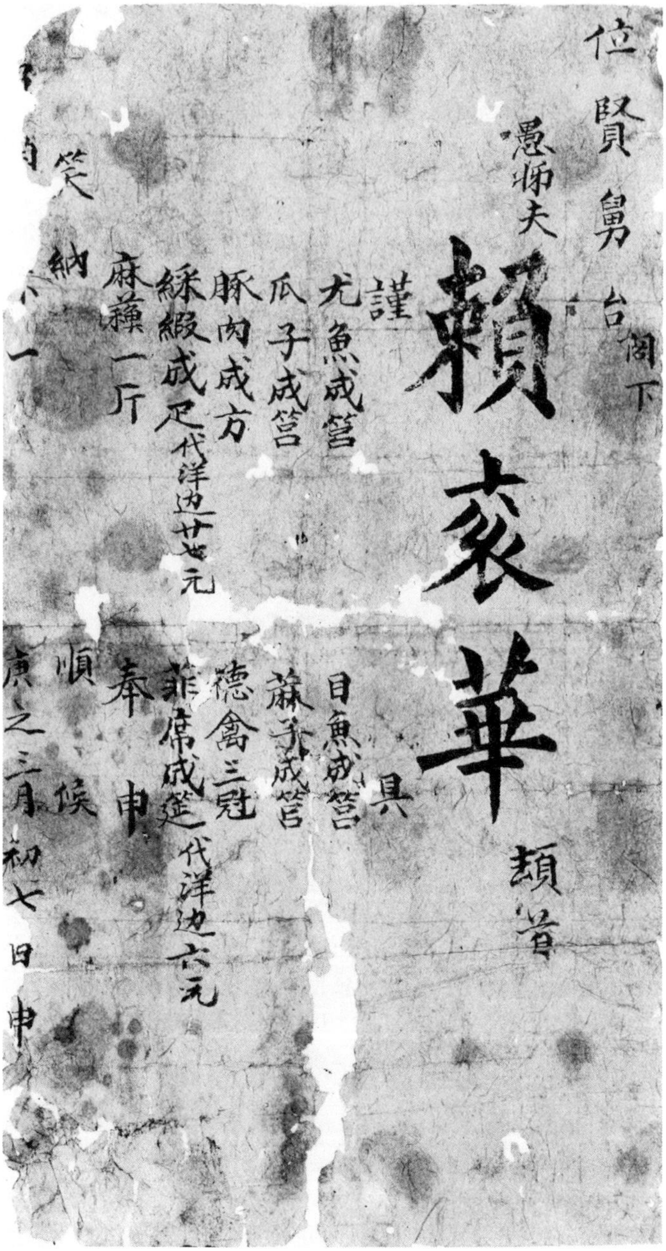

位賢舅台閣下

愚姊夫

賴袞華 頓首

謹具

尤魚成筒　目魚成筒

瓜子成筒　蘇子成筒

豚肉成方　德禽三冠

絲緞成疋 代洋边廿四元　菲席成疋 代洋边六元

麻藕一斤　奉申

笑納　順候

庚之三月初七日申

时间不详 长溪
赖茂堂立永卖田予本族赖载文叔字

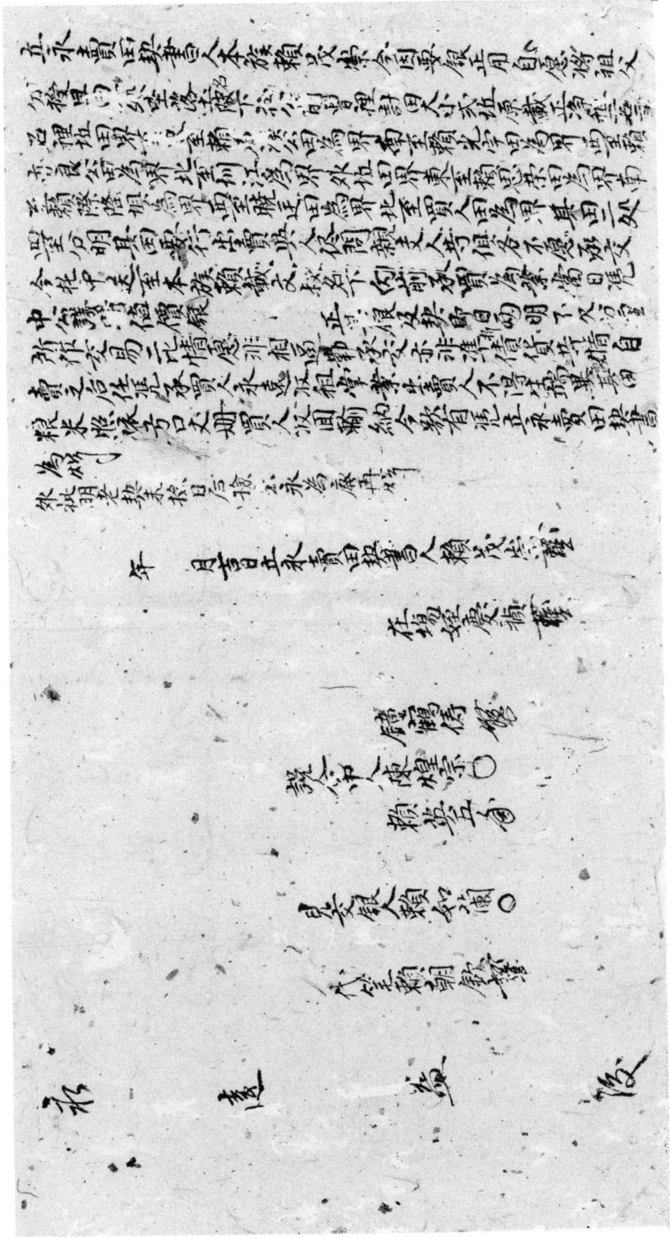

时间不详　长溪

赖茂堂立永卖田予本族载文叔字

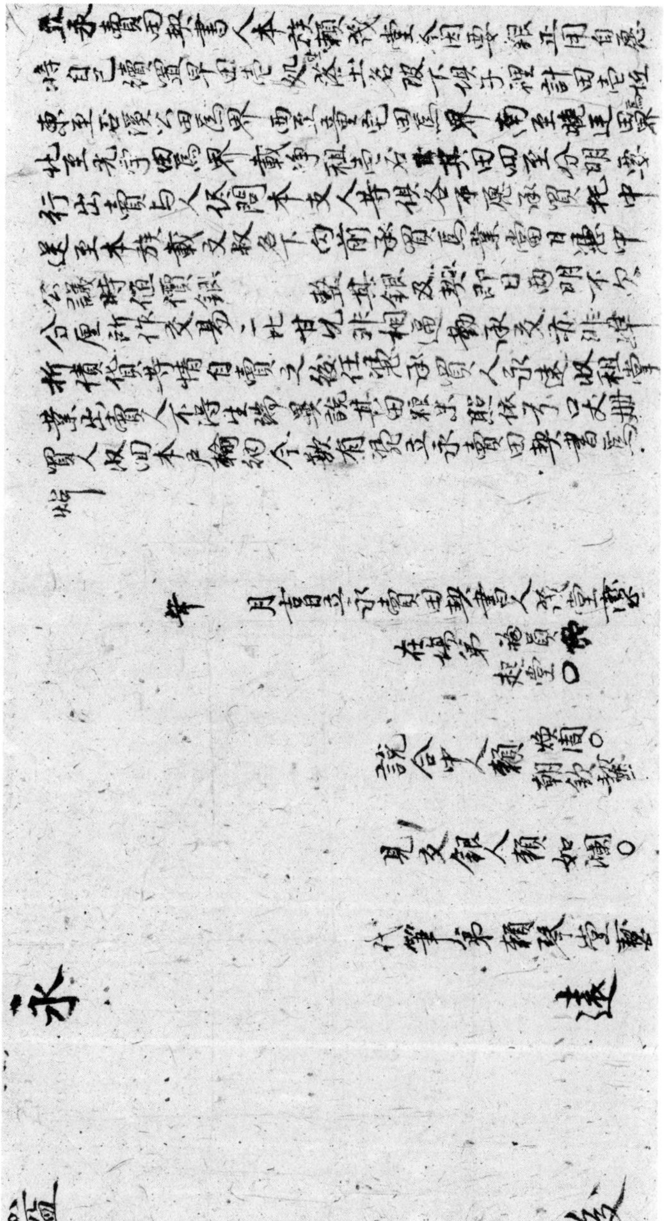

时间不详 长溪

赖墨川太位下房长霭云等立永卖祭田予本房照堂字

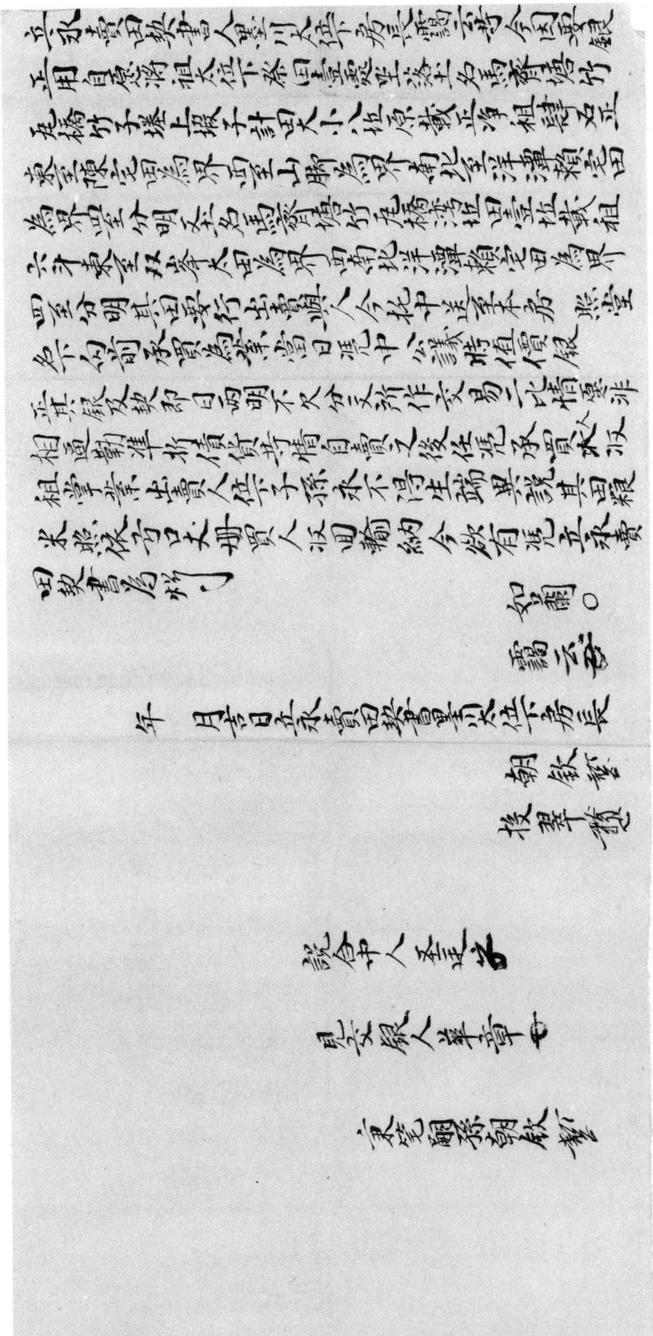

立永賣田契書人墨川太位下房長霭云等今因要銀
正用自愿將祖太位下祭田壹處坐落土名馬齊塘竹
尾橋竹子塍上墈子計田大小八坵原載正淨祖肆石正
東至陳宅田為界西至山脚為界南北至洋潭賴宅田
為界四至分明又土名馬齊塘竹尾橋灣坵田壹坵載祖
六斗東至双峯太田為界西南北洋潭賴宅田為界
四至分明其田要行出賣與人今托中送至本房 照堂
名下向前承買為業當日憑中公議時值價銀
正其銀及契即日兩明不欠分文所作交易二比情愿非
相逼勒準折債貨等情自賣之後任憑承買人收汲
祖掌業出賣人位下子孫永不得生端異說其田粮
米照依古口丈册買人汲田輸納今欲有憑立永賣
田契書為炤

如蘭○

霭云（押）

朝欽（押）

挨翠（押）

年 月吉日立永賣田契書墨川太位下房長

說合中人 丕廷（押）

見交銀人 華章（押）

東筆嗣孫朝欽（押）

益

後

时间不详　长溪

赖尚宾太位下房长斯文等立永卖田予赖会英字

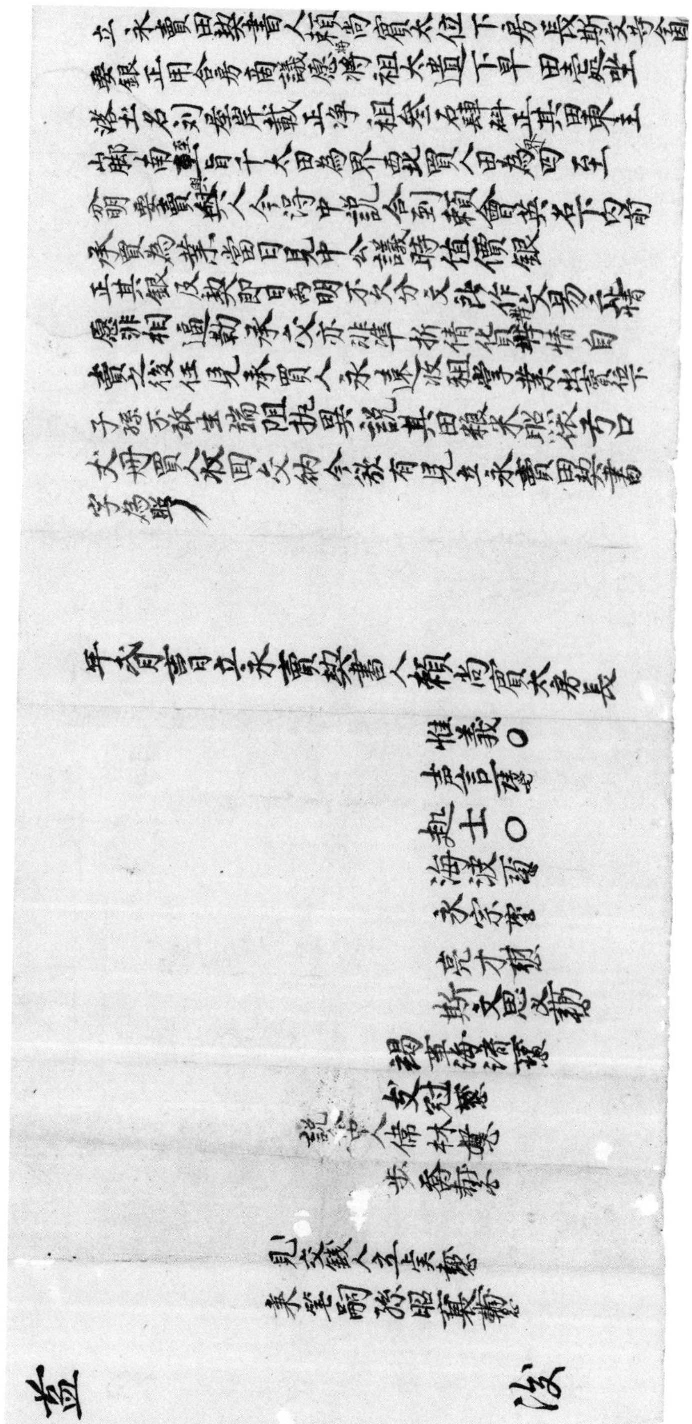

（一）

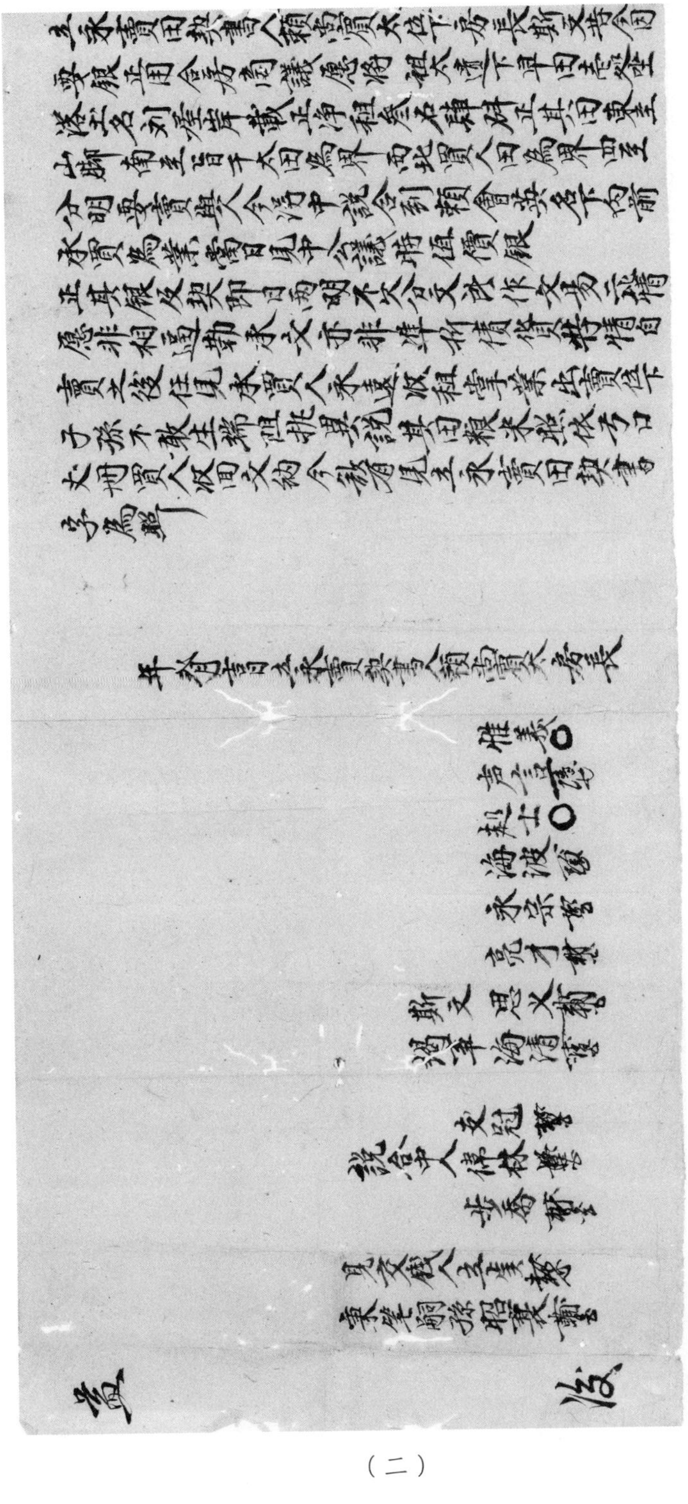
立永賣田契書人賴尚賓太位下房長斯文等今因
要銀正用合房商議愿將祖太遺下早田壹坐
落土名刘屋岸載正淨租叁石肆斛正其田東至
山脚南至旨于太田為界西北買人田為界四至
分明要賣與人今浔中說合到賴會英名下向前
承買為業當日見中公議時值價銀
正其銀及契即日兩明不欠分文此作交易二比情
愿非相逼勒承文亦非準折債貨等情自
賣之後任見承買人永遠收租掌業出賣位下
子孫不敢生端阻挑異說其田粮米照依丁口
丈冊買人收回文納今欲有見立永賣田契書
字為照

年叁月吉日立永賣契書人賴尚賓太房長
惟義
声言
起士
海波
永宗
亮才
斯文 思义
過章 海清
說合中人 支冠 偉林 步喬
見交錢人 立崇
秉筆嗣孫 昭襄
益 發

（二）

时间不详　长溪

赖显扶立永退田予本族奉天公太位下字

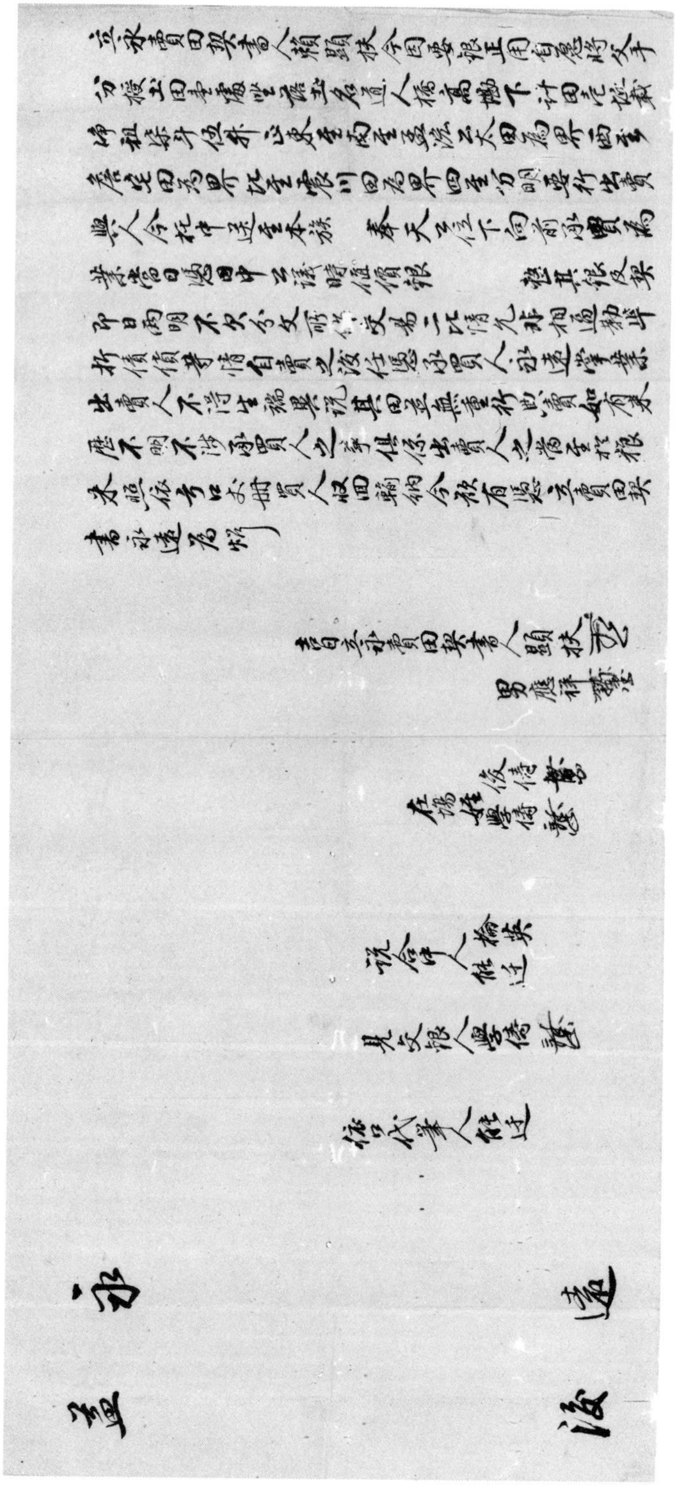

时间不详　长溪

赖星列、侄昭俸立卖田予墨川公位下字

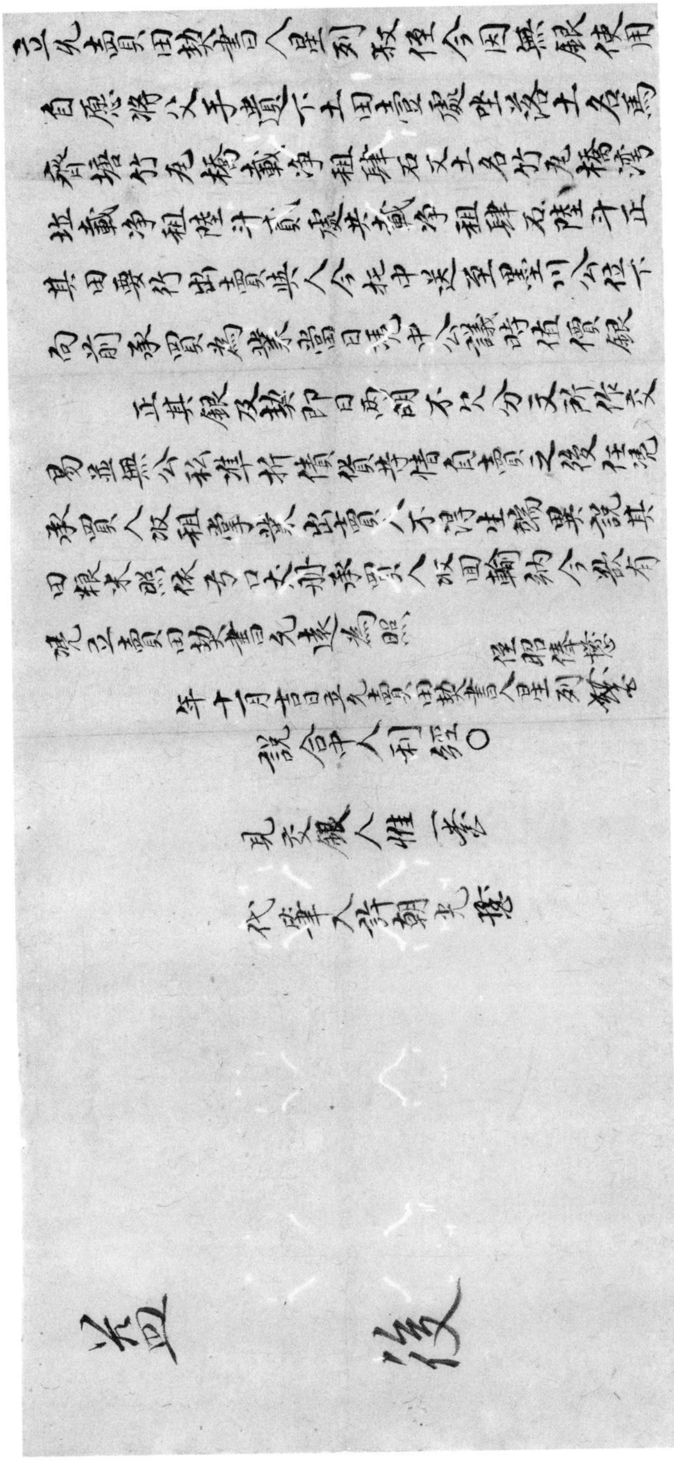

时间不详　长溪

龙上里陂下村张正文立永卖田予长溪村赖福昌字

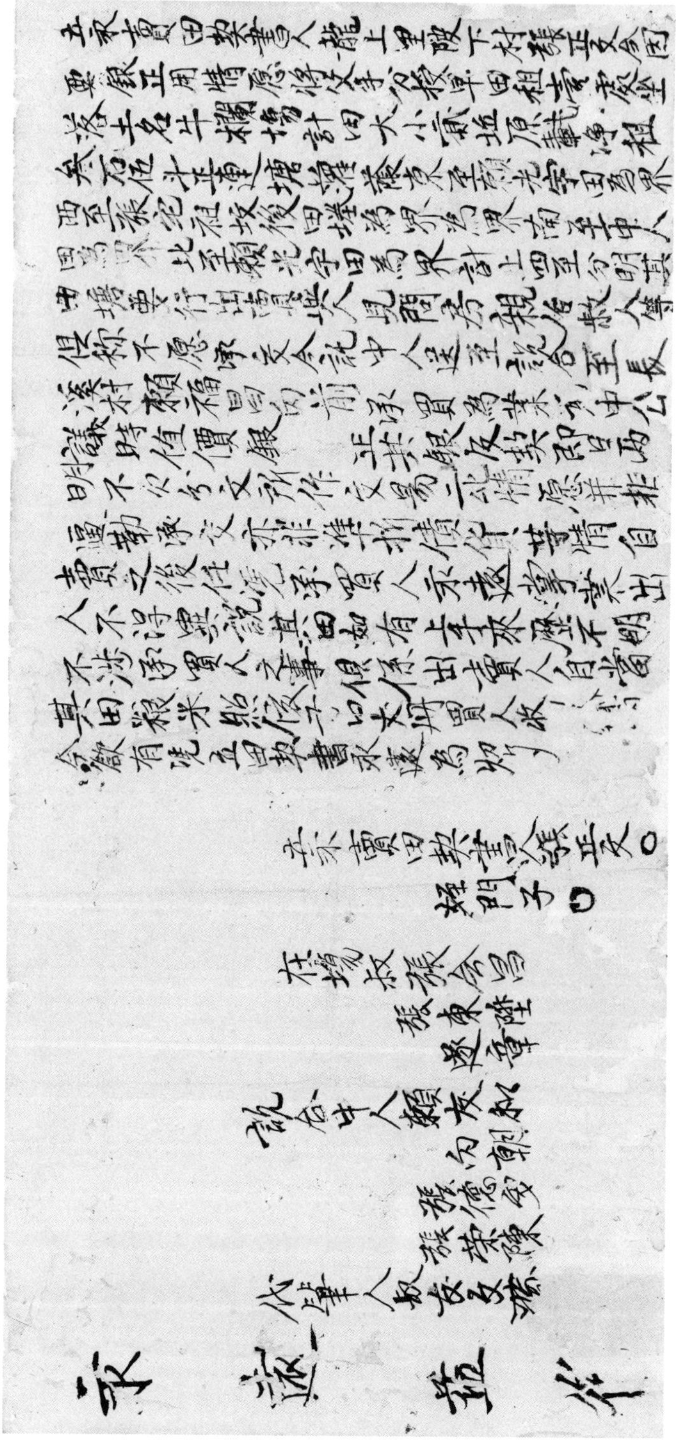

时间不详 长溪
乙亥年支出账单

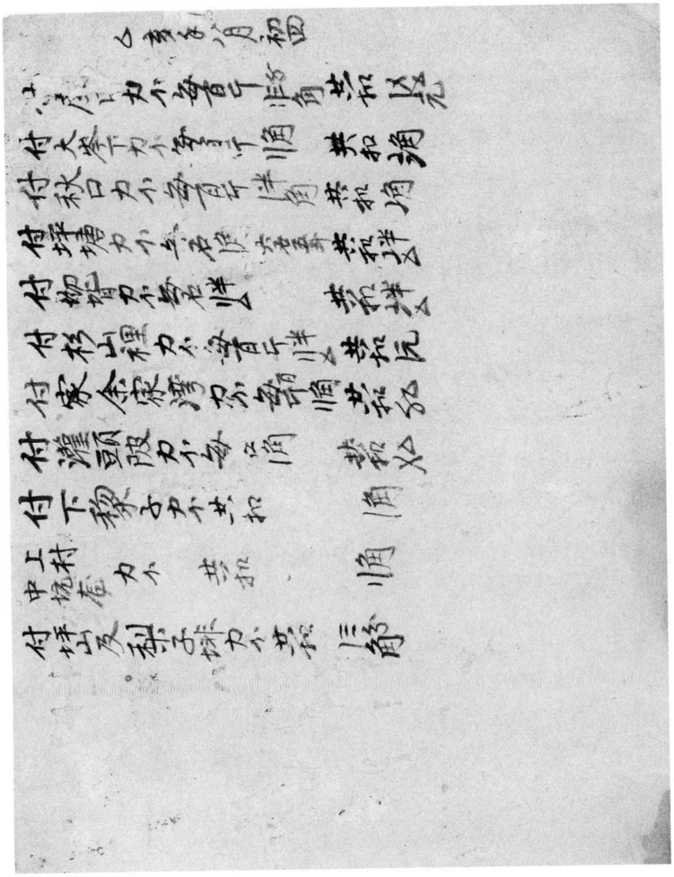

时间不详 长溪

永卖灰寮粪湖字稿

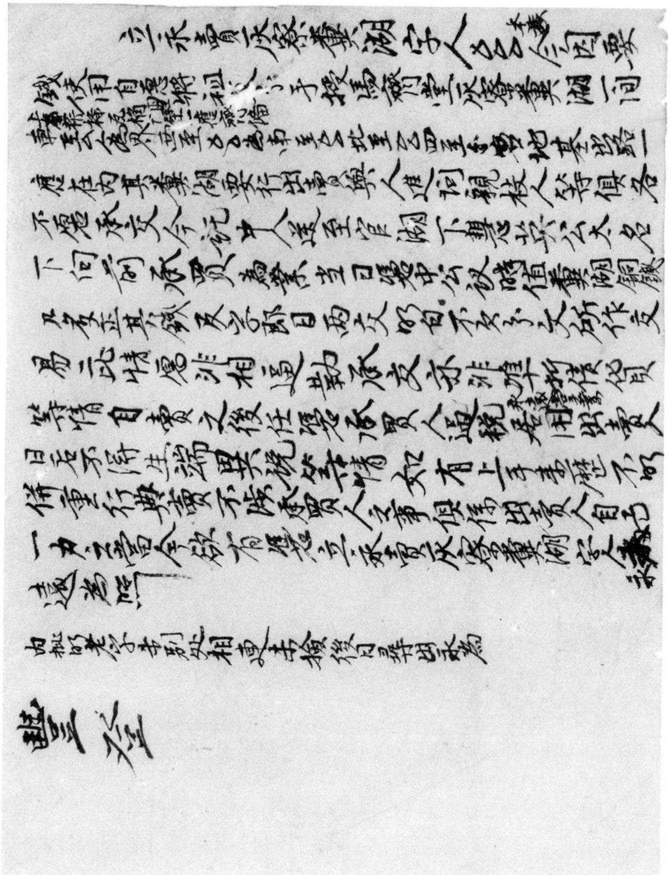

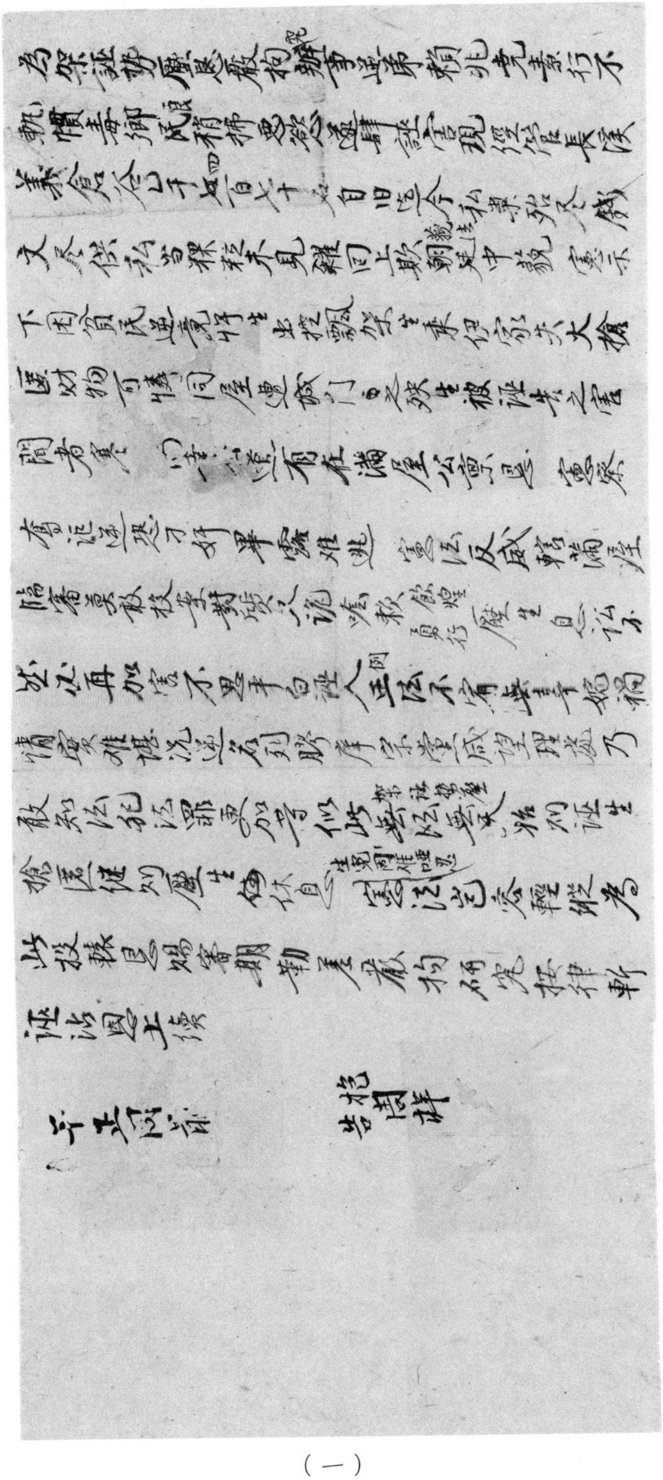

（一）

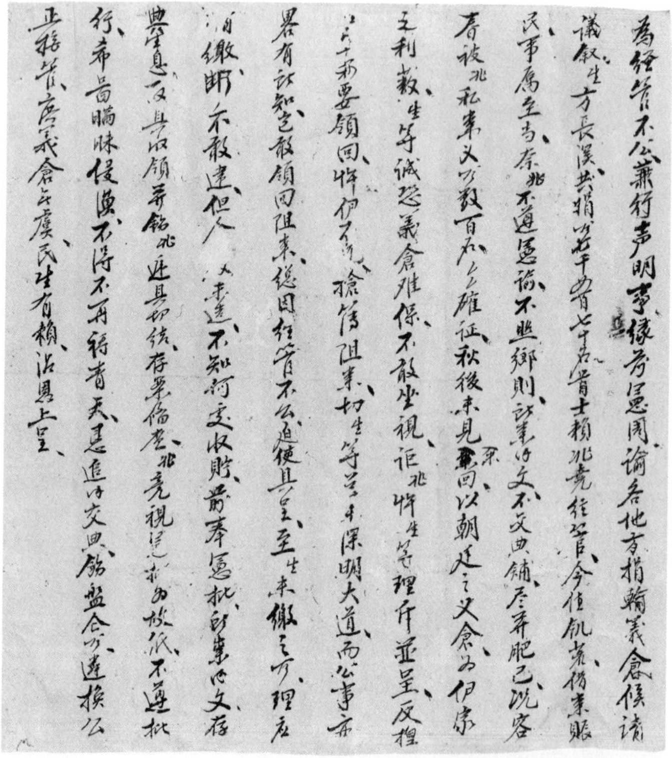

為經管不公兼行声明事。緣奉憲周諭各地方捐輸義倉，候請
議叙，生方長漢共捐谷若干石，內有七十石系貢士賴兆堯經管。今值飢荒，備案賑
民，事為至當。奈兆不遵憲諭，不照鄉則，詐筆行文，不交典舖，反肥己。況容
春被兆私粜又少數百石，今々催征，秋後未見粜回，以朝廷之義倉為伊家
之利藪。生等誠恐義倉难保，不敢坐視，詎兆悍生等理斥，並呈反捏
之六十石要領回，悍伊不允，捻情阻粜。切生等皆未深明大道，而公事亦
略有所知，豈敢領回阻粜？總因經管不公，迫使具呈。至生未繳之谷，理應
消繳，斷不敢違。但人又未追，不知何交收貯。前奉憲批，飭兆將谷文存
典生息，反具以領帶，飭兆延具切結，存案備查，兆竟視是非如故紙，不遵批
行，希圖瞞昧侵漁。不得不再籲青天，速追谷交典，飭盤合谷，遴換公
正經管，庶義倉無虞，民生有賴。沾恩上呈。

（二）

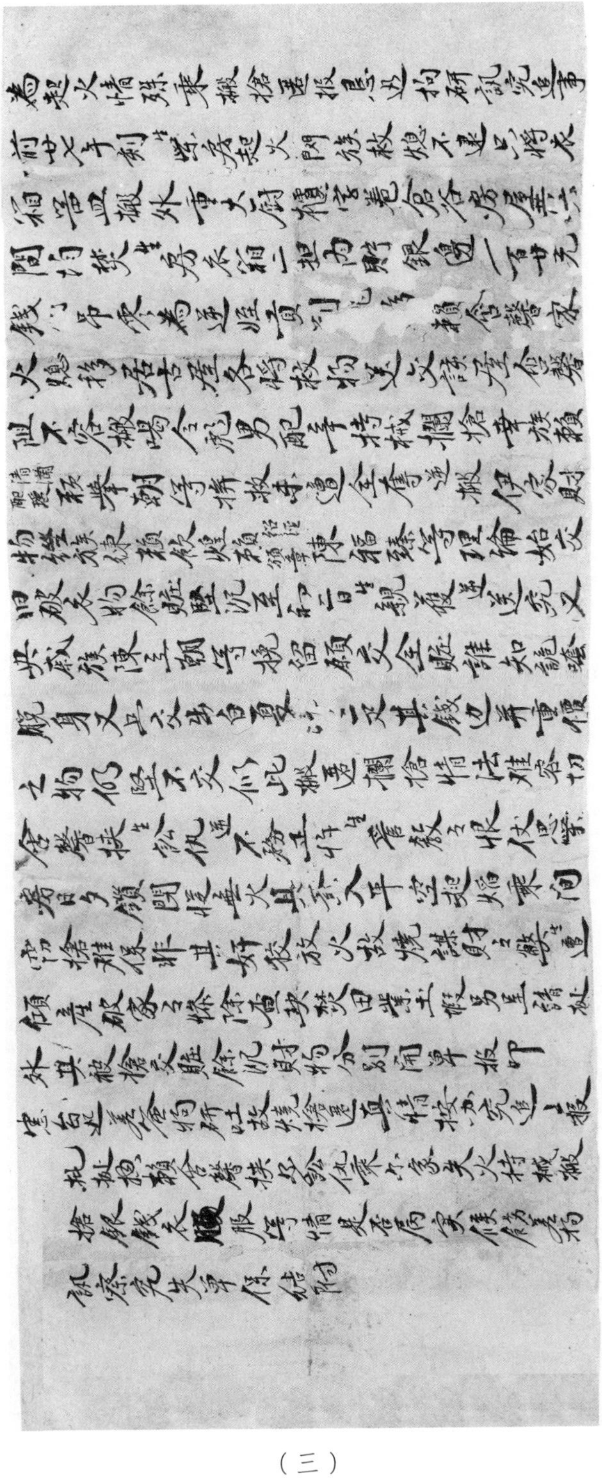

（三）

具保領狀温正吾今當

縣憲太老爺台前保領得賴金興在外听候呼喚不

敢違誤惟民是問所具保領是實

（四）

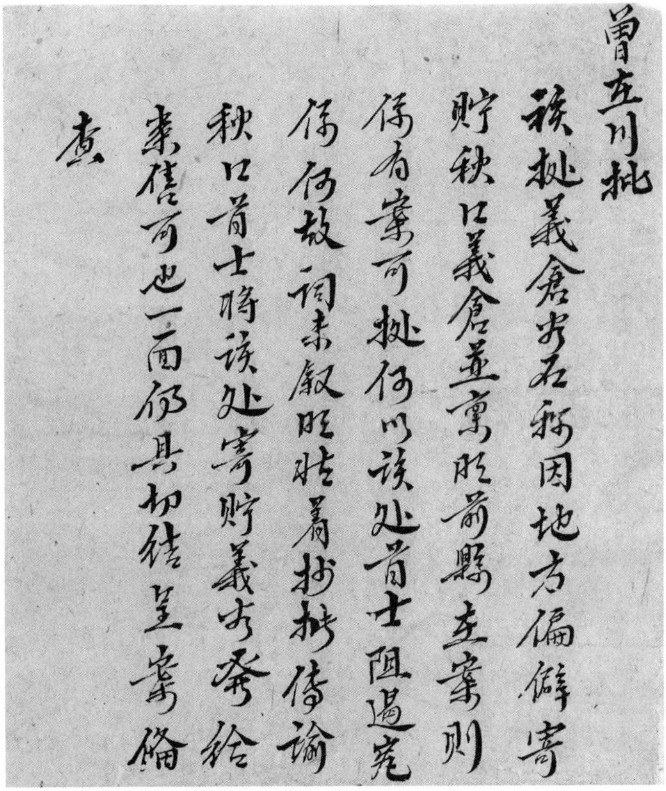

曾左川批
核批義倉谷石稱因地方偏僻寄
貯秋口義倉並稟明前縣立案則
係有案可據何以該處首士阻遏究
係何故詞未敘明殊屬捕捉傳諭
秋口首士將該處寄貯義谷發給
來僖可也一面仍具切結呈案備
查

（五）

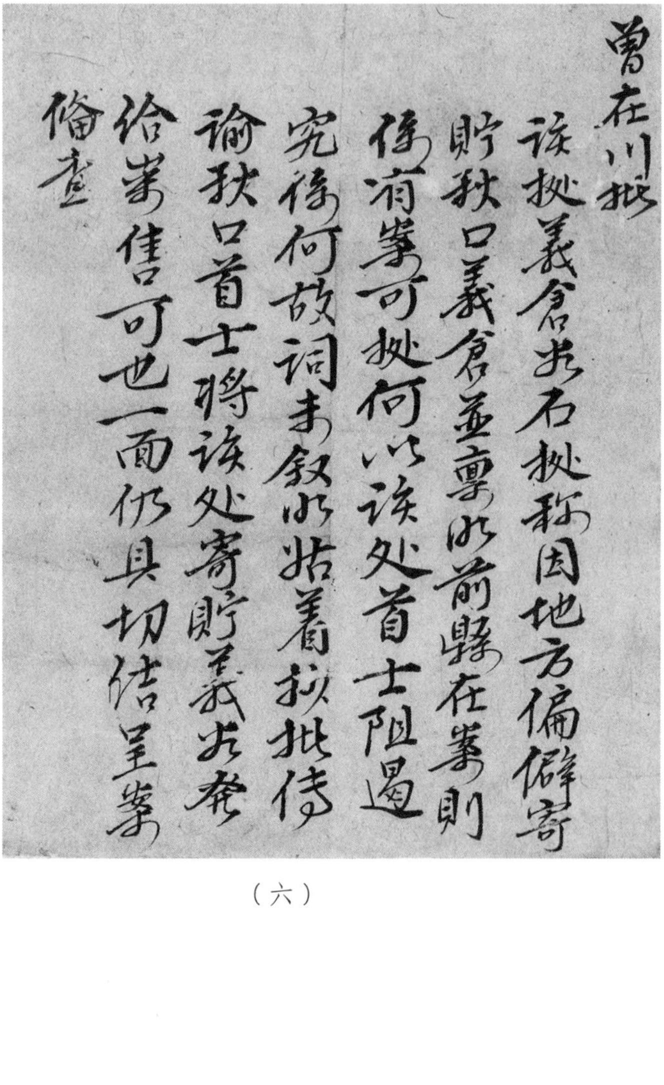

曾在川批
該批義倉共石批稱因地方偏僻寄
貯秋口義倉並稟明前縣在案則
係循案可批何以該处首士阻遏
究係何故詞未叙明姑着拟批傳
諭秋口首士將該处寄貯至義共谷
給若售可也一面仍具切結呈案
備查

（六）

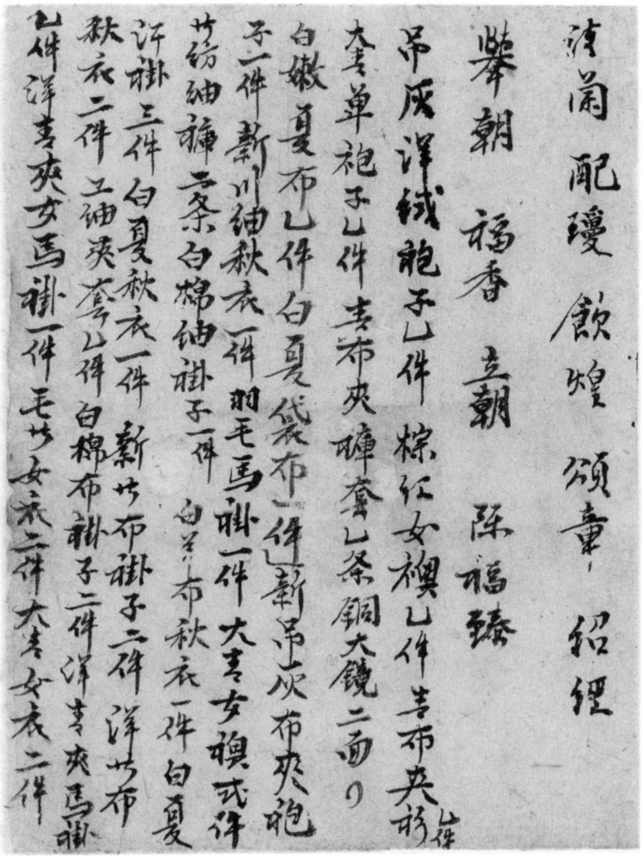
請開配奩 欽煌 頒章 紹經
攀朝 福香 立朝 陈福臻
吊灰洋絨袍子乙件 棕红女襖乙件 青布夹衫乙件
大青单袍子乙件 青布夹褲套乙条 銅大鏡二面
白嫩夏布乙件 白夏袋布一件 新吊灰布夹袍
子一件 新川紬秋衣一件 羽毛馬褂一件 大青女襖弍件
廿紡紬褲二条 白棉紬褂子一件 白兰布秋衣一件 白夏
汗褂三件 白夏秋衣一件 新廿布褂子二件 洋廿布
秋衣二件 工紬夹套乙件 白棉布褂子二件 洋青夹馬褂
乙件 洋青夹女馬褂一件 毛廿女衣二件 大青女衣二件

（七）

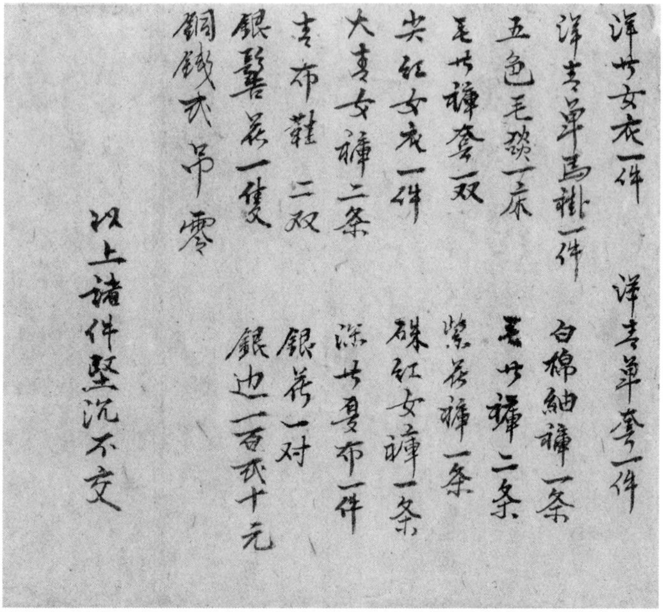

洋青女衣一件　　洋青单套一件
洋青单馬褂一件　　白棉紬褲一条
五色毛毯一床　　毛青褲二条
毛青襪套一双　　紫花褲一条
尖红女衣一件　　珠红女褲一条
大青女褲二条　　深青夏布一件
青布鞋二双　　銀花一对
銀簪花一隻　　銀边一百貳十元
銅錢貳吊零
以上諸件堅沉不交

（八）

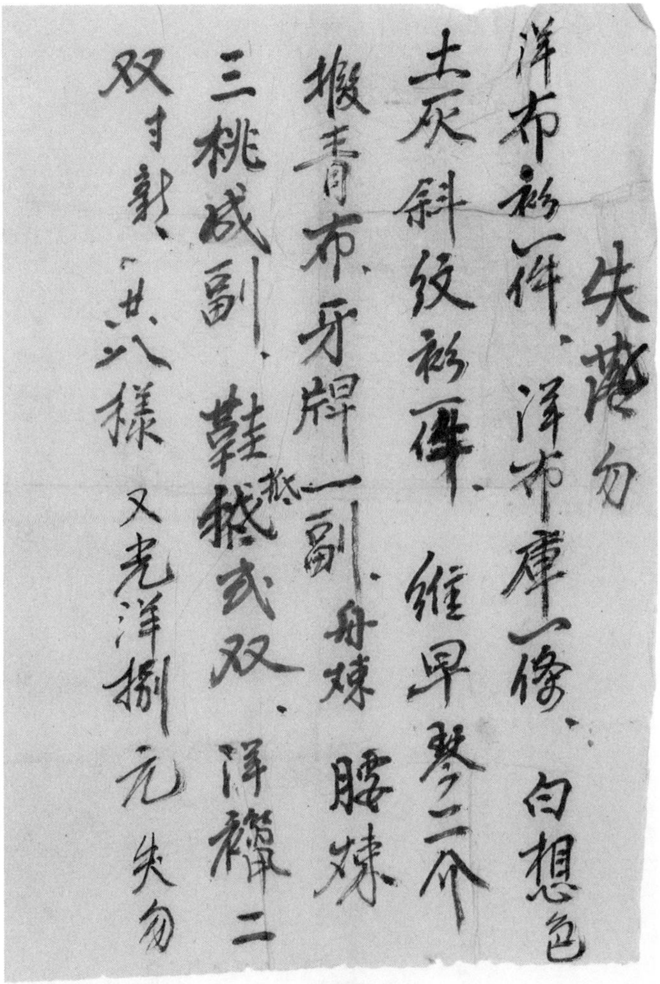
失落勿
洋布衫一件、洋布庫一條、白想色
土灰斜紋衫一件、維早琴二个
擻青布、牙焊一副、舟煉 腰煉
三桃絨副、鞋拺式双、洋襪二
双寸靴、廿八樣 又光洋捌元 失勿

（九）

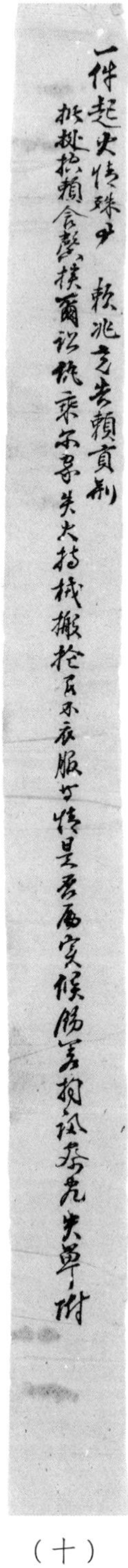
一件起火情殊少　賴兆文告賴貢制

批據批粘簡合叠摸爾訟執乘不要失火搶械搬搶民衣服等情是否屬實候飭差拘訊究光失單附

（十）

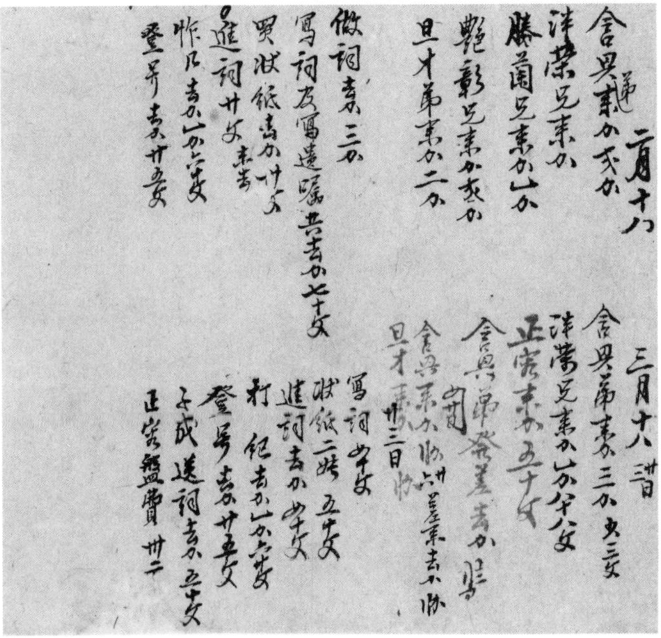
二月十八
合興[illegible]壹分[illegible]分
洋榮兄壹分
勝蘭兄壹分[illegible]分
艷彰兄壹分[illegible]分
旦才弟壹分二分
做詞壹分三分
寫詞及寫遺囑[illegible]壹分七十文
買狀紙壹分廿文
進詞廿文[illegible]
[illegible]壹分[illegible]文
登号壹分廿五文
三月十八 三日
合興弟壹分三分[illegible]文
洋榮兄壹分[illegible]文
正富壹分五十文
合興弟[illegible]壹分[illegible]
合興弟[illegible]
旦才[illegible]廿三日[illegible]
寫詞[illegible]文
狀紙二張 五十文
進詞壹分[illegible]文
打 紀壹分[illegible]文
登号壹分廿五文
子成 送詞壹分 五十文
正富 鹽費 卅二

（十一）

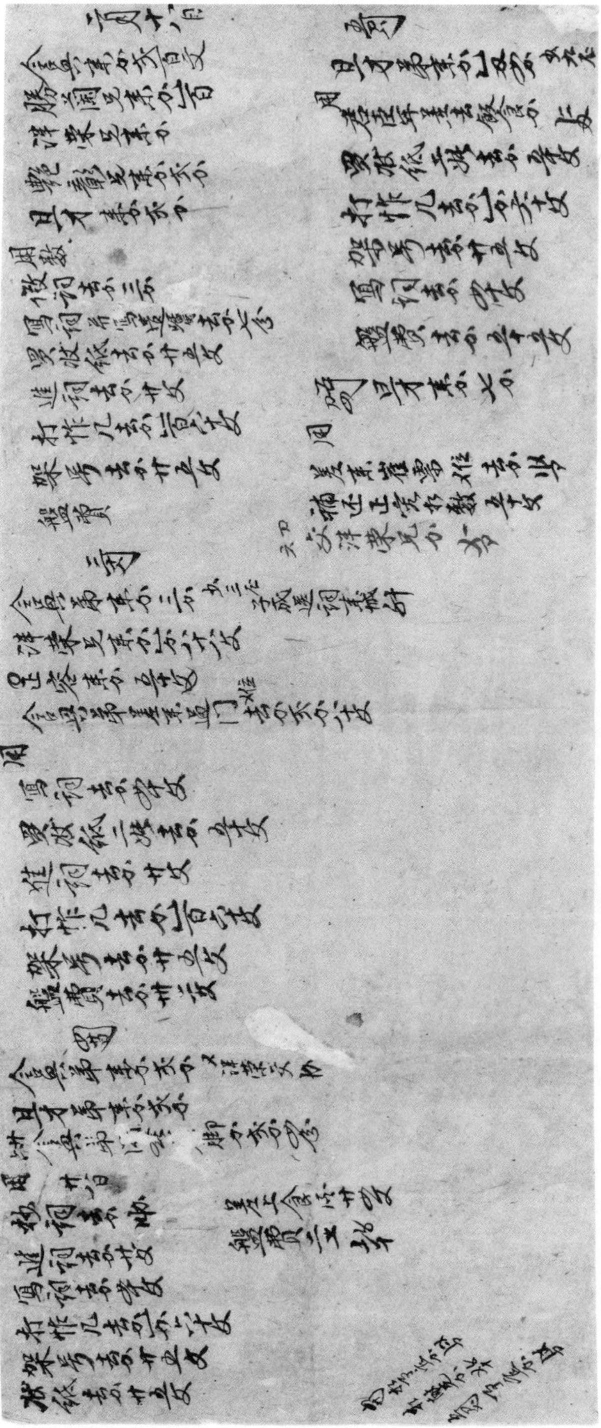

（十二）

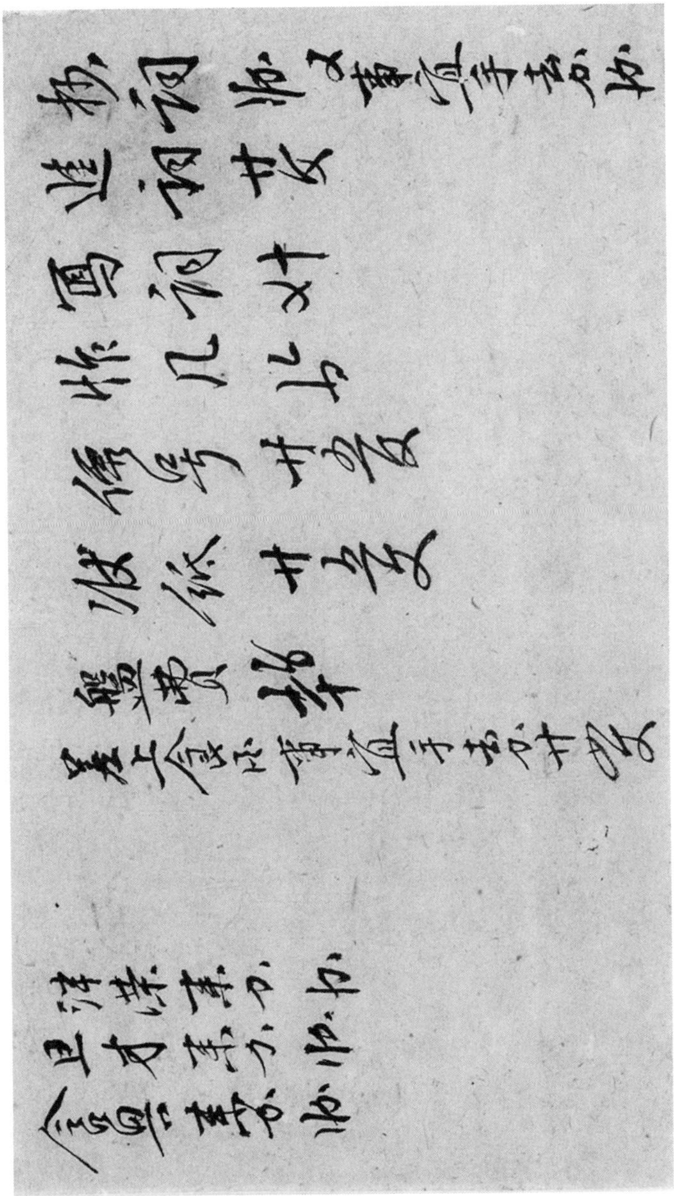

（十三）

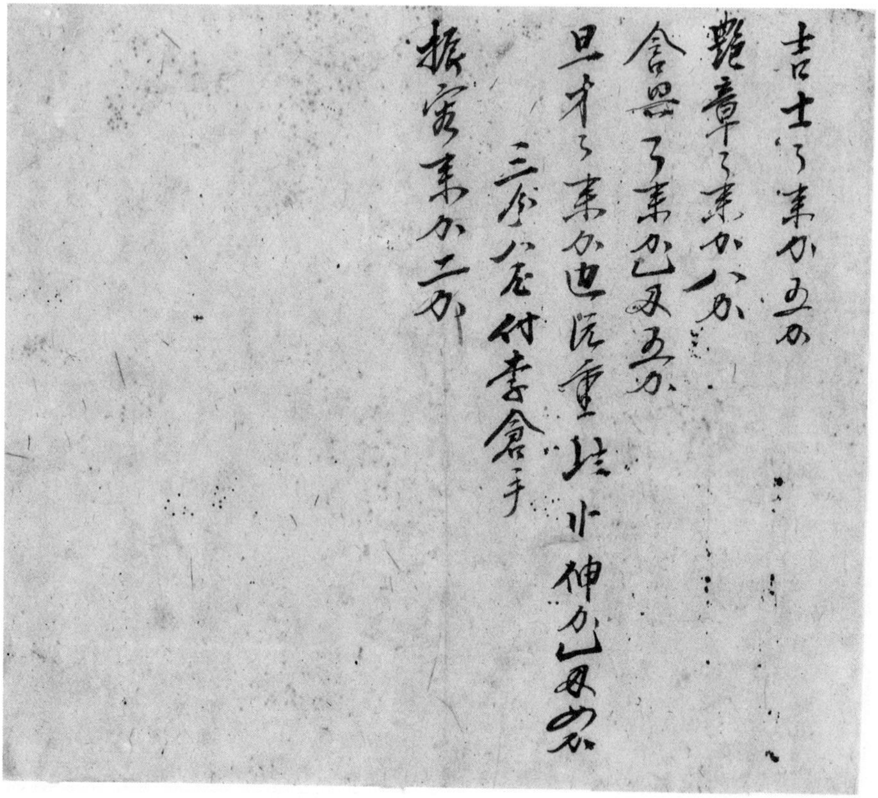
吉士乙束分五分
艷章乙束分八分
合器乙束分乙两五分
旦才乙束分退陈重垟卜神分乙两四分
三分八厘付李仓手
振宾束分二分

（十四）

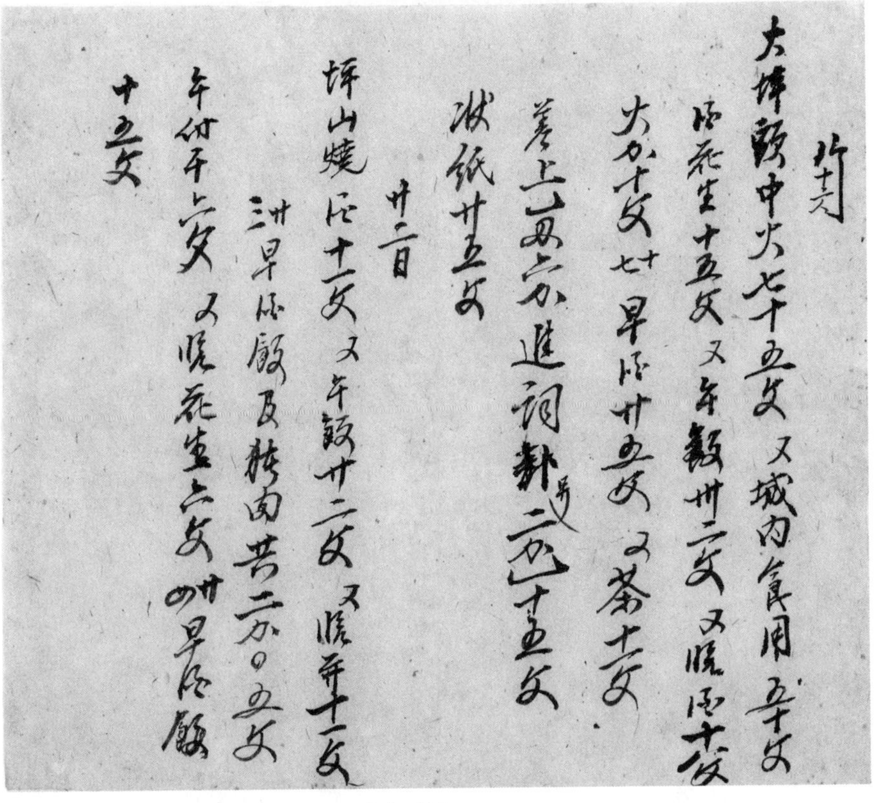
廿一日
大埠头中火七十五文 又城内食用五十文
饭花生十五文 又午饭卅二文 又晚饭十文
火分十文 廿二早饭廿五文 又茶十文
差上山两元分 进祠斛二元零十五文
冰纸廿五文
廿二日
坪山烧饭十一文 又午饭廿二文 又晚饭十一文
廿三早饭饭及猪肉共二元零五文
午付午六文 又晚花生六文 廿四早饭饭
十五文

（十五）

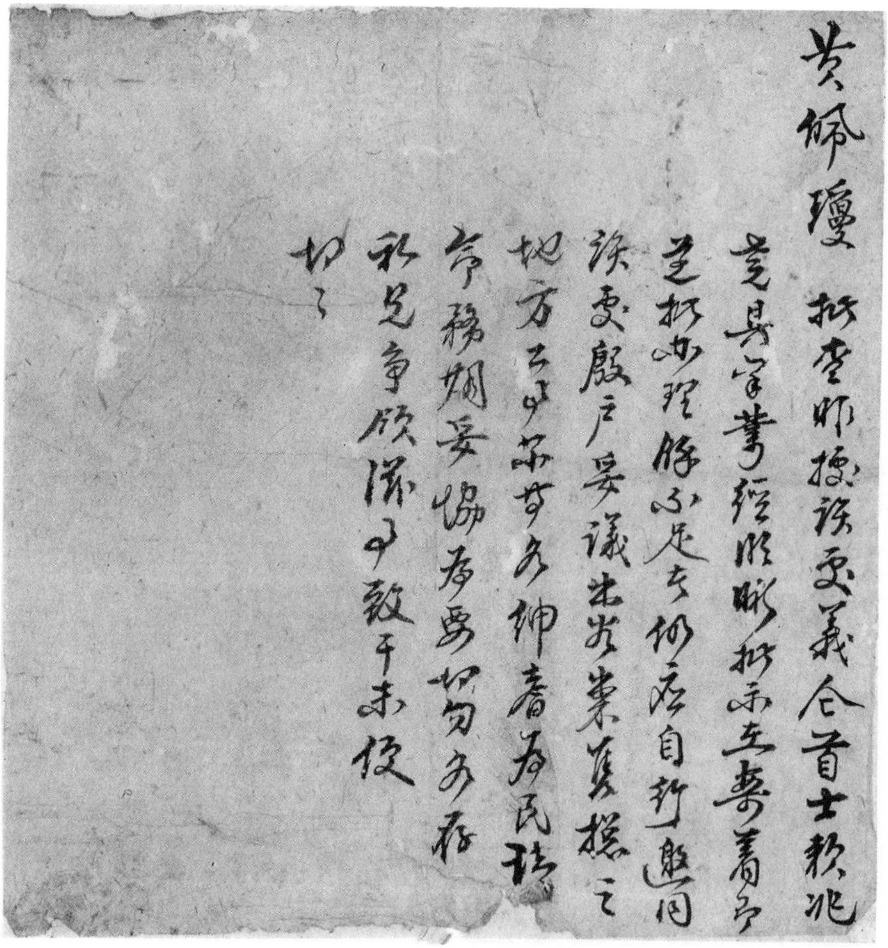

黄佩璗
据查昨據該處義合首士黎兆
堯吳守業鍾照聯據禀在案着即
遵照妥理俾該處自行邀同
該處殷戶妥議出示禁總之
地方不守本分紳耆爲民請
亦務姻妥協爲要切切又務
私見争欽深而致干未便
切切

（十六）

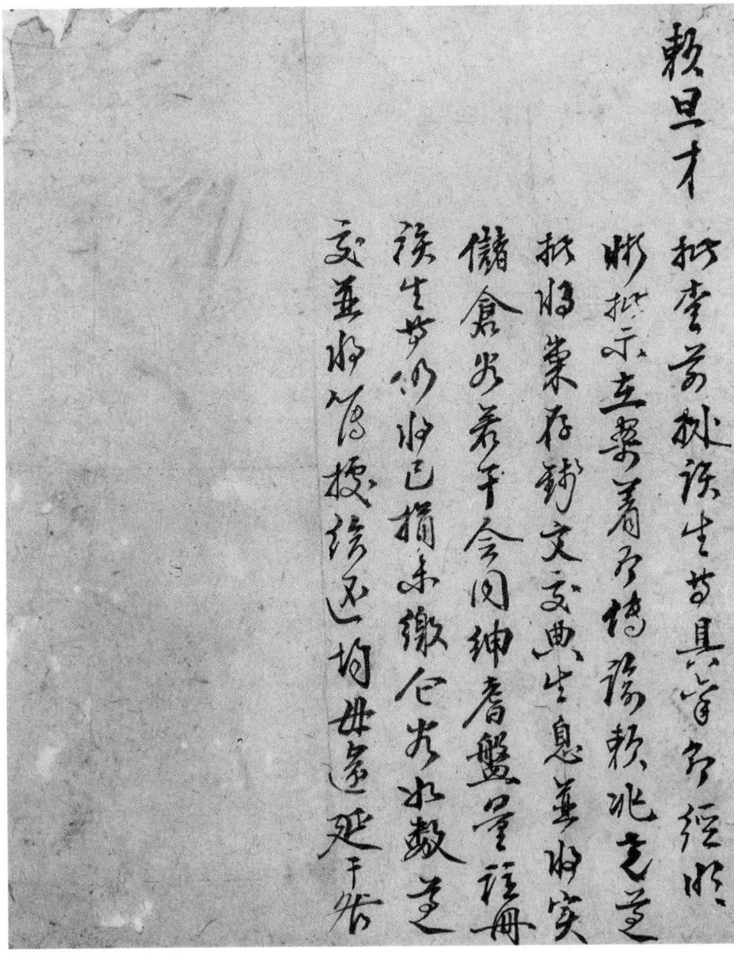

敕旦才
批：查前据该生等具呈，分经批
断，批示立案，着即传谕该地遵
批将业存铺文武典生息，并将实
储仓谷若干，会同绅耆盘量注册。
该生等所称将已捐未缴仓谷数遵
交，并将管理授该收遂，均毋违延干咎。

（十七）

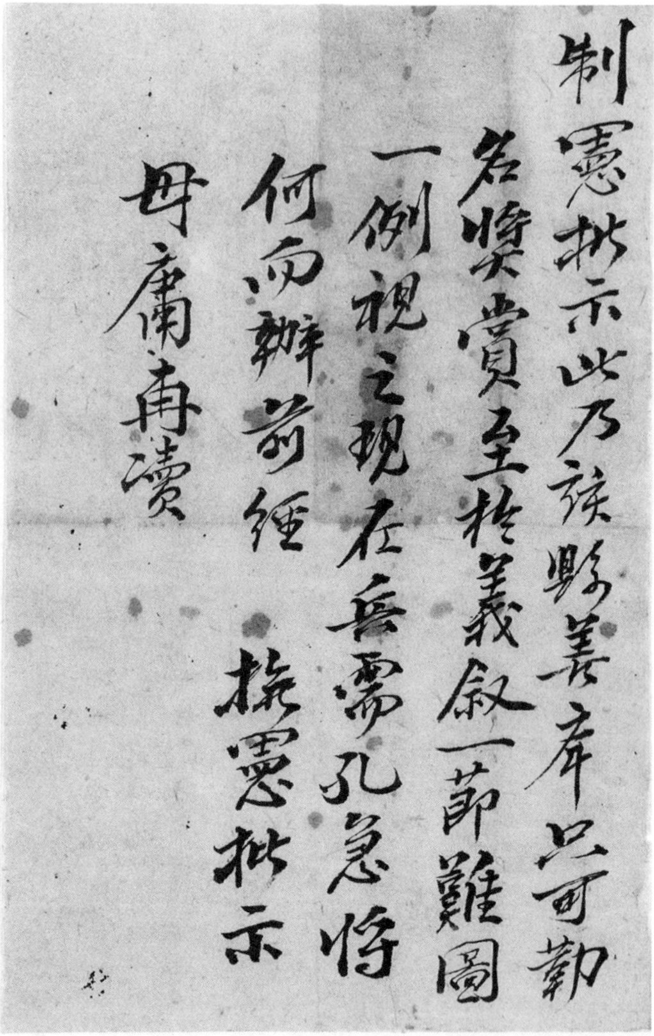

制
憲批示此乃該縣善舉只可勸
名獎賞至於義叙一節難圖
一例視之現在無需孔急將
何而辦前經 撫憲批示
毋庸再瀆

（十八）